Zeitgeschichte

ÜBER DAS BUCH:

Im August 1944 erhoben sich die Slowaken gegen Hitler und die deutsche Armee. Wie kam es zu diesem aufsehenerregenden Aufstand? Erst 1919 war die Slowakei Teil der Tschechoslowakei geworden, 1939 wurde der selbständige Staat der Slowaken mit deutscher Hilfe ausgerufen. Die jahrhundertealte Kultur der Slowaken, die unter der Vorherrschaft der Tschechen gestanden hatte, schien endlich ihre politische Eigenständigkeit gefunden zu haben. So sahen die Slowaken im Großdeutschen Reich zunächst einen mächtigen Bundesgenossen. Doch der Widerstand gegen die Klerikalfaschisten wuchs.

Der Autor schildert diese dramatischen 64 Tage des Aufstandes, die noch heute das wiedererstarkte Bewußtsein der Slowaken prägen.

DER AUTOR:

Wolfgang Venohr, Dr. phil., geb. 1925 in Berlin, freier Schriftsteller und Publizist.

Fernsehfilme u. a.:
Stauffenberg-Vorbild für ganz Deutschland; Henning von Tresckow oder der preußische Widerstand; Halb Preußen/Halb Sachsen; Die Erben der Barone; Dokumente Deutschen Daseins

Auszeichnungen: Jakob-Kaiser-Preis 1972; Joseph-E. Drexel-Preis 1979

Weitere Veröffentlichungen u. a.: *Dokumente Deutschen Daseins* (1980); *Fridericus Rex* (1985); *Preußische Profile* (1986); *Stauffenberg* (1986); *Der Soldatenkönig* (1987); *Die roten Preußen* (1990); *Napoleon in Deutschland. Tyrann und Reformator* (1991).

Wolfgang Venohr

Aufstand der Slowaken
Der Freiheitskampf von 1944

Mit 48 Abbildungen und 7 Karten

Zeitgeschichte

Zeitgeschichte
Ullstein Buch Nr. 33156
im Verlag Ullstein GmbH,
Frankfurt/M – Berlin
Ursprünglicher Titel der Originalausgabe:
Aufstand in der Tatra.
Der Kampf um die Slowakei 1939–44

Aktualisierte Neuausgabe

Umschlagentwurf:
Hansbernd Lindemann
Unter Verwendung einer Abbildung
aus dem Archiv des Autors
Alle Rechte vorbehalten
© 1992 by Verlag Ullstein GmbH,
Frankfurt/M – Berlin
Printed in Germany 1992
Druck und Verarbeitung:
Clausen & Bosse, Leck
ISBN 3 548 33156 4

April 1992

Vom selben Autor in der
Reihe der Ullstein Bücher:

Fritz der König (34325)
Stauffenberg (33126)
Dokumente deutschen Daseins
1445–1945 (34141)
Preußische Profile (34618)
Der Soldatenkönig (34672)
Die roten Preußen (34842)

Die Deutsche Bibliothek –
CIP-Einheitsaufnahme

Venohr, Wolfgang:
Aufstand der Slowaken:
der Freiheitskampf von 1944/
Wolfgang Venohr. –
Aktualisierte Neuausg. –
Frankfurt/M; Berlin: Ullstein, 1992
  (Ullstein-Buch; Nr. 33156:
  Zeitgeschichte)
  Ausg. im Athenäum-Verl. u. d. T.:
  Venohr, Wolfgang: Aufstand in der
  Tatra
  ISBN 3-548-33156-4
NE: GT

Inhalts-Verzeichnis

Das Vorwort VII

Erstes Buch: DIE VERSCHWÖRUNG

1. Die slowakische Vorgeschichte 3
2. Der selbständige Staat 20
3. Die slowakische Armee 37
4. Der große Umschwung 51
5. Die politische Opposition 63
6. Der unerwünschte Partisanenkampf 92
7. Die militärische Verschwörung 105
8. Das Čatloš-Memorandum 126
9. Die Šmidke-Mission 137
10. Die letzte Frist 152

Zweites Buch: DER AUFSTAND

1. Einmarsch und erste Abwehr 179
2. Der Verlust des Nitratals 208
3. Der Durchbruch zum Hron 231
4. Die Schlacht von Kremnica 249
5. Ruhe vor dem Sturm 262
6. Das Ende des Aufstandes 280

Das Nachwort 303

Abbildungen 317

Anhang 349

Das Vorwort

»Die Slowakei den Slowaken!« Noch immer ist man in Europa irritiert, wenn dieser Ruf aus Zehntausenden von Kehlen im östlichen Landesteil der Tschechoslowakei erschallt. Man hat sich inzwischen daran gewöhnt, daß die Nation der Deutschen in einem »einig Vaterland« leben will. Man akzeptiert das Freiheitsstreben der Esten, Letten und Litauer. Man nimmt sogar zur Kenntnis, daß es Kroaten und Slowenen gibt. Aber daß es ein 5-Millionen-Volk der Slowaken gibt, das um seine nationale Identität und Unabhängigkeit ringt, fällt der Öffentlichkeit immer noch schwer zu begreifen.
So unbekannt ist diese mitteleuropäische Nation, die am Fuße der Tatra lebt. Dänemark, Norwegen und Irland, Litauen, Lettland und Estland, Albanien, Slowenien, Island und Luxemburg haben weniger Einwohner als die Slowakei. Finnland und Kroatien haben nicht mehr. Oslo, Dublin, Helsinki und Kopenhagen, auch Riga kennt jedermann. Wer aber kennt Bratislava (deutsch: Preßburg), die altehrwürdige Hauptstadt der Slowaken?
Jedes Kind weiß bei uns, wer Robin Hood war. Aber niemand hat etwas von Jánoschik, dem legendären Räuberhauptmann und Nationalhelden der Slowaken, vernommen. Dabei gehört Jánoschik nicht nur der nationalen slowakischen Fama an wie Robin Hood der englischen, sondern ist auch in den Erinnerungen und Träumen der Polen, Ukrainer, Magyaren und Slowenen präsent.
Wenn die tschechoslowakische Eishockeymannschaft ihre faszinierenden Schlachten gegen Kanada oder die Sowjetunion schlägt, ruft der deutsche Fernsehreporter im Eifer des Gefechts: »Die erste tschechische Sturmreihe bricht durch!« Und kaum jemand ahnt, daß es sich zur guten Hälfte nicht um Tschechen, sondern um Slowaken handelt, die den Puk über das Eis treiben.
Als die Sowjets im August 1968 in die Tschechoslowakei einfielen, blickte alle Welt angstvoll auf die Straßen und Plätze Prags. Fuhren denn in Bratislava keine Panzer durch die weinende, protestierende Menge? Starben dort keine Demonstranten? Noch heute ist der »Prager Frühling« von 1968 in aller Munde. Doch niemand spricht davon, daß er seine Initialzündung durch die »Preßburger Rebellion« der slowakischen Schriftsteller und Studenten im Jahre 1963 erhielt, daß es die Slowaken waren, die den antikommunistischen Reformprozeß begannen.
Woran liegt es, daß sich ein ganzes Volk im 20. Jahrhundert, im Zeitalter des »Selbstbestimmungsrechts der Völker«, in einem mittelalterlich anmutenden Banne der Anonymität befindet?
Gewiß nicht nur daran, daß die Slowaken das kleinste Volk Mitteleuropas sind, daß Deutsche, Polen, Ungarn und Tschechen, ihre nächsten Nach-

barn, sie mit dem Übergewicht ihrer Zahl erdrücken. Sicherlich auch nicht in entscheidendem Maße an der vielberufenen slowakischen »Taubennatur«, an der Bescheidenheit und mangelnden Selbstsicherheit der Slowaken. Nein: Die slowakische Anonymität ist eine direkte Folge fremder Imperialismen und Manipulationsmechanismen. Neunhundert Jahre lang haben die Ungarn, seit siebzig Jahren haben die Tschechen dieser kleinen Nation den Namen gestohlen – indem sie die Slowaken in den Schatten der Tatra drückten, indem sie die Slowakei vor Europa und vor der Welt ignorierten, sie absichtlich totschwiegen. Unter der Herrschaft der Magyaren hieß dieses Land »Oberungarn«; seit 1919 sprach man nur noch von der »Tschechoslowakei«, wurde die Slowakei als eine Art grammatikalische Endung des Gesamtnamens verstanden. Böhmen und Mähren bezeichneten sich selbst stolz als »historische Länder«, in bewußtem Gegensatz zum östlichen Wurmfortsatz, der Slowakei, die man als geschichts- und namenslos betrachtete.

Kein Zweifel, das Gebiet der Slowaken, dieser gebirgige, traumhaft schöne Landstrich zwischen Donau und Tatra, ist ein unbekanntes Land.

Dieses Buch will den Ring des Schweigens und der Unkenntnis durchbrechen. Es will die Geschichte der sechs dramatischsten Jahre im Leben der slowakischen Nation erzählen, der Jahre von 1939 bis 1945. In diesen sechs Jahren war die Slowakei ein selbständiger europäischer Staat, wenn ihre Existenz auch vom Wohlwollen Adolf Hitlers abhing. Der slowakische Staatspräsident von damals, Monsignore Dr. Tiso, sprach im März 1947, angesichts des Galgens, eine Prophetie aus, als er in seiner Verteidigungsrede sagte: »Die Zukunft mag die sechsjährige slowakische Souveränität wie auch immer beurteilen. Die Tatsache an sich ist aus dem Leben und aus dem Bewußtsein der Nation nie mehr auszulöschen!« Heute erinnert sich die slowakische Nation wieder daran, daß sie schon einmal einen eigenen Staat besessen hat.

Vor allem aber will dieses Buch die Geschichte des Slowakischen Nationalaufstandes von 1944 schildern. Es war dies eines der kühnsten antifaschistischen Aufstandsunternehmen des ganzen Zweiten Weltkrieges. So gut wie niemand hat den Slowaken damals geholfen. Die Tschechen hielten sich völlig abseits. Und wenn der Aufstand auch nach 64 Tagen scheiterte, so bildet er doch heute das Fundament des Ehrgefühls und des Selbstbewußtseins der slowakischen Nation, die sich mit Stolz der Kämpfe und Taten der slowakischen Aufstandsarmee erinnert.

Die nationale Geschichte der Völker setzt sich überall in Europa durch. Das ist die beglückende Lehre der Jahre '89 bis '91. Auch das Emanzipationsbegehren der Slowaken ist durch nichts und niemanden aufzuhalten. Entweder wird eine lockere Konföderation gleichberechtigter Republiken der Tschechen und der Slowaken entstehen, oder die beiden Völker werden sich in unabhängigen Nationalstaaten organisieren. Eines von beidem; nichts anderes. Es ist dies eine souveräne innere Entscheidung der beiden

mitteleuropäischen Nationen, die von keiner dritten Seite zu beeinflussen ist. Auch hier gelten in Zukunft nur die Gesetze der Demokratie und des nationalen Selbstbestimmungsrechts.
Wie immer auch dieser Prozeß verlaufen mag, die Devise zwischen Donau und Tatra bleibt: die Slowakei den Slowaken.

Berlin, an der Jahreswende 1991/92   *Dr. Wolfgang Venohr*

Erstes Buch
Die Verschwörung

*„Nur der ist selber die Freiheit wert,
der die Freiheit anderer zu achten weiß"*

Jan Kollár,
slowakischer Nationaldichter (1793–1852)

1. Die slowakische Vorgeschichte

Als deutsche Truppen im März 1939 in Böhmen und Mähren einrückten und auf die tschechoslowakische Hauptstadt Prag marschierten, sprach Hitler von der „Zerschlagung der Rest-Tschechei". Das Wort „Slowakei", das viele bis dahin für eine grammatikalische Endung der Bezeichnung „Tschecho" gehalten hatten, kam nicht mehr vor. Und als am 14. März 1939 in Bratislava (deutsch: Preßburg) ein selbständiger Staat der Slowaken ausgerufen wurde, herrschte in West und Ost Erstaunen über eine neue Nation in Europa, deren Namen man kaum je vernommen hatte.
Wo lag denn diese Slowakei? Und wer waren diese Slowaken?
Als fünf Jahre später, im August 1944, deutsche Truppen in die Slowakei einmarschierten, um den „Slowakischen Nationalaufstand" niederzuschlagen, wußten die meisten deutschen Soldaten kaum, in welches Land sie kamen und gegen welches Volk sie kämpfen sollten.
Fast auf den Tag genau 24 Jahre danach, am 21. August 1968, fielen sowjetische Truppen in die Tschechoslowakei ein. Und wiederum war in der internationalen Berichterstattung fast nur von den „armen Tschechen" die Rede, und im Fernsehen dominierten die Bilder aus Prag. Man erfuhr kaum etwas von den dramatischen Szenen, die sich beispielsweise in Bratislava (der Heimatstadt Dubčeks), in Trenčín oder in Liptovsky Mikulaš, also in Städten der Slowakei, abgespielt hatten.
Als zwei Monte später, am 28. Oktober 1968, eine föderative Neugliederung der Tschechoslowakei verkündet wurde, sich das Land am 1. 1. 1969 in zwei gleichberechtigte föderative sozialistische Republiken strukturierte – die tschechische sozialistische Republik mit der Hauptstadt Prag, die slowakische sozialistische Republik mit der Hauptstadt Preßburg –, nahm es in der Welt kaum jemand zur Kenntnis, konnte man beispielsweise an den hilflosen Kommentaren in *beiden* deutschen Staaten das ganze Ausmaß der politischen Verwunderung und der historischen Unkenntnis ablesen.
Sind die Slowaken ein geschichtsloses Volk? Sind sie – um mit Karl Marx zu sprechen – „Nirgendwomenschen", die keine Heimat, kein Vaterland, keine Tradition besitzen?
Einst, im neunten und zehnten Jahrhundert, hatte es ein Großmährisches Reich gegeben, das im Grunde ein „Großslowakisches Reich" der slowakischen und mährischen Volksstämme war und eine hohe Kulturstufe erreichte, deren Substanzen erst heute wissenschaftlich gesichtet und analysiert werden. Die Hauptstadt dieses bedeutenden frühmittelalterlichen Staates war Nitra (deutsch: Neutra), eine Stadt in der Südwestslowakei. Doch um das Jahr 1000 etwa wurde die Slowakei, wurde das westslawische Volk der Slo-

waken nach dem Zerfall des Großmährischen Reiches von König Stefan dem Heiligen (997–1038) in das Königreich Ungarn integriert.

Viele Jahrhunderte hindurch gab es weder geographisch eine Slowakei – bis 1918 wurde dieses Gebiet allgemein als „Oberungarn" bezeichnet – noch gab es ein slowakisches Nationalbewußtsein. Magyarische Grafen und Barone, deutsche Bürger und Handwerker prägten das Gesicht eines Landstrichs, in welchem die ursprüngliche, westslawische Bevölkerung auf der untersten gesellschaftlichen und sozialen Stufe, als Hirten und Häusler, ein dumpfes, bewußtloses Leben fristete. Da es weder einen slowakischen Adel noch ein nennenswertes slowakisches Bürgertum gab, mithin also keine slowakische Intelligenz, war es nicht möglich, die nationalen Existenzrechte der Slowaken politisch zu artikulieren. (Die meisten Städte der Slowakei sind von deutschen Einwanderern gegründet worden. Jahrhunderte lang wurden in den Atlanten nur die deutschen Städtenamen gedruckt. Hier erscheinen sie in Klammern.)

Um so erstaunlicher ist es, daß sich durch die langen Jahrhunderte der geistigen Überfremdung und sozialen Unterdrückung doch ein Funken von nationalem Selbstbewußtsein im Unterbewußtsein des kleines Volkes erhielt! Gegen Ende des 18. Jahrhunderts waren auf einmal Schriftsteller da, die nicht mehr Deutsch oder Latein, sondern in ihrer slowakischen Muttersprache schreiben wollten. Der bedeutendste Kopf unter ihnen war Anton Bernolák (1762–1813). Sein Streben galt einer selbständigen slowakischen Literatur, sein Kampf der Erweckung eines neuen slowakischen Nationalbewußtseins. 1792 gründete Bernolák in Trnava (deutsch: Tyrnau) die „Gesellschaft zur Förderung der slowakischen Kultur", die erste slowakische kulturelle Vereinigung überhaupt. Einer seiner Jünger, der Dichter Jan Hollý (1785–1849) ließ in seinen Werken die große Vergangenheit des slowakischen Volkes zu neuem Leben erstehen.

Unter dem Einfluß Herders, Hegels und der deutschen Romantik kam es in der ersten Hälfte des 19. Jahrhunderts zum allmählichen Erwachen eines slowakischen Nationalbewußtseins im Bildungsbürgertum. Im Jahre 1843 war es Professor Ludovit Stúr, der gemeinsam mit Josef Miloslav Húrban und Michal Miloslav Hodža beschloß, aus dem mittelslowakischen Dialekt eine slowakische Schriftsprache zu bilden. 1844 wurde der Verein „Tatran" gegründet, der es sich zur Aufgabe setzte, Bücher in der neuen slowakischen Nationalsprache herauszugeben. Wiederum ein Jahr später, 1845, erschien die von Stúr redigierte „Slovenskej národnej noviny" („Slowakische nationale Zeitung"), die schon in ihrem Titel den Anspruch der Slowaken bekräftigte, als Nation gewürdigt zu werden.

Die ungarische Revolution von 1848 schien für einen Augenblick auch zur Schicksalsstunde der slowakischen Patrioten zu werden. Im März desselben

Jahres kamen sie zusammen und beschlossen ein nationales Programm, das dem ungarischen Landtag und der Regierung in Budapest vorgelegt werden sollte. Darin forderten sie
a) einen gemeinsamen Landtag unter Beachtung des Grundsatzes der Gleichheit aller Nationen, die das Territorium Ungarns bewohnten –
b) die Verwaltungsgliederung des Königreiches Ungarn nach ethnischen Gesichtspunkten –
c) die Einführung der neuen slowakischen Schriftsprache als Amtssprache in der Slowakei.

Doch aus Budapest kam ein schroffes „nein". Der revolutionäre Nationalismus Ungarns, der sich gegen die Vorherrschaft Habsburgs wandte, entpuppte sich zugleich als magyarischer Chauvinismus, dessen Absicht es mitnichten war, den „mitwohnenden" slawischen Nationalitäten die Gleichberechtigung zuzugestehen. Ungarische Truppen unterdrückten jede eigenständige slowakische Regung mit Gewalt, und Stúr, Húrban und Hodža mußten fluchtartig ihre Heimat verlassen. Rettung schien es nur in Wien, beim österreichischen Kaiser, zu geben, mit dem die Magyaren Krieg führten. Dort wurde von Húrban ein „Slowakischer Nationalrat" gegründet, und es war dies das erste, aber keineswegs das letzte Mal, daß diese Bezeichnung als Symbol des slowakischen Selbstbehauptungswillens aufleuchtete.

Als 1849 der ungarische Aufstand mit Hilfe russischer Truppen niedergeworfen und das Kaisertum in Wien erneut stabilisiert worden war, kam es für etwa 15 Jahre zu einer Periode der magyarischen Schwäche, die von den slowakischen Patrioten zu einigen Verbesserungen des nationalen Lebens genutzt wurde. So wurden in den slowakischen Bistümern zum ersten Mal slowakische Bischöfe ernannt; vor allem Stefan Moyses, der Bischof von Banská Bystrica (deutsch: Neusohl) wurde. In den Volksschulen avancierte das Slowakische allmählich zur Unterrichtssprache, und in einigen Städten erschienen slowakische Zeitschriften.

Im Jahre 1861 tagte eine Versammlung slowakischer Patrioten in Turčiansky Sv. Martin (deutsch: Sankt Martin), die ein nationales Memorandum erarbeitete und eine Delegation unter Leitung des Bischofs Moyses nach Wien zum Kaiser schickte. Die Forderungen gingen dahin, die Slowakei zu einem selbständigen, von Ungarn losgelösten Kronland zu machen, das direkt dem Kaiser unterstellt werden sollte, und das Slowakische zur offiziellen Amtssprache in „Oberungarn" zu erheben.

Die Forderungen der Slowaken blieben ohne Antwort. In Wien suchte man nach einem neuen staatsrechtlichen Arrangement mit Ungarn. Diese Zeit nutzten die Slowaken zu einer Reihe kulturpolitischer Verbesserungen bzw. Reformen. 1863 wurde der Kulturverein „Matica Slovenska" in Turčiansky Sv. Martin gegründet, und zwei Jahre später entstanden drei Mittelschulen mit slowakischer Unterrichtssprache: in Revúca, Turčiansky Sv. Martin und in Kláštor pod Zvienom.

Doch 1867 kam es zum „großen Ausgleich" zwischen Wien und Budapest, und bald begann die traurigste Periode der slowakischen Geschichte. Die Ungarn – jeder Aufsicht und Bevormundung Wiens ledig – wollten aus ihrem Land einen nationalistischen „Ein-Volk-Staat" machen und scheuten sich nicht, im Zuge der rücksichtslosen Magyarisierung zu einer Fülle repressiver Maßnahmen zu greifen. 1875 wurden die drei slowakischen Mittelschulen geschlossen, und kurz darauf wurde die Kulturvereinigung „Matica Slovenska" von Staats wegen verboten.

Doch damit nicht genug: Zu Beginn des 20. Jahrhunderts kam es zum schärfsten ungarischen Eingriff, als man in Budapest beschloß, selbst die Volksschulen zu magyarisieren. Das Gesetz Nr. 27 des Jahres 1907 bestimmte, daß künftig auch in den Dorf- und Volksschulen Ungarisch zur Unterrichtssprache werden sollte. Die Folgen waren für das Slowakentum verheerend: Während es 1907 noch rund 1500 Volksschulen mit slowakischer Unterrichtssprache gab, reduzierte sich diese Zahl im Laufe einer Dekade auf 250 bis 300. So rigoros ging man bei der Magyarisierung der Slowaken vor.

Die gesellschaftspolitischen Konsequenzen waren einschneidend. Wer Slowake bleiben wollte und es nicht vorzog, nach Übersee auszuwandern, hatte keinerlei Aufstiegschancen in dem Land, das sich „Oberungarn" nannte, konnte niemals in gehobene Berufe oder höhere Gesellschaftsklassen vordringen. Da auch in der Slowakei der Opportunismus der besitzenden Schichten grenzenlos war, konnte man nach einem halben Jahrhundert planmäßiger Magyarisierung feststellen, daß die dünne Schicht der slowakischen Intelligenz zum Ungarntum übergelaufen war und sich vom niederen Volk auf dem Lande gänzlich entfernt hatte. Nur eine einzige Gruppe von Gebildeten blieb dem Slowakentum, blieb den unterdrückten Menschen in der Slowakei treu: der katholische Priesterstand; vor allem die zahlreiche Schar der einfachen katholischen Dorfpfarrer. Sie lebten mit dem Volk, sie verstanden die Sorgen und Nöte des kleinen Mannes, sie hatten selbst nicht viel zu beißen. So erklärt es sich, daß Katholizismus und Priesterschaft in dem nun anhebenden Kampf um die nationale Emanzipation des slowakischen Volkes im 20. Jahrhundert eine bedeutsame politische Rolle spielen sollten.

Der erste Priester, der im Leben der slowakischen Nation zum Symbol und Sprachrohr aller patriotischen Kräfte wurde, war Andrej Hlinka, der im Jahre 1864 geboren wurde. Er hatte lange Zeit als Pfarrer in der Stadt Ružomberok (deutsch: Rosenberg) amtiert, bevor er 1905 politisch hervortrat und eine (klerikale) „Slowakische Volkspartei" gründete. Doch die ungarischen Behörden reagierten darauf mit einer Welle scharfer Gegenmaßnahmen: Hlinka, der in den Augen der bäuerlichen Massen allmählich die Figur eines „Vaters des slowakischen Volkes" annahm, wurde wiederholt verhaftet und eingekerkert, seine Partei stagnierte und wurde schließlich verboten. Jede Selbständigkeitsregung in „Oberungarn" wurde von Budapest sogleich erstickt. Spätestens seit 1907 senkte sich tiefe politische Resignation über das Land der Slowaken.

Bei Ausbruch des 1. Weltkrieges im Jahre 1914 war die slowakische Nation somit eine quantité négliable, hatte weder engere Verbindungen zum Tschechentum in der westlichen Reichshälfte der K.u.K.-Monarchie noch ein politisches Programm entwickelt, das über vage Vorstellungen einer kulturellen Autonomie innerhalb der ungarischen Reichshälfte hinausging. Der Anstoß zu nationaler Aktivität kam denn auch von außen, von gänzlich unvermuteter Seite: aus Übersee. Rund 600 000 Slowaken (also etwa zwanzig Prozent der gesamten Nation) hatten ihr schönes, aber armes Gebirgsland verlassen und sich in Amerika, hauptsächlich in den Vereinigten Staaten und Kanada, angesiedelt. Dort zu politischer Selbstbetätigung und demokratischer Verantwortung erzogen, ergriffen die Amerika-Slowaken für ihre ferne Heimat die Initiative und sollten hinfort eine eminent wichtige Rolle bei der Mitgestaltung der slowakischen Schicksale spielen.

Am 25. Oktober 1915 kam es zum Vertrag von Cleveland, in dem die slowakischen Emigranten einer tschecho-slowakischen Föderation zustimmten und damit zum ersten Mal vor der internationalen Öffentlichkeit das Zusammengehen der beiden westslawischen Völker, der Tschechen und Slowaken, verkündeten. Bereits einen Monat später, am 14. November 1915, unterzeichneten Delegierte der tschechischen und slowakischen Auslandsvereine in Paris ein entsprechendes Manifest. Gleichzeitig gab der führende Kopf des nationalbewußten Tschechentums, Thomas G. Masaryk, die Konstituierung eines Aktionskomitees zur Gründung eines selbständigen tschecho-slowakischen Staates bekannt.

Wiederum wurden die Amerika-Slowaken aktiv, als sie am 30. Mai 1918 den Vertrag von Pittsburgh schlossen, der einen gemeinsamen Staat der beiden Brudernationen befürwortete und dem slowakischen Volke Autonomie versprach: „Die Slowakei wird ihre eigene Verwaltung, ihren Landtag, ihre eigenen Gerichte haben, und Slowakisch wird die Amtssprache in Schulen, im Staatsdienst und im öffentlichen Leben sein."

Kurz darauf fiel die Kriegsentscheidung zu Ungunsten Österreich-Ungarns und Deutschlands, und so zögerten auch die westlichen Alliierten nicht länger, der Vereinigung von Tschechen und Slowaken in einem selbständigen Staat zuzustimmen (29. 6. 1918 Frankreich – 11. 8. 1918 Großbritannien – 3. 9. 1918 Vereinigte Staaten). Am 18. Oktober 1918 proklamierte eine tschechoslowakische Interimsregierung in Washington die unabhängige

Tschechoslowakische Republik. Zehn Tage später, am 28. Oktober 1918 (seitdem Unabhängigkeitstag), wurde die Republik noch einmal feierlich in Prag, der neuen Hauptstadt, ausgerufen. Zwei Tage später, am 30. Oktober, deklarierte der „Slowakische Nationalrat", dem auch Pater Hlinka angehörte, in Turčiansky Sv. Martin die Union der beiden Brudervölker.

Doch plötzlich, bei den Versailler Friedensverhandlungen 1919, war von slowakischer Autonomie und vom Status einer Föderation gleichberechtigter Nationen keine Rede mehr. Die Tschechen entpuppten sich als Zentralisten und Chauvinisten. Die Slowaken waren vom (magyarischen) Regen in die (tschechische) Traufe gekommen! Als Andrej Hlinka sich daraufhin nach Paris begab, um die versprochene föderative Struktur des neuen Staates in Erinnerung zu rufen, ließ ihn Dr. Eduard Beneš, die rechte Hand Masaryks, von der französischen Polizei beschatten und schließlich ausweisen.

Das slowakische Volk selbst erlitt die Gründung der ersten tschechoslowakischen Republik mehr, als daß es sie erkämpfte. In den breiten ländlichen Massen gab es nur ein schwach entwickeltes Nationalbewußtsein, und so waren es Tschechen und Ungarn, die sich um den gebirgigen Landfetzen zwischen Donau und Tatra rauften. Am 2. November 1918 befahl Masaryk die militärische Besetzung der Slowakei durch tschechische Truppen. Neun Tage später wurden sie jedoch von Houvedeinheiten der ungarischen Armee vertrieben, die die gesamte Slowakei bis zur Marchlinie zurückeroberten. Erst am 6. Dezember 1918 gelang es den Tschechen mit Hilfe der westlichen Alliierten, die Ungarn zu einem kampflosen Rückzug zu zwingen, der Anfang Februar 1919 abgeschlossen war.

Doch noch einmal, am 20. Mai 1919, versuchten die Magyaren, sich mit Waffengewalt in den Besitz „Oberungarns" zu setzen. Diesmal waren es die Roten Garden Bela Kuns, die die tschechischen Truppen vor sich hertrieben, bis zur polnischen Grenze in der Hohen Tatra stießen und den größten Teil der Slowakei okkupierten. In Košice (deutsch: Kaschau) wurde eine slowakische Räterepublik proklamiert. Aber wiederum griffen die Westalliierten auf Seiten der Tschechen ein und zwangen Bela Kuns Rote Armee, Mitte Juni 1919 den Rückzug nach Ungarn anzutreten.

Am 24. Juni 1919 war die Slowakei (ebenso auch die sog. Karpato-Ukraine) fest in der Hand der Prager Regierung; die Tschechoslowakische Republik war entstanden. Dieser neue mitteleuropäische Staat umfaßte die ehemaligen habsburgischen Kronländer Böhmen, Mähren und österreichisch Schlesien, daran nach Osten anschließend das ehemalige Oberungarn (Slowakei) sowie als östlichsten Zipfel die Karpato-Ukraine, die bis dahin ebenfalls zum Königreich Ungarn gehört hatte.

Nicht nur seiner geographischen Gestalt wegen nannten Zyniker den neuen Staat einen „Blinddarm Europas". („Man weiß nicht genau, wozu er eigentlich da ist; dafür ist er aber leicht entzündlich.") Doch solcher Spott traf nicht den Kern der Sache. Denn wirtschaftlich gesehen, war die Tschechoslowakei ein durchaus lebensfähiger Staat: Mehr als die Hälfte der Industriekapazität Österreich-Ungarns lag innerhalb der tschechoslowakischen Grenze; ja, in manchen Branchen ging es bis zu hundert Prozent.

Nein, es war das *nationale Problem,* das die Existenz der Tschechoslowakei vom ersten Tage in Frage stellte. Denn innerhalb der Grenzen des neuen Staaten lebten nur 47% Tschechen! Deutsche, Slowaken, Magyaren, Ukrainer, Juden und Polen machten zusammen die Mehrheit der Bevölkerung aus. Vielleicht hätte eine mögliche Lösung der nationalen Fragen in der Konzeption einer „osteuropäischen Schweiz" gelegen: also in der Formierung eines Bundesstaates, in dem alle dort wohnenden Nationen völlige Gleichberechtigung gehabt hätten. Doch davon wollte man in Prag nichts wissen. Dort verfocht man – ganz nach französischem Vorbild – die Idee eines zentralistischen Staates, mit den Tschechen als tragende Staatsnation. So wurde die neue Republik, die unter dem philosophischen Aspekt der nationalen Befreiung und des Selbstbestimmungsrechts der Völker erdacht worden war, im Handumdrehen zu einem Unterdrückungsapparat, zu einem repressiven Instrument der tschechischen Vorherrschaft.

Konnte es da Wunder nehmen, daß zwischen den einzelnen Nationen der ČSR bald ernste Spannungen entstanden? Nicht zuletzt auch mit den Slowaken?

Selbst wenn man die Dinge von Prag aus machiavellistisch betrachten wollte, war es doch so: Die Ukrainer und die Polen, zusammen etwa eine halbe Million Menschen, waren zahlenmäßig zu schwach, um einer nationalen Bevormundung erfolgreich Widerstand leisten zu können. Die Sudentendeutschen und die Magyaren, zusammen etwa vier Millionen, mochte man vorläufig als die Besiegten von Versailles und Trianon ansehen, mit denen keine großen Umstände zu machen waren. Die Slowaken aber, mit ihren zweieinhalb Millionen Menschen, sollten ja gerade die „slawische Verstärkung" des Tschechentums sein! Mit ihnen – wenn man schon alle anderen unterdrücken oder manipulieren wollte – hätte man sich auf der Basis der Gleichheit verständigen müssen. Mit ihnen zusammen verfügten die Tschechen über eine Masse von mehr als neun Millionen Einwohnern, also über eine knappe Zweidrittelmehrheit. Schließlich hieß der Staat ja auch *„tschechoslowakisch".* Es war nicht nur ein Fehler, es war politischer Selbstmord, als die Tschechen die Slowaken zurückstießen.

Von einem Bundesstaat zweier gleichberechtigter Brudernationen hatten die slowakischen Patrioten geträumt. Der Pittsburgher Vertrag hatte ausdrücklich eine föderative Gestaltung der ČSR vorgesehen. Aber Staatspräsident Masaryk schob den Vertrag beiseite (später bezeichnete er ihn gar als „Falsifikat"), und die erste Verfassung der Tschechoslowakei stand ganz im Zeichen des Prager Zentralismus.

Vielleicht hätten die Slowaken das sogar hingenommen. Sie waren nicht sehr selbstbewußt, hatten den Tschechen gegenüber zweifellos Minderwertigkeitskomplexe. Sie wußten um ihre Rückständigkeit, um ihren Mangel an nationalen Führungskräften, vor allem an qualifizierten Lehrern und Staatsbeamten. So begrüßten sie es ursprünglich arglos und voller Aufrichtigkeit, als Angehörige der tschechischen Intelligenz in ihr Land strömten. Doch bald waren achtzig Prozent aller leitenden Stellungen in der Slowakei von Tschechen besetzt! Noch schlimmer war, daß die tschechischen Einwanderer nicht daran dachten, die slowakische Sprache zu erlernen. So fühlten sich die Slowaken bald wie in einem besetzten Gebiet und stellten sich die Frage, was ihnen die Befreiung von der ungarischen Vorherrschaft eigentlich gebracht habe.

So sollte die *slowakische Frage* für zwanzig Jahre, von 1919 bis 1939, zum Krebsschaden der neuen tschechoslowakischen Republik werden. Sie trat nur deshalb nicht in's öffentliche Bewußtsein Europas, weil die Slowaken als Nation im Grunde unbekannt waren. Das zähe Tauziehen zwischen Tschechen und Slowaken um die nationale Gleichberechtigung wurde zudem propagandistisch überlagert von dem ungeheuren Getöse der völkischen Auseinandersetzungen zwischen Tschechen und Sudentendeutschen. Die Slowakei wiegte sich in den Augen der Welt in einem idyllischen Dornröschenschlaf. In Wahrheit aber stand der Untergang der ersten tschechoslowakischen Republik, die unter den Schlägen des Hitler-Imperialismus zerbrach, ganz konsequent am Ende eines zwanzigjährigen inneren Kampfes, der sich nicht nur zwischen Tschechen und Deutschen, sondern auch zwischen Tschechen und Slowaken mit wechselnder Stärke und Leidenschaft vollzogen und schließlich immer mehr radikalisiert hatte.

Die herrschsüchtige Führung der Tschechen zeigte sich eben niemals bereit, im Herzen Europas eine Föderation gleichberechtigter Nationen zu begründen. Ihr Wirken richtete sich auf einen zentralistischen Einheitsstaat, ja mehr noch, auf die Geburt einer „tschechoslowakischen" Einheitsnation, in der das slowakische Volk allmählich, aber unaufhaltsam im Tschechentum aufgehen und seine nationale Originalität vergessen bzw. preisgeben sollte. Insofern traf der Chauvinismus der herrschenden tschechischen Kräfte die Slowaken tiefer und gefährlicher als die Sudetendeutschen, Magyaren und Karpato-Ukrainer (die man zwar unterdrücken, aber keineswegs assimilieren wollte), so wenig die slowakische Bevölkerung zu Beginn der zwanziger Jahre fähig und willens schien, sich zum nationalen Abwehrkampf zu formieren.

Die Ironie der Geschichte wollte es jedoch, daß es gerade die hochentwikkelte Schul- und Kulturpolitik der Tschechen war, die ein selbstbewußtes, abwehrbereites Slowakentum schuf. Mit der Hebung des allgemeinen Wissens und Bildungsniveaus in der Slowakei sowie der Förderung einer eigenständigen slowakischen Intelligenz errang sich die tschechische Verwaltung zwar zeitlose Verdienste, gab aber zugleich der slowakischen Nation die geistigen Waffen in die Hand, mit denen sie für die Anerkennung ihrer Gleichberechtigung in einem gemeinsamen Staat zu streiten begann.

Von politischer, sozialer, gesellschaftlicher und ökonomischer Gleichberechtigung der Slowaken mit den Tschechen konnte in der Tat keine Rede sein. Stolz auf ihre „historischen Länder" Böhmen und Mähren, zivilisatorisch, industriell, gesellschaftspolitisch ebenso wie vom Bewußtsein her ungleich fortgeschrittener und sich dessen überscharf bewußt, betrachteten und behandelten die Tschechen die rückständige Slowakei als Kolonial- und Ausbeutungsgebiet, dessen hauptsächlicher Anreiz – neben den landschaftlichen Schönheiten als Touristenattraktion – in der Gestellung billiger Arbeitskräfte und braver Rekruten bestand. Die Schlüsselpositionen in Politik, Staat, Verwaltung, Wirtschaft und Armee blieben den Tschechen vorbehalten, und der Slowake – soeben einer fünfzigjährigen wütenden Magyarisierungspolitik seines Landes entronnen – verkapselte sich in Minderwertigkeitskomplexen und wurde niemals des nagenden Gefühls ledig, für den anderen, den Tschechen, der „dumme slowakische Bauer" zu sein und zu bleiben.

Nach zwölfjähriger Existenz der Tschechoslowakischen Republik, im Jahre 1930, sah die Nationalitätenstruktur des Landes folgendermaßen aus (abgerundete Zahlen):

Tschechen	ca.	6 600 000
Deutsche	ca.	3 300 000
Slowaken	ca.	2 600 000
Ungarn	ca.	700 000
Ukrainer	ca.	500 000
Juden	ca.	200 000
Polen	ca.	100 000
insgesamt	ca.	14 000 000

Daraus ging hervor, daß die Slowaken die drittstärkste Nationalitätengruppe mit weitem Abstand vor den übrigen Nationen stellten. Im slowakischen Landesteil selbst, dem ehemaligen Oberungarn, hatten die Slowaken fast eine Dreiviertelmehrheit der Bevölkerung:

Slowaken	ca.	2 550 000
Ungarn	ca.	700 000
Deutsche	ca.	150 000
Juden	ca.	80 000
Polen	ca.	10 000
Ukrainer	ca.	10 000
insgesamt	ca.	3 500 000

Die Slowaken hätten also mit Fug und Recht erwarten können, daß sie in etwa ihrem Bevölkerungsanteil entsprechend, nämlich 18,5 Prozent, an der Besetzung der staatlichen Stellen und Funktionen beteiligt worden wären. In Wahrheit sah es aber so aus:
Im Prager Parlament waren 224 Beamte tätig: davon 223 Tschechen und 1 Slowake. In der Präsidentenkanzlei arbeiteten 96 Tschechen und 3 Slowaken. Im Innenministerium 386 Tschechen und 2 Slowaken. Im Außenministerium 1246 Tschechen und 33 Slowaken. In sämtlichen Prager Zentralbehörden gab es rund 20 000 Beamte: davon waren genau 120 Slowaken (0,6 Prozent!).
So standen die Dinge in Prag. Und wie stand es in der Slowakei selber? Nehmen wir als Beispiel die Eisenbahndirektion von Bratislava: Von ihren 583 höheren Beamten waren nur 73 Slowaken (12,5 Prozent). Es gab 82 Beamte mit Hochschulbildung; davon waren 6 Slowaken (7,5 Prozent). Bei den mittleren und unteren Eisenbahnbeamten bestand ein Verhältnis von 890 Tschechen zu 240 Slowaken (21 Prozent). In anderen Berreichen verhielt es sich ähnlich. Niemand wäre der Übertreibung schuldig zu sprechen gewesen, der behauptet hatte, daß die britische Kolonialverwaltung in Indien in etwa der tschechischen Vorherrschaft in der Slowakei entsprach.
So sah es 1930, aber auch noch 1933 aus, als Adolf Hitler in Deutschland zur Macht kam und die „nationale Frage" zur Leitlinie seiner Außenpolitik machte. In der ČSR änderte sich nichts. Im Gegenteil: Am 18. Dezember 1935 wurde der führende Repräsentant des kleinbürgerlichen tschechischen Chauvinismus, Dr. Eduard Beneš, mit 340 von 442 Stimmen zum Staatspräsidenten der ČSR gewählt.
Dieses Ergebnis wäre ohne die Hilfe der Slowaken niemals zustande gekommen. In den Wahlen vom 19. Mai 1935 hatte die „Slowakische Hlinka-Volkspartei" rund eine halbe Million Stimmen bekommen und sich damit als die konstante, führende politische Kraft in der Slowakei erwiesen. Beneš beurteilte die Lage durchaus realistisch: Es war ihm absolut klar, daß er ohne die Stimmen der slowakischen Volksparteiler niemals Staatspräsident wer-

den konnte. So bot er der Partei Verhandlungen an, und das Parteidirektorium delegierte Monsignore Dr. Josef Tiso (1), den engsten und fähigsten Mitarbeiter Hlinkas, nach Prag.

Beneš wickelte Tiso völlig ein. Listig versprach er ihm, daß er nach seiner Wahl zum Staatspräsidenten unverzüglich zwei Probleme lösen würde: zuerst das der Karpato-Ukraine und dann das der Slowakei. (Damit hatte er die slowakische Frage schon an die zweite Stelle geschoben!) Ohne etwas schriftlich aus der Hand zu geben, versprach er Tiso in sehr allgemein gehaltenen Wendungen, die Slowakei würde eine Art Autonomie und die Slowaken würden einen angemessenen prozentualen Anteil in den tschechoslowakischen Zentralbehörden bekommen. Er sagte auch zu, daß das katholische Schulwesen in der Slowakei ausgebaut und daß die wirtschaftliche Lage der Slowaken deutlich verbessert werden sollte. Zum Schluß versicherte er Tiso ganz leutselig, man solle es doch jedem Menschen in der ČSR gänzlich freistellen, ob er sich als Tscheche, als Slowake oder aber als „Tschechoslowake" fühlen wolle (womit er in der Form eines scheinbar großzügigen Zugeständnisses in Wahrheit seine chauvinistische Doktrin des „Tschechoslowakismus" ungeschmälert erhalten hatte).

Tiso glaubte Beneš und überzeugte schließlich auch den skeptischen und mißtrauischen Andrej Hlinka. Doch bereits drei Monate nach seiner Wahl ließ Beneš die Maske fallen und erklärte im Prager Parlament kategorisch, er denke gar nicht daran, von seiner Theorie einer „tschechoslowakischen Nation" zu lassen: Es gäbe weder einzelne „Tschechen" noch einzelne „Slowaken", sondern es gäbe nur das einheitliche tschechoslowakische Volk mit der Hauptstadt Prag! Ja, er ließ die Erklärung verbreiten, daß er schon als

---

1 Josef Tiso wurde am 13. Oktober 1887 in Veľká Bytča (deutsch: Bytschau) in den Weißen Karpaten geboren: als zweiter Sohn des Fleischhauers Gašpar Tiso und seiner Ehefrau Theresia, geborene Budišek. Nach dem Besuch der ersten sechs Klassen der Elementarschule kam er auf das römisch-katholische Unter-Gymnasium von Žilina (deutsch: Sillein). Er wollte Priester werden und trat auf Empfehlung seines Religionslehrers in das Knabenseminar zu Nitra (deutsch: Neutra) ein. Nach dem Abitur studierte er auf dem Pazmaneum zu Wien, einer traditionsreichen Anstalt für Theologiestudenten aus der ungarischen Reichshälfte. 1910 wurde er vom Bischof Dr. Fischer-Colbrie aus Košice (deutsch: Kaschau) zum Priester geweiht. Ein Jahr später erlangte Tiso den Doktortitel der Theologie, zwei Jahre später wurde er Kaplan in Bánovce. Und sofort begann er mit seinem leidenschaftlichen Kampf gegen die Magyarisierung. 1919 begrüßte er im Namen des Klerus die tschechische Armee, als sie Nitra besetzte. Zusammen mit Dr. Fibelkorn gründete er die erste slowakische Zeitung namens „Nitra", in der er sich unablässig mühte, ein slowakisches Nationalbewußtsein zu entfachen.

Außenminister den Pittsburgher Vertrag nicht anerkannt habe und daß er ihn als Staatspräsident der ČSR erst recht nicht zur Kenntnis nehmen werde.[2]
So hatten sich die Führer der Slowakischen Hlinka-Volkspartei mit ihrer Verständigungstaktik selbst betrogen. Doch nun kamen ihnen das eigene Volk und das ausländische Slowakentum zu Hilfe: Ende 1937 demonstrierten die Studenten der Universität Bratislava tagelang auf den Straßen gegen die tschechische Vorherrschaft im slowakischen Landesteil. Auf ihren Tafeln und Transparenten stand: „In der Slowakei slowakisch sprechen!" In Prag wurde man sichtlich nervös. Und im Früjahr 1938 besuchte eine Delegation der slowakischen Liga in Amerika, an der Spitze Dr. Peter Hletko, die Tschechoslowakei, um die Lage der slowakischen Nation zu erkunden. Auf einer Massenveranstaltung am 5. Juni 1938 in Bratislava, an der 120 000 Menschen teilnahmen, wies Dr. Hletko das Original des Pittsburgher Vertrages vor und brachte damit alle tschechischen Stimmen, die von einem „Falsifikat" gesprochen hatten, zum Verstummen.
An dieser Kundgebung nahm auch Pater Hlinka teil. Von Journalisten befragt, ob er die staatliche Selbständigkeit der Slowakei wünsche, antwortete er sybillinisch, er kenne kein Volk auf der Welt, das nicht seine Selbständigkeit wolle. Am 16. August 1938 starb Hlinka, der „Vater der Slowaken", in seinem Pfarrsitz von Ružomberok (Rosenburg). Dr. Tiso wurde sein Nachfolger, und ein Ende der Spannungen zwischen Tschechen und Slowaken war nicht abzusehen.
Adolf Hitler, der mächtige deutsche Diktator, und die sudetendeutsche Nationalitätengruppe waren es, die ab September 1938 die Lösung der tschechoslowakischen Frage in ein immer rasanteres Fahrwasser lenkten. Hier der Kalender der historischen Ereignisse:

8. September 1938:
Dr. Tiso nimmt zum ersten Mal an den Verhandlungen der Abgeordneten der Sudentendeutschen Partei in Prag teil und spricht mit deren Führer, Konrad Henlein.
Am selben Tag konferiert Tiso ergebnislos mit Dr. Beneš, der nicht bereit ist, von seinem tschechoslowakisch-zentralistischen Standpunkt zu lassen.

10. September 1938:
Die tschechische Presse greift Dr. Tiso wegen seiner Gespräche mit den Sudentendeutschen an und wirft ihm vor, er sei der Prager Regierung damit in den Rücken gefallen.

[2] Tiso hat Beneš diesen Betrug nie verziehen noch vergessen. Selbst angesichts des Todes, in seiner Verteidigungsrede von 1947, hat er Beneš noch persönlich attakkiert. (Siehe zum Vergleich: Dokumenten-Anhang 23: Tisos Verteidigungsrede vor Gericht.)

12. September 1938:
Der slowakische Abgeordneten- und Senatorenklub der Hlinka-Volkspartei weist die Angriffe der tschechischen Seite gegen Dr. Tiso zurück und fordert die slowakische Öffentlichkeit auf, sich nicht von Prag verhetzen zu lassen.
Am selben Tag attackiert Hitler in einer Rede die Prager Regierung.
Beneš verhängt das militärische Standrecht über die sudetendeutschen Gebiete.

14. September 1938:
Lord Runciman empfiehlt der britischen Regierung zur Lösung der tschechoslowakischen Frage die Abtretung der sudetendeutschen Gebiete mit ihren 3150000 Einwohnern an Deutschland. Telegrammwechsel zwischen Reichskanzler Hitler und Premierminister Chamberlain.

15. September 1938:
Hitler und Chamberlain treffen sich auf dem Obersalzberg.

16. September 1938:
Die Prager Regierung erläßt ein Verbot gegen die Sudetendeutsche Partei.

18. September 1938:
Italiens Ministerpräsident, Benito Mussolini, wendet sich in einer Rede, die er in Triest hält, gegen die „chauvinistische" Beneš-Politik.

19. September 1938:
Der Abgeordneten- und Senatoren-Klub der Slowakischen Volkspartei verkündet, daß der Kampf um die Autonomie der Slowakei verstärkt werde.

21. September 1938:
Die Botschafter Frankreichs und Großbritanniens suchen Dr. Beneš auf und erklären, daß ihre Regierungen die einzige friedliche Lösung in der Gewährung des Selbstbestimmungsrechts für die Sudetendeutschen sähen: also im Anschluß des Sudetenlandes an das Deutsche Reich.
Im Falle einer kriegerischen Verwicklung mit Deutschland seien ihre Länder nicht zur Hilfeleistung bereit.

23. September 1938:
Die tschechoslowakische Regierung tritt zurück. Dr. Beneš erklärt sich zur Lösung der slowakischen Frage bereit. Gleichzeitig ordnet er die Generalmobilmachung an.

24. September 1938:
Hitler und Chamberlain treffen sich in Bad Godesberg.
Neuer Ministerpräsident in Prag wird der tschechische General Syrový.

25. September 1938:
Mussolini wendet sich in einer Rede, die er in Vicenza hält, erneut scharf gegen die tschechische Politik.

26. September 1938:
Hitler spricht im Berliner Sportpalast: Friede oder Krieg lägen ausschließlich in der Hand des „Herrn Beneš", erklärt er und fügt hinzu, daß die deutsche Seite auf alle Eventualitäten vorbereitet sei.

29. September 1938:
Münchner Konferenz der vier Großmächte Deutschland, Italien, Frankreich und Großbritannien zur Lösung der Sudentenfrage. Einstimmiger Beschluß, daß das Sudetenland bis zum 10. Oktober an Deutschland abgetreten werden müsse.
Am selben Tag konferieren die Vertreter aller politischen Parteien in der Slowakei in Bratislava über die Lösung der slowakischen Frage.

30. September 1938:
Die Prager Regierung nimmt den Beschluß der Konferenz von München an.

5. Oktober 1938:
General Syrový zwingt Beneš, sein Amt als Staatspräsident niederzulegen. Beneš flieht einige Tage später in das Ausland. Am selben Tag treffen sich in Žilina (deutsch: Sillein) die Vertreter der Slowakischen Volkspartei mit den Repräsentanten von acht anderen Parteien, um das Schicksal der Slowakei zu beraten.

6. Oktober 1938:
Die Versammlung in Žilina verabschiedet einstimmig ein „Manifest der slowakischen Nation", welches die Autonomie der Slowakei innerhalb der ČSR proklamiert.
Dr. Tiso übermittelt den Inhalt des Manifests fernmündlich an Ministerpräsident Syrový. Die Prager Regierung stimmt unverzüglich zu, daß die Tschechoslowakei in einen föderativen Bundesstaat gleichberechtigter Nationen, vor allem der Tschechen und Slowaken, umgewandelt wird.

7. Oktober 1938:
In Prag wird die neue slowakische autonome Regierung vereidigt. Ministerpräsident und Minister des Innern wird Dr. Josef Tiso. Slowakische Minister werden außerdem: Dr. Durčansky, Černák, Teplanský und Lichner.

8. Oktober 1938:
Die neue slowakische Regierung begibt sich von Prag nach Preßburg (Bratislava) und wird vom Volk begeistert gefeiert.

18. November 1938:
Das Prager Parlament nimmt das Gesetz über die Autonomie der Slowakei mit 144 gegen 25 kommunistische (!) Stimmen an.

30. November 1938:
Zum neuen Staatspräsidenten der Tschecho-Slowakischen Republik (Č-SR) wird Dr. Hácha, der bisherige Vorsitzende des Obersten Verwaltungsgerichts, gewählt.

So hatte sich in drei dramatischen Monaten, von Anfang September bis Ende November 1938, eine totale Umgestaltung der tschechoslowakischen politischen Landschaft vollzogen! Und was sich den Tschechen als eine – wenn auch selbstverschuldete – tragische Entwicklung darbieten mußte, brachte den Slowaken die triumphale Verwirklichung ihres zwanzigjährigen Strebens nach nationaler Gleichberechtigung.
Doch die Euphorie in Bratislava verflog so schnell, wie sie gekommen war. Bereits im November kam es zum Wiener Schiedsspruch, durch den die Südslowakei an Ungarn verloren ging. Und wenige Tage später lebten die Querelen zwischen Tschechen und Slowaken von neuem auf.
Die autonome Regierung der Slowakei beschloß ihre eigenen Gesetze und legte sie in Prag zur Gegenzeichnung vor. Staatspräsident Hácha entschloß sich nach längerem Zögern zur Unterschrift, allerdings unter der ausdrücklichen Bedingung, daß auch in Zukunft alles erst von der Zentralregierung genehmigt werden müßte. Das Drängen der Slowaken in Prag, man möge doch endlich die tschechischen Beamten und Angestellten aus der Slowakei abziehen, löste auf tschechischer Seite empfindliche Reaktionen aus. Andererseits empörte es die Slowaken, daß die Prager Zentralregierung darauf bestand, die Polizeigewalt in der Slowakei in eigenen Händen zu behalten.
Am 18. Januar 1939 trat das neugewählte Slowakische Parlament in Bratislava zu seiner ersten Sitzung zusammen. Ministerpräsident Tiso hielt am 21. Februar eine Rede, in der er ausdrücklich davon sprach, daß der slowakische „Staat" eine eigene Sprache, Kultur, Moral und Gesetzgebung haben

werde, daß dieser „Staat" in Zukunft einzig und allein von Slowaken regiert würde. In Prag verstand man diese Ausführungen so, daß Tiso auf allmählichem, evolutionärem Wege zu einem selbständigen, von Böhmen und Mähren völlig unabhängigem Staat kommen wolle.
Alles dies erwies sich jedoch sehr bald als zweitrangig im Vergleich zu den Planungen und Zielsetzungen des deutschen Führers und Reichskanzlers. Hitler hatte sich zur „Zerschlagung der Resttschechei" entschlossen, und die Slowakei war für ihn ein wichtiger Trumph in seinem Zerstörungsspiel.
Am 7. März besuchte Dr. Seyß-Inquart im Auftrage Hitlers Dr. Tiso und machte ihm klar, daß die Stunde für eine unabhängige Slowakei gekommen sei. Zwei Tage später trat die Prager Regierung, die von den deutsch-slowakischen Kontakten erfahren hatte, zu einer Sondersitzung zusammen. Sie arbeitete Hitler direkt in die Hände, als sie beschloß, in der Nacht vom 9. zum 10. März die tschechische Armee in die Slowakei zu schicken. Truppen besetzten in Bratislava die wichtigsten Gebäude und verhafteten mehrere slowakische „Separatisten". Dr. Tiso wurde durch Prager Dekret noch am selben Tag als Ministerpräsident abgesetzt. Einen Tag später, am 11. März, ernannte die Prager Zentralregierung Karol Sidor zum neuen slowakischen Ministerpräsidenten.
Die deutsche Seite wandte sich unverzüglich an Tiso und lud ihn dringend zu einem Gespräch nach Berlin ein. Der Exekutivausschuß der Slowakischen Volkspartei ermächtigte Tiso zu dieser Reise, der am 13. März in Berlin eintraf. Als er in seiner schwarzen Priestersoutane der Junkersmaschine auf dem Tempelhofer Flughafen entstieg, erwarteten ihn bereits der Chef des diplomatischen Protokolls und eine deutsche Ehrenkompanie.
Hitler machte es kurz, als er mit Tiso sprach. Er erklärte, das Schicksal Böhmens und Mährens sei bereits entschieden. Deutschland habe keinerlei Interessen östlich der Karpaten. Die Slowaken müßten nun wählen, ob sie selbständig sein oder zwischen Ungarn und Polen aufgeteilt werden wollten. Im ersten Falle würde das Reich die Unabhängigkeit der Slowakei garantieren: Eile sei geboten!
Am nächsten Tag, dem 14. März 1939, begann um 10.57 Uhr eine Sondersitzung des slowakischen Parlaments in Bratislava. Nachdem Karol Sidor von seinem Amt als Ministerpräsident freiwillig zurückgetreten war, erstattete Dr. Tiso dem Hause einen ausführlichen Bericht über seine Gespräche in Berlin.
Um 11.45 verkündete Lantagspräsident Dr. Sokol eine Pause von fünfzehn Minuten. Um 12.06 trat der Landtag wieder zusammen. Zwei Minuten später, um 12.08, beschloß das Haus einstimmig die Bildung eines selbständigen Slowakischen Staates. Die Abgeordneten erhoben sich von ihren Sitzen und sangen die slowakische Hymne „Hej Slováci..."

Damit war ein neuer Staat in Mitteleuropa, zwischen Donau und Tatra, geboren! Nach den im November 1938 vollzogenen Gebietsabtretungen umfaßte er noch etwa 2 800 000 Einwohner; davon neunzig Prozent slowakischer Nationalität. Die „Slowakische Republik", ein westslawischer Nationalstaat, war entstanden.

Alle Glocken der altehrwürdigen Krönungsstadt Preßburg läuteten, als die neue Regierung unter dem Jubel des Volkes durch die Gassen zum „Hlinkaplatz" zog. An der Spitze schritt Ministerpräsident (bald Staatspräsident) Monsignore Dr. Josef Tiso, der ehemalige Pfarrer des kleinen westslowakischen Städtchens Bánovce, umgeben von einem eindrucksvollen Schwarm hoher katholischer Würdenträger.

Am Abend des 14. März 1939 gaben die Rundfunkstationen Bratislava, Wien und Berlin der überraschten Welt das historische Ereignis bekannt.

2. Der selbständige Staat

Seit dem 14. März 1939 waren die Landkarten Mitteleuropas revisionsbedürftig. Ein Staat – die Tschechoslowakei – war aus der politischen Geographie verschwunden. Ein anderer Staat – die Slowakei – hatte sich zwischen Donau und Tatra etabliert.

Das altehrwürdige Prag begann, seine Hauptstadtfunktion einzubüßen und wurde, während sich das Hakenkreuzbanner über dem Hradschin blähte, zu provinzieller Bedeutungslosigkeit herabgedrückt. Das geschichtslose Preßburg, slowakisch: Bratislava, verwandelte sich aus einem verschlafenen Provinznest, das bis dahin den Eindruck einer vergessenen Wiener Vorstadt erweckt hatte, in die Kapitale der jungen Slowakei.[1]

Die herrschfreudige Nation der Tschechen trat widerstandslos aus der Reihe der souveränen Völker ab. Die lang unterdrückten Slowaken stiegen zu einer unabhängigen Nation im eigenen Staatsverbande auf.

Zum ersten Mal in der modernen Geschichte Europas gab es einen selbständigen slowakischen Staat, nahm Bratislava, eine Stadt von 135 000 Einwohnern, den Rang einer europäischen Hauptstadt ein. Rund 2,8 Millionen Einwohner und etwa 38 000 qkm umfaßte die neue Republik.

Die politischen Startbedingungen des Slowakischen Staates schienen nicht ungünstig. Gewiß, keine selbständige Slowakei ohne Adolf Hitler, ohne seinen brutalen imperialistischen Akt, der zur Vernichtung der Tschechoslowakei geführt hatte. Und doch gab es kaum jemanden in der Welt, der es *bezweifelt* hätte, daß es eine zwanzigjährige Unterdrückung und Bevormundung der Slowaken durch die Tschechen gegeben hatte, kaum jemanden, der dem moralischen und politischen Recht der Slowaken zur freien Selbstbestimmung *widersprochen* hätte. Hunderttausende emigrierter Slowaken, vor allem in den Vereinigten Staaten, vermochten in der westlichen Welt für den Leidensweg und für den nationalen Selbstbehauptungswillen des slowakischen Volkes Zeugnis abzulegen.

Und tatsächlich wurde die Republik von 27 Staaten zuerst de-facto, dann aber auch de-jure anerkannt.[2] Dafür sorgte schon eine proslowakische In-

---

1 In zurückliegenden Zeiten hatte Preßburg durchaus eine historische Rolle gespielt, war Krönungsstadt der ungarischen Könige gewesen. Oder man denke an Maria Theresias Auftreten in Preßburg, auch an den „Preßburger Frieden" von 1805 u. a. Dann war die Stadt praktisch in Vergessenheit geraten.
2 Die Slowakei wurde von 20 europäischen Staaten, darunter sämtlichen fünf Großmächten anerkannt; außerdem von 7 außereuropäischen Staaten, darunter den beiden Großmächten China und Japan.

itiative des Vatikans. Und selbst die Sowjetunion delegierte bald einen Gesandten nach Bratislava und akzeptierte die Existenz des slowakischen Staates, nachdem Hitler und Stalin im August 1939 ihr politisches Arrangement getroffen hatten. Bereits am 16. 9. 1939 erfolgte die diplomatische Anerkennung durch die UdSSR. Ja, in Preßburg entstand eine slowakisch-sowjetische Gesellschaft, deren Vorsitzende der klerikal-faschistische Minister Durčansky und der sowjetische Gesandte Puschkin waren.[3]
Auch der moralische Kredit des jungen Staates schien nicht gering. Man wußte in Europa zwar wenig von der Slowakei und von den Slowaken. Aus dem, was bekannt war, aber ergab sich ein positives Bild: Die Slowaken galten allgemein als ein unverfälschtes Bauern- und Hirtenvolk, seßhaft in einem Lande beträchtlicher Naturschönheiten. Hatte man sie auch vielfach als „Rastelbinder", als wandernde Topf- und Pfannenflicker (nach einem Bonmot Ladislav Mňačkos: als „Weltschwarzarbeiter") kennengelernt, so hatte man doch immer ihre natürliche Schönheit und Würde und die unbestechliche Aufrichtigkeit ihres Charakters zu schätzen gewußt. Kenner bezeichneten sie als ideale Vertreter des Westslawentums. Warum sollten sie nicht einen eigenen Staat haben, wenn die Tschechoslowakei sich schon als eine unhaltbare Lösung erwiesen hatte?
Die slowakische und deutsche Propaganda trugen jedenfalls sehr bald nach Gründung des slowakischen Staates dafür Sorge, daß Schlagworte wie „Schweiz des Ostens" – „Land des Lächelns" – „Oase des Friedens" – zu mehr als landläufigen Begriffen wurden; und im Grunde hatten sie nicht einmal übetrieben.
Bis heute hält sich hartnäckig die Vorstellung, die selbständige Slowakei sei ein „Schoßkind Hitlers" gewesen. Und tatsächlich war sie der einzige katholische Priesterstaat im Herrschaftsbereich des Nationalsozialismus. Doch wenn sie von direkten Eingriffen Hitlers weitgehend verschont blieb, so lag das weniger an seiner besonderen Vorliebe für die Nation der Slowaken als vielmehr an seinem mangelnden Interesse für die slowakische Frage überhaupt, das sich sehr deutlich bereits zur Zeit des Münchner Abkommens erwiesen hatte. Doch soweit – und das verdient Beachtung – ging Hitlers Desinteresse an den Slowaken nicht, daß er ihnen einen unabhängigen, eigenen nationalen Weg gestattet hätte. Die Slowakei wurde der erste Satellitenstaat des Großdeutschen Reiches. Denn das sollte sich schon wenige Tage nach der Proklamation des slowakischen Staates zeigen: von echter außenpolitischer Selbständigkeit konnte keine Rede sein.
Vier Tage nach Gründung der Slowakischen Republik, am 18. März 1939,

---

3 Puschkin führte ein offenes Haus in Bratislava und gab sich äußerst slowakophil. Nach dem Kriege war er längere Zeit Sowjetbotschafter in der DDR.

ging Dr. Josef Tiso nach Wien, um den sogenannten Schutzvertrag mit dem Großdeutschen Reich abzuschließen. Es sollte ein Gang nach Canossa werden! Hier in Wien kam es zum ersten Zusammenstoß der slowakischen Interessen mit dem deutschen Hegemonismus.

Hitler hatte Tiso am 13. März in Berlin wiederholt versichert, daß das Reich an der Slowakei desinteressiert sei. Der Abschluß eines „Schutzvertrages" mußte gewiß als Widerlegung oder doch als Korrektur dieser Version verstanden werden. Immerhin ließ sich ein solches Abkommen, das dem gewaltig erstarkten Deutschland den militärischen und außenpolitischen Schutz der kleinen Slowakei übertrug, noch einigermaßen mit dem wohlverstandenen nationalen Selbstinteresse der Slowaken in Übereinstimmung bringen, deren jüngst gewonnene staatliche Existenz die festeste Absicherung in enger Anlehnung an das mächtige Reich finden mochte. Keiner der maßgebenden slowakischen Politiker konnte bei der nun einmal bestehenden politischen Lage Europas im Ernst an eine schrankenlose Souveränität glauben. Es ließ sich kaum mehr als eine relative Selbständigkeit erwarten. Ohne den „Schutzvertrag", der die ungarischen und polnischen Annexionsgelüste zügelte, hätte es niemals einen eigenen slowakischen Staat gegeben! Darüber täuschten sich die Slowaken auch nicht. Die in Wien erhobene Forderung der deutschen Generäle auf eine stützpunktartige Besetzung des Waagtales jedoch mußte die Slowaken zum ersten Mal stutzig machen.

Dabei muß man sich vor Augen halten, daß es bereits fünf Monate zuvor zum ersten Wiener Schiedsspruch gekommen war, der die autonome Slowakei empfindlich getroffen hatte. Am 2. November 1938 waren die Außenminister Deutschlands und Italiens in Wien zusammengekommen und hatten beschlossen, große Landstriche der südlichen Slowakei und der südlichen Karpato-Ukraine an Ungarn abzutreten. Die Slowakei verlor 10 656 qkm mit 879 697 Einwohnern, und zwar: 9914 Bewohner an Polen, 15 566 an Deutschland und 854 217 an Ungarn. Binnen sechs Tagen, nämlich in der Zeit von 5.–10. November 1938, mußten die tschecho-slowakischen bzw. slowakischen Behörden die abgetretenen Gebiete verlassen. Das Schlimmste bei alledem war für die Slowaken, daß man ihnen die landwirtschaftlich ergiebigsten Regionen, daß man ihnen mit den flachen Ebenen nördlich der Donau ihre Speise- und Kornkammer genommen hatte.

Nur wenige Tage nach Ausrufung des slowakischen Staates drohte ihm so durch die neuen deutschen Forderungen ein nationales Fiasko, erwuchs die Gefahr einer frühzeitigen Entschleierung der wahren Machtverhältnisse in Mitteleuropa. Die Bildung eines nationalen Selbstbewußtseins, jenes unerläßlichen Fundaments, auf dem ein junger Staat hätte Fuß fassen können, schien bereits in der Geburtsstunde der Slowakei in Frage gestellt.

Man darf sagen, daß die Wiener Verhandlungen um den „Schutzvertrag", der die Slowakei zu einem außen- und militärpolitischen Satelliten des Deutschen Reiches degradierte, bei den slowakischen Patrioten erste antideutsche Gefühle auslösten. Ja, selbst in der Slowakischen Volkspartei war man bestürzt, war man über das deutsche Verhalten empört. Es gibt ein Wochenschaudokument aus jenen Wiener Tagen, das die Unterzeichnung des „Schutzvertrages" durch Dr. Tiso zeigt. Es ist von bedrückender Dramatik, zu sehen, wie schwer es dem slowakischen Präsidenten wurde, den für die Slowakei so enttäuschenden Vertrag zu unterzeichnen, und wie er schließlich halbabgewandten Gesichtes unterschrieb. Auch slowakische Kommunisten bestreiten heute nicht mehr, daß Tiso sich in Wien – „als Repräsentant eines nationalistischen Staates" – den deutschen Forderungen mit Nachdruck widersetzte.[4]

Und doch hätte der eindrucksvolle und würdige Widerstand Tisos den Zusammenbruch des slowakischen Selbstbewußtseins und Nationalgefühls nicht abzuwenden vermocht, wenn nicht der Zufall zu Hilfe gekommen wäre: Der ungarische Einfall vom 20. März 1939 rettete den jungen slowakischen Staat in einem für seine Existenz äußerst kritischen Moment! Er schuf recht eigentlich ein slowakisches Nationalbewußtsein.

Es wird sich vielleicht nie mehr mit absoluter Sicherheit feststellen lassen, ob der ungarische Angriff ein Alleingang Budapests und des magyarischen Chauvinismus war oder ob – wie die slowakischen Kommunisten vermuten[5] – Berlin seine Hände im Spiel hatte. Hitler, der in seiner Unterredung mit Tiso ohnehin bekannt hatte, daß er die Slowakei ursprünglich den Ungarn überlassen wollte, könnte der Horthy-Regierung in Budapest einen heimlichen Wink gegeben haben, um den Slowaken auf diese Weise während der Wiener Verhandlungen vom 18. bis 23. März 1939 drastisch vor Augen zu führen, wie hilflos und ohnmächtig sie ohne den Schutz des Reiches waren. Ebenso denkbar, ja wahrscheinlich ist aber, daß die Ungarn vor Abschluß der Wiener Gespräche von sich aus vollendete Tatsachen schaffen und rasch noch einen Brocken slowakischen Gebietes an sich reißen, wenn nicht überhaupt den gesamten Bestand des slowakischen Staates im letzten Augenblick in Frage stellen wollten. Jedenfalls wählten sie für ihren Überfall den Zeitpunkt, in dem die Slowakei in den ersten Schwierigkeiten der Selbständigkeit steckte, als das abgerüstete tschechische Militär das Land verließ, während die slowakische Wehrmacht kaum im Entstehen begriffen war. (Nach einer Äußerung Tisos vor dem Volksgerichtshof im Jahre 1946 hatten die Magyaren dem slowakischen Selbständigkeitsversuch eine Frist von höchstens sechs Wochen eingeräumt.)

4 Oberst Jaroslav Šolc vom historischen Institut der KPS in Bratislava in einem Gespräch mit dem Verfasser.
5 Oberst Jaroslav Šolc zum Verfasser.

Wie immer das gewesen sein mag, die Brutalität des ungarischen Vorgehens wirkte auf die Slowaken als Signal zur nationalen Erhebung. Militärisch gesehen konnte der Angriff der Magyaren fast harmlos wirken. Von der gerade besetzten Karpato-Ukraine und von Košice (Kaschau) in der Ost-Slowakei aus stießen sie mit zwei Regimentern in drei verschiedene Richtungen auf slowakisches Staatsgebiet vor. Aber die rücksichtslose Art des Überfalls mitten im Frieden, knapp eine Woche nach Ausrufung der jungen Republik, dazu die Nachricht, die sich im ganzen Land mit Windeseile verbreitete, daß die ungarische Luftwaffe ohne Grund und ohne Warnung die offene Stadt Spišska Nova Ves (Zipser Neudorf) bombardiert hatte, ließ die Slowaken bei dem Gedanken erzittern, daß der ungarische Erbfeind einen hinterhältigen Anschlag auf die Existenz der slowakischen Nation plane, daß er sie wieder in seine Botmäßigkeit zwingen wolle, deren tausendjährigen Fesseln sie knapp entronnen waren.

Eine Welle des Patriotismus ging durch die Slowakei. Der nationale Gedanke erfaßte die Massen; selbst die Skeptischen und bis dahin Abseitsstehenden. Von einem Tag auf den anderen ergab sich die Situation, daß das slowakische Volk in seiner großen Mehrheit den slowakischen Staat bejahte. Zugleich bezeichnete der ungarische Angriff die Geburtsstunde der slowakischen Nationalarmee. Das Oberkommando in Preßburg konnte fünf Jahrgänge mobilisieren. Aber auch ältere Slowaken meldeten sich in großer Zahl freiwillig und wurden – ohne daß sie wußten, wie ihnen geschah – in die klerikalfaschistische Hlinka-Garde eingereiht.

Nach fünfzehn bis zwanzig Kilometern Einbruchstiefe blieben die Ungarn stehen. Es hatte kaum ernsthafte Kämpfe und auf slowakischer Seite nicht mehr als zwei Tote gegeben. Berlin hatte Budapest offensichtlich zurückgepfiffen. Ein Waffenstillstand wurde vereinbart und am 4. April 1939 eine slowakisch-ungarische Einigung erzielt. Inzwischen hatte Dr. Tiso den „Schutzvertrag"[6] sowie ein vertrauliches Wirtschaftsprotokoll in Wien unterzeichnet. Das Reich übernahm die Garantie für die Unversehrtheit des slowakischen Staatsgebietes. Den ungarischen Gelüsten war ein Riegel vorgeschoben. Doch für die Slowaken war die Niederlage perfekt.

Indessen, der Preßburger Propaganda gelang es mit allen Mitteln der Übertreibung und der Schönfärberei, die Abwehr des ungarischen Einfalls im Bewußtsein des slowakischen Volkes als einen großen patriotischen Sieg zu verankern. Sie konnte dadurch mit Erfolg von der Wiener Demütigung und von den schmerzlichen Gebietsverlusten im Süden und Osten des Landes ablenken. Es gelang ihr, die Nation für längere Zeit von der Erkenntnis fernzuhal-

---

6 Siehe zum Vergleich Dokumenten-Anhang 1 : Wortlaut des Wiener Schutzvertrages.

ten, daß die Souveränität der Slowakei nur symbolisch, daß der slowakische Staat von der Gnade des Großdeutschen Reiches abhängig war.
So konnte sich die Tiso-Regierung im Sommer 1939 sagen, daß die Etablierung des neuen Staates gelungen sei. Da die Abhängigkeit der Slowakei von Deutschland erst in den folgenden Jahren – und auch dann nur gradweise – enthüllt wurde, wiegte sich die Mehrheit des slowakischen Volkes in dem Glauben, durch die Staatwerdung im März 1939 den Gipfel der nationalen Geschichte und Vervollkommnung erklommen zu haben.
Bemerkenswerterweise gestehen auch die tschechoslowakischen Kommunisten seit einiger Zeit ein, daß der Zusammenbruch der alten Tschechoslowakei beim slowakischen Volk ganz andersgeartete Gefühle als bei den Tschechen in Böhmen und Mähren auslöste.[7] Man gibt jetzt zu, daß der Tiso-Staat kein Plebiszit zu scheuen hatte, daß er von der Mehrheit der slowakischen Nation bejaht wurde, daß man die Liquidation der ČSR in der Slowakei keineswegs als nationales Unglück empfand, sondern die Befreiung von zwanzigjähriger tschechischer Vorherrschaft allgemein als nationale Errungenschaft begrüßte.[8]
Die Slowakei von 1939 war ein Gebiet mit überwiegend landwirtschaftlichem Charakter und vorwiegend bäuerlicher Bevölkerung. Von demokratischen oder gar revolutionären Traditionen der Gesellschaft konnte keine Rede sein. Überdies hatten die letzten Jahre der Auseinandersetzung mit dem Tschechentum und mit dem Prager Zentralismus in den städtischen und bürgerlichen Kreisen des slowakischen Volkes einen jungen, heißen Nationalismus entstehen lassen, wie es ihn in dieser Form in der Slowakei noch nicht gegeben hatte. Die überraschende Existenz eines selbständigen Staates schuf in vielen Slowaken das stolze Bewußtsein, zum ersten Mal seit Jahrhunderten Herr im eigenen Hause zu sein.
Auch die Einführung des autoritären Herrschafts- und Gesellschaftssystems stieß 1939 in der Slowakei auf geringen Widerstand. Sämtliche Parteien hatten sich zur allumfassenden patriotischen Hlinka-Organisation der Slowakischen Volkspartei zusammengeschlossen und konnten darauf pochen, das geistige Vermächtnis des 1938 verstorbenen slowakischen Nationalhelden, Pater Andrej Hlinka, in Treue und mit Erfolg zu verwalten. Die enge Anlehnung der Hlinka-Garde an italienische und deutsche Vorbilder in Uniformschnitt und Gruß, die – allerdings rein zufällige – Ähnlichkeit von slowakischem Doppelkreuz und deutschem Hakenkreuz, die Umbenennung von

---

7 Oberst Jaroslav Šolc zum Verfasser.
8 Oberst J. Šolc zum Verfasser.
General a. D. Ferdinand Čatloš erklärte dem Verfasser 1964, die Tisoregierung hätte 1939 bei einer Volksabstimmung zwischen 70 und 80% der Stimmen bekommen, was eine realistische Schätzung sein dürfte.

Straßen und Plätzen nach Adolf Hitler, – das alles mochte manchen empfindlichen Patrioten verstimmen und selbst Sympathisierenden des Guten zuviel erscheinen. Im Grunde jedoch sah man darin Äußerlichkeiten untergeordneter Bedeutung und war sich überdies der Tatsache bewußt, daß Deutschland der Garant der slowakischen Unabhängigkeit war, daß man es ausschließlich Berlin verdankte, wenn Budapest und Warschau mit ihren hemmungslosen Annexionsplänen nicht zum Zuge gekommen, wenn die Slowakei nicht an der Waaglinie zwischen beiden Staaten geteilt worden war.[9]

Sicher, durch den Wiener Schutzvertrag hatte die Slowakei keineswegs eine außen- und militärpolitische Unabhängigkeit erreicht. Doch innen- und kulturpolitisch war sie in der Tat souverän! Und wirtschaftspolitisch hieße es die Dinge sehr vereinfachen, wenn man heute pauschal von der Slowakei als Ausbeutungsobjekt der NS-Politik spräche. Vier Jahre lang, von der Staatsgründung bis zum Beginn des Jahres 1943, erfreute sich die slowakische Regierung einer relativen Freiheit und Freizügigkeit auf wirtschafts- und auf handelspolitischem Gebiet. Daß Teile deutscher Industrieunternehmungen, so z. B. auch der „Reichswerke Hermann Göring" in Linz, in die Slowakei verlegt wurden, war für die Slowaken ein angenehmes Geschäft, unterstützte ihren eigenen Industrialisierungsprozeß und beengte ihre wirtschaftliche Entscheidungsfreiheit nicht. Im Gegenteil: Arbeitskräfte, die sonst gezwungen gewesen wären, nach Ungarn oder Deutschland zu gehen, konnten im Lande bleiben, und es wurden Industrieanlagen geschaffen, welche die Deutschen nicht mitnehmen konnten, falls es wieder einmal anders kam. Hingegen in der Zeit von Anfang 43 bis Anfang 44 unterwarf sich die slowakische Wirtschaft und Ausfuhr den Forderungen, die die deutsche Kriegs- und Rüstungsproduktion an sie stellte.[10] In einer dritten Phase, vom Sommer 1943 bis Sommer 1944, gewann die Slowakei ihre Wirtschaftshoheit schließlich zurück, indem sie sich mit der Tarnung einer autonomen slowakischen Kriegswirtschaft umgab (während in Wahrheit jedoch eine Konzentrations-

---

9 J. K. Hoensch, Geschichte der Tschechoslowakischen Republik, 1966, S. 115: „In der Abhängigkeit von dem Wohlwollen Hitlers konnte dieser 38000 qkm große Pseudo-Staat allerdings die Interessen der Slowaken besser wahrnehmen und ihnen mehr Möglichkeiten zu einer geistigen und materiellen Entfaltung schaffen, als es im Rahmen einer anderen in Frage kommenden Konstellation – der Besetzung und Aufteilung durch Ungarn, Polen und Deutschland, der Rückgliederung an Ungarn unter Beachtung einer politischen und kulturellen Autonomie oder der Organisation der Slowakei als ein deutsches Protektorat – möglich gewesen wäre."

10 In den ersten drei Kriegsjahren mußte die Slowakei etwa pro Jahr 1 Milliarde Kronen für die Zahlung vom Reich geforderter Lieferungen bzw. Einrichtungen aufbringen. Im Jahre 1943 dagegen 1,3 Milliarden Kronen.

und Hortungspolitik in der Mittelslowakei betrieben wurde, die der Erhaltung der slowakischen Substanz und dem späteren Aufstand gegen Deutschland diente).

Für die Masse der Slowaken stellte sich 1939 vor allem die Frage nach dem Lebensstandard, und schon bald nach Ausbruch des II. Weltkrieges konnte sie Vergleiche zwischen dem eigenen Versorgungsniveau und den immer strenger rationierten Lebensumständen im Reich anstellen, die eindeutig zu ihren Gunsten ausfielen. Die Slowakei war auf dem Ernährungssektor nahezu autark. (Als im Herbst 1944 deutsche Truppen in die Slowakei einrückten, um den Aufstand in der Mittelslowakei zu bekämpfen, hatten sie den Eindruck, sie kämen in ein Paradies.) Die gute Versorgungslage für Nahrungsmittel und Konsumgüter, die sich die Slowakei durch alle Kriegsjahre hindurch bewahrte, trug nicht zuletzt dazu bei, der Tiso-Regierung bei der bürgerlichen und bäuerlichen Bevölkerung der Slowakei erheblichen Kredit zu verschaffen. Die slowakische Arbeiterschaft aber war zu jener Zeit sowohl der Zahl als auch ihrer politischen Reife nach zu schwach entwickelt, um aus der sozialen Frage Sprengstoff gegen die slowakische Republik zu gewinnen. Als es am 30. Oktober 1940 zu größeren Unruhen slowakischer Bergarbeiter in Handlová kam (von denen übrigens 60% volksdeutscher Abstammung waren), entsandte die Preßburger Regierung zwar Gendarmerie und Truppen, erhöhte aber zugleich die Lohntarife um 20 bis 30 Prozent. Damit brach der Streik in sich zusammen. Eine revolutionäre Stimmung entstand nicht, trotz aller Anstrengungen und Agitationsmaßnahmen der slowakischen Kommunistischen Partei.

Die tschechoslowakischen Kommunisten erinnern heute oft daran, daß Tausende slowakischer Arbeiter während des Krieges nach Deutschland gingen, um für die Rüstungsindustrie des Reiches zu arbeiten. Das ist richtig: Bereits im Sommer des Jahres 1940 überstieg die Zahl der in Deutschland eingesetzten slowakischen Arbeiter die Grenze von 60 000. Zur selben Zeit genehmigte das Präsidium der slowakischen Regierung die Entsendung von 5000 Arbeitern in das „Reichsprotektorat Böhmen und Mähren". Ein Jahr später, Ende 1941, waren 90 000 slowakische Arbeiter im Reich und 30 000 im Protektorat tätig.[11] Dennoch sollte man sich davor hüten, in diesem Zusammenhang allzu summarisch und bedenkenlos vom „Zwangsdeportationen" zu sprechen. Die Slowakei blieb auch nach dem März 1939 ein Land, dessen zahlreiche Bergbauernsöhne oft nur allzu froh waren, wenn sich ihnen jen-

---

11 Verschwiegen wird dagegen in der ČSSR, daß die Zahl der slowakischen Arbeiter in Deutschland 1944 nur noch 35 000 betrug (davon die Hälfte Frauen), während in der Slowakei selbst 65 000 für Wehrwirtschaft, Rüstung und Bergbau tätig waren.

seits der slowakischen Grenzen Arbeit und Brot boten. Jahr für Jahr waren fast 100 000 slowakische Saisonarbeiter in die an Ungarn abgetretenen Gebiete nördlich der Donau gegangen. Als Ungarn seine Grenze schloß, mußten diese Kräfte in das Reich und in das Protektorat umgeleitet werden. Das Faktum verstärkter Fremdarbeit in Deutschland hat – jedenfalls in den ersten Kriegsjahren – keinen nachhaltigen Eindruck bei der slowakischen Bevölkerung hinterlassen.

Auch die Verfolgung der Kommunisten und sonstiger Oppositioneller im slowakischen Staat wird in der heutigen ČSSR gern dramatisiert. Abgesehen davon, daß die kommunistische Partei in einem vorwiegend bäuerlichen Lande ohnehin schwach vertreten war und daß sie bei einer tief religiös eingestellten Bevölkerung nur schwer Widerhall fand, so daß der Kampf gegen die „kommunistische Weltgefahr", den die Tiso-Regierung, die Slowakische Volkspartei und die Hlinka-Gardisten proklamierten, auf weitverbreitete Zustimmung rechnen durfte –, abgesehen von alledem erreichte der Terrorismus der Tiso-Regierung bei weitem nicht den Grad der deutschen NS-Verfolgung, wurde in diesem kleinen Lande, in dem einer den anderen kannte, mancher „Fall" mit stillem Augenzwinkern und vielfacher gegenseitiger Rückversicherung manipuliert. So half beispielsweise der Innenminister Alexander Mach dem prominenten slowakischen Kommunistenführer Ladislav Novomeský, mit dem er wiederholt zum Kartenspiel zusammengetroffen war, am 22. Juni 1941 aus einer heiklen Situation und bewahrte ihn vor Inhaftierung und Prozeß.

Es ist auch eine Tatsache, daß in den fünf Jahren der Tiso-Herrschaft, von der Staatsgründung bis zum Volksaufstand, kein einziges Todesurteil vollstreckt wurde, und selbst die slowakischen Kommunisten wurden relativ glimpflich behandelt: Man verbannte sie gewöhnlich für ein oder zwei Jahre in sogenannte Arbeitslager, die sich in vielem von den deutschen Konzentrationslagern unterschieden, sich mehr an die Vorbilder der österreichischen „Anhaltelager" der Dollfuß-Ära hielten.

Der autoritäre Charakter und die antikommunistische Spitze der neuen Herrschafts- und Gesellschaftsstruktur in der Slowakei waren es also mit Sicherheit nicht, die einen Meinungsumschwung der Bevölkerung herbeiführen konnten. War es das enge Bündnis, das die Regierung in Preßburg, die Slowakische Volkspartei und die Hlinka-Gardisten mit der katholischen Kirche eingingen, so daß in der slowakischen Republik – sieht man einmal von der iberischen Halbinsel ab – der Modellfall des sogenannten Klerikalfaschismus entstand?[12]

12 Die selbständige Slowakei einfach „faschistisch" zu nennen, wie es die Kommunisten tun, hält der Verfasser für unwissenschaftlich und undifferenziert: Aus der Zeit von 1920 bis 1938 hielten sich einige demokratische Einrichtungen (z. B. das

Das äußere Bild der damaligen Slowakei sprach Bände: katholische Würdenträger in Soutane mit der schwarzen Tellermütze der Hlinka-Garde auf dem Kopf – religiöse Zeremonien unter dem Schutz martialisch gekleideter und bewaffneter Gardisten – die personelle Verflechtung von weltlichem Minister- bzw. Staatspräsidenten und katholischem Priester in der Person Dr. Josef Tisos – militärische Parade und religiöse Zeremonie in einem –: Das alles demonstrierte in ungeschminkter Weise die gesellschaftlichen Machtverhältnisse in der Slowakei, deren eigentlicher Nutznießer, vor allen anderen, der katholische Klerus war. Die enge Interessengemeinschaft von Faschismus und Katholizismus prägte das neue Gesicht der Slowakei.

Die ehemaligen Anhänger der Tiso-Slowakei hören das nicht gern; wobei sie bemerkenswerter Weise die Definition „klerikal" fast mehr als die Vokabel „faschistisch" stört. Immerhin können sie nicht leugnen, daß vom ersten Augenblick an *besondere Beziehungen* zwischen der Slowakei und dem Vatikan bestanden! Bereits am 7. Juli 1939 fand die Antrittsaudienz des slowakischen Botschafters Karol Sidor bei Papst Pius XII. statt. Der Papst sprach zur Begrüßung einige Worte auf slowakisch und richtete zweieinhalb Wochen später, am 25. 7. 1939, folgenden Brief an Tiso:[13]

„Lieber Sohn Josef Tiso, Ministerpräsident und höchster Verwalter der Slowakischen Republik! Gruß und apostolischen Segen! Vor kurzem hat sich Uns der ehrenwerte Mann Karol Sidor vorgestellt. Er übergab Uns Dein offizielles Schreiben, mit dem Du ihn im Namen der Slowakischen Republik zum Außerordentlichen Botschafter beim Heiligen Stuhl bestimmt hast. Sehr gern und mit allen Ehren haben Wir ihn gemäß den Vorschriften des Diplomatischen Protokolls empfangen und ihm die gebührende Achtung erwiesen. Diesem hervorragenden Manne, der in Deinem und der Slowakei Namen spricht, werden Wir stets Vertrauen entgegenbringen. Wir geben uns der Hoffnung hin, daß die sorgfältige Arbeit dieses Botschafters, dem es an Unserer Hilfe niemals mangeln wird, die Beziehungen zwischen dem Heiligen Stuhl und Eurem Staat stärken wird: zum gegenseitigen Nutzen der Kirche und des Staates. Gegeben in Castel Gandolfo, bei Rom, den 25. Juli 1939, im ersten Jahr Unseres Pontifikats. Pius XII."

Mag dieses Schreiben des Papstes noch wie eine international übliche, diplomatische Floskel klingen, so verrät ein Dialog, der sechs Wochen später, am 7. September 1939, stattfand, schon weit mehr über das wahre Wesen der neuen Slowakei. Damals trug Papst Pius XII., beunruhigt über den inzwischen erfolgten Kriegsausbruch und die sich zuspitzende internationale Lage,

Parlament), über die 1939 totalitäre Elemente gestülpt wurden. Von entscheidender Bedeutung war der autoritäre Einfluß der katholischen Kirche und ihres Klerus, so daß es angebracht scheint, von „Klerikalfaschismus" zu sprechen.

13 H. Trnka, Die Pfaffenpolitik in der ČSR, Pilsen 1947.

dem slowakischen Weihbischof Dr. Michael Buzalka aus Trnava (Tyrnau) seine persönlichen Bedenken über die Exponierung der Kirche durch das hohe Staatsamt Dr. Tisos vor:[14]

„Was Uns im Vatikan Sorgen macht, ist, ob es richtig ist, daß unter den gegenwärtigen politischen Verhältnissen Unser Priester Tiso eine solche hohe Staatsstellung bekleiden soll. Die Erklärung, daß schon der verstorbene Msgr. Andreas Hlinka an der Spitze der Slowakischen Volkspartei stand, ist einleuchtend. Aber bei dem gerinsten Fehlschlag in der staatlichen Entwicklung der Slowakei kann sich der Zorn des Volkes gegen die katholische Geistlichkeit oder gegen die Kirche richten. Was denken Sie darüber?"

Die Antwort des Bischofs Buzalka sagt über die inneren Verhältnisse der damaligen Slowakei alles aus, was man wissen muß:[14]

„Die Befürchtungen des Heiligen Vaters sind im allgemeinen berechtigt. *Aber bei uns in der Slowakei hatte die Geistlichkeit immer einen besonderen Anteil, auch im öffentlichen Leben.* Es waren die Priester, die unser Volk gerettet haben. Immerhin muß man sagen, daß der Priester Tiso nie die Absicht hatte, diese hohe politische Stellung ... einzunehmen. *Da aber unsere Geistlichkeit das volle Vertrauen des Volkes besitzt,* wurde er eben spontan an die Spitze des Staates gestellt."

Die enge Verflechtung von katholischer Kirche und slowakischem Staat zeigte sich schließlich niemals deutlicher als im Juni 1941, als Staatspräsident Tiso seinen Soldaten, die an die Ostfront geschickt wurden, seinen Segen erteilte und als der Botschafter des Papstes in Gegenwart der slowakischen Regierung erklärte: „Ich freue mich, in der Lage zu sein, dem Heiligen Vater nur das Beste aus dem vorbildlichen slowakischen Staat melden zu können, der ständig sein christliches, nationales Programm verwirklicht, das sich in der Devise ausdrückt: Für Gott und die Nation!"

Religion und Nation stellten für die Slowaken, von denen achtzig Prozent überzeugte Katholiken waren, tatsächlich eine Einheit dar. Das Nationalgefühl der Slowaken, ihr Aufbegehren gegen die tschechische Fremdherrschaft, hatten sich nicht zuletzt am Gegensatz zum traditionell antikirchlichen Böhmen entzündet. (Es war auch kein Geheimnis, daß die fünfzehn Prozent protestantischer Slowaken vor 1939 stark tschechoslowakisch orientiert, daß sie es vor allem gewesen waren, die 1918 das Zusammengehen mit den Tschechen erstrebt hatten.) So beurteilte die große, die katholische Mehrheit der slowakischen Bevölkerung die enge Verflechtung, die nahtlose Kooperation von Kirche und Staat in der slowakischen Republik durchaus als positives politisches und gesellschaftliches Moment, ja, als unerläßliche Voraussetzung für eine eigenstaatliche Existenz.

---

14 Neutraer Kirchblatt, IV 1939

Es waren andere Dinge, welche die Slowaken verletzten. Da war das Verhalten der sogenannten Deutschen Volksgruppe, der deutschen Minderheit in der Slowakei, die etwa 135 000 Menschen umfaßte. Jahrhundertelang hatten Deutsche und Slowaken friedlich zusammengelebt, oft sogar gemeinsam gegen das Magyarentum Front gemacht. Wie konnte es da in einem selbständigen slowakischen Staat zu tiefen Gegensätzen kommen?

Im 12. Jahrhundert begann die Einwanderung der Deutschen nach Oberungarn, in die heutige Slowakei. Die ungarischen Könige hatten sie gerufen und bedienten sich ihrer als Bergleute, Bürger, Bauern und Handwerker. Sie brachten das Stadtrecht, sie brachten die Kunst des Bergbaues, sie brachten Handwerk und Gewerbefleiß ins Land.

Zwischen Kremnitz (Kremnica), Groß-Krickerhäu (Handlova) und Deutsch-Proben (Nitrianske Pravno) entstand eine große deutsche Sprachinsel, in der 1939 noch 50 000 Volksdeutsche lebten. Schlesische und thüringische Bergleute waren hier eingewandert. Ihre Gemeinden hießen Oberstuben, Münichwies, Johannesberg, Glaserhäu, Kuneschhäu, Honneshäu und Deutsch-Litta. Das Zentrum dieser Region, die Stadt Kremnitz, hatte im Jahre 1880 ungefähr 8500 Einwohner, von denen 6200 Deutsche waren. Doch in den folgenden Jahrzehnten verfiel der Bergbau, und 1939 lebten in Kremnitz nur noch 4500 Menschen, darunter 800 Deutsche.

Die zweite große Sprachinsel deutscher Zunge entstand auf der Hochebene, die zu Füßen der Hohen Tatra liegt. Die „Zips" wurde diese Gegend genannt, und ihre Bewohner hießen „Zipser Sachsen". Auch sie waren im 12. Jahrhundert in die Slowakei gekommen und hatten 26 Städte und zahlreiche Dörfer im Popper-, Hernad- und Göllnitztal begründet. Es waren Niederdeutsche vom linken Rheinufer, aus der Gegend von Aachen und Krefeld, die hier eine blühende Kulturlandschaft schufen. Der Mongolensturm von 1242 vernichtete die Früchte ihrer Arbeit. Doch dann kamen Schlesier, Thüringer und Tiroler, und neues Leben entstand aus den Ruinen. Käsmark (Kežmarok) und Leutschau (Levoča) nannten sich stolz Königliche Freistädte, und die deutschen Lateinschulen wurden für alle Landesbewohner, nicht nur für die Deutschen, zu wahren Bildungsstätten. Doch das deutsche Bürgertum versippte sich mit dem herrschenden ungarischen Kleinadel, und in den Dörfern drängten die geburtenstarken Jahrgänge der Slowaken nach Eigentum. 1939 lebten in der Zipser Gegend noch etwa 50 000 Volksdeutsche.

Rechnet man die 35 000 Deutschen hinzu, die in Preßburg wohnten, so kommt man für das Jahr 1939 auf eine Zahl von ca. 135 000 Volksdeutschen in der Slowakei, etwa fünf Prozent der Gesamtbevölkerung.

Diese volksdeutsche Minderheit verhielt sich bis 1935/36 im Grunde unpolitisch. Ihre gesellschaftliche Tätigkeit erschöpfte sich in Genossenschaftsar-

beit. Mit dem Auftreten von Konrad Henlein im Sudetenland entstand eine allmähliche Politisierung und Ideologisierung. Das Reich wurde zum Mythos, zum großen „Mutterleib" allen Deutschtums. Das Verhältnis zur slowakischen Bevölkerung, das bis dahin selbstverständlich und problemlos gewesen war, verbesserte sich aber eher. Es entstand eine Art Kampfkameradschaft, die sich gegen den tschechischen Zentralismus richtete.
Das Münchner Abkommen war es, das für das Zusammenleben von Slowaken und Deutschen eine tragische Wendung herbeiführte. Man nährte bei den Volksdeutschen, vor allem von Wien her, Illusionen und versprach ihnen die Heimkehr ins Reich, da doch der „Führer" die Deutschen Alt-Österreichs nicht vergessen und alle Volksdeutschen in Südosteuropa unter seinen starken Schutz nehmen werde. „Preßburg ist eine deutsche Stadt!", hieß es nun bald, und es konnte nicht verwundern, wenn die Slowaken bei einem solchen Anschlag auf ihre Hauptstadt mit Erbitterung reagierten. Die Volksdeutschen wiederum waren tief enttäuscht, als der Schutzvertrag mit dem slowakischen Staat abgeschlossen wurde, und fühlten sich zu Juniorpartnern der Slowaken degradiert. Für die volksdeutsche Minderheit in der Slowakei – das verdient hervorgehoben zu werden – war es bei der Konzeptionslosigkeit der deutschen Politik sehr schwer, einen klaren Kopf zu behalten. Neben der offiziellen Reichspolitik entwickelten der Gauleiter von Niederdonau, der Reichsstatthalter in Wien, die Volksdeutsche Mittelstelle, der Reichsprotektor von Böhmen und Mähren, die Reichsführung SS und der SD eigene volkspolitische Konzepte für die Deutschen in der Slowakei.
Das jahrhundertelange gute oder doch mindestens korrekte Verhältnis zwischen Volksdeutschen und Slowaken ging an diesen Widersprüchen langsam zugrunde. Die „Deutsche Volksgruppe" unter Führung von Franz Karmasin fühlte sich bis 1944 um ihre Minderheitenrechte betrogen, und tatsächlich gelang es Staatspräsident Tiso durch geschicktes Taktieren bis zum Schluß, die Sonderwünsche der deutschen Minderheit hinhaltend zu behandeln und die slowakischen Prärogativen aufrecht zu erhalten. Die slowakische Bevölkerung aber mokierte sich über die weißen Kniestrümpfe, die die Volksdeutschen trugen, und sah in ihnen die äußeren Zeichen einer provozierenden Überheblichkeit und eines arroganten Herrenbewußtseins, wobei nicht bestritten werden kann, daß Teile der Minderheit in der Slowakei die unheilvollen Lehren von der rassischen und völkischen Auserwähltheit der Deutschen bereitwillig akzeptierten.
Eine weitere Quelle des Ärgers für die Slowaken war die Einrichtung deutscher Berater-Positionen in den slowakischen Ministerien. Die deutschen Berater waren eine Folge der Konferenz von Salzburg am 29. Juli 1940, auf der insbesondere Dr. Durčansky eine größere Selbständigkeit der Slowaken verfochten und sich damit die erbitterte Feindschaft des Reichsaußenmini-

sters Joachim v. Ribbentrop zugezogen hatte.[15] Es ist verständlich, daß sich der Nationalstolz der Slowaken an dieser Einrichtung stieß, doch muß man die nachträglichen, negativen Darstellungen mit großer Vorsicht aufnehmen. Tatsächlich gab es zwölf derartige Berater in Bratislava, darunter auch beim Ministerpräsidenten, beim Innenministerium und beim Propagandachef. Diese Berater unterstanden ihren entsendenden Reichsministerien und waren auf Zusammenarbeit mit der deutschen Gesandtschaft angewiesen. Jeder von ihnen war verpflichtet, seine Berichte über den Gesandten und über das Auswärtige Amt zu leiten. So provozierend und demütigend das alles für die Slowaken war, als Meister der passiven, der schlauen Opposition verstanden sie es sehr gut, mit den unerfahrenen deutschen Beratern fertig zu werden. In manchen Ministerien wurden sie als freundliche Helfer begrüßt, in anderen kümmerte man sich überhaupt nicht um sie, völlig abgesehen davon, daß die Slowaken ein perfektes System entwickelten, den deutschen Einfluß auf indirekte Weise zu paralysieren: So waren beispielsweise die unteren und mittleren Beamten der Staatspolizei mit wenigen Ausnahmen antideutsch und proslowakisch eingestellt und taten alles, um deutsche Anordnungen heimlich zu durchkreuzen, indem sie ihren gefährdeten Landsleuten rechtzeitig warnende Winke zukommen ließen.

Das alles war geeignet, die Slowaken zu verstimmen; mehr aber nicht. Die Vorteile der nationalen Selbständigkeit überwogen im Bewußtsein der Slowaken bei weitem. Als jedoch Anfang 1942 eine breite antijüdische Verfolgungswelle einsetzte, reagierte die bäuerliche Bevölkerung der Slowakei mit offenem Haß.[16]

15 Der ehemalige Gesandtschaftsrat Hans Gmelin, während des Krieges zweiter Mann der Deutschen Gesandtschaft in Preßburg, in einem Gespräch am 6. 2. 1975: „Dr. Durčunsky ist im Sommer 1940 in Salzburg bei dem Besuch, zu dem Tiso, Tuka und er eingeladen worden waren, als unmöglich bezeichnet worden, als für die deutsche Seite inakzeptabel, weil er eine selbständige Außenpolitik der selbständigen Slowakei neben der deutschen Außenpolitik betreiben wollte. Und das ging Ribbentrop zu weit! Er ist also eindeutig – als slowakischer Nationalist – unter dem Druck der deutschen Reichsregierung abgelöst worden. Er hat meines Erachtens das Vertrauen des Präsidenten Tiso dennoch behalten; auch in den späteren Jahren, in denen er nicht mehr in einer offiziellen Funktion tätig war. Er ist im Auftrag Tisos oder zumindest mit dessen Zustimmung oder Wissen im Ausland gewesen und hat die Verbindungen, die er persönlich zu ausländischen Kreisen hatte, während der ganzen Zeit aufrecht erhalten."
16 Die Initiative zur Judenvertreibung ging ursprünglich von slowakischer Seite und zwar von der XIV. Ableitung des Innenministeriums unter Leitung von Anton Vašek aus. Erst danach hat sich das Reichssicherheitshauptamt (RSHA) der SS der Sache bemächtigt.

Auf den Dörfern hatte es keine Unterschiede zwischen Juden und Slowaken gegeben; ein Rassenbewußtsein existierte nicht. Was schließlich die religiöse Frage anbetraf, so war es bei den Slowaken unvergessen, daß die Juden die katholische Kirche im Kampf gegen die Reformation unterstützt hatten. Jedoch, der allgemeine Abscheu vor der deutschen Judenbehandlung hatte in der Slowakei tieferwurzelnde, hatte unbezweifelbar ethische Gründe: Die Slowaken waren ein zu religiöses und zutiefst humanes Volk, um nicht Erbarmen mit den Schwachen und Geschundenen zu empfinden. Bei der Abstimmung der Judengesetze im slowakischen Parlament votierten mehrere Pfarrer ebenso wie Graf Esterhazy, der Vertreter der ungarischen Minderheit, offen dagegen, unbekümmert darum, daß dies unter den Augen der deutschen Aufpasser geschah. Selbstverständlich wurden die Gesetze dennoch angenommen, was unter Berücksichtigung der deutschen Vorherrschaft und der wahren Machtverhältnisse nicht anders möglich war. Aber nun begannen die Slowaken in großem Umfang, verfolgte Juden vor dem deutschen Zugriff zu verbergen. Es gab mehrere Tiso-Minister und Funktionäre der Slowakischen Volkspartei, die zahlreiche Juden versteckten und ihnen so das Leben retteten. Auch die Schwester Präsident Tisos beteiligte sich mit Wissen ihres Bruders daran, und selbst der gefürchtete Alexander Mach unterhielt Beziehungen zu jüdischen Freunden. (Der slowakische Minister für Landwirtschaft war übrigens selber jüdischer Abstammung.)

In der Slowakei hatte es 1939 rund 80 000 Juden gegeben, etwa drei Prozent der gesamten Bevölkerung. Davon wurden ca. 50 000 zu Beginn des Jahres 1942 „erfaßt" und nach Polen abtransportiert, an die 5000 Juden konnten sich im Untergrund verbergen, und etwa 25 000 Juden erhielten durch die Initiative Tisos einen Schutzbrief und wurden in den meisten Fällen – soweit sie es noch nicht waren – einfach zu Katholiken gemacht. Dagegen ist die deutsche Gesandtschaft auf Druck des Auswärtigen Amtes mehrmals vorstellig geworden; aber jedesmal ist sie bei Tiso gescheitert. (Andererseits muß gesagt werden, daß sich die bürgerlichen Kreise der slowakischen Bevölkerung bei der „Arisierung" jüdischer Geschäfte und Besitzungen keineswegs zurückhielten und daß der „Arisierungsprozeß" von der Regierung tatkräftig gefördert wurde. Das städtische Judentum war stark madjarisiert; so war die „Arisierung" für die Slowaken zugleich eine Frage der Nationalisierung. Auf dem Lande jedoch, in den Dörfern der Slowakei, hat der Antisemitismus niemals Fuß gefaßt.)

Nach einem Protestschritt des Vatikans gegen die Judenvertreibungen konnte Tiso am 15. Mai 1942 gesetzlich einen Stop der Transporte nach Polen verordnen und die Internierung der Juden in sechs slowakischen Konzentrationslagern veranlassen.

Bei alledem sollte nicht übersehen werden, daß die offenen Judenverfolgungen in der Slowakei erst 1942 einsetzten und daß sich erst von da an schwache antideutsche und antifaschistische Gefühle in der slowakischen Nation zu regen begannen. Es darf auch nicht vergessen werden, daß das Deutsche Reich in seinem bei der slowakischen Regierung, Hanns Ludin, einen Repräsentanten besaß, dessen Name in der Slowakei einen guten Klang hatte. Er war in Deutschland SA-Obergruppenführer der Gruppe Süd-West gewesen, bevor er als Gesandter des Reiches nach Bratislava geschickt wurde. Er gehörte zu den drei jungen Offizieren (außer ihm Scheringer und Wendt), die zur Zeit der Weimarer Republik in den Ulmer Reichswehrprozeß verwickelt waren. Von ihm lief das Bonmot in der Reichshauptstadt um, daß er mehr ein Gesandter der Slowakei in Berlin als ein Gesandter des Reiches in Preßburg sei.[17] Bezeichnenderweise hieß es in einem Schreiben des SS-Obergruppenführers Gottlob Berger vom 2. September 1944 an den Reichsführer SS Heinrich Himmler über ihn: „Ich wundere mich, Reichsführer, was auch meinem Hanns Ludin geworden ist. Das Hauptprinzip des Auswärtigen Amtes scheint doch das zu sein, *unsichere* Männer zu erziehen."[18] Und in einem Brief K. H. Franks vom 13. September 1944 an Himmler ist zu lesen: „Entstehung und Fortschreiten des Aufstandes in der Slowakei sind nicht zuletzt auf ein Verkennen der slowakischen Situation durch die Deutsche Gesandtschaft (Gesandter Ludin und Gesandtschaftsrat Gmelin) zurückzuführen. Die Gesandtschaft wurde von den Tatsachen überrascht und wollte sie nicht wahrhaben. Bei der anscheinend auch durch frühere gesellschaftliche Bindungen beeinflußten Einstellung des Gesandten zu führenden slowakischen Kreisen ist von Ludin und seinem Stab ein Wandel der politischen Auffassung nicht zu erwarten..."[19] In demselben Bericht Franks an Himmler lautet eine andere Stelle: „Bei der mir bekannten Einstellung und Haltung Ludins ist er neuen politischen wie auch scharfen sicherheitspolizeilichen Maßnahmen im Wege. Ich erlaube mir vorzuschlagen, den ehemaligen Gouverneur des Distriktes Lemberg, SS-Brigadeführer Dr. Wächter, an Stelle von Ludin zum Deutschen Gesandten in Preßburg zu ernennen."[20]

Tatsächlich bezeugen slowakische und deutsche Kenner der Situation, daß Ludin Berlin gegenüber die antideutsche Entwicklung in der Slowakei bis zum Juni 1944 bagatellisierte, um das Land vor scharfen deutschen Reaktio-

---

17 Die Gattin des ehemaligen slowakischen Gesandten Černak in Berlin in einem Gespräch mit dem Verfasser.
18 Institut für Zeitgeschichte, München, No. 4804
19 „Die kämpfende Tschechoslowakei", Verlag der Tschechoslowakischen Akademie der Wissenschaften, Prag 1964, S. 107–108.
20 Hanns Ludin trat sein Amt in Preßburg – zusammen mit Gesandtschaftsrat Gmelin – Mitte Januar 1941 an und löste seinen Vorgänger Killinger ab.

nen, insbesondere vor der Besetzung zu bewahren. Die Hinrichtung Ludins im Jahre 1947 durch den Strang stellt ein Unrecht dar, bei dessen Erwähnung die Slowaken heute Unruhe und Verlegenheit erkennen lassen. Hanns Ludin stellte sich 1945 freiwillig den alliierten Behörden und verschmähte zweimal den Fluchtweg, den Richard Scheringer,[21] Ernst v. Salomon, Hans Kettgen und Gesandtschaftsrat Gmelin ihm bereitet hatten. Das Wirken des deutschen Gesandten trug nicht zuletzt dazu bei, daß das Entstehen einer antideutschen Stimmung in der Slowakei vor dem Jahre 1943 kaum Fortschritte machte, daß das deutsche Ansehen im wesentlichen intakt blieb.

Das alles erfuhr erst vom Jahre 1943 an einen Wandel, der im tiefsten Grunde aber doch nicht durch innen- oder gesellschaftspolitische Verhältnisse, sondern durch außen- und militärpolitische Veränderungen hervorgerufen wurde. Als um die Mitte des Jahres 1943 antideutsche und vor allem antifaschistische Erscheinungen zu Tage traten, die ein Jahr später im Slowakischen Nationalaufstand kulminierten, waren sie in erster Linie Ergebnisse und Reflexionen der internationalen politischen Situation, und da wiederum vornehmlich der europäischen Kriegslage. Der Polenfeldzug von 1939 – die Ausweitung des Krieges auf die Sowjetunion 1941 – die militärische Erfolgsverlagerung seit Stalingrad und seit Kursk 1943 –: das waren die Stationen, über die sich eine allmähliche Neuorientierung des slowakischen nationalen Bewußtseins vollzog.

---

21 Richard Scheringer war zu der Zeit kommunistischer Staatssekretär in Bayern und intervenierte zugunsten Ludins auch beim späteren DDR-Ministerpräsident Grotewohl sowie bei Clement Gottwald.

3. Die slowakische Armee

Taufpaten der slowakischen Nationalarmee waren, wie bereits geschildert, die Ungarn, die durch ihren Einfall vom März/April 1939 in die Ostslowakei die psychologischen Voraussetzungen für einen schnellen Aufbau slowakischer Streitkräfte geschaffen hatten. Das übrige war eine bemerkenswerte Leistung an Organisation und Improvisation, die vorzüglich ein Mann namens Ferdinand Čatloš vollbrachte.[1] Dieser Čatloš war Ende 1938 an die Spitze einer Militärkanzlei berufen worden, die sich bei der autonomen Regierung der Slowakei gebildet hatte. Nach der Gründung des selbständigen slowakischen Staates wurde er General, Verteidigungsminister und Oberbefehlshaber der neuen slowakischen Armee in einer Person.

Für Čatloš bestand die Hauptaufgabe zuerst einmal in der Kaderbildung. Denn die neue slowakische Armee entstand aus den Trümmern der alten tschechoslowakischen Armee. Die Soldaten tschechischer, ungarischer und karpato-ukrainischer Nationalität waren demobilisiert worden und in ihre alte Heimat abgezogen. Es galt also, aus ehemaligen Regimentern Bataillone, aus ehemaligen Bataillonen Kompanien zu formieren, um mit den aktiven Mannschaften slowakischer Nationalität Stammtruppenteile zu bilden, die durch Reservisten und Wehrpflichtige wiederum aufzufüllen waren.

Das gelang verhältnismäßig schnell. Nachdem in den ersten Monaten selbständige Bataillone entstanden waren, setzte sich die slowakische Armee Mitte des Jahres 1939 aus der 1. und 2. Division mit etwa 30000 Mann zusammen, und bei Beginn des Polenfeldzuges, am 1. September 1939, existierten drei Infanteriedivisionen zu je 12000 Mann. Die Gesamtstärke der slowakischen Armee betrug zu diesem Zeitpunkt 40000 Soldaten.

Das schwierigste Problem bestand für Čatloš jedoch in der Bildung eines eigenen slowakischen Offizierskorps. In der alten tschechoslowakischen Armee waren verhältnismäßig wenig Slowaken bis zum Offiziersrang aufgestiegen. Das hatte einmal daran gelegen, daß die Slowaken gerade erst begannen, eine eigene nationale Intelligenz zu entwickeln, zum anderen aber – und vornehmlich – an der eifersüchtigen Vorherrschaft der Tschechen, die sie am wenigsten in der Armee preiszugeben gedachten.

Der slowakische Militärhistoriker Jaroslav Šolc stellte dazu fest: „Nicht einmal von einem schematisch betrachteten Nationalitätenstandpunkt aus war alles in Ordnung: Von ca. 13000 Offizieren der tschechoslowakischen Ar-

---

1 Čatloš hatte seine Grundausbildung noch in der k.u.k.-Armee erhalten, sprach fließend ungarisch und gebrochen deutsch und war in der tschechoslowakischen Vorkriegsarmee Oberstleutnant gewesen.

mee waren nur 420 slowakischer Nationalität (also nur etwa 3% anstelle der 20%, die die Slowaken von ihrem Bevölkerungsteil her hätten beanspruchen können! – d. Verf.). Von 140 Generälen war nur einer – General Viest – Slowake; aber drei russische Emigranten. Von 433 Obersten waren acht Deutsche, ein russischer Emigrant und kein einziger Slowake! Von 1004 Oberstleutnants waren 35 Deutsche, zehn russische Emigranten und nur zwei Oberstleutnants – Čatloš und Malár – Slowaken."[2]

Erschwerend kam für den frischgebackenen General Čatloš hinzu, daß annähernd 100 slowakische Offiziere, die tschechoslowakisch oder radikal antifaschistisch gesonnen waren, nach dem 14. März 1939 die Slowakei verließen und nach London gingen, wo sie sich bald der tschechoslowakischen Exilregierung des Dr. Beneš zur Verfügung stellten, um dann später an den verschiedenen Fronten auf alliierter Seite zu kämpfen.[3]

So standen dem General Čatloš im Frühjahr 1939 nicht mehr als 320 aktive slowakische Offiziere zur Verfügung; darunter keiner mit einem höheren Rang als Oberstleutnant. An Führern und Kommandeuren größerer Einheiten herrschte bitterer Mangel. Es blieb dem slowakischen Oberkommando kein anderer Weg als der, die Reserveoffiziere – vor allem die slowakischen Lehrer – und Pensionäre zu reaktivieren. Im übrigen warb man Freiwillige.

Bewaffnung und Ausrüstung der neuen slowakischen Einheiten bestanden fast ausschließlich aus dem Material der ehemaligen tschechoslowakischen Armee (Škoda-Waffen).[4] Einige Flugzeuge (Me 109 und Henschel 126) sowie Panzer lieferten die Deutschen, und zwar 1941, zu Beginn des Rußlandfeldzuges. Lediglich die slowakische Nachrichtentruppe wurde in größerem Umfang mit deutschen Geräten beliefert, erhielt deutsche Ausbildungsvorschriften und deutsche Beratergruppen (meistens einen Offizier im Hauptmannsrang und drei Unteroffiziere pro Bataillon). Sonst aber blieb in dieser Armee alles beim alten: die Ausrüstung, die Uniformen, die Helme und die Vorschriften. Nur die Befehle wurden slowakisiert und stufenweise neue Rangabzeichen eingeführt.

2 Jaroslav Šolc in „Kulturny Život" Nr. 11, 1965, S. 3
3 Unter diesen Offizieren war auch Divisionsgeneral (Generalleutnant) Rudolf Viest, der ranghöchste tschechoslowakische Offizier, der aus der Slowakei stammte. Er sollte ursprünglich nach Tisos Vorstellung Generalinspekteur der jungen slowakischen Armee werden, zog es aber – zu Čatloš' großer Erleichterung – vor, nach England zu emigrieren.
4 Die Ausrüstung der alten tschechoslowakischen Armee hatte im September 1938 nach den Berichten des Generalstabs, 3. Abteilung, folgenden beachtlichen Umfang besessen (abgerundete Zahlen): 600 000 Gewehre – 57 000 leichte und schwere Maschinengewehre – 2250 Geschütze – 2000 Panzerabwehrkanonen – 800 Panzer – 1200 Flugzeuge.

Die slowakische Armee war formell selbständig. Doch bereits im Frühjahr 1939 hatten die Deutschen eine Militärmission nach Bratislava entsandt, um den Aufbau der slowakischen Streitkräfte zu unterstützen. Im Spätsommer 1939 wurden eine deutsche Heeres – und eine deutsche Luftwaffenmission in der Slowakei gebildet. Das Verhältnis zwischen General Čatloš und den deutschen Offizieren war bis Stalingrad, solange der Vormarsch der Achsentruppen anhielt, erträglich, obwohl das vornehmlich von der Einstellung des jeweiligen Missionschefs zur Zusammenarbeit mit der slowakischen Armee abhing. Čatloš bat die deutschen Generäle, Advokaten der slowakischen Armee bei der Wehrmacht zu sein. Nach seinem Urteil faßten sie ihre Aufgabe jedoch anders auf: „General Engelbrecht war sehr aggressiv. General Otto war nur um weniges besser. Mit General Schlieper gab es ständig Konflikte. Die Offiziere der deutschen Luftwaffenmission waren dagegen Kavaliere".[5]

Entscheidend war jedoch, daß die Rolle der slowakischen Armee in den Augen der Deutschen keine andere als die eines Hilfskorps, eben die einer Satellitentruppe war. Das sollte sich schon nach wenigen Monaten, beim deutschen Angriff auf Polen, zeigen.

Im slowakischen Volk war der Krieg gegen Polen äußerst unpopulär. Dabei spielte die religiöse Ideologie der Slowaken eine eminente Rolle. Der slowakische Nationalismus war zugleich entschieden katholisch. Polen war ebenfalls ein nationalistisches wie katholisches Land. Und nicht zu vergessen: die Polen waren wie die Slowaken eine slawische, eine westslawische Nation. Gewiß, die Polen hatten sich im Herbst 1938 und im Frühjahr 1939 als Annexionisten erwiesen, als sie den Slowaken Teile des Javorina-Gebiets und des Orava-Distrikts entrissen hatten, als sie sogar ernsthaft mit dem Gedanken umgegangen waren, sich gemeinsam mit den Ungarn die Slowakei am Waag-Fluß zu teilen. Dennoch: Die Slowaken liebten die nationalstolzen Polen. So kam es am 1. September 1939, dem Tag des Kriegsausbruchs, in Bratislava und anderen slowakischen Städten zu Spannungen und Gegensätzen, die sich selbst auf Tisos „Slowakische Volkspartei" erstreckten. In Banska Štiavnica, in Žarnovica, Zvolen und Ružomberok demonstrierten Arbeiter und Arbeiterinnen der Industriewerke gegen den Krieg. Bei den Reservisten der Garnison von Zvolen kam es, als sie nach Polen in Marsch gesetzt werden sollten, zu erheblichen Unruhen. Die Gruppe des ehemaligen Ministerpräsidenten Sidor war absolut propolnisch, und selbst General Čatloš, der Protestant war und der evangelischen Razus-Partei angehört hatte, mochte seiner Armee nicht den Befehl zum Angriff auf Polen geben, obwohl darüber vorher mit den Deutschen Besprechungen stattgefunden hatten.

5 General d. D. Ferdinand Čatloš in einem Bespräch mit dem Verfasser.

Bei der Regierungsstellen in der slowakischen Hauptstadt herrschte ein heilloser Opportunismus. Staatspräsident Tiso zog sich zum Beten in eine Kapelle zurück. Die anderen Regierungsmitglieder und Minister waren nicht auffindbar, so daß es faktisch General Engelbrecht, der Chef der Deutschen Militärmission in Preßburg, war, der die slowakische Armee gegen Polen schickte. Und zwar unter der Devise, sie solle die von den Polen annektierten slowakischen Gebiete befreien.

Tatsächlich besetzte die 1. slowakische Division unter dem Befehl des Generals Pulanich in den ersten beiden Tagen des Feldzuges das abgetrennte Javorina-Gebiet. Sie folgte dann aber den deutschen Truppen noch etwa dreißig Kilometer tief nach Polen hinein. Während die 2. Division in reiner Grenzsicherung auf slowakischem Gebiet verblieb, wurde auch die 3. Division, die ursprünglich ebenfalls zu Defensivaufgaben bestimmt worden war, zu einer Angriffsgruppe formiert, die in Polen etwa dreißig Kilometer tief nach Nordosten vorstieß. Sie stand unter dem Befehl des Obersten im Generalstab A. Malár, eines der fähigsten Offiziere der Armee.

Das Vorgehen der slowakischen Streitkräfte über die eigene Grenze und über die Scheidelinie der wiedergewonnenen Gebiete hinaus hinterließ in der slowakischen Öffentlichkeit einen deprimierenden Eindruck. Doch tröstete sie das Bewußtsein, daß die Slowaken nur sehr unbedeutende Gefechte mit den Polen geführt, daß die slowakische Armee nur einen Gesamtverlust von 38 Mann erlitten hatte. Und da die Slowakei in den folgenden zwanzig Monaten an keinerlei Kriegshandlungen des Deutschen Reiches teilzunehmen hatte, verwischte sich mit der Zeit wieder der Eindruck, daß die slowakische Armee eine „Hiwi"-Formation der Wehrmacht sei.

Überhaupt, das Jahr 1940: Es sah auch in der Slowakei Adolf Hitler nicht nur auf dem absoluten Höhepunkt seiner Macht, sondern auch seines internationalen Ansehens. Die Deutsche Wehrmacht hatte nicht nur mittlere und kleine Länder überrannt wie Polen, Dänemark, Holland, Belgien und Luxemburg; sie hatte mit ihrer winzigen Kriegsmarine den Briten Norwegen vor der Nase weggeschnappt und sie hatte schließlich – kein Slowake hätte es jemals für möglich gehalten – in einem Blitzfeldzug sondergleichen die legendäre französische Armee deklassiert und den letzten Engländer vom Kontinent vertrieben.

Die Bewunderung der Slowaken für die Deutschen kannte keine Grenzen. Die Tiso-Regierung und die Hlinka-Gardisten sonnten sich im Strahlenglanz der deutschen Erfolge. Man hatte also im Frühjahr 1939 doch auf die richtige Karte gesetzt! Jede Art von Opposition im Lande verstummte. Dazu kam, daß sich die Slowakei wirtschaftlich konsolidierte und daß man in günstigster Weise die Auswirkungen der Kriegskonjunktur verspürte. Ja, selbst im slowakischen Offizierskorps, das überwiegend „tschechoslowakisch" gesonnen

war, auf jeden Fall aber die Hlinka-Garde als „lächerliche Konkurrenz" verabscheute, schwanden die letzten Reste antideutscher Einstellung.
Ein typisches Zeugnis für die slowakische Stimmung vom Juni 1940 bis zum Juni 1941 findet man in den Memoiren des langjährigen kommunistischen Generalstaatsanwalts der Nachkriegszeit, Dr. Anton Rašla, der damals als Oberleutnant in der slowakischen Armee diente:[6] „Die Deutschen haben ihren Sieg über Frankreich propagandistisch sehr geschickt ausgenützt. Die Deutsche Militärmission beim Verteidigungsministerium organisierte eine Exkursion zum Westwall und zur eroberten Maginotlinie. Nach der Rückkehr habe ich mit zahlreichen Teilnehmern dieser Exkursion gesprochen, deren antideutsche Einstellung und tschechoslowakische Orientierung allgemein bekannt waren. Sie alle waren von der Macht und Perfektion der Hitlerschen Kriegsmaschinerie gänzlich geblendet. Im Sommer 1940 war ich mit meiner Frau in den Militärblockhäusern der Hohen Tatra auf Urlaub und habe dort neben anderen höheren Offizieren den damaligen Oberstleutnant Jureck, der für seine slawische Gesinnung berühmt war, getroffen. Wir unternahmen mehrere Ausflüge und, soweit es der Takt und die Subordination erlaubten, knüpfte ich mit ihm Gespräche über politische Fragen an. Er schien durch Hitlers Erfolge völlig niedergeschlagen und glaubte sogar an die Möglichkeit einer erfolgreichen Englandinvasion. Als ich ihm sagte, ich könnte nicht glauben, daß die USA die Engländer den Nazis preisgeben würden, letzten Endes würden sie doch gegen Hitler kämpfen müssen, antwortete er, die USA könnten nichts ausrichten, sie seien zu weit entfernt; gegen Hitler könne nur ein einziger Gegner auf dem europäischen Kontinent auftreten. Als ich ihn fragte, ob er damit die Sowjetunion meinte, seufzte er: Was bleibt uns Slowaken anderes übig, als zu hoffen, daß sich eines Tages die Sowjetunion gegen die Deutschen stellen wird?"
Diese Hoffnung sollte sich genau ein Jahr später erfüllen, am 22. Juni 1941, als Hitler die Sowjetunion angriff. Drei Tage früher, am 19. Juni, war Generaloberst Franz Halder, der Chef des Generalstabs des deutschen Heeres, von Rumänien und Ungarn kommend, in Preßburg eingetroffen, wo er unverzüglich mit General Otto, dem damaligen Chef der Deutschen Heeresmission in der Slowakei, zusammengetroffen war. Halder hatte den General über den unmittelbar bevorstehenden Angriff auf die U.d.S.S.R. informiert und ihn beauftragt, unverzüglich die slowakische Regierung zu unterrichten.[7]
Wie reagierten die Slowaken?
Was das einfache Landvolk der Slowakei anbetraf, ausgesprochen negativ. Man stand kurz vor der Ernte, und die psychologische Vorbereitung für einen

---

6 Anton Rašla, Ein Zivilist in der Armee, Bratislava 1969, S. 76f.
7 Peter Gosztony, Hitlers Fremde Heere, Düsseldorf-Wien 1976, S. 94f.

Krieg gegen die Sowjets fehlte absolut. Von breiten Sympathien für ein solches Unternehmen konnte also keine Rede sein. War Rußland unter kommunistischer Herrschaft auch ein atheistisches und damit antikatholisches Land, so galt es den Slowaken doch seit langem als Vorkämpfer der slawischen Freiheiten, als ein Staat, mit dem man in seiner Geschichte niemals Differenzen gehabt hatte, ja, von dem man erst vor zwei Jahren diplomatisch anerkannt worden war: ein Ereignis, das dem slowakischen Selbstbewußtsein nicht wenig geschmeichelt hatte. Außerdem schenkte niemand in der Slowakei der Berliner Argumentation Glauben, die von einem unvermeidlich gewordenen Präventivkrieg sprach. Schließlich und vor allem: Was hatten die Slowaken bei einem solchen Unternehmen zu gewinnen, da sie doch – außer gegenüber Ungarn – keinerlei territoriale Ambitionen besaßen?

In der slowakischen Regierung allerdings sah man das anders. Zwar versuchte Staatspräsident Dr. Tiso seine Entscheidung zugunsten einer slowakischen Teilnahme am deutschen Rußlandfeldzug hinauszuzögern, doch Ministerpräsident Dr. Tuka verwies warnend auf die Gebietsansprüche der Ungarn und mahnte in diesem Zusammenhang, man dürfe sich nicht das Wohlwollen der Reichsregierung verscherzen, man müsse sich vielmehr in Berlin beliebt machen, um nach der Niederwerfung Rußlands die territorialen Ansprüche gegen Ungarn präsentieren zu können. Das überzeugte Tiso, und er erklärte dem deutschen Gesandten Ludin, die Slowakei würde sich mit eigenen Truppen am Angriff beteiligen.[8]

Am 22. Juni 1941 sandte Dr. Tuka ein Telegramm nach Berlin, wonach sich der Slowakische Staat an der Seite des Reiches ab sofort im Kampf mit der Sowjetunion befinde, und einen Tag später, am 23. Juni, erließ Verteidigungsminister Čatloš einen Tagesbefehl an die slowakischen Streitkräfte, der nach peinlich-phrasenhafter Einleitung eine interessante Konzession an den Panslawismus des slowakischen Volkes enthielt:[9] „An der Seite der Armeen unserer Verbündeten hat auch unsere Armee, geführt von der siegreichen Deutschen Wehrmacht eine Mauer aus Stahl gegen die den europäischen Kontinent und seine Zivilisation bedrohende Todesgefahr errichtet.... Es geht nicht um einen Kampf gegen das große russische Volk oder gegen das Slawentum. Mit diesen Parolen operieren nur die Feinde von Volk und Staat, die eine Zersetzung anzetteln und uns in's Elend stürzen wollen. In diesem Kampf, dessen Ergebnis bereits feststeht, wird auch das russische Volk seinen Platz im neuen Europa finden!"

Am nächsten Tag, dem 24. Juni, setzte sich die slowakische „Schnelle Brigade" unter dem Befehl des Generals Rudolf Pilfousek in Marsch und über-

---

8 Peter Gosztony, a.a.O., S. 127
9 Od Tatier po Kaukaz („Von der Tatra bis zum Kaukasus") Bratislava 1942, S. 14.

schritt bei Medzilaborce die Staatsgrenze. Diese Eliteeinheit der Slowakischen Armee umfaßte etwa 3500 Mann, war motorisiert und verfügte über eine Panzerabteilung mit leichten Panzern tschechischen Fabrikats.[10] Während die „Schnelle Brigade" am 26. Juni den San erreichte und – immer ohne Feindberührung – weiter in Richtung Lemberg marschierte, formierte sich in der Slowakei ein Armeekorps mit zwei Infanteriedivisionen und Korpstruppen, das etwa 45 000 Mann umfaßte (zu Fuß und bespannt), unter dem persönlichen Befehl des Generals Čatloš stand und am 1. Juli seinen Vormarsch in die Ukraine antrat.

Die „Schnelle Brigade" stieß bei Lipowec, unweit Winnica, zum ersten Mal ernsthaft mit der Roten Armee zusammen. Auf sechs Kilometer Frontbreite kam es zu einem blutigen Gefecht, in dem die Slowaken starke Ausfälle, vor allem an leichten tschechischen Panzern, zu verzeichnen hatten und den Anforderungen der 17. deutschen Armee nicht voll gerecht werden konnten. Das slowakische Artillerieregiment 11 und die Panzerabwehr ernteten dagegen Anerkennung. Doch ansonsten hieß es in einem deutschen Bericht vom 27. Juli 1941:[11] „Trotz vorsichtigen Einsatzes der slowakischen Infanterie unter deutscher Führung ging die Truppe bei Beginn des Artilleriefeuers nach bereits beträchtlichem Geländegewinn ohne Befehl in die Ausgangsstellung zurück. Die 295. Division, welche die Brigade wirklich sehr gut aufgenommen und geführt hatte, verzichtet auf weiteren Einsatz der Infanterie!"

Am folgenden Tage wiederholte eine deutsche Division den Angriff und durchbrach den sowjetischen Gegner. Die slowakische „Schnelle Brigade" wurde nach dem Debakel von Lipowec aus der Front gezogen und sowohl personell als auch materiell (mit deutschen Panzern) verstärkt. Lediglich das bewährte Artillerieregiment 11 und die beiden erfolgreichen slowakischen Jagdfliegerstaffeln folgten dem rasanten Vormarsch der Deutschen.

Inzwischen war das slowakische Armeekops unter dem Befehl des Generals Čatloš bis Skwira gekommen. Es hatte sich jedoch herausgestellt, daß die slowakischen Verbände weder über genügend Gerät noch über ausreichendes Fahrzeugmaterial verfügten, um dem blitzartigen deutschen Vordringen folgen zu können. Überdies gab es zu wenig fronterfahrene slowakische Offiziere und Kommandeure, die den taktischen und operativen Anforderungen der deutschen Führungsstäbe Genüge tun konnten. So kehrte nach zwei Mo-

---

10 Die „Schnelle Brigade" setzte sich zusammen aus: der Reiteraufklärungsabteilung Nr. 2 – einer Panzerabteilung mit 2 Panzerkompanien (ca. 35 leichte Tschechenpanzer) – 2 mot. Pak-Kompanien – dem mot. Artillerieregiment Nr. 11 – einem vollmotorisierten Infanterieverband in Regimentsstärke.
11 Peter Gosztony, a.a.O., S. 173

naten die Masse der slowakischen Soldaten in die Heimat zurück. An der Ostfront blieben lediglich die „Schnelle Brigade", die sich inzwischen zur „Schnellen Division" mit etwa 10 000 Mann gemausert hatte, und eine sogenannte „Sicherheitsdivision" von ca. 8500 Mann, die nur teilmotorisiert und lediglich mit leichten Waffen ausgerüstet war. Sie wurde im rückwärtigen Frontgebiet zur Partisanenbekämpfung, zuerst bei Shitomir und dann bei Minsk, eingesetzt.[12]

Wie wurden die slawischen Slowaken von den Bewohnern Galiziens und der Ukraine aufgenommen? Anton Rašla, der als Gerichtsoffizier einer Division am slowakischen Vormarsch teilnahm, berichtet in seinen Erinnerungen darüber:[13] „Die örtliche Bevölkerung wußte über die Slowaken sehr wenig. Man kannte lediglich die tschechoslowakische Republik und hat uns also für tschechoslowakische Soldaten gehalten. Die Polen haben sich uns gegenüber sehr reserviert und hochnäsig benommen. Die galizischen Ukrainer prahlten vor uns mit ihrem ukrainischen Patriotismus.. Die Ukrainer verdächtigten uns der Sympathien mit den Polen. Wir konnten lange nicht verstehen, aus welchem Grunde. Später haben wir es dann erfahren. Wenn in unseren Einheiten nach der Feldmesse die slowakische Nationalhymne ‚Hej Slováci' gesungen wurde, dachten die Ukrainer, wir sängen die polnische Hymne, die dieselbe Melodie hat. Nur die Juden wußten etwas besser über uns Bescheid."

Und wie war die Stimmung in den slowakischen Fronteinheiten, beim einfachen slowakischen Soldaten selbst?

Sieht man vom Sonderfall der „Schnellen Brigade" ab, so wird man sie ohne lange Umschweife als gedrückt, als über alle Maßen flau bezeichnen dürfen. Achtzig Prozent aller slowakischen Soldaten waren Bauernsöhne, und niemand hatte ihnen klarmachen können, warum sie gerade kurz vor der Ernte den heimischen Hof verlassen mußten. Aber es war nicht nur das: Schnell sprach sich bei den Soldaten herum, daß derjenige, der zu Hause eine höhere Funktion in der Hlinka-Garde oder bei der „Slowakischen Volkspartei" bekleidete, sehr leicht Mittel und Wege finden konnte, sich vor der Wehrpflicht zu drücken oder sich doch wenigstens von der Versetzung an die Front „befreien" zu lassen. So dauerte es nicht lange, und der slowakische Landser sang eine Parodie auf das beühmte deutsche Lied von der Lili Marleen mit dem Text:

12 Über den Einsatz der „Sicherheitsdivision" herrscht in der Slowakei vielsagendes Schweigen. Es wird immer nur von der „Schnellen Division" gesprochen. Gerüchte lassen vermuten, daß sich Angehörige der „Sicherheitsdivision" in den ersten eineinhalb Jahren der Partisanenbekämpfung, bis zum Frühjahr 1943, Kriegsverbrechen zuschulden kommen ließen, die heute in der ČSSR vertuscht werden sollen.
13 Anton Rašla, a.a.O., S. 92f.

„Soldaten an der Front –
die Gardisten daheim –
Radio Moskau lädt
zum Überlaufen ein!"

Die slowakische „Schnelle Division" allerdings sollte sich vorerst durchaus bewähren. Nach dem Fall von Kiew, am 19. September 1941, wurde sie zur beweglichen Reserve der deutschen Truppen bis nach Golubowka. Bei Pereschipino wurde sie von zwei sowjetischen Divisionen angegriffen, und da die Division inzwischen Kriegserfahrung besaß und über deutsche Panzer verfügte, gelang es ihr, alle Angriffe erfolgreich zurückzuweisen.
„Die Deutschen haben sie sehr gelobt!" erklärte General Čatloš noch zwanzig Jahre später voller Stolz.[14] Zwei Kommandeure der Division, die Generäle Malár und Turanec, wurden mit dem Ritterkreuz ausgezeichnet.
Dennoch, nachdem die slowakische „Schnelle Division" den Raum Kalinowka erreicht hatte, wurde sie aus der Front gezogen und am Asowschen Meer, von Mariupol bis Taganrog, im Sicherungsdienst eingesetzt. Erst als es zur sowjetischen Gegenoffensive kam, im Dezember 1941, wurde die Division wieder alarmiert und übernahm am Westufer des Mius einen breiten Frontabschnitt, den sie bis zum Sommer 1942, bis zum Beginn der zweiten deutschen Rußlandoffensive, unter ihrem General Malár erfolgreich verteidigte.
Am 20. Juli 1942 hieß es für die Slowaken wieder „vorwärts!". Die „Schnelle Division" wurde der 1. deutschen Panzerarmee unterstellt und beteiligte sich in diesem operativen Rahmen an der großen Sommeroffensive (Operation „Edelweiß") der Deutschen, die im Frühherbst 1942 bis auf die höchsten Spitzen des Kaukasusgebirges führte.
Die Slowaken bewährten sich jetzt auch unter den kritischen Augen ihrer deutschen Verbündeten. Sie hatten erheblichen Anteil an der Erstürmung Rostows und an der Eroberung Maikops. General Turanec, der Kommandeur der „Schnellen Division", wies jedoch warnend daraufhin, daß der Nachschubweg für Post und Versorgungsgüter mit fast dreitausend Kilometern bis zur Slowakei bei weitem überdehnt sei.
In diesen Wochen und Monaten des Sommers 1942 war das Verhältnis zwischen slowakischen und deutschen Verbündeten besonders gut. Das hatte unter anderem einen speziellen Grund: Die Soldaten der königlichen italienischen, rumänischen und ungarischen Armeen, die zu dieser Zeit ebenfalls an deutscher Seite eingesetzt waren, sahen mit sprachlosem Staunen und zor-

---

14 General a. D. Ferdinand Čatloš 1964 in Turč.Sv.Martin in einem Gespräch mit dem Verfasser.

niger Erbitterung auf das vorbildliche Verhältnis zwischen Offizier und Mannschaft in der Deutschen Wehrmacht. Während ihre Offiziere noch in sämtlichen Bereichen der Disziplin, Subordination, der Verpflegung und Uniformierung unglaubliche Privilegien aus dem 19. Jahrhundert genossen und nicht den geringsten menschlichen Kontakt zum einfachen Soldaten pflegten, war die Wehrmacht – bei aller strengen Disziplin in der äußeren Form –, was die Frage der Kameradschaft und Verbundenheit zwischen Offizieren und Mannschaften anging, unzweifelhaft die modernste und fortschrittlichste Armee der Welt; darin bei weitem auch den sowjetischen und angloamerikanischen Streitkräften überlegen. Und darin fühlten sich die Slowaken am ehesten mit den Deutschen verwandt: In ihren Einheiten waren die kameradschaftlichen Traditionen der k.u.k.-Armee und die demokratischen Überlieferungen der Masarykrepublik lebendig geblieben. Das Verhältnis zwischen Vorgesetzten und Untergebenen in der slowakischen Armee war kameradschaftlich, war gut.

Doch inzwischen hatte die abenteuerliche Strategie Hitlers zur Kriegswende geführt. Und als die deutsche Heeresgruppe A den Kaukasus räumte und sich nach Nordwesten zurückzog, da machte auch die „Schnelle Division" der Slowaken kehrt. Anfang 1943 setzte sie zusammen mit den Deutschen nach Kertsch über.

Die personellen Verluste der Slowaken hatten sich während des großen Rückzugs noch in Grenzen gehalten, während das gesamte schwere Material an Waffen und Fahrzeugen im Raum Maikop stehengeblieben war. Indessen, im Februar 1943, bestand die „Schnelle Division" nur noch aus 4860 Mann; hatte also in sieben Monaten, vor allem durch Krankheiten, mehr als die Hälfte ihres personellen Bestandes eingebüßt. Sie wurde auf die Krim verlegt und zur „1. Slowakischen Infanteriedivision" formiert.

Bis zum Frühjahr 1943 war die Zuverlässigkeit der slowakischen Einheiten in deutschen Augen zufriedenstellend gewesen. Während des gesamten Jahres 1942 waren nicht mehr als 210 slowakische Soldaten zur Sowjetarmee oder zu den Partisanen übergelaufen, und zwar ausschließlich als Einzelgänger; ihrem Schritt war keinerlei symptomatische Bedeutung beizumessen. Die Deutschen mußten einfach in Betracht ziehen, daß Slowaken – wie Ukrainer und Russen – Slawen waren und daß mit dem Kommunismus Sympathisierende doch viel leichter in die Reihen der slowakischen Armee als in die der deutschen Wehrmacht eindringen konnten. Solange an die 99 Prozent der eingesetzten slowakischen Soldaten als „verläßlich" angesehen werden konnten, bestand kein Grund zur Besorgnis.

Jedoch ab Anfang 1943, nach der Katastrophe von Stalingrad, steigerte sich die Zahl der slowakischen Überläufer sprunghaft. Sie betrug pro Monat etwa 125 Soldaten, die hauptsächlich von der „Sicherheitsdivision" zu den ukrainischen Partisanen übergingen, so daß im Herbst 1943 bereits 1200 bis 1300 Slowaken in den Gruppen des Ukrainischen Partisanenbundes kämpften. Doch geschahen auch diese Übertritte im wesentlichen noch individuell, fast immer ausgeführt von einzelnen, ohne größere Organisation und keineswegs in Form von Massendesertionen.[15]

Die einzige Ausnahme ergab sich im Frühjahr 1943. Damals lief Hauptman Jan Nalepka von der „Sicherheitsdivision" mit einem Oberleutnant und einer Gruppe von acht Soldaten zu den ukrainischen Partisanen über. Die Sowjets gaben dem an sich geringfügigen Ereignis einen spektakulären Glanz, als am 18. Mai 1943 auf Befehl des Kommandeurs des Ukrainischen Partisanenbundes, General Saburow, die erste tschechoslowakische Partisaneneinheit unter Führung des Hauptmanns Nalepka formiert wurde.[16] Doch zu einem größeren Desaster kam es erst im Oktober des gleichen Jahres.

Zu dieser Zeit begann eine neue sowjetische Großoffensive gegen die deutsche Front in der Ukraine. Generalfeldmarschall v. Kleist rief die slowakische 1. Infanteriedivision von der Krim in den Einsatz ab. Er gedachte sie so zu verwenden wie in den vergangenen beiden Jahren die bewährte „Schnelle Division". General Čatloš behauptete nach dem Kriege, er habe unverzüglich einen Offizier mit Kurierflugzeug zu Feldmarschall v. Kleist gesandt, um gegen den Einsatz der Division Einspruch zu erheben und sie dem Befehl des deutschen Oberkommandos zu entziehen. Diesen Offizier habe man im Hauptquartier Kleists eine ganze Nacht warten lassen, und als er endlich dem deutschen Feldmarschall seine Botschaft übergeben konnte, sei es zu spät gewesen: die Division habe sich bereits im Einsatz befunden.[17]

Wie immer das gewesen sein mag, Tatsache war, daß die „1. Infanteriedivision" nicht kämpfte, sondern teils zum Feinde überlief, teils die Front verließ. Am 30. Oktober 1943 ging ein komplettes Regiment der Division mit sämtlichen Waffen, Offizieren und Mannschaften unter Führung von Oberstleutnant Lichner zu den Sowjets über. Etwas über 2000 Mann. Der Übergang erfolgte bei Nacht und strömendem Regen, indem Kompanie nach Kompanie staffelweise zu den Sowjets überlief.

15 Anfang Januar 1943 ging der 22-jährige Bauernsohn Martin Dzur mit einigen Kameraden zu den Sowjets über. Er ist seit 1968 Armeegeneral und Verteidigungsminister der ČSSR.
16 Hauptmann Nalepka fiel später und wurde nachträglich zum „Helden der Sowjetunion" ernannt. (Nalepka hatte bereits Weihnachten 1942 versucht, das 101. Regiment der „Sicherheitsdivision" geschlossen zu den ukrainischen Partisanen zu führen, was lediglich an technischen und organisatorischen Schwierigkeiten scheiterte.)
17 General a. D. Čatloš im Frühjahr 1964 in Turč.So.Martin zum Verfasser.

Der Vorfall ereignete sich nicht spontan; er war von der Feindseite gründlich vorbereitet und eingefädelt worden. Denn auf der anderen Seite der Front operierte die „I. Tschechoslowakische Brigade" in der Sowjetunion, die unter dem Befehl des Generals Ludvik Svoboda stand, des späteren tschechoslowakischen Staatspräsidenten während der tragischen Ereignisse des Jahres 1968.

In seinen Memoiren berichtet Svoboda:[18] „Wir wählten drei Angehörige unserer Brigade aus, die Unteroffiziere Grün und Blažiček sowie den Obergefreiten Lakota. Sie sollten im Raum der slowakischen Infanteriedivision abspringen, Verbindung mit antifaschistisch denkenden Offizieren und Soldaten aufnehmen und mit ihnen den Übertritt slowakischer Einheiten zur Sowjetarmee vorbereiten. Neben Papieren, die sie auswiesen, nahmen sie auch einen Brief von mir an den (slowakischen) Divisionskommandeur, General Jureck, mit, in dem ich ihm unter anderem schrieb: ‚... Ich hoffe, Herr General, daß Ihnen die verzweifelte Situation Hitlerdeutschlands bekannt ist, so daß Sie die Größe des Unglücks beurteilen können, in das Sie die von Ihnen befehligten slowakischen Soldaten führen. Ihr Auftreten an der Seite der deutschen Armee fügt der Sache des slowakischen Volkes in den Augen der gesamten Weltöffentlichkeit außerordentlichen Schaden zu. Abgesehen davon ist heute jede Hilfeleistung für die deutsche Armee völlig sinnlos ... Den Deutschen helfen bedeutet, bewußt Selbstmord zu begehen und schweren Verrat am eigenen Volk ... Ich wende mich an Sie als ehemaligen Offizier der Tschechoslowakischen Republik. Als Berufsoffizier möchte ich Sie bitten, an den militärischen Eid zu denken, den Sie der Tschechoslowakischen Republik geschworen haben ... Es ist niemals zu spät. Das höchste Gebot für Sie und Ihre Soldaten sollte das Interesse der Nation sein ...' Wegen schlechter Witterungsbedingungen konnte die dreiköpfige Gruppe erst in der Nacht vom 28. bis 29. Oktober 1943 abgesetzt werden und noch dazu 35 km von den slowakischen Einheiten entfernt."

Soweit der Bericht Svobodas. Seine Emissäre gelangten zwar nicht zu General Jureck, dafür aber zu Oberstleutnant Lichner, der seinem Regiment noch am selben Abend den Befehl zum Überlaufen gab.

Da ein Regiment mit drei Bataillonen auf der Krim abgeschnitten worden war, Lichners Regiment mit drei Bataillonen die Front gewechselt hatte, bestand der klägliche Rest der slowakischen 1. Infanteriedivision, der sich am 31. Oktober 1943 fluchtartig von der Front absetzte, noch aus einem Infanterieregiment mit drei Bataillonen, einem Artillerieregiment mit drei Abteilungen und einer Aufklärungsabteilung. Beim schnellen Rückzug hatte man den ganzen Wagenpark verloren und lediglich ein halbes Dutzend Geschütze

---

18 Ludvik Svoboda, Von Busuluk bis Prag, Berlin-Ost o. J., S. 223f.

retten können. Einst umfaßte die stolze „Schnelle Division" 10 500 Mann; jetzt zählte die 1. Infanteriedivision noch 5000 Soldaten.
Etwa um dieselbe Zeit traten 800 Mann der „Sicherheitsdivision" geschlossen zu den ukrainischen Partisanen über. Damit hatten sich beide Verbände als im Kern erschüttert, als unzuverlässig und unbrauchbar für weitere Kampfhandlungen an der deutschen Ostfront erwiesen. Die „Sicherheitsdivision", deren ursprüngliche Stärke durch Desertionen auf die Hälfte abgesunken war, wurde bald darauf nach Italien verlegt, wo sie als „Baubrigade", später als „Arbeitsdivision" im rückwärtigen Frontgebiet eingesetzt wurde. Dasselbe geschah mit den Resten der „1. Infanteriedivision" im Raum Rumänien.
Damit befanden sich Ende Oktober 1943 keine slowakischen Truppenverbände (mit Ausnahme einer slowakischen Jagdfliegerstaffel mit deutschen Me 109) an der Front. Von diesem Zeitpunkt an gab es keinerlei kämpfende slowakische Einheiten auf Seiten der Achsenmächte.
Das blieb auch den Menschen in der Slowakei nicht verborgen. Der Übertritt eines kompletten Regiments der slowakischen Eliteformation, der ehemaligen „Schnellen Division", zu den Russen, sprach sich mit Windeseile im Lande herum und hinterließ einen tiefen Eindruck. Diese Nachricht ordnete sich offenbar logisch in das düstere Gesamtbild ein, das sich aus der Kriegslage im allgemeinen und aus dem unaufhaltsamen Näherrücken der sowjetischen Front im besonderen ergab. Durch die Kapitulation Italiens im Herbst 1943 war die Slowakei für alliierte Luftangriffe erreichbar geworden. Die Einsätze wurden von der italienischen Flugbasis Foggia geflogen und nahmen im Laufe des Jahres 1944 beachtliche Ausmaße an. Die slowakische Zivilbevölkerung reagierte außerordentlich nervös. Die Armee-Zeitung des Generals Čatloš sorgte ihrerseits durch offene Erörterung des Desertionsproblems dafür, daß einer immer breiteren Öffentlichkeit in der Slowakei die Meldungen vom Überlaufen slowakischer Soldaten und Offiziere bekannt wurden. Aus den intensiv abgehörten Sendungen des Moskauer Rundfunks erfuhr man, daß Slowaken in zahlreichen Partisanenformationen kämpften und daß das übergelaufene Regiment der ehemaligen „Schnellen Division" das Gerippe für die II. Luftlandebrigade innerhalb der tschechoslowakischen Einheiten in der Sowjetunion unter dem Kommando des Generals Ludvik Svoboda bilde.
Ende 1943 bzw. Anfang 1944 standen die Dinge so:
Die slowakische Armee hatte seit Beginn des Rußlandfeldzuges, seit dem 22. 6. 1941, insgesamt 8720 Mann verloren. Und zwar: 1180 Gefallene, 2970 Verwundete und 4560 Vermißte (fast durchweg Übergelaufene). Die „Feldeinheiten" bestanden noch aus etwa 12 000 Mann. Davon standen ca. 6500 Mann bei der 1. Infanteriedivision in Rumänien, ca. 4500 Mann bei der

Baubrigade in Italien und der Rest bei einer Jagdfliegerstaffel und bei einer Eisenbahn-Baukompanie. Die slowakischen Heimatstreitkräfte setzten sich aus etwa 58 000 Mann zusammen. Und zwar: 40 000 Mann Heer, 3700 Mann Fliegertruppe, 4300 Mann Flakartillerie, 2000 Mann Luftnachrichtentruppe und 8000 Mann „Militärisches Arbeitskorps".

Während Slowaken um die Jahreswende 43/44 nirgends mehr auf deutscher Seite kämpften, bildeten sie nun die Kader und Eliteeinheiten der immer zahlreicher werdenden tschechoslowakischen Verbände auf Seiten der Alliierten. So umfaßte die I. selbständige tschechoslowakische Brigade in der Sowjetunion, aus der im Verlaufe des Jahres 1944 das „I. tschechoslowakische Armeekorps" entstand, Ende 1943 ca. 7200 Soldaten, von denen etwa 4300, also 60 Prozent, Slowaken waren.[19]

Nicht zuletzt der Wandel an der äußeren, an der militärischen Front trug dazu bei, daß die bereits seit einem Jahr anwachsende unruhige und unzufriedene Stimmung in der Slowakei von Ende 1943 an Schritt für Schritt in eine oppositionelle, Mitte des Jahres 1944 in eine revolutionäre Stimmung überging. Dies schuf die Voraussetzungen dafür, daß sich der politische Widerstand der antifaschistischen Opposition im slowakischen Staat konkretisieren, daß er nach fünfjähriger Ohnmacht und tatenlosem Abwarten endlich zu aktiven Handlungen überzugehen vermochte.

---

19 Im Herbst 1944, zur Zeit des Slowakischen Nationalaufstands, befanden sich etwa 25 000 tschechoslowakische Soldaten auf Seiten der Alliierten im Einsatz. Im Rahmen der Sowjetstreitkräfte operierte das I. Tschechoslowakische Armeekorps mit etwa 16 000 Mann, das vergeblich die Karpatenpässe berannte und dabei schwerste Verluste erlitt (ca. 6000 bis 6500 Mann). Bei den westalliierten Armeen kämpften 9225 tschechoslowakische Soldaten: vornehmlich im Verbande einer selbständigen tschechoslowakischen Panzerbrigade, im II. Tschechoslowakischen Mittelost-Bataillon, im 200. tschechoslowakischen leichten Fliegerabwehrregiment und in verschiedenen Fliegereinheiten. Alle diese Verbände und Formationen unterstanden formell dem Befehl der tschechoslowakischen Exilregierung des Dr. Beneš in London.

4. Der große Umschwung

Im März 1944 bestand der selbständige slowakische Staat fünf Jahre. Nach außen hatte er die stürmischen Kriegsjahre unangefochten überstanden; er bot das Bild einer Oase des Friedens. Doch im Innern hatten sich grundlegende Veränderungen, hatte sich ein radikaler Stimmungsumschwung in allen Schichten der Bevölkerung vollzogen.
Die Slowakei von 1944 war antideutsch. Antideutsch in einem Ausmaß, wie es 1939 schon gar nicht, wie es aber auch bis zum Herbst 1942 nicht annähernd denkbar gewesen war. Doch dann kamen im Oktober/November 1942 die Hiobsbotschaften, und sie kamen Schlag auf Schlag: Am 23. Oktober 1942 begann in Nordafrika die Schlacht bei El Alamein, und vierzehn Tage später mußten die deutsch-italienischen Verbände Rommels der britischen Übermacht weichen. Am 7. und 8. November landeten die Amerikaner in Marokko und Algerien. Am 19. und am 20. November durchbrachen die Sowjets die Fronten der 3. und 4. rumänischen Armee, und fünf Tage später war die 6. deutsche Armee in Stalingrad eingekesselt.
Vor allem die Nachricht vom sowjetischen Erfolg bei Stalingrad wirkte in der Slowakei wie ein Erdbeben. Es war, als hätten die Slowaken eineinhalb Jahre lang mit zusammengebissenen Zähnen auf das große Wunder eines russischen Sieges gewartet und als würden nun alle Schleusen eines lang ersehnten Triumpfes geöffnet. Von einem Tag auf den anderen offenbarten sich die slawischen Sympathien und Gefühlsbindungen der einfachen wie der gebildeten Menschen in der Slowakei: „Der Slawe hat den Germanen geschlagen! Stalin, der Bauernschlaue, hat den großsprecherischen Hitler besiegt!"
Einige Auszüge aus den Meldungen der Bezirkshauptleute des Tiso-Staates über die politische Situation in der Slowakei um die Jahreswende 1942/43 machen diesen Stimmungsumschwung deutlich:[1]
Bericht aus Levoča vom Dezember 1942:
„In letzter Zeit spricht man unter dem Volk über angebliche Mißerfolge der deutschen Armee an den Fronten. Infolgedessen ist ein großer Teil der hiesigen Bevölkerung – wahrscheinlich auch unter dem Einfluß der feindlichen Rundfunkpropaganda – zu der Überzeugung gelangt, daß Deutschland diesen Krieg nicht gewinnen kann."
Bericht aus Sabinov vom Dezember 1942:
„Es macht sich bemerkbar, daß besonders die Landbevölkerung über die bolschewistischen, sozialen und sonstigen Verhältnisse eine andere Ansicht gewinnt als bisher, und diese Ansicht stellt jene Verhältnisse in ein günstiges Licht."

1 „Die kämpfende Tschechoslowakei", a.a.O., S. 79

Bericht aus Brezno vom Januar 1943:
„Öffentliche Revolten oder Kundgebungen hat es bisher nicht gegeben, doch die Situation ist ziemlich ernst, denn die sozialistischen, kommunistischen und auch tschechoslowakischen Elemente beginnen wieder aufzuleben und die übrige Einwohnerschaft zu beeinflussen."
Bericht aus Gelnica vom Ende Januar 1943:
„Ich melde, daß der Monat Januar 1943 eine steigende Anzahl politischer Delikte, wie Beleidigungen des Staatsoberhauptes, des Führers des Deutschen Reiches und Verbreitung unwahrer Nachrichten aufweist."
Die Verbreitung sogenannter Tatarennachrichten spielte in der Slowakei, einem vorwiegend bäuerlichen Land, eine immense Rolle. Hier ging die Fama buchstäblich noch von Mund zu Mund. Vor allem die slowakischen Soldaten, die vom Einsatz in Rußland, von der „Schnellen Division", nach Hause kamen, beeinflußten die öffentliche Meinung stark. Denn ganz im Gegensatz zu den deutschen Frontsoldaten, die aus der Sowjetunion politisch, gesellschaftlich und zivilisatorisch nur Negatives zu berichten wußten, zeigten sich die Angehörigen der slowakischen Armee tief beindruckt von den sozialen Errungenschaften in der UdSSR, und fast jeder von ihnen hatte das Gefühl einer starken slawischen Brüderlichkeit, in erster Linie mit den Ukrainern, während die deutschen „Waffenbrüder" ihnen fremd und unheimlich erschienen waren.
Die positiven, oft sogar begeisterten Erzählungen der heimgekehrten slowakischen Soldaten über die Verhältnisse in der Sowjetunion kamen insbesondere den Kommunisten in der Slowakei zugute, die bis zum Frujahr 1943 ein Schattendasein geführt hatten. Doch im Sommer desselben Jahres konnte man bereits alamierende Meldungen der Bezirkshauptleute registrieren.[2]
Bericht aus Skalica vom August 1943:
„Unter der hiesigen Arbeiterschaft gewinnt die kommunistische Gesinnung immer mehr Verbreitung. Bisher wurden hier keine kommunistischen Agenten oder Agitatoren ertappt; aber einige Dinge, die sich hier im Verlaufe des vergangenen Monats ereignet haben, beweisen, daß seitens der Kommunisten unter der Arbeiterschaft stark gearbeitet wird."
Bericht aus Modra vom August 1943:
„Von den Kommunisten ist nichts zu hören, aber das bedeutet nicht, daß es keine gibt. Die Stimmung der arbeitenden Bevölkerung drückt am besten ein Lied aus, das hier gesungen wird:
Und wer Geld hat, geht nach London,
und wer keins hat, träumt von Stalin."
Im August 1943, nach der großen Panzerschlacht bei Kursk, wurde klar, daß

---

2 „Die kämpfende Tschechoslowakei", a.a.O., S. 80

ein Umschwung an der Ostfront zugunsten der Deutschen nicht mehr zu erwarten war. Das slowakische Augenmerk war dabei hauptsächlich auf die Entwicklung im Südabschnitt der Ostfront gerichtet. In der Ukraine aber gingen die deutschen Armeen vom September 1943 an ständig zurück, und als sich herausstellte, daß auch die Dnjepr-Linie nicht zu halten war, setzte fast niemand mehr in der Slowakei auf einen deutschen Endsieg oder auch nur auf ein Remis. Der nationale Opportunismus der Slowaken begann mit dem Tempo der deutschen Rückzüge Schritt zu fassen!
Unruhe rief im März 1944 die Verlegung deutscher Truppen nach Ungarn hervor. Man fühlte sich bedroht und glaubte, daß es nun nicht mehr lange dauern würde, bis auch die Slowakei den Einmarsch deutscher Verbände erleben werde. In seinem Monatsbericht vom März 1944 an die Zentrale der „Staatlichen Sicherheit" in Bratislava schrieb der Leiter der Dienststelle in Krupina (Stadt in der Südslowakei, unweit der damaligen ungarischen Staatsgrenze): „Die größte Überraschung war die Besetzung des südlichen Nachbarn durch die Deutschen. Nach diesem Ereignis war die Ruhe des öffentlichen Lebens zeitweise gestört, und indirekt waren die Fragen zu spüren, ob vielleicht aus strategischen und Sicherheitsgründen ein ähnlicher Eingriff auch bei uns zu erwarten sei. Infolge der Besetzung entstanden Umstände und Ereignisse, die man augenblicklich lösen muß, damit die Sicherheitsorgane hier eine klare Linie haben, nach der sie vorgehen können. Nach einigen Meldungen überschritten deutsche Grenzpatrouillen in mehreren Fällen unsere Grenze und reagierten nicht auf Warnungen der Grenzorgane."[3]
Im Frühjahr 1944 erreichte die antideutsche Stimmung in breiten Volksschichten ihren Höhepunkt. Die gardistische Idee der Hlinka-Bewegung war tot. Die herrschenden Kreise in Bratislava wandelten sich in Einstellung und Verhalten in dem Maße, in dem sich die Rote Armee den Grenzen der Slowakei näherte. Sie nahmen den Deutschen ihre Niederlagen übel, und entsprechend kühlte ihr Verhältnis zu den Verbündeten ab. Die Deutschen bemerkten den Vorgang wohl, und abgesehen vom Gesandten Ludin, der seinen proslowakischen Sympathien immer treu blieb, trauten sie niemandem in der Slowakei mehr, mit Ausnahme von Staatspräsident Tiso und Propagandachef Tido Gašpar.[4]
Die bisherigen Anhänger des Regimes hielten sich in jeder Hinsicht zurück,

---

3 Bezirksarchiv Zvolen, Zweigstelle Krupina, Fond Bezirksinstitut Krupina D 1353/44.
4 Im Herbst 1943 hatten Ludin und Gmelin bereits einen Bericht an das Auswärtige Amt in Berlin geschickt, in dem die veränderte Einstellung der Slowaken zu den Deutschen analysiert wurde. Das psychologische Hauptmotiv sahen die beiden Verfasser im Wechsel des Kriegsglücks.

um sich nach keiner Seite zu exponieren. Sie suchten eifrig Kontakte mit den Tschechoslowaken und Kommunisten, auf jeden Fall mit Leuten, von denen sie glaubten, daß sie nach London oder Moskau Verbindungen hätten, und ließen in Gesprächen durchblicken, daß sie von der Niederlage des Reiches und der Tiso-Herrschaft fest überzeugt seien. Dabei argumentierten sie zu ihrer eigenen Rechtfertigung, sie hätten seit 1939 nicht anders handeln können, als sie es getan hätten, denn nur dadurch sei der Slowakei ein ähnliches Schicksal wie dem tschechischen Protektorat oder dem polnischen Generalgouvernement erspart geblieben, nur auf diese Weise hätte sich die slowakische Nation den ganzen Krieg über ihren wirtschaftlichen Wohlstand und ihre glänzende Versorgungslage erhalten können.

In den Regierungskreisen der klerikalfaschistischen Slowakei hatte es nie eine völlige Homogenität gegeben. Grob gesprochen hatten schon immer zwei miteinander um die Macht rivalisierende Fraktionen existiert: die von Staatspräsident Dr. Tiso, hinter dem die Slowakische Volkspartei stand, und die von Ministerpräsident Dr. Tuka und Innenminister Mach, die die Exponenten der militanten Hlinka-Garde waren.

Die offenen und verhüllten Reibungen zwischen Tuka und Tiso hatten sich bis zur Jahreswende 1940/41 immer mehr zugespitzt. Prof. Tuka, der in der Bevölkerung keineswegs populär war und mehr als Ungar denn als Slowake eingeschätzt wurde, hatte sich allzu oft als „slowakischer Nationalsozialist" präsentiert. Man wußte in der Öffentlichkeit von ihm, daß er jederzeit bereit war, die Rolle eines slowakischen Quisling zu spielen, also u. U. auch mit einer kleinen Minderheit die Regierungsgewalt über die Slowakei auszuüben, wenn ihm dabei die Unterstützung des Reiches sicher war. Seine engen Kontakte zum deutschen SD, insbesondere zu Kaltenbrunner persönlich, waren nicht verborgen geblieben; hatten sich in breiten Kreisen herumgesprochen.

Die Einstellung Tisos zu Deutschland war vom ersten Tage an ganz anders gewesen. Er wäre zu einer Minderheitenregierung bzw. zur Ausübung einer unverhüllten Gewaltherrschaft bis 1943/44 niemals bereit gewesen. In diesen ersten vier, fünf Jahren des Slowakischen Staates hatte er nie ein Plebiszit zu scheuen, waren ihm 70 bis 80 Prozent aller Stimmen ganz sicher gewesen. Er hatte niemals den geringsten Zweifel daran empfunden, der gewählte Repräsentant seines Volkes zu sein. So hatte er sich auch niemals als Satellit, sondern als Partner des Deutschen Reiches gesehen; natürlich als sehr viel kleineren Partner.

Der deutsche Gesandte Killinger hatte Tuka gegen Tiso gestützt, und Anfang Januar 1941 hatten die Gegensätze ihren Höhepunkt erreicht. Doch dann war Killinger gegangen und Hanns Ludin gekommen. Und Ludin, der von Ribbentrop den Auftrag hatte, zwischen den streitenden Slowaken zu vermitteln, hatte in Preßburg erklärt, für Berlin sei Tiso der Mann Nr. 1, Tuka der Mann Nr. 2 und Mach der Mann Nr. 3 in der Slowakei, und daran hätten sich alle zu halten.

Jetzt, um die Jahreswende 1943/44, begann sich die Clique um Tuka und Mach in Nichts aufzulösen. Der persönliche Einfluß von Dr. Tuka in seiner Funktion als Ministerpräsident war auf ein Minimum gesunken. Die Gruppe um Staatspräsident Tiso[5] dagegen, schon immer stärker auf die Wahrung der slowakischen nationalen Interessen bedacht, schwenkte vorsichtig auf eine distanziertere Linie gegenüber Deutschland ein, bemühte sich aber nachhaltig, die Reichsregierung nicht offen zu provozieren, um einer militärischen Besetzung der Slowakei zu entgehen. Man glaubte allen Ernstes, durch geschicktes Lavieren und Taktieren zwischen den Fronten ein Verhältnis des Status quo zum Deutschen Reich bewahren und den selbständigen Staat (oder wenigstens eine autonome Slowakei) konfliktlos in die Nachkriegszeit hinüberretten zu können. Tiso selbst bot sich in öffentlichen Reden und diplomatischen Kontakten mit Schweden, Spanien und der Schweiz kaum versteckt den Westmächten an, wenn sie nur dafür Sorge trugen, daß die Slowakei westlich der künftigen Einflußgrenze der Alliierten (und damit vom Bolschewismus verschont) blieb, und daß sie eine Art von nationaler Selbständigkeit behielt.

Jedermann war ängstlich bestrebt, seinen Namen mit keinerlei politischen oder ökonomischen Maßnahmen der Regierung in Verbindung zu bringen, die nach Kriegsende zu Strafverfolgungen oder Racheakten führen konnten. Niemand wollte noch einen Posten oder ein Amt übernehmen, und jeder mühte sich, den Oppositionellen äußerste Milde und Freundlichkeit zu erweisen, um sich für die erwartete Generalabrechnung beizeiten ein Alibi zu verschaffen.

Der deutsche Gesandte in Preßburg, Hanns Ludin, stand dieser Entwicklung machtlos gegenüber. Sein anfänglicher Kredit bei Reichsaußenminister Joachim v. Ribbentrop war inzwischen, seit Januar 1943, infolge unterschiedlicher Auffassungen über die Behandlung der Slowaken gänzlich geschwun-

---

5 Der ehemalige Gesandtschaftsrat Gmelin in persönlichem Gespräch: „Ich habe von Tiso, obwohl er ja ein sehr voluminöser, dicklicher Herr im geistlichen Gewande war, viele Jahre hindurch den Eindruck gehabt, daß er ein äußerst dynamischer, energiegeladener und tatkräftiger Mann gewesen ist. Viel tatkräftiger als z. B. Tuka; viel tatkräftiger als Mach. Tuka hat etwas Professorales an sich gehabt. Mach war ein bißchen ein G'schaftlhuber; so eine Art Betriebsnudel. Aber der wirkliche Politiker, der politische Pragmatiker, – heute würde man sagen, der Macher –, das war Tiso! Und daß er sich in den Auseinandersetzungen nicht durchgesetzt hätte, das kann man wirklich nicht sagen."

den. Er begann zu fühlen, daß sein Einfluß auf die slowakischen Dinge im Verblassen war. Es wurde immer offenkundiger, daß sich der slowakische Staat, außen- und militärpolitisch ein beinahe hilfloser Satellit des Deutschen Reiches, innenpolitisch doch ein erstaunliches Maß von Unabhängigkeit und Selbständigkeit bewahrt hatte.

Der Druck Deutschlands auf die Slowakei war eben nicht annähernd mit den Zuständen im Protektorat zu vergleichen. Staatspräsident Dr. Tiso, der ohnehin über ein sehr gutes persönliches Verhältnis zu Hitler verfügte,[6] hatte es verstanden, der slowakischen Regierung im eigenen Land eine verhältnismäßig starke Stellung zu erhalten.

Ein gewachsenes Selbstvertrauen war übrigens kennzeichnend für die gesamte Situation in der Slowakei zu jenem Zeitpunkt. Fünf Jahre Eigenstaatlichkeit hatten bewirkt, das Nationalbewußtsein der Slowaken tief zu untermauern. Die Republik hatte gezeigt, daß sie selbst in komplizierter Lage zu existieren verstand, und schließlich hatte die Slowakei auf den Gebieten der Wirtschaft, Kultur und Wissenschaft Leistungen aufzuweisen, die 1939 niemand einem kleinen Bauern- und Hirtenvolk zugetraut hatte, das seit zehn Jahrhunderten jeder Selbständigkeit entwöhnt worden war.

Anfang 1944 konnte man Wirtschaft und Währung der Slowakei als relativ gut und gesichert bezeichnen, weit stabiler als in Deutschland und in den von ihm besetzten Ländern. Arbeitslosigkeit gab es nicht. Die slowakische „Krone" (KS) konnte sich einen hohen inneren Wert bewahren, und die Slowaken besaßen mit fast allen europäischen Staaten eine aktive Handelsbilanz. Die Preise waren zwar im Verlauf der Kriegsjahre gestiegen, die Löhne hatten nicht Schritt gehalten, doch von unkontrollierten Preissteigerungen und „balkanischem Preiswucher" konnte keine Rede sein. Es bestand eher eine Deflations- als Inflationsgefahr. Hauptursache des starken Geldmangels war die Entwicklung des deutsch-slowakischen Clearing: Die Clearing-Spitze zugunsten der Slowakei belief sich auf viele Millionen slowakischer Kronen und übertraf bei weitem den gesamten Bargeldumlauf in der Slowakei.

Versorgungslage und Lebensstandard waren für das fünfte Kriegsjahr erstaunlich gut. Aus der Slowakei wurden nur wenig Nahrungsmittel ausge-

---

6 Gesandtschaftsrat Gmelin in persönlichem Gespräch: „Ich habe zweimal an Besuchen Tisos im Führerhauptquartier teilgenommen. Ich hatte den Eindruck, daß Hitler und Tiso sich sehr gut verstanden. Sie sind sich jedenfalls sehr offen und sehr vertrauensvoll gegenübergetreten. Tiso hat sich dabei ganz normal verhalten: weder servil noch gespreizt. Er hat sich ganz bewußt als das gegeben, was er ja auch war: als biederer Landpfarrer. Sein persönliches Verhältnis zu Hitler war sicher von großer Hochachtung geprägt. Aber der deutsche Staatschef erwiderte diese Achtung und behandelte Tiso in den Gesprächen niemals als Vasallen."

führt; wöchentlich gingen höchstens zweihundert Stück Rindvieh über die Grenze nach Deutschland. An Lebensmitteln war noch fast alles vorhanden. Zigaretten gab es in unbegrenzten Mengen und ohne Markenzwang, Textilien, seidene Damenstrümpfe, Schweizer Uhren, Fotoapparate und Belichtungsmesser waren – anders als in Deutschland – frei zu kaufen. Lediglich Kaffee war knapp, aber für die städtischen Einwohner – vor allem in Bratislava – doch wieder ausreichend, da er von der bäuerlichen Landbevölkerung kaum konsumiert wurde. Die Ernte des Jahres 1944 versprach überdurchschnittlich gut zu werden.

Auch auf dem sozialpolitischen Sektor waren gewisse Erfolge der Regierung nicht zu bestreiten. Die sogenannte Aktion der Familienhäuschen, die Gesetze über Kinderzuschläge und Teuerungszulagen, die Maßnahmen zur Erhöhung der Gehälter hatten beim bürgerlichen Anteil der Bevölkerung ein freundliches Echo gefunden. Die Arbeiterschaft dagegen fühlte sich vom klerikalfaschistischen Staat zu Recht benachteiligt.

Kunst und Literatur der Slowaken hatten sich seit der Proklamation eines eigenen Staates entfaltet und wurden vom Regime wenig gegängelt. Im epischen Bereich waren christlich-katholische Einflüsse unverkennbar. Auf dem Theater dagegen reüssierten immer wieder Übersetzungen aus dem Tschechischen. Die junge slowakische Poesie, fast durchweg links oder pazifistisch orientiert, schuf sich eine eigene Hausmacht in literarischen Zeitschriften wie „Elan", „Tvorba" und „Pohl'ady". Ja, selbst die Surrealisten, die sich auf tschechische und französische Traditionen beriefen, waren aktiv. In der Musik fanden Cikker, Moyzes, Kardoš und Suchon internationale Anerkennung.

In der Wissenschaft arbeiteten Philosophen und Historiker für die Schubladen, d. h. sie schrieben, aber sie hielten ihre Veröffentlichungen für bessere oder freiere Zeiten zurück. Dagegen scheuten sich die Juristen nicht, Mängel der slowakischen Gesetzgebung aufzudecken und sich kritisch mit der internationalen rechtlichen Stellung der Slowakei oder mit Nationalitätenproblemen zu befassen.

Unter solchen Umständen gab es in der slowakischen Gesellschaft genügend Spielraum für die verschiedenartigsten Tendenzen. Einig war man sich aber in einem: in der Ablehnung der Deutschen. Sogar Tiso und Mach ließen ab und zu in Zwischentönen erkennen, daß sie mit jedem marschieren würden, der ihnen die größtmögliche Selbständigkeit beließe. Gleichwohl galten sie als germanophil und deutschhörig, während Verteidigungsminister Čatloš es verstanden hatte, sich seit Mitte 1943 allmählich von diesem Verdacht zu befreien oder ihn doch mindestens abzuschwächen. Der allgemeine Haß richtete sich gegen Ministerpräsident Dr. Tuka, den jeder Slowake als Verräter und Kollaborateur ansah, und gegen Dr. Kovač, den Oberbürgermeister von

Bratislava, dem man zum Vorwurf machte, die Slowakisierung der Hauptstadt vernachlässigt zu haben.[7]

Bestand so auf der einen Seite ein akzentuiertes slowakisches Nationalbewußtsein, das sich – stolz auf die eigenen Leistungen und Erfolge – von Tag zu Tag mehr gegen die Deutschen kehrte, so wuchsen andererseits in breiten Kreisen der Bevölkerung neue tschechoslowakische Tendenzen heran. Während die Regierungspresse verstärkt die Aussiedlung der noch verbliebenen Tschechen aus der Slowakei forderte (insgesamt wurden ab 1938 etwa 90000 Tschechen aus der Slowakei ausgesiedelt), drängte sich das Publikum nach tschechischen Büchern, Filmen und Theaterstücken. In den Konzertcafés applaudierte man enthusiastisch tschechischen Schlagern und Volksliedern oder sang sie lauthals mit. Neben slawischen Gefühlsbindungen und Sympathien drückte sich darin vor allem das Mitleid der Slowaken für die unterdrückten Tschechen aus. Es war typisch für die slowakische „Taubennatur", daß man bereit war, die eigene Unterdrückung durch die Tschechen großmütig zu vergessen.

Auch in den führenden Kreisen nahm die tschechoslowakische Idee von neuem Gestalt an; hier aus Opportunismus, Angst und Berechnung. Der Gedanke an eine Wiedererrichtung der tschechoslowakischen Republik erfüllte gerade den katholischen Klerus, der die Slowakei weitgehend beherrschte und dem es noch nie besser gegangen war als im Slowakischen Staat, mit tiefer Niedergeschlagenheit. Doch was half es? Jeden Tag kam die Sowjetarmee den Regionen Mitteleuropas einige Kilometer näher. Und im Vergleich zum Schreckgespenst des Kommunismus wog die tschechoslowakische Gefahr gering. So bemühte sich gerade der Klerus, Kontakte nach Westen zu knüpfen, was Staatspräsident Tiso, soweit er darüber unterrichtet wurde, stillschweigend tolerierte.

Alle möglichen und unmöglichen politischen Kombinationen wurden erwogen. Darunter auch das Konzept einer selbständigen Sowjet-Slowakei, übernommen von den Kommunisten, die es von 1939 bis 1941 verfolgt hatten. Auf Selbständigkeit bzw. Autonomie der Slowakei, in welcher staatlichen Kombination auch immer, legten im Grunde alle Gruppen Wert. Der ehemalige tschechoslowakische Ministerpräsident Hodža verfocht die Idee eines tschechoslowakischen Gesamtstaates, bestehend aus zwei gleichberechtigten föderativen Republiken, und fand damit eine beträchtliche Anhängerschaft, nicht zuletzt unter der jüngeren Generation.

Die Studentenschaft in der Slowakei war der stärkste Pfeiler der Opposition: sie dachte durchweg antideutsch und proslawisch. Etwa ein Viertel der Stu-

---

7 Bratislava hatte damals nur zur Hälfte slowakische Einwohner. Je ein Viertel waren Deutsche und Ungarn.

denten war dabei slowakisch-nationalistisch eingestellt und wünschte fast um jeden Preis, den selbständigen Staat zu erhalten. Es waren meist Söhne aus katholischen Bauernfamilien, die den Tschechen mißtrauisch und den Ungarn mit offener Feindschaft begegneten. Etwa 30 Prozent standen zwar zum Regime in Opposition, warteten aber in vorsichtiger Passivität den Gang der Ereignisse ab. Doch 40 bis 50 Prozent der Studenten waren aktiv, arbeiteten illegal im Untergrund und bereiteten sich systematisch auf Widerstandshandlungen vor.

Zu solchen Aktionen war es 1943 bereits in Bratislava, Ružomberok, Mikulaš, Modra und anderen Städten gekommen. In Bratislava und Ružomberok flogen Studentenorganisationen mit slawophiler Tendenz auf, deren Unterorganisationen sich über die ganze Slowakei erstreckten. In Mikulaš druckten Studenten nach dem Abfall Italiens Flugblätter, in denen sie zum aktiven Widerstand aufriefen, und verteilten sie in der Stadt. Aus Solidarität mit den gegen die deutsche Besetzung demonstrierenden norwegischen Studenten wurden in Bratislava und Modra Flugblätter verteilt, deren Verfasser Studenten waren. Schließlich war es am 28. Oktober 1943, am 25. Jahrestag der Gründung des tschechoslowakischen Staates, zu Studenten- und Schülerdemonstrationen in Bratislava gegen die Deutschen gekommen.

In allen Fällen reagierte das herrschende Regime äußerst milde. Lediglich Alexander Mach schlug gelegentlich noch schärfere Töne an. Gewöhnlich wurden die jungen Laute bald aus der Untersuchungshaft entlassen und mit einem „Tadel" nach Hause geschickt; wenn es hoch kam, erhielten sie bis zu drei Wochen Gefängnis. Wurde jemand einige Zeit festgehalten, so wurde er äußerst korrekt behandelt. Das hieß, die Herrschenden waren dabei, sich Alibis für die Zukunft zu verschaffen; sie hatten nicht vor, sich mit der künftigen Intelligenz ernsthaft anzulegen.

Auch die älteren Intellektuellen standen in Opposition zum Regime und seinen deutschen Verbündeten. Abgesehen von der Arbeiterschaft war dies die einzige Bevölkerungsschicht, in der die kommunistischen Tendenzen überwogen, in der vielleicht 50 bis 60 Prozent prosowjetisch oder doch entschieden sozialistisch eingestellt waren, während der Rest tschechoslowakisch-demokratisch orientiert war.

Die slowakische Arbeiterschaft sympathisierte zu diesem Zeitpunkt bereits mit dem Kommunismus. Das war nicht immer so gewesen. In der Zeit vom Frühjahr 1939 bis zum Frühsommer 1941 waren zahlreiche Arbeiter Gardisten geworden. (Also ein ähnlicher Vorgang wie in Deutschland Anfang der dreißiger Jahre, als es der Berliner und nordeutschen SA mit Parolen des nationalen Sozialismus gelungen war, in die Reihen der marxistisch erzogenen deutschen Arbeiterklasse einzubrechen.) Das änderte sich jedoch schlagartig beim Überfall Hitlers auf die Sowjetunion. Von einem Augenblick auf den anderen solidarisierte sich die Arbeiterschaft mit den angegriffenen Sowjetmenschen. Antifaschismus und Panslawismus, traditionell vorgezeichnet, erstanden wieder. Diese Einstellung wurde vertieft durch die Klagen der slowakischen Arbeiter in Deutschland, die von schlechter Ernährung und zermürbenden Luftangriffen berichteten, obwohl sie in der Lage waren, ihre Familien mit dem im Reich verdienten Geld zu unterstützen.

Die Haltung der slowakischen Landbevölkerung dagegen war nach Regionen sehr verschieden. In der Turecer Region um Turč.Svatý Martin dachte man seit altersher slawophil und – immer – oppositionell. Die Westslowakei war fest in den Händen des katholischen Klerus, nationalslowakisch orientiert, aber scharf antideutsch. Die Ostslowakei sympathisierte mit Rußland. Alle Gebiete mit evangelischer Mehrheit wünschten die Wiederherstellung der Tschechoslowakei, stark beeinflußt durch die protestantische Kirche, die das staatstragende Element der ČSR gewesen war und deren Geistlichkeit vom klerikalfaschistischen slowakischen Staat politisch und wirtschaftlich benachteiligt wurde.

So vielfältig und oft divergierend jedoch die Strömungen in der slowakischen Gesellschaft verlaufen mochten, gegen die ungarische und insbesondere gegen die deutsche Minderheit bestand eine stillschweigende einmütige Gegnerschaft, die sich von den Tiso-Repräsentanten über die tschechoslowakischen Gruppen bis zu den Kommunisten erstreckte. Um die Jahreswende 1943/44 mehrten sich im ganzen Land die nächtlichen Überfälle und individuellen Terrorakte gegen einzelne Volksdeutsche oder gegen slowakische Kollaboranten. Die Polizei griff in solchen Fällen entweder überhaupt nicht ein oder sie verhaftete die Deutschen als „Provokateure", während sie die slowakischen Täter inzwischen entkommen ließ. Ob dies auf Anweisung von höherer Stelle oder spontan geschah, blieb für die beschwerdeführende deutsche Gesandtschaft immer im Dunkeln. Sie war sogar machtlos, als die slowakische Regierung ein neues Gesetz über die Gemeindeselbstverwaltung erließ, demzufolge die deutschen (und ungarischen) nationalen Gruppen in den Gemeinderäten zahlreiche Vertreter und einige Bürgermeisterämter verloren. Die Volksdeutschen selbst büßten täglich an Selbstvertrauen ein, und da zahlreiche junge Männer als Freiwillige bei der Waffen-SS an der Front standen, fehlte es an aktiven, energischen Kadern, die mit Hilfe der Reichsbehörden einen Selbstschutz hätten errichten können.

Genug, das innere Bild der Slowakei hatte sich in den letzten zwölf Monaten radikal gewandelt. Das Jahr 1944 konnte den regierenden Kreisen in der Slowakei und ihren deutschen Verbündeten nichts Gutes verheißen. Zu welchen Mitteln hätte man greifen sollen, um eine Wende herbeizuführen? Da die Umstrukturierung des slowakischen politischen Bewußtseins synchron mit den Veränderungen auf dem Kriegsschauplatz vor sich ging, war eine rapide Verschlechterung der Stimmung zu erwarten. In dieser Lage mußte man auf alles gefaßt sein, und die weitere Existenzfähigkeit des Staates und der Regierung hing im wesentlichen von der bewaffneten Macht, also von der Zuverlässigkeit und Einsatzfähigkeit des slowakischen Heeres ab.

Die slowakische Armee kämpfte jedoch an den Fronten praktisch überhaupt nicht mehr, nachdem das Desaster, der „1. Infanteriedivision" am Dnjepr eingetreten und Oberstleutnant Lichner mit einem Regiment geschlossen zum Feinde übergegangen war. Für die deutsche Führung war die slowakische Truppe damit als verläßlicher Verbündeter abgeschrieben.

Dabei hatte die slowakische Armee ursprünglich in personeller und organisatorischer Sicht auf einer recht hohen Stufe gestanden. Die Traditionen, die man aus der tschechoslowakischen Vorkriegsarmee übernommen hatte, waren vorzüglich. Der slowakische Soldat selbst war von Natur aus mutig, zäh, in der Verteidigung hervorragend. Als Jagdflieger und als Artilleristen hatten sich die Slowaken auch nach deutschem Urteil bewährt. Doch zu Beginn des Jahres 1944 war der slowakischen Armee moralisch das Rückgrat gebrochen, war ihr Geist zersetzt und deformiert, jedenfalls wenn man vom Blickpunkt der Tiso-Herrschaft ausging und wenn man von ihr einen aktiven Kampf an der Seite Deutschlands erwartete.

Kurz, die Armee war antideutsch eingestellt; ihr Offizierskorps dachte tschechoslowakisch, und die Mannschaften waren teils kommunistisch, teils panslawistisch beeinflußt. Die verwundeten Soldaten der „Schnellen Division" und der „Sicherheitsdivision" waren begeistert aus der Sowjetunion nach Hause gekommen und hatten überall erzählt, wie gut das Verhältnis zur Bevölkerung und zu den Partisanen gewesen sei, was für fabelhafte Menschen und Genossen sie bei den ukrainischen Partisanenbrigaden kennengelernt hätten.

Für das Offizierskorps der slowakischen Armee mochte sich das etwas anders darstellen. Es war durchweg proslawisch, aber kaum prosowjetisch orientiert. Die slowakischen Offiziere fühlten sich der alten tschechoslowakischen Vorkriegsarmee verbunden, deren Geist sie geprägt hatte. Viele von ihnen – darunter auch Čatloš – waren tschechoslowakische Legionäre gewesen. In den Offizieren der I. tschechoslowakischen Brigade in der Sowjetunion oder des Generalstabs in London sahen sie ihre Kameraden. Wenn General Čatloš auch nach den Ereignissen bei der „1. Infanteriedivision" mehrere Kriegsgerichtsverfahren angeordnet und einige Offiziere in den vorzeitigen Ruhestand versetzt hatte, die Homogenität, der enge Zusammenhalt des slowakischen Offizierskorps stand so wenig in Frage, daß mit radikalen Veränderungen nicht zu rechnen war. Im Grunde gab es kaum einen General und nur wenige höhere Offiziere außer General Turanec, dem Befehlshaber des Landheeres, die sich nicht als heimliche Angehörige der tschechoslowakischen Armee und die nicht die Regierung in London als ihre oberste Kommandobehörde betrachtet hätten.

Was für die Armee zutraf, galt auch für die Gendarmerie und für die Polizei. Das Oberkommando der Gendarmerie war im Dezember 1943 und Januar 1944 nach Stubnianske Teplice evakuiert worden. Der ganze Apparat war extrem regierungsfeindlich eingestellt, was vor allem daran lag, daß man sich bei der Gendarmerie all die Jahre über von der Regierung zurückgesetzt, in Beförderungen übergangen und in der Personalpolitik schlecht behandelt fühlte. Die slowakische Polizei, die man ursprünglich als regimetreu ansehen durfte, war inzwischen auch weitgehend unterwandert und bestand bereits zu 75 Prozent aus tschechoslowakischen Sympathisanten.

Zusammenfassend läßt sich sagen, daß zu Beginn des Jahres 1944 kaum noch Voraussetzungen gegeben waren, die klerikalfaschistische Herrschaft, die fünf Jahre bestanden hatte, auch nur über Monate aufrecht zu erhalten. Dem Regime waren alle Grundlagen entzogen: Die Herrschenden selbst resignierten. – Die studentische Jugend und die ältere Intelligenz standen in scharfer Opposition und begannen vereinzelt schon mit selbständigen Aktionen. – Das Volk, äußerlich gleichgültig und abwartend, sympathisierte heimlich mit der tschechoslowakischen oder mit der kommunistischen Idee. – Die Armee schließlich war, wollte man sie für Tiso und Hitler einsetzen, zu einem unberechenbaren Faktor geworden.

Es war eine Situation des Attentismus, des schlauen Abwartens, teilweise des passiven Widerstandes. Die weitere Entwicklung hing davon ab, ob, wann und in welchem Umfang die slowakische Opposition sich formierte und die Entscheidung traf, die Tauchstation der *illegalen Verschwörung* zu verlassen und den offenen Kampf, den *aktiven Widerstand* zu beginnen.

5. Die politische Opposition

Am 7. Juli 1944 sandte das V. illegale Zentralkomitee der KPS einen Bericht nach Moskau, in dem die innere Situation der Slowakei charakterisiert wurde: „Das letzte Jahr, das uns dem Ende des Krieges so nahe brachte, erschütterte zu Hause die Position der Regierung und all dessen, was damit verbunden ist. Zersetzt ist der ganze staatliche und terroristische Apparat des Regimes, des Heeeres, der Gendarmerie und Polizei. Auch wenn er fortlaufend die normalen einheimischen Aufgaben erfüllt, so ist er im großen und ganzen unzuverlässig. Die Garde ist bedeutungslos, selbst bei den Schichten, die das Regime unterstützen. Es begann eine Ernüchterung, und die ganze Slowakei ist sich heute bewußt, daß es nur noch eine Frage kurzer Zeit ist, wann die Etappe des Regimes Tiso-Mach endet und eine neue freiheitliche Zeit beginnt."[1]

Diese ebenso knappe wie treffende Situationsschilderung galt – wie wir schon gesehen haben – bereits für die Jahreswende 1943/44, in Anfängen bereits für den Sommer des Jahres 1943. Ausgezeichnete Vorbedingungen für das Entstehen einer Untergrundbewegung also, die sich zum Ziel setzte, die politischen Verhältnisse in der Slowakei zu ändern und aktive Maßnahmen zu ergreifen, um die „neue freiheitliche Zeit" herbeizuführen.

Und in der Tat, im Sommer 1943 begannen sich in fast jeder slowakischen Stadt illegale Oppositionsgruppen zu bilden, in denen die bestehende politische Lage kritisch analysiert und über die Gestaltung der Zukunft beraten wurde. Dabei war sogleich klar erkennbar, in wie starkem Maße sich die politische Ordnung und gesellschaftliche Gliederung der tschechoslowakischen Vorkriegsrepublik auch in den Jahren des selbständigen Slowakischen Staates unter der Oberfläche erhalten hatten. Die Bürgerschaften der einzelnen Städte spalteten sich in Fraktionen auf, die exakt den politischen Parteiungen und Gruppierungen aus der Zeit vor 1939 entsprachen. Kannte man nach der Gründung der Slowakischen Republik zuerst nur treu ergebene Anhänger des Tiso-Regimes und der Hlinka-Partei, so entstanden jetzt vier miteinander rivalisierende Gruppen: die Tiso-Volksparteiler (als einzige legal), die Agrarier, die Sozialdemokraten und die Kommunisten. Um die Jahresmitte 1943 existierte wieder, wenn auch im Untergrund, das parteipolitische Spektrum des alten Vorkriegsstaates.

Unter den konspirativen Bedingungen der Illegalität und der bestehenden Kontakt- und Kommunikationsschwierigkeiten war es nur natürlich, daß diese Hauptgruppierungen sich wieder in zahlreiche Untergruppen und Ne-

---

1 Sbornik Muzea Slovenskeho Narodneho Povstania, S. 18.

benorganisationen aufsplitterten. So gab es im Gebiet von Zvolen (Mittelslowakei) die Widerstandsgruppe von M. Juraš, die selbständig operierte und ideologisch kaum einzuordnen war, obwohl ihr auch einige tschechoslowakisch orientierte Offiziere der slowakischen Armee angehörten. Sie übte eine erfolgreiche Nachrichtentätigkeit aus und verbreitete die Zeitschrift „Stimme des Volkes" („Hlas naroda"), die illegal in Tomašovce gedruckt wurde. In der Ostslowakei existierte der Widerstandskreis der Brüder Dr. Cyril und Dr. Igor Daxner, die erste Partisanengruppen organisierten. Die „Gruppe der Frau Flora" wiederum hatte in Oberstleutnant Vesel und Oberleutnant Dučan Viest, einem Neffen des Generals, aktive Verbindungsleute zur Armee. Diese Widerstandsgruppe führte die Schwägerin des Generalleutnants Viest, Frau Květa Viestova, die bereits seit 1939 in Opposition stand und allen Verschwörern unter dem Decknamen „Frau Flora" bekannt war. Die wenigen Mitglieder dieses Kreises, untereinander in vielen Fragen uneinig, bezeichneten sich als Anhänger des Generals Rudolf Viest, hatten Kontakte zur Exilregierung in London (Dr. Beneš) und waren extrem tschechoslowakisch (gegen eine Autonomie der Slowakei) eingestellt. Darin trafen sie sich mit den tschechischen Elementen in der Slowakei, die sich um Professor Koch in Preßburg konzentrierten, der sich nach verschiedenen politischen Mißerfolgen nachdrücklich der karitativen Arbeit widmete.

Eine Sonderrolle spielte auch Jan Ševčik, ein ehemaliger russischer Legionär, Agrarier und Gewerkschaftsfunktionär, einer der Hauptinformanten von Dr. Beneš, als dieser Außenminister gewesen war. Er agitierte vor allem in Arbeiterkreisen, die von den Kommunisten nicht erfaßt wurden. Im November 1943 gründete er eine eigene „Zentrale" des slowakischen Widerstandes und weigerte sich, die anderen Untergrundgruppen, vor allem die von Ursiny und Šrobar, anzuerkennen. Politisch war er als „allslowakisch" zu definieren, ideologisch stand er zwischen Kommunisten und Sozialdemokraten. Seine Widerstandsorganisation nannte er SBS-Slowakisch-Bolschewistische Partei.

Die Sozialdemokraten hatten sich von Anfang an gegen den klerikalfaschistischen Staat ablehnend verhalten. Was dies anbetraf, standen sie in nichts den Kommunisten nach. Zu einem gewissen Einfluß aber brachten sie es – wenn überhaupt – erst im Sommer 1943, als D. Ertel aus Zvolen zum Vorsitzenden der Sozialdemokratischen Partei in der Slowakei gewählt wurde. Die führenden Kader zersplitterten sich jedoch in fruchtlosen Richtungskämpfen: Kapinaj arbeitete in der „Gruppe der Frau Flora", Šoltesz und Horvath kooperierten dagegen mit den Kommunisten.

Nein, die maßgeblichen politischen Widerstandsgruppen, deren Bedeutung die aller anderen bei weitem überragte, waren die von Šrobar, von Ursiny-Lettrich und die der Kommunisten.

Dr. Vavro Šrobar gehörte zur alten Garde der tschechoslowakischen Vorkriegspolitiker, ja, er hatte sich bereits vor dem Ersten Weltkrieg in der Slowakei einen Namen gemacht. Seit 1896 hatte er die in Skalica erscheinende Zeitschrift „Hlas" herausgegeben und Masaryks Ideen verbreitet. Damals war er noch mit Hlinka befreundet und mit ihm gegen die Magyaren verbündet. Im ersten tschechoslowakischen Kabinett Kramař avancierte er zum Gesundheitsminister. Vom 10. Dezember 1918 bis zum 15. September 1920 amtierte er als Minister für die Slowakei. Schon damals verfeindete er sich mit Hlinka und galt als „Regierungsslowake", der die Verschmelzung von Tschechen und Slowaken zu „Tschechoslowaken" förderte. In diesem Geruch stand er auch noch 1943, als er eine kleine Gruppe von Anhängern um sich scharte. Es waren dies vorwiegend Angehörige der älteren Generation der Intelligenz der ehemaligen Agrarpartei. So schwach seine Gruppierung auch zahlenmäßig war, so stark war sein politischer Einfluß, den er sich namentlich durch seine ausgezeichneten Verbindungen zu Dr. Beneš in London verschaffte, der ihn offen protegierte. Šrobar war unbelastet von jedem Verdacht der Kollaboration mit dem Faschismus, sein politisches Konzept war nach wie vor straff tschechoslowakisch-zentralistisch ausgerichtet, seine Ergebenheit für Prag war so groß wie seine Freindschaft gegen Tiso.

In einem scharf konkurrierenden Verhältnis zu den „Šrobarovcen", den Anhängern Dr. Šrobars, stand die Gruppe „Anna", die sich ebenfalls aus ehemaligen Mitgliedern der Agrarpartei gebildet hatte. An ihrer Spitze standen Ursiny, Josko und Lettrich. Ihre sehr zahlreichen Anhänger rekrutierten sich hauptsächlich aus der jungen Generation der slowakischen Intelligenz und aus der Hochschuljugend. Politischer Mentor dieser Untegrundbewegung war lange Zeit, etwa bis Herbst 1943, Milan Hodža, ehemaliger tschechoslowakischer Ministerpräsident in der Zeit vom 6. November 1935 bis zum 22. September 1938. Die Mitglieder dieser Gruppierung schworen auf ein politisches Programm, das der Slowakei im Rahmen einer neuen ČSR den Status einer Autonomie oder Föderation sichern sollte. Sie hatten Kontakte nach London, pflegten aber eifrig die Verbindungen zu den linksorientierten Kräften, einschließlich der Kommunisten.

Die Kommunistische Partei der Slowakei war von Anfang an die wesentliche Widerstandskraft in der klerikalfaschistischen Slowakei. Es kann von niemandem geleugnet werden, der sich um Objektivität bemüht, daß die Kommunisten keinen Augenblick mit dem slowakischen Klerikalfaschismus kollaboriert haben, auch in der Zeit des Hitler-Stalin-Paktes nicht, und daß sie vom Sommer 1943 bis zum Aufstandsbeginn 1944 die entscheidende und treibende Kraft des antifaschistischen Widerstandes waren; ungleich stärker in der Aktion und nachhaltiger in der Wirkung als alle bürgerlichen und sozialdemokratischen Gruppen zusammengenommen. Auf der anderen Seite machte gerade die illegale KPS in den Jahren von 1939 bis 1943 eine Zeit innerer Widersprüche und Wandlungen durch, die für die Differenziertheit der slowakischen Frage höchst typisch und kennzeichnend sind, so daß es notwendig erscheint, darauf etwas ausführlicher einzugehen.

Nachdem die Slowakische Republik im März 1939 gegründet worden war, entstand eine schwierige Situation für die Mitglieder des I. illegalen ZK der KPS. Sie ergab sich aus dem schier unlöslichen Widerspruch von tschechoslowakisch-antifaschistischer und slowakisch-nationalistischer Komponente im Gefühl und Bewußtsein jedes einzelnen slowakischen Kommunisten. Die Führung der illegalen KPS entschied sich jedoch sehr bald, den Tschechoslowakismus und den bürgerlichen Nationalismus zu bekämpfen, dem Antifaschismus treu zu bleiben und sich – als neues Element ihrer Ideologie – zum Slowakentum zu bekennen.

Man wurde sich klar darüber, daß der „Tschechoslowakismus" Ausfluß einer bourgeoisen tschechischen Manipulations- und Unterdrückungsstrategie gewesen, daß er als politische Konzeption durch die Kapitulation von München restlos diskreditiert worden war, ja, daß er einen historisch überholten Gedanken darstellte, der nicht länger als ideologische Basis für das Verhältnis der beiden Nationen, der Tschechen und der Slowaken, dienen konnte. So schuf man die föderalistische Devise: „Für eine freie Slowakei in einer befreiten Tschechoslowakei in einem neuen Europa."[2] Damit forderte man wohl die Widerherstellung der ČSR, bekannte sich aber gleichzeitig zur nationalen Gleichberechtigung der Slowaken.

Sehr schnell mußte die KPS jedoch erkennen, daß eine solche Parole für die Arbeit mit den Massen zu kompliziert war, daß sie langer Auslegungen und Kommentare bedurfte, um überhaupt verstanden zu werden, daß sie einfach nicht mehr in die politische Landschaft paßte, die nach dem 14. März 1939 in der Slowakei entstanden war. Man konnte sich nicht darüber täuschen, daß die große Mehrheit der Bevölkerung zu dieser Zeit antitschechoslowakisch und für den eigenen slowakischen Staat war. So wurde nach einer Reihe von Diskussionen beschlossen, diese Devise zurückzuziehen, auch die letzten Überreste der „tschechoslowakischen Idee" aus dem Bewußtsein zu tilgen und eine neue Parole zu schaffen, welche pointiert die vollständige politische und nationale Unabhängigkeit der Slowakei proklamierte, etwas vage die Befriedigung der sozialen und ökonomischen Interessen der arbeitenden Bevölkerung forderte und – um dem Antifaschismus nicht untreu zu werden – zum Widerstand gegen die deutsche Vorherrschaft über die Slowakei aufrief.

Eine „nationalkommunistische", wenn nicht sogar stark nationalistisch an-

---

2 Krvou a perom („Mit Feder und Blut"), Bratislava 1964, S. 6

mutende Linie, könnte man sagen, die jedoch – das zeigte sich bald – von den Arbeitern in der Slowakei positiv aufgenommen wurde. Überdies: Die Moskauer Exilführung der Kommunistischen Partei der Tschechoslowakei um Clement Gottwald drückte im Frühjahr 1940 – sicherlich unter Nachhilfe von sowjetischer Seite, die inzwischen gerade diplomatische Beziehungen zu Preßburg aufgenommen hatte – ihre Zustimmung aus: „Wir betonen ausdrücklich, daß die Devise, welche das volle Recht der Selbstbestimmung sowohl für Tschechen als auch für Slowaken fordert, von unserer Partei unterstützt wird. Das Recht auf Selbstbestimmung bedeutet das Recht der unabhängigen Existenz als Staat. Soweit es die Tschechen anlangt, kämpfen wir für die Wiederherstellung der nationalen und politischen Freiheit. Im Fall der Slowaken zielt unser Kampf auf die volle Souveränität des jetzt bestehenden slowakischen Staates."[3]

Damit war dem kommunistischen Slowakismus von höchster Stelle und Autorität der Segen erteilt, und die Folge war, daß sich vom Frühjahr 1940 bis Frühjahr 1941 im I. illegalen ZK der Trend zum slowakischen Nationalismus und Separatismus deutlich radikalisierte. Man ging jetzt von der Auffassung aus, daß eine vollständige Befreiung der Slowakei nur durch Anschluß an die UdSSR zu verwirklichen sei, ganz in derselben Weise, wie man es gerade mit Estland, Lettland und Litauen erlebt hatte. Also gab man eine neue Devise heraus, die sich für eine „Sowjet-Slowakische Republik" ausdrückte.

Was darunter konkret zu verstehen war, ist niemals ganz klar geworden. Die einen befürworteten eine selbständige slowakische sozialistische Republik, in enger politischer, wirtschaftlicher und kultureller Anlehnung an die Sowjetunion; andere erstrebten sogar eine sowjetisch-slowakische Föderation. Damit konnte man nun allerdings die Arbeiterklasse in der Slowakei nur vor den Kopf stoßen: Soeben hatte man noch die volle Unabhängigkeit und Souveränität der slowakischen Nation proklamiert, während die Slowakei jetzt von einem Satelliten Hitlers lediglich in einen Satelliten Stalins umfunktioniert werden sollte. Und auch die Moskauer Gottwald-Gruppe reagierte negativ, da sie doch von einer tschechoslowakischen Grundkonzeption ausging und einem offenen und vor allem endgültigen Separatismus – auch wenn es ein „Sowjet"-Separatismus war – nicht das Wort reden konnte, wollte sie nicht ihre Existenzberechtigung selbst in Frage stellen.

All diese Gedankenspielereien linken Sektierertums, diese diversen nationalistischen Abweichungen wurden durch Hitlers Angriff auf die Sowjetunion am 22. Juni 1941 über den Haufen geworfen.[4] Der Eintritt des Tiso-Staates

---

3 Krvou a perom, a.a.O., S. 7.
4 In diesen Zusammenhang gehört die Anmerkung, daß die führenden Köpfe des I. illegalen ZK sich bis zum Abend des 21. 6. 1941 beharrlich weigerten, Warnungen

67

in den Krieg, an der Seite Deutschlands, löste in der Slowakei eine umfangreiche Verhaftungswelle aus, die an Hand sorgfältig vorbereiteter Namenslisten vornehmlich die Kommunisten erfaßte. Auch die Mitglieder des I. illegalen ZK wurden verhaftet, und innerhalb eines Jahres gelang es der slowakischen politischen Polizei, des II. und III. illegalen ZK habhaft zu werden. Damit war die Partei führungslos, und es dauerte im Grunde zwei Jahre, bis sie sich von diesen Schlägen völlig erholte.

Die Partei als solche aber überlebte. Ihre unteren Kader stählten sich und schlossen sich fester zusammen. Man diskutierte jetzt nicht mehr über ideologische Leitlinien, sondern versuchte, zur praktischen Widerstandsarbeit überzugehen. Die antitschechoslowakische Kampagne wurde abgeblasen und die Exilregierung in London als höchste Autorität und Repräsentanz des Widerstandes im Ausland formell anerkannt. Im übrigen galt es erst einmal, dem Hitler-Reich möglichst großen Schaden zuzufügen, um den hartbedrängten Sowjetstreitkräften Hilfe zu bringen. Man muß offen eingestehen, daß es in der Slowakei die Kommunisten waren, die als erste an den Partisanenkampf dachten und ihn in einem sehr frühen Stadium zu realisieren suchten.

Sehr geschickt und analog zu Stalins Parole vom „großen vaterländischen Krieg" arbeitete die illegale kommunistische Propaganda in der Slowakei mit der Anknüpfung an nationale Traditionen. Sie erinnerte an die volkstümlichen Überlieferungen, Sagen, Märchen und Legenden, die sich um den slowakischen Räuberhauptmann Janošik rankten, eine Art slowakischen Robin Hood, der im 18. Jahrhundert mit seinen „Bergjungen" die Reichen beraubt und die Armen beschenkt haben soll. Von „Kommunismus" und „Klassenkampf" war keine Rede mehr. Jetzt hieß es in illegalen Rundfunksendungen: „Wilde Divisionen von Bergjungen, kämpft für die Freiheit des slowakischen Vaterlandes. Janošik's Jungen fochten mit Messern und Pistolen. Ihr werdet mit Gewehren, Maschinengewehren und Dynamit kämpfen. Das Volk der Slowakei wird Euch vor den deutschen Söldnern und vor den slowakischen Renegaten schützen. Slowakische Bauern werden Euch nähren und Euch zu Hilfe kommen. Ihr werdet die Saat sein, aus der sich eine neue, wahre slowakische Armee erheben wird..."[5]

Den Worten folgten Taten. Die Partei beschloß, Partisanenstützpunkte in den verschiedenen Regionen des Landes anzulegen, bewaffnete Gruppen in den Städten aufzustellen und in geeigneten Landstrichen mit gebirgigem

---

hinsichtlich deutscher Angriffsabsichten auf die UdSSR überhaupt zur Kenntnis zu nehmen.

5 Krvou a perom, a.a.O., S. 9.

Charakter Partisanenbrigaden zu bilden. Tatsächlich gelang es auch, einige Arbeiter für den Widerstandskampf zu gewinnen, während der Appell an die Landbevölkerung ohne jedes Echo blieb.

Im April 1942 erfolgte der erste bewaffnete Zusammenstoß einer kommunistischen Arbeitergruppe mit einem Gendarmenzug und Angehörigen der Hlinka-Garde in der ostslowakischen Stadt Humenne. Einen Monat später, im Mai, formierten kommunistische Arbeiter in Bratislava eine bewaffnete Kampfgruppe mit dem Namen des slowakischen Freiheitsdichters Janko Kral und gingen in die Kleinen Karpaten, wo sie ein paar unbedeutende Sabotageakte durchführten. Nach wenigen Wochen waren beide Gruppen sang- und klanglos liquidiert.

Janošik, sprich: die illegale KPS, war also bereit gewesen, zu kämpfen. Doch die „Bergjungen" der Slowakei waren nicht gekommen! Die Führung der KPS hatte die Lage falsch eingeschätzt und dadurch unter den aktivsten Genossen unnötige Opfer verursacht. Denn im Jahre 1942 gab es in der Slowakei keine revolutionäre Situation, welche unerläßliche Voraussetzung eines erfolgreichen Partisanenkrieges ist. Partisanenkampfgruppen ohne Unterstützung der Bevölkerung waren von vornherein zum Scheitern verurteilt. In der Slowakei herrschte auch 1942 der nationale Opportunismus: Hitler siegte an allen Fronten, die Versorgungslage war gut, also gab es keine slowakische Unzufriedenheit.

Immerhin, die illegale KPS leistete bis zum Sommer des Jahres 1943 den einzigen aktiven Widerstand in der klerikalfaschistischen Slowakei. Es gab für sie keine Kollaboration mit der Macht der Herrschenden, kein Paktieren mit dem Opportunismus der Massen. Sie bemühte sich überdies nachdrücklich, wenn auch im wesentlichen erfolglos, den Kleinkrieg in der Slowakei zu organisieren. Daß sie dabei in einer äußerst schwachen und isolierten Position war, ist unverkennbar. Gewiß ist es richtig, daß die orthodoxen, klassenkämpferisch orientierten und wenig flexiblen Arbeiterfunktionäre des I. bis IV. illegalen ZK es sektiererisch ablehnten, mit bürgerlichen Opponenten Kontakte aufzunehmen, um so einen Widerstand auf breiter antifaschistischer Basis zu inaugurieren. Aber wo waren denn diese bürgerlichen Opponenten bis Mitte 1943? Und was taten sie? Solange die deutschen Truppen siegten, war von einem bürgerlichen Widerstand in der Slowakei nichts zu bemerken.

Andererseits, wie sollten die slowakischen Kommunisten überhaupt mit den bürgerlichen Oppositionsgruppen kooperieren, wenn deren Chef und Idol, Dr. Beneš, in London Rundfunkansprachen hielt, in denen er unbeirrt die chauvinistische Konzeption des ethnischen „Tschechoslowakismus" artikulierte und in drohendem Ton von der kollektiven Verantwortung der Slowaken, die es nun auf einmal wieder gab, für den Zusammenbruch der

ČSR, sprach? So erklärte er beispielsweise am 13. März 1943:[6] „Ein für allemal und endgültig erkläre ich Euch heute, daß die Slowakei als von den tschechischen Ländern abgetrennter Staat von der Welt – ausgenommen die Achsenmächte – niemals anerkannt wurde und von den siegreichen Verbündeten auch niemals anerkannt werden wird. International sind heute wir ... als Vormünchener Tschechoslowakische Republik voll anerkannt ... Dagegen könnte Euch der Verrat, der ... durch Josef Tiso und alle, die damals mit ihm gingen und heute noch mit ihm gehen, verübt wurde, am Ende dieses Krieges in das Lager der besiegten Mächte führen ..."

Das war geradezu Wasser auf die Mühlen der slowakischen Volkspartei, der Hlinka-Gardisten und der Tisosympathisanten! Die Zeitschrift „Gardista" schrieb denn auch am 14. Juli 1943:[7] „... jetzt wird es unter den Slowaken keinen einzigen mehr geben, weder zu Hause noch im Ausland, dem nicht klar geworden wäre, was die slowakische Nation und was die Slowakei erwarten würde, wenn Beneš und seine Clique noch einmal darüber entscheiden könnten ... es ist ersichtlich, daß Beneš und seine Regierung die Existenz der slowakischen Nation, die Slowaken als eigenständiges Volk nicht anerkennen."

Nein, die slowakische KP wollte nicht ihre alten Fehler wiederholen, sie war nicht bereit, sich auf eine solche bürgerlich-chauvinistische Plattform zu begeben, wie sie von Dr. Beneš und seinen heimlichen Anhängern in der Slowakei eingenommen wurde. Sie hielt sich an die Direktive der Exekutive der Kommunistischen Internationale vom 5. Januar 1943, in der es hieß:[8] „Der gemeinsame Kampf der Nationen der Tschechoslowakei gegen den Hitlerismus erleichtert und beschleunigt die zukünftige Lösung der nationalen Fragen auf dem Boden der Gleichheit."

Doch im Frühsommer 1943, nach der Wende bei Stalingrad, begann sich die bürgerliche und sozialdemokratische Opposition zu rühren, und die illegale KPS, im Grunde führer- und konzeptionslos, ganz auf Aktion eingestellt, mit nur spärlichen und sporadischen Verbindungen nach Moskau, stand vor der Gefahr, in der Effektivität der Konspiration schnell überflügelt zu werden. Die Vertreter der bürgerlichen Parteien und der Sozialdemokraten kamen überein, in den Städten der Slowakei sogenannte Nationalausschüsse zu bilden, die einen gesamtnationalen Widerstand in der Slowakei vorbereiten und organisieren sollten. Da die Führer der KPS, vom I. bis IV. illegalen ZK, stereotyp jede Zusammenarbeit mit anderen parteipolitischen Gruppen abge-

---

6 E. Beneš: „Čest let exilu a druké světové rálky", S. 197 ff.
7 Vilem Prečan: „Slovenské národné povstanie." Dokumenty, Bratislava 1965, S. 79 f..
8 Krvou a perom, a.a.O., S. 11

lehnt hatten, da sie es verschmähten, sich mit dem Problem der Demokratie im Widerstand auseinanderzusetzen, und sich damit begnügten, die Frage nach der künftigen politischen Ordnung lediglich mit dem vagen Postulat vom „Selbstbestimmungsrecht" zu beantworten, mußte die Entwicklung unweigerlich dahin gehen, daß die KPS sich innerhalb der slowakischen Opposition selbst isolierte und zu einer kleinen radikalen Minderheit stempelte, die für niemanden bündnisfähig schien.

In dieser kritischen Situation, in der Nacht vom 22. zum 23. Juli 1943, sprangen zwei Männer mit Fallschirmen in der Nähe von Warschau ab und begannen ihren langen Marsch in die Slowakei. Es waren die slowakischen Kommunisten Karol Šmidke und Karol Bacilek, welche die Gottwald-Gruppe in Moskau ausgewählt hatte, um den Kontakt in die Slowakei zu verbessern und um die KPS mit aktuellen Instruktionen zu versehen. Šmidke war dazu bestimmt, ein neues illegales ZK zu gründen und die Führung der Partei zu übernehmen. Bacilek sollte einen regelmäßigen Funkverkehr mit der Zentrale in Moskau installieren.

Während Bacilek sogleich versagte, vollbrachte Šmidke ein erstaunliches Reorganisationswerk, das die Grundlagen für die führende politische Rolle der KPS in den folgenden zwölf Monaten legte. Vor allem in den Fragen der Taktik und Strategie, der revolutionären Disziplin und der kommunistischen Bündnispolitik schuf er in wenigen Wochen Wandel. Einer der führenden Köpfe der KPS in der Mittelslowakei, R. Blažovsky, berichtete in seinen Erinnerungen, daß ihn in der zweiten Hälfte des September 1943 ein gewisser Martin Dušek, in Wahrheit Karol Šmidke, besuchte, „der aus Moskau gekommen war und neue Instruktionen mitbrachte. Hauptsächlich die, daß man die Leitung der Kommunistischen Partei in eine autoritative Form umwandeln und daß man neben der Parteiorganisation illegale Nationalausschüsse aus Vertretern des sozialistischen und des bürgerlichen Blocks schaffen müsse."[9]

Bis Mitte Oktober 1943 gelang es Šmidke, die zerbrochenen Strukturen der Partei wiederherzustellen. Partei-Kreishauptquartiere zu etablieren und das V. illegale Zentralkomitee auf die Beine zu stellen. An die Spitze dieses ZK traten Karol Šmidke, Gustáv Husák und Ladislav Novomeský, drei slowakische Kommunisten, die nicht nur tatkräftig und energisch, intelligent und gebildet, sondern auch umgängliche und geschickte Partner für Verhandlungen mit der nichtkommunistischen Opposition waren. Ihr Hauptaugenmerk richteten sie – darin strikt den Moskauer Weisungen folgend – zuerst einmal auf

---

9 Archiv des Museums des Slowakischen Nationalaufstands, Banska Bystrica, Erinnerungen von R. Blažovsky.

die Bildung örtlicher Nationalausschüsse, in denen auf breiter antifaschistischer und zugleich demokratischer Basis alle Widerstandsgruppen des Landes zusammengefaßt werden sollten, sodann – darin weitgehend nach eigener Initiative handelnd – auf die Errichtung einer zentralen Repräsentanz, die den gesamten Widerstand in der Slowakei politisch symbolisieren, lenken und koordinieren sollte.

Dank der zielstrebigen Tätigkeit des V. illegalen ZK der KPS flossen endlich ab Herbst 1943 die zahlreichen oppositionellen Strömungen der Slowakei zusammen. Doch gab es vielfache Wiedersprüche, Konflikte und Unklarheiten zu überwinden, bevor praktische Ergebnisse sichtbar wurden.

Die Gründung und Formierung örtlicher Nationalausschüsse ging im Herbst 1943 verhältnismäßig reibungslos vonstatten. In ihnen vereinigten sich die Vertreter der ehemaligen tschechoslowakischen bürgerlichen Parteien (mit Ausnahme der Volksparteiler) mit denen der Sozialdemokratie und der Kommunistischen Partei. Die Zusammensetzung dieser Nationalausschüsse erfolgte gewöhnlich nach folgendem Schlüssel: fünf Vertreter der bürgerlichen Parteien – fünf Vertreter der Sozialdemokratie – fünf Vertreter der Kommunisten. (Der Vorsitzende wurde mit Stimmenmehrheit gewählt.) So waren beispielsweise die Nationalausschüsse in den wichtigen Oppositionszentren Banska Bystrica und Zvolen (Mittelslowakei) organisiert.

Doch es gab auch andere Formen des Zusammenschlusses. Im Turecer Gebiet um Turč.Sv.Martin, das traditionell antisozialistisch orientiert war, hatten die bürgerlichen Kräfte in den Nationalausschüssen deutlich die Oberhand. In industriellen Gegenden wiederum dominierten die linken Vertreter. Einen eigenen Weg ging Dr. Vavro Šrobar, der Vertrauensmann der Londoner Exilregierung, dessen Nationalausschüsse nur jeweils acht Mitglieder umfaßten, und zwar: vier Vertreter der bürgerlichen Parteien, zwei Vertreter der Sozialdemokratie und zwei Vertreter der KPS. Es war ein Versuch, den linken Einfluß in den Ausschüssen zurückzudrängen, ein fifty:fifty zwischen den Bürgerlichen auf der einen und den Kommunisten plus Sozialdemokraten auf der anderen Seite herzustellen, während ansonsten die Kräfte zu je einem Drittel – 1/3 Bürgerliche, 1/3 Sozialdemokraten, 1/3 Kommunisten – verteilt waren.

Die Aufgaben der Nationalausschüsse erstreckten sich auf zwei mögliche Varianten:

1. Übernahme der politischen Macht in den Gemeinden der Slowakei im Falle eines plötzlichen Zusammenbruchs des Deutschen Reiches und des damit wahrscheinlich verbundenen Sturzes der Tiso-Regierung, auch wenn die Fronten noch weit von den slowakischen Grenzen entfernt sein sollten.
2. Zusammenarbeit mit den sowjetischen und anderen alliierten Truppen bei

deren Einmarsch in die Slowakei und Leitung aller inneren politischen Angelegenheiten im Rahmen der Okkupation. So leicht es jedoch gewesen war, Muster und Grundstrukturen eines Nationalausschusses vorzuzeichnen und in den größeren Städten entsprechende Apparate zu verwirklichen, in der Praxis wurde es doch ein langsamer, schwerfälliger Prozeß, die verschiedenen Köpfe und Fraktionen unter einen Hut zu bringen. Mangel an Initiative und Erfahrung, persönliche Eitelkeiten und Intrigen, vor allem aber das Fehlen profilierter Persönlichkeiten führten dazu, daß es in manchen Gegenden und Orten ein halbes Jahr und länger dauerte, bis endlich die Organisationen ins Leben traten. Vollends unmöglich schien es, Nationalausschüsse auf der Ebene der Bezirke und Gaue zu begründen. Keiner wollte sich dem anderen unterordnen. Wenige waren bereit, höhere Verantwortungen und Risiken zu übernehmen. Als es gar nicht weiterging, dachte man daran, die örtlichen Ausschüsse in den Bezirkshauptstädten auszuweiten und sie einfach als Bezirks-Nationalausschüsse zu konstituieren. Doch auch dieser Gedanke scheiterte an den Realitäten, und so kam es bis zum Aufstandsbeginn im August 1944 zu keiner Lösung: Die Nationalausschüsse blieben unkoordiniert auf gleicher Ebene nebeneinander bestehen und vermochten es nicht, ihre Kräfte in revolutionären Ordnungen zusammenzufassen und zu potenzieren.

Daß es zu Schwierigkeiten und Friktionen bei der Vereinigung der slowakischen Opposition kam, konnte letztlich nicht Wunder nehmen, waren sich die mannigfachen Gruppen und Grüppchen doch nur darin einig, in jedem Deutschen und in jedem Ungarn einen Feind zu sehen; sonst aber in nichts. Ein Deutscher war eo ipso ein Nazi, und ein Ungar – mochte er auch links stehen und sich von Hitler und Horthy distanzieren – galt als Erbfeind. Darin gab es keine Meinungsverschiedenheiten. Darüber hinaus schien es unmöglich, zu einer einheitlichen, verbindlichen Auffassung zu gelangen. Starke Differenzen zwischen den einzelnen Oppositionsgruppen und deren führenden Persönlichkeiten existierten vornehmlich in der Frage der zukünftigen Gestaltung der tschechoslowakischen Republik, insbesondere hinsichtlich des Verhältnisses von Tschechen und Slowaken.

Sicher, im Jahre 1944 gab es zwischen den beiden Nationen, was den Verkehr der einfachen Menschen untereinander betraf, keine Probleme, keinerlei Animositäten; von Seiten der Slowaken gar ständig steigende Sympathien für die Tschechen. Doch unter den Intellektuellen, in den Kadern der Oppositionsgruppen, in denen man konkret über die Fragen der politischen Zukunft nachdachte, sah die Sache anders aus. In der Absicht, das Haus der tschechoslowakischen Republik wiederzuerrichten, waren sich alle einig. Doch wie es eingerichtet werden sollte, blieb umstritten. Die „Šrobarovcen" wünschten keine Veränderung des Vorkriegs-Status, auch nicht, was das Zusammenleben von Tschechen und Slowaken anbetraf. Darin ging aber nur die „Gruppe der Frau Flora" mit ihnen konform. Die große Mehrheit der Widerstandskräfte war für eine freie, gleichberechtigte Slowakei im Rahmen der ČSR und pochte nachdrücklich auf das Selbstbestimmungsrecht des slowakischen Volkes. Die Gruppe Ursiny-Lettrich vom bürgerlichen Flügel sowie Husák und Novomeský von der KPS waren die entschiedensten Fürsprecher einer slowakischen Autonomie oder Föderation.

Doch das war nur eine der strittigen Fragen. Wie sollte z. B. die außenpolitische Orientierung des künftigen tschechoslowakischen Staates aussehen? Sollte er es mehr mit dem Westen oder mehr mit dem Osten halten? Auch darüber war keine Verständigung zu erzielen. Hinzu gesellten sich immer wieder unübersehbare Rivalitäten und Intrigen persönlicher Art, so daß es zu Erscheinungen wie in Nitra (Neutra) kam, wo in ein und derselben Stadt drei und mehr Nationalausschüsse existierten, die gar nicht daran dachten, zusammenzuarbeiten und der gemeinsamen Sache zu dienen.

Kapitän J. Kratky (Deckname „Zdena"), den die Londoner Exilregierung als illegalen Beobachter in die Slowakei entsandt, mit einem Funkgerät und reichlichen Geldmitteln versehen hatte, berichtete an General S. Ingr, den tschechoslowakischen Verteidigungsminister in London, pessimistisch: alle slowakischen Oppositionsgruppen „zeichnen sich durch Zerstückelung und Zersplitterung aus.[10] Und Oberst J. Imro, einer der maßgebenden Männer der militärischen Verschwörung, urteilte in einem Bericht für die Londoner Exilregierung noch schärfer: „Von allen ehemaligen politischen tschechoslowakischen Parteien ist lediglich die Kommunistische Partei im Untergrund gut organisiert und in allen Organisationsstufen geführt. Die übrigen politischen Parteien existieren nur in einzelnen Stützpunkten ohne organisatorischen Zusammenhalt. Es geht in Wirklichkeit um Gruppen von Personen, welche die gleiche politische Überzeugung haben, aber praktisch keine politische Tätigkeit entwickeln."[11]

Man darf nachträglich sagen, die Nationalausschüsse ohne zentrale übergeordnete Leitung stellten kaum eine Gefahr für das klerikal-faschistische System dar. Sie waren zwar örtliche Kristallisationskerne der Opposition, aber gleichzeitig Barrieren auf dem Wege zu einer gesamtstaatlichen, nationalen Widerstandsführung, welche die Fähigkeit und Kompetenz besaß, eine gemeinsame Aktion auszulösen. Die Bildung einer „Zentrale" war eben nicht nur ein an und für sich schon schwieriges organisatorisches und psychologisches Problem, sondern in erster Linie eine politische Machtfrage! Wer in der

---

10 Vilem Prečan, a.a.O., S.248, Nr. 102, Bericht des Kapitäns J. Kratky an General S. Ingr in London.
11 V. Prečan, a.a.O., S. 268, Nr. 116, Bericht des Obersten J. Imro.

Zentrale saß, durfte hoffen, die kommenden Ereignisse in der Schlußphase des Krieges entscheidend mitbestimmen und damit zugleich die Weichen für die Nachkriegszeit stellen zu können.

So kam es darüber zum großen Tauziehen zwischen den verschiedenen parteipolitischen Gruppierungen, mehr aber noch zwischen der bürgerlichen und zugleich tschechoslowakischen Richtung in London einerseits und der sozialistischen und zugleich slowakisch-autonomistischen Orientierung des V. illegalen ZK der KPS andererseits. Ein dramatischer Wettlauf, ein intrigenreiches Spiel hinter den Kulissen begann: Es ging um die Frage, wer die zentrale Führung der slowakischen Opposition an sich reißen und dem antifaschistischen Widerstand seinen Stempel aufdrücken würde!

Dr. Vavro Šrobar war der erste, der den Anspruch erhob, die Führung der slowakischen Opposition zu repräsentieren. Bereits im Juli 1943 nahm er Verhandlungen mit Vertretern der Armee auf, sprach davon, daß er vierhundert Nationalausschüsse kontrolliere, und stellte die führenden Mitglieder seiner „Zentrale" vor: Viliam Pauliny und Dr. Makovicky, zwei Bankdirektoren, Dr. Štefanik, ehemaliger Polizeipräsident in Bratislava und Košice, sowie Dr. Petelen, Chefarzt des Kreiskrankenhauses in Banska Bystrica. Und in der Tat sprach vieles dafür, daß diese „Zentrale" sich durchsetzen und mit der Zeit die Anerkennung sämtlicher Widerstandskader finden würde, hatte doch Kapitän Kratky die Nachricht überbracht, daß Präsident Beneš in Dr. Šrobar den legitimen Führer der slowakischen Opposition und seinen ersten Vertrauensmann in der Slowakei erblickte. Überdies bekannten sich immer mehr Slowaken unter dem Gang der Ereignisse zu dem Šrobarschen Credo, daß Tschechen und Slowaken unbedingt zusammengehen müßten, daß die Slowaken das Tschechentum zur Rettung ihrer eigenen Nationalität benötigten, so wie die Tschechen in ihrem Kampf gegen Deutschland nur durch die Slowakei ein hinreichendes Gewicht bekommen könnten. Solange diese Überzeugung nicht in einen ethnischen Tschechoslowakismus überging, war sie wohl für jeden slowakischen Oppositionellen akzeptabel. Andererseits aber diskreditierte sich Šrobar selbst durch die einseitig großbürgerliche Zusammensetzung seines Führungsapparates, jedenfalls in den Augen aller gesellschaftlich fortschrittlichen Kräfte, und schließlich glaubte ihm niemand die Sache mit den vierhundert Nationalausschüssen, die entweder nur in seiner Phantasie oder aber bestenfalls als „familiäre Nationalausschüsse" (Vater, Mutter, Sohn und Tochter) existieren mochten.

Nachdem im September 1943 weitere Zentralen entstanden waren, die „Zentrale der Frau Flora" und die „Zentrale Sevčik", begannen auch die Kommunisten zu überlegen, wie sie sich in den Wettlauf einschalten könnten. Sie gingen dabei erst einmal von Smidkes Moskauer Instruktionen aus, daß es unbedingt zu einem Zusammenschluß auf breiter Ebene und zu einer Ko-

operation sämtlicher antifaschistischen Kräfte kommen müsse, wenn der Widerstand effektiv werden sollte. Sie lehnten es deshalb als sektiererisch ab, eine eigene kommunistische „Zentrale" zu gründen, und proklamierten stattdessen eine antifaschistisch-demokratische Bündnispolitik.
Ein zweiter Gesichtspunkt, nach dem sie handelten, war die strikte Ablehnung des „Tschechoslowakismus", wie er von Beneš und von Šrobar vertreten wurde. Sie forderten zwar unbeirrt einen gemeinsamen Staat beider Völker, jedoch verwarfen sie die „bourgeoise" These, Tschechen und Slowaken seien Teile *einer* Nation. So kamen für sie weder die Gruppe Šrobar noch die „Gruppe der Frau Flora" als Verhandlungspartner in Frage. Übrig blieben nur die Sozialdemokraten, soweit sie sich nicht wie Kapinaj mit der „Flora"-Gruppe liiert hatten, und die ehemaligen Agrarier um Ursiny und Lettrich, wenn sie bereit waren, sich von der ideologischen Vormundschaft des ehemaligen Ministerpräsidenten Hodža zu lösen.
Ende Oktober 1943 nahmen Kommunisten, Sozialdemokraten und die „Gruppe Anna" (Ursiny-Lettrich) die ersten konkreten Gespräche über die Bildung einer gemeinsamen „Zentrale" auf. Mit den Sozialdemokraten verhandelte Ladislav Novomeský, mit den ehemaligen Agrariern Dr. Gustáv Husák. Im Hintergrund stand Karol Šmidke, der unter falschem Namen lebte und sich von Kontakten mit Nichtkommunisten fernhielt, da man mit der konspirativen Geschicklichkeit und Zuverlässigkeit der Bürgerlichen böse Erfahrungen gemacht hatte, der aber doch organisatorisch die Fäden immer in der Hand behielt.
Mit ihrem Trio Šmidke – Husák – Novomeský waren die Kommunisten allen möglichen Verhandlungspartnern von vornherein weit überlegen. Alle drei waren profilierte Persönlichkeiten: Wissende und Handelnde zugleich. Die Sozialdemokraten hatten nicht einen einzigen Kopf, der sich mit ihnen hätte messen können. Dr. Lettrich von den Agrariern war – wie übrigens auch Ursiny – Protestant und unterschied sich von vielen slowakischen Politikern positiviv durch seine persönliche Zuverlässigkeit. Er stand dem „Tschechoslowakentum" keineswegs so schroff wie Ursiny gegenüber, ließ auch nie ganz die Verbindungen zu den „Šrobarovcen" abreißen, bemühte sich aber vor allem um eine enge Zusammenarbeit mit den Kommunisten und mit dem Offizierskorps der Armee. Eine überragende Führergestalt war er nicht.
Ursiny, ein Hodža-Schüler und Beneš-Kritiker, war zweifellos ein Mann mit großer politischer Erfahrung und durchaus in der Lage, mit Linken wie mit Rechten zu verhandeln, sich mit Kommunisten ebenso wie mit Vertretern der Großbourgeoisie zu verständigen. Dabei war er ein raffinierter Taktiker, von starkem persönlichen Ehrgeiz, und es gibt Anzeichen dafür, daß seine Verständigungsbereitschaft den Kommunisten gegenüber nicht zuletzt die Folge seiner Rivalität mit Šrobar war. Als Grossist im Holzhandel hatte er während

der Zeit des Slowakischen Staates sehr viel Geld verdient und war in der Lage, seinen Gutsbesitz für die illegalen Zusammenkünfte der Oppositionellen zur Verfügung zu stellen. Seine Agilität war bedeutend, doch einen wahrhaft revolutionären Charakter durfte man in ihm nicht suchen; er blieb immer der Taktik und der Diplomatie ergeben.

Karol Šmidke dagegen war ein Mann von Charakter. Es war die Seele des kommunistischen Widerstandes. In der Anständigkeit seines Gefühls, im Fehlen jeder Verschlagenheit und Raffinesse, ja, in seiner politischen Gutgläubigkeit und Naivität erinnert er überraschend an seinen Landsmann Alexander Dubček. Von Herkunft eigentlich Volksdeutscher – er hieß ursprünglich Karl Schmidtke und stammte aus Groß Krickerhau (Handlová) –, stand er dem in der Slowakei so beliebten Intrigenspiel fremd und verständnislos gegenüber. Sicher war er kein Intellektueller wie Husák und Novomeský. Im Gegenteil, mit gläubiger Naivität hing er an Stalin und der kommunistischen Doktrin. Seine Stärke lag in seiner Fairneß, in seiner politischen und persönlichen Ehrlichkeit. Das erklärt seinen großen Kredit bei den Arbeitern, aber auch bei den höchsten KP-Funktionären wie Dimitroff und selbst Gottwald. Im Grunde war er bei allen beliebt. Im Gegensatz zu Husák hatte er keine demagogischen Fähigkeiten, keine rhetorischen Gaben. Er konnte auch nicht wie Novomeský schreiben. Dafür war er eine Führerpersönlichkeit, die selbstverständliche Autorität ausstrahlte, ein Organisator von hohen Graden, mit einer nie erlahmenden Arbeitsenergie. Vor allem aber: Er stand fest zu seinem Wort, war ein treuer und verläßlicher Partner und hatte eine tiefe Einsicht in politische Notwendigkeiten.

Dr. Gustáv Husák war ihm in mancher Hinsicht ähnlich, aber doch in viel stärkerem Maße Machtpolitiker; dabei hochintelligent, mit großer Zivilcourage und einer gefährlichen Rednergabe. Mit ihm betritt die – neben den Generälen Golian und Viest – beherrschende Figur des Slowakischen Nationalaufstandes die Szene.

Husák war Bauernjunge. Er wurde am 10. Januar 1913 als Sohn einer armen Bauernfamilie im Dorf Dubravka nahe Bratislava geboren. In der Slowakischen Hauptstadt besuchte er auf Fürsprache des Dorfpfarrers das Realgymnasium; und er wurde sofort der Primus, der Klassenbeste.[12]

---

12 Nichts kennzeichnet den Charakter Husáks besser als eine berühmte Anekdote, die in der Slowakei von Mund zu Mund geht. Danach ging der Vater Husáks eines Tages mit seinem zehnjährigen Sohn Gustáv auf der Dorfstraße spazieren, als sie dem Pfarrer begegneten, mit dem sie ein Schwätzchen begannen. Der Vater brüstete sich mit den außergewöhnlichen schulischen Leistungen seines Sohnes, die der Pfarrer gerne bestätigte, indem er erklärte: „Ja, der Gustáv wird es einmal bis zum Bischof bringen" Darauf habe der Zehnjährige die beiden wild angeblitzt: „Ich will nicht Bischof, ich will Papst werden!"

Bereits 1929, als er 16 Jahre alt war, wurde Husák Mitglied des Kommunistischen Jugendverbandes. 1933, er war 20 Jahre alt, trat er – unmittelbar nach der Immatrikulation – als Student an der Juristischen Fakultät der Komensky-Universität zu Bratislava der Kommunistischen Partei bei. Ein Jahr später, 1934, gründete er zusammen mit Friš und Mittelmann die kommunistische Monatsschrift „Šip" („Pfeil").

Als der selbständige Slowakische Staat entstand und ein halbes Jahr später der II. Weltkrieg ausbrach, wurde Husák in der illegalen Leitung der slowakischen Kommunistischen Partei in Bratislava aktiv. Da er persönliche Beziehungen zum klerikalfaschistischen Innenminister „Sano" Mach unterhielt (er spielte mit ihm und Novomeský regelmäßig Karten), brauchte er keine allzu große Mühe auf seine politische Tarnung zu verwenden. Dr. jur. Husák wohnte in der Villa des verstorbenen Schriftstellers Josef Gregor Tajovsky hinter dem Kalvarienberg, in der heutigen Tajovskygasse. Dort hauste er zusammen mit den Kommunisten Michal Falt'an, Felix Vašečka, Ondrej Pavlik, Robert Donát und seinem Schwager Miro Lokvenz. Allgemein wurde diese Kollektivwohnung nur „der Kolchos" genannt. Es war ein regelrechter politischer Salon, in dem jüngere Künstler und ältere Studenten verkehrten, der Schriftsteller Rudolf Fabry und der Maler Ján Mudroch aus und ein gingen, und in dem völlig frei gesprochen wurde.

Als der 22. Juni 1941 kam, wurde Husák, zusammen mit seinem Freund Novomeský, verhaftet, kam aber sehr bald aufgrund einer Intervention des Innenministers Mach frei. Ja, er durfte sogar an einer Informationsreise in die besetzte Sowjetukraine teilnehmen, welche die klerikalfaschistische Regierung organisierte und während der die verschiedenen slowakischen Truppenteile im russischen Operationsgebiet besucht wurden.

Als Karol Šmidke in der Slowakei eintraf, wurde dieser Dr. Gustáv Husák vom ersten Tage an sein engster und mächtigster Mitarbeiter.[13]

---

13 Nach dem II. Weltkrieg war Gustáv Husák Mitglied des ZK der KPČ und der KPS, Mitglied des Präsidiums sowie des Seketariats des ZK der KPS. Bis 1950 wirkte er u.a. als staatlich Beauftragter für Verkehr und Technik bzw. als Beauftragter für Landwirtschaft in der Slowakei. 1951 wurde er des „bourgeoisen Nationalismus" beschuldigt, inhaftiert und zu lebenslangem Zuchthaus verurteilt. Im Mai 1960 wurde er im Rahmen einer Amnestie freigelassen und arbeitete bei einem staatlichen Unternehmen für Hoch- und Tieflader in Bratislava. 1963 wurde er völlig rehabilitiert und war bis 1968 als Mitarbeiter an der slowakischen Akademie der Wissenschaften tätig. Vom April bis zum Dezember 1968, also während des „Prager Frühlings" und während der sowjetischen Okkupation der ČSSR, fungierte er als stellvertretender Vorsitzender der Regierung der ČSSR. In dieser Periode hielt er sich strikt von allen Demokratisierungstendenzen der Dubček-Gruppe fern, während er umso leidenschaftlicher die Föderalisierung der ČSSR

Mit Ladislav Novomeský präsentierte sich ein ganz anderer Typus: Als Publizist und Schriftsteller war er viel differenzierter und gebildeter als Šmidke, aber alles andere als ein Führer und Organisator. Mehr noch als die Politik begeisterte ihn die Poesie. Für ihn waren Antifaschismus und Humanismus miteinander identisch. Geboren im Jahre 1904 in Budapest – Besuch der pädagogischen Hochschule, danach Lehrer in der Slowakei – kommunistischer Parteiredakteur in Ostrava – 1927 erster Gedichtband – Redakteur der kommunistischen „Rude Pravo" in Prag – 1934 erscheint sein Buch „Marx und die slowakische Nation" – geht 1939 von Prag nach Bratislava – offiziell Redakteur einer Wirtschaftszeitung, illegal Mitglied des V.ZK der KPS – 1945 Beauftragter für das Schulwesen in der Slowakei – 1951 verhaftet – 1954 zu zehn Jahren Gefängnis verurteilt – 1956 entlassen – 1963 rehabilitiert. Ein Deutscher war für ihn nicht einfach ein Nazi, ein Ungar nicht schlankweg ein Feind. Er sah auch, daß der selbständige Staat nicht nur Negatives gebracht hatte. Er fühlte sich als Slowake und war stolz auf die Fortschritte, welche die slowakische Intelligenz in den letzten fünf Jahren gemacht hatte, daß es ihr gelungen war, ihre Basis erheblich zu erweitern, daß sie auf kulturellem und wirtschaftlichem Gebiet die Probe bestanden hatte. Daraus leitete er – ebenso wie sein Freund Husák – den entschiedenen Anspruch ab, daß die Slowaken ihr Schicksal selbst bestimmen und ihre Unabhängigkeit selbst erkämpfen müßten, daß weder Tschechen noch Russen befugt seien, die Befreiung der Slowaken zu reglementieren. Er wehrte sich dagegen, daß die Republik noch einmal von Prag aus in die Provinz transponiert werde, wünschte vielmehr leidenschaftlich, daß es diesmal umgekehrt von Osten nach Westen geschähe.

So etwa waren die Männer beschaffen, die Weihnachten 1943, nach zweimonatigen Vorverhandlungen zusammenkamen und namens der KPS, der Sozialdemokratischen Partei und der „Gruppe Anna" (Ursiny-Lettrich) eine oberste Zentrale für alle Widerstandsgruppen in der Slowakei gründeten: den Slowakischen Nationalrat („Slovenska Narodna Rada"). Sie erklärten sich für einen gemeinsamen Staat der Tschechen und Slowaken, gegründet auf das Prinzip völliger Gleichberechtigung beider Nationen. Sie proklamierten eine prosowjetische Orientierung der tschechoslowakischen Außenpolitik. (Damit befand sich der Slowakische Nationalrat in Übereinstimmung mit dem sowjetisch-tschechoslowakischen Vertrag, den Stalin und Beneš so-

zugunsten der Slowakei betrieb. Auf dem XIV. Partei der KPČ, im Mai 1971, also drei Jahre nach der sowjetischen Okkupation, wurde Dr. Gustáv Husák zum Generalsekretär des ZK der KPČ gewählt. Zugleich ist er Staatspräsident der ČSSR. (Husák ist Autor zahlreicher Bücher; darunter insbesondere der Arbeiten „Zeugenschaft für den slowakischen Nationalaufstand", weiter „Zur Bauernfrage in der Slowakei" und schließlich „Der Kampf ums Morgen".)

eben am 12. Dezember 1943 in Moskau geschlossen hatten.) Sie sahen darin den einzig wirksamen Schutz für die Freiheit der beiden kleinen Nationen. Die innere Ordnung der neuen ČSR sollte demokratisch sein. Faschismus und Chauvinismus waren ein für allemal zu eliminieren. Die Wirtschafts- und Sozialpolitik schließlich hatte das Ziel zu verfolgen, das Nationaleinkommen in optimaler Weise gerecht zu verteilen.

Das „Weihnachtsabkommen" – unter diesem Namen ging die Gründung des Slowakischen Nationalrats in die Geschichte ein! Es war ein historischer Akt, dessen einschneidende Folgen sich acht Monate später, bei Beginn des Nationalaufstandes, zeigen sollten. Doch als die Unterzeichner nach ihrer Tagung auseinandergingen, waren sie keineswegs sicher, einen entscheidenden Schritt getan zu haben. Es gab eine „Zentrale" mehr in der slowakischen Opposition; nichts weiter. Und niemand wagte zu prophezeien, wer es sein würde, der sich endgültig an die Spitze setzte, wem es gelang, die große Unbekannte der slowakischen Politik – die Armee – für sich zu gewinnen und sie seinen Zwecken nutzbar zu machen.

Es ist, als ob man aus einem Dickicht auf eine freie Lichtung tritt, sobald man sich von den unübersichtlichen Machtkämpfen und Intrigen der Politiker löst und sich der militärischen Verschwörung des slowakischen Offizierskorps zuwendet. Nicht, als hätte es hier keine Gegensätze, Fraktionen und divergierende Interessen gegeben. Die jungen Obristen, die – ganz wie ihre deutschen Gegner – völlig unpolitisch erzogen waren, keine andere Leitschnur ihres Lebens als den Dienst am Staate kannten und sich nun zum erstenmal in die unübersichtlichen Gefilde der Politik begaben, ließen sich des öfteren zu folgenschweren Fehlern verleiten und übersahen häufig das Spiel nicht, das mit ihnen getrieben wurde. Und doch, welche Konsequenz des Handelns, welche Unterordnung persönlicher Absichten unter das allgemeine nationale Interesse! Kam es zum Konflikt, so hieß es: Gehorche, du bist Soldat.

Es waren im Grunde acht slowakische Stabsoffiziere, von denen die Verschwörertätigkeit ausging: die Obersten Imro und Tálský, die Oberstleutnante des Generalstabs Golian, Urban, Dr. Ferjenčik, Vesel und Kišš sowie der Major Marko. Daß sie überhaupt in der Lage waren, eine solche Aktivität zu entfalten, ohne sich mit dem herrschenden Regime und ihren Vorgesetzten in Konflikt zu bringen, verdankten sie dem Umstand, daß General Čatloš um die Jahreswende 1943/44 im Einvernehmen mit Staatspräsident Tiso Teile des Generalstabs und des Verteidigungsministeriums von Bratislava nach Banska Bystrica evakuieren ließ und dort ein Oberkommando der Landtruppen unter General Turanec etablierte.

Sieht man von den beiden sog. Frontverbänden (1. Infanteriedivision in Rumänien und Baubrigade in Italien) ab, so war die slowakische Armee praktisch dreigeteilt und präsentierte sich dem Betrachter im April 1944 folgendermaßen: In der Westslowakei, in Bratislava und weiterer Umgebung, befanden sich die Reste des Verteidigungsministeriums mit General Čatloš, die Garnison von Bratislava mit ca. 8000 Soldaten sowie weitere Verbände in Stärke von etwa 8000 Mann, davon die Hälfte „Militärisches Arbeitskorps". In der Mittelslowakei, in Banska Bystrica und Umgebung, konzentrierten sich rund um das Oberkommando der Landtruppen unter General Turanec Ersatz- und Ausbildungseinheiten von ca. 14 000 Mann, zuzüglich 4000 Mann vom „Militärischen Arbeitskorps". In der Ostslowakei schließlich bezog das I. slowakische Armeekorps Stellung, das die beiden aktiven Infanteriedivisionen Nr. 1 und Nr. 2 mit 24 000 Mann umfaßte, mit Waffen und Geräten aus neuester deutscher Produktion ausgerüstet wurde und als die Elite der slowakischen Streitkräfte betrachtet werden konnte.

Sowohl in der West- als auch in der Ostslowakei befanden sich die slowakischen Verbände unter deutscher Beobachtung. In Bratislava saß die deutsche Militärmission, und unmittelbar nordwestlich davon erstreckte sich die sogenannte deutsche Schutzzone mit dem Hauptstützpunkt Malacky. Die Ostslowakei wiederum war seit Anfang 1944 auf Wunsch des Oberkommandos der Wehrmacht zum Operationsgebiet erklärt worden, in dem die Deutschen freies Durchmarschrecht genossen. So ergab es sich von selbst, daß die gebirgige Mittelslowakei zum Glacis der militärischen Verschwörung wurde, daß in Banska Bystrica eine illegale Militär-Zentrale entstand, die im Februar 1944 die bestorganisierte revolutionäre Gruppe darstellte.

Bereits im Sommer 1943, am 14. Juli, waren Oberst Imro und Oberstleutnant Urban zu einer ersten politischen Fühlungnahme mit Dr. Šrobar in der evangelischen Pfarre von Garansek zusammengetroffen. Etwa um dieselbe Zeit kontaktierten Oberstleutnant Vesel und Oberst Krenčej die „Gruppe der Frau Flora". Im Herbst 1943 attachierten sich Oberstleutnant Golian und Oberst Tálský der Gruppe Ursiny-Lettrich sowie Oberst Imro und Oberst Tálský der Gruppe Ševčik. So hatte das oppositionelle Offizierskorps der Armee um die Jahreswende 1943/44 Verbindung zu den wichtigsten zivilen Widerstandsgruppen, mit Ausnahme der Kommunisten.

Die Offiziere gingen dabei von der Auffassung aus, daß ein militärischer Putsch unter allen Umständen vermieden werden müsse, daß es vielmehr darauf ankomme, eine nationale Erhebung auf ganzstaatlicher Basis unter der Führung demokratischer Parteien zustandezubringen. Sie alle schworen bedingungslos auf die Einheit der tschechoslowakischen Republik und erhofften sich die straffe Autorität einer legalen Regierung und eines von ihr ernannten militärischen Oberbefehlshabers. Da sie die Politik nicht als ihre Sache ansahen, wünschten sie die Einschaltung aller demokratischen Parteien, welche die entsprechende Verantwortung im zivilen Bereich übernehmen sollten. Als „unpolitische" Offiziere suchten sie sich strikt von jeder eigenen Parteibindung fernzuhalten. Sie forderten von den oppositionellen Politikern eine Intensivierung ihrer politischen Arbeit im Volke und die Konstituierung eines wirklich repräsentativen Nationalausschusses als oberstes koordinierendes Organ des gesamtslowakischen Widerstandes.

Besonders energisch arbeiteten in dieser Richtung die Oberstleutnante Vesel und Kišš, welche in die ganz auf Beneš orientierte Gruppen Šrobars und der „Frau Flora" eingeschaltet waren. Im März 1944 gelang es Vesel endlich, die konstituierende Sitzung eines revolutionären Nationalausschusses für Ende April in der Hauptstadt Bratislava anzuberaumen. Vorsitzender sollte in Übereinstimmung mit Präsident Beneš auf jeden Fall Dr. Šrobar sein. Vesel teilte dies allen anderen „Zentralen" mit und übersah dabei, daß die Gruppe Ursiny-Lettrich, die Sozialdemokraten und die Kommunisten niemals bereit sein würden, sich dem „Regierungsslowaken" und Beneš-Anhänger Šrobar unterzuordnen. Als Oberstleutnant Vesel kurz darauf dienstlich zum 1. Armeekorps in die Ostslowakei versetzt wurde, beschlossen die seit Weihnachten im „Slowakischen Nationalrat" vereinten Kräfte, die Initiative an sich zu reißen, und die tschechoslowakisch Orientierten um Beneš, Šrobar und „Flora" im letzten Augenblick zu überspielen.

Es beginnt hier die aufregendste, die dramatischste Geschichte aus dem Kapitel der slowakischen Verschwörung! Denn nicht durch das in der tschechoslowakischen Historiographie so hochgelobte „Weihnachtsabkommen" – so bedeutsam es zweifellos war – wurden die Weichen für die militärischen Ereignisse im Herbst 1944 gestellt, sondern durch die ersten Kontakte des „Slowakischen Nationalrats" mit der Armee: durch die Gründung einer illegalen „Militärzentrale" Ende April 1944.

Die Geschichte liest sich streckenweise wie ein Kriminalroman, doch sie hat den Vorzug, absolut authentisch zu sein. Denn sie folgt in allen Einzelheiten den Berichten der beiden wichtigsten Teilnehmer und Augenzeugen: nämlich der Schilderung des slowakischen Kommunisten Dr. Gustáv Husák in seinen Memoiren („Der Slowakische Nationalaufstand", Ostberlin, 1972) und den Erinnerungen des slowakischen Majors Josef Marko[14], des damaligen Verbindungsoffiziers zwischen Nationalrat und Offizierskorps, der sie dem Verfasser in langen Gesprächen erläutert und sie überdies in einem detaillierten, bis heute nicht veröffentlichten Buch („Slovenske narodne povstanie v roku" Diel I.; Bratislava, 1967; Privatdruck) niedergelegt hat.[15]

Danach geschah damals folgendes:

14 Jozef Marko wurde nach dem II. Weltkrieg aufgrund seiner Verdienste im Nationalaufstand zum General befördert, jedoch durch die Kommunisten bald kaltgestellt.
15 Jozef Marko: „Slovenske narodne povstanie v roku", Diel I.; Bratislava, 1967 (Privatdruck), S. 57

Anfang Januar 1944 informierte Ursiny von der „Gruppe Anna" den Major Marko, mit dem er bereits einen langjährigen, politischen Kontakt unterhalten hatte, über die erfolgte Gründung eines „Slowakischen Nationalrats" unter Beteiligung der Kommunisten. Er legte ihm absolute Schweigepflicht auf und deutete ihm an, daß er, Marko, demnächst diesem „Nationalrat" ein Referat über die Bildung einer illegalen Militärzentrale zu halten habe.
Anfang März reisten Ursiny und Major Marko gemeinsam nach Bratislava, wo sie sich in einer Privatwohnung mit Dr. Josko und Dr. Lettrich trafen. (Das erste Zusammentreffen Markos mit dem illegalen „Slowakischen Nationalrat" beschränkte sich also ausschließlich auf Mitglieder der Ursiny-Gruppe; noch ohne jegliche Teilnahme von Kommunisten.) Die Zivilisten ließen sich von Marko die Personenbeschreibungen einiger führender slowakischer Offiziere geben, und zwar die der Generäle Jureck und Malár sowie die der Obersten Imro und Tálský. Dabei konzentrierte sich ihr Interesse immer mehr auf die Person des Generals Jureck, der allgemein als ein entschiedener Gegner Deutschlands und des Generals Čatloš eingeschätzt wurde.
Noch im März fand eine zweite Besprechung in Bratislava statt, an der zum ersten Mal Husák teilnahm, der erklärte, daß er Vollmachten besitze, für die KPS zu verhandeln. Marko wörtlich:[16] „Diese Beratung leitete schon fast ausschließlich Dr. Husák, dem ich ungefähr die gleichen Fragen beantwortete, die mir bei der ersten Besprechung gestellt worden waren." Husák war also bereits dabei, die Zügel fest in die Hand zu nehmen!
In den folgenden Wochen bis Mitte April bemühte sich Major Marko auftragsgemäß um die Generäle Jureck und Malár. Er besuchte Jureck in seiner Privatwohnung, mußte aber eine strikte Ablehnung in Kauf nehmen, da Jureck sich bespitzelt fühlte und mit Gedanken des Absetzens in die Sowjetunion spielte. Während Marko sich noch mühte, zu Oberstleutnant Malár, einem Bruder des berühmten Generals, engere Fäden zu spinnen, erreichte ihn die Einladung zu einer weiteren Besprechung mit den Mitgliedern des illegalen „Nationalrats", auf der man sich plötzlich an Jureck und Malár völlig desinteressiert zeigte[17] und sich – zum ersten Mal! – nach der Person eines gewissen Oberstleutnants im Generalstab Jan Golian erkundigte.

16 Jozef Marko, a.a.O.
17 Die Londoner Exilregierung hatte von Anfang an starke politische Bedenken gegen Malár und Jureck. Ritterkreuzträger Malár war ihr zu „deutschfreundlich" und Jureck zu „proöstlich" eingestellt. Die Führung der KPS kam laut Husák („Der Slowakische Nationalaufstand") zu folgenden Urteilen: „Eine bestimmte Zeit besaß General A. Malár, der zu Beginn des Jahres 1944 Militärattaché in Berlin war, einen guten Namen in der slowakischen Armee. Die politischen Informationen über ihn waren aber nicht eindeutig; er hielt deutschfreundliche Reden und heiratete in Berlin eine Deutsche. Das Zentralkomitee der KPS wollte die Informatio-

Was war geschehen?
Im März 1944 hatte man sich auch in der Londoner Exilregierung des Dr. Beneš Gedanken über eine geeignete Persönlichkeit im slowakischen Offizierskorps gemacht. Am 7. April traf in Konsequenz dieser Überlegungen ein von General Ingr, dem Verteidigungsminister der tschechoslowakischen Exilregierung, unterzeichnetes Dekret in Bratislava ein, in dem Beneš Oberstleutnant Jan Golian zum Befehlshaber des militärischen Sektors der Verschwörung in der Slowakei ernannte.
Diese bedeutsame Mitteilung, die an sich ausschließlich für die Šrobar-Gruppe bestimmt war, hatte sich auch der „Nationalrat" verschafft. Beide Gruppierungen waren etwa am 20. April im Besitz der Nachricht, und bei beiden hatte sie wie eine Bombe eingeschlagen. Dr. Šrobar war bis dahin der Meinung gewesen, daß ihn Beneš auch zum Befehlshaber des militärischen Widerstandes ernennen und ihm lediglich eine Art militärischen „Stabschef" zur Seite stellen würde. Seine persönliche Enttäuschung war grenzenlos. Die Mitglieder des „Slowakischen Nationalrats" wiederum mußten erkennen, daß sie – was die Armee anbetraf – auf das falsche Pferd gesetzt hatten, denn jeder Gedanke, sich der Londoner Exilregierung zu widersetzen, konnte seit Abschluß des sowjetisch-tschechoslowakischen Beistandspakts vom 12. Dezember 1943 nur als völlig illusorisch, ja als politisch selbstmörderisch bezeichnet werden. Laut Husák hätte „die Ablehnung Golians eine Spaltung des antifaschistischen Lagers in der Armee bedeutet und zu einem Streit mit London führen können. Der bürgerliche Teil des Slowakischen Nationalrats stand eindeutig auf der Seite Golians."[18]
Was nun tun?
Vor allem durfte Oberstleutnant Golian von der Londoner Initiative nichts erfahren, und Husák gesteht dann auch in schöner Offenheit, was das Ernennungsdekret aus London anbetrifft: „ . . . wir hielten es vorläufig zurück."[19]

> nen über Malár überprüfen und beauftragte L. Novomeský, mit ihm über die Möglichkeiten einer Zusammenarbeit zu sprechen. Das Gespräch kam im Februar 1944 zustande. Sein Ergebnis war völlig negativ . . ." Und über General Jureck: „Als Kommandeur einer Division im Kaukasus verhandelte er im Frühjahr 1943 mit der Sowjetarmee über den Übertritt der ganzen Division auf die sowjetische Seite, trat unter den Soldaten und Offizieren als Antifaschist auf und wurde deshalb als Kommandeur abberufen. Der Slowakische Nationalrat hielt ihn daher für die geeignete und auch militärisch fähige Person, um eine führende Rolle in der Armee zu übernehmen. Jureck lehnte jedoch konkretere Verhandlungen ab, weil er angeblich ständig verfolgt wurde und in Zurückgezogenheit leben wollte. Auch später gelang es nicht, ihn zu überzeugen, sich aktiv an den Vorbereitungen für den Aufstand zu beteiligen."

18 Gustáv Husák: „Der Slowakische Nationalaufstand", Ostberlin, 1972, S. 94.
19 Gustáv Husák, a.a.O., S. 94

Das heißt, es wurde unterschlagen! Und beide Gruppierungen kamen zu demselben Schluß: Man darf sich nicht gegen Beneš stellen; das hat keinen Zweck. Man muß Golian zum Befehlshaber einer illegalen Militärzentrale ernennen; aber man muß so tun, als ob das von einem selber käme, damit sich der Oberstleutnant persönlich verpflichtet fühlt.
Es war Dr. Gustáv Husák, der schneller und zielstrebiger als alle anderen handelte! Wie gut und nützlich war es doch gewesen, daß er schon wiederholt Gespräche mit Major Marko geführt hatte. Ihn schickte er jetzt persönlich nach Banska Bystrica, mit dem Auftrag an Golian, am 27. April 1944 nach Bratislava zu kommen und sich zu einem konspirativen Treffen einzufinden. Als Marko die Einladung Golian überbrachte, „lachte der und fragte mich, ob ich mich nicht im Datum geirrt hätte. Ich fragte ihn, warum er annehme, daß ich mich im Datum irre, worauf er mir antwortete, daß er bereits für den 28. April nach Bratislava eingeladen worden sei."[20]
Es stellte sich heraus, daß die Einladung für den 28. 4. von Dr. Šrobar stammte. Husák war seinem Gegenspieler also um knappe 24 Stunden zuvorgekommen!
Golian und Marko reisten am 27. April von Banska Bystrica nach Bratislava. Über ihr Gespräch im Zug notierte Marko:[21] „Es ist selbstverständlich, daß es meine Pflicht war, Golian im Verlauf der Reise wenigstens in Kürze über den Charakter dieser politischen Gruppe zu informieren, zu der ich ihn führte ... Ich äußerte meine Ansicht in der Richtung, daß die Front für die Slowakei vom Osten kommen werde. Diese Tatsache habe der militärische Widerstand zu respektieren, wenn er Aussicht auf Erfolg haben wolle. Daher hielte ich es für richtig und eigentlich unumgänglich, daß der militärische Widerstand die Zusammenarbeit mit solchen politischen Gruppen suche, in der auch Kommunisten vertreten seien. Die Gruppe, zu der wir führen, erfülle nicht nur diese Voraussetzung, nein, der ihr angehörende kommunistische Führer (Marko meinte damit Šmidke – d. Verf.) sei erst kürzlich aus der UdSSR gekommen, was bedeute, daß diese Gruppe uns direkte Kontake mit der sowjetischen Armee vermitteln könne."
Damit hatte Marko das alles entscheidende Stichwort genannt: Kontakte zur sowjetischen Armee! Was immer sonst im Kopf des Oberstleutnants Golian während der schicksalsträchtigen Fahrt nach Bratislava vorgegangen sein mag, die Erwähnung der Sowjetsstreitkräfte und der Kontaktmöglichkeiten mußte für ihn als Generalstabsoffizier den Ausschlag geben.
Golian wußte ja – im Gegensatz zu den zivilen Politikern – nichts davon, daß er von der Londoner Exilregierung längst zum Chef der militärischen Ver-

20 Jozef Marko, a.a.O.
21 Jozef Marko, a.a.O.

schwörung in der Slowakei ernannt worden war. Er hatte keine Ahnung davon, daß sowohl die Vertreter des „Nationalrats" als auch Dr. Šrobar und seine Vertrauten blufften, als sie ihn nach Bratislava bestellten, um ihm generös seine „Bestallung" zu verkünden. Doch selbst wenn er es gewußt hätte, wäre es anders gekommen? Sicher, Golian hätte persönlich wohl die tschechoslowakisch orientierte Šrobar-Gruppe vorgezogen, die der bürgerlichen Exilregierung in London absolut ergeben war. Aber der Soldat, der Generalstabsoffizier in ihm hätte immer darauf bestehen müssen, jedwedes militärische Aufstandskalkül in erster Linie vom Zusammenwirken mit den Sowjetstreitkräften abhängig zu machen. So traf der Oberstleutnant Golian seine folgenschwere Entscheidung aufgrund eines Irrtums! Denn – wie wir bereits gesehen haben –: Die slowakische KP Šmidkes und Husáks verfügte mitnichten über einen Funkkontakt zu Moskau, zur sowjetischen Regierung oder zur Roten Armee!

Wie auch immer, die Besprechung am 27. April fand planmäßig in Bratislava statt und an ihr nahmen neben den beiden Soldaten, Golian und Marko, die Politiker Ursiny, Dr. Husák, Dr. Lettrich und Dr. Josko teil. Laut Markos Notizen leitete Dr. Husák die Versammlung,[21] und als sie auseinanderging, waren zwei eminent wichtige Institutionen begründet worden, ohne deren Entstehen es niemals zum Slowakischen Nationalaufstand gekommen wäre! Nämlich: ein „Militärrat" beim Slowakischen Nationalrat, dem als Offiziere Golian und Marko angehörten, und eine „Militärzentrale" als Oberstes Kommando-Organ einer illegalen Aufstandsarmee, deren Befehlshaber Oberstleutnant Golian wurde, nachdem er widerstrebend einem dringenden Wunsche Husáks zugestimmt hatte, die Obersten Imro und Tálský zu seinen beiden Stellvertretern zu ernennen.[22]

Durch diesen April-Coup des „Slowakischen Nationalrts" war die Entscheidung gefallen, waren die Weichen für den slowakischen Aufstand gestellt! Beneš und die Exilregierung in London, die von der ganzen Sache nichts erfuhren bzw. entsprechende Andeutungen nicht verstanden, sowie die extrem tschechoslowakisch orientierten Kräfte der Opposition in der Slowakei waren politisch aus dem Rennen, während die KPS sich dank der geschickten

---

22 Das war ein schwerer Fehler Husáks, der Golian mit den beiden Obristen „einrahmen" wollte, dadurch aber dem slowakischen Aufstand großen Schaden zugefügt hat! Imro und Tálský hielt die Führung der KPS nämlich für Sympathisanten. Aber Imro, der im Juli nach Italien zur slowakischen Baubrigade versetzt wurde, lief zu den Westalliierten über, ohne eine einzige slowakische Kompanie mitzunehmen. Und Tálský floh bei Aufstandsbeginn in die Sowjetunion, ließ damit sein I. slowakisches Armeekorps im Stich, wodurch der Aufstand in eine fast aussichtslose militärische Lage geriet.

Taktik Šmidkes und Husáks über den „Slowakischen Nationalrat" und die Unterordnung der „Militärzentrale" in Banska Bystrica in die Schlüsselpositionen des gesamtnationalen Widerstandes gesetzt hatte.

Denn Oberstleutnant Golian, Soldat vom Scheitel bis zur Sohle, froh darüber, anstelle eines heillosen Durch- und Gegeneinanders endlich strikte politische Weisungen zu bekommen, fest davon durchdrungen, daß die Armee ein gehorsames Instrument des freien politischen Willens des slowakischen Volkes zu sein und ihm zu dienen habe, ordnete sich dem „Slowakischen Nationalrat" ohne Vorbehalte unter. Die Besetzung der beiden Stellvertreter-Positionen mit Imro und Tálský entsprach nicht unbedingt seinen Wünschen. Er hätte am liebsten die beiden Oberstleutnante Kišš und Ferjenčik als seine Stellvertreter gesehen. Er handelte aber nach dem Grundsatz: Gehorche, du bist Soldat. Und als im Mai Šmidke die taktische Klugheit besaß, Novomeský zu Verhandlungen mit Šrobar zu schicken, um den gänzlich Isolierten nachträglich – nachdem alle wichtigen Entscheidungen bereits gefallen waren – auch noch in den „Slowakischen Nationalrat" in Gnaden, wenn auch praktisch ohne größeren Einfluß, aufzunehmen, bestand für Golian erst recht kein Grund, an der Richtigkeit seiner Entscheidung zu zweifeln.

In diesem Zusammenhang muß man sich noch einmal die politische Einstellung der slowakischen Offiziere klar machen. Sieht man einmal von Oberstleutnant Urban ab, der wohl im wesentlichen aus persönlichen Motiven handelte, so gliederte sich die militärische Fronde in drei „Fraktionen": Die Oberstleutnante Vesel und Kišš vertraten den extrem tschechoslowakischen Standpunkt, darin ihrem Vorbild, Divisionsgeneral Rudolf Viest, folgend, der als höchster General slowakischer Abstammung in London saß. Oberst Imro und Major Marko verkörperten mehr den „autonomistischen" Flügel, etwa der politischen Linie der Ursiny-Lettrich-Gruppe verbunden, wozu noch Oberst Tálský zu rechnen war, dem es als ehemaligem Verbindungsoffizier zur deutschen Militärmission in Bratislava wohl hauptsächlich um alibistische Motive ging. Die dritte Position nahmen Oberstleutnant Golian und sein Freund Oberstleutnant Dr. Ferjenčik ein, die treu und unverbrüchlich zur tschechoslowakischen Republik standen, ohne sich parteipolitisch irgendeiner Richtung verpflichtet zu fühlen.

Die überragende Gestalt dieser Militärfronde war ohne jeden Zweifel Oberstleutnant Jan Golian. Er, Golian, wurde am 26. Januar 1906 in Dombovar in Ungarn geboren, wohin sein Vater, ein Maschinenmeister, mit der Familie für einige Zeit übergesiedelt war, um auf einer Domäne zu arbeiten. Jan Golian war eines von zehn Kindern, von denen fünf sehr früh verstarben. Kurz vor Ausbruch des I. Weltkrieges ließ sich die Familie Golian in Trnovice an der Waag nieder. Nach Beendigung der Volksschule in Bojna besuchte Jan die Gewerbeschule in Bratislava. Da seine Eltern ihm ein Studium

nicht finanzieren konnten, beschloß er, Soldat zu werden. Er absolvierte die Militärakademie in Hranice und diente als junger Offizier in den Garnisonen von Litoměř und Pardubice. 1937 wurde er auf die Hohe Militärkriegsschule in Prag kommandiert, die er erst 1939 nach Gründung des Slowakischen Staates in Bratislava beenden konnte. 1940 erfolgte seine Beförderung zum Major im Generalstab. Er nahm am Feldzug der „Schnellen Divison" in Rußland teil und hatte verschiedene Dienststellungen im Divisionstab inne. 1943, wieder in der Slowakei, wurde er zum Oberstleutnant befördert. Am 1. Januar 1944 erfolgte seine Ernennung zum Chef des Stabes beim Oberkommando des Landheeres in Banska Bystrica.
Von mittlerer Körpergröße, einem männlich-soldatischen Profil und einem jungenhaft-lachenden Charme, war er eine straffe, sportliche Erscheinung, deren Äußeres darüber hinwegtäuschte, daß er mit einem chronischen nervösen Magenleiden zu kämpfen hatte. Erstaunlich war seine Selbstbeherrschung, die ihn zu einem idealen Verschwörer machte. Er konnte schweigen. Major Marko, der ihn sehr gut kannte, nennt ihn den „stillen, korrekten, ehrlichen, immer lächelnden und höflichen Golian."[23] Und ein anderer Offizier hat von Golian diese Schilderung entworfen: „Ein feiner, gebildeter Soldat von unermeßlicher Arbeitskraft, ein konsequenter Organisator, ein Offizier ohne äußerlichen Ehrgeiz, seinem Ideal bis zum Tode ergeben. Es wurde gesagt, daß General Ingr (tschechoslowakischer Verteidigungsminister in London – d. Verf.) das Alpha und Omega seiner Handlungen sei, daß er jede organisatorische Maßnahme in der slowakischen Armee – die gesamte Organisation des Landheeres lag in seinen Händen – unter dem Aspekt des zukünftigen entscheidenden Kampfes durchführte. Ein Tschechoslowake mit jedem Zoll, voller Verständnis für alle konkurrierenden Ideen, wurde er für uns ein Eckstein, um den der ganze Aufbau unserer revolutionären Aktion errichtet wurde. Für vieles muß er sicher seiner prächtigen Frau, einer Tschechin, dankbar sein, die ihn auch nicht in den schwersten Stunden der Hoffnungslosigkeit verließ. Beide hatten sich mit dem Gedanken abgefunden, daß sie den Krieg nicht überleben würden. Es war etwas Rührendes in der stoischen Entschlossenheit beider Menschen, die gerade ihr erstes Kind erwarteten."[24]
Ganz anders lautete das Urteil Husáks über Golian: „Er war ein überzeugter Antifaschist, sprach sich scharf gegen die Deutschen und gegen das Regime der Volkspartei aus, trat für die Wiederherstellung der ČSR ein und wollte dafür kämpfen. Anderseits war er politisch wenig geschult, hatte etwas verwirrte Vorstellungen und war im großen und ganzen auf Beneš orientiert.

23 Jozef Marko, a.a.O.
24 V. Prečan, Prečan, a.a.O., S. 454, Nr. 260, Bericht eines tschechoslowakischen Nachrichtenoffiziers.

Offiziell brachte er seine Sympathien für die UdSSR zum Ausdruck, doch kamen seine Worte nicht von Herzen. Außerdem war er unentschlossen, zaghaft und zeigte sich bei den Verhandlungen mit den Kommunisten ziemlich verschlossen – kurz und gut, er war der typische Berufsoffizier jener Zeit mit stark abgeschwächter persönlicher Entscheidungsfreudigkeit und Energie."[25]

Jedes dieser Urteile – so widersprechend sie auf den ersten Blick scheinen – ist für sich richtig. Es ist absolut wahr, daß Golian sich völlig der Exilregierung in London verpflichtet fühlte, daß er die ungeheure politische Bösartigkeit, den Chauvinismus eines Dr. Beneš, der mit seinem hochmütigen „Tschechoslowakismus" die gesamte Nation der Slowaken aufsaugen wollte, auch nicht annähernd erkannt hatte. Auf dem politischen Auge war Golian blind: ein typischer Berufsoffizier; wie alle seine ausländischen Kollegen, nicht nur die Deutschen. Den Kommunisten stand er sicher mißtrauisch gegenüber. Aber die Kommunisten „jener Zeit" waren ja auch die Kommunisten der Stalinära! Befleckt mit unzähligen Verbrechen. Wie konnte man erwarten, daß der Oberstleutnant ihnen „von Herzen" entgegenkam?

Jan Golian war armer Leute Kind und glaubte, alles der tschechoslowakischen Vorkriegsarmee zu verdanken, in deren Reihen und in deren Traditionen er groß geworden war. Er war im Grunde eine weiche, sensible Natur und stand stark unter dem Einfluß seiner Frau, einer leidenschaftlichen Nationaltschechin. Er war mitnichten ein Charakter von solcher Energie, Entschlossenheit, Härte und Rücksichtslosigkeit wie Husák. Er war der typische intellektuelle Generalstabsoffizier: ein Mann des Planens und Denkens, nicht des Handelns. Und alle diese Schwächen sollten sich denn auch während des Aufstands offenbaren.

Aber andererseits – und es ist bemerkenswert, daß davon bei Husák keine Rede ist – die persönliche Lauterkeit seines Wesens! Bei den Soldaten sicher so gut wie unbekannt (Popularitätshascherei war ihm fremd), gab es keinen slowakischen Offizier, der nicht von der Ernsthaftigkeit und Aufrichtigkeit seines Charakters tief beeindruckt gewesen wäre. Dazu kam sein nimmermüdes Pflichtgefühl, mit dessen Hilfe er in den vier Monaten von Ende April bis zum Aufstandsbeginn Ende August 1944 eine gewaltige konspirative und organisatorische Arbeit vollbrachte.

Wollte man Huáks Erinnerungen glauben, dann war das alles das Verdienst des „Nationalrats". Davon kann aber im Ernst keine Rede sein! Der Nationalrat hatte mit dem sogenannten Weihnachtsabkommen und mit Gründung der illegalen Militärzentrale am 27. 4. wahrhaft Bedeutsames geleistet. Aber dann? In den vier Monaten bis zum Aufstandsbeginn tat er praktisch nichts.

---

25 Gustáv Husák, a.a.O., S. 95.

Beim Aufstandbeginn selbst war er nicht präsent, und während des Aufstandes hat er – euphemistisch ausgedrückt – nicht geschadet.
Nein, vom 27. April 1944 an lief alles über die Armee, kreuzten sich alle Fäden in Golians Hand. Die zivilen Repräsentanten der Verschwörung in der Hauptstadt Bratislava wurden unwichtig. Das Herz des Widerstands schlug bei den Soldaten in Banska Bystrica! Unter der zielstrebigen Leitung des Oberstleutnants Golian ging die illegale Militärzentrale (Golian, Oberstleutnant Ferjenčik und die Majore Nosko, Polák und Marko) daran, in den Monaten Mai, Juni, Juli 1944 alle notwendigen Vorbereitungen für einen bewaffneten Aufstand zu treffen. Die wichtigsten Maßnahmen waren: die Auswahl von geeigneten Personen für die höheren Kommandostellen – die Besetzung der führenden Stäbe mit zuverlässigen Offizieren – die Ausnutzung der legalen Kriegsvorbereitungen des Generals Čatloš für die eigenen Zwecke des Widerstandes – die Herausgabe von allgemeinen Richtlinien für die einzelnen Truppenteile im Falle eines Aufstandes.
Besonderen Wert legten Golian und seine Mitarbeiter auf die Zersetzung und Unterwanderung des 1. Armeekorps, den aktiven Kern des slowakischen Heeres, das von General Malár geführt wurde. Des weiteres galt es, starke Truppeneinheiten im Dreieck Banska Bystrica-Brezno-Zvolen, in der Mittelslowakei, zu konzentrieren. Es war ein Gebiet, das man auf jeden Fall halten zu können glaubte, das aber auch hervorragend geeignet war, um einen unbemerkten Aufmarsch für militärische Aktionen zu vollziehen. Deshalb bemühte man sich, wichtiges Kriegsmaterial hierher zu verlagern, brachte auch die Getreidegesellschaften dazu, ihre Vorräte in der Mittelslowakei zu stapeln, und vereinbarte mit Karvaš, dem Finanzmanager der Tiso-Regierung, daß große Summen Bargeld nach Banska Bystrica und in die mittelslowakischen Filialen der „Slowakischen Nationalbank" transferiert wurden.
Oberstleutnant Golian hatte ganz präzise Vorstellungen von der geplanten Aktion und war keineswegs der Ansicht, wie die meisten politischen Oppositionsführer, daß es genügen würde, im richtigen Moment zu den Russen überzugehen. Er erklärte dazu: „ . . . Das wäre zu wenig. Wir wollen als Slowaken unsere Pflicht gegenüber der Republik dadurch erfüllen, daß wir einerseits den verbündeten Truppen einen schnellen Einfall in die ungarische Tiefebene und dadurch die Vernichtung der deutschen Balkantruppen ermöglichen, andererseits durch eine blitzartige Übertragung der Front vom Osten in den Westen der Slowakei, an die mährische Grenze, zur schnellen Befreiung der tschechischen Länder beitragen . . ."[26]

---

26 V. Prečan, a.a.O., S. 455, Nr. 260, Bericht eines tschechoslowakischen Nachrichtenoffiziers.

Das waren klare, wenn auch weitgesteckte Ziele, zu deren Verwirklichung man einer straffen Organisation, einer zentralen Leitung und einer klugen Tarnung bedurfte, damit die Regierung in Bratislava und ihre deutschen Verbündeten am Tage X wirklich überrumpelt wurden. Denn nur das Überraschungsmoment – darüber waren sich Golian und ebenso Šmidke im klaren – ließ einen durchschlagenden Erfolg erhoffen.

Die *straffe Organisation* war durch die illegale Militärzentrale in Banska Bystrica gegeben. Bei Männern wie Golian lag der militärische Bereich der Verschwörung in besten Händen. Die *zentrale Leitung* wurde durch den „Slowakischen Nationalrat" gewährleistet. Das war insbesondere ein Verdienst der KPS, deren Führer, vor allem Karol Šmidke und Dr. Gustáv Husák, den besten Teil des kommunistischen Widerstandes symbolisierten. Die *kluge Tarnung* aber drohte durch einen dritten Faktor der Widerstandsbewegung in Frage gestellt zu werden: durch die Partisanenbewegung.

6. Der unerwünschte Partisanenkampf

Ende Juni 1944 setzten sich die Führer des V. illegalen ZK der KPS, Karol Šmidke, Gustáv Husák und Ladislav Novomeský, zusammen und versuchten, eine Bilanz ihrer Tätigkeit in den vergangenen elf Monaten zu ziehen, seitdem Šmidke mit neuen Direktiven aus Moskau gekommen war. Großes, ja Entscheidendes war inzwischen geschehen, hatten sie dank ihrer zähen Energie und taktischen Klugheit vollbracht. Nur, die Zentrale in Moskau, die Emigrantenführung der KP der Tschechoslowakei unter Gottwald, die Exekutive der Kommunistischen Internationale (EKI) unter Dimitroff, sie alle waren über die Entwicklung in der Slowakei mitnichten informiert. Während die illegale Militärzentrale in Banska Bystrica und die bürgerlichen Oppositionsgruppen in ständigem Funkkontakt mit London standen, waren die slowakischen Kommunisten im eigenen Lande isoliert.

Einer der KPS-Führer, voraussichtlich Karol Šmidke, der mit den Verhältnissen in Moskau gut vertraut war, sollte demnächst versuchen, illegal in die Sowjetunion zu gelangen, um über den Fortgang des slowakischen Widerstandes Bericht zu erstatten und Koordinierungsgespräche mit der sowjetischen politischen und militärischen Spitze zu führen. Dabei ergab sich ein beträchtliches psychologisches Handicap für die slowakische Seite: Gewiß mochte es eindrucksvoll sein, von der Begründung des „Slowakischen Nationalrats" unter maßgeblichem kommunistischen Einfluß oder von den hoffnungsvollen Kontakten zum oppositionellen Offizierskorps der Armee zu berichten. Dennoch, zur selben Zeit, da die alliierten Armeen in der Normandie gelandet waren und die Sowjetstreitkräfte ihre siegreiche Offensive im Mittelabschnitt der Ostfront begonnen hatten, fiel kein Schuß in der Slowakei, herrschte tiefster Friede in einem Lande, das nicht einmal von deutschen Truppen besetzt war. Es gab noch immer die slowakische Idylle, während weithin in Europa, in Jugoslawien, Griechenland, Polen und Frankreich, der Partisanenkrieg tobte.

Warum wurde in der Slowakei nicht gekämpft? Wie stand es um die Voraussetzungen für eine slowakische Partisanenkriegführung?

Die Führer des V. illegalen ZK konnten in ihrem Rechenschaftsbericht konstatieren: „Nach den Meldungen der Parteiorganisationen von Ende Juni 1944 bereiteten sich auf die Partisanentätigkeit in konkreten Einheiten einige Tausend Menschen vor..."[1] So die Erinnerung Gustáv Husáks, der sich um Analyse und Exegese der slowakischen Partisanengeschichte beson-

---

1 Gustáv Husák, Pripera a rizvoj partizanskeho hnutia („Vorbereitung und Entwicklung der Partisanenbewegung"), Bratislava 1964, in: „Kulturny Život", Nr. 18, S. 7.

dere Verdienste erwarb und unzweideutig feststellte, daß die Partisanenbewegung in der Slowakei „erst im Jahre 1944"[2] größere Bedeutung und Ausmaße gewann.

Tatsächlich hatte es im Frühjahr 1942 die ersten bewaffneten Partisanengruppen in Humenne und Bratislava gegeben, die jedoch kaum zum Einsatz kamen und schon nach wenigen Wochen liquidiert wurden. Ein paar Monate später, im Oktober 1942, hatte in Sklene Teplice eine Gebietsversammlung von illegalen KPS-Mitgliedern mit einer eingehenden Diskussion über Fragen der Partisanentaktik stattgefunden. Anwesend waren die Vertreter der KP-Bezirksorganisationen von Zvolen, Nova Bana, Kremnica und Banska Štiavnica. Es sprach der Gebietssekretär, J. Hagara: „Gemäß den Richtlinien der Partei trug ich ihnen ein Referat über die innere und ausländische Situation vor. Ich sprach über die Notwendigkeit und Art der Gründung von Partisanengruppen, über die Einhaltung der Prinzipien der konspirativen Arbeit und über die Festigung und Erweiterung der Parteiorganisationen."[3]
Bei dieser Ansprache blieb es; zu nennenswerten Aktionen kam es nicht. Doch etwa zur selben Zeit entstand in der Gegend von Banska Štiavnica eine bewaffnete Gruppe, die später den Namen „Sitno" erhielt und die erste Partisanenzeitschrift der Slowakei, „Janošik", herausgab. Sie erhielt bald Zulauf von bedrängten Juden, entflohenen sowjetischen Kriegsgefangenen und Flüchtlingen aus deutschen Lagern. Die Zahl der verfolgten Antifaschisten nahm zu, die Abteilung wuchs, doch sie befaßte sich lediglich mit konspirativen Vorbereitungen, meist organisatorischer und propagandistischer Art. „Das ließ den Leiter, L. Exnar, nicht schlafen. Er wollte die Aufrufe des Moskauer Rundfunks befolgen. Er wolle den Partisanenkrieg beginnen", berichtete das Mitglied der Gruppe „Sitno", K. Dolinsky.[4] Und wirklich begann die Gruppe mit kleineren Sabotagehandlungen – z. B. zerstörte sie einige Elektrizitätsmasten in der Umgebung von Banska Štiavnica –, doch das Ergebnis ihrer Tätigkeit bestand im wesentlichen darin, daß die „Zentrale Staatliche Sicherheit" in Bratislava und die örtlich ansässige Gendarmerie auf das Treiben aufmerksam wurden und die Mitglieder der Gruppe einer so strengen Beobachtung unterwarfen, daß sie sich nicht mehr zu rühren vermochten. Das Echo in der Bevölkerung war gleich null.
Vom Herbst 1942 an war die Slowakei also frei von aktiven Widerstandshandlungen, sieht man von der Gruppe der Gebrüder Daxner im Osten des Landes ab. Nach wie vor bestand keine revolutionäre Situation im Lande, gab

---

2 Gustáv Husák, a.a.O., S. 7
3 Sbornik, a.a.O., S. 15f.
4 Archiv des Museums des Slowakischen Nationalaufstands, Banska Bystrica, Erinnerungen von K. Dolinsky.

es keine revolutionäre Stimmung unter der Bevölkerung, und so war es kein Wunder, daß es selbst in der aktivistisch eingestellten Gruppe „Sitno" bald zu scharfen Auseinandersetzungen kam, ob es sinnvoll oder schädlich sei, auf eigene Faust Partisanenaktionen zu unternehmen.

Die Partei, die illegale KPS, hatte im Grunde keinen ausgereiften Standpunkt in dieser Frage, trotz der Herausgabe eines Organisationsstatuts für die „Janošik-Bewegung". Das änderte sich schlagartig im Herbst 1943, als Karol Šmidke auf der Bildfläche erschien. Der „Sitno"-Partisan Dolinsky berichtete darüber: „Im Herbst, als Genosse Šmidke nach Štiavnica kam, bestätigte er die Richtigkeit der Ansicht der Bezirksleitung, daß man nicht durch einzelne kleine Aktionen oder individuellen Terror die Besetzung der Slowakei durch die Faschisten provozieren solle, sondern zäh einen bewaffneten Aufstand zu einem geeigneten Zeitpunkt vorbereiten müsse."[5]

Damit war eine wesentliche Entscheidung gefallen! Šmidke hatte auf den springenden Punkt hingewiesen, durch den sich die Slowakei von allen anderen in den Krieg einbezogenen Ländern Europas unterschied: Das Land war *nicht* besetzt, und eine vorzeitige größere Partisanenaktion hätte kaum eine Volkserhebung, wohl aber mit Sicherheit die sofortige militärische Besetzung der Slowakei durch die Deutsche Wehrmacht hervorgerufen. Man mußte also direkte Aktionen vermeiden, die organisatorischen Vorarbeiten für einen Partisanenkrieg dagegen intensivieren.

Wenn Gustáv Husák schrieb, daß sich Ende Juni (!) 1944 mehrere tausend Menschen auf die Partisanentätigkeit *vorbereiteten,* also noch keineswegs kämpften, so lag das konsequent auf der Linie der von Šmidke verfolgten Taktik, bis zum Aufstandsbeginn stillzuhalten. Eine ganz andere Frage ist, was unter der wohl bewußt vage gehaltenen Formulierung „mehrere tausend Menschen" zu verstehen ist. Man nähert sich damit einem besonders leidigen Problem, denn innerhalb der Gesamtmanipulation der Aufstandshistorie nach 1945 übetrifft das Kapitel „Partisanenbewegung" alles andere an Verdrehung und Verfälschung der Tatsachen.

Das hat auch der Verfasser dieses Buches zu spüren bekommen. Im Frühjahr 1964 war in Gesprächen mit slowakischen Aufstandsexperten stereotyp von 20 000 slowakischen Partisanen die Rede, und Gustáv Husák hat damals diese Legende selbst gefördert.[6] Bereits drei Monate später, im August 1964, als der tschechoslowakische Schriftstellerkongreß im Hotel „Partizan" tagte, wurde nur noch von 12 000, einige Tage später von 7000 bis 8000 Partisanen gesprochen.[7] 1967 sank die Zahl fast unmerklich auf 6000 bis 8000, und im

---

5 Archiv, a.a.O., Erinnerungen von K. Dolinsky.
6 G. Husák, a.a.O., S. 7.
7 Krvou a perom, a.a.O., S. 21

Frühjahr 1968 – während des „Prager Frühlings" – schwankten die Angaben zwischen 2000, 4000, 6000 und 8000 Partisanen. S. Faltán und J. Šolc, beide ehemalige Partisanen und Historiker in der Slowakei, verwickelten sich in permanente Widersprüche, weil sie mit allen Mitteln die nachträglich und künstlich erzeugte „Partisanenlegende" aufrechtzuerhalten wünschten, während die ehemaligen Aufstandsoffiziere der Armee – beispielsweise General Jozef Marko und Oberst Miloš Vesel – für den Zeitraum Ende August 1944 übereinstimmend und präzise die Zahl von 2000 einsatzfähigen Partisanen nannten.[8] Höher dürfte sie auch in Wahrheit nicht gelegen haben. Eine sichere Bestätigung ist dafür die unverdächtige, weil unbeteiligte Aussage des Gesandtschaftsrats Gmelin von der deutschen Gesandtschaft in Preßburg, der in Kenntnis der ausgezeichneten Informationen des deutschen Militärattachés und des Abwehroffiziers bei der deutschen Militärmission von 1000 bis 2000 Partisanen bei Aufstandsbeginn berichtete.[9]

Gustáv Husák hat in seiner eingehenden Darstellung der Partisanenfrage im Widerspruch zu seinen sonstigen Erklärungen, wonach das V. illegale ZK die Partisanenaktivitäten absichtlich bremste, um das Konzept eines Nationalaufstandes nicht zu gefährden, die Behauptung aufgestellt, bereits Anfang 1944 hätten „schon viele Partisaneneinheiten eine aktive Tätigkeit" entwickelt.[10] Er erwähnte insbesondere Gruppen in der Ostslowakei, im Nitratal und im Turecer Gebiet. In der Tat existierte in der Ostslowakei eine Partisanengruppe, die sich vornehmlich aus geflohenen sowjetischen Kriegsgefangenen zusammensetzte und unter der Führung der beiden Brüder Daxner stand. Zeitgenössische Berichte besagen jedoch, daß diese Gruppe sektiererisch arbeitete, die ideologische Einheit der ganzstaatlichen revolutionären Entwicklung gefährdete, sich in finanziellen Dingen unredlich verhielt und in ihrer Effektivität bei weitem überschätzt wurde.[11]

Was die Nitra-Gegend anbetraf, so ist es richtig, daß sich eine kleine Partisanengruppe unter der Führung von Professor Hagara von der Jahreswende 1943/44 ab in den Wäldern um Prievidza verbarg, ohne daß dadurch auch nur im geringsten eine Störung der öffentlichen Ordnung oder eine Revolutionierung der Volksstimmung bewirkt wurde. Lediglich im Turecer Gebiet kam es in der Zeit vom Frühjahr bis Sommer 1944 zu begrenzten Partisanenaktivitäten, die jedesmal sofortige Strafexpeditionen der Armee und Gen-

---

8 Beide in persönlichen Gesprächen mit dem Verfasser in der Slowakei.
9 Gesandtschaftsrat a.D. Gmelin in einem Gespräch mit und in einer Zuschrift an den Verfasser.
10 G. Husák, a.a.O., S. 7.
11 Einer der beiden Brüder Dacener war nach Kriegsende der Vorsitzende des Tribunals, das Staatspräsident Tiso anklagte.

darmerie auslösten, womit die Sache für ein paar Wochen wieder erledigt war.
Die tschechoslowakische Historiographie bestreitet das alles ganz erbittert, in der richtigen Überlegung, daß hier die kommunistische Partisanenlegende in Gefahr steht. So soll denn hier in vollem Wortlaut ein Geheimbericht des deutschen Militärattachés in der Slowakei vom 10. März 1944 zitiert werden. Ein unwiderlegliches Beweisstück; denn es liegt ja auf der Hand, daß *eine* Stelle nicht das geringste Interesse an einer Untertreibung der Partisanengefahr haben konnte, eher im Gegenteil: das zu sorgfältiger Beobachtung der slowakischen Szenerie verpflichtete Büro des deutschen Wehrmachtsattachés! Der Bericht, der sich im Münchner Institut für Zeitgeschichte befindet, lautet:

Deutsche Gesandtschaft   Preßburg, den 10. 3. 1944
Der Wehrmachtsattaché
Nr. 147/44 geh.

                        G E H E I M

Betr.: Partisanentätigkeit in der Slowakei.
Bezug: Amt.Ausl.Abw.Ag.Ausland Nr. 22 451/44 geh.
        Ausl.D vom 2. 3. 44
An Oberkommando der Wehrmacht/WFSt/Ag. Ausl.

„Der übersandte Bericht des V-Mannes von Mitte Februar 1944 gibt in der Darstellung der Partisanentätigkeit in der Slowakei ein falsches Bild. Teilweise sind die Angaben richtig, teilweise aber stark übertrieben.
Die Bildung von Partisanengruppen wird von den zuständigen Stellen, sowohl von der deutschen Wehrmacht als auch der Deutschen Gesandtschaft und Polizei, dauernd überwacht. *Bisher haben sich Anhaltspunkte für die Bildung starker Partisanengruppen nicht bewahrheitet.*[12] Da, wo Überfälle stattgefunden haben, hat es sich immer nur um 2 oder 3, in einem Fall um eine aus dem Gen.Gouv. gekommene und dorthin wieder abgezogene Bande von 10 Mann gehandelt.
Getötet wurden 2 Gendarmen. Bei diesem Überfall hat es sich aber auch nur um eine Bande von 5 Mann gehandelt.
Um diesen Überfällen entgegenzutreten sind die in der Ost- und Nordostslowakei gelegenen Zoll- und Gendarmeriestationen verstärkt worden. Ferner sind durch das Slowakische Verteidigungsministerium 5 Bereitschaftskompanien in der Ostslowakei zur Bandenbekämpfung bereit gestellt worden.
Diese Maßnahmen haben dazu geführt, daß *seit Ende Januar 1944 Überfälle nicht mehr stattgefunden haben . . .*"

12 Hervorhebungen im Text durch Verfasser.

Von größeren Partisanenaktivitäten Anfang 1944 kann also im Ernst keine Rede sein. In der Slowakei herrschte eben immer noch Ruhe, und die „Taubennatur" der Slowaken, von der Kenner dieses über alle Maßen friedliebenden Volkes so gerne sprachen, hatte sich noch keineswegs in Löwenmut verwandelt. Ein weiterer schlüssiger Beweis für die friedliche Stimmung der Slowaken ist die Tatsache, daß sich im Sommer 1944 mehr als 7000 reichsdeutsche Kinder im Rahmen der „Kinderlandverschickung" in der Slowakei aufhielten, völlig unbehelligt blieben, und daß die zuständigen Reichsbehörden sich ihretwegen nicht die geringsten Sorgen machten.

So war es bis Ende Juni 1944. Dann änderte sich die Situation schlagartig: Unter dem Eindruck der alliierten Erfolge an allen Fronten, insbesondere des siegreichen Vorgehens der Sowjetarmeen nach Polen hinein, breitete sich innerhalb von drei Wochen, zwischen dem 30. Juni und 20. Juli, eine Stimmung der Unzufriedenheit aus, die in der Mittel- und Ostslowakei bereits revolutionäre Anzeichen aufwies. Was sich seit Anfang 1943 in der Bevölkerung unter der Oberfläche vorbereitet und angestaut hatte, kam jetzt eruptiv zum Vorschein. Einige Auszüge aus den Berichten der Bezirkshauptleute des klerikalfaschistischen Staates lassen das sehr deutlich erkennen:[13]

Bericht aus Trnava vom Juli 1944:

„Unter der Einwohnerschaft, die zum aktiven Militärdienst einberufen wird, macht sich großes Mißfallen bemerkbar. Dieses Mißfallen wird auch öffentlich geäußert. Das konnte man besonders beim Abtransport der Soldaten in Trnava beobachten. Viele riefen von ihnen im Rausch, als sie in den Zug einstiegen: ‚Wieder einmal werden nur die Armen an die Front geschickt, die Arisatoren[14] sollen kämpfen gehen. Wir gehen zu den Partisanen über' u. ä. Es scheint, daß die Offiziere die Mannschaften nicht in der Hand hatten."

Bericht aus Ružomberok vom Juli 1944:

„Laut einer soeben eingetroffenen Meldung passierte Ružomberok ein Transport slowakischen Militärs, das improvisierte rote Fahnen gehißt hatte und auf den Bahnhöfen ‚Hoch Stalin' rief. Die Soldaten waren angeblich betrunken."

Bericht aus Senica vom Juli 1944:

„Das erhöhte Interesse für die politische und militärische Situation hatte auch ein intensives Abhören des feindlichen Rundfunks und die Verbreitung von Alarmnachrichten zur Folge. Ende des Monats z. B. wurde die Nachricht verbreitet, daß die russischen Einheiten bereits die slowakische Grenze überschritten hätten. Es ging auch die Nachricht um, daß in der Ostslowakei 1500 russische Fallschirmjäger abgesprungen seien."

13 „Die kämpfende Tschechoslowakei", a.a.O., S. 103.
14 Arisatoren = Leute, denen im Zuge der sogenannten Arisierung enteignete jüdische Vermögen übergeben worden waren.

Die Situation für einen erfolgreichen Partisaneneinsatz war da! Die Guerilla-Kämpfer konnten sich innerhalb der slowakischen Bevölkerung „wie die Fische im Wasser" bewegen! Es lag eine große Verlockung für die militärischen und politischen Führer der slowakischen Opposition darin, sich diese Atmosphäre nutzbar zu machen und einen zügellosen Partisanenkrieg zu entfesseln, was jedoch zugleich das Ende aller Pläne für einen organisierten wohldurchdachten Aufstand der regulären Armee und des ganzen Volkes bedeutet hätte. Golian ebenso wie Šmidke und Husák hatten aber keineswegs die Absicht, ihre langfristigen und sorgfältigen Vorbereitungen leichtfertig aufs Spiel zu setzen. Doch zu diesem Zeitpunkt hatte sich die allgemeine militärische Lage schon so entwickelt, daß die slowakischen Verschwörer den Gang der Ereignisse in ihrem Lande nicht mehr allein bestimmten.

Ende Juni 1944, als Šmidke, Husák und Novomeský eine Bilanz ihrer konspirativen Tätigkeit in der Slowakei zogen, hatte der Vorsitzende der KP (B) der Ukraine, Nikita Sergejewitsch Chruschtschow, beschlossen, den Partisanenkrieg, der sich in der UdSSR so erfolgreich zugunsten der Sowjetmacht ausgewirkt hatte, auf die Territorien Ungarns, Rumäniens und der Tschechoslowakei hinüberzuspielen. Er setzte sich mit den Emigrantenzentralen der kommunistischen Parteien aller drei Länder in Verbindung und forderte sie auf, unter ihren Landsleuten, die in der Sowjetunion in der Gefangenschaft waren, eine Auswahl zu treffen und die Geeignetesten an den Stab der Ukrainischen Partisanenbewegung in Kiew, Divisionsgeneral Strokasch, zu überweisen.

Anfang Juli waren bereits vierhundert Slowaken, Ungarn, Rumänen und Tschechen auf „Schulen für besondere Aufgaben" versammelt, wo man sie einer drei- bis sechswöchigen Spezialausbildung für den Guerilla-Einsatz unterwarf. Mitte Juli stießen etwa zweihundert sowjetische Partisanen dazu, die bereits praktische Erfahrungen hatten, so daß es gelang, insgesamt 40 Partisanenabteilungen zu bilden, von denen jede eine Personalstärke von 12 bis 18 Mann hatte, komplett ausgerüstet und bewaffnet sowie mit Funkgeräten und Verbandsmitteln versehen war. Zu Führern dieser Abteilungen wurden entweder militärisch erprobte und politisch überprüfte Sowjetpartisanen oder kriegsgefangene Offiziere bestimmt, die von den Vertretern der Emigrantengruppen in Vorschlag gebracht worden waren. In jedem Falle bestand ein Drittel einer Partisanenabteilung aus Sowjetbürgern, die – falls sie nicht selbst die Führung hatten – als Stabspersonal, Instrukteure, Funker und Ärzte eingesetzt wurden.

In der Zeit vom 26. Juli bis 10. August beförderte der Ukrainische Stab auf dem Luftwege 32 Partisanenabteilungen mit annähernd 500 Mann, von denen man 12 Abteilungen mit ca. 200 Mann über der Tschechoslowakei absetzte (davon 10 Abteilungen über der Slowakei, 2 Abteilungen über Mähren), während 8 nach Ungarn, 7 nach Rumänien und 5 nach Bessarabien eingeschleust wurden. Ende August und Anfang September sollten noch einmal 30 ausgebildete Partisanengruppen folgen, von denen wiederum 12 für die Tschechoslowakei bestimmt waren.

In der Nacht vom 26. bis 27. Juli wurde die erste sowjetische Partisaneneinheit über slowakischem Territorium abgeworfen: Abteilungsführer Welitschko, ein sowjetischer Oberleutnant, der sich nun „Major" nannte und bald eine dramatische Rolle spielen sollte, landete mit einer Gruppe von 11 Mann im Raum Liptovska Osada, die sich durch slowakischen Zulauf innerhalb dreier Wochen, bis zum 18. August, auf ca. 250 Mann verstärkte und damit zur weitaus größten Partisanengruppe wurde.

Es waren etwa zwanzig Partisanenabteilungen, die in den letzten vier Wochen vor dem Aufstandsbeginn eine bemerkenswerte Aktivität entfalteten und damit die Situation in der Slowakei nachdrücklich beeinflussen sollten. Davon stand die Hälfte unter dem Kommando sowjetischer Anführer (z. B. Welitschko, Jegorow, Woljanski, Kwitinski, Dibrow, Rezuto, Karasjow-Stepanow, Klokow, Schukajew), während die andere Hälfte slowakische bzw. tschechische Führer hatte (z. B.: Bielik, Pola, Kalina, Žingor, Vtačnik, Ušiak, Kaščák, Šagát). Die aus der UdSSR eingeflogenen Partisanengruppen standen in ständiger Verbindung mit ihrem Heimatgebiet und erstatteten laufend Situationsberichte, deren Tenor sich immer euphorischer gestaltete.

Von dieser Entwicklung legen die Funkmeldungen der Partisanengruppen nach Kiew bzw. die Berichte der slowakischen Gendarmeriestationen nach Bratislava beredtes Zeugnis ab. Einige von ihnen sollen hier in chronologischer Reihenfolge zitiert werden, um die rapide Umgestaltung der innerslowakischen Lage deutlich zu machen:

30. Juli, Partisanenbericht:[15]

„In Folge unserer Verhandlungen mit einem tschechoslowakischen Bataillon ist diese Einheit zerfallen. Ganze Gruppen von Soldaten verweigerten die Arbeit, wodurch die Errichtung von Verteidigungsanlagen unmöglich gemacht wird. Wir haben den tschechoslowakischen Soldaten Flugblätter mit unseren Aufrufen übergeben. Die Tschechoslowaken erkennen uns an und halten mit uns Verbindung..."

6.–9. August, Partisanenberichte:[16]

„Wir verbündeten uns mit der KP-Organisation der Stadt Ružomberok. Die

---

15 V. Prečan, a.a.O., S. 301 ff., Nr. 140, Geheimbericht des Divisionsgenerals Strokasch vom Ukrainischen Hauptpartisanenstab.
16 V. Prečan, a.a.O., S. 294 f., Nr. 134, Brief Chruschtschows an J. W. Stalin.

Führer: Jaroslav Šolc und Rudolf Strechaj. Große Perspektiven. Schicken Sie mehr Waffen."

„Es besteht die Möglichkeit, starke Truppenteile zu zersetzen. Die slowakischen Einheiten sind bereit, auf die Seite der Sowjetarmee überzugehen."

„Wir organisieren eine slowakische Partisanenabteilung von 100 Mann unter dem Befehl slowakischer Führer. Schicken Sie mehr Waffen."

„Die Bevölkerung der Tschechoslowakei erwartet die Ankunft der Roten Armee."

„Unsere Abteilung ist 150 Mann stark. Ich erbitte Waffen und Diversionsspezialisten."

„Die Bedingungen für die Entwicklung einer slowakischen Partisanenbewegung sind unbegrenzt..."

„In sechs Dörfern gehen Volkswahlen vor sich. Wir haben Verbindung mit der KP. Immer mehr Leute kommen zu uns. Schicken Sie Waffen."

10. August, Gendarmeriemeldung:[17]

„Eine Partisanenbande von etwa 40 Mann kam in der Richtung von Mala Viska nach Kostolany n. H. Die Angehörigen der Bande trugen zum Großteil slowakische Militäruniformen und waren mit Gewehren und Maschinenpistolen bewaffnet. Die Militärwache entfernte sich, sie war im Fabrikgebäude von Kostolany untergebracht. Nach deren Entwaffnung schleppten sie sie in der Richtung zur Eisenbahnbrücke Nr. 3. Dort entwaffneten sie die Wache. Daraufhin unterminierten sie die Brücke und sprengten sie ungefähr um 23.55 Uhr in die Luft. Die Brücke ist stark beschädigt. Es handelt sich um eine ziemlich große eiserne Eisenbahnbrücke. Einer ihrer Bogen ist ins Wasser gesunken..."

10. August, Partisanenbericht:[15]

„Die Volksorganisation in der Slowakei hat ihre eigene Armee, stationiert in der nordöstlichen Slowakei. Zentrum der nationalen Befreiungsbewegung ist Banska Bystrica."

13. August, Partisanenberichte:[15]

„Am 11. August 1944 kam eine Abteilung von Gendarmen und slowakischen Soldaten in einer Stärke von 80 Mann in die Gemeinde Lužna, um die Partisanen gefangen zu nehmen, die ein Auto mit Deutschen beschossen hatten. Darauf kamen Partisanen und begannen zu verhandeln. Das Ergebnis war, daß der Führer der Strafabteilung, ein Kapitän der Gendarmerie, erklärte, seine Gruppe werde nicht gegen die Partisanen kämpfen. Der Kommandant der Soldaten betonte, seine Leute wünschten nicht, gegen die Russen zu fechten. Er versprach, in einigen Tagen seine ganze Mannschaft herbeizuführen...."

14. August, Gendarmeriemeldung:[17]
„Am 13. Augsut 1944 um 1.00 Uhr sprengten zwischen den Eisenbahnstationen Čirč-Leluchow, 5 km hinter der slowakischen Staatsgrenze, unbekannte Täter die Eisenbahnbrücke auf der Strecke Prešov-Muszyna in die Luft. Die Täter legten unter alle vier Träger Sprengstoff, den sie mit einer Zündschnur anzündeten. Die beiden unteren Träger wurden durch die Explosion gebrochen, die beiden oberen stark beschädigt."
17. August, Partisanenberichte:[15]
„Die Infanteriekompanie des Kommandanten Eli, die zum 4. slowakischen Regiment gehört, bereitet sich darauf vor, zu den Partisanen überzugehen."
„Am 14. August kamen zu unserer Abteilung 9 slowakische Soldaten mit voller Ausrüstung."
„Es wurde eine französische Partisanenabteilung in einer Stärke von 52 Mann aus ehemaligen Kriegsgefangenen in Deutschland organisiert. Kommandant der Abteilung ist Oberleutnant Georges de Lannurien, Eskadronschef des 5. Reiterregiments der 2. Reiterbrigade. Die französische Partisanenabteilung, deren Zahl sich ständig erhöht, bittet General de Gaulle, die Versicherung der Abteilung zu überbringen, daß sie in der Slowakei bis zum vollständigen Sieg über die Deutschen kämpfen wird."
„In den Gebieten von Ružomberok, Banska Bystrica, Brezno und Zvolen stehen tatenlos Partisanenabteilungen in einer Stärke von 1500 Mann, die aus Slowaken, Russen und Franzosen bestehen. Wir arbeiten auf eine Vereinigung dieser Abteilungen zu einem slowakischen Partisanenbund hin."
18. August, Gendarmeriemeldung:[17]
„In der Nacht des 17. August 1944 um 0.15 Uhr sprengten unbekannte Täter am km 66.05 die 12 m hohe und 20 m lange Eisenbahnbrücke zwischen der Eisenbahnstation Jastrabie und der Station Lubotin."
20. August, Gendarmeriemeldungen:[17]
„Am 19. August 1944 um 0.30 Uhr wurde am km 20.200 durch eine Sabotagebande das westliche Ende der Eisenbahnbrücke auf der Strecke Kysak-Margecany bei Velka Lodina gesprengt."
„Am 19. August um 2.30 Uhr zerstörten in der Nähe des Ortes Komariany, Bezirk Vracov, unbekannte Täter mit Sprengstoff die Eisenbahnbrücke über den Fluß Topla."
Ende Juli 1944 war die Lage so, daß etwa zehn von den Sowjets eingeflogene Partisanenabteilungen in der Mittel- und Ostslowakei operierten. Ursprünglich nicht mehr als 150 Mann stark, von denen etwa ein Drittel Sowjets waren, wuchs ihre Zahl durch slowakischen Zulauf sehr schnell, nämlich innerhalb von vierzehn Tagen, auf rund 700 Mann (Wobei eine Abteilung – sieht man von der Gruppe Welitschko ab – im Schnitt 50 Leute umfaßte.) Der tak-

tische Schwerpunkt lag eindeutig im Raum Turč.Svatý Martin – Ružomberok. Hier hatten Chruschtschow und Divisionsgeneral Strokasch zwischen dem 11. und 14. August noch einmal vier Abteilungen mit 50 ausgebildeten Partisanen über der Basis von Welitschko abwerfen lassen, dessen Berichte an die Zentrale in Kiew besondere Erfolge versprachen. Um den 20. August herum konnte man so mit einer Gesamtzahl von 750 Partisanen rechnen, die in der Mittel- und Ostslowakei einen sich von Tag zu Tag verschärfenden Terror ausübten und das Alltagsleben aus dem Geleise brachten.

Vorgehen und Taktik der Partisanen waren dabei äußerst differenziert, was auf entsprechende Anweisungen des Stabes in Kiew schließen läßt. So führten sie in der Ostslowakei, die bereits zum Operationsgebiet der deutschen Wehrmacht gehörte, ihre Aktionen nach den klassischen Regeln des Kleinkriegs durch: Sie sprengten Brücken in die Luft, hoben Gendarmeriestationen aus, entwaffneten Brückenwachen, zerstörten Kabel- und Elektrizitätsleitungen und schossen versprengte deutsche Soldaten nieder. In der Mittelslowakei dagegen – in der Niederen Tatra und in der Umgebung von Ružomberok und Svaty Martin – richteten sie ihren Terror ausschließlich gegen die dort ansässigen Volksdeutschen, während sie die Slowaken bewußt schonten. Dabei gingen sie soweit, selbst hohe Funktionäre des Tiso-Staates ungeschoren zu lassen, um eine breite Welle slowakischer Sympathien auszulösen, niemandem Furcht einzujagen und das volksdeutsche Element gänzlich zu isolieren.[18]

Gegen alle diese Erscheinungen zeigte sich das Tiso-Regime völlig machtlos. Die Gendarmerie war zersetzt und geschwächt, die Hlinka-Garde besaß keinerlei Waffen, die Armee aber ließ sich gegen die Partisanen nicht einsetzen. Fanden sich überhaupt noch Offiziere, die Einsatzbefehle gaben, so kam es zu Desertionen und Befehlsverweigerungen. Die Truppe sang kommunistische Lieder, pflanzte rote Fahnen auf, schrieb „Wir gehen zu Stalin!" an die Kasernenwände oder Transportzüge, schmückte Uniformen und Kappen mit roten Nelken oder lief ganz einfach mit Gerät und Waffen zu den Partisanen über.

Diese Entwicklung sahen die oppositionellen Offiziere und kommunistischen Funktionäre mit tiefer Sorge und großem Unbehagen. Alle ihre Pläne gingen von der Voraussetzung absoluter Geheimhaltung der Verschwörung aus! Sollte es zu einem wirklichen Nationalaufstand kommen, der die gesamte Slowakei und die Totalität des slowakischen Volkes umfaßte, dann mußte jede vorzeitige Alarmierung des Tiso-Regimes und der Deutschen vermie-

---

18 Siehe zum Vergleich Dokumenten-Anhang 2: Karmasin an Himmler über die Partisanentätigkeit in der Slowakei.

den werden. Unter keinen Umständen durften verfrühte Aktionen der vom Ausland eingeschleusten Partisanenkräfte eine überraschende Besetzung der Slowakei durch die Deutschen auslösen. In einem solchen Fall war alles verloren, waren die monatelangen Anstrengungen der Verschwörer umsonst gewesen. Ein deutscher Einmarsch schien aber im Juli/August förmlich in der Luft zu liegen. Was sollte Hitler, der sonst nicht lange zu fackeln pflegte, ausgerechnet von einer Besetzung der Slowakei abhalten? Das slowakische Staatsgebiet schob sich wie ein Keil zwischen die neuen deutschen Auffanglinien und rückwärtigen Gebiete in Polen und Ungarn und behinderte die Kommunikationsfähigkeit der deutschen Heeresgruppen.

Die Verschwörer konnten nicht wissen, daß das deutsche Oberkommando in der überaus prekären Gesamtsituation des Sommers 1944 über keinerlei strategische und taktische Reserven verfügte, daß es nicht mehr in der Lage war, namhafte Kontingente von den Kampffronten abzuziehen. Die deutsche Führung hoffte, daß die bloße Anwesenheit deutscher Truppen in Ungarn genügen würde, die Slowaken bei der Stange zu halten. Noch immer stand die Wehrmacht bei den Slowaken in hohem Respekt, noch immer erwartete man von ihrer Führung schnelle Entschlüsse und blitzartiges Handeln. Niemand zweifelte daran, daß die Deutschen eines Tages kommen würden. Doch je länger sich dieser Zeitpunkt hinausschieben ließ und je näher die alliierten Fronten kamen, desto größer wurden die Chancen für einen allumfassenden Aufstand.

Golian und Šmidke verfolgten dasselbe Rezept: Die Slowakei sollte eines Tages – ohne Vorankündigung, ohne Vorwarnung – wie eine Pulvermine auffliegen und die deutsche Ostfront in Stücke reißen. Bis dahin hatte man stillzuhalten und nur in aller Heimlichkeit seine Vorbereitungen zu treffen. Ahnungslos und friedlich sollten die Funktionäre Tisos und die Späher der Deutschen durch die landschaftliche Idylle der Slowakei reisen, eingelullt von der arglosen Natur des slowakischen Bauern- und Hirtenvolkes. Der slowakische Widerstand hatte nur dann eine konkrete Chance, in einen Nationalaufstand überzugehen, wenn er sich bis zum Aufstandsbeginn konsequent in die Form einer *Konspiration* und *Verschwörung* hüllte. Deshalb verbot Šmidke die Verbreitung von Aufrufen, Flugblättern und Partisanenzeitschriften. Deshalb bremste er die Sabotagebewegung, förderte er zwar die Aufstellung von Partisanenbrigaden nach Kräften, hielt aber ihre Aktivität in strengen Grenzen. Doch galt das nur für die autonomen slowakischen Untergrundeinheiten. Auf die Partisanenabteilungen, die aus der Sowjetunion gekommen waren, hatten Šmidke, Husák und die anderen slowakischen Genossen keinen Einfluß.

Auch Oberstleutnant Golian und seine Kameraden konnten auf die Partisanenfrage nicht einwirken. Die militärische Untergrundzentrale hielt sich strikt an die Maxime parteipolitischer Neutralität und erwartete dafür von den Politikern, daß sie sich nicht in die fachlichen Angelegenheiten der Soldaten mischten. Dieses stillschweigende Abkommen wurde von beiden Seiten respektiert. Niemand hatte aber die Kompetenzfrage des Partisanenkrieges geklärt.

Das Ergebnis war, daß der Guerillaeinsatz eine Domäne der KPS wurde, deren Führer als einzige konkrete Vorstellungen in der Partisanenfrage entwickelt hatten. Šmidke und Husák verstanden es in der ersten Hälfte des Jahres 1944, aus regellosen Haufen, die wiederholt in der Gefahr waren, in Form und Inhalt zu Räuberbanden zu denaturieren, einigermaßen gegliederte und disziplinierte Partisanenbrigaden aufzustellen, die sich politisch und militärisch an die Direktiven des V. illegalen ZK der Kommunistischen Partei der Slowakei hielten.

Mitte August standen annähernd 1000 slowakische Partisanen in den Bergen ihrer Heimat einsatzbereit, „tatenlos", wie die sowjetischen Partisanenführer nach Kiew meldeten, „sich auf die Partisanentätigkeit vorbereitend", wie Gustáv Husák schrieb.[19] Im Gegensatz zu den 750 Partisanen der aus der Sowjetunion eingeflogenen Abteilungen beteiligten sie sich nicht an größeren Aktionen, sondern standen Gewehr bei Fuß, obwohl die Rundfunksendungen aus London und Moskau ständig zum Partisanenkrieg und zur Verschärfung der Sabotagetätigkeit aufriefen. Noch hielt Šmidke sie zurück, noch ordnete er alle Gesichtspunkte konsequent dem großen Ziel eines Nationalaufstandes unter.

In ihm hatte die militärische Führung, hatte Golian einen wirklich klugen Verbündeten, mit dessen Hilfe es vielleicht gelingen mochte, eine vorzeitige Besetzung der Slowakei durch die Deutschen zu verhindern oder doch bis Mitte/Ende September hinauszuschieben, um dann – im geeigneten Augenblick – mit der regulären slowakischen Armee in einer Stärke von 60000 Mann, darunter 2000 Partisanen in den Bergen, loszuschlagen und die Slowakei in einen feuerspeienden Vulkan zu verwandeln.

---

19 Dazu kam noch eine Partisanenbrigade von 250 Franzosen, ehemaligen Kriegsgefangenen, die sich über Ungarn in die Slowakei durchgeschlagen hatten.

7. Die militärische Verschwörung

Gegen Ende des Jahres 1943 herrschte in den tschechoslowakischen Emigrantenkreisen Londons gesteigerte Aktivität. Regierung, Staatsrat und Generalstab traten zu häufigen Sitzungen zusammen. Präsident Beneš war aus Moskau zurückgekehrt, wo er am 12. Dezember 1943 – der militärischen Lage Rechnung tragend – einen sowjetisch-tschechoslowakischen Beistandspakt unterzeichnet hatte. Der Entschluß, sich mit Moskau zu arrangieren, war im Grunde eine Folge der Teheraner Konferenz. Beneš hatte – wenn auch widerstrebend – begriffen, daß sein Land zur östlichen Einflußsphäre gehören würde. Man glaubte auch allgemein, auf einen baldigen Zusammenbruch Deutschlands rechnen zu können. Die Sowjetarmeen hatten die Dnjepr-Barriere überwunden, eine westliche Invasion auf dem Festland schien im Frühjahr 1944 bevorzustehen.

Dr. Beneš selbst war felsenfest davon überzeugt, daß der Krieg im September, spätestens Oktober 1944 zu Ende sein würde. Für die Emigranten wurde es hohe Zeit, sich in die Ereignisse einzuschalten und die Opposition im tschechoslowakischen Heimatgebiet zu aktivieren, um bei Beendigung der Feindseligkeiten nicht mit leeren Händen, ohne ein sichtbares Zeichen des Widerstandes dazustehen.

Wie existierte diese Exilregierung? Wovon lebte sie in den fünf Jahren (1940–1945), die sie in der britischen Hauptstadt verbrachte?

Nach dem II. Weltkrieg stellte sich heraus, daß die Londoner Exilregierung zu Lasten des tschechoslowakischen Staates mehrere *Milliarden* Kronen verbraucht hatte. Das war möglich gewesen, weil die britische Regierung den Emigranten großzügige Anleihen gewährt hatte. „Die Verteilung der Anleihen lief hauptsächlich über Beneš ... Er errichtete Ministerien mit einem ziemlich umfangreichen Beamtenapparat; er gründete einen Staatsrat mit glänzend bezahlten Mitgliedern ... Dieser gewaltige Apparat gehörte zu den bestbezahlten auf britischem Boden. Die Gehälter der tschechoslowakischen Minister entsprachen in etwa denen der britischen Minister. Die Gehälter der Staatsratsmitglieder waren höher als die der britischen Abgeordneten. Die Gehälter für den Beamtenapparat lagen auf dem Niveau der höchsten Bürokratie der britischen Verwaltung ... Die britischen Mitarbeiter der tschechoslowakischen Exilregierung gehörten zu den wohlhabenden Schichten der englischen Gesellschaft ... Sie hinterlegten erhebliche Summen in den Banken ... Vielen Politikern wurde es von Beneš ermöglicht, für das ansehnliche Honorar von einem Pfund Sterling pro Minute zur Heimat zu sprechen und damit ihr Einkommen beträchtlich zu erhöhen ..."[1]

---

1 B. Laštovička: Laetovička: „V Londýně za rálky", S. 89 ff.

Solche gutbezahlten Rundfunkansprachen waren dreieinhalb Jahre lang, seit Deutschlands Sieg über Frankreich im Sommer 1940, die einzigen „Taten" gewesen, welche die Londoner Emigranten zu den alliierten Kriegsanstrengungen beisteuerten. Vor allem vier Leute drängten darauf, daß 1944, sowohl politisch als auch militärisch, etwas Konkretes von tschechoslowakischer Seite geschehen müsse: Präsident Beneš selbst – der politische Referent seiner persönlichen Kanzlei, P. Drtina – General S. Ingr, der Verteidigungsminister – sowie Oberst Moravec, der Chef des Nachrichtendienstes im „Ministerium für Nationale Verteidigung".

Ihnen allen ging es darum, ein bürgerlich-westliches fait accompli vor dem immer wahrscheinlicher werdenden Einmarsch der Sowjettruppen in die Tschechoslowakei zu schaffen. Gelang es, einen überzeugenden tschechoslowakischen Beitrag zum internationalen Kampf gegen den Faschismus zu leisten, und dies in eigener Regie, ohne die Hilfe der kommunistischen und sowjetischen Kräfte, so konnte man hoffen, zwei Fliegen mit einer Klappe zu schlagen: Die Tschechoslowakei reihte sich dann als gleichberechtigter Partner in die Reihe der kriegführenden und siegreichen Alliierten ein; die Sowjetunion aber würde gezwungen sein, vollendete Tatsachen zu respektieren, die einen eindeutig antifaschistisch-demokratischen (und dabei keineswegs antisowjetischen) Aspekt trugen, ohne daß sie jedoch den macht- und gesellschaftspolitischen Interessen der UdSSR entsprachen.

Doch mit welchen Kräften sollte es gelingen, so hochfliegende Pläne zu verwirklichen? Stalin mochte bei Abschluß des sowjetisch-tschechoslowakischen Bündnisses geringschätzig gedacht haben: Wieviel Divisionen hat Herr Beneš? Und in der Tat, die Machtmittel der tschechoslowakischen Exilregierung standen im umgekehrten Verhältnis zu ihren Ansprüchen. Im Grunde hatte sie nicht mehr als ein Truppenkontingent in Stärke einer Brigade zur Verfügung (die I. Tschechoslowakische Brigade unter General Ludvik Svoboda), das in der UdSSR eingesetzt war, und es war keineswegs ausgemacht, ob diese Einheit nicht bereits mehr ein Instrument Moskaus als Londons war. (Militärisch war sie jedenfalls nahtlos in den sowjetischen Heeresapparat integriert.) In Böhmen und Mähren, im „Reichsprotektorat", gab es weder tschechische Streitkräfte, die gegen die Deutschen hätten kämpfen können, noch ließen sich die geringsten Ansätze für einen aktiven Widerstand erkennen. Was blieb, war die unbesetzte Slowakei und war die intakte Tiso-Armee.

Eben zu derselben Zeit, als es in der Slowakei zum „Weihnachtsabkommen" und zur Begründung des Slowakischen Nationalrats kam, beschloß der tschechoslowakische Generalstab in London, sein Hauptaugenmerk auf die slowakische Armee zu richten und den Versuch zu machen, General Čatloš zu überspielen, das slowakische Offizierskorps zu unterwandern, es „tschechoslowakisch" umzuorientieren und die Armee zum Hauptfaktor des inneren Widerstandes in der ČSR zu erheben. Es lag im dringenden Interesse der Beneš-Regierung, daß die Armee in der Slowakei die Macht an sich riß, sich der tschechoslowakischen Exilregierung in London unterstellte und eine Ordnung im Lande stabilisierte, die den Vorstellungen der bürgerlichen Emigrantenkreise in London entsprach.

Anfang April 1944 ernannte Präsident Beneš Oberstleutnant Jan Golian zum Kommandeur des militärischen Widerstandszentrums. Es war dies für alle oppositionellen Kräfte in der Slowakei ein unerwarteter, überraschender Schritt, von dem Dr. Beneš lediglich Vavro Šrobár unterrichtet hatte, den er als Haupt des politischen Widerstandes in der Slowakei ansah, dessen „Zentrale" er als einzige anerkannte, während er den „Slowakischen Nationalrat", zu dem sich Agrarier, Sozialdemokraten und Kommunisten zusammengeschlossen hatten, ignorierte. Beneš hatte damit von der Sache her eine vorzügliche Entscheidung getroffen: Oberstleutnant Golian, Stabschef des Kommandos der Landstreitkräfte unter General Turanec, hatte bedeutende Möglichkeiten, um unter dem Deckmantel der Legalität illegale Pläne zu entwickeln und Aufstandsvorbereitungen zu treffen, da dem Kommando der Landstreitkräfte außer den Front- und Luftwaffeneinheiten sämtliche Truppenteile der slowakischen Armee unterstanden und da es sich in Banska Bystrica sowohl der Beobachtung durch Čatloš und Tiso als auch durch die Deutschen entziehen konnte. Alle Fäden der Verwaltung, Disposition und Organisation des slowakischen Heeres liefen in den Händen Golians zusammen, der jeden Befehl, den der Tiso-treue und deutschfreundliche General Turanec erteilte, als Stabschef sofort widerrufen oder wenigstens aufhalten konnte. Und auch in personeller Hinsicht schien die Wahl Beneš' vortrefflich: Golian, parteipolitisch nicht gebunden, war ein überzeugter Tschechoslowake, der Einheit der Republik und dem Dienst am Staate bedingungslos ergeben. Aber eben, weil er parteipolitisch desinteressiert, weil er ein viel zu leidenschaftlicher Patriot war, um neben der geplanten großen Erhebung noch taktische Raffinessen oder diplomatische Winkelzüge einkalkulieren zu können, hatte sich Beneš letztlich doch verrechnet.

Golian, wie gesagt, im April von London zum vorläufigen Chef der militärischen Widerstandsaktion ernannt, nahm ohne mit der Wimper zu zucken, die nämliche Beauftragung durch den Slowakischen Nationalrat an.[2] Dieses Verhalten war bezeichnend für ihn! Natürlich schwankten die Offiziere in Banska Bystrica, ob sie die international anerkannte Autorität der tschechoslowakischen Exilregierung in London oder ob sie den in der Slowakei vor-

---

2 Oberstleutnant Golian erfuhr von seiner Ernennung durch die Londoner Exilregierung erst nach seiner Beauftragung durch den „Slowakischen Nationalrat".

herrschenden Einfluß des Slowakischen Nationalrats respektieren sollten. Golian löste die Frage für sich, indem er einfach *beide* Autoritäten anerkannte! Damit hatte er sich nicht nur die Entscheidung persönlich leicht gemacht, sondern er hatte einen gangbaren Weg gefunden, die rivalisierenden Kräfte des Widerstandes in seiner Person miteinander zu verschmelzen und zur gemeinsamen Tat zu bringen. Daß er sich als Soldat und Offizier keinem anderen als dem tschechoslowakischen Verteidigungsminister, General Ingr, verpflichtet fühlte, blieb davon unberührt. Im Augenblick jedenfalls hatte er dadurch, daß er sich den beiden konkurrierenden Seiten der Verschwörung mit gleicher Bereitwilligkeit zur Verfügung stellte, den entscheidenden Schritt getan, der eine Überwindung der Gegensätze und eine gemeinsame, ganzstaatliche Aktion der Slowaken ermöglichte.

Die Führer der Kommunisten, vor allem Šmidke und Husák, schätzten die Mentalität Golians richtig ein. Er blieb zwar für sie als Offizier ein Vertreter der Bourgeoisie, ein Mann, mit dem man sich niemals völlig solidarisieren konnte, dem man aber doch absolut vertraute, daß er die Sache des Vaterlandes, wann immer es darauf ankommen sollte, über sein Klasseninteresse stellen, daß er die Einheit des Staates und die Freiheit der Nation gegen jede parteipolitische Intrige – von welcher Seite sie auch kommen mochte – verteidigen würde. Da Golian als Chef des Stabes der Landstreitkräfte im militärischen Bereich in der Tat eine unersetzbare Schlüsselfunktion für die illegalen Aufstandsvorbereitungen einnahm, handelten sie sowohl sachlich als auch psychologisch sehr geschickt, als sie denselben Mann zum militärischen Chef des Widerstandes bestimmten, den ihr bürgerlich-tschechoslowakischer Rivale Beneš schon vorher dazu ernannt hatte. Dieses scheinbare Zugeständnis verbanden sie überdies mit dem handfesten Vorteil, durch die politische Entmachtung der Oberstleutnante Vesel und Kišš, die ihnen zu „tschechoslowakisch" waren, und deren Ersetzung durch die Obersten Imro und Tálský, die als slowakische Autonomisten galten, ihren Einfluß im Führungsstab der militärischen Verschwörung beträchtlich verstärken zu können. Wie auch immer, Ende April 1944 waren im militärischen Sektor klare Kompetenzverhältnisse geschaffen, und Oberstleutnant Golian war in der Lage, an den Entwurf eines Aufstandsplanes zu gehen.

Von welchen Gesichtspunkten mußte er sich dabei leiten lassen? Wie sahen die Realitäten aus, die er zu berücksichtigen hatte? Welche Ziele ließen sich überhaupt erreichen?

Die politischen Beweggründe des Aufstandes waren gegeben: In der Schlußphase des II. Weltkriegs bestand die zwingende Notwendigkeit eines Unternehmens, das die slowakische Nation vom Makel der Kollaboration mit dem Faschismus befreite. Im letzten noch möglichen Augenblick mußten die Slowaken von der Verlierer- auf die Gewinnerseite hinübergerissen werden. Die

Aspekte der Moral und der Klugheit deckten sich in diesem Falle vollständig. Auch war es für die weitere nationale Existenz der Slowaken von tiefer historischer Bedeutung, daß der tschechischen Behauptung von der Kollektivschuld des slowakischen Volkes am Zerfall der Vorkriegsrepublik der Boden entzogen wurde, und das war nur durch eine heroische Anstrengung der ganzen Nation zu erreichen.

Doch auf militärischer Ebene waren den konspirativen Gedankengängen enge Grenzen gesetzt. Es wäre ganz und gar unrealistisch und verantwortungslos gewesen, die Kraft der Slowaken zu überschätzen und den Plan zu fassen, nach geglückter Erhebung die Landesgrenzen zu überschreiten, um dem deutschen Gegner etwa auf seinem eigenen Territorium eine Niederlage zu bereiten. Davon konnte im Ernst keine Rede sein. Die Mittelslowakei verfügte kaum über die Einwohnerzahl der damaligen deutschen Gauhauptstadt Wien. Den „großen" Krieg und die endgültige Niederringung des Reiches mußten die Slowaken den Alliierten überlassen. Die geplante Aktion hatte sich auf das Gebiet der Slowakei zu beschränken und durfte lediglich von den tatsächlich und momentan vorhandenen Kräften ausgehen.

Welche Kräfte waren das? Unter welchem Umständen ließen sie sich einsetzen? Wie war die Situation der slowakischen Armee in der Zeit von Ende Mai bis Mitte August 1944?

General Čatloš hatte – wie bereits geschildet – um die Jahreswende 1943/44 praktisch eine Dreiteilung der slowakischen Armee vorgenommen. Das hatte einerseits zur Folge, daß die in der Westslowakei stationierten Verbände, deren Stärke zwischen 12 000 bis 16 000 Mann schwankte, für die Aufstandsplanung weitgehend ausfielen, da westlich der Linie Trenčin – Topolčany der Einfluß der Tiso-Regierung und die Beobachtung durch die Deutschen effektiv waren. Auf der anderen Seite konnte Golian in der Mittel- und Ostslowakei, wo 38 000 bis 42 000 Soldaten standen, fast gefahrlos disponieren und organisieren, solange seine Maßnahmen nach außen hin nicht zu offensichtlich den Schild der Legalität durchlöcherten und das Verteidigungsministerium in Bratislava alarmierten.

Ende Mai 1944 konzentrierte sich auf Befehl des Generals Čatloš das I. Armeekorps in der Ostslowakei. Es umfaßte die 1. und 2. Infanteriedivision mit sechs aktiven Infanterieregimentern. Die Gesamtstärke des Korps betrug 24 000 Mann, darunter etwa 600 Offiziere.[3]

Binnen acht Wochen gelang es Golian und seinen Mitarbeitern, das höhere Offizierskorps des I. Armeekorps zu unterwandern und auf die Seite der

---

3 Die Ausrüstung umfaßte 15 000 Karabiner, 1000 leichte und 250 schwere Maschinengewehre, 150 Granatwerfer und 70 Geschütze. Alles aus neuester deutscher Produktion.

Verschwörer zu ziehen. Zu Malár, dem Kommandierenden General, wurde ein vorsichtiger Kontakt geknüpft, ohne daß man ihn in die Gesamtplanung einweihte und über die Aufstandstermine unterrichtete. Auf ihn, dem man nie ganz vertraute, glaubte man zur Not verzichten zu können, da sein Chef des Stabes, Oberst Tálský, zum engsten Führungskreis der Militär-fronde gehörte und alle Fäden in der Ostslowakei in seinen Händen hielt. Auf die I. Infanteriedivision konnte man mit Sicherheit rechnen, denn sowohl der tüchtige Divisionskommandeur, Oberst Markus, als auch Major Polk, sein Stabschef, waren gewonnen. Schwerer taten die Verschwörer sich mit der 2. Infanteriedivision, deren wechselnde Kommandeure – die Obersten Peknik, Zverin und Tatarko – zwar keineswegs als germanophil, aber auch nicht als unbedingte Gefolgsleute Golians und seiner illegalen Militärzentrale galten. Doch glaubte man in Major Cisarik, dem Stabschef der Division, einen verläßlichen Bundesgenossen zu besitzen.

In der Mittelslowakei spielten personelle Fragen keine Rolle. In Banska Bystrica stand das gesamte Kommando der Landstreitkräfte unter dem Einfluß Golians; sein Befehlshaber, der deutschfreundliche General Turanec, war völlig isoliert. So konnte Golian mit den hier stationierten Einheiten fest rechnen, deren Zahl Ende Mai etwa 14 000 Mann betrug und sich bis Ende August auf rund 18 000 Mann erhöhte. Nachteilig war jedoch, daß sich in der mittleren Slowakei hauptsächlich Ersatz- und Ausbildungseinheiten befanden, deren Kampfwert als gering anzusehen war. Immerhin, nach einer Mobilisierung von zwei Jahrgängen mit 18 000 Mann, mochte es gelingen, auch im Abschnitt der Mittelslowakei zwei bis drei feldverwendungsfähige Divisionen auf die Beine zu stellen.

Für die Führung der Aufstandsluftwaffe hatte Golian den Major im Generalstab Toth ausersehen, der im engsten Kreis von General Malár saß und in die Verschwörung eingeweiht war. Der slowakische Arbeitsdienst mit ca. 8000 Angehörigen unter Leitung von Oberst Bodicky und Major Dobrovodsky konnte als zuverlässig gelten. Und sogar mit der slowakischen Baubrigade in Italien war der Kontakt hergestellt, seitdem Oberst Imro, Golians Stellvertreter, im Juli nach Italien abgegangen war und das dortige Kommando übernommen hatte.[4]

Genug, Oberstleutnant Golian, der Ende April konkret mit seinen Aufstandsvorbereitungen begonnen hatte, konnte sich bereits im Juni sagen, daß er etwa Mitte August in der Lage sein würde, seinen Vorgesetzten die militä-

---

4 Oberst Jan Imro lief vier Wochen nach seinem Eintreffen in Italien mit dem Stab der Baubrigade zu den Alliierten über und wurde nach London zur Exilregierung kommandiert, um dort im Planungsstab für den Aufbau der tschechoslowakischen Wehrmacht zu wirken.

rische Bereitschaft zu melden. Selbst wenn vierzig Prozent der Mitverschwörer im entscheidenden Augenblick versagten, womit Golian vorsichtig rechnete,[5] genügte die personelle Unterwanderung der slowakischen Führungsstäbe, um den Ablauf der Aktion sicherzustellen. In diesem Falle standen mit einem Schlage 24 000 Soldaten in der Mittel- und Ostslowakei auf seiten der Alliierten, etwa 12 000 Mann glaubte man aus der Westslowakei erwarten und ca. 36 000 Reservisten hoffte Golian später noch durch zwei Mobilisierungswellen in der Mittelslowakei erfassen zu können.

Insgesamt 90 000 Mann wollte Oberstleutnant Golian also aus dem Boden stampfen und den Deutschen überraschend in Rücken und Flanke werfen. Für die beschränkten slowakischen Verhältnisse eine wahrhaft grandiose Konzeption. War sie auch realistisch? Oder muß man sie nachträglich als phantastisch und utopisch bezeichnen? Sicher, 80 000 oder auch 100 000 Soldaten spielten 1944 angesichts der Kampfstärken der Hauptgegner keine Rolle. Insofern könnte man meinen, daß Golian die slowakischen Möglichkeiten bei weitem überschätzt, daß er die Bedeutung seines Landes nicht nüchtern beurteilt hat. Der Oberstleutnant hat aber gerade, weil er die Dinge richtig sah und weil er sich keine Illusionen machte, immer wieder darauf gedrungen, daß der Aufstand nur im engsten Zusammenwirken mit den Sowjetstreitkräften erfolgte, daß eine isolierte Aktion der schwachen slowakischen Armee nach Möglichkeit vermieden wurde. Nur für den Fall, daß die Deutschen vorzeitig und überraschend in die Slowakei einmarschierten, war Golian bereit, eine zweite Alternative (selbständige slowakische Aktion) in Erwägung zu ziehen.

Ein detaillierter Aufstandsplan Golians stand bereits Ende Mai 1944 fest. Er gliederte sich in fünf Abschnitte:

1. Die aktive Feldarmee, bestehend aus zwei Infanteriedivisionen in der Ostslowakei, öffnet im Zusammenwirken mit den Sowjetstreitkräften die Karpatenübergänge in die Slowakei (vor allem den Duklapaß) und vereinigt sich mit dem I. tschechoslowakischen Armeekorps, das im Rahmen der Roten Armee kämpft, zu einer Streitmacht von 40 000 Mann.

2. In der Mittelslowakei formiert sich eine dritte Felddivision von ca. 12 000 Mann und sichert den Raum Banska Bystrica – Brezno– Zvolen als Operationsbasis. In den Friedensgarnisonen bleiben schwächere Einheiten von annähernd 6000 Mann. Ihre Aufgabe ist es:
   a) Umsturz und Mobilisierung durchzuführen,
   b) Ruhe und Sicherheit im Hinterland zu garantieren,

---

[5] V. Prečan, a.a.O., S. 254f., Nr. 109, Situationsmeldung des tschechoslowakischen Nachrichtenoffiziers J. Kratky an General S. Ingr in London.

c) sich durch Mobilisation auf zwei Reserve-Divisionen mit 24 000 Mann zu verstärken,

d) Partisanenabteilungen zu bilden.

3. Die Reserve-Armee der Mittelslowakei in Stärke von drei Divisionen mit ca. 36 000 Mann vereint sich mit der aktiven Feldarmee, bestehend aus dem I. slowakischen Korps und dem I. tschechoslowakischen Armeekorps, und kämpft im Verband der Sowjettruppen gegen die Deutschen.
4. Die Schwerpunkte der Aktion sind: 1. Infanteriedivision im Raum Bardejov, 2. Infanteriedivision im Raum Medzilaborce, Reserve-Armee im Dreieck Banska Bystrica – Brezno – Zvolen.
5. Die Aktion der Feldarmee in der Ostslowakei beginnt auf ein Zeichen des sowjetischen Oberkommandos, der Aufstand der Reserve-Armee nach Möglichkeit einen Tag früher.

Um nichts dem Zufall zu überlassen, begann Oberstleutnant Golian bereits im Mai und Juni unter verschiedenen Vorwänden, eine Konzentration der Streitkräfte in der Mittelslowakei zu vollziehen. Reservisten wurden eingezogen, militärisches Gerät und Material im vorgesehenen Verteidigungs-Dreieck zusammengefaßt und die Verbände entsprechend den Aufstandsplänen stationiert. Anfang Juli wollte Golian mit diesen Vorbereitungen fertig sein, bis Mitte August sollte die Mobilisierung in einzelnen Phasen ablaufen, Mitte September konnte der Aufstand beginnen.

Über alle diese Pläne und Gedanken informierte die illegale Militärzentrale ständig das tschechoslowakische Verteidigungsministerium in London. Dessen Chef, General S. Ingr, richtete am 10. Juli 1944 eine geheime Depesche an den Leiter der tschechoslowakischen Militärmission in der UdSSR, General Pika. Der Inhalt war für die sowjetische Führung bestimmt, und die wichtigsten Abschnitte bestätigten die geschilderte Aufstandskonzeption Golians:

„... In der Slowakei wurde vor einiger Zeit Verbindung mit einer Gruppe von Offizieren aufgenommen, die nicht mit dem faschistischen Regime übereinstimmen und gegen eine Zusammenarbeit mit den Deutschen sind. Auf unsere Aufforderung hin schufen sie eine Organisation Gleichgesinnter und verbreiteten sie in den Truppenverbänden und Militärbehörden. In den Reihen des Heeres gewannen sie bereits 60 bis 70 % für den Plan, sich gegen das Regime zu erheben und sich als Bestandteil der tschechoslowakischen Wehrmacht unter tschechoslowakischem ausländischem Kommando gegen die Deutschen zu stellen.

Ich bestimmte einen Führer dieser Einheiten ... Nach erfolgten Hinweisen legte er diesen Plan vor:

Zwei Felddivisionen, stationiert im Raum Minčol-Vihorlat, erheben sich zu einem Zeitpunkt, der mit dem russischen Oberkommando vereinbart wird,

und helfen den russischen Einheiten, über die Karpaten vorzudringen . . .
In der Mittelslowakei (Zvolen – Banska Bystrica – Brezno) werden bereits die restlichen Einheiten zusammengezogen, die gleichzeitig mit der Aktion der Felddivisionen das Konzentrierungsgebiet besetzen und eventuell den Kampf bis zur Vereinigung der russischen Truppen mit den Felddivisionen führen.
Die in den Friedensgarnisonen zurückbleibenden Einheiten werden durch die angeordnete Mobilisierung ergänzt. Sie verstärken die Einheiten in der Mittelslowakei und werden dann zum Kampf gegen den Feind zur Verfügung stehen. Die Vorbereitungen sind bereits abgeschlossen. Das Material ist ausreichend für die Feldeinheiten; für die Reserveeinheiten wird es mit Eifer ergänzt . . ."[6]
Dieser Funkdepesche kommt eine außerordentliche politische Bedeutung zu. Denn sie war die erste umfassende und zugleich seriöse Information, welche die Sowjetführung über die militärische Verschwörung in der Slowakei erhielt. Die Nachricht wurde sogleich dem sowjetischen Oberkommando, dem NKWD und dem Stab des Ukrainischen Partisanenbundes zugeleitet. Von hierher erklärt sich die Eile, mit der Chruschtschow und General Strokasch die Infiltration der Slowakei durch Partisanentrupps forcierten, die etwa vierzehn Tage nach Absendung der Depesche aus London mit ihren Absprüngen über der Mittel- und Ostslowakei begannen. Die sowjetische Führung, bis dahin ohne Verbindung zur illegalen KPS und ohne Kenntnis der innerslowakischen Vorgänge, mußte die von General Ingr geschilderte Situation von ihrem Standpunkt aus als dramatisch ansehen und die Befürchtung hegen, von den Ereignissen überrollt und von der Entwicklung in der Tschechoslowakei ausgeschaltet zu werden. Es mußte ihr daran liegen, mit der slowakischen Verschwörung in direkten Kontakt zu kommen und Lageberichte aus erster Hand zu erhalten. Die Partisanengruppen hatten deshalb den Auftrag, sofort mit den illegalen KP-Organisationen in der Slowakei Fühlung zu nehmen.
Die KP-Zentrale in der Slowakei hatte bis Ende Juni selbst keine Kenntnis von den detaillierten Aufstandsplänen des militärischen Widerstandszentrums in Banska Bystrica. Erst am 29. Juni[7] und dann noch einmal am 20. Juli fanden geheime Zusammenkünfte der militärischen und politischen Abteilungen des Slowakischen Nationalrats statt, auf denen die Verschwörer den Versuch machten, zu einer gemeinsamen Aufstandskonzeption zu gelangen.

---

6 V. Prečan, S. 227f., S. 227ff., Nr. 92. Depesche des Generals S. Ingr an den tschechoslowakischen Militärattaché in Moskau, Brigadegeneral H. Pika.
7 An dieser Zusammenkunft in Bratislava beteiligten sich alle acht Mitglieder des „Nationalrats" (also zum ersten Mal auch Karol Šmidke) sowie ein Offizier.

Dabei kam es in einigen Punkten zu Widersprüchen und unterschiedlichen Auffassungen, im wesentlichen aber doch zu einem einheitlichen, von allen Seiten gebilligten Aktionsprogramm. Das wichtigere Treffen war das vom 20. 7. 1944, das unweit Čremošné in den Bergen der Velka Fatra stattfand. An ihm nahmen vier Offiziere und acht Vertreter des Slowakischen Nationalrats teil, darunter von kommunistischer Seite Šmidke, Husák und Novomeský.[8]

Die kommunistischen Vertreter zeigten sich irritiert darüber, daß die konspirative Arbeit des Militärs nur auf Stabsebene erfolgte, daß Golian und seine Mitarbeiter diejenigen Truppenteile bereits als künftige Aufstandseinheiten betrachteten, deren Kommandeure und Chefs sie für sich gewonnen hatten. Gustáv Husák berichtete darüber seinen Moskauer Genossen am 5. Februar 1945: „Groß war unsere Überraschung, als auf der gemeinsamen Konferenz der politischen und militärischen Abteilung des Slowakischen Nationalrats (ungefähr 14 Leute) Ende Juli 1944 festgestellt wurde, daß die militärische Führung eine absolute *Spitzenaktion* vorbereitet. Man spricht mit dem Führer einer bestimmten Garnison oder Abteilung, und damit gibt man sich zufrieden. Wir ersuchten deshalb die Organisation um eine tiefere Gliederung."[9]

In diesem Punkte gab es jedoch keine Verständigung zwischen Armee-Offizieren und KP-Funktionären. Golian verwandte im Grunde die Stauffenberg-Taktik (Oberst Claus v. Stauffenberg benutzte den offiziellen Wehrmachts-Plan gegen innere Unruhen „Walküre" für seine Putschvorbereitungen gegen Hitler.), nur eine kleine Elite von entschlossenen Männern um sich zu versammeln bzw. einzuweihen und alle Vorbereitungen streng unter dem Deckmantel militärischer Legalität abzuwickeln, um so eine absolute Geheimhaltung bis zum letztmöglichen Zeitpunkt zu gewährleisten. In den Augen der Kommunisten sah das aber eher nach einem Militärputsch als nach einem Volksaufstand aus. Sie kritisierten die elitären Methoden des Offizierskorps und wünschten eine breite Schulung und Aufklärung der Unteroffiziere und Soldaten über die politischen und militärischen Ziele der Aktion. Sie konnten nicht verstehen, daß Golians soldatisches Konzept auf der disziplinären Funktion von Befehl und Gehorsam beruhte, und sie unterschätzten die Bedeutung des Überraschungsmoments, welches die Offiziere als entscheidende Voraussetzung für das Gelingen des Aufstands bezeichneten.

Erhebliche Auffassungsunterschiede bestanden auch in der Beurteilung des

---

8 Insgesamt nahmen teil: Ursiny, Lettrich, Josko, Zat'ko, Horváth, Šmidke, Husák, Novomeský sowie die Oberstleutnante Golian, Ferjenčik, Major Marko und Hauptmann Polák.
9 Sbornik, a.a.O., S. 23.

ungarischen Verhaltens für den Fall eines Aufstandes im slowakischen Nachbarland. Die Offiziere erblickten in einem Angriff aus dem Süden, in der Hauptstoßrichtung Lučenec – Zvolen, die größte Gefahr für ihr Unternehmen, da die südlichen Landstriche der Slowakei nicht gebirgig und damit nicht von schwächeren Einheiten zu verteidigen waren. Sie hatten erfahren, daß sich Offiziere der deutschen Sicherheitspolizei, der slowakischen und ungarischen Grenzorgane und aller drei Armeen in Košice (Kaschau) getroffen und über gemeinsame Aktionen gegen die Partisanen im ungarisch-slowakischen Grenzraum diskutiert hatten. „In den Vorbereitungen zum Slowakischen Nationalaufstand wurde damit gerechnet, und in den Befehlen wurden die Einheiten darauf aufmerksam gemacht, daß Ungarn sich gegen die Aufständischen stellen wird, und das schon deshalb, weil es durch diese Haltung Hitler einen Gefallen tun und die Slowakei unter ungarische Herrschaft bringen konnte", schrieb der Stabschef Golians, der damalige Major Julius Nosko.[10]

Die Zivilisten im Nationalrat sahen weniger die operative Problematik, sondern beurteilten das ungarische Verhalten mehr nach politischen Gesichtspunkten. Dabei kamen sie zu weniger pessimistischen Schlüssen: Der Vormarsch der sowjetischen Armeen nach Südosteuropa hielt die Aufmerksamkeit der Regierenden in Ungarn auf die eigenen Landesgrenzen und auf die eigene gefährdete Existenz gerichtet. Für Annexionspläne war auch in Budapest die Zeit endgültig vorbei. Hinzu kam, daß die ungarischen Behörden über die wahre Stimmung in der Slowakei vorzüglich unterrichtet waren und sich keinerlei Illusionen über die Einstellung des slowakischen Volkes hingaben. Die ungarischen Gendarmeriestationen im Grenzgebiet beobachteten die Entwicklung in der Slowakei sehr genau und schilderten sie in wöchentlichen Berichten ihren vorgesetzten Dienststellen in Budapest. Der ungarische Gesandte in Bratislava berichtete seinem Außeniminister: „Die Antipartisanen-Aktionen, zu denen sich die slowakische Regierung entschloß, werden meiner Meinung nach erst dann erfolgreich sein, wenn die Partisanen de facto von den Deutschen vernichtet sind, da die slowakische Öffentlichkeit – vor allem die bewaffneten Kräfte, aber auch die untergeordneten Behörden – mit den Partisanen sympathisiert und sich nicht dazu zwingen läßt, sie ernstlich zu liquidieren."[11] Später stellte sich heraus, daß die Zivilisten im Slowakischen Nationalrat die politische Situation Ungarns im Sommer 1944 durchaus zutreffend beurteilt hatten. Die vom operativen und wehrgeographischen Standpunkt her völlig verständliche Sorge, welche die Militärs der „Gefahr

---

10 Archiv des Museums des Slowakischen Nationalaufstands, Banska Bystrica, Erinnerungen von J. Nosko.
11 Sbornik, a.a.O., S. 22.

aus dem Süden" entgegenbrachten, sollte sich während des Aufstands als übertrieben und verhängnisvoll erweisen.

Übereinstimmung ergab sich jedoch in den großen Linien der Aufstandsplanung. Man ging davon aus, daß die Sowjetstreitkräfte Mitte oder spätestens Ende September eine Blitzoffensive auf Krakau starten würden. Dann sollten die beiden Hauptfaktoren der Golian-Konzeption wirksam werden: erstens die Verwendung des Armeekorps in der Ostslowakei, zur Öffnung der Karpatenpässe und zum anschließenden direkten Zusammenwirken mit der Sowjetarmee; zweitens die Ausnutzung des gebirgigen Charakters der Mittelslowakei zum Aufbau eines Aufstandszentrums, das auch im Falle eines Mißerfolges des I. Armeekorps in der Lage sein sollte, sich einige Wochen in Rundumverteidigung zu behaupten, bis die sowjetischen Truppen zu Hilfe eilten.

Nach Vortrag durch die Militärs wurden sich die Verschwörer darüber einig, daß ein besonders kritischer Punkt der Planung in der Wahl des rechten Zeitpunktes für die Auslösung des Aufstands lag. Der sonst so stille, zurückhaltende Golian erklärte mit Vehemenz, der Erfolg hänge einzig und allein von der Überraschung ab: Erst wenn der Kontakt mit den Sowjets geknüpft sei und frühestens vierzehn Tage vor der Ankunft der Roten Armee in Krakau dürfe der Aufstand beginnen. Bis dahin hätten alle Aktionen zu unterbleiben![12]

Nach längeren Diskussionen und einigen Korrekturen wurden schließlich zwei Varianten festgelegt:
1. Der Slowakische Nationalrat schickt Emissäre in die Sowjetunion zum Oberkommando der Roten Armee und vereinbart ein Signal, das von den Sowjets in einem günstigen operativen Augenblick gegeben wird und das für die Slowaken den Beginn des Aufstandes darstellt.
2. Es kommt zu einem überraschenden Einmarsch der Deutschen in die Slowakei (Überschreiten der Waag-Linie im Westen, der polnischen Grenze im Norden bzw. der ungarischen Grenze im Süden), dann bricht spontan, ohne Abstimmung mit den Alliierten, der Aufstand los.

Die Verschwörer waren sich dessen bewußt, daß die erste Variante entschieden vorzuziehen sei, und beschlossen, sie mit Nachdruck anzustreben und gleichzeitig alles zu vermeiden, was den zweiten Fall heraufbeschwören konnte. Die Militärzentrale in Banska Bystrica wurde gleichwohl beauftragt, sich auf beide Möglichkeiten vorzubereiten und dementsprechend ein Paket von „zweigleisigen" Befehlen auszuarbeiten. Alle drängten jedoch darauf, endlich die Verbindung mit den Sowjets herzustellen. So faßte man den Beschluß, eine Delegation des Nationalrates baldmöglichst in die UdSSR zu

---

12 Der damalige Teilnehmer J. Marko in einem Gespräch mit dem Verfasser.

senden, um damit die erste Variante zu ermöglichen. Die Partisanenaktivität in der Slowakei sollte weiterhin gebremst werden, um nicht den deutschen Einmarsch zu provozieren.

Was die Kontaktaufnahme mit den Sowjets anbetraf, so hat Oberstleutnant Golian der Entsendung des kommunistischen Nationalratsvorsitzenden Karol Šmidke offensichtlich mit einem inneren Vorbehalt zugestimmt. Denn in seinem geheimen Funkverkehr mit General Ingr drängte Golian darauf, daß die Unterrichtung der Sowjets und die Koordinierung mit ihnen über die tschechoslowakische Exilregierung in London erfolgte, und zwar möglichst auf kurzgeschlossenem Wege, noch bevor die Delegation des Nationalrats in der UdSSR eintraf und sich selbst in die Dinge einschalten konnte. Er verfolgte konsequent die Taktik, innerhalb der Slowakei die Autorität des „SNR" anzuerkennen, um die nationale Einheit der slowakischen Widerstandsbewegung auf der Basis des Weihnachtsabkommens zu gewährleisten; auf internationalem Gebiet dagegen, insbesondere im Verkehr mit der Sowjetunion, die alleinige Repräsentanz und Zuständigkeit der Londoner Exilregierung zu stärken. Es war das – wenn man so will – ein Goliansches Doppelspiel, dessen Intentionen den Absichten der KPS-Führung strikt zuwiderliefen, der es gerade darauf ankam, die Verbindung zu den Sowjets via Nationalrat direkt aufzunehmen. Die Interessengegensätze zwischen bürgerlichen und kommunistischen Widerstandskräften sollten am Vorabend des Aufstands eine immer stärkere Rolle spielen! Das heimliche Tauziehen zwischen der Londoner Exilregierung und dem Slowakischen Nationalrat begann.

Am 26. Juli 1944 wurde General Ingr, nach mehreren Funkgesprächen mit Golian, zum erstenmal bei den Sowjets wegen künftiger Waffenlieferungen an die Aufständischen in der Slowakei vorstellig. Er teilte mit, daß er sich an die Briten gewandt habe, sie sollten 500 Pistolen, 500 Maschinenpistolen und 100 Panzerbüchsen samt dazugehöriger Munition sowie 500 kg Sprengstoff, 50 Funkstationen mit einer Tragweite von 50 km und 10 Funkstationen mit einer Tragweite von 200 km über bestimmten Orten der Slowakei abwerfen. Die britischen Behörden hätten eingewilligt, das Material zu liefern, sofern die sowjetische Regierung damit einverstanden wäre.[13] Eine schnelle Entscheidung sei notwendig.

Wenige Tage später entwickelte sich ein lebhafter Funkverkehr zwischen Ingr und Golian, in dem die Exilregierung darauf drängte, die Verschwörerpläne hinsichtlich des I. Armeekorps und der Karpatenfront über London nach Moskau weiterzuleiten, ganz offenbar in dem Bestreben, die zukünfti-

---

13 Die Tschechoslowakei gehörte seit der Konferenz von Teheran zur sowjetischen Einflußsphäre.

gen Operationen tschechoslowakischer Streitkräfte von dem Augenblick an, da sie Heimatboden betraten, in die eigene Direktion zu bekommen. Bereits am 21. Juli hatte General Ingr an Golian depeschiert: „Zur Einigung mit den britischen und russischen Streitkräften ist es notwendig, daß Sie auf diese Anfragen beschleunigt antworten: Welches ist jetzt die Tätigkeit der Divisionen in der Ostslowakei? Welche Aufgaben haben sie zur Zeit? Wo könnte man Kontaktoffiziere aus Rußland für diese Divisionen abwerfen? Losungen und die Namen der Offiziere, mit denen sie in Kontakt treten könnten? Wann ist am ehesten der Absprung durchzuführen? Wie stellen Sie sich die Freimachung des Übergangs für die Russen in der Ostslowakei mit den slowakischen Divisionen vor? Glauben Sie nicht, daß die Divisionsverbände unter deutsche Divisionen aufgeteilt oder daß sie mit deutschen Einheiten durchsetzt werden?"[14]

Zwischen dem 31. Juli und dem 4. August beantwortete Oberstlautnant Golian in einer Reihe von Funksprüchen diese Fragen. Er teilte mit, daß die beiden Divisionen des I. Armeekorps mit intensiver Ausbildung und mit dem Bau von Befestigungen beschäftigt seien. Ihre offizielle Aufgabe sei es, die Übergänge zu sperren, die von Polen in die Slowakei führten. Er nannte die genauen Standorte der beiden Divisionen und der ihnen zugehörigen sechs Infanterieregimenter. Als Abwurfort empfahl er Giraltovce, wo sich die fremden Kontaktoffiziere beim Chef der Operationsabteilung der I. Infanteriedivision, Kapitän Stejskal, melden sollten. Losungswort: WOLGA.

Bei seinen Vorstellungen für die Freimachung der Karpatenpässe ging er davon aus, daß man die slowakischen Divisionen nicht mit deutschen Einheiten vermischen würde, erklärte aber für den Fall, daß es doch geschehen sollte, die Slowaken würden dann versuchen, die Deutschen zu umzingeln und mit Hilfe der Russen zu liquidieren. Seine Pläne für die Kontaktaufnahme und Koordination mit den Sowjetverbänden waren so präzise und wohldurchdacht, daß sie hier im Wortlaut zitiert werden sollen:

„Die Russen nehmen Berührung mit unserer Verteidigung auf, nach Möglichkeit ohne Schießerei." (Zur ersten Verbindungsaufnahme mit den sowjetischen Truppen beabsichtigte er die berittene Aufklärungsabteilung 2 in Dukla zu verwenden, die er über die Karpaten vorschieben wollte.) „Hinter der Berührungslinie konzentrieren sie soviel Kräfte, daß mit ihnen eine blitzartige Besetzung der gesamten Slowakei möglich ist, vom Osten bis zu den Weißen Karpaten, vom Norden bis zur Linie Užhorod-Košice-Lučenec-Levice-Bratislava, eventuell bis Miškolc-Donau. Auf ein gegebenes Signal hin (an einem Abend) überschreiten die Russen unsere Stellungen an den Gren-

---

14 V. Prečan, a.a.O., S. 265, Nr. 114², Anfrage des Generals S. Ingr bei Oberstleutnant J. Golian.

zen von Muszyna bis nach Lubkow und besetzen – begleitet und eingewiesen von unseren Offizieren – bis zum Morgen die Slowakei. Dabei ist es sehr wichtig, daß kleinere Einheiten nicht versuchen, vorher die Grenze zu überschreiten, weil wir das nicht zulassen könnten. Wenn wir es zuließen, hätte das die Besetzung der Slowakei durch die Deutschen und Ungarn zur Folge."[15]

Hier wurde erneut deutlich, wie viel Golian daran lag, daß seine Heimat, die Slowakei, nicht zum Kriegsschauplatz wurde, und wie sehr es ihm darauf ankam, die Deutschen bis zum letzten Moment zu täuschen, um einen vorzeitgen Einmarsch abzuwenden und um stattdessen die Sowjets in einer Blitzaktion durch die Slowakei bis an die Westgrenze des Landes zu führen, von wo die militärische Befreiung Mährens und Böhmens in Angriff genommen werden sollte. Der Plan war kühn, vielleicht allzu kühn, denn wohl hätte er die sowjetischen Angriffskolonnen tief in das Hinterland des Feindes geführt, sie aber auch stärkster Flankenbedrohung ausgesetzt. Gleichwohl muß man sagen, daß ein Hereinbrechen der sowjetischen Armee bis tief in die Slowakei für die ungefestigten deutschen Fronten in Polen und Ungarn wahrscheinlich eine Katastrophe bedeutet, daß die deutsche Führung aus Mangel an operativen Reserven vor einer schier unlösbaren Aufgabe gestanden hätte.

Der schweigsame Oberstleutnant schmiedete in B. Bystrica an einem Plan, der für die deutsche Kriegführung in der Tat gefährlich sein konnte, und er war sich dessen völlig bewußt. Deshalb bestand er so hartnäckig darauf, alle Vorbereitungen unter dem Deckmantel strengster Legalität und absoluter Geheimhaltung zu treffen und den Verschwörerkreis so eng wie möglich zu ziehen. Anfang August meldete er sehr zuversichtlich nach London, daß die militärischen Vorbereitungen zufriedenstellend verliefen und bis zum 15. August abgeschlossen würden, falls General Čatloš nicht im letzten Moment eingreife und seine Maßnahmen durch Gegenbefehle zunichte mache. Er berichtete, daß 60% der Kommandeure und ihrer Einheiten in die Verschwörerorganisation einbezogen seien, während 20% als Anhänger des Regimes und Freunde der Deutschen für die Aktion nicht in Betracht kämen. Er habe seinen Stab aus dem Kommando der Landstreitkräfte in Banska Bystrica gebildet, der neben einem Chef des Stabes Generalstabsabteilungen umfasse. Die Mehrzahl der Offiziere übe legal und illegal dieselben Funktionen aus. Die Zusammenarbeit im Stab sei vorbildlich, der Kontakt zu den Einheiten gut.

Das klang verheißungsvoll und täuschte doch über die außerordentlichen Schwierigkeiten hinweg, die sich für Golian und seine Mitarbeiter durch den

---

15 V. Prečan, a.a.O., S. 265f., F., Nr. 114, Funkmeldung des Oberstleutnants J. Golian an General S. Ingr in London.

fortwährenden versteckten Kampf mit dem Verteidigungsministerium in Bratislava ergaben. Die Verschwörer durften sich nicht in die Karten schauen lassen, brauchten aber immer wieder die Zustimmung zu Befehlen, Vorschlägen und Anordnungen, die dem Aufstand zugute kommen sollten. Für die Verschwörer in Banska Bystrica bestand die größte Sorge darin, daß die Mittelslowakei, die auf jeden Fall verteidigt und zum Reduit der Aufstandsoperationen ausgebaut werden sollte, seit der Verlegung der 1. und 2. Infanteriedivision in die Ostslowakei von größeren Einheiten fast gänzlich entblößt, daß in den Garnisionen und Unterkünften nur das notwendigste Stammpersonal zurückgeblieben war. Was sich im Juli noch an Truppen in der Zentralslowakei befand, setzte sich fast ausnahmslos aus Ersatz- oder Ausbildungseinheiten zusammen, örtlich weit zersplittert und militärisch kaum in der Lage, ein größeres Gebiet über längere Zeit mit Aussicht auf Erfolg zu verteidigen.

Die illegale Militärzentrale sah keinen anderen Weg zur Abhilfe, als dem Verteidigungsministerium die Aufstellung neuer Einheiten durch eine Teilmobilisation zu empfehlen. Dieser Schachzug hatte einen gewissen Erfolg. Im Sommer 1944 wurden folgende Marscheinheiten gebildet: sechs Infanteriekompanien, zwei schwere MG-Kompanien sowie vier Batterien Artillerie, darunter eine 15 cm-Batterie. So erfreulich das an sich war, die Gefahr bestand darin, daß diese Verbände bei ihren Ersatzeinheiten stationiert und damit über die ganze Slowakei zerstreut wurden. Unter dem Vorwand einer einheitlichen Ausbildung gelang es jedoch, die Infanterieeinheiten in Zvolen und im Militärlager Oremov Laz (beides in der Mittelslowakei) zu konzentrieren und somit dem vorgesehenen Aufstandsgebiet zuzuführen. Ende Juli fand Golian noch einen Weg, eine Trainschwadron von Prešov nach Kremnica und eine Infanteriekompanie nach Bansky Štiavnica zu verlegen. In der ersten Augusthälfte schließlich wurden 300 Unteroffiziere als Ausbildungskader für die vom Verteidigungsministerium projektierte Mobilisierung in Zvolen untergebracht.

Ende Juli konnte sich Golian mit einigem Optimismus sagen, daß die Unterwanderung der Führungsstäbe und Kommandobehörden beim I. Armeekorps in der Ostslowakei, daß die Konzentration und Hortung von Nahrungsmitteln, Bargeld, Getreide, Benzin, Waffen und Ausrüstungsgegenständen in der Mittelslowakei über Erwarten gut gelungen sei (und das alles in der unverhältnismäßig knappen Zeitspanne von drei Monaten). Ja, er konnte sogar einige bescheidene Erfolge bei der Verlegung von Truppenkontingenten in das Verteidigungsdreieck Banska Bystrica-Brezno-Zvolen für sich buchen. Doch zur selben Zeit drohte der Zusammenbruch aller Pläne, das Scheitern aller Vorbereitungen, durch die nicht einkalkulierten Aktionen der von den Sowjets in die Slowakei eingeschleusten Partisanen, deren Aktivität sich von Tag zu Tag steigerte, die sich keineswegs an die Stillhaltetaktik hielten, die zwischen Golian und Šmidke vereinbart worden war, und dadurch die Aufmerksamkeit der Deutschen immer mehr auf die Mittelslowakei lenkten.

Nun war es nicht so, daß die KPS-Führer, daß Šmidke, Husák und Novomeský, sich blind auf die Armee verlassen hätten. Ihr Mißtrauen gegen die bürgerlichen, tschechoslowakisch orientierten Offiziere blieb trotz der verhältnismäßig reibungslosen Zusammenarbeit im Nationalrat ständig wach. Die Armee war und blieb für sie ein gefährliches Instrument der bourgeoisen Klassenherrschaft, und sie fürchteten ernsthaft, bei einem reinen Armeeaufstand am Ende die Geprellten zu sein, das Spiel um den Nachkriegsstaat zu verlieren und sich unter bürgerlich-westlicher Vorherrschaft entweder in der Opposition oder in den Gefängnissen wiederzufinden.

Das war der Grund dafür, daß Šmidke und Husák mit Golian ein Doppelspiel trieben. Auf der einen Seite sahen sie deutlich, daß es ein großer Fehler gewesen wäre, die intakte Armee eines unbesetzten Landes nicht für die Zwecke eines antifaschistischen nationalen Befreiungskampfes zu benützen; schließlich waren sie slowakische Patrioten. Außerdem befürchteten sie, daß ein offener Konflikt mit der Armee zu einem Bürgerkrieg führen mußte, bei dem nur die Deutschen profitieren würden. Sie erkannten also die Gefahr, daß das slowakische Offizierskorps, durch Kommunisten und Partisanen provoziert, sich zum Teil auf die Seite Tisos, zum anderen Teil ganz unter den Einfluß des Präsidenten Beneš begeben könnte. Beides wollten sie auf jeden Fall vermeiden und befleißigten sich so nach außen hin einer wohldurchdachten Loyalität gegenüber der Militärzentrale in Banska Bystrica. Das brachte auch den Vorteil, daß die Armee sich arglos bereit erklärte, die Versorgung der Partisanenbrigaden mit Waffen, Gerät und Munition zu übernehmen, so daß diese im August über reichliche Bestände an Gewehren und leichten MGs samt Munition verfügten.

Auf der anderen Seite tat die illegale KPS-Führung alles, was in ihrer Macht stand, um unter dem Vorwand einer antifaschistischen Aufklärung die politische Arbeit innerhalb der Garnisonen zu aktivieren, mit der eindeutigen Direktive, die Armee zu zersetzen. Dabei wurden nicht unbedeutende Erfolge erzielt, denn wenn im Juli 1944 etwa 1000 slowakische Partisanen bereitstanden, so war das nicht zuletzt darauf zurückzuführen, daß zahlreiche Soldaten unter dem Einfluß der Propaganda desertiert und von Kommunisten einzeln oder in ganzen Gruppen in die Berge zu den Partisanenschlupfwinkeln geführt worden waren. (Es gibt in der Slowakei Schätzungen, wonach in den Monaten Juni, Juli und August 1944 etwa 5 bis 7% aller in der Mittelslowakei stationierten Soldaten zu den Partisanen überliefen.) Šmidke und Husák verfolgten offensichtlich die Konzeption von *zwei* bewaffneten

Aufstandskräften: hier die slowakische Armee, die in ihren Augen an einem tiefen inneren Widerspruch von nationaler Form und antinationalem Wesen litt und der sie am liebsten nur die Funktion eines Reservoirs für Ausbildung und Ausrüstung zugebilligt hätten – dort die revolutionäre, angeblich von patriotischem und fortschrittlichem Geist erfüllte Partisanenstreitmacht, die sich durch ständigen Zustrom vom alten reaktionären Heer immer weiter ausdehnen und schließlich nicht nur politisch, sondern auch militärisch die Funktion einer wahren Nationalarmee übernehmen sollte.

Von den kommunistischen Prinzipien der Strategie und Taktik her gesehen schien dieses Konzept durchaus folgerichtig. Es war nur die Frage, ob es auch erfolgversprechend sein würde. Konnte man im Ernst annehmen, daß eine Schwächung der operativen Kampfkraft der regulären Armee im gleichen Maße zu einer Stärkung der militärischen Verwendbarkeit der Partisanen führen würde? Konnte man daran glauben, daß die fachlichen Qualifikationen slowakischer Berufsoffiziere auch nur annähernd durch die politischen Überzeugungen dilettierender Partisanenkommandeure ersetzt werden konnten? Die KPS-Führer müssen ihrer Sache nicht ganz sicher gewesen sein, sonst hätten sie die Zersetzungskampagne, für die zu jener Zeit günstige Voraussetzungen bei der Mehrheit der slowakischen Soldaten bestanden, mit noch weit größerem Nachdruck betrieben. Wie dem aber auch sein mag, in einem Punkte gab es keine Zweideutigkeit, konnten sich die Offiziere ohne Einschränkung auf Šmidke verlassen: Die slowakischen Partisanen wurden im Juli/August von der illegalen KP-Führung zur Passivität verurteilt, sie hatten die strikte Anweisung, sich zurückzuhalten, um – ganz im Sinne der Golianschen Verschwörungskonzeption – keinen vorzeitigen Einmarsch der Deutschen in die Slowakei auszulösen.

Die unvorhergesehene und durchaus unerwünschte Aktivität der aus der UdSSR eingeflogenen Partisanen, also z. B. der Gruppen Welitschko, Jegorow und Woljanski stellte aber nun plötzlich alles in Frage, schuf für die Verschwörer eine äußerst prekäre Situation. Es ist nicht bekannt, wie Šmidke darauf reagierte. (Offenbar gab es keine direkten Kontakte zwischen den sowjetischen Partisanenführern und der slowakischen KP-Spitze.) Golian jedoch funkte bereits Anfang August sorgenvoll nach London: „Ein wenig stören die kleinen nichtoffiziellen Einheiten, sowohl die militärischen als auch die zivilen, die über meine Bestimmung nichts wissen oder dieser nicht trauen."[16]

Am 13. August begaben sich Oberstleutnant Golian und Major Marko im Dienstwagen des Generals Turanec nach Sklabina, um mit dem sowjetischen

---

16 V. Prečan, a.a.O., S. 267 f., Nr. 115, Mitteilungen des Oberstleutnants J. Golian.

Partisanenführer Welitschko zu sprechen. Als Dolmetscher begleitete sie Oberstleutnant d. Res.Brano Manica. Marko berichtet darüber:[17]
„Welitschko begrüßte Golian im Namen Stalins (Welitschko war in der Sowjetarmee Oberleutnant! – d.Verf.) und versicherte ihm, daß er mit seinen Freunden aus der UdSSR gekommen sei, um dem brüderlichen slowakischen Volk bei seinem bevorstehenden Kampf gegen die deutschen Usurpatoren zu helfen. Er fragte Golian, mit welcher Aufgabe er ihn im Rahmen des militärischen Gesamtplanes betrauen wolle. Golian antwortete ihm, daß er zufrieden sei, wenn Welitschko die Richtung von Žilina nach Vrútky sperren würde. Da Welitschko diese Aufgabe als zu gering ansah, erweiterte Golian auf sein Drängen den Auftrag noch um die Sperrung einer weiteren Richtung. Welitschko versicherte Golian, daß er sich außer der Sperrung der beiden Richtungen durchaus getraue, das ganze Turecer Gebiet mit seinen Partisanen zu besetzen und zu halten (!) ... Golian ersuchte dann Welitschko, ohne Wissen und Zustimmung der Militärzentrale keine Aktionen zu unternehmen, die den vorzeitigen Einmarsch der Deutschen in die Slowakei auslösen könnten. Denn das würde den Erfolg des militärischen Gesamtplanes in Frage stellen. Wenn Welitschko diese Bedingung akzeptiere, könne er von der Militärzentrale volle Unterstützung erwarten. Welitschko versprach ehrenwörtlich, diese Bedingung einzuhalten ..."
Was Welitschko dem Oberstleutnant Golian am 13. August verschwieg, war die Tatsache, daß er bereits vier Tage zuvor, nämlich am 9. August, ein Radiogramm nach Kiew geschickt hatte, das einen umfassenden Plan für die Besetzung des Turecer Gebietes enthielt. Jetzt, am 13. 8., beugte sich Welitschko verbal den Bedingungen Golians nur aus dem einen einzigen Grunde, weil er Waffen und Ausrüstung von der slowakischen Armee brauchte, die ihm nur die illegale Militärzentrale verschaffen konnte. An eine fühlbare Einschränkung seiner undisziplinierten Partisanenaktionen dachte er im Ernst nicht einen Moment.
Kurz darauf, Mitte August, entwickelte sich auf geheimen Funkwege zwischen Oberstleutnant Golian und General Ingr eine rege Diskussion über die ständig aktueller werdende Partisanenfrage. Golian forderte wiederholt die Herausgabe eines Aufrufs zur Einstellung der Partisanenaktionen, zuletzt am 25. August, als er an Ingr kabelte: „... Die Partisanen überfallen schon jetzt deutsche Transporte, Kolonnen, Autos, sprengen Brücken u. a. Versorgt werden sie zum größten Teil durch die örtlichen Einwohner, durch militärische und zivile Organisationen, auch durch Flugzeuge aus Rußland, oft auch durch Raub und Diebstahl. Wir wollen eine Versorgung nur durch militärische Organisationen erreichen. Mit den Führern der Hauptgruppen .. haben

---

17 Jozef Marko, a.a.O.

wir ein Übereinkommen für Zusammenarbeit. Trotzdem unternehmen die Partisanen unnötige Aktionen, die sowohl ihnen als auch der Sache sehr schaden. Ich bitte, ihnen einen Befehl aus Moskau zukommen zu lassen, daß sie sich uns unterordnen..."[18]

Das war deutlich und enthüllte die Gefahr, die sich durch die Tätigkeit der Sowjet-Partisanen für „die Sache", wie Golian sagte, also für die Konzeption einer slowakischen Nationalaufstandes ergab! Wie wenig man ihn aber in London verstand, wie einsam er im Grunde mit seiner kühnen Aufstandsplanung dastand, ergibt sich in bestürzender Weise aus einer Stellungnahme des Generals Ingr zur Partisanenfrage, die hier wegen ihrer geradezu tragischen Bedeutung für den Verlauf des Slowakischen Nationalaufstandes ausführlich zitiert werden soll:

„1. Ein Aufruf an die slowakischen Partisanen, vorübergehend die Kampfhandlungen einzustellen, ist von unserer Seite schon aus technischen Gründen unmöglich, da wir mit ihnen keine direkte Verbindung haben.

2. Der Aufruf, den Sie fordern, ist jedoch auch aus sehr wichtigen grundsätzlichen Überlegungen unausführbar. Man kann doch nicht die Aktivität der slowakischen Patrioten bremsen, nach der wir so lange gerufen haben und die für unsere Sache aus politischen, militärischen und moralischen Gründen notwendig ist... Es ist einfach undenkbar, daß die tschechoslowakische Regierung in London die Partisanen zu kämpferischer Untätigkeit veranlaßt, während von den amtlichen Stellen in Moskau, London und Washington nach Kampfaktionen in Polen, Jugoslawien und überall in Europa gerufen wird. Unsere ganze Widerstandstätigkeit würde durch einen solchen Aufruf in den Augen der internationalen Öffentlichkeit lächerlich gemacht werden.

3. Die Partisanenaktivität muß jetzt soweit wie möglich ganz systematisch intensiviert werden. Sämtliche Unternehmungen gegen die Partisanen, soweit sie auf Wunsch der Deutschen durch slowakische Organe (Heer, Polizei, Gendarmerie) erfolgen, müssen so durchgeführt werden, daß den Partisanenabteilungen kein Schaden entsteht. Es ist notwendig, die Partisanenabteilungen personell und materiell zu stärken. Wir ersuchen Sie, in erster Linie immer unsere internationalen Aspekte in Erwägung zu ziehen... Vergessen Sie nicht, daß sich die Tiso-Slowakei offiziell im Krieg mit allen Verbündeten befindet.

4. Die Führung der slowakischen Militärorganisation muß mit den Partisanenabteilungen direkte Verbindung haben und sie soweit wie möglich unterstützen.

---

18 V. Prečan, a.a.O., S. 309f., Nr. 145², Funkspruch des Oberstleutnants J. Golian an General S. Ingr in London.

5. Wir sind nicht Ihrer Ansicht, daß die Partisanentätigkeit der von Ihnen geplanten Aktion schaden könnte. Im Gegenteil, wie halten sie für ein wichtiges aktives Element, das nach einer eigenen systematischen und zielbewußten Entwicklung das Gefälle der Ereignisse in der Slowakei beschleunigen kann..."[19]

Selbstverständlich – darin hatte General Ingr völlig recht – wäre es unmöglich gewesen, einen *öffentlichen Aufruf* an die Partisanen in der Slowakei zu erlassen, ihre Aktivität einzuschränken oder für ein paar Wochen aufzuschieben. Man hätte dann der deutschen Seite gleich den Termin des Aufstandsbeginns mitteilen können. Doch davon war im Ernst auch keine Rede. Was Golian und seine Mitarbeiter erwarteten, war eine *geheime Funkanweisung* Moskaus oder Kiews an ihre Partisanenabteilungen, sich in den Bergen ruhig zu verhalten, sich personell und materiell zu konsolidieren, aber erst auf ein verabredetes Zeichen der Militärzentrale in Banska Bystrica loszuschlagen. Doch dazu kam es nicht.

Für die slowakischen Verschwörer war Ende Juli 1944 so eine Lage entstanden, in der sie täglich, wenn nicht stündlich, mit dem Einmarsch der Deutschen in die Slowakei rechnen mußten. Sollte es doch zur zweiten Variante des Aufstandsplanes kommen, die sie so gerne vermieden hätten? Die verbleibende Frist mußte genutzt werden. Jetzt galt es, auf schnellstem Wege eine Verbindung mit dem sowjetischen Oberkommando herzustellen, um nicht isoliert und gänzlich auf sich selbst gestellt einen Kampf beginnen zu müssen, der nach allen Regeln der Wahrscheinlichkeit in Kürze bevorstand. Aber selbst wenn die Wehrmacht noch nicht losschlug, mußte man damit rechnen, daß die Tiso-Regierung gegen die Partisanen vorging, schon um nicht ihr Gesicht vor den Deutschen zu verlieren. Wenn General Čatloš jetzt kraft seines Amtes als Verteidigungsminister eingriff und neue Befehle erteilte, waren die monatelangen Anstrengungen der illegalen Militärzentrale in Banska Bystrica völlig vergeblich gewesen.

---

19 V. Prečan, a.a.O., S. 308f., Nr. 145, Antwort des Generals S. Ingr auf eine Forderung des Oberstleutnants J. Golian, die sowjetische Partisanenaktivität zu bremsen.

8. Das Čatloš-Memorandum

Die Aufstandsvorbereitungen, die Oberstleutnant Golian und seine Kameraden so zügig seit Ende April vorantrieben, waren nur möglich, solange General Čatloš, der Verteidigungsminister des slowakischen Staates bereitwillig, wenn auch unwissentlich mitspielte. Die militärische Fronde hütete sich, ihn in ihr Vorhaben auch nur andeutungsweise einzuweihen, und Čatloš selbst hat nach dem Kriege vor dem Volksgerichtshof in Bratislava erklärt, er habe von der Verschwörung bis zuletzt nichts gewußt.[1] Zwar hatte er es seit Sommer 1943 verstanden, sich schrittweise und ganz unauffällig von einer allzu deutlichen Kollaboration mit den Deutschen zu distanzieren und sich damit aus der Schußlinie der Opposition zu bringen, doch blieb sein Verhalten ständig schwankend und so undurchsichtig, daß niemand ihm recht trauen mochte.

Im Frühjahr 1944 hatte sich Čatloš vollständig isoliert: Der slowakische Widerstand lehnte es ab, mit ihm zusammenzuarbeiten, die Kollaboranten um Alexander Mach bemühten sich, ihn bei den Deutschen verdächtig zu machen, und selbst Hanns Ludin, der Gesandte des Reiches in der Slowakei, der bis dahin den Standpunkt vertreten hatte, nur keine Veränderungen in der Regierung, nur keine Unruhe im Lande verbreiten, empfand mit wachsendem Unbehagen das Zwielichtige in der Rolle, die Čatloš spielte. Im Mai 1944, als es zu einem schweren Konflikt zwischen dem slowakischen Verteidigungsminister und Generalleutnant Schlieper, dem „Deutschen General bei der slowakischen Armee", kam, stellte sich sogar Ludin vorübergehend gegen Čatloš.

Generalfeldmarschall Keitel, der Chef des Oberkommandos der Wehrmacht, hatte während einer Besprechung auf Schloß Klessheim von Čatloš die Aufstellung von 12 Arbeitsbataillonen und ihren Einsatz unter deutschem Kommando verlangt. Im Grunde ließ sich dagegen von slowakischer Seite wenig einwenden, denn es gab zu der Zeit keinerlei kämpfende slowakische Einheiten auf deutscher Seite, so daß der militärische Beitrag des slowakischen Bundesgenossen zur Kriegführung des Reiches gleich Null war, während er andererseits pro forma dessen politischen und militärischen Schutz genoß. Čatloš widersprach denn auch den Forderungen Keitels in Klessheim nicht, erklärte aber in Bratislava dem Generalleutnant Schlieper, von 12 Arbeitsbataillonen sei keine Rede gewesen, wofür er sich auf das Zeugnis von General Malár und Oberst Bardony (Chef des Militärkabinetts unter Tiso) berief, die in Klessheim zugegen gewesen waren. Čatloš war eben

---

1 „Vor dem Gericht des Volkes", Bratislava 1947, II. Bd., S. 104.

fest entschlossen, außer den beiden Verbänden in Rumänien und Italien nicht einen einzigen Mann an die Deutschen abzugeben. In seinem Kopf begann sich bereits zu dieser Zeit ein großer Plan zu formen.

Generalleutnant Schlieper, erbost über die „Doppelzüngigkeit" des slowakischen Verteidigungsministers, fest davon durchdrungen, daß Čatloš antideutsch eingestellt sei und alle Kriegsanstrengungen planmäßig sabotierte, forderte im Mai 1944 kategorisch seine Absetzung und drängte Ludin zu einer entsprechenden Initiative. Doch Čatloš kam allen zuvor und reichte Ende Mai seine Demission bei Staatspräsident Tiso ein, nachdem am 25. Mai ein ultimatives Fernschreiben Keitels mit der erneuten Aufforderung, unverzüglich 12 Arbeitsbataillone zu stellen, in Preßburg eingetroffen war. Čatloš, sehr geschickt, spielte den Gekränkten, drehte den Spieß um und erklärte, mit einem Menschen wie Schlieper nicht mehr zusammenarbeiten zu können.

Der schwarze Peter lag nun bei der deutschen Seite, und Ludin beeilte sich denn auch, um ein vertrauliches Gespräch bei Tiso nachzusuchen, das ihm am 1. Juni gewährt wurde. Der Staatspräsident begrüßte ihn wie immer sehr jovial, ein schlaues Bauernlächeln auf den Lippen, und bedauerte mit vielen Worten das „Mißverständnis" zwischen Generalfeldmarschall Keitel und General Čatloš, das sicher nur durch sprachliche Verständigungsschwierigkeiten entstanden sei, aber gewiß nicht auf böser Absicht beruhe, so daß man Čatloš gerechterweise zubilligen dürfe, sich subjektiv im Recht zu fühlen.[2] Doch wie dem auch sein möge, fuhr Tiso mit großzügiger Geste fort und wischte damit sogleich alle Kritik an Čatloš unter den Tisch, durch das Fernschreiben des Herrn Generalfeldmarschalls vom 25. Mai wisse man ja nun definitiv, daß 12 Arbeitsbataillone gewünscht seien, und das habe er selbstverständlich sofort genehmigt, das ginge absolut in Ordnung: Er habe den General Čatloš persönlich mit der Aufstellung dieser Bataillone betraut! Die deutsche Führung, so fügte Tiso mit undurchdringlichem Gesicht hinzu, dürfe davon überzeugt sein, daß die Slowakei sehr genau ihre nationalen Pflichten kenne, die ihr durch den schweren Existenzkampf des Deutschen Reiches auferlegt seien.

Damit hatte Tiso Ludin in die Defensive gedrängt. Wenn alles nur ein bedauerliches Mißverständnis war, die 12 Arbeitsbataillone tatsächlich zustande kamen, wozu die ganze Aufregung um Čatloš? Vielleicht lag nicht bei diesem, sondern bei dem schroffen, unnachgiebigen Schlieper die Schuld?[3] Tiso, den

---

2 Čatloš sprach tatsächlich schlecht deutsch, verstand aber sehr gut, Er verfolgte wie Alexander Mach die Taktik, in heiklen Situationen Sprachschwierigkeiten vorzuschützen.

3 Ludin und Schlieper kannten sich seit langer Zeit persönlich. Seit den Tagen des Ulmer Reichswehrprozesses (1930) herrschte zwischen ihnen eine tiefe Antipathie.

Erfolg seiner Taktik wohl bemerkend, erklärte nun, er könne die Demission des Ministers Čatloš nicht annehmen, am wenigsten ihm gegenwärtigen Augenblick, so kurz nach seiner Rückkehr aus dem Führerhauptquartier und seinem positiven Bericht vor den Regierungsinstanzen in Bratislava. Das würde die günstige Wirkung sogleich wieder aufheben. Nein, Čatloš müsse bleiben, es ließe sich auch kein Ersatz für ihn finden, er bäte den Gesandten herzlich, durch seine geschickte Vermittlung das alte Vertrauen zwischen dem Generalfeldmarschall und Čatloš wiederherzustellen.

Kein Wort von Schlieper aus Tisos Munde, und doch war Ludin fest davon überzeugt, als er den Staatspräsidenten verließ, daß nicht Čatloš, sondern der deutsche General geopfert werden müßte. Čatloš selbst ließ am 3. Juni ein Schriftstück überreichen, das von seiner tiefen Gekränktheit sprach, und bemerkte dazu, daß er vor seiner endgültigen Rehabilitierung beim Generalfeldmarschall, auf die er größten Wert lege, weder über seine Demission entscheiden noch den Herrn Schlieper empfangen könne.

Als Generalleutnant Schlieper am nächsten Tag von einer Dienstreise nach Bratislava zurückkehrte und mit Ludin zusammentraf, ging er sogleich mit gesenktem Kopf gegen das Phantom Čatloš vor, bezichtigte ihn antideutscher Umtriebe und erklärte, vom militärischen Standpunkt gesehen sei Čatloš als Verteidigungsminister untragbar. Ludin befand sich in einer schwierigen Lage: General Schlieper hatte Čatloš – bei prinzipiellem Mißtrauen gegen die Slowaken – lange Zeit gegen Ludin verteidigt. Jetzt hatte sich seine Einstellung um 180 Grad gedreht, jetzt verdächtigte er ihn auf der ganzen Linie. Dieser radikale Meinungsumschwung irritierte Ludin und nahm ihn gegen Schlieper ein. In den militärischen Details hatte der General sicher recht. Doch ging es hier um Details oder ging es um Prinzipien? War dies primär eine militärische oder war es eine politische Angelegenheit? Ludin antwortete dem General schließlich: „Der Entschluß, Čatloš fallenzulassen, würde zum ersten Mal das Grundprinzip meiner bisherigen Politik durchbrechen, daß man die persönliche Stabilität der slowakischen Regierung unter allen Umständen bewahren muß."[4]

Damit war im Grunde die Entscheidung gefallen, und zwar positiv für Čatloš. Am 8. Juni traf Admiral Brückner (Amtschef Ausland im Oberkommando der Wehrmacht und direkter Mitarbeiter Keitels) in Preßburg ein und teilte Staatspräsident Dr. Tiso offiziell mit, daß durch den leidigen Meinungsstreit die guten Beziehungen zwischen Generalfeldmarschall Keitel und General Čatloš in der Grundsubstanz nicht berührt seien; die Voraussetzungen für einen Rücktritt des slowakischen Verteidigungsminister seien also nicht gege-

---

4 V. Prečan, a.a.O., S. 206f., F., Nr. 75, Telegramm des Gesandten H. Ludin an das Auswärtige Amt in Berlin. (Rückübersetzung aus dem Slowakischen)

ben. Der Admiral deutete dem Staatspräsidenten außerdem diskret an, daß Schlieper demnächst einen anderen Auftrag übernehmen werde.

Das war ein voller Erfolg für die slowakische Seite und für die persönliche Politik Ludins, der am 10. Juni seine Einstellung zu Čatloš noch einmal in einem Bericht an das Auswärtige Amt in Berlin zusammenfaßte:[5]

a) Čatloš sei kein Feind Deutschlands, im allgemeinen sei bei ihm Bereitwilligkeit zur Zusammenarbeit festzustellen. Daß er eifersüchtig seine Kompetenzen verteidige, dürfe man ihm in seiner Stellung nicht übelnehmen.

b) Čatloš sei gewiß keine Idealfigur, Unsicherheit und Argwohn seien ihm angeboren. Daher müsse man sich das Unausgeglichene und Sprunghafte in seiner Politik und in seiner Haltung erklären.

c) Čatloš fühlte sich im Konflikt mit Schlieper subjektiv im Recht. Er werde sich aber hüten, die Keitel gegenüber eingegangenen Verpflichtungen zu verletzen oder abzuschwächen.

d) Čatloš im gegenwärtigen Zeitpunkt mit starkem Druck zu Fall zu bringen, wäre ein Fehler. Die politischen Folgen würden langfristig sein.[6]

In den zweiten Hälfte Juni konnte sich Čatloš sagen, daß er die größte Gefahr von deutscher Seite erst einmal überstanden hatte, ja, er durfte hoffen, zwei bis drei Monate unbelästigt zu bleiben, um in dieser Frist seinen großen Plan zur Rettung der Slowakei zu konzipieren und mit den Gegnern Deutschlands Fühlung aufzunehmen. Denn Čatloš hatte seit dem Sommer 1943, seit der Panzerschlacht bei Kursk und Orel, als Militär klar erkannt, daß die strategische Wende eingetreten war, daß Deutschland den Krieg in keinem Falle mehr gewinnen konnte. Hatte er aber später noch Bedenken gehabt, dachte er zeitweilig vielleicht noch an ein militärisches und politisches Remis, das ihm als günstigste Lösung für die Slowakei erschienen wäre, so hatte die erfolgreiche Landung der Alliierten in der Normandie ihm die letzten Zweifel am Kriegsausgang genommen. Von nun war Čatloš entschlossen, tätig zu werden, um die Slowaken und sich selbst vor dem drohenden Untergang zu retten. Dabei dachte er nicht daran, sich mit Tiso oder dem schwer kompromittierten Mach zu verbinden, sondern ging in seiner mißtrauischen, vorsichtigen Art einen eigenen Weg, den außer ihm niemand kannte. Er setzte ganz auf die Armee, die er als sein persönliches Werkzeug ansah, und weihte nur

---

5 V. Prečan, a.a.O., S. 208f., Nr. 76, Telegramm d. Gesandten H. Ludin an das Auswärtige Amt in Berlin. (Rückübersetzung aus dem Slowakischen)

6 Diese Beurteilung des Generals Čatloš ist Ludin Anfang September in Berlin sehr verübelt worden, als Čatloš zu den Aufständischen übergegangen war. Man warf ihm vor, er habe einen Verräter gedeckt, und versuchte, ihn abzuschießen. Ludin ging es aber im Grunde niemals um Čatloš, sondern immer nur um eine Stützung für Tiso.

drei Offiziere in Teilbereiche seines Vorhabens ein: General Malár, den Kommandierenden General des I. Armeekorps, Oberst Tálský, der zugleich ein Mitverschworener Golians war, wovon aber Čatloš nichts wußte, und Kapitän Stanek, den Chef des Nachrichtendienstes der slowakischen Armee.

Čatloš verfolgte, was die Methode anbetraf, im Grunde das gleiche Rezept wie Golian: Wie dieser bei allem, was er tat, niemals den Schein aufgab, im Sinne des Preßburger Verteidigungsministeriums zu handeln, bemühte sich Čatloš darum, die Deutschen so lange wie möglich über seine wahren Absichten zu täuschen. Ja, mehr noch: So wie Golian die von Čatloš angeordnete Konzentrierung des I. Armeekorps im Osten und die Verstärkung der Garnisonen in der Mittelslowakei nach Kräften für seine konspirativen Zwecke nutzte, so versuchte auch Čatloš die Forderungen der Deutschen, welche die Ostslowakei und die Karpatenpässe betrafen, seinem Umsturzplan dienstbar zu machen.

Diese deutschen Forderungen waren seit Mitte Juni 1944 den zuständigen slowakischen Stellen wiederholt und ständig dringlicher vorgetragen worden. Tiso, Čatloš und das slowakische Außenministerium hatten sie mit der üblichen Hinhaltetaktik beantwortet, in demselben Stil, in dem die Slowaken es verstanden hatten, von 1939 bis 1944 die Ratifizierung des Abkommens über die Entsendung einer deutschen Militärmission in die Slowakei zu verzögern, so daß sich die deutsche Mission länger als fünf Jahre faktisch in einem illegalen Status befand. Am 29. Juli 1944 gab es jedoch kein Ausweichen mehr: An diesem Tage traf sich der deutsche Gesandte Ludin um 14 Uhr im Preßburger Hotel „Carlton" mit dem Generalinspekteur der slowakischen Armee, General der Infanterie Pulanich, und trug amtlich und detailliert die Forderungen des Oberkommandos der Wehrmacht an die slowakische Armee vor:[7]

1. Dem I. Armeekorps des Generals Malár wird ein verstärktes deutsches Infanterieregiment zugeteilt.
2. General Malár unterstellt sich um der einheitlichen Führung willen deutschem Befehl.
3. Das slowakische Staatsgebiet ostwärts der Westgrenzen der Kreise Gelnica (Göllnitz), Spišska Nova Ves (Zipser Neudorf) und Poprad (Deutschendorf) – also die gesamte Ostlowakei – wird zum Operationsgebiet der deutschen Heeresgruppe „Nordukraine" erklärt.
4. Die slowakische Armee übernimmt die Sicherung der östlichen Grenzgebiete, insbesondere der Karpatenpässe bei Dukla und Lupkow. (Die Befe-

---

7 V. Prečan, a.a.O., S. 256f., Nr. 110, Notiz des Generals A. Pulanich für Verteidigungsminister, F. Čatloš.

stigungsarbeiten in diesem Raum werden vorangetrieben, auch wenn das zu Lasten der Ausbildung gehen sollte.)
5. Das I. Armeekorps General Malárs wird schnellstens mit deutschen Panzerabwehrwaffen beliefert.
6. Die deutschen Truppentransporte, die durch die Slowakei gehen, müssen ohne Verspätung und ohne Aufenthalt weitergeleitet werden.

Eine Stunde später wußte Čatloš von diesen Forderungen, die ihm General Pulanich in Form einer „amtlichen Notiz" überbrachte. Die Punkte 4 und 5 arbeiteten ihm und seinem geheimen Vorhaben mehr in die Hand, als er erhofft hatte: Sie verbesserten in jeder Beziehung die Position des I. Armeekorps, das den stärksten Trumpf in seinem Spiel darstellte. Punkt 6 war ihm gleichgültig; solange er noch nicht die Maske abwerfen konnte, wollte er alles tun, um die Deutschen zufriedenzustellen. Die Punkte 1 bis 3 jedoch gefährdeten seine Pläne außerordentlich. Er mußte alles daransetzen, ihre Verwirklichung für ein bis zwei Monate zu hintertreiben. Tatsächlich gelang es ihm, die Punkte 1 und 2 der deutschen Forderungen bis zum Aufstandsbeginn dilatorisch zu behandeln. Er mußte vor allem baldmöglichst einen Weg finden, sich mit den Sowjets in Verbindung zu setzen und ihnen seine Pläne mitzuteilen. Denn nur mit der sowjetischen Seite gedachte General Čatloš zu verhandeln, der es als slowakischer Nationalist strikt ablehnte, die tschechoslowakische Exilregierung in London anzuerkennen.

So setze sich Čatloš nieder und brachte in seinem unbeholfenen, ächzenden Beamtenstil ein Elaborat zustande, das als „Čatloš-Memorandum" in die Geschichte eingegangen ist. Da dieses Schriftstück im August 1944, unmittelbar vor Beginn des Aufstandes, eine immense politische Rolle spielen sollte, vor allem in den Beziehungen zwischen der tschechoslowakischen Exilregierung in London und der Sowjetunion, aber auch für das Verhältnis der illegalen Militärzentrale zur slowakischen KP-Führung, und da es ein Dokument von seltenem historischen Rang ist, soll es hier in seinem vollen Wortlaut stehen:[8]

„Die Slowakei als ein von Deutschland abhängiger Staat, dessen Außenpolitik vertraglich verpflichtet ist, sich nach den deutschen Interessen zu richten, war gezwungen, der UdSSR und ihren Verbündeten den Krieg zu erklären. Heute ist die deutsche Kraft gebrochen, und in der Slowakei lösen sich die Fesseln der Abhängigkeit von Deutschland. Ein kleines Volk, in einer so abhängigen Lage, ist immer gezwungen, sich seinen mächtigen Nachbarn anzupassen. Es ist nur erfreulich, daß es jetzt seinen wahren Gefühlen Ausdruck geben kann. Heute ist es an der Zeit, daß die slawische Orientierung unseres Volkes zu Tage tritt, damit nicht ein Fremder, sondern ein Blutsverwandter

---

8 Wortlaut nach „Čas", Jahrgang 1945, Nr. 87, Bratislava, S. 8.

zum Fürsprecher seiner Freiheit werde. Doch mit der bisherigen Umsicht der Führung wollen wir im Interesse unseres Volkes bis zum letzten Augenblick abwarten, damit die Slowakei nicht ein zweites unglückliches Italien wird.
Sowohl das slowakische Interesse als auch das der UdSSR besteht darin, auf dem Gebiet der Slowakei nicht vorzeitig Kämpfe zu entfesseln, wenn es ohne Kampf schneller und leichter gehen kann. Folglich ist nicht sofort bei Erreichen unserer nordöstlichen Staatsgrenzen anzugreifen. Die Ungarn haben im Raum Košice große strategische Reserven, mit denen sie auf dem Gebiet der östlichen Slowakei gegen die sowjetischen Truppen operieren wollen. Sie bemühen sich schon jetzt darum, die Verteidigung der Pässe Lupkow und Dukla zu übernehmen. Wir, die Slowaken, werden das nicht zulassen, und deshalb verhalten wir uns so, daß sowohl auf deutscher als auch auf ungarischer Seite die Überzeugung entsteht, die Slowakei könne bei ihrer Verteidigung mit eigenen Kräften auskommen. Darin sollte uns auch die UdSSR in ihrem eigenen Interesse unterstützen. Später, wenn ein sorgfältig verabredeter Plan vorliegt, wäre es gut, in unserem Frontabschnitt mit der Artillerie eine Demonstration zu machen und einen Angriff vorzutäuschen, den die slowakischen Einheiten durch eine geschickt inszenierte Verteidigung zurückschlagen würden, damit die Deutschen und Ungarn keinen Grund zum Eingreifen hätten, sondern den Slowaken weiter vertrauten.
Die Slowakei bietet ihre Kräfte für eine gemeinsame Sache mit der UdSSR folgendermaßen an: Die Sowjets drücken intensiv bei Užok und südlich davon auf die Magyaren, damit dort möglichst viele ungarische Kräfte gebunden werden. Weiterhin gehen sie offensiv gegen die Nordkarpaten vor, mit Stoßrichtung auf Tarnow und Krakau. Einen Flankenangriff aus der Slowakei haben sie nicht zu befürchten, denn das slowakische Heer würde seine spätere Kooperation mit den Truppen der UdSSR unter keinen Umständen gefährden, und im Falle eines deutschen oder ungarischen Vorgehens von der Slowakei aus würde es die Sowjets rechtzeitig warnen, wenn es selbst nicht imstande wäre, diese Absichten zu vereiteln. – Nur wenn die Sowjets den Raum Krakau erreichen und ihn tatsächlich beherrschen, eröffnet sich die Möglichkeit eines überraschenden und erfolgreichen Angriffs gegen die Ungarn und auch weiterer Operationen gegen die Deutschen von den südlichen und westlichen Grenzen der Slowakei her. Das slowakische Heer würde auch die schnelle und reibungslose Verschiebung von sowjetischen Truppen durch das Gebiet der Slowakei vorbereiten und ermöglichen, ja, würde sich selbst einem Vorgehen gegen die Ungarn anschließen. Unbedingte Voraussetzung für eine erfolgreiche Realisierung wäre die strikte Geheimhaltung des gegenseitigen Übereinkommens. Es dürfte kein verräterisches Anzeichen geben, das die offiziell propagierte Zusammenarbeit der Slowaken mit den Deutschen und Ungarn desavouieren würde. Dann könnte die Kriegführung der

UdSSR ganz überraschend einen großen und entscheidenden Schritt in diesem Raum nach vorne machen.
Im richtigen Augenblick würde das slowakische Oberkommando einen Staatsumsturz herbeiführen. Unerwünschte Personen würden aus der Führung beseitigt und alle die Organisationen liquidiert werden, die uns durch das Regime oktroyiert wurden. Eine slowakische Militärdiktatur würde in allen Schichten des Volkes Verständnis und Unterstützung finden, wodurch die innere Situation sofort stabilisiert wäre. Diese Militärdiktatur wäre in der Lage, die Kriegserklärung an die UdSSR und ihre Verbündeten aufzuheben und mit einer gleichzeitigen Kriegserklärung an Ungarn zu verbinden, was sie mit einem Schlag populär machen würde. Über Nacht könnte sie die deutschen militärischen und zivilen Einrichtungen in der Slowakei unschädlich machen und Möglichkeiten für eine russische Operation großen Ausmaßes schaffen. Auch hier ist die Voraussetzung, daß die slowakische Armee ihren gegenwärtigen Status behält. Sie würde jedoch integrierender Bestandteil der Armeen der UdSSR werden und würde auch mit den tschechoslowakischen Einheiten auf der Basis gegenseitiger Unabhängigkeit kooperieren, weil anderenfalls gegenseitige Zwistigkeiten und bedenkliche Konflikte eintreten könnten.
Daher ersuchen wir darum, daß im Falle grundsätzlicher Zustimmung permanente Kommissionen eingerichtet werden, die den Kontakt auf beiden Seiten halten und weitreichende militärische sowie politische Befugnisse bekommen. In der Slowakei würde die Sache vorläufig in militärischen Händen bleiben, und mit der Zeit würden sich auch politische Persönlichkeiten finden. Die illegale Organisation der slowakischen Bolschewiken könnte gegenseitige Kontakte vermitteln, sollte sich aber vorläufig im Interesse eines zwanglosen Überganges und der Beteiligung des ganzen Volkes nicht augenfällig in die Angelegenheiten einmischen. Die staatsrechtlichen Deduktionen würden sich ohnehin nach Beendigung des Krieges ergeben, und zwar so, daß sich die innenpolitische Lösung in Übereinstimmung mit den sowjetischen Interessen befindet. Was die bisherigen sowjetisch-tschechoslowakischen Abmachungen anbetrifft, muß der Slowakei das Recht reserviert werden, dazu ihren eigenen Standpunkt einzunehmen, und deshalb wird der Kontakt der Slowaken mit der UdSSR, soweit möglich, direkt sein."
In der Tat, ein bemerkenswertes Dokument von Naivität und zugleich von Verschlagenheit! Wie konnte Čatloš sich einbilden, daß die an allen Fronten siegreichen Sowjets sich von der winzigen slowakischen Armee eine Fülle derartiger Vorschriften und Bedingungen stellen ließen? Wie mochte er annehmen, daß sie mit den Slowaken als Gleiche mit Gleichen verhandeln würden? Wie kam er zu der Illusion, auch nur eine Minute zu glauben, er könnte mit seinem vorsichtigen, mißtrauischen „wenn" und „aber", mit allen seinen

Einschränkungen und Reservationen die Sympathie der Gegenseite gewinnen? Soweit es sich um politische Gedankengänge handelte, waren sie durchweg – um es gelinde auszudrücken – einfältig formuliert. Aus jeder Zeile, aus jedem Satz lugte ein listiger Attentismus, eine ständige Rückversicherung nach allen Seiten. Der erste und der letzte Absatz des Memorandums mit den unglücklichen Parallelen zu Italien und den plumpen Täuschungsabsichten gegenüber den slowakischen Kommunisten, die sich willig einer Militärdiktatur des Generals Čatloš zur Verfügung stellen sollten, mußten selbst wohlwollende Leser zurückstoßen.

Andererseits, die Anerbietungen an die Sowjets, denen insbesonders die extrem antitschechoslowakische Position des slowakischen Verteidigungsministers nicht gleichgültig sein konnte, waren raffiniert ausgeklügelt. Mochte sich Čatloš ruhig einbilden, er könnte mit Hilfe eines Militärputsches und einer Militärdiktatur im letzten Moment die Seiten wechseln, um der Bestrafung zu entgehen, für die Sowjets ließ sich sein slowakischer Nationalismus unter Umständen benutzen, die Nachkriegspläne der bourgeoisen Emigrantengruppen im Westen zu durchkreuzen. Wenn Čatloš mit den Slowaken offensichtlich nur gegen die Ungarn, nicht aber gegen die Deutschen kämpfen wollte, so war das im besten Falle lächerlich. Wenn er aber versprach, daß die innenpolitischen Verhältnisse zwischen Donau und Tatra im Sinne der UdSSR geregelt werden sollten, so ließ er sich vielleicht als Trojanisches Pferd der Kommunisten verwenden. Außerdem, das war nicht zu verkennen, verfügte er als Chef der slowakischen Streitkräfte in einem von den Deutschen noch nicht besetzten Land, dessen wehrgeographische Lage bedeutend war, tatsächlich über Mittel und Möglichkeiten, die für die sowjetische Kriegführung interessant waren.

Was von Čatloš in seinen Vorschlägen wirklich ernst gemeint war, was er nur zur Täuschung oder zur Verschleierung seiner wahren Absichten hineingeschrieben hat, läßt sich nachträglich nicht mehr eindeutig trennen. Schon denkbar, daß er sich für eine Art Seeckt hielt, an eine Bündnismöglichkeit von Nationalismus und Bolschewismus im Sinne der deutschen Reichswehr glaubte und ein slowakisches Gegenstück zur Konvention von Tauroggen anstrebte. Vielleicht wollte er auch einfach nur seinen Kopf retten.[9] Wahrscheinlich ist, daß sein wesentliches Motiv slowakischer Nationalismus war[10] und daß er versuchte, sich bei einer Kollaboration mit den Sowjets verschie-

---

9 Ferdinand Čatloš spielte im Prozeß gegen Dr. Tiso praktisch die Rolle eines Belastungszeugen, wurde selbst nur sehr milde verurteilt und bald als Pensionär aus der Haft entlassen.

10 Ferdinand Čatloš in einem Gespräch mit dem Verfasser: „Ich bezeichne mich selbst als slowakischen Patrioten, und ich handelte nur aus Patriotismus!"

dene Wege offen zu halten. 1964 gab er in einem persönlichen Gespräch an, er habe damals eine bewaffnete Neutralität seines Landes zwischen den Deutschen und Sowjets erstrebt, die Slowakei sollte von keiner kriegführenden Partei betreten werden; hingegen 1968 versicherte er, sein Hauptziel sei es gewesen, den Sowjettruppen die Karpatenpässe von rückwärts zu öffnen und sie dann schnell durch die Slowakei nach Westen und Süden zu schleusen.[11] Abgesehen von persönlichem Opportunismus war seine wahre Absicht wohl, die Slowakei davor zu bewahren, daß sie zum Kriegsschauplatz würde. Und dafür war ihm jede Variante recht.

In dieser Auffassung traf er sich mit Oberstleutnant Golian. Auch gibt es im militärischen Teil des Memorandums einige Passagen, die sich auf geradezu verblüffende Weise mit den Vorstellungen Golians decken. Wie dieser forderte er den Stoß auf Krakau als Voraussetzung einer erfolgversprechenden Aktion des slowakischen Heeres. Wie Golian wollte er die Sowjets möglichst überraschend und möglichst in einem Zuge durch die Slowakei nach Westen führen, um langwierige Kämpfe auf slowakischem Territorium von vornherein auszuschalten. Vollends identisch waren die Auffassungen beider hinsichtlich der Scheinverteidigung, die das I. slowakische Armeekorps den Sowjets an den Karpatenpässen liefern sollte. Inwieweit das alles Zufall ist oder ob in der doppelten Einschaltung Oberst Tálskýs und General Malárs die Ursachen für die Parallelen zu suchen sind, läßt sich nicht mehr mit Sicherheit feststellen.

Für Čatloš kam es Anfang August darauf an, sein Memorandum auf sicherem und zugleich unauffälligem Wege in die Hände der Sowjets zu spielen. Ihm schien dafür nur die illegale KP-Führung der Slowakei in Betracht zu kommen, von der er annahm, daß sie es sowohl vor den Tiso-, als auch vor den Beneš-Anhängern geheim halten würde, denn eine Indiskretion nach London hielt er beinahe für gefährlicher als nach Bratislava. Es gelang ihm auch, über seinen Chef der Nachrichtenabteilung, Kapitän Stanek, mit den KPS-Führern in Verbindung zu kommen, und es traf sich günstig, daß sie seit dem Beschluß vom 29. Juni, Karol Šmidke nach Rußland zu senden, eifrig nach einer Möglichkeit fahndeten, diese Mission per Flugzeug abzuwickeln, da jeder andere Weg als zu gefährlich und zu zeitraubend verworfen werden mußte. Hier konnte man sich auf ein „do ut des", auf ein gegenseitiges Geben und Nehmen einigen: Erklärten sich die Kommunisten bereit, das streng vertrauliche Memorandum des Verteidigungsministers in die richtigen Hände zu befördern, so war Čatloš gewillt, ihnen mit Hilfe seines Einflusses und seiner Machtmittel den Luftweg in die UdSSR zu bereiten.

11 Ferdinand Čatloš in Gesprächen mit dem Verfasser im August 1964 und im Juni 1968.

Es wurde auch hohe Zeit für Čatloš ebenso wie für die antifaschistischen Verschwörer, denn die Front in Polen kam täglich näher, und die Deutschen begannen ihren Blick auf die Karpaten und die Ostslowakei zu richten. Am 4. August 1944 um 10 Uhr meldete sich General Malár weisungsgemäß in Krakau beim Führer der deutschen Heeresgruppe „Nordukraine", Generaloberst Harpe, der ihn in die Lage einwies, und berichtete anschließend an Čaltoš:[12] „Im Raum östlich Tarnow steht die 17. deutsche Armee, deren rechten Flügel im Raum Jaslo das XXIV. Panzerkorps bildet. Im Raum ostwärts Sanok ist das III. Panzerkorps stationiert. Im Raum Krosno befindet sich die 545. Infanteriedivision ... In den Raum Užhorod, eventuell bis über unsere Grenze in den Raum Michalovce, wird bis zum 10. August ein weiteres Panzerkorps dirigiert. Für den Fall feindlicher Einfälle bei uns oder in der Karpatoukraine werden dem Kommando des Armeekorps einige deutsche Panzerabwehr-Batterien 8,8 cm zur Verfügung gestellt ..."

Doch an eben diesem Tag trat ein neues gewichtiges Ereignis ein: Am 4. August 1944 begann die Mission Karol Šmidkes, begann seine Kontaktreise in die Sowjetunion.

---

12 V. Prečan, a.a.O., S. 276, Nr. 121, Meldung des Generals A. Malár an den Verteidigungsminister F. Čatloš.

9. Die Šmidke-Mission

Am 29. Juni hatten die Mitglieder des Slowakischen Nationalrats beschlossen, einen ihrer Vorsitzenden, den Kommunisten Karol Šmidke, baldmöglichst in die UdSSR zu entsenden, um das geplante Aufstandsunternehmen in der Slowakei mit der Angriffsstrategie der Sowjets in Einklang zu bringen. Die Überzeugung, daß es unerläßlich sei, sich vor Aufstandsbeginn mit den Sowjets zu verständigen und eine nahtlose Kooperation im militärischen Bereich herbeizuführen, wurde von sämtlichen Ratsmitgliedern geteilt, von den bürgerlichen ebenso wie von den kommunistischen, und auch die Offiziere der illegalen Militärzentrale in Banska Bystrica bekundeten von Anfang an ihr volles Einverständnis.

Nach 1945 haben die tschechoslowakischen Kommunisten der Gottwald- und Novotny-Ära immer wieder behauptet, Golian und seine Kameraden hätten versucht, die Kontaktaufnahme der Verschwörer mit den Sowjets zu hintertreiben. Das ist nachweisbar unrichtig, während eine ganz andere Frage ist, ob Golian mit der Entsendung Šmidkes einverstanden war, solange sich die tschechoslowakische Exilregierung noch nicht offiziell mit der sowjetischen Führung in Verbindung gesetzt hatte. Eine Kontaktaufnahme zu den Sowjets hat er selbst bereits am 26. Juni dem tschechoslowakischen Verteidigungsminister in London, General Ingr, vorgeschlagen, allerdings mit dem ausdrücklichen Zusatz, daß die tschechoslowakische Brigade in der Sowjetunion, die unter dem Kommando von General Svoboda stand, in die Verhandlungen einzubeziehen sei, daß sie bei der Ankunft der slowakischen Delegation auf dem Boden der UdSSR mit eigenen Offizieren vertreten sein müßte. Es ging ihm also offensichtlich nicht darum, die Kontakte an sich zu hintertreiben, sondern dem Unternehmen von vornherein einen legalen „tschechoslowakischen" Anstrich zu geben, um keinen Zweifel daran aufkommen zu lassen, daß alles, was geschähe, mit höchster Billigung der tschechoslowakischen Regierung in London vor sich ginge.

Am 3. Juli 1944 beantwortete General Ingr die Anfrage Golians zustimmend und erbat nähere Angaben über den Flugzeugtyp sowie die Namen der Delegationsmitglieder. Prompt funkte Golian zurück, eine Junkersmaschine mit slowakischem Hoheitszeichen werde am 9. Juli gegen 3 Uhr morgens in Winniza, in der Ukraine, landen. Die Besatzung bestehe aus General Jureck, Kapitän Koza, Oberleutnant Hanuš und einem Bordfunker.

Von Karol Šmidke kein Wort! Obwohl im Slowakischen Nationalrat beschlossen worden war, den KPS-Führer und Ratsvorsitzenden mit dem ersten verfügbaren Flugzeug auf den Weg zu schicken. Hier beginnt das bis heute unaufgeklärte Geheimnis der Šmidke-Mission, und es hat den Anschein, daß

Oberstleutnant Golian in dem verdeckten, intrigenreichen Kampf, der nun um die Modalitäten der slowakisch-sowjetischen Kontaktaufnahme entbrennt und nacheinander alle interessierten Parteien erfaßt – den Nationalrat, die KPS-Führung, die Militärzentrale in Banska Bystrica, die bürgerlichen Kräfte in der slowakischen Verschwörung, das Sowjet-Oberkommando, General Čatloš und die Exilregierung in London –, daß Golian in der ersten Phase dieses erbitterten Ringens eine Schlüsselposition einnahm und daß er eine Politik auf eigene Faust betrieb.

Jedenfalls wandte sich General Ingr, nachdem er die Details von Golian erhalten hatte, am 3. Juli an General Pika, den Chef der tschechoslowakischen Militärmission in der UdSSR, teilte ihm die notwendigen Einzelheiten mit und bat ihn, die Sowjets sofort zu verständigen und dafür Sorge zu tragen, daß bei der Ankunft der slowakischen Delegation ein bedeutender Vertreter der tschechoslowakischen Armee zugegen sei. Einen Tag später wiederholte er seine Angaben zur Sicherheit und bat um detaillierte Anweisungen der sowjetischen Flugleitung, die er unverzüglich in die Slowakei weiterleiten wollte.

Am 7. Juli setzte sich Oberstleutnant Pernikar, ein Mitarbeiter Pikas, mit Ingr in Verbindung und teilte ihm mit, daß Sowjet-General Schukow von allem unterrichtet sei, daß die Sache von sowjetischer Seite aus in Ordnung ginge und daß General Pika höchstwahrscheinlich selbst bei der Ankunft der Delegation zugegen sein werde. Ingr beeilte sich daraufhin, Einzelheiten, die ihm aus Moskau aufgegeben wurden, an Golian weiterzuleiten: Die Maschine sollte zur vorgeschlagenen Zeit in Winniza landen und den Kurs über Tarnopol nehmen, allerdings den Städten nach Möglichkeit ausweichen. Über der Front und über dem Territorium der UdSSSR war eine Flughöhe von 4000 Metern vorgeschrieben, die bei Annäherung an Winniza auf 500 Meter verringert werden sollte. Vor der Landung waren drei beliebige Lichtsignale zu geben, die von den Sowjets mit drei grünen Raketen beantwortet würden. Oberstleutnant Golian sollte unverzüglich den Abflug der Maschine melden.

Bei alledem noch immer kein Wort von Šmidke, von dessen Reiseplänen man in London und Moskau nichts wußte, nichts wissen konnte, da sie von Golian in seinen Berichten nicht erwähnt worden waren. Er hatte sich aber dem Slowakischen Nationalrat gegenüber verpflichtet, der Delegation eine Maschine zu stellen, und es war unmißverständlich festgelegt worden, daß diese Delegation aus Karol Šmidke für den politischen und General Jureck für den militärischen Bereich bestehen sollte. Und in der Tat beauftragte Golian seinen Freund, Oberstleutnant Dr. Ferjenčik, am 9. Juli 1944, Karol Šmidke und General Jureck an bestimmten Plätzen mit einem Wagen abzuholen und zum Flugplatz Tri Duby („Drei Eichen"), unweit Zvolen, zu fahren, wo sie schon von Flugkapitän Koza erwartet wurden. Oberstleutnant Dr. M. Ferjenčik, der nach Kriegsende zum General und Beauftragten des Inneren in der Slowakei avancierte, nach den Februarereignissen von 1948 (Machtübernahme der Kommunisten in der Tschechoslowakei) in das Ausland flüchtete, schilderte in der Emigrantenzeitschrift „Svědectvi" später seine Ankunft in Tri Duby und sein Zusammentreffen mit Kapitän Koza so: „Er (Koza – d.Verf.) teilte mit ganz aufgeregt mit, daß der Flug verraten wurde, daß am Nachmittag der Stabschef der Luftwaffe gekommen sei und daß dieser angeordnet habe, das Radio abzumontieren, das Benzin herauszulassen u. ä. Durch seine Erzählung erweckte er den Eindruck, daß uns jeden Augenblick die Sicherheitsorgane aufgreifen könnten . . . Mir war sofort klar, daß Koza Angst vor dem Flug bekommen hatte und daß er nicht die Wahrheit sagte. Oberstleutnant im Generalstab Toth, der Stabschef der Luftwaffe, war unser Mann, und es wäre ihm niemals eingefallen, so etwas anzuordnen . . . Ich fuhr die Delegationsmitglieder, wohin sie wollten, und meldete am nächsten Tag Oberstleutnant Golian den Mißerfolg des Fluges."[1]

Eine abenteuerliche, eine unglaubwürdige Geschichte, bei der man nicht weiß, ob Ferjenčik eingeweiht war oder ob er selbst keine Ahnung von dem Doppelspiel seines Freundes Golian hatte. Daß die ganze Sache abgekartet, von Golian und seinem Kameraden Toth mit Kapitän Koza inszeniert war, geht eindeutig aus folgendem hervor:

Am 10. Juli hatte sich General Ingr noch einmal an General Pika gewandt und ihm zur Auflage gemacht, daß ein Kontakt der slowakischen Delegation mit der sowjetischen Führung nur über die tschechoslowakische Militärmission in Moskau erfolgen dürfe. Doch diese Depesche kreuzte sich bereits mit einer Nachricht der Militärmission, daß die Maschine nicht angekommen sei. Am 11. Juli kabelte Oberstleutnant Pernikar, daß General Schukow nach dreitätigem vergeblichen Warten nach Moskau zurückgekehrt sei und dringend um eine Klärung der Angelegenheit ersuche. Noch am Abend desselben Tages kam eine weitere Mahnung von Pernikar nach London, in der er darauf aufmerksam machte, daß die sowjetische Seite fortwährend nachfrage, warum der geplante Flug nicht zustandegekommen sei..

Natürlich wandte sich General Ingr, der selbst am 11. Juli immer noch nichts von den Vorfällen in der Slowakei wußte, sofort an Golian und ersuchte um Aufklärung. Einen Tag später, am 12. Juli morgens, meldete sich erneut Oberstleutnant Pernikar und berichtete zienlich aufgeregt, daß General Schukow täglich zweimal nachfrage, warum das Flugzeug nicht angekommen sei; Schukow habe sich sehr erstaunt darüber geäußert, daß binnen drei Ta-

---

1 V. Prečan, a.a.O., S. 278, Nr. 124[8], Brief des Generals Dr. M. Ferjenčik an die Emigrantenzeitschrift „Svědectvi"

gen keine Erklärung nach Moskau gekommen sei; nicht einmal eine negative. Mittags antwortete Oberst Moravec im Auftrage Ingrs, man habe selbstverständlich sofort in der Slowakei nachgefragt, aber bisher keine Stellungnahme erhalten. Und erst am Nachmittag traf eine Meldung Golians in London ein, in der er berichtete, der Flug sei durch den Verrat von Kapitän Koza fehlgeschlagen, eine Wiederholung des Unternehmens sei unwahrscheinlich, man möge ihm zur Anknüpfung mit den Sowjets eine Funkstation abwerfen.

Hier ist es an der Zeit, einen Augenblick innezuhalten und eine Zwischenbilanz zu ziehen. An Tatsachen ist festzuhalten: Erstens, daß Golian in den zehn Tagen vom 30. Juni bis 9. Juli in seinen Meldungen nach London niemals Karol Šmidke erwähnte, während er am 4. Juli die Namen General Jurecks und der anderen Besatzungsmitglieder weitergab. Das kann kein Zufall gewesen sein. Zweitens steht fest, daß Šmidke – ebenso wie Jureck – am 9. Juli pünktlich an Ort und Stelle, nämlich in Tri Duby war, wo aber kein Abflug stattfand. Die Begründung Kapitän Kozas erschien selbst Ferjenčik unglaubwürdig. Drittens geht aus dem Funkverkehr zwischen London und Moskau hervor, daß sich Golian – der am 10. 7. morgens von Ferjenčik über die Ereignisse in Tri Duby unterrichtet wurde – zweieinhalb Tage, bis zum Nachmittag des 12. 7., in Schweigen hüllte. Eine technische Begründung dafür gab es nicht.

Spricht das alles schon sehr für den Verdacht, Golian habe den Start der Maschine mit Absicht vereitelt und sich dann einfach mehrere Tage tot gestellt, um lästigen Nachfragen zu entgehen, so beseitigt seine Begründung vom 12. Juli, Kapitän Koza sei ein Verräter, die letzten Zweifel. Denn hätte Koza wirklich Verrat getrieben, so darf man davon überzeugt sein, daß Golian sich unverzüglich mit London in Verbindung gesetzt und dort Alarm geschlagen, daß er Himmel und Hölle in Bewegung gesetzt hätte, um die Führer des Widerstandes in der Slowakei vor der drohenden Gefahr zu warnen. Nichts dergleichen geschah; Golian behielt die ganze Sache für sich.

Es gibt aber darüber hinaus einen schlüssigen Beweis, daß Golian ein hintergründiges Spiel trieb: Am 19. Juli forderte General Ingr den Oberstleutnant auf, Einzelheiten über das Schicksal der Personen zu berichten, die am Flug in die Sowjetunion teilnehmen sollten, und Meldung zu machen, ob er, Golian, oder andere Personen des slowakischen Widerstands durch den Verrat des Piloten gefährdet seien. Während Golian gewöhnlich Anfragen aus London am nächsten oder übernächsten Tag beantwortete, schwieg er in diesem Falle achtzehn Tage, bis zum 5. August 1944. Dann funkte er, Kapitän Koza sei sich rechtzeitig der Reichweite und Folgen seiner Tat bewußt geworden, er habe niemanden verraten, Gefahr drohe von seiner Seite wahrscheinlich nicht. Zu der Zeit aber befand sich Koza bereits in der Sowjetunion! Denn

am 2. August hatte ihn Golian mit einem anderen Flutzeug abgesandt, wobei er den Namen des Kapitäns London gegenüber verschwieg.
Daraus dürfte sich schließen lassen, daß Kapitän Koza von Anfang an ein Vertrauensmann Golians war, denn niemand kann ernsthaft glauben, daß der Oberstleutnant einen Verräter oder auch nur einen Verdächtigen mit der Fortführung des wichtigen Unternehmens betraut hätte. Nein, die Geschichte vom 9. Juli kann nur von Golian eingefädelt und von Toth und Koza in seinem Auftrag ausgeführt worden sein, um zu verhindern, daß Šmidke als erster – vor der tschechoslowakischen Exilregierung – mit den Sowjets Verbindung aufnahm. Golian war offensichtlich nicht bereit, die Fäden aus der Hand zu lassen, die er selbst in der Slowakei und nach London gezogen hatte! Alle Verbindungen mit der Außenwelt sollten über ihn laufen, von ihm kontrolliert und gesteuert werden; nach keiner Seite wollte er ein Risiko eingehen. Am liebsten wäre es ihm ganz augenscheinlich gewesen, wie mit London so auch mit Moskau in einen direkten Funkverkehr zu treten. Ob dabei Furcht und Sorge um das Gelingen des Aufstandes, Motive des persönlichen Ehrgeizes oder seine „tschechoslowakische" Einstellung im Vordergrund standen, läßt sich heute nicht mehr feststellen. Wahrscheinlich ist, daß alle diese Gründe eine Rolle spielten.
Wie auch immer, die Šmidke-Mission war vorerst gescheitert, hatte aber in Moskau und London dichten Staub aufgewirbelt, ohne daß dort jemand die wahren Zusammenhänge kannte. Die Anweisung General Ingrs an General Pika, die slowakische Verhandlungsdelegation dürfe nur über die tschechoslowakische Militärmission mit den Sowjets verkehren, ließ deutlich erkennen, wie unruhig und mißtrauisch die Emigrantenkreise in London die erste Berührung zwischen Russen und Slowaken verfolgten. Die Berichte der Militärmission wiederum ließen keinen Zweifel daran, daß die sowjetische Führung der Angelegenheit höchste Bedeutung beimaß, sonst hätte sich nicht General Schukow persönlich eingeschaltet und drei Tage wartend in Winniza zugebracht. Sein fortwährendes Drängen bei der Militärmission, in London Nachrichten anzufordern, verriet die Nervosität der Sowjets.
Bereits am 13. Juli meldete sich Oberstleutnant Pernikar erneut und teilte der Londoner Regierung mit, daß er General Schukow über den Verrat des Piloten informiert habe und daß Schukow dringend bitte, ihn über die weiteren Nachrichten aus der Slowakei zu verständigen. Einen Tag später fügte er hinzu, General Schukow habe ihm versichert, alle Empfangsvorbereitungen in Winniza seien weiterhin gültig, er bäte nur um schnelle Unterrichtung, wann der Flug wiederholt werden sollte. Und am 19. Juli wurde General Pika im Auftrage Schukows noch einmal in London vorstellig, Moskau über die Entwicklung der Sache auf dem laufenden zu halten. Das sowjetische Mißtrauen erreichte Ende Juli seinen Höhepunkt.

Inzwischen hatte in der Sowakei ein neues illegales Treffen des Nationalrats stattgefunden, und wieder war im allgemeinen Einverständnis beschlossen worden, Karol Šmidke und General Jureck schnellstmöglich zu den Sowjets zu schicken. Parallel dazu war es in Bratislava am 29. Juli zu der Unterredung zwischen Ludin und General Pulanich gekommen, in der die deutschen Forderungen hinsichtlich der Ostlowakei präzisiert worden waren; Anlaß für Verteidigungsminister Čatloš, aktiv zu werden und sein Memorandum mit Hilfe der Kommunisten auf den Weg zu bringen, Ohne daß einer von dem anderen wußte, versuchten jetzt beide Gruppen gleichzeitig, einen Überflug in die Sowjetunion zu realisieren.

Am 31. Juli teilte Golian dem General Ingr mit, daß der verpatzte Flugversuch nach Osten am 3. August wiederholt würde: Eine Heinkel 111 mit slowakischem Kennzeichen werde über Tarnopol fliegen und um 6 Uhr morgens in Winniza landen. Die Namen der Delegationsmitglieder wollte er später nennen. Doch noch am selben Abend erfuhr Golian, daß Čatloš beabsichtigte, am 3. oder 4. August eine militärische Delegation unter Leitung von Major Lisický zur Kontaktaufnahme in die UdSSR zu entsenden, und funkte dies einen Tag später, am 1. August, General Ingr mit den Worten: „Čatloš könnte unsere Pläne durchkreuzen."[2]

Golian war jetzt aufs höchste alarmiert! Er kannte zu der Zeit das Čatloš-Memorandum noch nicht und mußte sich ernsthafte Sorgen um den Bestand seiner Aufstandpläne machen. Er beschloß, Čatloš auf jeden Fall zuvorzukommen und den Abflugtermin um einen Tag vorzuverlegen, also bereits auf den 2. August. Wieder beauftragte er seinen Freund, Oberstleutnant Ferjenčik, General Jureck abzuholen, der ihn aber angeblich nicht so schnell auftreiben konnte; wieder war der „verräterische" Koza als Flugkapitän eingeteilt. Und diesmal hob die Maschine auch wirklich ab, doch wiederum ohne Karol Šmidke, der noch eine kurze Strecke vom Flugplatz entfernt war, als der Pilot bereits startete.

Ob dies ein neues Komplott oder aber diesmal ein „Mißverständnis" war, wie Golian und Ferjenčik zu ihrer Entschuldigung Šmidke und Husák gegenüber erklärten, läßt sich heute kaum noch feststellen. Fest steht, daß die Maschine zu früh abflog und daß in ihr Oberleutnant Korecky mit Golians Aufstandsplänen saß, während Šmidke erneut zurückbleiben mußte. Fest steht weiter, daß Golian in diesen Tagen einen ständigen Kontakt mit den bürgerlichen Vertretern des Nationalrats und vor allem mit dem tschechoslowakisch orientierten Nationalausschuß von Banska Bystrica unterhielt. Es ist nicht auszuschließen, daß er von diesen Kräften unter Druck gesetzt wurde, die

---

2 V. Prečan, a.a.O., S. 281, Nr. 124, Nachricht des Oberstleutnants J. Golian für General S. Ingr in London.

Šmidke-Mission erneut zu vereiteln. Šmidke und Husák jedenfalls waren fest davon überzeugt, daß man sie absichtlich hintergangen hatte, und beschwerten sich bitter bei Golian und Ferjenčik. Dr. Husák schrieb im August 1945, nach Kriegsende, eine Glosse unter der Überschrift „Gefälschte Geschichte", in der es hieß: „Tatsache ist, daß das von Kapitän Koza geleitete Flugzeug ordnungsgemäß einen Delegierten Golians (Korecky) fortführte, während es Šmidke, einige hundert Meter vom Flugplatz entfernt, durch ‚Unachtsamkeit' sitzen ließ."[3]

Nun begannen sich die Ereignisse zu überstürzen und die Linien zu durchkreuzen. Husák und Šmidke erklärten Oberstleutnant Golian, daß sie sich nun selbst ein Flugzeug besorgen würden, bestanden aber darauf, daß Golian oder Ferjenčik, einer von beiden, mitfliegen müßte. Im Verlauf dieser Unterhaltung, die sich im Kreis des Nationalrats abspielte, erfuhr Golian zum ersten Mal von den Kontakten der Kommunisten zu Čatloš und hörte mit sprachlosem Erstaunen, daß Šmidke im Besitz eines hochpolitischen, streng geheimen Memorandums des Verteidigungsministers sei, dessen militärischer Inhalt sich weitgehend mit den Aufstandplänen der antifaschistischen Verschwörer deckte und als Mittel zum Zwecke der nationalen Erhebung benutzt werden konnte. Golian bekannte nun, daß er am Vortag, am 1. August, ein Telegramm mit einer Warnung vor der „Čatloš-Delegation" nach London geschickt hatte, das sicher von dort nach Moskau weitergegeben worden sei. (Tatsächlich informierte General Ingr die Militärmission in Moskau am Vormittag des 3. August über die Ankunft einer „Čatloš-Delegation" und forderte General Pika auf, die sowjetischen Stellen davon zu unterrichten, daß General Čatloš auf der Liste der Quislinge und Kriegsschuldigen stehe und offensichtlich versuche, sich im letzten Augenblick zu retten.) Aufgrund des Telegramms entstand großes Entsetzen bei den KPS-Führern, die sich nun berechtigte Sorge machten, wie die Sowjets auf eine Delegation reagieren würden, die aus London mit größter Wahrscheinlichkeit als „Verrätergruppe" avisiert worden war. Šmidke und Husák machten den Militärs die schärfsten Vorwürfe. Oberstleutnant Golian versprach daraufhin, am nächsten Tag einen neuen Funkspruch nach London zu schicken und das Telegramm vom 1. August zu dementieren.

Am Morgen des 3. August teilte Dr. Husák mit, daß Šmidke am folgenden Tag definitiv um 10 Uhr morgens mit einer Čatloš-Maschine abfliegen würde. Golian setzte sich sogleich mit London in Verbindung, dementierte seine Čatloš-Meldung, teilte den am Vortag erfolgten Abflug Kozas und Koreckys mit und gab bekannt, daß das Haupt der zivilen Delegation (er meinte

---

3 Gustáb Husák in „Nove slovo" („Neues Wort"), 2. Jahrgang, Nr. 11, vom 10. 8. 1945, S. 16.

damit Šmidke – d. Verfasser) am 4. August nach Winniza abfliegen werde. Am Nachmittag wurde entschieden, daß Oberstleutnant Ferjenčik von Seiten der Offiziersverschwörung mitreisen sollte. Am nächsten Morgen um 9 Uhr eröffnete Golian seinem Freund jedoch, die bürgerlichen Vertreter hätten beschlossen, die Kommunisten allein reisen zu lassen. Drei Stunden später sagte er zu Ferjenčik, die Herren hätten es sich inzwischen wieder anders überlegt: er, Ferjenčik, solle nun doch teilnehmen. „Er gab mir dabei die Kopie des Schreibens von Gen. Čatloš", berichtete Dr. Ferjenčik später, „der dieses durch K. Šmidke der sowjetischen Regierung schickte, damit ich über den Inhalt General Pika informieren konnte. Eine Stunde später war ich auf dem Flugplatz Mokrad bei Lipt.Hradek, wo ich die Maschine bereits startklar antraf. Beim Flugzeug stand zu meiner großen Überraschung Kapitän Stanek, der Chef der Nachrichtenabteilung des Verteidigungsministeriums des slowakischen Staates. Im Flugzeug selbst fand ich Šmidke..."[4]
Endlich kam der Abflug zustande: Die Šmidke-Mission konnte mit fast vierwöchiger Verspätung beginnen! Kostbare Zeit war durch Machtkämpfe, Intrigen, Rivalitäten, Mißverständnisse und Desorganisation verlorengegangen. Golian trifft die Verantwortung für das mißglückte Unternehmen vom 9. Juli; daran dürfte kein Zweifel bestehen. Dagegen scheint er an dem Durcheinander, an dem heillosen Chaos in der Zeit vom 31. Juli bis 4. August nur bedingten Anteil zu haben.[5] Offensichtlich änderte er nach der Aussprache mit Šmidke und Husák am Nachmittag des 2. August seine Position und versuchte, den Kommunisten gegenüber mit offenen Karten zu spielen. Man darf auch nicht übersehen, daß ihn die scheinbare Zusammenarbeit zwischen Čatloš und den KPS-Führern zunächst mit Mißtrauen erfüllen mußte. Als Šmidke und Husák jedoch ihre absolute Loyalität bewiesen, indem sie den Militärs und den bürgerlichen Oppositionellen Kenntnis vom Inhalt des Čatloš-Memorandums gaben, hatte der Oberstleutnant keinen Grund, seinen kommunistischen Partnern unehrliche Absichten zu unterstellen. Das unentschlossene Hin und Her am 3. und am Vormittag des 4. August war nur noch auf die negativen Einflüsse des Nationalausschusses von Banska Bystrica zurückzuführen.
In der slowakischen Verschwörung waren die Friktionen endlich ausgeräumt; jetzt meldete sich London zu Wort! Am Nachmittag des 4. August teilte General Ingr mit, daß er die Warnung vor der Čatloš-Delegation nach

---

4 V. Prečan, a.a.O., S. 281, Nr. 124[12], Brief des Generals Dr. M. Ferjenčik an die Emigrantenzeitschrift „Svědectvi".
5 Sbornik, a.a.O., S. 23, Milan Gaidoš, ein renommierter Militärhistoriker aus Banska Bystrica, ist der Ansicht, daß Husák und andere Autoren, die Golian die Schuld zuschreiben, „keine überzeugenden Argumente haben."

Moskau weitergegeben habe. Kurz darauf ließ er anfragen, warum Golian diese Meldung dementiert habe und warum das Haupt der Delegation eine Zivilperson sei. Einen Tag später informierte ihn Golian, daß insgesamt zwei Delegationen abgeflogen seien, eine am 2. und eine am 4. August, nannte zum erstenmal den Namen Šmidkes, den er als tschechoslowakischen Abgeordneten bezeichnete, und erklärte, er habe Oberstleutnant Ferjenčik und den Abgeordneten Šmidke in die Čatloš-Maschine gesetzt, um dessen Absichten kontrollieren zu können. Besonderen Wert legte er darauf, daß beide, Šmidke und Ferjenčik, nach Abschluß ihrer Besprechungen umgehend in die Slowakei zurückkämen, um ihm die Vorschläge des sowjetischen Oberkommandos für eine gemeinsame Aktion zu überbringen.

Am 6. 8. 1944 traf der Leiter der tschechoslowakischen Militärmission, Pika, heimlich mit der ersten slowakischen Delegation in Moskau zusammen. Es waren dies Oberleutnant Korecky (Beauftragter Golians), Kapitän Koza (Flugzeugkommandant), Leutnant Rohal (Beobachter), Gendarm Mikuš (Pilot), Korporal Vesperin (Bordmechaniker), Ing. Fejka (für einige Nationalausschüsse), Reserveleutnant Balaža (für eine Partisanengruppe) und Rittmeister Grün von der Gruppe Nina. Die Delegation war in der Nähe von Winniza von zwei sowjetischen Generälen empfangen worden, denen Oberleutnant Korecky die Aufstandspläne Golians übergeben hatte.

Das Gespräch in der Moskauer Militärmission fand am 6. August statt; in den nächsten acht Tagen herrschte ein rätselhaftes Schweigen: Weder die Exilregierung in London noch die Verschwörer in der Slowakei erfuhren etwas über das Schicksal des zweiten Flugzeuges. Wiederholte Erkundigungen General Pikas bei den Sowjets verliefen ergebnislos. War die Čatloš-Maschine in der UdSSR angekommen oder nicht? Vor allem in London, bei Präsident Beneš und seinen Ministerien, breitete sich eine immer stärkere Nervosität aus. Was hatten die Sowjets vor? Warum gaben sie keine Auskünfte, hüllten sie sich in ein undruchdringliches Schweigen? Wollten sie etwa mit den Slowaken Separatgespräche führen, mit dem „Quisling" und slowakischen Nationalisten Čatloš in Verhandlungen eintreten?

Man fragt sich unwillkürlich, warum der Abflug der Šmidke-Delegation in den Londoner Emigrantenkreisen solche Panik auslöste? Schließlich hatte doch Golian dafür gesorgt, daß sein engster Freund, Oberstleutnant Dr. Ferjenčik, mitgeflogen war: mit dem ausdrücklichen Auftrag, Šmidke auf Schritt und Tritt zu begleiten und zu beobachten. Die Antwort: Es war der Zusammenbruch ihres exklusiven Informationsmonopols, der die Londoner Emigranten so verstörte! Alles, was in den letzten vier Monaten in der slowakischen Verschwörung geschehen war, hatten sie auf dem Funkweg erfahren. Und sie hatten sich gehütet, Moskau davon zu unterrichten. Nur bruchstückweise waren Informationen an den sowjetischen Bundesgenossen geflossen;

und selbst diese hatten nur teilweise den Tatsachen entsprochen. Es durfte nicht passieren, daß Stalins Leute Beneš in die Karten schauten! Aber seit dem 4. August war ein slowakischer Kommunist unterwegs, der nicht nur alle Einzelheiten der politischen Verschwörung und der militärischen Aufstandsplanung kannte, sondern außerdem noch das gefährliche, geheimnisumwitterte Čatloš-Memorandum bei sich trug.

Am selben Tag, an dem sich General Pika heimlich in der tschechoslowakischen Militärmission zu Moskau mit der ersten Delegation getroffen hatte, am 6. August, landeten auch Šmidke und Ferjenčik in der sowjetischen Hauptstadt. Als ihre Maschine am 4. August (Pilot: Major Lisický) die Front überflogen hatte und in den sowjetischen Luftraum eindrang, wußte dort niemand etwas von ihr, war man der Meinung, es handele sich um ein deutsches Flugzeug. Die Maschine mußte bei Tschortkow, in der Nähe von Lemberg, notlanden, und am nächsten Tag, dem 5. August, meldeten sich Šmidke und Dr. Ferjenčik beim Mitglied des Kriegsrates der 4. Ukrainischen Front, General Mechlis. Auch der Oberbefehlshaber der Front, General Petrow, unterhielt sich mit ihnen. Einen Tag später, dem 6. August, flog man sie nach Moskau. Dort verloren sich ihre Spuren!

In London wuchs unterdessen das Unbehagen, ja, so etwas wie ein „schlechtes Gewissen", daß man den sowjetischen Bundesgenossen bisher so sträflich im Unklaren gelassen hatte. War es da nicht besser, die Sowjets jetzt schnell „amtlich", d. h., von Seiten der Exilregierung zu informieren, wo sie ohnehin alles von Šmidke erfahren würden (falls die Maschine nicht abgestürzt oder abgeschossen war)?!

Und so wurde Brigadegeneral Pika am 9. August autorisiert, die Sowjets zu informieren, und einen Tag später meldete er telegraphisch Verteidigungsminister Ingr:[6] „Heute gab ich dem Oberkommando der Roten Armee einen zusammenfassenden Berich über die Situation in der Slowakei aufgrund der Unterlagen, die der Vertreter der illegalen Militärzentrale in der Slowakei (er meinte den Oberleutnant Korecký, den Golian am 2. August gesandt hatte – d. Verf.) übergab: die Standorte der beiden slowakischen Felddivisionen in den Karpaten, die Dislokation sämtlicher militärischer Formationen und Stützpunkte in der Slowakei . . . Zum Schluß bat ich, das Sowjet-Oberkommando möge den Bericht studieren, die Chancen eines schnellen Vormarsches der Roten Armee in die Tiefe der Slowakei . . . nutzen und schließlich auch die Möglichkeit des offenen Kampfes der slowakischen Garnisonen gegen eine Okkupation der Deutschen von Westen bis zum Eintreffen der sowjetischen Streitkräfte. Ferner ersuchte ich darum, daß bei der in der Slowakei operierenden Aufstandsarmee auch Einheiten des I. Tschechoslowakischen Armeekorps eingesetzt werden . . ."

6 V. Prečan, a.a.O., S. 289

So, das war geschehen. Am 10. August hatte Pika nicht nur das sowjetische Oberkommando, sondern auch die Moskauer Emigrantenführer der KPČ unterrichtet. Man konnte allen diesen Kommunisten gegenüber das beste Gewissen zeigen. Aber Beneš war entschlossen, dieses „Zugeständis" mit einem Hieb zu koppeln, der scheinbar Šmidke und Čatloš treffen, in Wahrheit aber den Sowjets eine Lehre erteilen sollte.

So erhielt der tschechoslowakische Botschafter in Moskau, Z. Fierlinger, ebenfalls am 10. August ein Telegramm aus London, das zur Weitergabe an die Sowjets bestimmt war und folgenden unmißverständlichen Inhalt hatte:[7]

„1. Jeder Delegierte aus der Slowakei muß die völlige und bedingungslose politische und militärische Einordnung in die Aktion der Auslandsregierung und Auslandsarmee garantieren.

2. Es sind jegliche Verhandlungen abzulehnen, die von Čatloš oder irgendeinem anderen aus dem Kreis der Quislinge in der heutigen slowakischen Regierung ausgehen.

3. Es muß unter allen Umständen auf dem Prinzip beharrt werden, daß jeder bestraft wird, der bis jetzt Verrat betrieben oder dem Regime gedient hat. Jeder Kompromiß darin ist zu verwerfen. Quislinge, die nun im letzten Moment abspringen wollen, um sich vor der verdienten Strafe zu retten, sind festzunehmen, damit sie einem nationalen Gericht übergeben werden können.

4. Sollten bei den amtlichen sowjetischen Stellen Neigungen bestehen(!), mit solchen Leuten zu verhandeln, und sollte man es nicht hindern können, dann ist jegliche Mitverantwortung abzulehnen, der Verlauf sorgfältig zu verfolgen und danach zu streben, informiert zu sein. In keinem Fall darf man sich jedoch kompromittieren!"

Nun war es heraus: Die Londoner Exilregierung begann, den Sowjets zu mißtrauen! Fierlinger beeilte sich denn auch, das sowjetische Außenkommissariat aufzusuchen und den Genossen Sorin detailliert über die Auffassungen der Benešregierung in London zu unterrichten.

Doch was nützte die ganze Aktivität: Seit acht Tagen hatte man nicht die geringste Nachricht von der Šmidke-Delegation! Die Sowjets hüllten sich in ein unheimliches Schweigen. Ja, nicht einmal die tschechoslowakische kommunistische Emigrantenführung in Moskau und Kiew hatte die leiseste Ahnung, was unzweideutig aus einen Brief vom 12. August hervorgeht, den J. Šverma aus Moskau an R. Slánský in Kiew richtete:[8] „In den letzten Tagen erhielten wir über Pika Nachrichten aus der Slowakei (die er wiederum aus London bekommen hatte). Danach gibt es in der Slowakei eine breite *militärische*

---

7 Z. Fierlinger: „Ve službách ČSR', Bd. II, S. 314
8 E. Friš:„Povstanie zd'alecka i zblizka", Bratislava 1964, S. 28ff.

Verschwörung. Die Verschwörer haben angeblich zwei komplette Divisionen parat, die in der Ostslowakei stationiert sind. Wir halten das für etwas phantastisch, und wahrscheinlich ist es übertrieben. Denn wir wissen soch, daß eine solche *Verschwörung* wenig Aussicht auf Erfolg hat. Mit den russischen Stellen haben wir bisher noch keine Verbindung, so daß wir ihren Standpunkt in dieser Sache nicht kennen . . ."

Also nicht einmal die tschechoslowakischen Genossen waren von den Sowjets über Ankunft und Verbleib der Šmidke-Delegation orientiert worden! Die slowakischen Emissäre waren wie vom Erdboden verschluckt.

Am 15. August forderte General Ingr ultimativ von Pika, er solle gefälligst alles melden, was er inzwischen über Ankunft und Verbleib der Čatloš-Delegation in der UdSSR erfahren habe. Kurz darauf telegraphierte er nervös, daß Golian dringend die Rückkehr des Oberstleutnants Ferjenčik angemahnt habe, da er dessen Abwesenheit in Banska Bystrica kaum noch verschleiern könne.

In London stieg das Mißtrauen von Stunde zu Stunde. Was trieben die Slowaken? War etwa Golian selbst nicht mehr zuverlässig? Wie konnte er seinen engsten Freund gemeinsam mit einem Kommunisten in einer Čatloš-Maschine in die Sowjetunion schicken? Was für ein Komplott wurde in Banska Bystrica geschmiedet? Am 16. August entlud sich der Zorn, die ganze Ungewißheit in einem Funkspruch, den General Ingr an Golian sandte: „Ihre Informationen, die die Abreise einer Čatloš-Delegation betreffen, sind so unklar, daß wir nur aufgrund von Andeutungen und Deduktionen folgern können, die Delegation ist abgeflogen. Diese Unklarheit wird wahrscheinlich dadurch bewirkt, daß Sie in Ihren Meldungen keinen deutlichen Unterschied zwischen Ihrer offiziellen und der Untergrundtätigkeit machen. Daraus ergibt sich, daß uns viele Dinge unklar bleiben, die Ihnen selbstverständlich sind, weil wir die Umstände nicht kennen. Aus Ihren letzten Depeschen haben wir entnommen, daß die Delegation von Čatloš abgeflogen ist und von zwei Mitgliedern der Untergrundbewegung begleitet wurde. Begreifen Sie, daß man sich einen gemeinsamen Flug von Quislingen und Leuten des Widerstands nicht gut vorstellen kann und daß das eine Darstellung erfordert . . . Geben Sie mir umgehend Ihre Erklärungen."[4]

Am 17. August kam die tschechoslowakische Seite zum erstenmal in Kontakt mit der Šmidke-Delegation. Aber auch das geschah rein zufällig, ja, illegal, ohne daß die sowjetischen Stellen davon Kenntnis hatten oder ihr Einverständnis gegeben hätten. Der Pilot des Čatloš-Flugzeuges, Major Lisický, benutzte eine Vorstellung im Großen Theater von Moskau, um sich unbeob-

---

9 V. Prečan a.a.O., S. 295, Nr. 135, Forderung des Generals S. Ingr an Oberstleutnant J. Golian.

achtet mit General Pika zu unterhalten. Er berichtete ihm, daß die Delegation aus fünf Personen bestände: ihm selbst als Piloten, Oberleutnant Gabris als Navigationsoffizier, Offiziersanwärter Počatok als Bordmechaniker sowie Oberstleutnant Ferjenčik und einem Zivilisten namens Novotny[10] als Fluggäste. Sie seien bereits seit elf Tagen, seit dem 6. August, in Moskau, seien nach außen völlig isoliert und gingen mit einem ständigen Begleiter, einem sowjetischen Oberst, in Museen, Theater und Kinos, alle in Zivil gekleidet und niemals unbeobachtet.

Nun gab es keinen Zweifel mehr, daß die Sowjets in der Frage des slowakischen Aufstands eigene Ziele und Absichten verfolgten! Sie hatten Oberstleutnant Ferjenčik sogleich die militärischen Papiere abgenommen, die ihm Golian mitgegeben hatte, und sich mit Karol Šmidke zu geheimen Beratungen zurückgezogen, über die sie weder die anderen slowakischen Delegationsmitglieder noch ihre tschechoslowakischen Verbündeten orientierten. Wie sich später herausstellte, glichen diese „Beratungen" mit Šmidke mehr NKWD-Verhören, in denen er nach allen Regeln der Kunst über sämtliche Aspekte der slowakischen Entwicklung vernommen wurde. Die Sowjets, die bislang so gut wie keine Verbindungen in die Slowakei gehabt hatten, wollten sich jetzt in den Besitz aller „Geheimnisse" setzen, um nicht weiterhin von den Informationen abhängig zu sein, die sie – meistens nur bruchstückhaft oder verspätet – von den bürgerlichen Emigrantenkreisen aus London bekamen. So war Šmidke fast zwei Wochen in der UdSSR streng isoliert und hatte – wie wir gesehen haben – nicht einmal zur Führung der KPČ unter Clement Gottwald Kontakt, während die Tage und Stunden verrannen und die Verschwörer in Banska Bystrica vergeblich auf Nachrichten aus der Sowjetunion warteten, die ihnen das Zeichen zum Aufstand bringen sollten.

In London war man je länger desto mehr davon überzeugt, daß hinter dem Verhalten der Sowjets das Čatloš-Memorandum steckte. Man witterte Bundesgenossen-Verrat! Präsident Beneš konferierte mit seinen Ministern und ließ seinem Anti-Slowakismus die Zügel schießen: Da sehe man, was er immer gesagt habe, daß auf diese Slowaken niemals Verlaß sei. Sie trieben alle ein doppeltes Spiel. Der ganze slowakische Untergrund sei in zahllose Fraktionen zerfallen, die sämtlich gegen- und miteinander intrigierten. Jeder sei ein Opportunist, und jeder habe eine geheime Rückversicherung. Man müsse sich das einmal vorstellen, daß Šmidke und Ferjenčik sowohl Mitglieder der Untergrund-Zentrale als auch Sendboten des Herrn Čatloš seien. Und die Sowjets, sie trieben jetzt mit den Slowaken dasselbe hinterhältige Spiel wie mit den deutschen Generälen und Offizieren, die sie im „Nationalkomitee

---

10 Karol Šmidke trat unter ständig wechselnden Pseudonymen auf, so z. B. Dušek Potocky und Novotny.

Freies Deutschland" und im „Bund Deutscher Offiziere" zusammengeschlossen hätten. Für die tschechoslowakische Regierung komme ein Paktieren mit slowakischen Quislingen und Opportunisten niemals in Frage, man müsse über Botschafter Fierlinger und über die Militärmission den Sowjets den tschechoslowakischen Standpunkt eindeutig klar machen.[11]

Inzwischen jedoch, am 18. August, hatten die slowakischen Delegierten in Moskau ihren sowjetischen Bewacher für ein paar Stunden abschütteln können, hatten die Militärmission aufgesucht und dort eine Kopie des Čatloš-Papiers überreicht, die drei Tage später an die Exilregierung in London weiterging. Um am 23. August besuchte Oberstleutnant Ferjenčik heimlich General Pika und beruhigte ihn bis zu einem gewissen Grade, indem er darauf hinwies, daß *beide* Delegationen von Golian gesandt seien, daß also kein Verrat im Spiel sei. Die illegale Militärzentrale in Banska Bystrica habe entschieden, das Čatloš-Memorandum für ihre eigenen Zwecke zu benutzen. Darunter sei zu verstehen, daß man die politischen Kombinationen des slowakischen Verteidigungsministers strikt ablehne und verwerfe, so beispielsweise seinen Hinweis auf Italien, doch mit seinen militärischen Planungen weitgehend konform gehe. So könne man die Person des Generals Čatloš vorschieben, um ungeniert gewisse militärische Vorbereitungen für den Aufstand zu treffen. Auf diese Weise sei es möglich, eine Mobilisation anzuordnen, Truppen zu verschieben, Lager einzurichten, Befestigungen aufzuwerfen und vorbereitende Aufstandsbefehle herauszugeben, ohne jemals in Verdacht zu kommen. Das alles könne nun völlig legal geschehen und dadurch seien zahllose Friktionen auszuschalten, die sonst zu Anfang unvermeidlich auftreten müßten. So habe man die Sache auch den sowjetischen Generälen vom Oberkommando der 4. Ukrainischen Front erklärt, und man habe betont, daß Čatloš – sobald der Aufstand ausgebrochen sei – selbstverständlich beseitigt würde. Ferjenčik fügte hinzu, man brauche sich in London wirklich keine Sorgen zu machen, die Stimmung im slowakischen Offizierskorps sei rein tschechoslowakisch, und auf die Frage, wer denn die Aufstandsarmee führen sollte, antwortete er, vielleicht wäre es am besten, wenn man aus London Divisionsgeneral Viest akommandieren würde.

So schienen sich die dramatischen Verwicklungen um die Šmidke-Mission doch noch zu lösen; in London konnte man das Mißtrauen wieder begraben. Anscheinend gab es doch einen intakten slowakischen Widerstand auf der Basis einer antifaschistischen nationalen Einheitsfront. Doch wieviel Zeit war inzwischen verstrichen! Von Šmidke keine Spur, von den Sowjets kein Wort. Oberstleutnant Golian saß in Banska Bystrica wie auf glühenden Koh-

---

11 Siehe zum Vergleich Dokumenten-Anhang 4: Beneš und Masaryk an Botschafter Fierlinger.

len. Die Zeit zerrann ihm zwischen den Händen. Die innenpolitische Lage in der Slowakei wurde dank der sowjetischen Partisanenaktivität von Tag zu Tag explosiver. Golian hatte angenommen, daß Šmidke und Ferjenčik spätestens nach zehn Tagen zurückkehren und detaillierte Anweisungen der Sowjetführung mitbringen würden. Jetzt hatte er das bestimmte Gefühl, daß plötzlich etwas passieren könnte, was alle seine Pläne zunichte machte.

10. Die letzte Frist

Am Dienstag, dem 22. August 1944, wurde in der Slowakei bekannt, daß zwei Tage zuvor eine russische Großoffensive gegen Rumänien begonnen hatte und daß die Sowjet-Divisionen der 2. und 3. Ukrainischen Front die Verteidigungsstellungen der Rumänen an Pruth und Dnjestr überrannt hatten und in vollem Sturmlauf auf Bukarest und die Donaumündung begriffen waren. Zwei Tage später verbreitete sich im ganzen Lande die Nachricht, daß der König von Rumänien über den Rundfunk an alle rumänischen Truppen den Befehl zur Einstellung des Kampfes erteilt hatte.

In der Slowakei hinterließ das einen ungeheuren Eindruck. Zum erstenmal war ein Satellitenstaat in Südosteuropa von Deutschland abgefallen! Man hatte erfahren, daß Rumäniens starker Mann, Marschall Antonescu, am Abend des 23. August im Königspalast von Bukarest festgesetzt worden war, und niemand zweifelte einen Augenblick daran, daß man die Rumänen – und wohl auch die Bulgaren – in Kürze auf der anderen Seite der Front sehen würde.

Und was geschah in der Slowakei? Warum folgte sie dem Beispiel Rumäniens nicht? Warum erklärte die Regierung in Bratislava nicht wenigtens den Kriegsaustritt und die Neutralität des Landes?

Solche und ähnliche Fragen stellten sich die Menschen in den Städten und Dörfern der Slowakei. Die Geschehnisse der letzten vier Wochen hatten jeden die Katastrophe Hitler-Deutschlands erkennen lassen, hatten auch dem Gleichgültigsten die Überzeugung aufgedrängt, daß sich die Slowakei auf der falschen Seite befand. Am 20. Juli war Stauffenbergs Bombe in Rastenburg explodiert. Am 31. Juli waren die Alliierten bei Avranches durchgebrochen und ungehindert in den leeren französischen Raum vorgedrungen. Einen Tag später hatte sich Warschau im bewaffneten Aufstand erhoben. Am 5. August hatte man vernommen, daß die deutschen Truppen Florenz geräumt hätten. Am 15. August waren die Alliierten in Südfrankreich gelandet. In den nächsten Tagen waren immer wieder Gerüchte kolportiert worden, sogar die Finnen wollten sich von Deutschland lösen. Am 20. August war bekannt geworden, daß die deutschen Truppen bei Falaise in der Normandie eingekesselt seien und daß in Paris Straßenkämpfe mit der Resistance stattfänden. Und der Moskauer Rundfunk verkündete immer wieder triumphierend, daß in den zwei Monaten seit der sowjetischen Großoffensive im Mittelabschnitt der Ostfront 25 deutsche Divisionen vernichtet oder gefangengenommen worden seien.

Mit fieberhafter Spannung hatte die Bevölkerung in der Slowakei die Nachrichten aufgenommen, diskutiert und verbreitet. Geschehen war dennoch nichts; nur die sowjetisch-slowakischen Partisanengruppen in der Niederen Tatra und im Turecer Gebiet hatten ihre Aktivität verbreitert. Gegen sie beschloß der Oberbefehlshaber der slowakischen Landtruppen, General Jozef Turanec, nun endlich energisch vorzugehen. Am 23. August 1944 erließ er ein Rundschreiben an die militärischen und politischen Instanzen des slowakischen Staates, das mit den Worten begann: „In der letzten Zeit erreicht die Tätigkeit von Diversanten bedenkliche Ausmaße. Sie bedroht unsere staatliche Selbständigkeit. Denn wenn wir diesen Schurken nicht selbst widerstehen könnten, müßten sich fremde Mächte darum bemühen. Uns blieben dann nur Unterwerfung, Schande, Hohn und Verfolgung. Nicht nur die Gendarmen und die zivilen Behörden, nein, in erster Linie sind die Heereseinheiten verpflichtet, überall dort einzuschreiten, wo sich die Schädlinge zeigen. Unsere Pflicht ist es, sie kurz und bündig, ohne Gnade zu bekämpfen und zu vernichten, damit wir so den Bestand unseres Staates und das Leben unserer Bürger retten ... In der Slowakei darf nur der Slowake Ordnung schaffen, kein Fremder, und schon gar kein Räuber oder Mörder."[1]

Turanec ordnete an, daß alle Einheiten der slowakischen Armee einschließlich der Luftwaffe sogenannte Assistenz-Abteilungen errichteten, die in ständiger Alarmbereitschaft für den Einsatz gegen Partisanen zu sein hatten. In seinem Rundschreiben hieß es weiter: „Wann immer ich einer Einheit, einer Schule, einem Kursus eine Handlung mit der Waffe in der Hand befehle, muß bereits alles zum sofortigen Abmarsch mit einem energischen Führer an der Spitze vorbereitet sein. Ausreden akzeptiere ich nicht, und gegen unfähige Führer schreite ich ein. Beispiel: Ich befehle der Fliegerschule oder dem Kursus der Buchhaltungsunteroffiziere, irgendwo gewisse Diversanten zu liquidieren, dann müssen sie augenblicklich mit Waffen und Munition versehen, auf bereitgestellte Fahrzeuge verladen und an den bestimmten Ort gefahren werden. Das ist ständige Bereitschaft! Eine andere erkenne ich nicht an."[1]

Die starken Worte des Generals Turanec waren in den Wind gesprochen. Vier Antipartisanen-Aktionen und Strafexpeditionen hatten im August in den Massiven der Niederen Tatra, der Mala und Velka Fatra stattgefunden und jedesmal zu einem Fehlschlag geführt. So erhielt beispielsweise der Kommandant des Militärlagers in Oremov Laz, Major A. Korda, am 9. August den Befehl, ein Bataillon von drei Kompanien für die Antipartisanen-Aktion aufzustellen und es in den Einsatz zu führen. Bei der Überreichung der Befehle und Generalstabskarten im Oberkommando der Landstreitkräfte in Banska Bystrica erteilte Oberstleutnant Golian ihm heimlich den

---

[1] V. Prečan, a.a.O., S. 313ff., Nr. 148, Rundschreiben des Generals J. Turanec mit dem Befehl, Assistenzabteilungen gegen die Partisanen aufzustellen.

Befehl, die Aktion zu sabotieren.[2] Der Major gehorchte, entsandte Leutnant Ferjanec, um die Partisanen zu warnen, und instruierte auch vorsichtig seine Kompanieführer, daß im bevorstehenden Einsatz nicht geschossen werden dürfe. Sechs Tage später, am 15. August, traf sich Korda mit dem sowjetischen Partisanenführer Welitschko, übergab ihm 11 Kisten mit Handgranaten und später auch leichte MGs, Gewehre und Munition.[3]

Einen anderen Fall schilderte Major Š. Želinsky, der mit seiner Einheit im Raum Bukovec operierte: „Anfang August . . . traf ich mich mit Partisanen. An diese Begegnung erinnere ich mich sehr gut, da mir General Turanec in einem Zimmer des Kommandos der Landstreitkräfte den Befehl zur Vernichtung der Partisanengruppen gab, während mir in einem zweiten Zimmer Oberstleutnant J. Golian den Befehl zur Unterstützung der Partisaneneinheiten erteilte. Ich befolgte die Anordnungen Golians und knüpfte Kontakt mit den Partisanenführern . . ."[4] Auch er versorgte die Partisanenabteilungen mit Waffen und Munition.

Auf Weisung Golians wurden die französische Legion sowie die Gruppen Žingor und Welitschko von den Militärlagern in Sv. Martin und Poprad voll ausgerüstet. Neben den nötigen Waffen erhielten sie fünfhundert Paar Schuhe, sechshundert wasserdichte Mäntel und zweitausend Wäschegarnituren. Auf ähnliche Weise unterstützten die Majore Korda und Cyprich im Auftrage Golians andere Partisanengruppen.

Wie gesagt, die Antipartisanen-Aktion der ersten Augusthälfte endete mit einem totalen Fiasko. Dabei darf nicht unerwähnt bleiben, daß auch General Čatloš die Partisanen durch Vermittlung des Kapitäns Stanek vor den Maßnahmen des Generals Turanec warnen ließ. Niemand – außer Turanec – machte gegen die Partisanen einen Finger krumm. Im Gegenteil, die Partisanenabteilungen gingen gestärkt aus einer Aktion hervor, die ihrer Vernichtung dienen sollte. Noch niemals hatten sie soviel Waffen und Munition besessen. Und die Soldaten und Offiziere der slowakischen Armee kehrten revolutioniert, angefüllt mit neuen hoffnungsvollen Parolen, die Taschen voller Flugblätter für ihre Kameraden, in die Garnisonen zurück. Den größten Erfolg aber hatte die illegale Militärzentrale in Banska Bystrica zu verzeichnen: Im Zuge der Antipartisanen-Aktion wurden drei Infanterie-Ba-

---

2 Im Einvernehmen mit Golian nahm Major Marko bereits im Juni 1944 mit der slowakischen Partisanengruppe „Žingor" in der Mittelslowakei und der des Oberleutnants Kukurelli in der Ostlowakei Kontakte auf.
3 Die Welitschko-Gruppe wurde durch die illegale Militärzentrale von Liptovska Osada in die Turec-Region zur Žingor-Abteilung verschoben, um sie vor der Antipartisanen-Aktion in Sicherheit zu bringen.
4 Sbornik, a.a.O., S. 24.

taillone und eine Panzer-Abteilung vom I. Armeekorps des Generals Malár in die Mittelslowakei verschoben.

Der Fehlschlag des Unternehmens blieb auch der deutschen Gesandtschaft in Bratislava nicht verborgen. Der Gesandte Ludin hatte sich immer wieder gegen den Einsatz deutscher Wehrmachtsverbände in der Slowakei gestemmt. Er konnte sich davon nichts Gutes für das deutsch-slowakische Verhältnis versprechen. Andererseits vermochte er nicht mehr zu leugnen, daß der Partisanenterror in der Mittel- und Ostslowakei für die öffentlichen Zustände, insbesondere natürlich für die volksdeutsche Minderheit, unerträglich wurde.[5] In den ersten Augustwochen hatte er wiederholt den Einsatz eines deutschen motorisierten Polizeiregiments zur Bandenbekämpfung befürwortet, um so den Anschein einer Besetzung durch die Wehrmacht zu vermeiden. Jetzt glaubte er nicht mehr, daß das genügen würde. Nach tagelangen Erörterungen mit Staatspräsident Dr. Tiso und dem Chef der deutschen Militärmission entschloß er sich am 24. August schweren Herzens, in einem Telegramm an das Auswärtige Amt in Berlin um die Versetzung einiger deutscher Militäreinheiten in die Slowakei zu bitten. Zur Begründung schrieb er: „Die Partisanentätigkeit in der Slowakei und damit verbundene Sabotageakte haben in den letzten Tagen erheblich zugenommen. Nach eingehender Überlegung und nach Rücksprache mit den zuständigen Stellen, insbesondere mit Staatspräsident Dr. Tiso und mit dem deutschen General habe ich trotz aller politischen Bedenken den deutschen General gebeten, die Verlegung einiger deutscher Truppenteile auf slowakisches Gebiet zu veranlassen. Nach allgemeiner Auffassung kann durch rasches und energisches Zugreifen ein weiteres Anwachsen der Partisanen jetzt noch verhindert werden. Slowakische Wehrmacht und Sicherheitsorgane sind hierzu allein nicht in der Lage. Durch die Anwesenheit deutscher Truppen kann nicht nur ein unmittelbarer und wirksamer Eingriff gegen die Partisanen, sondern auch eine allgemeine Beruhigung des deutschen und des slowakischen Bevölkerungsteiles erwartet werden. Nach weitverbreiteter Auffassung wünscht die Masse der slowakischen Bevölkerung Ruhe und Ordnung und ist nicht geneigt, die Partisanen aktiv zu unterstützen. Wo dieses bisher durch Gewährleistung von Unterschlupf, Lieferung von Lebensmitteln usw. geschah, darf vorläufig noch angenommen werden, daß es sich weniger um den Ausdruck der Sympathie als die Furcht vor dem Partisanenterror handelt. Vorgehen

---

5 V. Prečan, a.a.O., S. 190. Bereits am 5. 4. 1944 hatte Ludin nach Berlin geschrieben: „Die slowakische Armee verfügte über ausgezeichnetes Menschenmaterial. Der slowakische Soldat ist mutig und zäh ... Heute sind die Truppen durch antideutsche und kommunistische Thesen verseucht ... Keine geringe Schuld daran trägt das Offizierskorps, das noch ganz im tschechischen Geist erzogen wurde ..."

der Partisanen politisch und psychologisch außerordentlich geschickt. Individueller Terror richtet sich ausschließlich gegen Deutsche, während slowakische Bevölkerung im allgemeinen äußerst zuvorkommend behandelt wird. Unterstellung deutscher Truppen außerhalb der zum Operationsgebiet erklärten slowakischen Landesteile unter deutschen General, der im engen Einvernehmen mit mir und den zuständigen slowakischen Stellen vorgehen wird, muß auf alle Fälle gewährleistet bleiben. Ausschreitungen deutscher Truppen gegen slowakische Bevölkerung würden slowakische Regierung in eine psychologisch unhaltbare Lage bringen und müssen deshalb unter allen Umständen vermieden werden. Stehe zur Zeit mit Staatspräsidenten Tiso, deutschem General, Militär- und Polizeiattaché in dauerndem Gedankenaustausch, um vorliegende Aufgabe befriedigend zu lösen..."[6]

Nun schien also das einzutreten, was Oberstleutnant Golian so sehr als Folge der sowjetischen Partisanen-Aktionen befürchtet hatte: Wenn der deutsche Gesandte Truppen zur Bandenbekämpfung anforderte, dann konnten keine drei Tage vergehen, und die ersten Einheiten der Wehrmacht würden die slowakische Staatsgrenze überschreiten. Dann mußte die zweite vorgesehene Variante des Aufstandsplans eintreten: Rundumverteidigung gegen die deutsche Invasion, ohne Kontakt und Absprache mit den alliierten Streitkräften. Genau das hatten die Offiziere in Banska Bystrica vermeiden wollen! Sie waren mit ihren Vorbereitungen soweit gediehen, um ab Mitte September jeden Tag losschlagen zu können, in engstem Zusammenwirken mit den Sowjetstreitkräften, denen sie in überraschendem Zugriff die Karpatenpässe öffnen und den Weg in die Slowakei bahnen wollten. Doch am 24. August, dem Tag, an dem Ludin deutsche Truppen anforderte, hatte Golian noch immer kein Zeichen aus Moskau, keine Nachricht von Oberstleutnant Ferjenčik und Karol Šmidke.

Was war aus der Šmidke-Mission geworden, auf die die Verschwörer so große Hoffnungen gesetzt hatten?

Karol Šmidke war nach wie vor in Moskau. Es lag nicht an ihm, wenn er immer noch nicht in die Slowakei zurückgekehrt war. Er hatte vierzehn Tage durch die Sowjets verloren, bemühte sich aber geduldig und zugleich mit höchstem Eifer, seine Mission in der sowjetischen Hauptstadt zum Erfolg und der Verschwörung in der Heimat den größtmöglichen Nutzen zu bringen. Dabei kam ihm erneut sein außergewöhnliches Verhandlungsgeschick zustatten. Hatte er nicht in der Slowakei die miteinander rivalisierenden politischen Oppositionsgruppen schließlich doch unter einen Hut gebracht, als er den Slowakischen Nationalrat begründete? War es nicht sein Verdienst,

---

6 V. Prečan, a.a.O., S. 317f., Nr. 150, Telegramm des deutschen Gesandten H. Ludin an das Auswärtige Amt in Berlin (deutscher Originaltext).

wenn Mißtrauen und Feindschaft zwischen KP-Funktionären und Armeeoffizieren auf ein Minimum geschmolzen waren? Wenn beide Gruppen im wesentlichen reibungslos zusammenarbeiteten und dasselbe patriotische Ziel verfolgten? War er es nicht gewesen, der selbst zu Čatloš Fäden gesponnen und dessen Putschpläne dem Aufstandsvorhaben zugute gebracht hatte? War es ihm nicht sogar gelungen, erfolgreich am Abbau der Spannungen zwischen Dr. Beneš und dem Nationalrat zu arbeiten, als er klug und großzügig Dr. Šrobar in das Präsidium des SNR aufnahm, obwohl ihm als Slowaken und Kommunisten die Kooperation mit einem Beneš-Mann nicht leicht gefallen sein mochte? Nur in einem Punkte war seine umfassende Strategie, seine weitblickende Konzeption gefährdet worden: Die unvorhergesehenen, die unerwünschten Aktionen der Partisanenabteilungen aus der Sowjetunion drohten die Früchte seiner zwölfmonatigen Tätigkeit in der Slowakei im letzten Moment zu verderben.

Karol Šmidke wußte noch nicht, als er in Moskau ankam, daß die Partisanenaktivität, die ihm soviel Sorge bereitete, nicht nur ein Werk der Sowjets war, sondern ganz entscheidend auch auf die Initiative der Moskauer Führung der kommunistischen Partei der Tschechoslowakei unter Clement Gottwald zurückging. Er kannte nicht die Widersprüche und Meinungsverschiedenheiten, die sich inzwischen innerhalb der Exilführung des KPČ gerade im Hinblick auf die Slowakei erhoben hatten. Mitte August war es Slansky gelungen, die Zustimmung Chruschtschows zur Konzeption der slowakischen Kommunisten, mit allen oppositionellen Gruppierungen im Slowakischen Nationalrat zu koalieren, zu erhalten. Doch die Fraktion um Gottwald/Kopecký hatte dann quer geschossen. Sie verwies auf den Warschauer Aufstand und lehnte es ab, die tschechoslowakischen Streitkräfte in der UdSSR geschlossen zum Einsatz in die Slowakei zu bringen, weil sie den nichtkommunistischen Kräften keine patriotischen Verdienste zukommen lassen wollte, die ihnen ein moralisches Anrecht auf Mitsprache bei der Ausgestaltung der tschechoslowakischen Nachkriegsrepublik gegeben hätten. Sie bekämpfte die loyale Zusammenarbeit mit der slowakischen Armee und forcierte nach Kräften den Abwurf von sowjetischen Partisanengruppen, die ihr behilflich sein sollten, nach der militärischen Befreiung die Macht an sich zu reißen.

Karol Šmidke hatte die Aufgabe, die Moskauer Führung der KPČ nicht nur mit der Politik des V. illegalen ZK der KPS bekanntzumachen, von der sie nur äußerst bruchstückhaft unterrichtet war, sondern auch ihre Zustimmung zu gewinnen. Das hieß, er hatte kommunistische Emigranten, die zum größten Teil Tschechen waren und das Bild der Slowakei weitgehend verzerrt sahen, von der allein maßgeblichen Autorität des Slowakischen Nationalrats, von der antifaschistisch-demokratischen Bündnispolitik mit den bürgerlichen Oppositionsparteien und von der engen Kooperation mit dem slowakischen Offizierskorps zu überzeugen. Ja, es mußte ihm gelingen, die Leute in Moskau dafür zu gewinnen, die Verteidigungsmaßnahmen des klerikalfaschistischen Staates zu bejahen, damit man sie in ihr Gegenteil verkehren und zum Instrument des Aufstandes machen konnte.

Šmidke gelang alles. Nachdem er einen Vortrag vor den Moskauer Genossen beendet hatte, in dem er die mühevollen Vorarbeiten, die gewaltigen Erfolge bei der Formierung einer slowakischen „Nationalen Front" und die präzisen, großangelegten Aufstandspläne der Militärzentrale schilderte, brach unter den Genossen heller Jubel aus. Dimitroff, der Generalsekretär der Exekutive der kommunistischen Internationale, stand spontan auf, umarmte und küßte Šmidke. Da blieb auch Gottwald nichts anderes übrig, als dem slowakischen Genossen zuzustimmen und ihm anerkennend die Hand zu schütteln. Eine solche bis ins kleinste Detail ausgearbeitete und zugleich weitgesteckte Verschwörung war noch nicht dagewesen. Ja, das war revolutionäre Generalstabsarbeit! Das schuf Perspektiven und ließ überwältigende Ergebnisse hoffen.

Wenn Šmidke, Husák und Novomeský, die führenden Köpfe des V. illegalen ZK der KPS, einige Jahre nach dem Kriege als Verräter an der Sache der KP gebrandmarkt wurden, wenn man ihnen vorwarf, sie hätten Handlangerdienste für die nationalistische Bourgeoisie der Slowakei geleistet und seien während des Aufstands bereit gewesen, zu ihr überzugehen, so war kein Wort daran wahr: Die Moskauer Parteiführung hat sich anläßlich der Šmidke-Mission voll mit der strategischen und taktischen Konzeption des V. illegalen ZK der KPS solidarisiert und hat ihr in sämtlichen Punkten zugestimmt! Gottwald und Kopecký, die nach dem Kriege ihre slowakischen Genossen verfolgen und terrorisieren ließen, hatten dies in Moskau miterlebt, waren Augen- und Ohrenzeugen des Triumphes von Karol Šmidke gewesen.

Es gibt – abgesehen von mündlichen Aussagen – ein unfehlbares schriftliches Beweisstück dafür: Am 23. August 1944 fand in Moskau eine Beratung der Parteizentrale der KPČ mit dem Vertreter der slowakischen illegalen Parteiführung, K. Šmidke, statt, auf der streng vertraulich das grundlegende Memorandum „Über einige Aufgaben der nationalen Befreiungsbewegung in der Slowakei" verfaßt und angenommen wurde.[7] Es gliederte sich in fünf Hauptabschnitte, deren Inhalt folgendes besagte:

I. Die slowakische nationale Freiheitsbewegung kämpft für die Befreiung der Slowakei von der deutschen Vorherrschaft, für den Sturz der Verräterregierung in Bratislava, für die Beendigung des Bruderkrieges gegen die Sowjetunion und für die Wiedergewinnung der an Ungarn verloren gegangenen Gebiete. Sie setzt sich ein für die Wiedererrichtung der

---

7 Wortlaut im Dokumentan-Anhang 3.

tschechoslowakischen Republik, als demokratischer Staat dreier gleichberechtiger slawischer Völker – der Tschechen, Slowaken und Karpatoukrainer. (Die KP-Spitze wußte zu der Zeit noch nicht, daß die Karpatoukraine von den Sowjets beansprucht wurde – d. Verf.) Die definitive Stellung der Slowakei im neuen Staat soll in brüderlichem Übereinkommen mit dem tschechischen Volk auf der Grundlage des Prinzips „Gleicher mit Gleichem" geregelt werden.

II. Die nationale Freiheitsbewegung fordert das sofortige Ausscheiden der Slowakei aus dem Krieg, die Rückführung der beiden slowakischen Divisionen, die sich in Rumänien und Italien befinden, die Einstellung deutscher Militärtransporte durch die Slowakei, die Räumung der Schutzzone durch die deutschen Truppen, die Einstellung der Ausfuhr von Lebensmitteln und Rohstoffen aus der Slowakei nach Deutschland und die Rückkehr der slowakischen Arbeiter aus dem Reichsgebiet in die Heimat.

III. Sollten die Deutschen sich zu einer Okkupation der Slowakei entschließen, so erwartet die slowakische Freiheitsbewegung, daß das Volk der Slowakei sich mit allen Mitteln, einschließlich des bewaffneten Widerstandes der slowakischen Armee, dagegen zur Wehr setzt. Betritt die Rote Armee das Land, so ist es die Aufgabe der nationalen Widerstandsfront, einen allgemeinen Volksaufstand zu organisieren, die Verräterregierung in Bratislava zu beseitigen, eine provisorische Regierungsmacht in Gestalt des Slowakischen Nationalrats zu errichten, mit Hilfe der Sowjets die abgetretenen Gebiete wiederzuerringen und bei der Befreiung des übrigen Territoriums der Tschechoslowakei – Böhmen, Mähren, Karpatoukraine – mitzuwirken.

IV. Die Freiheitsbewegung hält es für erforderlich, die Anstrengungen zur Gewinnung der gesamten slowakischen Armee für den bewaffneten Aufstand zu steigern, das Netz der Nationalausschüsse zu erweitern und die Vervollkommnung der Partisanenabteilungen voranzutreiben, damit jeder Nationalausschuß beim Aufstand über eine bewaffnete Macht zur Aufrechterhaltung der öffentlichen Sicherheit in seinem Gebiet verfügt.

V. Nach der Befreiung der Slowakei übernimmt der Slowakische Nationalrat die gesamte öffentliche Verwaltung, schreibt in kürzester Frist demokratische Wahlen zu den Orts-, Kreis- und Gau-Nationalausschüssen aus und beruft einen all-slowakischen Kongreß der Nationalausschüsse ein, vor dem er Rechenschaft legen wird. Die bisherige slowakische Armee, aufgefüllt mit mobilisierten Kontingenten, wird nach der Befreiung der Slowakei Bestandteil des neuen tschechoslowakischen Heeres.

Karol Šmidke hielt sich also in Moskau treu und loyal an die Direktiven des

Slowakischen Nationalrats und an die Absprachen mit der illegalen Militärzentrale in Banska Bystrica. Die Konzeption, die er im Moskauer Memorandum der KPČ formuliert und durchgesetzt hatte, entsprach grundsätzlich und in sämtlichen Details der antifaschistisch-demokratischen Bündnis- und nationalen Einheitspolitik des SNR, entsprach den Prinzipien des slowakischen Selbstbestimmungsrechtes, ohne im geringsten an der tschechoslowakischen staatlichen Einheit zu rütteln, bekannte sich unzweideutig zur Idee eines Nationalaufstandes in der Slowakei und stellte die reguläre Armee dementsprechend auf der militärischen Ebene in den ihr gebührenden Vordergrund. Fallstricke und Fußangeln stalinistischer Observanz gab es im Šmidke-Memorandum nicht.

Und doch hatte das alles im Augenblick kaum einen Nutzen: In Banska Bystrica saß Oberstleutnant Golian und harrte vergeblich auf die Rückkehr seiner Delegation, auf ein Zeichen von den Sowjets, daß sie mit seinen Plänen und Gedanken einverstanden seien bzw. wie und wann sie ihre eigenen Operationen damit koordinieren würden. Für Golian wurde das Abwarten aber immer unerträglicher, denn in der Slowakei überschlugen sich die Dinge, verstärkte sich die allgemeine Nervosität beinahe stündlich, trieb die politische Krise ihrem Höhepunkt entgegen. Die sowjetischen Partisanenabteilungen stiegen von den Bergen herab und steigerten ihren individuellen Terror allenthalben. Das Regime in Bratislava verlor die letzten Reste seiner Gewalt über das Land. Seine organisatorische Unfähigkeit, seine politische Impotenz lagen offen zu Tage. Die Armee-Einheiten befanden sich in einem Zustand innerer Gärung, so daß man jeden Augenblick mit Meutereien rechnen mußte. Die sich verdichtenden Gerüchte über eine unmittelbar bevorstehende Besetzung der Slowakei gossen Öl in's Feuer. Es herrschte eine regelrechte Okkupationspsychose.

Nur so ist der mysteriöse Zwischenfall zu erklären, der sich am 24. August 1944 im Bratislava abspielte. Am Vormittag dieses Tages erhielt General Čatloš die Nachricht, deutsche Truppen, darunter die 4. motorisierte Division der Waffen-SS, konzentrierten sich auf deutschem Gebiet gegenüber Preßburg und ständen bereit zum Einmarsch, der in der Nacht erfolgen sollte. Čatloš vertraute der Meldung und ordnete um 18 Uhr für die 8000 Mann starke Garnison der Hautpstadt Bereitschaft an. Alle Offiziere, Unteroffiziere und Mannschaften, die Ausgang hatten, mußten augenblicklich in die Kasernen zurückkehren. Scharfe Munition wurde ausgegeben. Von 20 Uhr bis zum nächsten Morgen um 4 Uhr herrschte Alarmzustand: Die slowakischen Verbände verließen das Stadtzentrum und bezogen Bereitstellungen am nordöstlichen Rande der Stadt, wo sie ihre schweren Waffen in Stellung brachten; Panzer sicherten die Ausfallstraßen.

Kurz vor 23 Uhr bat ein Informant den deutschen Gesandtschaftsrat Gmelin für einen Moment aus einer Gesellschaft heraus, auf der er sich zusammen mit dem Gesandten Ludin befand, und berichtete ihm davon, daß die Straßen der Stadt mit marschierenden slowakischen Truppenteilen angefüllt seien und daß sich unter der deutschen Bevölkerung Unruhe verbreite. Ludin und Gmelin eilten unverzüglich zu Alexander Mach, der – selbst völlig ahnungslos – ihnen die Zusammenhänge nicht erklären konnte und sie bat, ihm auf der Stelle zum Präsidenten zu folgen. Dort angekommen, trat ihnen Dr. Tiso entgegen und beruhigte sie mit der Versicherung, es handle sich um eine von Čatloš angeordnete Alarmübung, von der er, Tiso, vorher unterrichtet worden sei. Auf die Bitte Ludins, Čatloš herbeizuzitieren, antwortete ihm Tiso, bewußt die Unwahrheit sagend, Čatloš sei nicht im Verteidigungsministerium, er habe gegen 20 Uhr die Stadt in Richtung Trenčín verlassen. Während man noch hin und her verhandelte, erschienen zwei Nachrichtenoffiziere der slowakischen Armee in Zivil und übergaben dem Präsidenten Meldungen von Čatloš über angebliche Bewegungen deutscher Truppen gegen die Slowakei. Tiso las sie Ludin vor, der überzeugend erklären konnte, daß sie völlig aus der Luft gegriffen seien. Darauf ordnete der Staatspräsident an, daß die Truppen bis 4 Uhr morgens wieder in ihre Unterkünfte einzurücken hätten.

Es läßt sich heute nicht mehr einwandfrei feststellen, welche Rolle Dr. Tiso am 24. August spielte. Es ist möglich, daß er an eine routinemäßige Alarmübung der Garnison von Bratislava glaubte. Wahrscheinlich ist jedoch, daß ihn Čatloš über die beunruhigenden Meldungen informiert und seine Zustimmung zu militärischen Vorsichtsmaßnahmen erbeten hatte. (Die slowakische Garnison wollte einen Kampf im Stadtgebiet von Bratislava vermeiden, sich auf andere Truppenteile in der Westslowakei zurückziehen und dann gegen einen deutschen Vormarsch zur Wehr setzen.) Staatspräsident Tiso dürfte den Gerüchten von Anfang an wenig Glauben geschenkt haben. Er war erst vor kurzem, im April 1944, bei Hitler im Führerhauptquartier gewesen und hatte sich wiederum „glänzend mit ihm verstanden".[8] Er hatte einen Tag zuvor Ludin sein Einverständnis erteilt, einige deutsche Einheiten zur Antipartisanen-Aktion anzufordern. Daß die Deutschen, ohne ihn zu verständigen, in die Slowakei einfielen, konnte er sich nicht vorstellen, begrüßte aber die Gelegenheit, ihnen zu demonstrieren, daß er eine solche Behandlung nicht schätzen würde.

In diesem Zusammenhang scheint es notwendig, die Auffassungen des ehemaligen Gesandtschaftsrats Gmelin zu untersuchen, der davon überzeugt ist, daß Staatspräsident Tiso die Verschwörerpläne für einen Aufstand seit langem kannte und insgeheim billigte, Ende August aber „von den tschechoslo-

---

8 Gesandtschaftsrat a. D. Gmelin in einem Gespräch mit dem Verfasser.

wakisch orientierten Kräften überspielt" worden sei.⁹ Dem steht das Zeugnis des ehemaligen klerikalfaschistischen Innenministers Alexander Mach gegenüber, der einer solchen Vermutung entschieden widerspricht:
Tiso hat – immer nach Mach – niemals die Absicht gehabt, sich von Deutschland zu trennen. Der Staatspräsident hat auf ein Wunder gehofft: weniger auf die von Goebbels angekündigten deutschen Wunderwaffen (auf die auch), vor allem aber auf das Wunder eines Zerfalls der Anti-Hitler-Koalition, also auf den Konflikt zwischen den Westmächten und der Sowjetunion. Dabei verließ er sich weitgehend auf ein rechtzeitiges, geschicktes Eingreifen des Vatikans. Tiso hielt es einfach für ausgeschlossen – und darin war Mach mit ihm einig –, daß die Westalliierten, daß Winston Churchill und die Briten Mitteleuropa freiwillig den Sowjets überlassen könnten. Er war fest davon durchdrungen, daß die westlichen Großmächte, angeführt von Großbritannien, alles tun würden, um Zentraleuropa im letzten Augenblick vor dem „Bolschewismus" zu retten und daß es darüber zum Konflikt zwischen Ost und West kommen müsse. Er wies den Gedanken weit von sich, daß gerade Churchill so „wahnsinnig" sein könnte, das Deutsche Reich vernichten zu lassen, „das einzige Bollwerk gegen den Bolschewismus" auf dem europäischen Festland. Natürlich, darüber war er sich klar, mußte das Nachkriegs-Deutschland ein Reich ohne Hitler sein. Dagegen hatte er gar nichts einzuwenden; im Gegenteil. „Nein, Tiso wollte solange wie möglich an der Seite Deutschlands aushalten. Er wartete auf ein rettendes Eingreifen der Westmächte und beschäftigte sich niemals mit Aufstandsplänen."¹⁰
Gmelin dagegen hat seine These vom Doppelspiel Tisos bereits im Krieg in der Preßburger Gesandtschaft gegen Ludin verfochten, der davon nichts wissen wollte und von der Zuverlässigkeit Tisos im deutschen Sinne bis zum Schluß in einer Art von naivem Idealismus überzeugt blieb. Gmelin, der bis heute an seinen Kombinationen festhält, stützt sich vor allem auf ein persönliches Gespräch, das er mit Tiso hatte, in dem ihm der Staatspräsident andeutete, die Slowaken könnten gezwungen sein, aus dem falschen Boot, in dem sie denkbarerweise säßen, auf offener See umzusteigen; möglichst ohne dabei naß zu werden. Gmelin glaubt fest daran, daß zwischen Tiso und Čatloš Einverständnis herrschte, daß der slowakische Präsident auch von den Aufstandsplänen in Banska Bystrica gewußt habe. Er habe zumindest geahnt, daß die wirtschaftliche und monetäre Konzentration in der Mittelslowakei, die mit seiner Zustimmung erfolgte, für den Fall eines Aufstandes gedacht

---

9 Gesandtschaftsrat a. D. Gmelin in einem Gespräch mit dem Verfasser im Herbst 1968 und in einer Zuschrift vom Februar 1969.
10 Alexander Mach in einem Gespräch mit dem Verfasser Anfang November 1968, kurz nach Machs Entlassung aus jahrzehntelanger Haft.

war. Es sei seine Politik gewesen, sich auf alle denkbaren Varianten vorzubereiten und sich die Entscheidung bis zu dem Augenblick vorzubehalten, in dem eine klare Lagebeurteilung möglich schien. Deshalb habe Tiso mehrere Eisen im Feuer und nach den verschiedensten Seiten Kontakte gehabt:
a) über Bardony → Čatloš
b) über Malár → Golian
c) über Mach → Novomeský
d) über Ludin → Hitler
e) über den Nuntius → Papst
f) über die Amerika-Slowaken → Roosevelt.

Erst nachdem Tiso Ende August 1944 von Beneš via Golian überspielt worden sei, habe er sich ganz „auf die Rolle eines katholischen Märtyrers im Kampf gegen den Bolschewismus umgestellt."[11]

An dieser These ist ganz gewiß richtig, daß Tiso – ein durchaus intelligenter, vor allem bauernschlauer Mann – als slowakischer Nationalist nicht mit den Deutschen untergehen, sondern im geeigneten Moment aus ihrem sinkenden Boot aussteigen wollte. Niemals war er jedoch bereit, in das sowjetische Boot umzusteigen; das stand für ihn nicht einmal theoretisch zur Diskussion. Sollte das die einzige Alternative sein, so war er allerdings willens, mit den Deutschen zugrunde zu gehen und als katholischer Märtyrer für eine christliche Slowakei zu sterben. Das Rettungsschiff, nach dem er Ausschau hielt, konnte nur aus dem Westen kommen, mußte angloamerikanischer Bauart sein und am Mast einen Wimpel des Vatikans tragen. Auch mit Beneš wollte er nicht in Verhandlungen treten, weil er wußte, daß es schlechterdings keinen Zweck hatte, daß er bei ihm als Quisling, als Verräter galt, und weil er ahnte, daß Beneš notfalls, wenn auch nicht begeistert, mit den Sowjets paktieren würde.

Čatloš hat dem slowakischen Militärhistoriker Pavel Bosak vom Museum des Slowakischen Nationalaufstandes in Banska Bystrica in einem Interview berichtet, daß er einmal – im Jahre 1943 – mit Tiso über die Möglichkeit eines Abfalls von Deutschland gesprochen habe. Tiso habe ihm gesagt, mit den Sowjets könne die Slowakei niemals paktieren: „Bolschewismus und Christentum sind wie Feuer und Wasser." Und auch mit den Tschechen gäbe es kein Verhandeln: „Denn aus Böhmen kommt der Teufel" Danach habe er, Čatloš, „nie wieder" mit Tiso über die Frage gesprochen.[12]

Es darf eben nicht übersehen werden, daß zwischen Tiso und Čatloš keine

---

11 Gesandtschaftsrat a. D. Gmelin in einem Gespräch mit dem Verfasser im Herbst 1968 und in einer Zuschrift vom Februar 1969.
12 Nach einer mündlichen Mitteilung Pavel Bosaks an den Verfasser im Februar 1969.

weltanschauliche Identität bestand. Čatloš war Protestant, Panslawist und ehemaliger tschechoslowakischer Legionär (Kapitän) in der Sowjetunion. Er war keineswegs in dem starren ideologischen Sinne antikommunistisch festgelegt wie Dr. Tiso. Um die Jahreswende 1943/44 wurde ihm politisch und militärisch klar, daß es die sowjetischen Truppen sein würden, die man in der Slowakei zu erwarten hatte, und keinesfalls die westlichen. Da sein Opportunismus um viele Grade bedenkenloser und wendiger als der seines Präsidenten war, beschloß er kurzerhand, auf die sowjetische Karte zu setzen, entschied er sich, zu handeln – ohne oder gegen Tiso, wie es gerade kam. Eine Einheit der Verschwörung existierte zwischen beiden nicht. Selbst Čatloš ahnte ja im Grunde nichts von dem, was in Banska Bystrica geschah (gar nichts von dem Kontakt, der zwischen Golian und London bestand). Staatspräsident Tiso kann von ihm keine Informationen erhalten haben.

So handelte Čatloš auch am Abend des 24. August, als er im Verteidigungsministerium saß und sich dort vor den Deutschen verleugnen ließ, selbständig und ohne Tiso ins Vertrauen zu ziehen. Er sandte Dr. Ševčik und Oberst im Generalstab Tálský mit der Nachricht nach Banska Bystrica, zum Kommando der Landtruppen, zwei deutsche Divisionen hätten an der slowakisch-mährischen Grenze im Raum Hodonin Bereitstellungen bezogen, um in die Slowakei einzumarschieren.

Oberstleutnant Golian reagierte unverzüglich. In seiner offiziellen Eigenschaft als Stabschef des Kommandos der Landstreitkräfte ordnete er um 2 Uhr nachts für alle Garnisonen in der Slowakei Kampfalarm an. (Vorbereitende Befehle für den Aufstand hatte Golian schon Anfang August verfaßt. Es waren dies vor allem: ein Sonderbefehl für die Konzentrierung und Verteidigung der Räume Zvolen und Brezno sowie ein Sonderbefehl für den Stützpunkt Oremov Laz; alle vom 5. August 1944.) Gleichzeitig gab er in seiner Position als Haupt der militärischen Verschwörung nach einer Beratung mit weiteren Mitgliedern der Militärzentrale an alle eingeweihten Kommandeure und Stabschefs eine „persönliche geheime Instruktion" heraus, in der es hieß: „Laut eingegangener Nachrichten und bestätigter Anzeichen beabsichtigt das Deutsche Reich, das Gebiet der Slowakei zu besetzen. Die kritischsten Momente sind die Nacht auf den 27. August und der 27. August selbst[13] . . . Bereiten Sie alles nach den beigefügten Befehlen vor, so daß Sie

---

13 Golians Stabschef, Major Julius Nosko, schrieb dazu in seinen „Bemerkungen", Archiv des Museums des Slowakischen Nationalaufstandes, Banska Bystrica: „Die Nacht zum 27. August und den 27. August selbst hielten wir deshalb für eine kritische Phase, weil es von Samstag zum Sonntag war. Die Deutschen konnten die Aktion überraschend an einem Sonntagmorgen starten, wenn alles nach dem Samstag noch lange schläft und weniger wachsam ist."

bis zum 26. August 20 Uhr fertig sind und den Kampf um die Verteidigung der Garnisonen aufnehmen können . . . Die Vorbereitungen führen Sie in Form von Übungen durch. Im Falle, daß die Besetzung des slowakischen Gebietes verschoben wird, werden Sie rechtzeitig verständig."[14]

Stabschef Julius Nosko schrieb nach dem Kriege: „Über den Kampfalarm wurde auch Verteidigungsminister Čatloš verständigt. Die Deutschen gaben zwar die Versicherung ab, daß ihre Einheiten für Ungarn und Rumänien bestimmt seien . . . und daß sie nur durch das westliche Gebiet der Slowakei befördert würden; doch wer konnte den Deutschen trauen?"[15] Und so marschierten die Verbände, die zur Verteidigung des taktischen Dreiecks Brezno – Banska Bystrica – Zvolen bestimmt waren, mit scharfer Munition in ihre Defensivstellungen, wobei besonders die Richtung von Sväty Križ (Heiligenkreuz) nach Banska Bystrica gedeckt wurde. Alles geschah – wie befohlen – im Rahmen legaler Alarmübungen. Niemand konnte erkennen, daß es sich in Wahrheit um antifaschistische Maßnahmen handelte. Denn Golian und seine Kameraden bemühten sich auch jetzt noch bis zum äußersten, die erste Variante einer Zusammenarbeit mit der Sowjetarmee offenzuhalten, obwohl auch am 25. und 26 August noch immer kein Zeichen von Karol Šmidke vorlag.

Niemand konnte sich in den Tagen vom 24. bis 26. August in der Slowakei vorstellen, daß die Deutschen noch länger mit dem Einmarsch zögern würden. Das Land schritt dem Chaos entgegen! In der Ostslowakei gingen die Partisanenabteilungen seit dem 24. 8. zu offener Aktivität über und unterbrachen den gesamten Eisenbahnverkehr. Wurden Partisanen gefangengenommen, so weigerten sich die Standgerichte, über sie zu richten. In der Mittelslowakei, in Kremnica (Kremnitz), wurden die Volksdeutschen am 24. August von den Partisanen am hellichten Tage überfallen. Die Minderheit richtete an die „Volksdeutsche Mittelstelle" die dringende Forderung nach Bewaffnung ihres Heimatschutzes. Von Ungarn strömten zahlreiche Flüchtlinge in die Slowakei, die einen überraschenden Einbruch sowjetischer Panzerkräfte in die ungarische Tiefebene befürchteten. Die Schnellzugverbindung nach Budapest wurde am 24. August eingestellt.

Die Tiso-Regierung richtete am 26. 8. einen Aufruf an die Bürger, in dem sie dazu aufforderte, alle Kräfte anzuspannen, um die slowakische Verteidigungsbereitschaft zu erhöhen. Niemand in der Slowakei achtete darauf. Die Allgemeinheit begeisterte sich für die Kapitulation Rumäniens. Allenthalben

---

14 V. Prečan, a.a.O., S. 319f., Nr. 152, Persönliche geheime Instruktion des Oberstleutnants J. Golian für die slowakischen Garnisonskommandanten.
15 Archiv des Museums des Slowakischen Nationalaufstands, Banska Bystrica, „Bemerkungen" von J. Nosko.

wurden illegale Flugblätter verteilt: „Slowaken, auf, in den Kampf gegen die Deutschen!" Militäreinheiten in der Westslowakei öffneten ihre Depots und verteilten Waffen an Zivilisten.

In der Mittelslowakei kamen die sowjetisch-slowakischen Partisanenabteilungen von den Bergen herab und breiteten sich in den Tälern und Ortschaften aus. Am 25. August verweigerte die Garnison von Turč.Svatý Martin der Regierung in Bratislava offen den Gehorsam und solidarisierte sich mit den Partisanen-Gruppen. In der Nacht vom 25. zum 26. August befreiten Partisanen und desertierte Soldaten politische Gefangene in Ružomberok. Am 26. August liquidierten Partisanen die faschistischen Würdenträger in der Kreisstadt Brezno, östlich Banska Bystrica. Volksdeutsche wurden in mehreren Ortschaften mißhandelt, erschossen oder verschleppt.

Revolutionäre Nationalkomitees übernahmen in einigen Gemeinden der Mittelslowakei die politische Macht und proklamierten die Mobilisation von Freiwilligen für die Partisanenbrigaden.

Es läßt sich zeitlich genau festlegen, daß es der 25. August 1944 war, an dem die Partisanenabteilungen aus der Sowjetunion den Versuch unternahmen, den allgemeinen Aufstand in der Slowakei auszulösen und die politisch-militärische Macht an sich zu reißen. An diesem Tag verließen sie ihre Verstecke und Schlupfwinkel in den Bergen, um sich offen in den Dörfern und Städten zu zeigen und rote Fahnen zu hissen. Von diesem Tage an verbreiteten sie überall, wo sie hinkamen, das Gerücht, am 25. August habe der Einmarsch von fünf deutschen Divisionen in die Slowakei begonnen, und in ihren Funkmeldungen an den Partisanenstab in Kiew stellten sie dieselbe Behauptung auf.

In Wahrheit war jedoch von einer deutschen Besetzung der Slowakei keine Rede! Alle Anfragen der deutschen Gesandtschaft in Berlin und Wien ergaben, daß „zunächst noch keine Kräfte" verfügbar seien.[16] Noch immer hatten sich die drei Gespenster-Divisionen, von denen in der Slowakei gemunkelt wurde, nicht in Marsch gesetzt. Im Gegenteil: Während es am 25. und 26. August in Teilen der Mittelslowakei turbulent zuging, schien am 27. 8. wieder Ruhe und Ordnung einzukehren. Es kann deshalb nicht ausgeschlossen werden, daß die hektische Partisanenaktivität vom 25. und 26. August auf sowjetische Anweisung zurückging. Es ist möglich, daß die Sowjets, nachdem sie seit dem 5. August im Besitz der Aufstandspläne waren und vom 6. bis 20. August Karol Šmidke über alle Einzelheiten verhört hatten, einem nationaldemokratischen Aufstandsunternehmen à la Warschau zuvorkommen und durch die ihnen ergebenen Partisanenabteilungen vollendete Tatsachen

---

16 Nach einer Zuschrift des Gesandtschaftsrats a. D. Gmelin an den Verfasser vom Februar 1969.

in ihrem Sinne schaffen wollten. Es ist nicht gänzlich von der Hand zu weisen, daß Gottwald und Kopecký – in bewußter Täuschung und Irreführung Šmidkes – dabei eine entscheidende Rolle gespielt haben, denn in den Tagen vom 26. bis 29. August verbreiteten sie in Moskau immer wieder die Version, die Deutschen seien am 25. 8. einmarschiert und die Kämpfe hätten begonnen, obwohl alle Nachrichten aus der Slowakei einwandfrei dagegen sprachen.[17]

Mit Sicherheit läßt sich jedoch eine solche Auffassung nicht vertreten. Solange die entsprechenden sowjetischen Dokumente, vor allem die Funksprüche des Ukrainischen Partisanenstabes an die Partisanengruppen in der Slowakei, nicht vorliegen, wird es darüber keine endgültige Klarheit geben. Es ist durchaus denkbar, daß sich die Sowjets, daß sich vor allem Chruschtschow in Kiew, zu dem Slansky als Vertreter der tschechoslowakischen Exil-KP-Führung delegiert worden war, zur Šmidke-Konzeption korrekt und loyal verhielten, nachdem dieser in Moskau am 23. August so überzeugend und erfolgreich aufgetreten war. Die vorzeitige Partisanenaktivität kann auch – ohne Weisung aus Kiew oder Moskau – spontan von den sowjetischen Partisanenführern ausgelöst worden sein. So hatte sich Mitte August Dr. Gustáv Husák im Auftrag des Slowakischen Nationalrats nach Sklabina zu „Major" Welitschko begeben und ihn gebeten, seine Unternehmungen vorübergehend einzustellen, um den Aufstand nicht zu gefährden. Welitschko, dessen Gruppe sich in drei Wochen außerordentlich verstärkt hatte, verstand nichts, sondern lebte in dem Größenwahn, er könne mit seiner Abteilung den Umsturz in der Slowakei auslösen. Seine Berichte nach Kiew waren reine Phantasieprodukte. So meldete er später, er habe mit seiner Partisanengruppe von 360 Mann in der Turecer Region vier Divisionen der Waffen-SS aufgehalten! Es könnte sein, daß er und andere sowjetische Partisanenführer von sich aus versuchten, die Dinge in der Slowakei ins Rollen zu bringen.

Für Golian und seine Mitverschworenen jedenfalls war eine äußerst komplizierte Situation entstanden. Sie hatten keinerlei Nachrichten über das Ergebnis der Šmidke-Mission und kannten nicht die Einstellung der Sowjetunion. Auf der einen Seite wurden sie immer wieder durch Meldungen slowakischer Geheimdienste und durch Gerüchte in der Bevölkerung über die bevorstehende Besetzung alarmiert, auf der anderen Seite mochten sie die Hoffnung nicht aufgeben, daß der deutsche Einmarsch wenigstens zeitweilig verschoben sei und daß sich doch noch eine letzte Frist ergeben könnte, die Rückkehr Šmidkes abzuwarten und eine Koordinierung mit den Plänen der Roten Armee zustandezubringen.

---

17 Siehe zum Vergleich Dokumenten-Anhang 5: Beratung in Moskau am Vorabend des Aufstands.

Oberstleutnant Golian trug schwer an seiner Verantwortung. Er befand sich in einem Zustand nervöser Spannung und kämpfte mit Zweifeln und Ungewißheiten. Vier Monate intensiver Arbeit hatte er daran gesetzt, die zweite Aufstandsvariante zu vermeiden, den großen Gedanken einer sowjetischen Blitzoffensive durch die Slowakei zu realisieren. Sollte er jetzt aufgeben, den Imrpovisationen ein Ende bereiten und den organisierten Widerstand verkünden? Oder sollte er die Nerven behalten und das Signal zum Aufstand wenigstens noch um eine Woche verschieben? Kamen ihm die Deutschen zuvor, so war sein kühnes Spiel verloren. Es war wohl umsichtiger, sich nun doch ganz auf die zweite Variante einzustellen und in dem Moment loszuschlagen, in dem der erste deutsche Soldat die slowakische Staatsgrenze überschritt. Doch wie sollte sich dann das I. Armeekoprs in der Ostslowakei verhalten, das weder an den Karpatenpässen stand noch mit den Sowjet-Armeen Verbindung hatte? Sollte es sich in das Verteidigungsdreieck der Mittelslowakei zurückziehen oder durch die Pässe zu den Russen durchbrechen?

Am 24. und 26. August richtete Golian diese Fragen auch an Ingr, vornehmlich in folgendem Telegramm: „Wir erwarten in den nächsten Tagen die Besetzung der Slowakei durch deutsche und ungarische Truppen ... Über die Aufgaben der slowakischen Armee teilen Sie uns bitte sofort mit: ob sie die Verteidigung im Lande mit Schwerpunkt in der Mittelslowakei übernehmen oder ob sie sich zur russischen Armee durchkämpfen soll? Wir erbitten zur Hilfe:

a) eine Luftlandebrigade für den Flugplatz Tri Duby bei Zvolen,
b) eine Luftlandebrigade für den Flugplatz Mokrad bei Sv.Petr,
c) Schutz durch Jagdflugzeuge,
d) Bombardierung der Eisenbahnstrecken: Košice-Užhorod, Lučenec-Levice, Ptržalka-Devin, Kuty-Vlara,
e) Bombardierung feindlicher Kolonnen, hauptsächlich auf der Straße von Košice nach Užhorod."[18]

Doch am 27. August stellte sich heraus, daß die Meldungen über deutsche Truppenkonzentrationen an der slowakischen Grenze falsch gewesen waren, daß das Oberkommando der Wehrmacht gar nicht daran dachte, seine letzten Reserven für eine Okkupation der Slowakei zu verwenden. Die Slowaken hatten Geister-Divisionen gesehen! In der Nähe des slowakischen Territoriums befanden sich lediglich die 108. Infanteriedivision in Košice und eine Kampfgruppe der 178. Infanteriedivision im Teschener Raum. Beide Einheiten waren für andere Aufgaben bestimmt. Die ganze Panik war umsonst

---

18 V. Prečan, a.a.O., S. 338, Nr. 160, Beilage Nr. 2, Funkspruch des Oberstleutnats J. Golian an General S. Ingr in London.

gewesen, dies um so mehr, als Gesandter Ludin sich am 27. August erneut an Berlin wandte und seine Bitte um den Einsatz einiger Verbände der Wehrmacht zur Bandenbekämpfung rückgängig machte:
„... Auf starken Druck von unserer Seite wurde jetzt endlich General Turanec zum Obersten Befehlshaber aller Armee-Einheiten und bewaffneten Organisationen ernannt. Čatloš ist ... praktisch aller Vollmachten beraubt. Ein kurzes Gespräch mit General Turanec am 25. August rief den Eindruck hervor, daß dieser Offizier, allgemein als energisch bekannt, entschlossen ist, mit entschiedenen Mitteln gegen die Partisanenpest und die Demoralisierung der slowakischen Armee vorzugehen. Da inzwischen die Rückkehr der 1. Technischen Division versprochen wurde, wird Turanec in kurzer Zeit vielleicht mit einem zuverlässigen militärischen Verband disponieren können. Wie mir gestern der deutsche General mitteilte, kann vom 28. August an mit der Ankunft einiger deutscher militärischer Ausbildungseinheiten in der Schutzzone (Puchov-Malacky-Stupava) gerechnet werden. Da der Präsident, wie auch Minister Mach und General Turanec, vor allem aus Prestigegründen, dringend darum baten, jetzt, da General Turanec das Oberkommando übernimmt, nicht sofort deutsche Truppen einrücken zu lassen, haben wir vorläufig von diesem Schritt Abstand genommen ..."[19]
Es war 21 Uhr, als Ludin sein Telegramm nach Berlin aufgab, mit dem der Plan, die Slowakei mit deutschen Truppen zu besetzen, auf unbestimmte Zeit vertagt wurde. Der deutsche Gesandte ahnte nicht, daß inzwischen ein Ereignis eingetreten war, das alle Berechnungen über den Haufen werfen, das die Lage in der Slowakei mit einem Schlage und von Grund auf verändern sollte.
Im Laufe dieses 27. August war nämlich auf dem Bahnhof von Sv.Martin, in der Nordwestslowakei, ein Eisenbahnzug aus Zvolen eingetroffen, in dem sich die deutsche Militärmission aus Rumänien befand. Es waren insgesamt 22 Offiziere, an der Spitze Oberst Ott. Die Gruppe war nach dem Umsturz vom 23. August aus Bukarest evakuiert worden und befand sich auf der Heimfahrt in das Reichsgebiet. Der Zug wurde von meuternden Militäreinheiten der Garnison von Turč.Sv.Martin, die der Regierung zwei Tage zuvor den Treueid aufgekündigt und sich mit den Partisanen verbrüdert hatten, gestoppt und durchsucht. Eine Kompanie unter dem Kommando des Oberleutnants Cyril Kuchta erklärte die Offiziere der Militärmission für interniert und transportierte sie in ihre Kaserne ab.[20]

19 V. Prečan, a.a.O., S. 336f., Nr. 159, Telegramm des deutschen Gesandten H. Ludin an das Auswärtige Amt in Berlin. (Rückübersetzung aus dem Slowakischen.)
20 Ein Beamter der Eisenbahnverwaltung von Turč.Sv.Martin hatte telefonisch aus Zvolen erfahren, daß sich in dem gemeldeten Zug eine deutsche Militärmission befand, und dies unverzüglich Welitschko mitgeteilt. Welitschko ließ Oberleutnant

Was danach geschah, gehört zu den bestgehüteten Geheimnissen der slowakischen Aufstandsgeschichte. Es gibt bis heute keinen tschechoslowakischen Bericht, der auf Details des Vorganges einginge. Da dem Zwischenfall von Turč.Svatý Martin aber eine entscheidende, ja, dramatische Bedeutung für Beginn und Verlauf des Slowakischen Nationalaufstandes zukommt und da er eine zentrale Rolle in der erbittert geführten Kontroverse zwischen ehemaligen Armee- und ehemaligen Partisanenangehörigen spielt, also in der ČSSR von heute ein Politikum ersten Ranges ist, durfte nichts unterlassen werden, der historischen Wahrheit auf die Spur zu kommen. Der Verfasser hat wiederholt versucht, mit dem Hauptakteuer der damaligen Ereignisse, dem Oberleutnant Cyril Kuchta, der heute als Oberst und gefeierter Nationalheld in Banska Bystrica lebt, ein Gespräch zu führen. Es ist niemals zustande gekommen. (Der einzige Fall dieser Art, der dem Verfasser in der Slowakei begegnete.) Zuerst scheiterten die Verabredungen an angeblichen Terminschwierigkeiten, dann sagte Kuchta zu einem Mittelsmann, und wenn er seine Seele auf die Hand legte, die Deutschen würden ihm doch niemals glauben.

Hören wir zuerst die Version Kuchtas über die Ereignisse am Morgen des 28. August 1944 in Turč.Sv.Martin, wie er sie in der Slowakei immer wieder verbreitet und wie er sie auch dem Militärhistoriker Dr. Pavel Bosak vom Museum des Slowakischen Nationalaufstandes in Banska Bystrica erzählt hat, auf dessen Zeugnis sich der Verfasser berufen darf.[21]

Nach Kuchta trat die internierte deutsche Militärmission, an ihrer Spitze Oberst Ott, am 28. August morgens aus der Kaserne, in der sie übernachtet hatte, auf den Kasernenhof hinaus. Oberst Ott faßte den Oberleutnant Cyril Kuchta vertraulich unter und wollte sich offensichtlich mit ihm unterhalten. Oberleutnant Kuchta entriß ihm aber seinen Arm und befahl der Mission, die Pistolen abzulegen. Obest Ott gab diesen Befehl an seine Offiziere weiter, von denen der größte Teil der Anordnung folgte. Nur ein Hauptsturmführer der Waffen-SS riß seine Pistole heraus, um sich zu verteidigen. In diesem Augenblick lief der Zugführer Škoda, der mit einem slowakischen Infanteriezug, der dem Befehl des Oberleutnants Kuchta unterstand, gerade zufällig auf dem Kasernenhof exerzierte, auf den Hauptsturmführer zu, wahrscheinlich, um ihm die Pistole zu entreißen. Der Hauptsturmführer schoß und verwundete den Zugführer an Arm und Bein. Daraufhin hat der Infanteriezug die gesamte deutsche Militärmission mit seinen Maschinenpistolen niedergemacht.

> Kuchta zu sich nach Sklabina kommen und heckte mit ihm den Überfall aus, ohne daß die Militärzentrale in Banska Bystrica verständig wurde.

21 Mündliche und Tonband-Mitteilungen Dr. Pavel Bosaks an den Verfasser vom Juni 1968 und Februar 1969.

Laut Kuchta ist das gegen seinen Willen geschehen. Als er diesen Vorfall dem sowjetischen Partisanenführer Welitschko gemeldet habe, sei er von dem wütend angebrüllt worden. Welitschko habe die Absicht gehabt, die deutsche Militärmission zum Hauptstab der Partisanen bringen zu lassen (den es damals noch nicht gab – d.Verf.), um sie dann nach Moskau abzutransportieren. Welitschko habe sich davon eine Beförderung versprochen.

Das ist die Version Cyril Kuchtas. Ihr stehen zahlreiche Aussagen anderer slowakischer Aufstandsteilnehmer entgegen, die sämtlich in zwei Punkten übereinstimmen:

a) Die deutsche Militärmission wurde bereits am 27. August, unmittelbar nach der Festnahme auf dem Bahnhof von Turč.Svatý Martin, entwaffnet.

b) Der Befehl, die Deutschen zu ermorden, wurde bereits in der Nacht vom 27. zum 28. August vom sowjetischen Partisanenführer Welitschko erteilt, dessen ausführendes Organ Oberleutnant Kuchta war.

Der Verfasser glaubt nach vielen Gesprächen und Interviews in der Slowakei, daß die Version Kuchtas eine nachträglich konstruierte Geschichte ist. Eine Geschichte mit psychologischen Tricks, die Kuchta sehr geschickt erfunden und gebaut hat, so die angebliche Wut von Welitschko, womit Kuchta scheinbar den Vorwurf auf sich selbst lenkt, aber in Wirklichkeit nur nachweisen will, daß das alles nicht absichtlich geschah, sondern lediglich ein unglücklicher Zufall war. Alle slowakischen Zeugenaussagen machen Welitschko für den Mordbefehl verantwortlich und stimmen auch darin überein, daß Cyril Kuchta diesen Befehl bedenkenlos ausgeführt habe. Die letzten Zweifel an dem wirklichen Hergang behebt aber die Schilderung eines Augenzeugen der Nacht vom 27. zum 28. August, die Kuchta bekannt ist und von ihm niemals dementiert wurde. Sie lautet:

In dieser Nacht fuhr Oberstleutnant Perko[22] nach Sklabina. Das meldeten Soldaten dem Oberleutnant Kuchta. Er sprang schnell auf: „Hat er nicht gesagt, wohin?" Er befahl, einen Wagen vorzufahren, und von seinem Fahrer erfuhren wir, daß Oberstleutnant Perko zu Welitschko gefahren war.

„Motor anwerfen", befahl Kuchta.

Er lief die Treppe hinab und stieg in den Wagen. Vor Sklabina hielt ihn eine Partisanenwache an, erkannte ihn und ließ ihn durch.

Oberstleutnant Perko saß bei Welitschko. Als Kuchta eintrat, wandte sich Welitschko an ihn: „Der Herr Oberstleutnant verlangt, daß wir die deutschen Offiziere freilassen." Oberstleutnant Perko wünschte tatsächlich die Freilassung der Gefangenen, da er sonst internationale Verwicklungen für

---

22 Oberstleutnant Perko war Kommandant der slowakischen Garnison von Turč.Sv.Martin, also der Vorgesetzte Cyril Kuchtas.

die Slowakei befürchtete und da es sich angeblich um eine diplomatische Mission handelte.

„Diplomaten. Was für Diplomaten? Aus Rumänien jagt man sie, daß sie keine Zeit haben, stehen zu bleiben. Und in der Slowakei sind sie doch nicht akkreditiert?", wandte er sich ironisch an Perko. „Ich erhielt die Meldung, daß die Hälfte von ihnen Offiziere der SS sind. Also können wir sie unter keinen Umständen freilassen."

Welitschko überlegte noch eine Weile und wandte sich dann an Kuchta: „Haben Sie verstanden? Ich verlasse mich auf Sie, das ist Ihr erster *Kampfauftrag*!"

Wie ein Lauffeuer verbreitete sich in den Vormittagsstunden des 28. August in Turč. Sv. Martin die Kunde von dem schrecklichen Verbrechen in der Kaserne, und kurz darauf wußte man auch in Bratislava und Banska Bystrica Bescheid. In der illegalen Militärzentrale herrschte Bestürzung[23] über die ungesetzliche Handlungsweise des Oberleutnants Kuchta, der seine militärischen Pflichten in gröblichster Weise verletzt hatte. Man ließ ihm ausrichten, „er möge sich zu den Partisanen begeben, von denen er ohnehin seine Befehle entgegennehme, und die Reihen der slowakischen Armee verlassen."[24] Jedermann war sich darüber klar, daß die Tat Kuchtas, eines Offiziers der regulären Armee, von den Deutschen ganz anders beurteilt werden würde als die Überfälle und Sabotageaktionen der Partisanengruppen.

Oberstleutnant Golian begriff, daß nun der Einmarsch deutscher Truppen und die Besetzung der Slowakei unvermeidlich geworden waren. Seine komplizierten und kunstvollen Bemühungen, den Tag des Aufstandes noch so lange hinauszuzögern, bis er Nachricht aus der Sowjetunion hatte und seine militärischen Maßnahmen mit denen der Roten Armee abstimmen konnte, waren jetzt sämtlich zum Scheitern verurteilt. Die so heiß erstrebte erste Variante stand nicht mehr zur Debatte. Man konnte nur noch auf den Vormarsch deutscher Einheiten reagieren. Doch wie? Was sollte z. B. das I. Armeekorps unternehmen, das völlig isoliert in der Ostlowakei stand, keine Verbindung zu den Sowjetstreitkräften hatte und weder nach Bewaffnung noch Beweglichkeit in der Lage war, die deutschen Panzerverbände nördlich der Karpaten zu durchbrechen und sich zu den Russen durchzuschlagen? Oberstleutnant Golian befiel angesichts dieser verworrenen und unvorhergesehenen Lage ein Gefühl der Unsicherheit und Unentschlossenheit, das er bis dahin nicht gekannt hatte.

23 General a. D. Jozef Marko berichtete dem Verfasser im Mai 1964 und Juni 1967, daß Golian die Sache durch einen Anruf Oberstleutnants Perkos erfahren habe, als der Mord bereits geschehen war. „Die Armee wurde einfach vor ein fait accompli gestellt. Am nächsten Tag kamen die deutschen Truppen!"
24 General a. D. Jozef Marko in einem Gespräch mit dem Verfasser im Juni 1967.

Inzwischen handelte der deutsche Gesandte in Bratislava, Hanns Ludin, nachdem er am Vormittag über die neue Situation unterrichtet worden war. Um 14 Uhr suchte er in Begleitung des deutschen Generals in der Slowakei Staatspräsident Tiso auf, worüber er eine Stunde später nach Berlin berichtete: „Ich erklärte ihm, daß die Entwicklung der Partisanentätigkeit ein weiteres Zögern von unserer Seite nicht mehr zulasse und daß es augenblicklich notwendig ist, deutsche militärische Einheiten in die Slowakei zu rufen und sie gegen die Partisanen einzusetzen. Weiter machte ich ihm den Vorschlag, unverzüglich die slowakischen Armee-Einheiten zu entwaffnen. Dr. Tiso stimmte mit mir im Prinzip überein . . ."[25]

Damit war die Entscheidung gefallen; ein Zurück konnte es nicht mehr geben.[26] Befand sich die Angelegenheit aber erst einmal in der Hand der deutschen militärischen Kommandobehörden, so konnte man damit rechnen, daß sie blitzschnell reagierten, daß es keine 24 Stunden dauern würde, bis feldgraue Verbände die slowakischen Staatsgrenzen überschritten. Und in der Tat, noch am Abend des 28. August wurden die 108. Infanteriedivision im Raum Košice und eine Kampfgruppe der 178. Infanteriedivision im Teschener Gebiet alarmiert, einen Tag später schrillten die Alarmglocken in Prag, Brünn, Beneschau, Kienschlag und Josefstadt, wo sich eine improvisierte Kampfgruppe „Schill" aus Schulen, Lehrgängen und Ausbildungseinheiten formierte.

Während die deutschen Okkupations-Vorbereitungen nun auf Hochtouren liefen, konnte sich Oberstleutnant Golian immer noch nicht entscheiden. Mittags war die Antwort General Ingrs auf seine diversen Anfragen vom 24. und 26. August, wie er sich im Falle eines überraschenden deutschen Einmarsches verhalten sollte, bei ihm eingangen. Sie war unbefriedigend ausgefallen; der tschechoslowakische Verteidigungsminister hatte ihm auch nicht raten können: Es sei unmöglich, eine Entscheidung darüber, ob man sich zu den Sowjets durchschlagen oder ob man eine Rundumverteidigung in der Mittelslowakei organisieren solle, von London aus zu fällen, wo man die Situation in der Slowakei nicht zu beurteilen vermöge. Auch könne man leider nicht sagen, wie eine Kooperation mit den russischen Truppen zu bewerkstelligen sei.

Also auch die Regierung in London hatte in den mehr als drei Wochen, die seit Ankunft der Šmidke-Delegation in der UdSSR verstrichen waren, noch kein Wort von den Sowjets vernommen, wie sie sich zu den Plänen eines slo-

---

25 V. Prečan, a.a.O., S. 343, Nr. 165, Telegramm des deutschen Gesandten H. Ludin an das Auswärtige Amt in Berlin. (Rückübersetzung aus dem Slowakischen.)
26 Siehe zum Vergleich Dokumenten-Anhang 6: Beratung der Tiso-Regierung in Bratislava über den deutschen Einmarsch.

wakischen Nationalaufstandes stellten. Moskau hüllte sich nach wie vor in Schweigen! Oberstleutnant Golian hätte nun eine klare operative Entscheidung treffen und sofort dem I. Armeekorps den Rückzug in die Mittelslowakei befehlen müssen, wo es die Sicherung des Aufstandsgebietes nach Osten und Süden übernehmen konnte. Doch Golian schwankte noch immer, ob er den Aufstand wirklich auslösen sollte, und erließ am Nachmittag einen Befehl an alle eingeweihten Garnisonskommandanten, der nicht die nötige Klarheit schuf. Zwar hieß es in ihm, die Besetzung der Slowakei durch die Deutschen sei nur noch eine Frage von Stunden, im übrigen aber begnügte er sich damit, eine erhöhte Kampfbereitschaft der Garnisonen und die beschleunigte Einrichtung von Verteidigungsstellungen zu fordern. Aktive operative Maßnahmen wurden nicht angeordnet. Den tatsächlichen Beginn der Okkupation sollte eine Rundfunkdurchsage mit dem Text „Der Geschäftsreisende Škrovina soll sofort nach Bratislava zurückkehren, seine Frau ist gestorben" avisieren. Daraufhin hatte der Aufstand zu beginnen.

Am Morgen des 29. August suchte der deutsche Gesandte in der Slowakei, Hanns Ludin, erneut Staatspräsident Tiso auf. Unmittelbar dnach informierte er das auswärtige Amt zu Berlin:[27]

„Rosenberg (slowakisch Ružomberok – d. Ver.), Turčansky Svatý Martin, Vrutky, wahrscheinlich auch Poprad in Partisanenhand. Um Sillein (slowakisch Žilina – d. Ver.) . . . wird zur Zeit gekämpft. Die slowakische Truppe hat sich den Partisanen angeschlossen und macht mit ihnen gemeinsame Sache . . . Komme soeben von Besprechung beim Staatspräsidenten, ob Preßburger Garnison prophylaktisch entwaffnet werden soll . . . Staatspräsident Tiso schlägt jedoch vor, sobald genügend deutsche Kräfte zur Verfügung stehen, schlagartig die gesamte slowakische Wehrmacht zu entwaffnen . . ."

In Bratislava begannen sich also die Ereignisse zu überschlagen! Nach dem schweren Kriegsverbrechen von Turč.Sv.Martin war die Entwicklung selbst nicht mehr von Ludin aufzuhalten.

Am selben Vormittag des 29. August herrschte auch in der illegalen Militärzentrale von Banska Bystrica eine fieberhafte Spannung. Die Gerüchte jagten sich, aber verläßliche Nachrichten über einen deutschen Einmarsch lagen nicht vor. Golian schritt unruhig auf und ab. Er, der über vier Monate hinweg soviel Umsicht, Energie und Zielstrebigkeit bewiesen hatte, konnte sich zu keinem Entschluß aufraffen. Hatte es nicht schon mehrfach so ausgesehen, als wenn die Deutschen jede Minute einrücken würden, und war es dann nicht immer wieder anders gekommen? Wie eine schwere Last drückte es ihn, daß er keine Nachricht aus Moskau erhalten hatte. Hielt das sowjetische

---

27 V. Prečan, a.a.O., S. 353.

Oberkommando die Aktion vielleicht für verfrüht? Gewiß, nach dem gestrigen Vorfall in Turč.Svatý Martin *mußten* die Deutschen reagieren; darüber konnte es keine Täuschung geben. Er hätte aber gern noch zwei oder drei Tage gewonnen, um sich mit General Ingr näher abzustimmen.
Andererseits kam es gerade auf die ersten Stunden an: Man durfte sich unter keinen Umständen von den Deutschen überrumpeln lassen! Um 15.15 Uhr erließ er an 43 Garnisonsstäbe und Garnisonsverwaltungen, die unter der Führung des Kommandos der Landstreitkräfte standen, den offenen Befehl: „Ich ordne die sofortige schärfste Kampfbereitschaft an. Aktiviert augenblicklich die Verteidigung der Garnisonen (Rundumverteidigung) und beginnt unverzüglich mit den Befestigungsarbeiten."[28]
Inzwischen hatten die Ereignisse in Bratislava ihren unvermeidlichen Gang genommen. Reichsaußenminister v. Ribbentrop hatte Ludin fernmündlich aufgefordert, umgehend die slowakische Regierung dazu zu bewegen, ihre offizielle Zustimmung zum deutschen Einmarsch zu erteilen. Daraufhin war der deutsche Gesandte erneut zu Staatspräsident Tiso geeilt und hatte mehr oder weniger kategorisch dessen Billigung der deutschen Okkupation gefordert. Nach langem Zögern und schweren inneren Kämpfen hatte Tiso sich endlich einverstanden erklärt. Kurz darauf, am frühen Nachmittag wurde bekannt, daß der slowakische Verteidigungsminister, General Čatloš, um 19 Uhr im slowakischen Rundfunk eine Erklärung abgeben würde. Alle Rundfunkgeräte wurden eingeschaltet, sämtliche Einheiten der Armee gingen auf Empfang. Jedermann war sich darüber im klaren, daß nun bald alle Ungewißheit vorbei sein würde.
Der Rundfunkrede, die Tido Gašpar ausgearbeitet hatte, kam – darüber konnte es bei niemandem Zweifel geben – eine geradezu dramatische Bedeutung zu. General Čatloš hat nach dem Krieg in Gesprächen mit dem Verfasser, die in seinem Alterswohnort Turč.Sv.Martin stattfanden, immer wieder behauptet, er sei dazu mit brutaler Gewalt gezwungen worden, während der Ansprache hätten slowakische Soldaten mit gezogenen Pistolen hinter ihm gestanden.
Gesandtschaftsrat a. D. Gmelin bestritt diese Version ganz energisch. Alexander Mach differenzierte den Vorfall in einem ausführlichen Gespräch, das der Verfasser mit ihm unmittelbar nach der Entlassung aus 23jähriger Haft in Bratislava-Šdrkovec mit ihm führte, in dem er ausführte: Es sei richtig, daß Čatloš zu dieser Rede von Staatspräsident Tiso gezwungen worden sei. Čatloš habe sie nur widerwillig und schlecht im Rundfunk verlesen; allerdings auch deshalb, weil er gar nicht fähig gewesen sei, Ansprachen zu halten. Absolut

---

28 V. Prečan, a.a.O., S. 354, Nr. 175, Anordnung der Kampfbereitschaft durch Oberstleutnant J. Golian.

unwahr sei aber seine Behauptung, daß bewaffnete Soldaten hinter ihm gestanden hätten, als er am Mikrophon saß.
Was immer auch die Wahrheit sein mag, die Ansprache ging in die Slowakei hinaus und lautete in ihren wesentlichen Passagen:
„Offiziere, Soldaten, Bürger! ... In letzter Zeit wurden zu uns Partisanen abgeworfen. Sie zerstörten den Aufbau unseres Staates, vernichteten die Erfolge unserer Arbeit, überfielen unsere Dörfer, beraubten unseren nationalen Besitz und mordeten hinterhältig unsere Leute ... In solcher Lage, die uns mit blutigster Vernichtung und Versklavung bedroht, reichen die eigenen militärischen Kräfte nicht aus zu einer wirkungsvollen Verteidigung. Deshalb kommen Einheiten der deutschen Armee in die Slowakei! ... Unser höchster Kommandant, der Präsident der Republik, die Regierung und ich, der Verteidigungsminister, sind fest davon überzeugt, daß es uns mit Hilfe der deutschen Truppen gelingen wird, den heimtückischen Angriff des Feindes zurückzuschlagen und in allen Gegenden der Slowakei die ehemalige Ruhe und Ordnung wieder zu erneuern ... Niemand möge ihren Versprechungen trauen, jeder möge sich zur Verteidigung der Slowakei, an der Seite deutscher Truppen, furchtlos gegen sie stellen, und jeder möge der gesetzmäßigen Regierung folgen. Die Partisanen sind die größten Feinde einer freien und ruhigen Slowakei. Wer es mit ihnen hält, ist ein Verräter seines Geschlechts und seines Vaterlandes; er zerstört alles, was mit der slowakischen Freiheit verbunden ist. Mit Hilfe der deutschen Wehrmacht geht jeder mutige Slowake heldenhaft gegen sie vor, damit wir uns von der Partisanenplage für immer befreien ... So ist der Wille eines jeden tapferen Slowaken, und in diesem Willen müssen alle mutigen Slowaken einig sein, Darin helf uns Gott! An die Wacht!"[29]
Es war der 29. August 1944, um 19.30 Uhr. Der Kampf begann.

---

29 V. Prečan, a.a.O., S. 354f., Nr. 176, Rundfunkerklärung des Generals F. Čatloš am Abend des 29. August 1944.

Zweites Buch
Der Aufstand

„Über der Tatra blitzt es,
Die Donner rollen wild.
Bleiben wir stehen, Brüder:
Es wird vorübergehen,
Und die Slowaken werden auferstehen."

Slowakische Hymne,
zweiter Teil der ČSSR-Staatshymne

1. Einmarsch und erste Abwehr

Die Kämpfe vom 29. August bis 7. September 1944

Der Zwischenfall von Turč.Svatý Martin wurde nicht das Signal zum Aufstand der Slowaken, sondern zum Einmarsch der Deutschen! Er hatte nicht nur zur Folge, daß die Konfrontation zwischen den Gegnern zu früh ausgelöst und damit jede Berechnung der Verschwörer zunichte gemacht wurde, sondern er bewirkte vor allem, daß die deutsche Seite von Anfang an in den Besitz der operativen Initiative gelangte. Während man in Banska Bystrica am 29. August noch in Unsicherheit und Ungewißheit verharrte, dann am 30. und 31. August in aller Überstürzung und Improvisation beschäftigt war, den Aufstand auszulösen, hatte der Einmarsch der deutschen Truppen in die Slowakei bereits begonnen.

Diese Präzision, dieses schnelle Handeln war um so erstaunlicher, als in der Tat keine Rede davon sein kann, daß die Deutschen auf eine solche Aktion vorbereitet waren oder sie gar geplant hatten. (Früher oder später hätten sie sich um strategischer Gesichtspunkte willen gewiß der Slowakei versichert und auf die Wünsche der Tiso-Regierung wenig Rücksicht genommen. Doch selbst wenn sie acht oder zehn Tage später in die Ostslowakei eingerückt wären, um Verteidigungsstellungen an den Karpatenpässen zu beziehen, die mittlere Slowakei hätte noch lange keinen deutschen Soldaten zu sehen bekommen.)

Erst mehrere Stunden, nachdem deutsche Vorauseinheiten die nordwestliche Grenze der Slowakei überschritten hatten, verlas Verteidigungsminister Čatloš auf Befehl Präsident Tisos im Preßburger Rundfunk seine Proklamation an Armee und Bevölkerung, wonach die slowakische Regierung die Deutsche Wehrmacht zur Bekämpfung der Partisanen in das Land gerufen habe. Nichts war koordiniert, nichts organisiert. Die Situation der Deutschen Wehrmacht Ende August 1944 aber war mit einem dürrren Satz zu umreißen: sie hatte kaum einen Mann, kaum ein Geschütz für einen neuen Kriegsschauplatz!

An allen Fronten brannte es. Die Durchbruchs- und Einkesselungskatastrophen in der Normandie, bei der Heeresgruppe Mitte und in Rumänien hatten der Abwehrkraft des deutschen Heeres den Todesstoß versetzt. Daß es dennoch an der Weichsel, in Ungarn und bald darauf auch wieder im Westen an der Reichsgrenze und in Holland zu neuen Frontbildungen kam, glich einem militärischen Wunder und stellte der Improvisationskunst der deutschen wie der Umständlichkeit der alliierten Kriegführung drastische Noten aus. Die

Wehrmacht, die unter unaufhörlichen Schlägen in alle Richtungen rückwärts taumelte, benötigte den letzten Mann zur Stabilisierung ihrer Hauptfronten und hatte so gut wie keine operativen Reserven zur Hand.

Gleichwohl, das Wenige, was man aufbringen konnte, wurde unverzüglich in Marsch gesetzt, und so rückte schon am Spätnachmittag des 29. August die Kampfgruppe des Obersten v. Ohlen von der 178. Infanterie-Division aus nordwestlicher Richtung, von Čadca her, in die Slowakei ein und nahm ihre Direktion auf Žilina (Sillein).[1] Um dieselbe Zeit ergingen Befehle im „Reichsprotektorat Böhmen und Mähren" sowie bei der Heeresgruppe „Nordukraine", Kampfgruppen in Regimentsstärke zu improvisieren, die von Südwesten – über Preßburg – und von Nordosten – über Poprad – in das „Bandengebiet" eindringen sollten.

Der Auftrag der Kampfgruppe des Obersten v. Ohlen, die allen anderen vorauseilte, hatte den Charakter einer Strafexpedition: Turč.Svatý Martin sollte besetzt werden, jene Stadt, in der die deutsche Militärmission aus Rumänien von meuternden slowakischen Truppenteilen ermordet worden war; dann würde man weitersehen. Daß ein militärischer Aufstand ausbrechen und daß sich die halbe Slowakei zu einem nationalen Freiheitskampf erheben würde, davon konnte die deutsche Führung Ende August keine Kenntnis haben. Man dachte an eine Art „Polizeiaktion". SS-Obergruppenführer Berger, der am 1. September 1944 praktisch den Oberbefehl über alle vorrückenden deutschen Verbände in der Westslowakei übernahm,[2] schrieb am 2. September an den Reichsführer SS Himmler: „Ich hoffe, daß in 4 Tagen die Angelegenheit beendet ist."[3] Es gab deshalb auch keinen eigentlichen Angriffsplan, sondern lediglich Vormarschetappen und kurzfristig gesteckte Operationsziele. Der „Deutsche Feldzug in der Slowakei" begann politisch wie militärisch ohne jede Konzeption, als bloße Reaktion.

Und die Slowaken? Sie hatten die Deutschen überraschen wollen und waren nun selbst die Überraschten. Insbesondere für das I. Armeekorps in der Ostslowakei, Gros und aktiver Kern des gesamten slowakischen Heeres, hatte der Zwischenfall von Turč.Svatý Martin katstrophale Folgen! Am 29. und 30. August war das Korps führungslos, denn General Malár, der Kommandierende General, befand sich in diesen Tagen gerade in Bratislava. So waren Soldaten und Offiziere völlig überrascht, als plötzlich Einheiten der

---

1 Diese Kampfgruppe umfaßte ein Infanterie-Regiment mit drei schwachen Bataillonen à 600 Mann, eine motorisierte Batterie schwere Feldhaubitzen des Kalibers 15 cm und eine Panzer-Kompanie mit etwa 15 Kampffahrzeugen.
2 Siehe zum Vergleich Dokumenten-Anhang 11: Ludins Erklärungen über Berger.
3 Schreiben Bergers an Himmler vom 2. 9. 1944, Institut für Zeitgeschichte, München, No. 3063

deutschen 108. Infanterie-Division aus dem Raum Košice gegen sie vorgingen. Die beiden slowakischen Divisionskommandeure, Oberst Markus (1. Division) und Oberst Tatarko (2. Division), hatten weder Befehle aus Bratislava noch aus Banska Bystrica und kannten die dort entstandene Lage nicht. Der Stabschef des I. Armeekorps, Oberst Tálský, einer der Stellvertreter Golians in der Verschwörung, beging Fahnenflucht, ließ seine Truppe im Stich und flog mit seinem Stab und 38 Kampfmaschinen in die Sowjetunion, als die Deutschen anrückten. So kam es bei den Slowaken zu einem totalen, von persönlichen Gegensätzen noch kräftig geschnürten Durcheinander, das es den Deutschen – die entschlossen und ohne Vorwarnung zupackten – möglich machte, eine kampflose „Verhaftungsaktion" an den beiden slowakischen Elitedivisionen vorzunehmen. Nur zweitausend von insgesamt 24 000 Mann konnten sich der Gefangenschaft entziehen und sich zu den Aufständischen in der Mittelslowakei durchschlagen.

Vom schnellen Handeln der Deutschen nicht weniger überrascht, ohne das taktische Rückgrat der beiden ostslowakischen aktiven Divisionen, stand der Führer der verbleibenden Aufstandskräfte in der Mittelslowakei, Oberstleutnant Jan Golian, vor einer komplizierten und schier hoffnungslosen Lage. Welche slowakischen Garnisonen würden sich dem Aufstand anschließen? Mit wieviel aktiven Kämpfern konnte er rechnen? Inwieweit war auf die Partisanen militärisch Verlaß? Aus welchen Richtungen würden die Deutschen kommen? Wo sollte der Hauptwiderstand organisiert werden?

Fragen über Fragen, die schwer zu beantworten waren, erst recht für einen Mann, der bislang keine selbständige Kommandeursstellung innegehabt hatte, der keineswegs ein fronterfahrener Troupier war, sondern ausschließlich Stabsaufgaben wahrgenommen hatte.[4] Dazu kam, daß Golian eher gewissenhaft und bedächtig als entschlußfreudig oder gar draufgängerisch war, ganz abgesehen davon, daß es ihm schwer werden mußte, den selbstherrlichen Truppenkommandeuren wie den politischen Parteiungen gegenüber seine frischgebackene Autorität durchzusetzen.

Unter solchen Umständen muß es wirklich Wunder nehmen, daß es überhaupt zu einer geschlossenen slowakischen Abwehr kam, die den deutschen Angriffen zwei Monate standhalten sollte. Freilich, so schnell die Deutschen auf die Ermordung der Militärmission in Turč.Svatý Martin reagiert hatten, so unzulänglich blieben vorerst ihre Kräfte, mit denen sie vorgingen. Wäh-

---

4 Golian war bei der „Schnellen Division" unter General Turanec in Rußland Chef des Stabes, zur selben Zeit, als der damalige Major Uechtritz deutscher Verbindungsoffizier gewesen war, der nun als Oberstleutnant und Chef des Stabes beim Deutschen Befehlshaber in der Slowakei von Bratislava aus die Operationen gegen die slowakische Aufstandsarmee lenkte.

rend am 30. und 31. August an den anderen Abschnitten noch Ruhe herrschte, errangen die Slowaken im Nordwesten, bei Strečno, 14 km nördlich von Turč.Svatý Martin, ihren ersten Abwehrerfolg.

Daß dies möglich war, daß die Kampfgruppe v. Ohlen hier zwei kostbare Tage Zeit verlor und ihren Plan, Turč.Svatý Martin handstreichartig zu besetzen, nicht verwirklichen konnte, lag an zweierlei: Die Deutschen stießen auf einen entschlossenen Gegner, und sie trafen auf ein ideales Verteidigungsgelände: die Berge der slowakischen Tatra und Fatra. Zum erstenmal bekamen sie zu spüren, was es heißt, in der Mittelslowakei, in einer Region, deren Höhen zwischen eintausend und zweitausend Metern differieren, kämpfen und angreifen zu müssen. Und sie hatten das Pech, bei ihrem ersten Stoß an
– französische Soldaten zu geraten.

Denn die Enge von Strečno, die im Westen und Osten von etwa 1200 Meter hohen Bergen flankiert wird, durch die sich eine Straße, eine Eisenbahnlinie und das Flußbett der Waag hindurchzwängen, wurde neben den tapferen slowakischen Einheiten der Kapitäne Sleichardt, Repašsky und Jobak in erster Linie von 250 Franzosen verteidigt, die aus der deutschen Kriegsgefangenschaft ausgebrochen, über Ungarn in die Slowakei gekommen waren und sich zum „Bataillon Marschall Foch" zusammengeschlossen hatten. (Die Franzosen wurden später in die Partisanenbrigade „Štefanik" eingereiht. Ein Vorschlag Major Markos von Anfang Oktober, sie der II. tschechoslowakischen Luftlandebrigade zuzuteilen, wurde vom tschechoslowakischen Verteidigunsministerium in London auf direkte Anweisung des Präsidenten Beneš abgelehnt: Die Franzosen hätten nicht als reguläre Soldaten, sondern als Partisanen zu kämpfen! „Das sollte eine Revanche für München sein"[5]) Gut bewaffnet, straff diszipliniert und unter dem Kommando ihrer französischen Offiziere, hielten sie gemeinsam mit den slowakischen Einheiten zwei Tage lang die Kampfgruppe v. Ohlen vor Burg und Paß Strečno auf und ermöglichten es damit dem slowakischen Oberkommando, eine Abwehrkonzentration im Raum Vrutky-Turč.Svatý Martin zu vollziehen und dort die spätere 5. Taktische Gruppe aufzustellen, deren vorderste Einheiten etwa 3 km südlich Strečno Stellung bezogen und ab 1. September einsatzfähig waren.

Was hatte sich inzwischen in Banska Bystrica, bei der Führung der Aufständigen zugetragen?

Oberstleutnant Golian hatte am Nachmittag des 29. August, wie wir bereits erfahren haben, an 43 Garnisonskommandos die offene Anweisung gegeben, augenblicklich die schärfste Kampfbereitschaft herzustellen. Die Rundfunkansprache von Čatloš hatte dann die erste offizielle Bestätigung des deut-

---

5 Auskunft General Markos in einem Gespräch mit dem Verfasser in Bratislava.

schen Einmarsches in die Slowakei erbracht. Wenige Minuten später gab die Militärzentrale in Banska Bystrica an alle Garnisonen den Befehl: „Die Losung – Beginnt mit dem Auszug! – ist von 20 Uhr des heutigen Tages an gültig."[6] Um 19.30 Uhr ordnete das Kreis-Ergänzungskommando in Banska Bystrica an, im Bereich des taktisches Dreiecks Brezno-Zvolen-Banska Bystrica die Wehrpflichtigen von 1939 und 1940 zu den Waffen zu rufen. Am nächsten Morgen, um 9 Uhr, versammelten sich die Offiziere der Garnison von Banska Bystrica. Oberstleutnant Golian sprach zu ihnen und berichtete, daß sich die Slowakei seit dem 29. August im Kriegszustand mit Deutschland befände und daß die slowakischen Einheiten ab sofort ein Bestandteil der tschechoslowakischen Armee auf befreitem Gebiet seien. Die anwesenden Offiziere nahmen die Erklärung mit einem Begeisterungssturm auf und sangen spontan die tschechoslowakische Hymne. Ein neuer Eid wurde formuliert und der faschistische Gruß verboten. Golian stellte die alliierten Verbindungsoffiziere vor, und Major Studensky von der Roten Armee überbrachte die mit Jubel aufgenommene Nachricht, daß Marschal Konew soeben seinen Armeen befohlen habe, am 13. September in Prešov (Ostslowakei) zu sein. Kurz darauf erließ Oberstleutnant Golian an die aufständischen Einheiten seinen ersten Befehl: „Die verräterische Regierung der Slowakischen Republik rief durch den Mund des Generals Čatloš deutsche Einheiten in die Slowakei. Die slowakischen Truppen als Bestandteil der tschechoslowakischen Armee setzen sich, getreu den Prinzipien der Demokratie und Freiheit, gemeinsam mit dem ganzen Volk zur Wehr ... Die slowakischen Anordnungen, die dem Geist und Denken der tschechoslowakischen Republik widersprechen, werden rückgängig gemacht ... Unser Ziel, das uns allen klar ist, heißt: Helft Deutschland besiegen! ..."[7]
Im zivilen Bereich ging in den Tagen des 30. und 31. August manches drunter und drüber. Die Stimmung war zwar mit revolutionärer Gärung geladen, doch von einer planmäßigen Leitung und Lenkung war nichts zu spüren. Der Slowakische Nationalrat (SNR), das oberste politische Organ der Aufstandsbewegung, war handlungsunfähig, da sich mehrere seiner Mitglieder, darunter die kommunistischen Spitzenfunktionäre Husák und Novomeský, in Bratislava aufhielten. So meldete er sich erst am 1. September mit einer grundlegenden Proklamation zu Wort.[8] Hätte es nicht den „Freien Slowakischen Sender" in Banska Bystrica gegeben, aus dessen improvisierten Studios flinke Journalisten bereits am Vormittag des 30. August die ersten In-

---

6 V. Prečan, a.a.O., S. 357, Nr. 179², Erinnerungen J. Noskos.
7 V. Prečan, a.a.O., S. 357, Nr. 179, Befehl des Oberstleutnants J. Golian an die aufständischen slowakischen Einheiten.
8 Den Wortlaut siehe im Dokumenten-Anhang 7: Deklaration des SNR.

formationen und Kommentare sendeten, die Bevölkerung der Mittelslowakei wäre tagelang im unklaren geblieben.⁹

Anders dagegen bei der Führung der Aufstandsarmee. Durch einen an die Angehörigen der slowakischen Streitkräfte adressierten Rundfunkaufruf erhielten die Offiziere, Unteroffiziere und Soldaten konkrete Hinweise auf die neue Situation. Der Aufruf war von Oberstleutnant Jan Golian unterzeichnet und wurde von Oberstleutnant Mirko Vesel verlesen: „Slowakische Offiziere, Unteroffiziere und Soldaten! Die Verräterregierung hat deutsche Truppen gerufen, um das slowakische Volk zu bestrafen, weil die slowakischen Soldaten es ablehnen, gegen das brüderliche russische Volk und die anderen verbündeten Völker zu kämpfen... In Vertretung von General Viest, des Oberbefehlshabers dieses Teils der tschechoslowakischen Streitkräfte, rufe ich Euch auf: Soldaten, leistet den deutschen Invasionsstreitkräften Widerstand, kämpft tapfer und unerbittlich gegen die Eindringlinge, haltet strengste Disziplin und gehorcht Euren Kommandeuren, die Euch gegen die Deutschen führen! Ich rufe die Reservisten, damit sie sich sofort in den nächsten Kasernen melden. Gleichzeitig rufe ich die Angehörigen der Gendarmerie, der Polizei und Finanzwache auf, sich augenblicklich zum Schutz des Vaterlandes zusammenzuschließen... Slowakische Soldaten, auf in den Kampf, rettet die Heimat!"¹⁰

Es war auch höchste Zeit, den slowakischen Truppenteilen eine klare politische und militärische Perspektive zu geben. Zwar hatte die Rundfunkrede des Ministers Čatloš niemanden überzeugt, hatte höchstens in einigen wenigen Köpfen Verwirrung gestiftet. Doch am 30. August sprach General Malár über den Sender Bratislava, und er tat es in einer höchst raffinierten und gefährlichen Art. Er, der nicht ganz ahnungslos gewesen war, war bestürzt und fassungslos über die unvorhergesehene und rasante Entwicklung der Lage. Alle Pläne, die Čatloš und er seit langem geschmiedet hatten, um den Abfall von Deutschland unter ihrer Leitung zu einem ihnen genehmen Zeitpunkt auszulösen, waren ernsthaft gefährdet. Er mußte alles tun, den Aufstand noch etwas hinauszuschieben, die ungeduldigen Verschwörer zu vertrösten

---

9 Am 30. August 1944 um 11 Uhr schaltete sich plötzlich eine erregte Stimme in die Marschmusik ein, die der Sender Bratislava ausstrahlte, und rief: „Sie hören jetzt Nachrichten vom Sender Banska Bystrica! Achtung! Slowaken, Slowakinnen, wir machen darauf aufmerksam, daß Sie das Programm von Banska Bystrica hören – und nicht das von Bratislava. Die, welche die Sendung aus Banska Bystrica hören, mögen alle ihre Bekannten darauf aufmerksam machen, daß wir eine Sondermeldung aus Banska Bystrica bringen..."

10 V. Prečan, a.a.O., S. 364, Nr. 189, Proklamation der „militärischen Revolutionsführung".

und doch gleichzeitig den Deutschen gegenüber das Gesicht zu wahren. So redete er die slowakischen Soldaten in einer Sprache an, die sie trotz ihrer politischen Zweideutigkeit persönlich sehr gut verstehen konnten: „Burschen, Kameraden! Ich spreche zu Euch als Euer älterer Kamerad, als Euer aufrichtiger Freund ... Wenn ich Euch raten darf, so laßt mich sagen: Bleibt stehen! Macht kehrt! Geht zurück in die Heimatgarnisonen, zu Euren Einheiten. Alles ist übereilt und unüberlegt ... Wer hat hier Interesse daran, daß sich die friedlichen Verhältnisse der Slowakei in eine Kriegshölle verwandeln? Viele von Euch erinnern sich daran, wie die Städte in der Ukraine, in Weißrußland, Galizien, in Italien und anderswo aussahen. Wollt Ihr, daß es auch bei uns dazu kommt? Bestimmt nicht! Kehrt marsch also! Noch ist es nicht zu spät, noch läßt sich alles ohne Folgen verwischen ... Was nützt Euch eine Revolution, Burschen? Wer tut Euch etwas? Denkt Ihr, daß es Euch besser gehen kann? Wir waren bisher die Herren im eigenen Hause. Haben wir jedoch die Gewißheit, daß es in Zukunft auch so sein wird? Warum also nicht warten, bis die Sachen selbst reifen, und dann einig, den Umständen angemessen, alle an einem Strang ziehen ... Der slowakische Soldat hatte bisher überall auch als Mensch einen guten Namen. Achtung, Burschen, verübt keine Grobheiten und Rohheiten, die uns heute und in der Zukunft nur schaden können ..."[11]

Doch es war bereits zu spät. Für die Verschwörer gab es kein Zurück mehr. Aus den Resten der Armee des Slowakischen Staates begann sich in der Mittelslowakei eine tschechoslowakische Aufstandsarmee zu formieren! Diese Armee war vom ersten Tage an regulär, hatte ihren Kommandostab, ihre Regimenter, Bataillone und Kompanien, trug Waffen, Uniformen und Dienstgradabzeichen und hielt sich an das internationale Kriegsrecht.

Bereits am 30. August gab die Führung der Aufstandsarmee einen Befehl heraus, wonach sie ihre Einheiten zu einem integrierenden Teil der tschechoslowakischen Streitkräfte erklärte. Vorausgegangen war ein Funkkontakt zwischen Banska Bystrica und London, in dem General Ingr dem Oberstleutnant Golian geraten hatte: „Definiert Euch als einen Bestandteil der tschechoslowakischen Armee. Die tschechoslowakische Regierung wird eine Erklärung herausgeben, daß alle auf tschechoslowakischem Gebiet gegen Deutschland bzw. Ungarn kämpfenden Einheiten sich für einen Bestandteil der regulären tschechoslowakischen Armee erklären."[12] Am 7. September erkannten die USA, die Sowjetunion und Großbritannien diesen Status offi-

---

11 V. Prečan, a.a.O., S. 373, Nr. 195, Rundfunkansprache des Generals A. Malár an die Angehörigen der Slowakischen Armee.
12 V. Prečan, a.a.O., S. 363, Nr. 188, Hinweise und Informationen des Generals S. Ingr für Oberstleutnant J. Golian.

ziell an. In der amerikanischen Erklärung hieß es, daß man mit den tschechoslowakischen Soldaten wie mit Angehörigen der alliierten Streitkräfte umzugehen habe, wenn man sich nicht einer ernsten Bestrafung aussetzen wolle. Doch bereits eine Woche zuvor hatte der Chef des Stabes beim Deutschen Befehlshaber in Preßburg, Oberstleutnant Uechtritz, durchgesetzt, daß die Angehörigen der slowakischen Aufstandsarmee ungeachtet der offiziellen NS-Propaganda, die von „Banditen" sprach, als reguläre Soldaten angesehen und behandelt wurden.[13]

Für Golian und seinen Stab kam es nun darauf an, einen ungefähren Überblick zu bekommen, was ihnen an kampffähigen Einheiten zur Verfügung stand. Die erste Bilanz war niederschmetternd: Das Armeekorps in der Ostslowakei, auf dem alle Hoffnungen ruhten, war zu mehr als neunzig Prozent ausgefallen. Aber auch bedeutende Teile des Armeekorps in der Westslowakei, vor allem die starken Garnisonen von Bratislava und Nitra, hielten sich von einer Teilnahme am Aufstand fern.[14]

An dem Debakel in der Westslowakei waren Golian und sein Stab keineswegs schuldlos. In all den Monaten seit April 1944 hatte man es versäumt, sich um eine Zersetzung und Unterwanderung der westslowakischen Einheiten und Kommandostäbe zu bemühen. Die Aktivität der Militärzentrale hatte sich fast ausschließlich auf den östlichen und mittleren Teil der Slowakei beschränkt. Sicher hatte das seinen Grund darin, daß die Westslowakei im Einflußbereich der Tiso-Regierung und unmittelbar unter den Augen der Deutschen lag. Andererseits aber sahen die Aufstandspläne gerade für die westslowakischen Garnisonen entscheidende Aufgaben vor, wenn sie von ihnen forderten, den ersten Stoß der deutschen Okkupationsstreitkräfte aufzuhalten und ihnen nachdrücklich Widerstand zu leisten, der nur im äußersten Falle in einen schrittweisen Rückzug auf die Mittelslowakei übergehen sollte. Dann hätte man jedoch nicht den Befehl zur Rundumverteidigung der einzelnen Garnisonen vom 28. und 29. August erlassen dürfen. Mit einer solchen Methode war einem schnellbeweglichen, kriegserfahrenen Gegner, dessen Stärke gerade im Operieren lag, gewiß nicht zu begegnen. Es wäre sehr viel besser gewesen, den Einheiten in der Westslowakei den sofortigen Rückzugsbefehl auf die Abwehrlinie Nove Mesto-Topolčany-Zlate Moravce zu erteilen, so wie sich das ostslowakische Armeekorps vor dem deutschen

---

13 Siehe zum Vergleich Dokumenten-Anhang 25: „36 Fragen über den Slowakei-Feldzug".
14 Das Verhalten der Garnison von Bratislava am 30. und 31. 8. 1944 ist ein trauriges und beschämendes Kapitel in der Geschichte der slowakischen Armee. 8000 oder 10 000 Mann ließen sich ohne die geringste Gegenwehr von 160 bis 200 deutschen Soldaten und Offizieren entwaffnen.

Zugriff auf die Verteidigungslinie Poprad-Dobšina hätte zurückziehen müssen. Vielleicht wäre es dann gelungen, mit sämtlichen verfügbaren Kräften eine starke Defensivstellung einzunehmen.
So gelang lediglich den Garnisonen von Pieštany und Trnava der Rückzug auf die Mittelslowakei. Damit war von den aktiven Verbänden des slowakischen Heeres wenig genüg übrig geblieben, sieht man von den stärkeren Garnisonen Turč.Sv.Martins und Zvolens ab, wobei sich die Garnison von Turč.Sv.Martin weitgehend in Auflösung befand und zum Teil zu den Partisanen übergegangen war.[15] Was insgesamt in der Mittelslowakei, im Aufstandsgebiet, verblieb, bestand aus 16 Bataillonen und 8 Kompanien Infanterie sowie 7 Abteilungen Artillerie. An motorisierten Verbänden, Panzer- und Flieger-Einheiten war wenig vorhanden.
Alles in allem konnte Golian bei Ausbruch der Kämpfe mit ca. 18 000 Soldaten rechnen, die zum größten Teil in Ausbildungs- und Ersatzeinheiten dienten. Dazu kamen noch etwa 2000 Soldaten, die sich nach und nach vom ostslowakischen Armeekorps in das Aufstandsgebiet durchschlugen, von Kapitän Stanek aufgefangen und von denen 800 Mann unter seiner Führung bei Telgart eingesetzt wurden, während ca. 1200 Mann nach Banska Bystrica kamen und dort wertvolles Stamm- und Ausbildungspersonal für die Neuaufstellungen bildeten. Zu diesen etwa 20 000 Soldaten und Offizieren der regulären Armee konnte man noch etwa 2000 bewaffnete Partisanen hinzurechnen, die sich in Partisanen-Brigaden organisiert hatten.
Mit dem Begriff der „Partisanen-Brigaden" ist in der tschechoslowakischen Nachkriegsliteratur viel Unfug getrieben worden. Diese sogenannten Brigaden entsprachen nach regulären militärischen Begriffen eher Kompanien oder Bataillonen. Während des Aufstands existierten etwa 20 Partisanen-Brigaden, deren ursprüngliche Zahl von 2000 Mann sich durch Zulauf innerhalb von drei Wochen rasch auf ca. 7000 erhöhte. Dabei blieb es bis zum Zusammenbruch des Aufstands Ende Oktober 1944. Die bekannteren Brigaden hatten im Durchschnitt eine Stärke von 500 bis 600 Mann, die anderen nur von 100 bis 200 Mann. Die auch heute noch in der ČSSR aufrecht erhaltenen Behauptungen, es hätten rund 20 000 Partisanen gekämpft, fallen bei seriöser Nachprüfung in sich zusammen. (Da es kaum detaillierte Angaben über die Partisanen-Einsätze gibt, kommt man nur zu sehr groben Schätzungen: Danach wurden etwa je 1500 Partisanen im Raum Dolny Kubin so-

---

15 Oberstleutnant Perko, der Kommandant der Garnison von Turč.Svatý Martin, forderte den Oberleutnant Cyril Kuchta kategorisch auf, die zu den Partisanen übergelaufenen Soldaten mit ihren Panzerfahrzeugen zurückzuschicken, da sie als reguläre militärische Einheit kämpfen sollten. Kurz darauf wurde dem Befehl entsprochen.

wie zwischen Trenčin und Žilina eingesetzt, 2000 im Raum Strečno-Vrutky-Sučany und je 1000 Partisanen bei der Verteidigung des Nitratals und in der Gegend südlich Ružomberok. – Ihre militärische Effektivität war sehr unterschiedlich: Während sich die Partisanen-Einheiten im Turecer Gebiet in der Unterstützung der regulären Truppen, die überall die Hauptlast des Kampfes trugen, durchaus bewährten, fügten sie im Nitratal, bei Topolčany, Baťovany, Novaky und später bei Velke Pole, Sväty Križ, Žibritov und Krupina der militärischen Verteidung durch ihren Mangel an Disziplin und Standhaftigkeit erheblichen Schaden zu.)

Wie auch immer, diese Kräfte konnten nicht ausreichen, das gesamte Terrain der Mittelslowakei zu verteidigen, wenn es von mehreren Seiten angegriffen wurde. Es galt also, im Aufstandsgebiet eine Mobilmachung zu verkünden und den letzten Mann zu erfassen, um auf eine ansehnliche Zahl von Verteidigern zu kommen. Die Aufstandsführung rechnete dabei mit 20 000 bis 25 000 Reservisten und Ungedienten im wehrfähigen Alter, die man noch in die Verteidigung eingliedern konnte, wobei sie sich keiner Täuschung hingab, daß sich diese Verstärkungen erst nach und nach an der Front auswirken mochten, daß man vielleicht sechstausend der einberufenen Soldaten innerhalb von vierzehn Tagen nach dem Mobilmachungsbefehl in die Kampfeinheiten stecken konnte, daß aber das Gros eine etwa vierwöchige Ausbildung benötigte, wenn es einsatzfähig werden sollte.

Soweit zur Personalstärke. Wie stand es mit der Bewaffnung der Aufständischen?

In ausreichender Menge waren eigentlich nur Pistolen und Handgranaten (mit Aufschlagzünder) vorhanden. An Gewehren herrschte empfindlicher Mangel, sobald man die Zahl von 30 000 Kämpfern überschreiten würde. Knapp war man auch mit Maschinenpistolen versehen: insgesamt 2000 Stück, vielleicht vierzig Prozent dessen, was im Mindestfall nötig gewesen wäre. Die Ausstattung mit leichten und schweren Maschinengewehren ließ dringend zu wünschen übrig und war für den Anfangsbedarf bestenfalls zu zwei Dritteln gegeben: 300 sMG und 1500 lMG. Allerdings, das muß hinzugefügt werden, die tschechischen MG's (leichte MG's vom Typ 24 und schwere MG's vom Muster 37) waren den berühmten und gefürchteten deutschen Maschinengewehren vom Typ 34 und 42 fast ebenbürtig und stellten in diesem Krieg der leichten Infanteriewaffen ein hervorragendes Abwehrmittel dar.

Ausgesprochen prekär sah es in bezug auf mittlere und schwere Waffen aus: Neben der geradezu bejammernswerten Anzahl von 40 Granatwerfern standen etwa 162 Geschütze zur Verfügung, darunter ein Dutzend 7,5 cm-Pak auf Selbstfahrlafette und mehrere 2 cm-Flak-Kanonen. Eine Panzerwaffe existierte im Grunde kaum. Bei Beginn der Kämpfe verfügten die Aufständischen über etwa 43 einsatzfähige Tschechen-Panzer vom Typ 38, leichte Vorkriegstanks, deren Bewaffnung (mit einer 2,7 cm KWK) und Panzerung den Anforderungen von 1944 nicht entfernt gewachsen waren.[16] Auch muß gesagt werden, daß die Mentalität der Slowaken sich für die Kampfweise draufgängerischer Panzersoldaten wenig eignete. Dagegen sollten sie bald zeigen, wie geschickt sie mit Panzerzügen operieren konnten, von denen sie insgesamt drei einsetzen, die ausnahmslos in den Eisenbahnwerkstätten von Zvolen improvisiert und montiert wurden.

Bleibt noch hinzuzufügen, daß die slowakische Luftwaffe über 57 Maschinen verfügte, von denen nur sieben (Jäger vom deutschen Typ Messerschmitt) einsatzfähig waren, während das Gros aus Sanitäts-, Kurier- und Verkehrsmaschinen bestand. Die aufständischen Luftstreitkräfte wurden auf dem Flugplatz Tri Duby konzentriert. Als später das 1. tschechoslowakische Jagdfliegerregiment mit 22 sowjetischen Jagdmaschinen vom Typ LA-5FN aus der UdSSR eintraf, wurde bei Zolna eine Wiese provisorisch als Feldflugplatz hergerichtet. (Tri Duby war zugleich Einflughafen für die sowjetischen und westalliierten Transportunternehmungen.)

Die Versorgung der Truppe mit Lebensmitteln war für annähernd drei Monate gesichert. Brennstoff für die nicht sehr reichlich vorhandenen Kraftfahrzeuge war genügend vorhanden. Allein bei Prievidza lagerten mehr als zwei Millionen Liter Benzin.[17] Auf dem Wirtschaftssektor hatte der Leiter des höchsten Versorgungsamtes in der Tiso-Regierung, Karvaš, mit seiner listigen Konzentrations- und Hortungspolitik in der Mittelslowakei glänzende Vorarbeit geleistet. Länger als ein Jahr lang hatte er vor allem Getreide und Erdöl nach dorthin verlagern lassen. Mehr als 75 Prozent des rollenden Eisenbahnmaterials standen in der mittleren Slowakei, und mehrere Millionen slowakischer „Kronen" in Bargeld waren dank Karvaš im Aufstandsgebiet deponiert.

Dies also waren die vorhandenen Kräfte an Menschen und Material. Um sie sinnvoll führen und einsetzen zu können, schuf man folgende militärische Organisation:

16 Das Panzerregiment von Turč.Sv.Martin bestand Ende August 1944 nur aus einem Ersatz- und aus einem Ausbildungsbataillon, während die aktiven Einheiten im Osten beim I. Armeekorps garnisonierten. So erklärt sich die minimale Ausstattung mit Panzer-Kampfwagen. Es gibt aber auch slowakische Aussagen, die von 50 Panzern sprechen, während die deutschen Beutezahlen sogar 80 nennen. Eine letzte Klärung war nicht möglich; der Verfasser hält die Zahl von 43 Panzern für annähernd richtig.

17 Allerdings sollte es sich als ein folgenschwerer Fehler erweisen, daß dieses Depot, das von entscheidender logistischer Bedeutung war, nicht rechtzeitig in das Aufstandszentrum verlagert wurde.

An der Spitze der „1. Tschechoslowakischen Armee in der Slowakei" – so nannte sich die Aufstandsarmee offiziell seit dem 31. August 1944 – stand als vorläufiger Befehlshaber, bis zum Eintreffen des Divisonsgenerals Viest, Oberstleutnant Jan Golian, der Anfang September zum Oberst und kurz darauf zum Brigadegeneral befördert wurde. Als Stabschef fungierte Major Julius Nosko. Chef der Operationsabteilung war Oberst Reknik. Das Hauptquartier befand sich in Banska Bystrica.

Am 31. August schuf das Kommando der Aufstandsarmee zwei operative Verteidigungsbereiche, die zugleich Divisionsbereiche waren. Der erste Verteidigungsbereich stand unter dem Kommando von Oberst Pavel Kuna und umfaßte das Gebiet von Banska Bystrica und die weitere Umgebung. Seine Abgrenzung: im Norden die Niedere Tatra, im Westen die Mala Fatra, im Süden die Staatsgrenze gegen Ungarn, im Osten das Slowakische Erzgebirge. Der zweite Verteidigungsbereich unter der Führung von Oberst Ladislav Bodicky, der jedoch bald von Oberst Peknik abgelöst wurde, erstreckte sich im wesentlichen auf die Gegend von Lipt.Sv.Mikulaš. Diese Gliederung war taktisch und organisatorisch wenig zweckmäßig und sollte auch bald, am 9. September, revidiert werden.

Ein anschauliches Bild der Aufstandsstreitkräfte ergibt sich, wenn man von den Truppenstationierungen ausgeht, wie sie sich zu Beginn des Kampfes in den einzelnen Regionen der mittleren Slowakei darboten:

Raum Žarnovica	– 2 Infanterie-Bataillone
Raum Zvolen-Oremov Laz	– 2 Infanterie-Bataillone
	3 Infanterie-Kompanien
	4 Artillerie-Batterien
Raum Brezno	– 2 Infanterie Bataillone
	3 Infanterie-Kompanien
	3 Artillerie-Batterien
Raum Ružomberock-Mikulaš	– 4 Infanterie-Bataillone
	3 Artillerie-Batterien
Raum Turč.Sv.Martin	– 3 Infanterie-Bataillone
	2 Artillerie-Batterien
Raum Nitratal	– 2 Infanterie-Bataillone
	2 Artillerie-Batterien
Raum Banska Bystrica	– 1 Infanterie-Bataillon
	2 Infanterie-Kompanien

Diese Zersplitterung, die sich aus den Standorten der einzelnen Garnisonen ergab, mußte schleunigst aufgehoben werden. Etwa eine Woche nach Aufstandsbeginn unterstanden je sechs Infanterie-Bataillone und je sieben Artillerie-Batterien den jeweiligen Verteidigungsbereichen, während weitere vier Infanterie-Bataillone und acht selbständige Infanterie-Kompanien die operative Reserve bildeten. In Zvolen wurde ein Zentrum der Aufstands-Artillerie geschaffen, das in Kürze beträchtliche Erfolge zu melden hatte. Golian, in seiner Eigenschaft als Armeebefehlshaber, betraute Kapitän B. Horvath mit der Aufgabe, Artillerie-Einheiten zu formieren. Diesem gelang es, bis Mitte September 14 neue Batterien aufzustellen.

Während so die slowakische Verteidigung Gestalt annahm, war der deutsche Gegner nicht untätig geblieben. Im Nordosten des Aufstandsgebietes hatte eine Kampfgruppe der Heeresgruppe „Nordukraine" am 31. 8. Kežmarok (Käsmarkt) und am 1. 9. Poprad besetzt. Sie bestand aus einem verstärkten Bataillon der Waffen-SS, genannt „Kampfgruppe Schäfer", und einem verstärkten Bataillon der 86. Infanteriedivision, alles in allem etwa 2400 Mann. Der Auftrag dieses Verbandes war es, überraschend in die Täler der Waag und des Hron (Gran) vorzustoßen und sich in schnellem Zugriff der Städte Ružomberok und Banska Bystrica zu bemächtigen. Die Ausgangslage schien günstig, da es den Deutschen durch die Feigheit einiger slowakischer Offiziere möglich war, die Städte Kežmarok, Levoča (Leutschau) und Poprad fast kampflos zu besetzen.

Am gleichen Tage gelang es der Nordwest-Gruppe des Obersten v. Ohlen, die slowakisch-französische Verteidigung vor Strečno zu durchbrechen und einen, wenn auch langsamen Vormarsch auf Vrutky, eine Ortschaft 5 km nördlich Turč.Sv.Martin, anzutreten. Der Weg in das Turec-Tal schien geöffnet.

Doch damit nicht genug, erhob sich für die Slowaken im Südwesten eine neue Gefahr: In Preßburg und Umgebung wurde die Kampfgruppe „Schill" ausgeladen, deren Transportzüge seit dem Morgen des 1. September in schneller Folge aus dem Protektorat eintrafen. Diese Einheit, von der deutschen Bevölkerung Preßburgs stürmisch umjubelt, handelte entschlossen, entwaffnete die slowakischen Garnisonen der umliegenden Ortschaften, brach sofort mit Vorauseinheiten zum mot. Marsch nach Nitra auf und stand mit ihnen am späten Abend des 1. 9. vor der Stadt, nur noch 25 km vom Aufstandsgebiet entfernt.

Da mit der Kampfgruppe „Schill" jene deutsche Einheit auftritt, die den Slowaken am meisten zu schaffen machte, ja, diese eigentlich überwunden hat, lohnt es sich, auf ihre Gliederung und Zusammensetzung näher einzugehen:

Die Kampfgruppe „Schill" war ein improvisierter Verband in schwacher Regimentsstärke, nur für den Zweck und für die Dauer des Feldzugs in der Slowakei aufgestellt. In der Hauptsache Waffen-SS; kombiniert mit Heeres-Einheiten. Der Personalbestand betrug ca. 2200 Mann.

Die Kampfgruppen-Gliederung:

    Regimentskommandeur: Oberstleutnant (der Waffen-SS) Klotz.

Der Regimentsstab.

Das I. Bataillon: bestehend aus 3 Grenadier-Kompanien, 1 schweren Kompanie, 2 leichten Infanteriegeschützen 7,5 cm, 1 schweren Infanteriegeschütz 15 cm, 1 Pionierzug.

Das II. Bataillon:: bestehend aus 3 Panzergranadier-Kompanien.

Dem Regiment zugeteilt: 1 Sturmgeschütz-Batterie 7,5 cm mit 16 Fahrzeugen und 1 Batterie leichte Feldhaubitzen 10 cm.

Das Rückgrat des Regiments und zugleich die Eliteeinheit aller in der Slowakei eingesetzten deutschen Verbände stellte das I. Bataillon dar; wir werden noch häufig von ihm hören. Es bestand aus dem Offiziers-Vorbereitungslehrgang von Josefstadt (bei Königgrätz), den man am 30. August provisorisch in ein Einsatz-Bataillon verwandelt hatte, und war die Einheit, die den slowakischen Verteidigungsring von Südwesten her aufrollte und auch die Aufstandshauptstadt Banska Bystrica eroberte.

An der Spitze des I. Bataillons stand Oberleutnant Hans Kettgen, 27 Jahre alt, von der 1. SS-Panzerdivison „Leibstandarte Adolf Hitler" abkommandiert.

Die Stärke und Bewaffnung des Bataillons:

Es umfaßte rund 1000 Mann und verfügte an leichten und schweren Infanteriewaffen über 54 leichte MG – 24 schwere MG – 12 mittlere Granatwerfer 8 cm.

Dazu kamen die Spezialausrüstung eines Pionierzuges sowie 2 leichte I. G. und 1 schweres I. G.

Die behelfsmäßige Motorisierung des Bataillons erfolgte durch Requirierung privater Holzgaser-LKW mit tschechischen Fahrern und konnte nur als bedingt einsatzfähig bezeichnet werden.

In dem Augenblick, in dem die Kampfgruppe „Schill" in das Geschehen eingriff, waren die Slowaken von fünf Richtungen bedroht. Im Nordosten operierte ein Verband der Heeresgruppe „Nordukraine" bei Poprad. Von Norden griff ein verstärktes Bataillon, aus Polen kommend, die slowakische Verteidigung bei Trstena an. Im Nordwesten prallte die Kampfgruppe der 178. Infanteriedivision auf die slowakischen Verbände vorwärts Sv.Martin. Von Südwesten näherte sich die Kampfgruppe „Schill" unaufhaltsam der Stadt Topolčany im Nitra-Tal, während ein verstärktes galizisches SS-Bataillon gegen die slowakischen Abwehrstellungen im Raum Zlate Moravce vorfühlte.

Inzwischen, am 2. September, hatte sich die Lage folgendermaßen entwickelt: Die Kampfgruppe v. Ohlen war von Strečno aus etwa drei Kilometer nach Süden vorgestoßen, immer gegen zähe feindliche Abwehr in starken Widerstandsnestern, die sich links und rechts der Straße auf den bewaldeten Höhen eingenistet hatten. Luftaufklärung hatte Panzer und Artillerie in

Vrutky gemeldet, die mit Bomben und Bordwaffen bekämpft wurden. Die Reserve von sieben Panzern, über welche die deutsche Führung verfügte, die bei Trnava stand, wurde über Trenčin und Žilina zur Gruppe v. Ohlen in Marsch gesetzt. Die Kampfgruppe „Schill" hatte sich mit ihrer Masse bei Nitra versammelt.

In Nitra stand – abgesehen von der Hauptstadt Bratislava – die stärkste Garnison der slowakischen Armee; an ihrer Spitze als Garnisonskommandant Major Šmigovský. Auf diesen Verband kam es an! Denn Stadt und Garnison sperrten den Eingang zum Nitratal. Was dort am 2. September geschah, schildert der damalige Kommandeur des I. „Schill"-Bataillons, Hans Kettgen:[18]

„Das I. Bataillon näherte sich im Kriegsmarsch Nitra. An der Spitze Sturmgeschütze mit aufgesessener Infanterie. Kommandeur I. Bataillon befand sich hinter dem zweiten Sturmgeschütz. Am westlichen Stadtrand fiel sofort die Kaserne auf: ein k.u.k.-Kastell aus dem 19. Jahrhundert. In den Fenstern Sandsackwehren und aufgeregte Soldaten. Unsere Infanterie saß ab und sicherte mit dem Gros in Richtung Topolčany. Die Spitze, zwei Sturmgeschütze und Führungsstaffel, näherte sich der Kaserne. Das Tor war verschlossen. Auf unser Pochen hin wurde geöffnet. Kommandeur I. Bataillon und zwei Melder gingen in die Kaserne und wurden sofort zum Garnisonskommandanten, Major Šmigovský, geführt. Šmigovský erklärte unter vier Augen, er persönlich stände treu zu Tiso, aber einige Offiziere neigten den Aufständischen zu. Die Mannschaft sei unentschlossen. Bei einer sofort einberufenen Offiziersversammlung wurden die bezeichneten Offiziere festgenommen. Etwas später erschien der Regimentskommandeur, Obersturmbannführer Klotz, und es stellte sich heraus, daß er Šmigovský vom Rußlandfeldzug her kannte. Es wurde nun vereinbart, daß die slowakische Garnison mit uns zusammenarbeiten und uns vor allem den Rücken freihalten sollte. Denn unser Nachschub- und Verbindungsweg nach Bratislava führte über Nitra! Der Pakt wurde sofort mit viel Slibowitz besiegelt."

Wie hatte das geschehen können? Lag hier in Nitra nicht ein entscheidendes Versagen Golians und der illegalen Militärzentrale in Banska Bystrica vor? War denn niemand auf den Gedanken gekommen, an die Spitze der wichtigsten slowakischen Garnison einen zuverlässigen Mann aus dem Kreise der Verschwörer zu stellen? A. Rašla, der sich im Auftrage Dr. Husáks vom 30. August bis 1. September in Nitra aufhielt, schildert in seinen Memoiren die Hintergründe der Affaire:[19]

---

18 Hans Kettgen im persönlichen Gespräch mit dem Verfasser und schriftlich, Herbst 1978.
19 A. Rašla, a.a.O., S. 135

„Golian hatte befohlen, daß Oberstleutnant Černek, ein prominenter Verschwörer, bei Aufstandsbeginn sofort das Garnisonskommando von Nitra übernehmen und Major Šmigovský ablösen sollte. Doch Šmigovský hatte Černek verhaften lassen und militärische Gegenmaßnahmen eingeleitet. Černek war es zwar gelungen, zu entkommen, aber die Offiziere, die in die Vorbereitung des Aufstandes eingeweiht waren, zeigten sich völlig ratlos, da sie ihre speziellen Aufgaben nicht kannten. Alles war bis zuletzt streng geheim gehalten worden. Nur Oberstleutnant Černek hatte präzise Instruktionen des Militärrates; aber die nötigen Befehle sollte er erst unmittelbar nach der Kommandoübernahme in Nitra erlassen, wozu es infolge der Gegenaktionen Šmigovskýs nicht gekommen war."

Die Affaire Nitra schien also nachträglich den Kommunisten, vor allem Šmidke und Husák, recht zu geben, die im Juli die „elitäre Spitzenaktion" Golians scharf kritisiert und eine breite Aufklärung an der Basis, bei den einfachen Mannschaften und Unteroffizieren verlangt hatten. Das Urteil des Kommunisten Rašla widerlegt jedoch diese These:

„Das Militär in Nitra war für den Aufstand. Aber es gab niemanden, der die ersten Befehle erteilen wollte. Anderenorts waren die Soldaten vielleicht weniger zuverlässig; da sie aber ein aufständischer Kommandant befehligte, kämpften sie eben aufständisch. Das ist das psychologische Rätsel einer Militärmaschinerie: Es kommt nicht so sehr auf die Überzeugung und Gesinnung der Untergebenen an, – nein, die Parteilichkeit der Vorgesetzen, der Kommandeure ist ausschlaggebend. Je disziplinierter die Einheit, desto mehr gehorcht sie dem Kommandanten! In Nitra stand die diszipliniertest Garnison der ganzen slowakischen Armee. Dort hätte es wirklich genügt, den Kommandanten durch einen anderen zu ersetzen."[20]

Abgesehen vom Verlust des I. Armeekorps in der Ostslowakei war das Fiasko in Nitra der schwerste Schlag für die Aufstandsarmee! Das Beispiel der Soldaten von Nitra hatte einen verheerenden Einfluß auf andere bedeutende Garnisonen in der westlichen Slowakei, so in Sered, Hlohovec und auch in Nove Mesto.

Die nächsten beiden Tage, der 3. und 4. September, sollten die erste schwere Krise für die slowakische Verteidigung bringen. In den wichtigsten Angriffsrichtungen machten die Deutschen erhebliche Fortschritte. Es bestand die Gefahr, daß die slowakische Abwehr nicht genügend Zeit fand, sich zu konsolidieren, ja, daß der Aufstand bereits in seiner Anfangsphase erstickt wurde.

Die Nordostgruppe der Deutschen warf am 3. September die slowakischen Sicherungen westlich Poprad auseinander und gabelte sich in zwei Stoßrich-

---

20 A. Rašla, a.a.O., S. 135

tungen: Während die Kampfgruppe „Schäfer" durch das Waag-Tal auf Lipt.Sv.Mikulaš marschierte, stieß das verst. Bataillon der 86. Infanteriedivision zügig in Richtung Červena Skala auf das Hron-Tal vor.
Die Kampfgruppe des Obersten v. Ohlen war nach harten Ringen auf der schmalen Straße von Strečno zweieinhalb Kilometer vorangekommen und stand unmittelbar vor Vrutky, vor einer starken Straßensperre, während zwei Nebenkolonnen auf den Höhe vorgegangen waren und den Ort beiderseits flankierten. Die deutsche Führung war davon überzeugt, daß Vruky in den Nachtstunden fallen würde, ja, sie glaubte sichere Anzeichen dafür zu haben, daß die Slowaken – in ihrer Widerstandskraft erschüttert – sich anschickten, Vrutky freiwillig zu räumen und einen schnellen Rückzug auf Turč.Sv.Martin anzutreten. Von größeren Rückzugsabsichten konnte zwar keine Rede sein, doch am Abend des 4. 9. räumten die Slowaken tatsächlich Vrutky und bezogen am Südrand der Ortschaft neue Abwehrstellungen.
Die Kampfgruppe „Schill" schließlich, die mit ihrem I. Bataillon am 3. 9. zum erstenmal ins Gefecht kam, errang den spektakulärsten Erfolg: Sie stieß am frühen Vormittag auf die Kreisstadt Topolčany vor, ließ die 1. Grenadier-Kompanie auf Sturmgeschütze aufsitzen[21] und drang ungeachtet eines heftigen, aber schlecht gezielten Abwehrfeuers um 12.30 Uhr in die Stadt ein, die sie nach kurzem Straßenkampf vom Feind säuberte. Das Unternehmen kostete sie 6 Tote und 15 Verwundete (während die Slowaken über 100 Gefallene zu beklagen hatten) und erwies die hohe Angriffsmoral und schnelle Operationsfähigkeit dieser Truppe.
Auch der 4. September wurde zu einem schwarzen Tag für die slowakische Verteidigung. Im Waag-Tal besetzte die Kampfgruppe „Schäfer" nach unbedeutenden Gefechten die Stadt Liptovsky Sväty Mikulaš und standt damit nur noch 25 km ostwärts Ružomberok (Rosenberg), dem Industriezentrum der nördlichen Mittelslowakei. Parallel hierzu war es dem Bataillon der 86. Infanteriedivision gelungen, die Reste des 5. Slowakischen Infanterieregiments zurückzudrängen und die Ortschaft Telgart zu erobern. Nur noch drei Kilometer, und das Hrontal war erreicht.
Am Abend des 4. September schien so die Initiative ausschließlich bei den Deutschen zu liegen, und Oberstleutnant Uechtritz, Chef des Stabes in Preßburg, mochte die Entwicklung mit gutem Grund optimistisch beurteilen: Die Tür zum Nitra-Tal war bei Topolčany aufgestoßen worden, das Hron-Tal lud bei Telgart zum Betreten ein, Ružomberok stand kurz vor dem Fall; und im Turec-Tal voranzukommen, Turč.Sv.Martin einzunehmen und weiter nach

---

21 Dieser erste Einsatz von Sturmgeschützen ließ bei den Slowaken die bis heute genährte Legende von deutschen „Tiger"-Panzern entstehen. In Wahrheit handelte es sich um längst ausrangierte, alte Sturmgeschütze für reine Ausbildungszwecke.

Süden und Südosten in das „Bandenzentrum" vorzustoßen, schien nach dem Fall von Vrutky nur noch eine Frage von Tagen zu sein.

Die Lagebeurteilung, die Golian und sein Stabschef, Major Nosko, in der Nacht vom 4. zum 5. September anstellten, sah entsprechend düster aus. Sie machten sich keine Illusionen und sahen die Dinge im Grunde genommen genauso wie das deutsche Kommando. Dementsprechend meldete Golian an General Ingr: „Die Situation ist kritisch. Unter dem starken Druck der feindlichen Motorisierten Kräfte und der Luftwaffe weiche ich auf das Dreieck B. Bystrica-Zvolen-Brezno aus. Erhalte ich nicht Ihre Hilfe (Jagfflieger, Luftlandebrigaden), halte ich nicht länger als eine Woche stand..."[22]

Brigadegeneral Golian beurteilte also die Lage seiner Armee nach einwöchigem Kampf recht pessimistisch. Daß er dies nicht nur London gegenüber tat, in der Absicht, die Hilfsmaßnahmen der Alliierten zu beschleunigen, sondern daß es ihm mit seinen Befürchtungen durchaus ernst war, geht aus der Schilderung A. Rašlas hervor, der sich am 5. 9. bei General Golian zum Dienstantritt meldete:

„Golian, der schon den Generalsrang hatte, machte sich große Sorgen. Er sagte, wir sind infolge des Mangels an Waffen und Spezialisten eigentlich schon am Ende. Wenn nicht bald Hilfe kommt, werden wir uns nur noch einige Tage verteidigen können und müssen dann in die Berge gehen. Die Deutschen wollen den Aufstand schnell liquidieren, und deshalb müssen wir uns jetzt – bis die Hilfe der Sowjets kommt – verzweifelt zur Wehr setzen."[23]

Doch es kam ganz anders. In den folgenden drei Tagen zeigte sich die slowakische Verteidigung stabil, ja, im Nordostabschnitt gelang es den Slowaken sogar, den Spieß umzudrehen und zum erfolgreichen Gegenangriff überzugehen. Der deutsche Vormarsch kam überall zum Stehen, und es waren diese drei Tage, die es dem slowakischen Oberkommando ermöglichten, eine Neugliederung der Aufstandsarmee vorzunehmen, Truppenverschiebungen anzuordnen und die Front, die bereits wankte, zu festigen.

Es kam aber noch ein wesentlicher psychologischer Faktor hinzu: In der Nacht vom 4. auf den 5. September kamen auf dem Flughafen Tri Duby die ersten sowjetischen Materiallieferungen an, darunter vor allem 20 Panzerbüchsen mit kompletter Munitionsausstattung. (Sie gingen unverzüglich an die Abwehrfront bei Vrutky.) Die Nachricht von der sowjetischen Hilfe verbreitete sich im Handumdrehen bei der Aufstandsarmee und paralysierte das Gefühl der Verlassenheit und der Hoffnungslosigkeit, das schon – vor allem

---

22 V. Prečan, a.a.O., S. 430, Nr. 245, Situationsmeldung des slowakischen Oberkommandos an General S. Ingr in London.

23 A. Rašla, a.a.O., S. 141

in der Etappe – um sich gegriffen hatte. Die Begeisterung wurde neu angefacht, der materielle Wert der Lieferungen wurde bei weitem überschätzt, und schon hieß es: Bald werden die Russen selber kommen! Sie kamen zwar nicht, dafür trafen jedoch Šmidke und Oberstleutnant Dr. Ferjenčik endlich in Banska Bystrica ein und brachten die mit Jubel und Erleichterung vernommene Nachricht, daß die Sowjets in wenigen Tagen mit gewaltigen Massen durch den Dukla-Paß brechen würden.

Das alles stärkte die Slowaken in den nächsten Tagen in ihrem Widerstandswillen. Die operativen Ereignisse selbst nahmen folgenden Verlauf:

Das I. Bataillon der Kampfgruppe „Schill", das am 3. 9. beinahe mit der linken Hand Topolčany genommen hatte, stieß einen Tag später 15 km nach Norosten vor und nahm am 5. 9. die Ortschaft Bielice. Dann machte es zwei Tage halt, um das II. Bataillon an sich zu ziehen, und wehrte am 6. und 7. 9. vier slowakische Gegenangriffe ab, die, zersplittert, jeweils in Kompaniestärke erfolgten.

Aufklärung ergab, daß Partisanenverbände Bat'ovany besetzt hielten und daß starke slowakische Truppenkontingente abwehrbereit vor Oslany standen. Es war keine Frage: der Widerstand im Nitratal versteifte sich! Man mußte sich entschließen, ab 9. September die ganze Kampfgruppe einzusetzen.

Die Überraschung bei der deutschen Führung war groß. Nachdem Topolčany handstreichartig genommen worden war, hatte man mit einem schnellen Vormarsch gerechnet. Statt dessen stieß man auf eine tief gegliederte Abwehr. Befangen in der eigenen Propaganda, es handle sich um ein von den Sowjets angezetteltes Banditenunternehmen in der Slowakei, fanden die deutschen Kommandostäbe in Preßburg keine andere Erklärung als die, der Feind wehre sich „in russischer Kampfweise mit Kommissaren", wie es in der Lagemeldung des „Deutschen Generals in der Slowakei" am 5. 9. formuliert wurde.[24] Das sollte in etwa heißen: sowjetische Instrukteure und Kommissare treiben die slowakisch-bolschewistischen Banden ins Gefecht.

Tatsächlich aber lag die Lösung des Rätsels in Folgendem: Topolčany war nicht von Einheiten der Armee, sondern war von Partisanen verteidigt worden! Die aber hatten es so gut wie nicht verteidigt, sondern waren unter dem Eindruck ihrer Verluste in wilder Panik davongelaufen. Jetzt aber, bei Bielice, hatten sich die Partisanen von ihrem ersten Schock erholt und setzen sich – die Armeeverbände im Rücken – hartnäckiger zur Wehr.

Auch im Nordwest-Abschnitt, bei Vrutky, versteifte sich die slowakische Abwehr anstatt nachzugeben. Und wiederum erklärte sich die überraschte

---

[24] Lagemeldung des deutschen Befehlshabers in der Slowakei vom 5. 9. 1944, Archiv des Museums des Slowakischen Nationalaufstands, Banska Bystrica.

deutsche Führung das auf ihre Weise: „Hartnäckiger Widerstand im Raum nördl. Martin unter Führung eines russischen Generals", hieß es im Lagebericht vom 6. September.[25] In Wahrheit waren es die Soldaten der regulären slowakischen Armee unter Führung von Oberstleutnant Perko (unterstützt von der Partisanenbrigade Jegorow), die diesen hartnäckigen Abwehrkampf gegen die Division „Tatra" führten.

Denn inzwischen war die Kampfgruppe des Obersten v. Ohlen, deren Führung Generalleutnant von Loeper übernommen hatte, in „Division Tatra" umbenannt worden. Die Bezeichnung „Divison" war allerdings mehr als geschmeichelt. Inzwischen hatte sie im besten Falle die Gefechtsstärke einer schwachen Brigade. (Die Gefechtsqualität ließ sich nicht annähernd mit der einer deutschen Panzer- oder Panzergrenadier-Division vergleichen.) Am 5. 9. hatte sie Vrutky besetzt und Priekopa erobert, mußte sich aber bereits am 6. 9. starker slowakischer Gegenangriffe erwehren. Die Zuführung der von den Sowjets gelieferten Panzerabwehr-Waffen machte sich auf slowakischer Seite psychologisch bemerkbar. Schließlich gelang es der „Tatra" am Vormittag des 7. 9. noch, Klačany, 3 km ostwärts Vrutky, zu nehmen und dem Feind schwere Verluste (120 Tote) beizubringen.

Doch dann erlahmte die Kraft. V-förmig im Raum Vrutky-Priekopa-Klačany eingeigelt, mußte die Division bereits vom Nachmittag des 7. 9. an starke Gegenstöße auf ihre Flanken abschütteln. Sie hatte in zehntägigem Einsatz nur geringe personelle Verluste erlitten: 31 Tote und 144 Verwundete. Sie hatte bei ihren Gefechten 4 leichte Geschütze und 4 schwere Pak erbeutet und glaubte, 8 Panzer vernichtet zu haben. Und doch war ihr Angriffsschwung nach zehn Tagen mühsamen Vorkämpfens gebrochen, als nach dem Fall von Vrutky die regulären Verbände der Aufstandsarmee von Tag zu Tag mehr in Erscheinung traten und sogar zum Gegenangriff übergingen. (Golian hatte ein Infanterie-Bataillon, eine Artillerie-Batterie und die sowjetischen Panzerbüchsen zur Verstärkung geschickt.) Die Divisionsführung begriff, daß ihr der Weg nach Süden, das Turec-Tal entlang, vorerst verschlossen blieb, daß die Offensive auf Turč.Svatý Martin gescheitert war.

Weit schlimmer noch erging es der deutschen Nordostgruppe, die am 4. 9. Telgart erobert hatte, um den Vormarsch im Hron-Tal anzutreten. Das Oberkommando der Aufstandsarmee glaubte in diesem Abschnitt die stärkste feindliche Bedrohung zu erkennen, waren doch hier die deutschen Verbände dem taktischen Dreieck Brezno-Zvolen-Banska Bystrica, das unter allen Umständen gehalten werden sollte, am nächsten gekommen. Es zögerte deshalb nicht, starke Einheiten – darunter 2 Batterien leichte Haubitzen –

---

25 Lagemeldung, a.a.O., vom 6. 9. 1944.

nach Telgart zu werfen und den Gegenangriff zu befehlen. Die Führung der Angriffskolonne übernahm Kapitän Stanek, zu dem Golian sagte: „Die Situation ist bedrohlich, die Deutschen könnten in der Richtung Poprad-Brezno innerhalb von zwei Tagen nach Banska Bystrica durchdringen. Ich bin überzeugt, daß es Dir jedoch gelingen wird, die Deutschen aufzuhalten..."[26] Stanek enttäuschte diese Erwartungen nicht: Am Am 5. und 6. 9. entriß er den Deutschen in einem heftigen Gegenangriff das Dorf Telgart. Die slowakische Führung zeigte sich hier taktisch auf der Höhe, indem sie auch beiderseits der Straße auf den Bergen angreifen ließ und somit den Gegner mit weit überlegenen Kräften ständig überflügelte, wobei ihr vorzüglich zustatten kam, daß 800 Soldaten des ehemaligen I. Armeekorps unter der persönlichen Führung von Kapitän Stanek und zahlreiche Freiwillige aus dem oberen Hron-Tal eine gute Ausbildung und hohe Kampfmoral zeigten. Golian jubelte in einem Bericht an Ingr: »Bei Telgart wichen die Deutschen zurück und wurden mit großen Verlusten auseinandergejagt. Es wurde zahlreiches Material erbeutet. Die eigenen Verluste sind unbedeutend."[27] So wurde Telgart in der Legende zum „Stalingrad der Slowakei".

Am 7. 9. mußten die Deutschen hier ihre Offensive endgültig einstellen. Am 21. September griffen die Slowaken – es war inzwischen die 2. Taktische Gruppe – erneut an und warfen sie etwa 15 km weit zurück. Am 23. September stabilisierte sich die deutsch-slowakische Front bei Vernar, und in den folgenden vier Wochen, bis zum 21. Oktober 1944, gab es in diesem Abschnitt keinerlei Ereignisse von Rang.

Auch bei Zlate Moravce waren die Deutschen nicht vorangekommen. Lediglich der Kampfgruppe „Schäfer" gelang es, am 6. September Ružomberok zu besetzen. Das war nun allerdings ein bemerkenswerter Erfolg: Der Besitz des Waag-Tals und die Beherrschung der Eisenbahnlinie von Trenčin über Žilina und Ružomberok nach Prešov war für die deutsche Führung unerläßliche Voraussetzung, um auf dem schnellsten Wege von Westen nach Osten Truppen und Material in die Karpaten zu werfen. Darüber hinaus ging es ihr um die Waffenfabriken in Dubnica, Považska Bystrica und Ružomberok, die ihre Standorte sämtlich im Waag-Tal hatten. Vor allem Ružomberok war wichtig, wo die Herstellung von Artillerielafetten konzentriert war. (Bei Ausbruch des Aufstands lagerten hier allein 982 fertige Artillerielafetten.) Daß es der Kampfgruppe „Schäfer" gelang, nicht nur die Stadt Ružomberok selbst, sondern auch 982 Artillerielafetten im Handstreich zu nehmen, da es die Slowaken unbegreiflicherweise versäumt hatten, sie zu zerstören oder

---

26 J. Marko, a.a.O., S. 170.
27 V. Prečan, a.a.O., S. 431, Nr. 245, Situationsmeldung des slowakischen Oberkommandos an General S. Ingr in London.

wegzuführen, tröstete das deutsche Kommando über manchen anderen Fehlschlag. Gleichwohl, in operativer Hinsicht brachte der Fall Ružomberoks keine Entscheidung, denn schon beim ersten Versuch, am 7. September, nach Süden in Richtung Banska Bystrica vorzustoßen, lief sich die Kampfgruppe „Schäfer" an der zähen slowakischen Abwehr bei Biely Potok fest.

Damit war nach zehntägiger Dauer die erste Phase der Kämpfe in der Slowakei abgeschlossen. Ihr Ergebnis war ein voller Abwehrerfolg der Slowaken, sieht man von dem Verlust Ružomberoks und Topolčanys ab. Am 29. August 1944 hatte das Oberkommando der Aufständischen in Banska Bystrica aufgrund des deutschen Einmarsches in die Slowakei und als Antwort auf die Rundfunkrede des Generals Čatloš den slowakischen Soldaten den Befehl erteilt, zur Verteidigung der Heimat den Kampf aufzunehmen. Am Nachmittag desselben Tages war es bereits zu den ersten Kämpfen bei Žilina gekommen. Am Abend des 7. September 1944 war folgende Bilanz zu ziehen:

Die Deutschen hatten aus vier Hauptrichtungen mit etwa 9000 Mann angegriffen: mit 2400 Soldaten im Nordosten bei Poprad in Richtung auf Telgart und Ružomberok, mit ca. 1000 Mann aus Norden bei Trstena, mit rund 2400 Mann von Nordwesten her auf Turč.Sv.Martin und mit etwa 3200 Bewaffneten vom Südwesten sowohl in Richtung Topolčany als auch in Richtung Zlate Moravce. Diese Kräfte hatten sich als zu gering erwiesen. Die Slowaken hatten ungefähr 15000 Mann, 12500 Soldaten und 2500 Partisanen, ins Gefecht geworfen. Ein solches Verhältnis von 5:3 zugunsten der Slowaken mußte sich für einen Angreifer in stark gebirgigem Gelände negativ auswirken. Der Durchbruch in die Tiefe des slowakischen Verteidigungsraumes konnte überall vereitelt werden.

Allerdings, wenn es den Deutschen auch nicht geglückt war, die Aufstandsflamme schnell zu ersticken, in zweierlei Hinsicht hatten sie Erfolg gehabt: Es war ihnen gelungen, durch blitzschnelle Aktionen in der Ost- und in der Westslowakei das Aufstandsgebiet sowohl von den sowjetischen Armeen als auch von den tschechischen Ländern abzuschnüren und zu isolieren! Das war es, was sich Oberstleutnant Uechtritz, Chef des Stabes in Preßburg, der praktisch die deutschen Aktionen leitete, als erstes Operationsziel gesteckt hatte. Und das war es auch, was Golian und Šmidke unter allen Umständen hatten vermeiden wollen, weshalb sie so sehr darum gekämpft hatten, die erste Aufstandsvariante zu verwirklichen. Zwischen der östlichen Front der Aufständischen und dem Dukla-Paß lagen nun ca. 120 Kilometer Luftlinie.

Von der westlichen Aufstandsfront bis zur Grenze des „Reichsprotektorats" waren es nur 50 Kilometer, und die nazistische Verwaltung in Prag machte sich denn auch ernsthafte Sorgen um die Auswirkungen des slowakischen

Nationalaufstandes. Gelang es nicht, ihn in seinen Anfängen zu ersticken, so glaubte man in Prag, würden zumindest Unruhen in der tschechischen Arbeiterschaft entstehen, und die deutsche Rüstungsindustrie könnte dadurch einen nicht wiedergutzumachenden Schaden erleiden. Ja, man fürchtete eine Ausbreitung des Aufstandes auf das gesamte tschechische Territorium; erhoben sich doch die Slowaken unter tschechoslowakischer Flagge.

Diese Besorgnisse erwiesen sich jedoch als völlig unbegründet. „Der slowakische Aufstandsfunke regte die Flamme der tschechischen Explosion nicht an", schrieb der slowakische Militärhistoriker Milan Gajdoš mit unüberhörbarer Bitterheit.[28] Und in der Tat, selbst die tschechischen Fahrer und Chauffeure der Kampfgruppe „Schill", die im Aufstandsgebiet eingesetzt waren, standen dem slowakischen Geschehen völlig passiv und indifferent gegenüber.[29] Nicht einer von ihnen lief zu den Slowaken über; mehrere von ihnen wurden von den Deutschen ausgezeichnet.

Immerhin hatte die Frist von zehn Tagen erfolgreicher militärischer Abwehr genügt, den bisher illegal arbeitenden politischen und militärischen Gremien der Aufständischen ausreichend Gelegenheit zu geben, in Banska Bystrica eine regelrechte Gegenregierung und ein funktionierendes Armeeoberkommando zu installieren. Freilich, ganz so reibungslos war die „Machtübernahme" im zivilen Bereich nicht verlaufen. Vor allem wirkte es sich erschwerend aus, daß der Slowakische Nationalrat – wie bereits erwähnt – zwei Tage lang (am 30. und 31. August) nicht in Erscheinung trat. Der Stabschef der Aufständischen, Julius Nosko, bemerkte nach dem Kriege bitter, daß es der Armee sehr geholfen hätte, wennn die Proklamation des Nationalrats „gleichzeitig mit der Losung für den militärischen Aufstand oder doch kurz danach (30. August), spätestens jedoch nach der Rundfunkrede von General Malár" herausgekommen wäre.[30]

Da eine oberste verantwortliche Spitze fehlte und es damit auch an einem verbindlichen politischen Wort für die Öffentlichkeit mangelte, gab es zwei bis drei Tage lang sich überschneidende und in ihren Interessen widersprechende Aktionen. So versuchten die extrem tschechoslowakisch orientierten, auf London und Beneš ausgerichteten bürgerlichen Kreise, den Zentralen Nationalausschuß von Banska Bystrica als oberstes politisches Organ zu etablieren und den Slowakischen Nationalrat von der Macht auszuschalten. In einem Aufruf des Nationalausschusses von Zvolen an die „Bürger, Slowaken und Slowakinnen" hieß es beispielsweise: „Die Stunde der Befreiung unseres

---

28 Sbornik, a.a.O., S. 40.
29 Siehe zum Vergleich Dokumenten-Anhang 25: „36 Fragen über den Slowakei-Feldzug".
30 Sbornik, a.a.O., S. 32.

Staates und unseres Volkes ist gekommen. Der Zentrale Nationalausschuß mit allen seinen Bestandteilen hat die Führung der staatlichen Verwaltung übernommen, um Leben, Besitz und nationale Freiheit zu schützen..."[31]

Doch am 1. September hatte dann der Slowakische Nationalrat in einer öffentlichen Sitzung in Banska Bystrica eine Deklaration veröffentlicht, mit der er die Macht in der befreiten Slowakei ergriff und in der er die Wiederherstellung der tschechoslowakischen Republik verkündete. Einen Tag später hatte die Kommunistische Partei der Slowakei den Aufstand als einen „Akt nationalrevolutionärer Umwälzung"[32] definiert und damit von sich aus politisch-ideologisch legitimiert. Und am 5. bzw. 6. September begannen überall im aufständischen Gebiet die wehrfähigen Männer bis 35, die dem Mobilisierungsbefehl folgten, in die Truppenunterkünfte und Kasernen einzurücken, wo sie kurzfristig ausgebildet, bewaffnet und für die Feldtruppenteile gegliedert wurden.

Etwa die Hälfte der Slowakei mit rund 30 Kreisen, einer Fläche von beinahe 20 000 qkm und etwa einer Million Einwohnern war in der Hand der Aufständischen; und die Autorität des Nationalrats wurde bald allenthalben anerkannt. Nirgendwo hatte es nennenswerten Widerstand von seiten des alten Regimes oder seiner Anhänger gegeben. Ein Befehl der Zentralen Staatlichen Sicherheitsbehörde in Bratislava, der am 30. 8. abends an alle Gendarmeriestationen durchgegeben wurde und dazu aufforderte, lediglich die Befehle der Zentralbehörden in Bratislava zu befolgen, fand keine Beachtung, ein Rundfunkaufruf Staatspräsident Tisos vom 2. September keinen Widerhall.[33] Wie ein Kartenhaus brach der klerikalfaschistische Staat in der Mittelslowakei zusammen, und er wäre in der ganzen Slowakei zusammengestürzt, wenn nicht die Deutsche Wehrmacht gekommen wäre. Die Hlinka-Partei und die Hlinka-Garde wurden durch Dekret aufgelöst. Überall entstanden offizielle revolutionäre Komitees und Vereinigungen. Im ganzen befreiten Gebiet begann sich ein freies politisches und organisatorisches Leben nach den Spielregeln der Demokratie zu entfalten.

Während all dies im Hinterland geschah, kämpfte die Aufstandsarmee tapfer und im allgemeinen erfolgreich an den Fronten. Sie hielt ein Gebiet, das sich von West nach Ost über beinahe 200 Kilometer und von Nord nach Süd über mehr als 100 Kilometer erstreckte. Der Verteidigungsminister des faschistischen Staates, General Ferdinand Čatloš, war am 3. September in der Ge-

---

31 Sbornik, a.a.O., S. 32f.
32 Krvou a perom, a.a.O., S. 20.
33 Siehe zum Vergleich Dokumenten-Anhang 8: Rundfunkaufruf Dr. Tisos an die slowakische Nation.

gend von Topolčany zu den Aufständischen übergelaufen,[34] was man den Feldeinheiten unverzüglich bekanntgegeben hatte, und auch General Turanec, letzter Oberbefehlshaber des slowakischen Heeres, befand sich seit dem 5. September als Gefangener in ihrer Hand. Die slowakischen Soldaten und Offiziere, von denen nicht wenige das Eiserne Kreuz und das Infanterie-Sturmabzeichen der deutschen Wehrmacht an ihren Uniformen trugen, wußten, daß sie gegen einen an Kriegserfahrung überlegenen Gegner kämpften. Weit verbreitet war in der Slowakei die Ansicht, daß die Deutschen unübertreffliche Soldaten seien. Doch die Nachrichten von den großen Fronten in Ost und West klangen so ermutigend, daß man wohl auf einen schnellen Zusammenbruch der Wehrmacht und auf einen glücklichen Ausgang des eigenen Kampfes vertrauen durfte. Die bisherigen Verluste an Menschen und Material hielten sich in erträglichen Grenzen. Reserven waren in Aufstellung begriffen. Und hatte man auch keine nennenswerte Panzerwaffe, so hoffte man auf den baldischen Einsatz der Panzerzüge.

Bedenklich schien lediglich die Inaktivität der slowakischen Luftwaffe sowie das teilweise militärische Versagen der Partisanen, wie es sich insbesondere bei der unzulänglichen Verteidigung Topolčanys gegen die Kampfgruppe „Schill" erwiesen hatte. Auch der Kleinkrieg im Rücken der deutschen Front war bislang nicht nach Wunsch verlaufen. Am 1. September hatte eine starke Partisanengruppe die Ortschaft Trenčin-Teplice überfallen, bei Novaky war die Belegschaft des Judenlagers mit bewaffneter Hand ausgebrochen und hatte sich größtenteils zu den Partisanen im Nitratal geschlagen. Doch in der folgenden Woche hatte die deutsche Seite wenig unter Partisanenaktionen zu leiden, obwohl sie starke „Bandenansammlungen" in der Westslowakei, in der Schutzzone und vor allem im Waldgebiet südlich Žilina erkannt hatte.

Da es zu diesem Zeitpunkt noch keinen gemeinsamen Stab der zahlreichen Partisanen-Abteilungen gab, war es für das Oberkommando der Aufstandsarmee fast unmöglich, den Einsatz der Partisanengruppen mit dem der Armee-Einheiten zu koordinieren. Die Offiziere glaubten aber, auf die Mitwirkung der Partisanen bei den regulären Kämpfen aus Kräftemangel nicht verzichten zu können. Sie beabsichtigten, die festen Straßen und Ortschaften von der Armee verteidigen zu lassen, während die Partisanen den Flankenschutz im gebirgigen und bewaldeten Gelände übernehmen sollten. Daß sie damit einen folgenschweren Fehler begingen, sollte sich erst in der Zukunft erweisen..

Genug, trotz mancher Mängel und Sorgen schien die allgemeine Lage nicht

---

34 Siehe zum Vergleich Dokumenten-Anhang 9: Ludin über das Doppelspiel des General Čatloš.

ungünstig. Etwa um den 20. September herum würde man 37 000 Mann unter den Waffen haben, 30 000 Soldaten und an die 7000 Partisanen, wenn man auch noch nicht wußte, wo man genügend Handfeuerwaffen für sie hernehmen sollte. Aber bis dahin – davon war man allgemein überzeugt – mußten sich die Materiallieferungen der östlichen und westlichen Verbündeten auswirken. Bis dahin würde es der Sowjetarmee auch sicher gelingen, den Dukla-Paß zu durchbrechen und sich einen Weg in die Slowakei zu bahnen! Es galt, in den nächsten zehn, zwölf Tagen eisern standzuhalten und die Deutschen vor den slowakischen Bergen festzunageln.

Die deutsche Seite[35] dagegen hatte wenig Grund, mit dem bisherigen Verlauf der Operationen zufrieden zu sein. Die schnelle Strafexpedition oder Polizeiaktion gegen das „Bandengebiet" war gescheitert; das stand fest. Es hatte sich ein regelrechter Nebenkriegsschauplatz entwickelt, der Kräfte und Anstrengungen kosten würde. Die unsinnige Befehlsgliederung, derzufolge die Region ostwärts der Linie Mikuláš-Brezno zum Operationsgebiet der Ostfront gehörte, worunter also die deutschen Einheiten bei Telgart fielen, machte es unmöglich, dem deutschen Befehlshaber in der Slowakei, der in Bratislava saß, ausreichende Kompetenzen für ein konzentrisches Vorgehen gegen das Aufstandsgebiet zu geben.

So blieben nur der Nord- und der Westabschnitt. Hier mußte voraussichtlich die Entscheidung fallen, so lange den Deutschen keine Kräfte in Ungarn zur Verfügung standen, die sie von Süden heranführen konnten. Vor allem von Norden, von Turč.Sv.Martin und Ružomberok her, sollte der Einbruch in das „Bandenzentrum" erzwungen werden. Doch wie sich gezeigt hatte, waren die Kräfte zu schwach und ließ sich nichts erreichen, solange nicht Verstärkungen ankamen.

Diese Auffassung spiegeln die Lagemeldungen des „Deutschen Generals in der Slowakei" sehr deutlich wider. Bereits am 2. 9. hieß es: „Beantragt wird: 1) um Widerstand im Raum Vrutky-Rosenberg leichter zu brechen, Einsatz einer Kpf.Gr. aus Raum Jablonka in Richtung Oravatal auf Rosenberg; 2) eine Kpf.Gr. für Einsatz aus dem Raum Trenčin in ostw. und südostw. Richtung."[36] Am Abend des folgenden Tages wurde gefordert: „Für weiteren

---

35 General der Panzertruppen Dr. Ritter von Hubicki, ein früherer österreichischer Offizier, war bei Aufstandsbeginn Chef der deutschen Heeresmission in der Slowakei und leitete noch die ersten improvisierten Gegenmaßnahmen ein. Anfang September wurde die Dienststelle in „Deutscher General in der Slowakei" umbenannt. Oberstleutnant Uechtritz, der bei der Heeresmission IA gewesen war, wurde zum Chef des Stabes ernannt und unterstand bis zum 14. September SS-Obergruppenführer Berger.
36 Lagemeldung, a.a.O., vom 2. 9. 1944.

Vorstoß Zuweisung von Kräften notwendig, um frei gemachtes Gelände und Nachschub zu sichern."[37] Am 5. 9. lautete die Anforderung schon dringlicher: „Zur raschen Fortführung der Operationen – besondern auf Rosenberg – und zur Niederschlagung der fdl. Aufstandsbewegung ist nunmehr Neuzuführung kampfkräftiger Teile, die besonders mit Art.- und Inf.-Waffen ausgestattet sein müssen, unumgänglich notwendig."[38]
Bis dahin war man noch, wenn auch nur schrittweise, vorangekommen. Doch am 6. 9. hieß es in der Lagemeldung schon sehr viel skeptischer: „Angriffsweise Fortführung der Operationen, wie bereits gemeldet, infolge nicht ausreichender Kräfte nur langsam möglich."[39] Und beinahe resignierend lautete der Bericht vom 7. 9.: „Stand der Operationen z. Zt. so, daß infolge nicht ausreichender Kräfte ein Stillstand eingetreten ist."[40]
Das war eine realistische, unbedingt zutreffende Lagebeurteilung. Oberstleutnant Uechtritz war sich darüber klar, daß man schleunigst zu einer operativen Schwerpunktbildung kommen mußte. Er faßte dafür den Nordabschnitt ins Auge, obwohl die Beschaffenheit des Geländes durchaus dagegen sprach. Er hatte aber im Südwesten, bei der Kampfgruppe „Schill", vor Ende September oder gar Anfang Oktober keinerlei kampfkräftige Verstärkungen zu erwarten: „Schill" mußte sich mit seinen schwachen Kräften, so gut es ging, selber behelfen.
Für den Nordwest-Abschnitt (Division „Tatra") wurden ihm dagegen zwei neue Bataillone mit Artillerie zugesagt, die am 10. 9. in Žilina zur Ausladung kommen sollten. Darüber hinaus griff jetzt die SS-Kampfgruppe „Schäfer" von Ružomberok her nach Süden an, und die Kampfgruppe „Volkmann" hatte im Norden, von Trstena kommend, endlich den Raum von Dolny Kubin erreicht, in dem sie allerdings schwere Kämpfe zu bestehen hatte. Vielleicht konnte es gelingen, die Verbände im Norden, von Vrutky bis Rosenberg, auf eine Gesamtstärke von 8000 bis 9000 Mann zu bringen, sie zu vereinen und einen konzentrischen Vormarsch nach Süden, auf Banska Bystrica, anzutreten.
Wenig Hoffnung war hingegen auf eine wirksame Unterstützung aus der Luft zu setzen. Gewiß, die slowakischen Verteidiger hatten sich als anfällig erwiesen, wenn alte Stukas vom Typ Ju 87 irgendwo auf sie niederstürzten; doch nach acht Tagen hatten sie sich auch daran gewöhnt. Die deutsche Luftwaffe war im Herbst 1944 den Gegnern auf allen Kriegsschauplätzen hoffnungslos unterlegen und konnte für ein „Bandenkampfunternehmen" in der mittleren

---

37 Lagemeldung, a.a.O., vom 3. 9. 1944.
38 Lagemeldung, a.a.O., vom 5. 9. 1944.
39 Lagemeldung, a.a.O., vom 6. 9. 1944.
40 Lagemeldung, a.a.O., vom 7. 9. 1944.

Slowakei keine nennenswerten Kräfte freimachen. So unterstand dem deutschen Befehlshaber im wesentlichen nur die III. Kampfbeobachter-Schule in Novy Dvor mit rund 60 veralteten Maschinen (Hauptsächlich Ju 52, Ju 87 und 88 sowie Fieseler Störche), deren Besatzungen erst in der Ausbildung begriffen waren.

Am 1., 3. und 7. September hatte Luftaufklärung stattgefunden, welche die Räume Banska Bystrica, Zvolen, Turč.Sv.Martin, Vrutky und Prievidza erfaßte. Luftangriffe wurden am 1. 9. bei Vrutky, am 2. 9. auf den Sender Banska Bystrica (getroffen und vorübergehend ausgefallen), am 5. 9. auf Kasernenobjekte in Ružomberok (kein Ergebnis) und am 7. 9. gegen Panzerziele in Turč.Sv.Martin geflogen. Verluste an Maschinen waren nicht eingetreten, auch nicht, als Luftaufklärung am 7. 9. über Tri Duby auf heftige Flakabwehr gestoßen war.

Bedenklich stand es um die Sicherung der rückwärtigen Verbindungen. Nicht einmal 7000 Mann waren zur Verfügung, deren militärische Qualität kaum zur Abwehr von Partisanenaktionen genügte. Zwar, Preßburg war durch den Zugriff der Kampfgruppe „Schill" in deutsche Hand gefallen, und am Abend des 1. 9. übernahmen die Landwehr-Infanteriebataillone Nr. 37 und Nr. 81 sowie Teile des Landesschützen-Bataillons Nr. 377 den Schutz der slowakischen Hauptstadt. Auch der Luftschutz des Raumes Preßburg ging nach der kampflosen Entwaffnung der Slowaken in deutsche Hände über. Doch erst zwischen dem 3. und 5. 9. konnten die wichtigen Eisenbahnlinien von Čadca über Žilina und Trenčin zur ungarischen Grenze durch drei Landesschützen-Bataillone und ein Transport-Sicherungs-Bataillon notdürftig abgeschirmt werden.

Es war klar: Die Deutschen mußten als Angreifer mit allen Mitteln verhindern, daß die slowakische Verteidigung noch einmal Zeit gewann, sich zu konsolidieren. Sie mußten bestrebt sein, die operative Initiative zurückzugewinnen. Dazu bedurfte es gewiß einer Schwerpunktbildung; insofern hatte Uechtritz nicht Unrecht. Ein Schwerpunkt aber konnte nur durch Verstärkungen geschaffen werden, und die waren nun einmal so, wie die Dinge lagen, lediglich im Nordabschnitt zu erwarten. Auch das sah er richtig. Andererseits hätte sich die deutsche Führung sagen müssen, daß das gebirgige Gelände im Norden der Slowakei – Mala Fatra, Velka Fatra und vor allem Niedere Tatra – für einen schnellen Vorstoß denkbar ungeeignet war. Schließlich stand zu vermuten, daß auch die slowakische Führung der Nordfront (von Vrutky bis Ružomberok) ihr operatives Hauptaugenmerk widmen, daß sie diesen Abschnitt wegen seiner geringen Entfernung von Banska Bystrica zum Brennpunkt erklären und mit starken Reserven an Menschen und Material unterstützen würde. Insofern konnte die Wirkung einer dortigen Schwerpunktbildung leicht paralysiert werden.

Nachträglich läßt sich erkennen, daß der Gedanke der Schwerpunktbildung keine ausreichende operative Konzeption darstellte. Wesentlich war es vielmehr, zwischen den getrennt operierenden deutschen Verbänden eine Verbindung herzustellen, vor allem zwischen der Division „Tatra" und der Kampfgruppe „Schill", um so in der Lage zu sein, *ständig wechselnde Schwerpunkte* zu schaffen, die der Gegner seinerseits nicht mehr rechtzeitig erkennen und parieren konnte. Es galt, nach den klassischen Prinzipien Moltkescher Angriffsstrategie zu verfahren und die getrennt marschierenden Verbände zum vereinten Schlagen auf dem Gefechtsfeld zusammenzuführen. Es galt, die zersplitterten deutschen Angriffsunternehmen schleunigst miteinander zu koordinieren.

Für die slowakische Aufstandsarmee aber kam es darauf an, sich noch zäher an die heimatlichen Berge zu krallen, sich in den jetzigen Stellungen zu behaupten. Die überraschenden Abwehrerfolge im Osten bei Telgart, im Norden bei Biely Potok, im Nordwesten vor Turč.Sv.Martin hatten den Kampfgeist der Fronttruppe stabilisiert, ja beflügelt. Doch im Hinterland, in der Etappe, sah es traurig und chaotisch aus. Von der Proklamation oder gar Realisation eines Volkskrieges, in dem auch die letzten Kräfte angespannt wurden, um zu bestehen, konnte mitnichten die Rede sein. In der Hauptstadt des Aufstandsgebietes, in Banska Bystrica, wimmelte es von Politikern und Partisanen.[41] Doch die Stimmung, die sich in den Mauern des mittelslowakischen Städtchens breitmachte, schwankte zwischen leichtfertiger Hybris und defaitistischer Gleichgültigkeit. Der Kampf, der nun bevorstand, war aber weder eine Sache der Propaganda noch der Prahlerei! Und er war – wie sich in den ersten zehn Tagen bereits erwiesen hatte – ausschließlich eine Angelegenheit der regulären slowakischen Armee.

---

41 A. Rašla, a.a.O., berichtet darüber als unverdächtiger, weil kommunistischer Augenzeuge: „Bystrica hatte eine echte revolutionäre Atmosphäre. Ein reges Treiben: viele Soldaten und vielleicht noch mehr Partisanen, die man an ihrer bunten Kleidung und am martialischen Tragen der Waffen erkennen konnte – das alles schuf eine unübersehbare Masse. In dieser Situation war eine wirksame Kontrolle fast unmöglich. Alle Unterhaltungslokale waren so überfüllt, wie wir es aus den amerikanischen Filmen kannten, wenn in irgendeinem Städtchen von Texas ein Rodeo stattfand."

2. Der Verlust des Nitratals

Die Kämpfe vom 8. bis 19. September 1944

Das Oberkommando der slowakischen Aufstandsarmee war sich nach zehntägigem, erfolgreichem Abwehrkampf darüber im klaren, daß sich der Gegner nicht mit der erreichten Isolierung und Abschnürung des Aufstandsgebiets von der Umwelt zufrieden geben, daß er vielmehr alles daran setzen würde, die Erhebung niederzuwerfen und die Flamme der Empörung endgültig auszutreten. Man mußte damit rechnen, daß er Verstärkungen heranzog. Man konnte erwarten, daß er Umgruppierungen vornahm. Niemand zweifelte in Banska Bystrica daran, daß die schwersten Kämpfe noch bevorstanden. Brigadegeneral Jan Golian und seine Mitarbeiter machten sich keine Illusionen über den Gefechtswert ihrer Verbände. Sie wußten, daß die slowakischen Mannschaften und Unteroffiziere ihren deutschen Gegnern an Kriegserfahrung bei weitem unterlegen waren. Sie ahnten auch, daß das slowakische Offizierskorps, bei allem guten Willen und großer patriotischer Begeisterung, dem deutschen weder an Schulung noch an Initiative gewachsen war. Sie mußten trachten, daß ihre Truppen dem Gegner an Zahl möglichst um das Doppelte überlegen waren und sich das für Verteidigungszwecke geradezu ideale Gelände der Mittelslowakei nach Kräften nutzbar machten. Schließlich war es notwendig, sich in Gliederung und Organisation auf einen Gegner einzustellen, dessen Qualitäten gerade in einer elastischen Kriegführung lagen. Die Mobilisation von Reserven und eine Umstrukturierung der Einsatzverbände nach taktischen Gesichtspunkten: das waren die nächstliegenden Aufgaben.

Nach dem Kriege ist von Seiten der Kommunisten wiederholt behauptet worden, die Nationalausschüsse hätten bereits *vor* dem 29. August 1944 auf eigene Faust Teilmobilisierungen betrieben. Das ist jedoch sehr unwahrscheinlich. Es liegen weder entsprechende Dokumente noch glaubhafte Zeugenaussagen vor. Überdies, die Masse der örtlichen Nationalausschüsse entstand zweifellos erst *nach* dem 29. August; diejenigen, die vorher existierten, befanden sich aber in vorsichtiger Illegalität und hatten keinerlei praktische Möglichkeiten, Mobilisationsaufrufe zu erlassen. Wenn es überhaupt partielle Mobilmachungsbefehle vor Aufstandsbeginn gegeben haben sollte, dann höchstens in den wenigen Ortschaften – wie Brezno, Turč.Sv.Martin, Harmanec –, in denen die Erhebung durch die Sowjet-Partisanen bereits einige Tage früher ausgelöst wurde.

Von ersten regulären Mobilisationsmaßnahmen kann man am Abend des

29. August sprechen, als die Militärzentrale die Einberufung der Wehrpflichtigen von 1939 und 1940 im taktischen Dreieck Brezno-Zvolen-Banska Bystrica anordnete. Eine spontane Reaktion der Reservisten entstand einen Tag später, am 30. August, nachdem Oberstleutnant Mirko Vesel Golians begeisternden Appell im „Freien Slowakischen Sender" verlesen hatte, in dem sie zu den Waffen gerufen wurden. Doch bei weitem nicht alle kamen, und von einer ordentlichen Erfassung konnte in den ersten Septembertagen noch keine Rede sein. Erst am 5. September erließ das Oberkommando der Aufstandsarmee einen Mobilmachungsbefehl, demzufolge sich sämtliche Offiziere, Feldwebel, Unteroffiziere und Mannschaften der Reserve, soweit sie nicht älter als 35 Jahre waren, sowie alle Offiziere und Feldwebel des Ruhestandes bis um 6 Uhr des folgendes Tages zu stellen hatten. Zentrale Ausbildungslager wurden in Zvolen, Banska Bystrica, Brezno und Turč.Sv.Martin geschaffen.

Insgesamt wurden etwa 15 000 Mann erfaßt, von denen vierzig Prozent bereits nach zehn bis vierzehn Tagen in den Fronteinheiten kämpften. Daß man die Mobilmachung nur auf das Alter bis 35 Jahre begrenzte, erklärt sich durch die mangelnde Übersicht der aufständischen Armeeführung über den vorhandenen Bestand an Waffen und Ausrüstung. Als man die Reservisten formiert und bewaffnet und nachdem die Aufstandsarmee in der zweiten Hälfte September schwere Verluste bei den Kampfeinheiten erlitten hatte, stellte man fest, daß noch genügend Ausrüstungsgegenstände für ca. 5000 Mann vorhanden waren. So proklamierte das Oberkommando in Banska Bystrica am 26. September eine zweite Mobilmachung, die alle wehrfähigen Männer im Alter von 36 bis 40 Jahren betraf. Sie sollten die jüngeren Soldaten ablösen, die in den Kanzleien und Magazinen saßen oder beim Arbeits- und Wachdienst eingesetzt waren.

(Am 9. Oktober forderte man dann noch einmal die Jahrgänge des normalen aktiven Militärdienstes auf, zu den Waffen zu eilen. Doch diese Aushebung stand bereits unter dem unglücklichen Stern des bevorstehenden Zusammenbruchs. Es warem kaum mehr als 2000 junge Männer, die sich bei den Erfassungsstellen meldeten und für deren Ausbildung knapp 150 Gewehre vorhanden waren.)

Die Mobilisierung selbst ging in allen Fällen äußerst langsam vor sich und litt unter zahlreichen organisatorischen Defekten. Es wäre sicher praktischer und ergiebiger gewesen, die Mobilisierten jeweils in ihren Gemeinden zu erfassen und sie von dort mit LKW zu den größeren Sammelpunkten zu fahren. Es gab nicht wenige, die sich zwar in aller Öffentlichkeit auf den Weg zu den Erfassungsstellen machten, aber niemals dort ankamen, weil sie sich unterwegs in die Berge schlugen oder bei Bekannten in fremden Dörfern untertauchten. Neben zahlreichen Beispielen von Begeisterung und Patriotismus gab es auch viel Skepsis, Furcht, Gleichgültigkeit und Lethargie. In der bäuerlichen Bevölkerung der Slowakei lebte nach wie vor die Überzeugung, daß die deutsche Militärmaschinerie allgewaltig und daß der deutsche Soldat besonders verwegen war. Dazu kam, daß gerade die letzten Sommerarbeiten im Gange waren: Die Bauern standen mit ihren Familien auf den Feldern, brachten die Ernte ein und hatten wenig Lust, ihre Höfe zu verlassen und kriegerische Abenteuer zu suchen. Vor allem aber war es das Partisanenproblem, das die Mobilisierungsmaßnahmen der Armee in Frage stellte. A. Rašla, Feldprokurator der Aufstandsarmee sowie Mitglied des Hauptpartisanenstabes in einem, berichtet in seinen Erinnerungen:[1] „Nicht alle Reservisten rückten aufgrund der Einberufungsbefehle bereitwillig zur Armee ein ... Es war sehr leicht, sich vom Kampf fernzuhalten und die Desertion zu bemänteln: Es genügte, wenn sich einige Männer eine Art Militäruniform anzogen, sich bewaffnet in einem Wald in der Nähe ihres Wohnortes niederließen und erklärten, sie seien eine Partisaneneinheit."

Das Armeeoberkommando in Banska Bystrica aber hatte keinerlei Macht, gegen diesen Partisanenunfug, der letztlich nichts anderes als Drückebergerei war, energisch einzuschreiten. Und man darf wohl annehmen, daß der kämpfenden Truppe bei der ersten Mobilisierung auf diese Weise an die 5000 Mann verlorengingen. –

Die Neugliederung der Aufstandsarmee erfolgte durch General Golian am 9. September 1944. Die beiden Divisions- und Verteidigungsbereiche, die sich nicht bewährt hatten, wurden aufgehoben, die Regimentsverbände bei Infanterie und Artillerie abgeschafft. Stattdessen gliederte man die Armee in sechs Taktische Gruppen, die jeweils etwa Brigade-Stärke hatten, und in eine selbständige Fliegergruppe.

Diese Einteilung entsprach den operativen Anforderungen und geographischen Gegebenheiten der einzelnen Frontabschnitte sowie den Angriffsschwerpunkten der deutschen Okkupationsverbände. An die Spitze jeder Taktischen Gruppe trat ein Befehlshaber mit einem Stab, der sich aus acht Offizieren zusammensetzte: 1. Adjutant, 2. Adjutant, Nachrichtenoffizier, Materialoffizier, Waffenoffizier, Fahrzeugoffizier, Gesundheitsoffizier, Veterinäroffizier. Den Gruppenbefehlshabern unterstanden selbständige Infanterie-Bataillone und Artillerie-Batterien, außerdem eigene Ersatzeinheiten und Ausbildungszentren. An die Stelle von 6 Infanterie-Regimentern und 4 Artillerie-Regimentern, zusammengefaßt in 2 Divisionsbereiche, traten nun praktisch 6 gemischte Kampfgruppen, in denen verschiedene Waffengattungen kombiniert waren:

---

[1] A. Rašla, a.a.O., S. 145

1. Taktische Gruppe:
   Kommandant Oberstleutn.d.Inf.Tlach
   Gefechtsstand in Banska Bystrica
   Aufgabe: Strategische Reserve der Aufstandsarmee.
2. Taktische Gruppe:
   Kommandant Oberst d.Inf.Širica
   Gefechtsstand in Brezno n. Hron.
   Aufgabe: Verteidigung nach Osten und Südosten.
3. Taktische Gruppe:
   Kommandant Oberst d.Inf.Kuna
   Gefechtsstand: Zvolen
   Aufgabe: Verteidigung nach Süden und Südwesten.
4. Taktische Gruppe:
   Kommandant Oberstltn.d.Kav.Malár (später Kapitän Weinhold, danach Oberst Markus)
   Gefechtsstand: Zemjanske Kostolany
   Aufgabe: Verteidigung nach Westen.
5. Taktische Gruppe:
   Kommandant Oberstleutn.d.Art.Perko
   Gefechtsstand: Turč.Svatý Martin
   Aufgabe: Verteidigung nach Nordwesten.
6. Taktische Gruppe:
   Kommandant Oberstleutn.d.Inf.Černek
   Gefechtsstand: Liptovska Osada
   Aufgabe: Verteidigung nach Norden.
7. Flieger-Gruppe:
   Kommandant Major im Generalstab Toth
   Gefechtsstand: Banska Bystrica
   Aufgabe: Verteidigung des Luftraumes.

Diese Gliederung der Aufstandsarmee bewährte sich vorzüglich, wurde auch von dem späteren Befehlshaber, Divisionsgeneral Viest, nicht angetastet und blieb unverändert bestehen bis zum Ende des Kampfes. Es scheint deshalb sinnvoll, schon jetzt Zusammensetzung und Kräfteverhältnisse der Taktischen Gruppen aufzuzeigen, wie sie sich bis Ende September bzw. Anfang Oktober 1944 herausbildeten:

1. Taktische Gruppe (Strategische Reserve):
   4000 Mann Infanterie, 4 Batterien Artillerie, 8 Panzer.
2. Taktische Gruppe (Gebiet um Telgart):
   16000 Mann Infanterie, 12 Batterien Artillerie.
3. Taktische Gruppe (Gebiet um Zvolen):
   10000 Mann Infanterie, 15 Batterien Artillerie, 15 Panzer.

4. Taktische Gruppe (Gebiet des Nitra-Tals):
5000 Mann Infanterie, 4 Batterien Artillerie, 2 Panzerabwehrkanonen, 10 Panzer.
5. Taktische Gruppe (Gebiet um Turč.Sv.Martin):
4000 Mann Infanterie, 4 Batterien Artillerie, 8 Panzerabwehrkanonen, 10 Panzer, 20 sowjet. Panzerbüchsen.
6. Taktische Gruppe:
3500 Mann Infanterie, 3 Batterien Artillerie, 40 mittlere Granatwerfer.

Zur direkten Verfügung des Armee-Oberkommandos standen noch etwa 2300 Mann, in der Hauptsache Nachrichten-, Pionier-, Sanitäts- und Verbindungseinheiten.
Die Gesamtstärke der slowakischen Aufstandsarmee betrug Anfang Oktober 1944 etwa 47 000 Mann, nachdem die II. tschechoslowakische Luftlandebrigade mit rund 2200 Soldaten zu Hilfe geeilt war. Dazu kamen noch ca. 7000 Partisanen. –
Bei dieser Gelegenheit ein Wort zu den verständlichen, aber keineswegs stichhaltigen Behauptungen in fast allen tschechoslowakischen Veröffentlichungen, die Deutschen seien den Slowaken materiell, vor allem an schweren Waffen, turmhoch überlegen gewesen. Tatsächlich bestand eine deutsche Überlegenheit in der Panzerwaffe: Mit den 28 Panzern vom Typ IV, 2 Panzern „Tiger" und 16 Sturmgeschützen konnten sich die 43 tschechischen Vorkriegspanzer der Aufständischen zwar an Zahl, aber nicht an Qualität vergleichen. In der Artillerie waren die Slowaken den Deutschen dagegen um das Vier- bis Fünffache überlegen (wobei allerdings berücksichtigt werden muß, daß ihre artilleristische Ausstattung völlig veraltet war). Die Deutschen hatten lediglich 33 Geschütze bzw. Kanonen im Einsatz, davon 8 à 15 cm, 19 à 10,5 cm, 4 à 10 cm, und 2 à 7,5 cm. Dazu kamen 9 Panzerabwehrkanonen, darunter 2 vom Kaliber 7,5 cm. Außerdem standen der deutschen Seite noch 24 s.Gr.W. zur Verfügung. Insgesamt jedoch war die deutsche Ausstattung mit schweren Waffen miserabel und wäre an einer der Hauptfronten indiskutabel gewesen. (Daß die vorstehenden Feststellungen den Tatsachen entsprechen, bestätigt in vollem Umfang ein Bericht der Nachrichtenabteilung der Aufstandsarmee über Stärke und Bewaffnung der deutschen Okkupationseinheiten, am 11. 9. 1944 von Oberleutnant Kubo angefertigt und unterschrieben.[2] Das Verhältnis in der Bewaffnung änderte sich erst am 19. Oktober 1944 grundlegend zuungunsten der Slowaken, als die 18. SS-Panzergrenadier-Division „Horst Wessel" und die SS-Brigade Dirlewanger in den Kampf eingriffen.) –

2 V. Prečan, a.a.O., S. 476f., Nr. 274, Überblick der Nachrichtenabteilung der Aufstandsarmee.

So also gegliedert und bewaffnet ging die slowakische Aufstandsarmee in die zweite Phase des Kampfes, die den Zeitraum von 8. bis 19. September 1944 einnimmt. An drei Frontabschnitten konnte sie in diesen zwölf Tagen ihre Positionen halten: bei Telgart, das sie am 6. September im Sturm zurückerobert hatte, im Gebiet Dolny Kubin, nordwestlich Ružomberok, in dem sich etwa 1500 Partisanen hartnäckig mit der Kampfgruppe „Volkmann" in schwer zugänglichem Berg- und Waldgelände schlugen, und im Südwesten, wo ein verstärktes Bataillon der 14. SS-Division „Galizien" vor den slowakischen Abwehrstellungen 10 km südlich Nova Baná liegen blieb. Zu schweren Kämpfen kam es dagegen im Norden, an der Front von Vrutky bis Ružomberok, und im Westen, im Nitra-Tal. Wenden wir unsere Aufmerksamkeit zunächst dem nördlichen Frontabschnitt zu.

Die Division „Tatra" unter der Führung von Generalleutnant v. Loeper lag seit dem 7. 9. im Raum Vrutky, Priekopa, Klačany fest. Den Plan, nach Süden, nach Turč.Sv.Martin vorzustoßen, hatte sie infolge des unüberwindlichen slowakischen Widerstandes vor Turč.Sv.Martin aufgeben müssen. Die Division hatte sich praktisch in Rundumverteidigung begeben, denn der Gegner – die 5. Taktische Gruppe unter der hervorragenden Führung von Oberstleutnant Perko – griff von allen Seiten an und umging immer wieder die Flankensicherungen der Division. Die slowakischen Verbände zeichneten sich hier durch großen Angriffsgeist aus. Zwar hatten sie inzwischen die meisten Panzer verloren, doch die Anlieferung der 20 sowjetischen Panzerbüchsen und die Verstärkungen, die ihnen General Golian gesandt hatte, hoben den Kampfgeist beträchtlich, so daß immer wieder neue heftige Vorstöße gegen Flanken und Rücken der „Tatra"-Division erfolgten.

Allerdings, zur Abwehr war die schwache deutsche Division stark genug. Sie setzte sehr geschickt und beweglich ihre 15 Panzer und eine motorisierte 15 cm-Batterie schwerer Feldhaubitzen ein, um die slowakischen Angriffe in heftigem Abwehrfeuer verbluten zu lassen.[3] Am 9. September wurde so ein slowakischer Bataillonsangriff mit Panzerunterstützung in den Rücken von Vrutky abgewehrt. Die Slowaken hatten dabei schwere Verluste: über 100 Tote und 20 Gefangene; 2 Panzer und eine 7,5 cm-Pak wurden abgeschossen. Auch am folgenden Tag brachen wiederholte slowakische Angriffe auf Priekopa und auf den rechten Flügel der Division in ihrem Abwehrfeuer zusammen; 90 slowakische Soldaten gingen in die Gefangenschaft. Noch einmal kam es am 12. September zu einem slowakischen Überraschungsangriff in den Rücken der deutschen Division, dann war die Offensivkraft der 5. Taktischen Gruppe gebrochen.

---

3 Die Division „Tatra" hatte bis zum 8. September 7 Panzer verloren, die aber durch Neuzuführungen aus Trnava ersetzt worden waren.

Generalleutnant v. Loeper war bereits am 10. 9. befohlen worden, unter Festhalten der Front nach Süden mit Teilen seines Verbandes in ostwärtiger Richtung vorzustoßen, um das Waagtal zu säubern und der Kampfgruppe „Schäfer" die Hand zu reichen, die am 6. 9. Ružomberok besetzt hatte. Doch auch hierfür reichten die Kräfte der „Tatra" kaum aus, solange sie keine Verstärkungen erhielt. Nun waren ihr zwar für den 11. 9. die beiden kampfkräftigen Bataillone Nr. 1008 und Nr. 1009 versprochen worden, doch der Antransport aus dem Generalgouvernement verzögerte sich. General v. Loeper beschloß deshalb, erst am 15. 9., nach Erschöpfung der slowakischen Angriffskraft, nach Osten anzutreten. Als er jedoch am 12. 9. erkannte, wie sehr sich die 5. Taktische Gruppe inzwischen verausgabt hatte, nahm er bereits am 13. 9. die Höhen nördlich Sučany und bildete einen wichtigen Brückenkopf über die Waag nach Süden. Einen Tag später erreichte die Kampfgruppe „Schäfer", die der „Tatra" entgegenstieß, die Gegend ostwärts Kralovany, so daß am 15. 9. die Verbindung zwischen den beiden Gruppen zustande kam.

Damit war gewiß ein wesentlicher Erfolg erzielt worden. Die Waag-Linie war nun in ihrer vollen Ausdehnung in der Hand der Deutschen, wenn auch noch lange keine durchgehende Eisenbahnverbindung möglich war und das unübersichtliche Gelände zwischen der „Tatra" und der Kampfgruppe „Schäfer" am 16. und 17. 9. nur stützpunktartig gesichert werden konnte. Vor allem aber waren Sučany und die dort befindliche Brücke über die Waag in den Besitz der „Tatra" gelangt! Denn hier gedachte General v. Loeper die beiden neuen Bataillone einzusetzen, um am 20. September mit der gesamten Division von Vrutky bis Sučany erneut den Angriff nach Süden, auf Turč.Sv.Martin, zu eröffnen. Oberstleutnant Perko erkannte die Gefahr sehr genau und ließ seine Truppen am 18. 9. zum Gegenangriff auf Sučany schreiten. Es kam zu schweren Straßen- und Häuserkämpfen, Mann gegen Mann. Doch am Abend war Sučany wieder fest in deutscher Hand und die Brücke über die Waag unversehrt.

Insgesamt war es doch wenig genug, was die Division „Tatra", der weitaus stärkste deutsche Angriffsverband in der Slowakei, in zwölf Tagen erreicht hatte. Gewiß, die Einnahme Sučanys war von operativer Sicht her nicht zu unterschätzen. Doch von Vrutky bis Sučany stand die 5. Taktische Gruppe in festen Stellungen, kampfbereit und in ihrem Abwehrwillen nicht gebrochen. Zwar hatte sie etwa zehn Prozent ihres Bestandes allein an Toten und Gefangenen zu beklagen, aber am 18. trafen neue Verstärkungen – auch an schweren Waffen – in Turč.Sv.Martin ein. Warum sollten die Armeegruppe Perko und die mit ihr tapfer kämpfenden Partisanen am 20. schlechter standhalten als bisher? Nein, der einzige Aktivposten in der Rechnung v. Loepers war die Verbindungsaufnahme zur Kampfgruppe „Schäfer".

Diese hatte bereits am 9. 9. einen ersten Angriff der 6. Taktischen Gruppe des Oberstleutnants Černek aus den Wäldern südlich Ružomberok abwehren müssen, bevor sie sich am 12. 9. entschloß, der Division „Tatra" nach Westen entgegenzugehen. An den beiden dazwischen liegenden Tagen hatte sie mit starken Erkundungs- und Aufklärungsunternehmungen die Front südlich Ružomberok in Richtung Banska Bystrica abgetastet. Sie hatte erfahren müssen, daß das Gelände Hochgebirgscharakter hatte und daß die Slowaken in hervorragenden Abwehrstellungen standen. Gleich beim Dorf Biely Potok, nur vier Kilometer südlich Ružomberok, waren Panzerhindernisse aufgeworfen, Bunker montiert und Schützgräben ausgehoben worden. Was noch schlimmer war, die Slowaken hatten auch die Höhen beiderseits der einzigen Straße fachgerecht zur Verteidigung eingerichtet und mit regulären Truppen, nicht mit Partisanen, besetzt! Die slowakische Artillerie hatte sich auf das Gelände eingeschossen, und besonders unangenehm machte sich auch der geschlossene Einsatz von Granatwerfern bei den Aufständischen bemerkbar. Es ließ sich nicht verkennen, daß hier slowakische Kommandeure führten, die ihr Handwerk verstanden und die ihre Soldaten weder sinnlos noch leichtfertig einsetzten. Wenn die Kampfgruppe „Schäfer" mit der Division „Tatra" zusammen nach Süden antreten wollte, dann mußte sie sich auf einen harten, verbissenen Kampf gefaßt machen.

Im Westen hatte die 4. Taktische Gruppe bisher das Nitra-Tal gegen die Kampfgruppe „Schill" gesperrt. Sie stand unter dem Kommando des besonders unfähigen Oberstleutnants der Kavallerie Jan Malár, der sich mehr für seine Reitpferde als für die Führung seiner Kampfgruppe interessierte, die südwestlich Oslany in schlecht ausgebauten Stellungen Straße und Bahnlinie gegen die Deutschen sicherte, während das Vorfeld um Bat'ovany mit den großen Bata-Schuhfabriken von Partisanen besetzt war.

In der Nacht vom 7. zum 8. September pirschte sich das I. Bataillon der Kampfgruppe „Schill" lautlos über die bewaldeten Höhen im Norden an Bat'ovany (heute „Partizanske") heran: kein Schuß fiel, die Partisanen waren nirgends zu bemerken. Am Vormittag des 8. 9. brach das Bataillon plötzlich mit lautem „Hurra", stürmend und aus der Hüfte schießend, in die rechte Flanke der slowakischen Verteidigung, die nach Westen blickte. Völlig überrascht und in wilder Panik retirierte alles nach Oslany; die deutschen Sturmgeschütze und Panzergrenadiere setzten unverzüglich nach. Am Nachmittag des nächsten Tages eroberte das II. Bataillon der Kampfgruppe „Schill" nach heftigen Kämpfen mit der 4. Taktischen Gruppe die Ortschaft Oslany, wobei die Slowaken 320 Tote und eine Batterie schwerer Feldhaubitzen verloren.

Was war geschehen? Hatte die 4. Taktische Gruppe einen geringeren Kampfwert als die anderen slowakischen Verbände? Fochten diese Soldaten

schlechter als ihre Kameraden bei Telgart, Ružomberok oder Vrutky? Wie war es möglich, daß die Deutschen in zwei Tagen 18 Kilometer Gelände und den wichtigen Straßenknotenpunkt Oslany gewinnen konnten?
In der Nacht vom 12. zum 13. 9. marschierte das I. Bataillon der Kampfgruppe „Schill" wiederum stundenlang bergauf, bergab in die rechte Flanke der slowakischen Verteidiger, die nun mit starken, zusammengezogenen Kräften das wichtige Industriezentrum Novaky nach Süden schirmten. Und wieder gab es keinerlei Gefechtsberührung mit den Partisanen auf den Bergen, in den Tälern und in den Wäldern, deren Aufgabe es war, die Flanken der 4. Taktischen Gruppe zu decken. Als das I. Bataillon am Morgen des 13. 9. die westlichen Höhen oberhalb Novaky erreichte, vereinte es sich mit den Sturmgeschützen, die in der Nacht einen Umgehungsmarsch über Dol. Vestenice vollzogen hatten. Die Grenadiere saßen auf, und im motorisierten Flankenangriff wurde Novaky aufgerollt. Teile stießen bis Koš vor und hätten sicherlich auch Prievidza im Handstreich genommen, wenn sie die Führung der Kampfgruppe nicht nach Novaky zurückbeordert hätte. Die 4. Taktische Gruppe erlitt schwere Verluste (150 Tote, 200 Gefangene; 9 Geschütze, 18 MG und 24 Kfz. gingen verloren) und flüchtete in aufgelösten Massen ostwärts der Straße in Richtung Prievdza zurück, das am nächsten Tag von der Kampfgruppe „Schill" fast kampflos besetzt wurde,[4] während sie sich einige Stunden vorher durch ein Kommandounternehmen von 18 Mann bereits in den Besitz eines Treibstofflagers mit zwei Millionen Litern Benzin gesetzt hatte.
Das kam nun gewiß einer Katastrophe gleich! Im Verlauf einer Woche hatte man das gesamte Nitra-Tal verloren. Die slowakischen Verteidiger waren in dieser Zeit vierzig Kilometer zurückgewichen, hatten fast ihren gesamten Geschützpark und rund zwanzig Prozent ihres Bestandes allein durch Tote und Gefangene eingebüßt, während die Verluste der Kampfgruppe „Schill" nicht der Rede wert waren. Ganz zu schweigen von dem geradezu existenzgefährdenden Verlust des Treibstoffdepots. Wie konnte man sich das erklären? Welche Gründe waren für diese eindrucksvolle Niederlage maßgebend?
Zuerst einmal muß hervorgehoben werden, daß die Slowaken im Nitra-Tal in einem für sie wesentlich ungünstigeren Gelände fochten als im Osten oder im Norden des Verteidigungsringes. Das Nitra-Tal war verhältnismäßig breit und wurde zu beiden Seiten von sehr niedrigen Bergketten umrahmt. Spielraum genug also für die bewegliche und schnell wechselnde Stoßtaktik der Deutschen. Um so verwunderlicher ist es, daß General Golian der 4. Takti-

---

4 Siehe zum Vergleich Dokumenten-Anhang 12: Deutsche Lagemeldung vom 15. 9. 1944.

schen Gruppe noch kurz vor dem deutschen Angriff ein Bataillon entzog, das er – ohne dringende Notwendigkeit – in den Raum Turč.Sv.Martin warf. Ganz offensichtlich unterschätzte das slowakische Oberkommando den westlichen Kampfschauplatz und ließ sich davon täuschen, daß die Richtung des Nitra-Tals nicht auf das so sorgsam behütete Dreieck Banska Bystrica – Brezno – Zvolen im Osten wies, sondern nach Norden führte.

Damit begingen Golian und seine Mitarbeiter einen folgenschweren Fehler und wurden Opfer der Geographie: Denn das Nitra-Tal führte einerseits die Kampfgruppe „Schill" direkt in den Rücken der 5. Taktischen Gruppe bei Turč.Sv.Martin und eröffnete den Deutschen andererseits mit Oslany und Prievidza die beiden einzigen Übergangspunkte, von denen man aus westlicher Richtung in das Tal des Hron mit den Städten Zvolen und Banska Bystrica gelangen konnte.

Eine weitere Ursache für die Katastrophe der 4. Taktischen Gruppe liegt in der falschen Abwehrmethode, die ihre Führung anwandte. „Wer die Höhen hat, hat auch die Täler!" Diese Maxime des Gebirgskrieges, die jedenfalls dann gilt, wenn keine starken Panzerkräfte wirken können, war nicht beachtet worden. Das heißt, die Höhen hatte man den Partisanen überlassen, während die Armeeverbände das Tal mit Straße, Fluß und Eisenbahnlinie verteidigten. Die Partisanen aber hatten kaum einen Schuß zur Verteidigung der ihnen anvertrauten Berge abgefeuert, so daß die 4. Taktische Gruppe jedesmal im Tal in der Mausefalle saß, wenn die Kampfgruppe „Schill" sich durch Flankenmarsch der Höhen bemächtigt hatte und von dort überraschend herabstieß. Hätte die deutsche Führung noch ein Bataillon mehr zur Verfügung und damit die Möglichkeit gehabt, zu *beiderseitigem* Flankenangriff auszuholen, die 4. Taktische Gruppe wäre im Nitra-Tal eingekesselt und vernichtet worden.

Daß es an diesen Aspekten lag und nicht an mangelnder Tapferkeit der slowakischen Soldaten, zeigte sich sehr deutlich am 15. September bei den Kämpfen vor Prievidza. Die Kampfgruppe „Schill" geriet nach Einnahme der Stadt in die unangenehme Situation, ihre Kräfte teilen zu müssen, da sich die Straße – am Ende des breiten Nitra-Tals – in zwei Richtungen gabelte: Ostwärts lief sie über Sväty Križ nach Zvolen, also mitten in das Aufstandszentrum, nach Norden führte sie über Deutsch-Proben zum Turec-Tal (Turč.Sv.Martin), also unmittelbar in den Rücken der 5. Taktischen Gruppe. Die Kampfgruppe „Schill" war zu schwach, um gleichzeitig nach beiden Seiten operieren zu können, sie erlebte aber auch vom 15. bis 19.9 vor Prievidza einen Widerstand der Slowaken, den sie nach dem Debakel von Novaky nicht mehr erwartet hatte. Jetzt, wo sich die Berge eng zusammenschoben und die Armee auch die Höhen besetzte, erwies es sich, daß die Soldaten der 4. Taktischen Gruppe – wenn sie richtig geführt und vernünftig eingesetzt wurden – ihren Kameraden an den anderen Frontabschnitten nicht nachstanden. Kühne Motorradpatrouillen, die überraschend deutsche MG-Nester aushoben, oder der mutige Einsatz eines Panzerzuges, der mitten in die deutschen Stellungen fuhr, nagelten die Kampfgruppe „Schill" mehrere Tage in Prievidza fest.

Inzwischen hatte sich in Preßburg ein Ereignis von einschneidender Bedeutung vollzogen: SS-Obergruppenführer Berger war abgelöst worden, und an seine Stelle trat am 14. September der General der Polizei Hermann Höfle, von nun an „Deutscher Befehlshaber in der Slowakei".[5] Die Slowakischen Militärhistoriker glauben, daß von diesem Tage an die deutsche Kriegführung gegen die Slowaken in ein neues Stadium trat. Und in der Tat, General Höfle, obwohl beileibe kein Fachmilitär, beendete in wenigen Stunden das planlose Herumoperieren Bergers, der von militärischen Dingen absolut nichts verstand, und schuf gemeinsam mit seinem Chef des Stabes, Oberstleutnant Uechtritz, einen grundlegenden Operationsplan gegen die Aufstandsarmee, der bereits in der Lagemeldung vom 14. 9. seinen präzisen Niederschlag fand:

„Absicht für die nächste Zeit:

a) Herstellung von Verbindung von der Div. Tatra zur Gruppe Schäfer und Sicherung und Wiederherstellung der Eisenbahnlinie Rosenberg-Vrutky-Sillein zum Abtransport des großen Rüstungswerkes in Rosenberg.

b) Nach Herstellung dieser Verbindung Angriff der Div. Tatra nach Süden zur Wegnahme von Martin und weiterer, gleichzeitiger Vorstoß der Südgruppe („Schill" – d. Verf.) nach Norden zur Vereinigung beider Gruppen.

c) Hiernach Säubern des Bandengebietes im Raum von Sillein und ostw. und nordostw. Trenčín.

d) Nach dieser Säuberung Vorstoß in das Gebiet der national-tschechoslowakischen Bewegung und Angriffsziel Neusohl und Altsohl."[6]

Einen Tag später erfolgte bereits die Vereinigung der Division „Tatra" mit der Kampfgruppe „Schäfer" bei Kralovany. Der erste Punkt des Operationsplanes hatte sich damit von selbst erledigt. Höfle drängte nun darauf, daß die Kampfgruppe „Schill" so schnell wie möglich nach Norden vorstieß, um sich auf dem Turecer Gefechtsfeld mit der „Tatra" zu vereinigen. Er hatte vollkommen begriffen, daß die Zersplitterung der deutschen Verbände dem Gegner in die Hände arbeitete, daß eine Vereinigung der beiden stärksten Kampfgruppen – „Schill" und „Tatra" – die Möglichkeit bot, mit *wechseln-*

---

5 Siehe zum Vergleich Dokumenten-Anhang 10: Höfles Lebenslauf.
6 Lagemeldung, a.a.O., vom 14. 9. 1944.

den Schwerpunkten zu operieren, dem Feind immer wieder die *strategische Initiative* aufzuzwingen.

Die Kampfgruppe „Schill" erhielt demgemäß den Auftrag, mit dem II. Bataillon ostwärts Prievidza gegen Handlová vorzurücken, während sich das I. Bataillon am 18. 9. nach Norden in Bewegung setzte. Am Nachmittag desselben Tages erreichten Vorauseinheiten des I. Bataillons die von Volksdeutschen bewohnte Stadt Deutsch-Proben, die am 19. 9. auch von den nachfolgenden Einheiten besetzt wurde. Damit standen die Deutschen nur noch 20 Kilometer vom Turectal entfernt, tief im Rücken der 5. Taktischen Gruppe, die sich seit mehr als zwei Wochen tapfer kämpfend in ihren Stellungen gegen die „Tatra"-Division behauptete.

Jetzt mußten sich die schweren Fehler rächen, die bei der Verteidigung des Nitra-Tals begangen worden waren. Ein kräftiger Stoß der Kampfgruppe „Schill", und die 5. Taktische Gruppe des Oberstleutnants Perko saß in der Falle. Gewiß warf die slowakische Führung nun, am 19. September, einige Einheiten von Norden gegen Deutsch-Proben, um den Vormarsch der Kampfgruppe „Schill" zu stoppen. Doch diese Truppen mußten der Abwehrfront vor Turč.Sv.Martin entnommen werden, und zwar gerade in dem Augenblick, in dem die Division „Tatra" Verstärkungen erhielt und ihre Gefechtsstärke auf 6000 Mann erhöhen konnte. Außerdem lag Deutsch-Proben schon zu dicht am Turectal, um eine solche Abwehrstellung auf die Dauer halten zu können. Bei einem überraschenden Durchbruch, mit dem man immer rechnen mußte, war die 5. Taktische Gruppe verloren.

Es hätte noch ein Aushilfsmittel für die slowakische Führung gegeben, wenn sie sich entschloß, ihre 3. Taktische Gruppe, die äußerst kampfstark, gut bewaffnet (mit etwa 15 Batterien Artillerie) und fast unbeschäftigt im Raum Žarnovica-Zvolen-Banska Štiavnica stand, auf die rückwärtigen Verbindungen der Kampfgruppe „Schill" zu werfen. Dazu stand ihr vor allem die Straße von Žarnovica nach Oslany zur Verfügung, auf der sie schwere Waffen heranführen konnte. Gab sie den Resten der 4. Taktischen Gruppe den Befehl, ostwärts Prievidza die Straße nach Handlová zu sichern, einige Ablenkungsvorstöße aus den Bergen auf Novaky zu führen, während sich ein starker Kampfverband der 3. Taktischen Gruppe überraschend auf Oslany stürzte, so konnten wahrscheinlich große Erfolge erzielt werden. (Die Straße von Topolčany nach Priedvidza mit einer Entfernung von 50 Kilometern wurde lediglich vom Landeschützen-Bataillon 983 gesichert, das zum Kampf gegen reguläre Truppen nicht verwendungsfähig war und mit Sicherheit überrannt worden wäre.) Ein solcher Stoß, am 17. 9. geführt, hätte verhindern können, daß die Kampfgruppe „Schill" Deutsch-Proben angriff, ja, unter Umständen hätte sie sich rückwärts konzentrieren müssen, um ihre Verbindungslinien nach Topolčany freizukämpfen.

Tatsächlich griffen Partisanen am 19. 9. an drei Stellen, bei Simonovany, Oslany und Novaky, die Nachschubwege der Kampfgruppe „Schill" an, doch mit so geringen Kräften und so wenig Nachruck, daß es keine Mühe machte, sie abzuwehren. Es zeigte sich während des Slowakeifeldzuges immer wieder, daß die Slowaken, die zähe und tapfere Verteidiger waren, keinerlei Erfahrungen in Angriffsoperationen besaßen. „Nicht kleckern, klotzen" – dieser Wahlspruch General Guderians war ihren Kommandeuren nicht in Fleisch und Blut übergegangen. Abgesehen von Telgart und vom Einsatz der II. tschechoslowakischen Luftlandebrigade schlugen die Angriffsunternehmungen sämtlich fehl.

Dagegen bereiteten die slowakischen Luftstreitkräfte der deutschen Führung eine äußerst unangenehme Überraschung.[7] Bereits am 9. September hatten slowakische Jagdflieger deutsche Aufklärungsmaschinen verfolgt. Doch am nächsten Tag flogen 35 deutsche Kampfmaschinen einen schweren Angriff auf den Feldflughafen Tri Duby, der mit 40 Maschinen belegt war. Nach deutschen Angaben wurden 15 Flugzeuge und eine Flakbatterie ausgeschaltet. Die Slowaken benötigten fünf Tage, um sich von diesem Schlag zu erholen. Die Deutschen hatten die „Luftherrschaft" über der Mittelslowakei, wobei sie etwa zehn Kampf- und Aufklärungseinsätze pro Tag flogen. Doch am 16. 9. wurde die erste deutsche Maschine, eine Ju 88, von einer slowakischen Me 109 abgeschossen, und am nächsten Tag erlebten die deutschen Einheiten rollende Luftangriffe der Slowaken auf Straßen, Brücken und Artilleriestellungen, die mit Bomben und Bordwaffen angegriffen wurden. Die attackierenden Maschinen waren – sowjetische Jagdflugzeuge.

Inzwischen war nämlich das 1. tschechoslowakische Jagdfliegerregiment mit 22 Maschinen von der Sowjetunion abgeflogen und auf dem Flugplatz Tri Duby gelandet. Diese Einheit, deren Piloten einen hervorragenden Ausbildungsstand besaßen, hatte bisher im Verbande des I. tschechoslowakischen Armeekorps in der UdSSR gekämpft. Zwei Tage nach ihrer Ankunft in der Slowakei hatte sie der Aufstandsarmee durch ihre schneidigen Einsätze und kühnen Tiefangriffe bereits die Luftherrschaft erkämpft. Am 18. 9. griff das 1. Fliegerregiment im Tiefflug den deutschen Feldflughafen von Pieštany an und vernichtete 6 Maschinen, während ein Henschel-Doppeldecker und eine

---

7 Obersleutnat Uechtritz, nach dem II. Weltkrieg Kommandierender General eines Armeekorps der Bundeswehr, bestritt in einer Zuschrift an den Verfasser vom Februar 1969, daß der Widerstand der aufständischen Luftwaffe die deutsche Führung tief beeindruckt habe. Und Hans Kettgen, ehem. Kommandeur des I. „Schill"-Bataillons, schrieb dem Verfasser im Herbst 1978: „Nachdem wir eine erbeutete slowakische Flakbatterie 20 mm eingesetzt hatten, blieben die Jabos brav in 2000 Meter Höhe kleben."

Me 109 Schlachtfliegereinsätze ostwärts Prievidza flogen. Am 19. 9. vormittags griff das 1. Fliegerregiment mit acht Jabos in tollkühnen Sturzflügen immer wieder Prievidza an und schoß eine Ju 88 und drei Fieseler Störche ab.

Auch die Partisanenaktivität hinter der deutschen Front machte sich nun in der zweiten Kampfphase stärker bemerkbar. Die deutsche Führung hatte zwar am 11. 9. zwei motorisierte Partisanen-Jagdkommandos in der Westslowakei gebildet und erhielt schon einen Tag später die Meldung, daß der Raum südlich Žilina von Partisanen gesäubert sei, doch stellte sich bald heraus, daß die Partisanenabteilungen lediglich nach Norden und Osten ausgewichen waren und die Stadt nach wie vor bedrohten. Auch westlich Waag-Neustadt zeigten sich Partisanengruppen. Starke Ansammlungen meldeten Spähtrupps und Agenten ostwärts Trenčin. Zwischen dem 15. und 18. September entfalteten diese Gruppen eine beachtliche Aktivität im Waagtal, besonders zwischen Pov.Bystrica und Trenčin: Bahn- und Brückenanlagen wurden überfallen, Eisenbahn- und LKW-Transporte angegriffen, und zwischen Čadča und Trenčin kam es wiederholt zu Sprengungen der Bahnlinie, die für kürzere Zeit den Nachschubverkehr unterbrachen. Letzten Endes waren es aber doch nur Mückenstiche, die man dem Feind zufügen konnte. Sie reizten ihn zu größerer Wut und Entschlossenheit, behinderten ihn jedoch niemals entscheidend in seinen militärischen Aktionen.

Worauf die Slowaken, vom Brigadegeneral bis zum letzten Mann, warteten, war etwas ganz anderes: die Sowjetarmee! In den Morgenstunden des 8. September 1944 hatte, nach einem verheerenden Feuerschlag, die sowjetische Großoffensive im Raum Krosno begonnen, die dem Durchbruch durch die Karpatenpässe galt. Stalin hatte also Wort gehalten: Die Russen kamen den Slowaken am elften Aufstandstag zu Hilfe!

An der ehrlichen Absicht der sowjetischen Führung, den slowakischen Aufstand tatkräftig zu unterstützen, kann überhaupt kein Zweifel sein. Ursprünglich hatten die operativen Absichten des STAWKA, des sowjetischen Generalstabes, ganz anders gelautet: die 4. Ukrainische Front sollte durch Südpolen auf Krakau vorgehen und von dort in südwestlicher Richtung auf Mährisch-Ostrau einschwenken, während die 2. Ukrainische Front mit ihren Panzermassen die ungarische Tiefebene durchqueren und sich von Süden auf Bratislava und Brünn stürzen sollte.

Der sowjetische Operationsplan sah also vor, die bergige Slowakei und das Gebirgsmassiv der Karpaten auszusparen, ein Gelände zu umgehen, das für Panzerverbände denkbar ungeeignet war, um dann in Mähren, an der Westgrenze der Slowakei, den Sack festzuschnüren, der zwischen Dukla und Bratislava entstehen mußte. Es war der einzig vernünftige Plan, den das Rote Oberkommando in der gegebenen Situation fassen konnte.

Doch Ende August kamen die Alarmmeldungen aus der Slowakei, und nun mußten militärische Gesichtspunkte den politischen weichen. Dabei gilt es, sich zu vergegenwärtigen, daß der Warschauer Aufstand, der am 1. August 44 begonnen hatte, schon im Niedergang war. Man darf mit Sicherheit davon ausgehen, daß die sowjetische Führung sich unter keinen Umständen dem doppelten Vorwurf aussetzen wollte, Polen und Slowaken im Stich gelassen zu haben! Überdies wußten die Sowjets durch Karol Šmidke, daß es sich in der Slowakei um ein Aufstandsunternehmen handelte, das – im Gegensatz zu Warschau – keine rein nationalistische, sondern eine zumindest teilweise kommunistische Angelegenheit war.

Kurz und gut, die ursprünglichen sowjetischen Operationspläne wurden drastisch geändert, und die 4. Ukrainische Front (Rokossowski) sowie die verstärkte 38. Armee der 1. Ukrainischen Front (Konew) erhielten den Auftrag, die Karpatenpässe von Nordosten frontal anzugreifen, anschließend zu durchbrechen und den Slowaken die Hand zu reichen.

Diese gravierende Entschlußänderung muß so plötzlich gekommen sein, daß den sowjetischen Kommandostellen offensichtlich nicht genug Zeit zum Nachdenken blieb. Hören wir, was General Ludvik Svoboda in seinen Memoiren über eine Einsatzbesprechung bei Marschall Konew, dem Oberbefehlshaber der 1. Ukrainischen Front, berichtet:[8]

„Der Befehl für die nächsten Tage lautete: Die Verteidigung im Raum Krosno ist zu durchbrechen, dann Vorstoß in Richtung Krosno-Dukla-Duklapaß-Prešov und Überschreitung der Karpaten. Nach dem Erreichen slowakischen Territoriums Verbindung mit den Kräften der Aufständischen. Entfernung: rund 100 Kilometer. Zeit: 5 Tage! Fünf Tage! In hundertzwanzig Stunden sollten wir also in Prešov sein."

Man weiß nicht, wie man sich die Ausrufungszeichen Svobodas deuten soll. Wüßte man nicht um seine bedingungslose Satellitenrolle gegenüber den Sowjets, dürfte man sie als Ausdruck des Kopfschüttelns, ja des Entsetzens verstehen. Wie konnte sich das sowjetische Oberkommando nur einbilden, in fünf Tagen die Barriere des Karpatenmassivs überschreiten und deutsche Truppen in einem Tagestempo von 20 Kilometern vor sich hertreiben zu wollen? Stalin, anders kann man es sich nicht erklären, hatte ganz offensichtlich verlangt, daß seine Armeen am 12./13. September das slowakische Aufstandsgebiet erreichten, und die sowjetischen Befehlshaber wagten wohl wider besseres Wissen nicht, gegen den unsinnigen Befehl zu opponieren.

Immerhin, ihre logistischen Vorbereitungen machten ihrer Umsicht alle Ehre. Vor allem die verst. 38. Armee des Generaloberten Moskalenko hatte an Menschen und Material zusammengefahren, was überhaupt nur greifbar

---

[8] L. Svoboda, a.a.O., S. 233

war. (Da Panzermassen im Gebirge nicht voll zur Geltung kommen konnten, vollzog die sowjetische Führung einen geradezu gigantischen Artillerieaufmarsch.)

Im frühen Morgengrauen des 8. September 1944, punkt 6.40 Uhr, hatten 1500 sowjetische Geschütze aller Kaliber auf 10 km Frontbreite ein Trommelfeuer eröffnet, das im II. Weltkrieg – sieht man von der sowjetischen Endoffensive am 16. April 1945 an der Oderfront vor Berlin ab – nicht seinesgleichen hatte! Zweieinhalb Stunden lang trommelten 150 Geschütze auf jeden Kilometer der deutschen Verteidigungsstellung, auf dem die Deutschen nur zwei bis drei Rohre zu stehen hatten. Schwerpunkt des Angriffs: äußerster rechter Flügel, Raum Krosno.

Bis zum nächsten Tag, dem 9. September, weitete sich die Offensive auf eine Breite von 60 Kilometern aus. Das operative Ziel lautete: Duklapaß! Aber schon der erste Angriffstag hatte zu einem Desaster geführt: An der Front der 68. brandenburgischen Infanteriedivision waren alle Angriffe der Sowjets blutig gescheitert.

Nun stürmten sie mit massierten Kräften gegen die 68., 46. und 253. Infanteriedivision der Deutschen. Außer dem I. Tschechoslowakischen Armeekorps waren es von sowjetischer Seite das 25. Panzerkorps, das 1. Gardekavalleriekorps sowie das 52., 67. und 101. Schützenkorps, welche die deutsche Front berannten. Das Infanterieverhältnis war 4:1, das Artillerieverhältnis 10:1 zugunsten der Sowjets.

Welche Rolle spielte in diesem blutig-dramatischen Ringen das tschechoslowakische Kontingent in der UdSSR?

Im März 1944 war die I. tschechoslowakische Brigade nach Wolhynien, in den Raum von Rowno, verlegt worden. Dort lebten etwa 50 000 wolhynische Tschechen. Unter ihnen begann die Brigade mit sowjetischer Genehmigung zu werben bzw. zu mobilisieren. So wurde es schon bald möglich, ein 3. Infanteriebataillon, eine gemischte Aufklärungsabteilung und ein Regiment Pakartillerie aufzustellen. Aus den MPi-Schützenzügen der Bataillone wurden selbständige Kompanien, die Panzerabteilung der Brigade (bis dahin 36 Panzer vom Typ T 34) wurde zu einem Panzerregiment ausgebaut, und schließlich entstand noch eine selbständige Granatwerferabteilung. Ganz unbestreitbar: Die sowjetische Führung stattete den tschechoslowakischen Verband auf das Großzügigste mit Waffen und Geräten aus.

Bereits im Januar 1944 hatte im Raum Jefremov die Aufstellung der II. tschechoslowakischen Luftlandebrigade begonnen, die sich zu 80% aus übergelaufenen Soldaten der Slowakischen Armee zusammensetzte; vor allem vom Regiment Lichner der ehemaligen „Schnellen Division". Bis Mitte April hatte diese Brigade 13 559 Absprünge, und zwar 7675 aus Ballons und 5884 aus Flugzeugen, absolviert und war sehr bald, nach dreimonatiger intensiver Ausbildung, zur absoluten Eliteeinheit aller tschechoslowakischen Verbände auf alliierter Seite avanciert.

In der zweiten Hälfte Apil wurde beschlossen, eine III. tschechoslowakische Brigade zu errichten, und Ende August 44, am Vorabend der Karpatenoperation, stand im Rahmen der sowjetischen Angriffskräfte das „I. Tschechoslowakische Armeekorps in der Sowjetunion" bereit: mit ca. 16000 Mann, unter dem Befehl des tschechoslowakischen Generals Kratochvil.

Auch dieses Korps hatte am 8. September morgens bei Krosno angegriffen. Personell zwar nur von Divisionsstärke, war die materielle Ausstattung der Tschechoslowaken geradezu überwältigend: Die sowjetische Führung hatte diesem Korps drei Granatwerferregimenter, zwei Haubitzregimenter, eine Kanonenbrigade und eine Gardewerferabteilung zugeteilt. Dennoch: Die ersten Einsätze der Tschechoslowaken beim Sturm auf die Karpaten gerieten zu einem totalen Fiasko.

Einige Bemerkungen aus den Memoiren des Generals Svoboda sprechen Bände:[9]

Das 2. Bataillon der I. tschechoslowakischen Brigade verlor beim ersten Angriff 70 Tote und Verwundete. – Die Soldaten der III. Brigade wichen panikartig vor deutschen Gegenangriffen zurück. – „Wer den plötzlichen Feuerüberfall mit heiler Haut überlebt hatte, suchte die Rettung in der Flucht." – „Die zahlreichen Gefallenen und Verwundeten führten bei vielen Soldaten zu depressiven Wirkungen." – „Am Morgen des dritten Kampftages unternahm die II. Brigade einen neuen Angriff; auch er wurde vom Gegner abgefangen und zurückgeschlagen."

Das Debakel war so groß, daß Marschall Konew sich veranlaßt gesehen hatte, persönlich einzugreifen, General Kratochvil vor dem Feinde abzulösen und Svoboda, den Kommandeur der I. Brigade, zum Befehlshaber der Korps zu ernennen.

War es bei den Sowjets besser gegangen?

Am 9. September, einen Tag später als Moskalenkos 38. Armee, war die 4. Ukrainische Front in einer Ausdehnung von 300 Kilometern zum Großangriff auf die Karpatenfront angetreten. Die sowjetischen Verbände stürzten sich voller Ingrimm auf die dünnen Linien der Verteidiger, die von der deutschen 1. Panzerarmee und der ungarischen 1. Armee gehalten wurden.

Drei Wochen lang, bis Ende September, stürmten die Sowjets blindwütig gegen die Karpaten an. Ihre Überlegenheit an Menschen, vor allem aber an Material war erdrückend. In dieser Zeit verloren sie 440 von 540 eingesetzten Panzern und mußten blutigste Verluste hinnehmen. Doch am 30. Sep-

---

9 L. Svoboda, a.a.O., S. 244 ff.

tember hatten sie den Duklapaß, also die Grenze zur Slowakei, immer noch nicht erreicht; vom Operationsziel Prešov gar nicht zu reden. Rund zwanzig Kilometer waren die Angreifer in drei Wochen vorangekommen. Pro Tag einen Kilometer.

Bei der Aufstandsarmee in Banska Bystrica hatte man vom 13. September, von dem schwarzen Tag an, als die Kampfgruppe „Schill" Novaky gestürmt hatte, täglich, ja stündlich den sowjetischen Durchbruch über den Dukla-Paß erwartet. Jedermann fieberte in diesen Tagen dem Augenblick entgegen, in dem sich die sowjetischen Korps und Divisionen in den ostslowakischen Raum ergossen. Am 12. und 13. September meldete die Abteilung Fremde Heere Ost im Generalstab des Heeres dem Oberkommando der Wehrmacht, daß sich die Partisanenabteilungen aus der Ostslowakei im Raum Bardejov konzentrierten, um den Sowjets nach ihrem Stoß über die Karpaten die Hand zu reichen. Und in der Tat: Vom Dukla-Paß bis zum östlichen Abschnitt der slowakischen Aufstandsarmee waren nur 150 Kilometer Entfernung. Und hatte man nicht von Marschall Konews Befehls gehört, am 12. oder 13. September Prešov zu erreichen, das nur 50 Kilometer ostwärts der Aufstandsfront lag?! Niemand in der Slowakei zweifelte daran, daß die Sowjets mit ihren weit überlegenen, massierten Kräften diese Entfernungen in kürzester Frist überwinden würden.

Doch die Tage vergingen, und die deutsche Front wollte nicht zerbrechen. Je tiefer die Sowjets in die Bergmassive der Karpaten eindrangen, desto mehr trafen sie auf deutsche Gebirgsjäger, Infanteristen und Panzergrenadiere, die ihnen jeden Fußbreit Boden streitig machten. An der Karpatenfront zeigte es sich, daß der deutsche Soldat, selbst nach fünfjährigem furchtbarem Ringen, noch immer jedem Gegner eindeutig überlegen war, wenn er nicht in offenem Gelände von erdrückenden Panzermassen niedergewalzt werden konnte.[10]

Die sowjetische Führung mußte sich schließlich eingestehen, daß sie sich in ihren operativen Absichten und Schätzungen gründlich getäuscht hatte. Am 19. September, als die Kampfgruppe „Schill" Deutsch-Proben erreichte und

10 Es darf nicht unerwähnt bleiben, daß die deutschen Truppen in den Karpaten praktisch ohne eigene Luftunterstützung kämpften. Wie anders dagegen auf sowjetischer Seite! Marschall Gretschko, der damals die sowjetische 1. Gardepanzerarmee befehligte, nennt in seinem Buch „Über die Karpaten" (Berlin, 1972, S. 250) folgende Zahlen über den Einsatz sowjetischer Luftstreitkräfte während der Karpatenoperation: Die sowjetische 8. Luftarmee hätte im September und Oktober insgesamt 6719 Einsätze geflogen, davon 3566 gegen deutsche Truppenansammlungen. „Sie warfen in dieser Periode 168 239 Fliegerbomben verschiedener Kaliber ab. (Das bedeutet ca. 3200 Bomben pro Tag! – d. Verf.) Durchschnittlich flogen sie täglich 100 Einsätze; zuweilen jedoch 600 und mehr."

sich tief in den Rücken der 5. Taktischen Gruppe Oberstleutnants Perko bohrte, hatten die sowjetischen Angriffsverbände erst ein Drittel der vorbestimmten Strecke zurückgelegt. Das Rote Oberkommando aber war fest entschlossen, nicht nachzulassen und sich den Weg in die Slowakei notfalls mit Hekatomben von Opfern zu erkaufen. Doch wie lange mochte es nach den deprimierenden Erfahrungen der ersten elf Offensivtage noch bis zum Dukla-Paß dauern?

Der Dukla-Paß. Es war die größte, später die letzte Hoffnung der Slowaken, daß von dort die Befreiung kommen würde. Was sollte auch sonst werden? Von den höheren Offizieren glaubte im Grunde niemand daran, daß die Aufstandsarmee – isoliert und auf sich selbst gestellt – dem Druck der Wehrmacht länger als drei Monate standhalten könnte. Deshalb hielt das Oberkommando in Banska Bystrica bis zum Ende des Aufstands hartnäckig daran fest, die 2. Taktische Gruppe, die im Osten bei Telgart stand, auf Kosten der anderen Frontabschnitte zu stärken, dort einen erheblichen Teil ihrer Streitkräfte festzulegen, um den sehnlichst erwarteten russischen Verbündeteten entgegengehen, ihnen schnellstens die Hand reichen zu können. Nur in der baldigen Vereinigung mit den sowjetischen Armeen konnte die Rettung bestehen – oder die Materiallieferungen und Verstärkungen der Alliierten aus der Luft mußten einen Umfang annehmen, von dem die Aufstandsarmee über Monate hinweg zehren konnte.

In den drei Wochen bis zum 18. September 1944 hatten die Sowjets folgende Waffen und Ausrüstungsgegenstände in das Aufstandsgebiet geliefert:

   580 Maschinenpistolen,
   224 Panzerbüchsen,
   250 leichte Maschinengewehre,
    74 schwere Maschinengewehre
     5 Fliegerabwehr-MG,
 1000 kg Sprengstoff.

Wie die Führer des slowakischen Aufstandes über die Hilfe der Alliierten dachten, geht sehr deutlich aus einem Telegramm hervor, mit dem der Slowakische Nationalrat eine Depesche des Präsidenten Beneš beantwortete, die am 14. September 1944 in Banska Bystrica eingegangen war. Beneš hatte darin vom Nationalrat – neben allerlei guten Ratschlägen, die er für die Fortsetzung de Kampfes erteilte – Unterordnung unter die Direktiven und die Autorität der Exilregierung in London und eine stärkere Betonung des tschechoslowakischen Gedankens gefordert. Die beiden Vorsitzenden des SNR, Šmidke und Dr. Šrobar, antworteten einige Tage später mit einem kaum verhüllten Unterton der Empfindlichkeit und Enttäuschung:

„Auf das am 14. September 1944 eingegangene Telegramm hin beschloß das Präsidium des SNR folgendes:

Ad 1. Die Zusammenarbeit mit der Londoner Regierung ist wünschenswert. Wir geben uns alle erdenkliche Mühe, in den grundsätzlichen Fragen einheitlich aufzutreten, insofern es darum geht, daß unser Handeln in der Heimat oder im verbündeten Ausland Widerhall findet.

Ad 2. Die Leitung des Widerstandes auf militärischem, administrativem und wirtschaftlichem Gebiet erfordert jeden Tag sofortige Entscheidungen. Es ist daher unmöglich, sich mit diesen inneren Fragen an London zu wenden. Das wäre auch technisch nicht zu verwirklichen. Wir sind deshalb gezwungen, nach unseren Bedürfnissen und Umständen selbständig zu handeln.

Ad 3. Der SNR wie auch sämtliche in ihm vertretenen politischen Gruppen benutzen jede passende Gelegenheit, um in Presse, Rundfunk und in öffentlichen Erklärungen unser Ziel zu betonen: Kampf gegen die Deutschen, Liquidierung des ehemaligen Regimes und Befreiung der ČSR. Alle politischen Gruppen sind einmütig für die brüderliche Zusammenarbeit des tschechischen, slowakischen und ukrainischen Volkes in der ČSR.

Ad. 4. Ausländische Unterstützung, namentlich die Hilfe der anglo-amerikanischen Luftwaffe und die Überführung der tschechoslowakischen Einheiten aus der UdSSR, blieb bis jetzt aus, obwohl verantwortliche Persönlichkeiten im Ausland, so z. B. Minister Masaryk, öffentlich über diese Hilfe gesprochen haben. Das wirkt depressiv auf Bevölkerung und Armee. Bereits die vierte Woche halten wir mit unseren eigenen bescheidenen Kräften den größten Teil des Befreiungsgebietes gegen die technisch unvergleichlich besser ausgerüsteten deutschen Einheiten. Erneut und eindringlich fordern wir die Regierung in London auf, alle Schritte zu unternehmen, damit uns die Hilfe der Verbündeten beschleunigt erreicht, denn sonst könnten die Zerstörung unserer Ortschaften und die Plünderung der Betriebe, die Vernichtung der Zivilbevölkerung wie auch die bedeutenden Opfer unserer Streitkräfte zu einer Katastrophe führen, die die Sache der ČSR wie das Zusammenleben von Tschechen und Slowaken ernstlich bedrohen würde. Sowjetische Hilfe erhalten wir; *freilich nicht in einem Umfang, daß man von einer wesentlichen Verbessserung unserer Situation sprechen könnte.*

Ad 5. Die Organisation des Kampfes stellen wir in den Vordergrund, und alle unsere Kräfte konzentrieren wir auf diese Frage. Wir bitten auch die tschechoslowakische Regierung in London, in der Unterstützung unseres Kampfes eine erstrangige und entscheidende Aufgabe zu sehen.

Ad 6. Die Kompetenzfragen der einzelnen einheimischen oder ausländischen Organe sind für uns keine Angelegenheiten des Prestiges. Wir betrachten sie lediglich vom Standpunkt der Zweckmäßigkeit zur Stärkung unserer Kampfkraft: für die Befreiung der Slowakei und zur Unterstützung unserer tschechischen Brüder in ihrem eigenen Kampf.

Ad. 7. Die Zusammenarbeit aller im SNR vertretenen politischen Gruppen ist tadellos, völlig loyal, alle Entscheidungen wurden bisher einstimmig getroffen. Wir geben uns der Hoffnung hin, daß es bald gelingen möge, uns in gemeinsamer Arbeit auf dem befreiten Boden der ČSR zu treffen.

Wir senden Ihnen persönlich, Herr Präsident, wie auch allen zivilen und militärischen Mitarbeitern im ausländischen Widerstand unsere herzlichen Grüße.

Die Vorsitzenden des Slowakischen Nationalrats:

Dr. Vavro Šrobar – Karol Šmidke."[10]

Es läßt sich nicht daran herumdeuteln, die alliierte Unterstützung für den slowakischen Nationalaufstand war ebenso unbedeutend und ungenügend wie im Falle des Warschauer Aufstandes! Vor allem für die westalliierte Luftwaffe wäre es kein Problem gewesen, von Italien aus Massen von Waffen, Munition, Lebensmitteln, Bekleidungs- und Ausrüstungsgegenständen in das slowakische Aufstandsgebiet zu fliegen. Hier stand – anders als in Warschau – ein Flugplatz zur Verfügung, auf dem man landen und von dem man wieder starten konnte. Eine Einwirkung der deutschen Luftwaffe war nicht zu befürchten. Wir werden später noch sehen, daß die Westalliierten mit Materiallieferungen in das Kampfgeschehen eingriffen. Aber alles geschah quasi mit der linken Hand, geschah – wie in Warschau – zu spät oder in völlig unzureichendem Ausmaß.

Und die Sowjets? Ihre Lieferungen waren – wie selbst der Kommunist Karol Šmidke feststellte – nur ein Tropfen auf den heißen Stein des Aufstands! Dennoch muß man sich vor Augen halten, daß sie weder über einen Überfluß an Kriegsmaterialien noch an Transportflugzeugen wie die Westmächte verfügten; ihre Kräfte waren selbst bis zum äußersten angespannt.

Eine andere Frage ist es, warum sich die Sowjets nicht beeilten, die von Golian so dringend geforderten beiden Brigaden des I. tschechoslowakischen Armeekorps, die in den Karpaten nur sinnlos verbluten und nichts Entscheidendes bewirken konnten, auf dem Luftwege in das Aufstandsgebiet zu transportieren. Die slowakischen Historiker erörtern immer wieder hinter vorgehaltener Hand kritisch dieses „Versagen" der sowjetischen Seite. Auch

---

10 V. Prečan, a.a.O., S. 544f., Nr. 322, Antwort des Präsidiums des Slowakischen Nationalrats auf ein Telegramm des Präsidenten E. Beneš.

der Verfasser bekennt, daß er lange Zeit eine ähnliche Ansicht vertreten hat. Bei realistischer Beurteilung wird man aber doch wohl zu dem Schluß kommen müssen, daß ein solches Unternehmen weit über die Kräfte und Möglichkeiten der Sowjets gegangen wäre. Zur Luftüberführung zweier Brigaden hätten sie mindestens 800 Transportmaschinen einsetzen müssen, von dem unbedingt notwendigen massenhaften Jagdschutz gar nicht zu reden. Nein, die Überführung der II. Luftlandebrigade war schon das Äußerste, was man ihnen abverlangen konnte. Unverständlich bleibt nur, warum sie die II. Brigade erst so spät antransportierten und weshalb sie den Slowaken die Überführung von zwei Brigaden überhaupt versprachen.

Bekanntlich hatte General Golian dringend *zwei* tschechoslowakische Brigaden angefordert. Am 13. September kabelte Brigadegeneral Pika dem tschechoslowakischen Verteidigungsminister in London das Ergebnis seiner Verhandlungen mit den zuständigen sowjetischen Stellen: „Auf unsere schriftlichen Gesuche hin entschied die sowjetische Regierung, daß das sowjetische Oberkommando folgende Transporte in die Slowakei sicherstellt:
1. General Viest mit einer Radiostation (1 Offizier, 1 Funker).[11]
2. Ein tschechoslowakisches Jagdfliegerregiment.
3. Zwei tschechoslowakische Luftlandebrigaden.

Weiter wurde entschieden, daß die sowjetischen Luftstreitkräfte selbst Bombardierungen von Zielen in der Slowakei durchführen. General Viest fliegt ungefähr in zwei Tagen von Moskau weg (entsprechend den Wetterbedingungen). Ich habe vorgeschlagen, daß er bei Marschall Konew vorspricht, um mit ihm die Prinzipien der Zusammenarbeit mit der Roten Armee zu erörtern ..."[12]

Die Überführung des 1. tschechoslowakischen Jagdfliegerregiments erfolgte unverzüglich. Doch General Viest und eine einzige Luftlandebrigade – nicht wie gefordert und versprochen zwei! – kamen erst nach mehr als drei Wochen in der Slowakei an, als es bereits zu spät war.

Im Augenblick jedenfalls, am 19. September, zu Ende der zweiten Phase des Kampfes, standen die Slowaken allein, waren sie ganz auf sich selbst gestellt. Ihre Aufstandsarmee kämpfte seit 22 Tagen gegen einen Gegner, der ihr an Kriegserfahrung weit überlegen und dessen Führung entschlossen war, die Flamme des slowakischen Freiheitswillens niederzutreten. Niemand in Europa hätte es für möglich gehalten, daß die schwache slowakische Armee und die kleine slowakische Nation einen solchen Kampf führen könnten.

---

11 Divisionsgeneral Viest befand sich seit Mitte August in Moskau und drängte spätestens seit dem 7. September täglich auf seinen Abtransport in das Aufstandsgebiet.
12 V. Prečan, a.a.O., S. 484, Nr. 280, Depesche des tschechoslowakischen Militärattachés in Moskau, Brigadegeneral H. Pika, an General S. Ingr in London.

Die Aufstandsarmee hatte jetzt – sieht man vom Frontabschnitt bei Telgart ab, der eine Art Eigenleben führte – etwa 15 000 Mann in den kämpfenden Einheiten. Dazu kamen noch 7000 Partisanen, von denen etwa 3000 (im Turectal und bei D. Kubin) wirklichen Kampfwert besaßen. Ihnen standen etwa 12 000 frontverwendungsfähige deutsche Soldaten angriffsbereit gegenüber, während ca. 10 000 Mann in Landwehr- und Landesschützen-Einheiten die Objekte in der Westslowakei schützten.

Die zweite Runde des Kampfes war an die Deutschen gegangen. Das Nitra-Tal war verloren, die 4. Taktische Gruppe schwer angeschlagen und die Gruppe Perko vor Turč.Sv.Martin durch Einkesselung und Vernichtung bedroht. Die slowakische Aufstandsarmee ging einer schweren Probe entgegen.

3. Der Durchbruch zum Hron

Die Kämpfe vom 20. September bis 1. Oktober 1944

Nach dreiwöchigem Kampf war das Antlitz der Slowakei entstellt, deformiert, nicht mehr wiederzuerkennen. Der slowakische Staat hatte im Grunde aufgehört zu existieren, das Land war praktisch in drei Teile zerrissen. Die Ost- und Westslowakei hatten sich in deutsche Besatzungs- und Etappengebiete verwandelt, während die Mittelslowakei zum Kriegsschauplatz geworden war.

Alle Kommunikationen waren unterbrochen. Man konnte keine Post versenden, man konnte weder telefonieren noch telegrafieren. Die Eisenbahnlinien waren außer Betrieb, solange es sich nicht um deutsche Militärtransporte mit starker Sicherung gegen Partisanenüberfälle handelte. Lediglich auf der Strecke von Bratislava nach Žilina vermochten Zivilisten zu reisen, wenn sie dafür eine Sondererlaubnis der örtlichen deutschen Kommandanturen besaßen.

Verkauf und Umsatz im privaten Handel der Westslowakei verliefen normal. Die Bevölkerung hortete allerdings Textilwaren und hob ihre Sparguthaben ab. Die Löhne wurden nur schleppend ausgezahlt. Im Großhandel herrschte völlige Stagnation. Das schöne Land, das noch vor einem Monat so gut gelebt hatte wie in Friedenszeiten, es blutete langsam aus.

In Bratislava tat die klerikalfaschistische Clique immer noch so, als wenn sie Herr im Lande wäre. Am Dienstag, dem 5. September, hatte Staatspräsident Dr. Tiso den Rücktritt der Regierung Dr. Tuka angenommen und ein neues Kabinett ernannt, in dem Dr. Štefan Tiso die Ressorts des Ministerpräsidenten, des Außen- und Justizministers und Alexander Mach das Innenministerium leiteten. Am Nachmittag war die neuernannte Regierung vom Staatspräsidenten empfangen worden und hatte ihm in die Hand den Eid auf die Verfassung geschworen.

Einen Tag später, am 6. September, hatte Ministerpräsident Dr. Štefan Tiso eine Erklärung über das Arbeitsprogramm seiner Regierung abgegeben, worüber der „Völkische Beobachter" in Berlin wohlwollend berichtete: „Er betonte, daß die Regierung in ihrer Außenpolitik treu auf der bewährten Linie der slowakisch-deutschen Freundschaft im Sinne des slowakisch-deutschen Schutzvertrages beharre. In der Innenpolitik würden unverzüglich Maßnahmen ergriffen, die in allerkürzester Zeit zur Erneuerung der staatlichen exekutiven Macht führen werden; Halbheiten werden nicht mehr geduldet, gegen die Schuldigen und Schädlinge des Staates werde kompromißlos vorgegangen. Zum Schluß ruft der Ministerpräsident zum totalen Einsatz aller Kräfte auf, um den slowakischen Staat zu verteidigen und zu schützen und im Innern Ruhe und Ordnung wiederherzustellen."[1]

Die Sprache der Quislinge erreichte jedoch niemanden mehr. Das slowakische Volk war längst zur Tagesordnung übergegangen, und auf dieser Tagesordnung stand einzig das Thema des nationalen Freiheitskampfes der Slowaken. Die Soldaten führten ihn seit mehr als drei Wochen, und viele von ihnen hatten schon ihr Blut vergossen. Die antifaschistischen Politiker bemühten sich, wenigstens ihr Wort dazuzugeben.

Am 17. September 1944 war es in Banska Bystrica zu einem Vereinigungskongreß der KPS und der Sozialdemokratischen Partei in der Slowakei gekommen. Aus beiden Fraktionen hatte sich die „Kommunistische Partei der Slowakei" gebildet, in deren Proklamation es hieß: „Als erster Staat in Europa vereint die Slowakei die sozialistischen Parteien und liquidiert die reformistischen Gruppen, die die Kampfkraft der sozialistischen Bewegung untergruben ... Niemals mehr dürfen wir erlauben, daß die sozialistischen sich Kräfte zersplittern, daß sich die einheitliche Partei teilt. Die Konzentrierung der Kräfte gibt uns große Hoffnungen in unserem Kampf für den Sozialismus ..."[2]

Das war Šmidkes und Husáks Werk! Sie setzten es auch durch, daß die neue Partei sich vom ersten Tage an zum Programm der slowakischen nationalen Identität und Gleichberechtigung bekannte, hieß es doch bezeichnenderweise in der Resolution: „Das slowakische Volk, als selbständiges Mitglied der slawischen Familie, bestimmt selbst die staatlichen, wirtschaftlichen und sozialen Formen, in denen es seine Zukunftsideale verwirklichen will. Wir wünschen uns eine neue Tschechoslowakei, die ein slawischer Staat dreier slawischer Völker sein soll: der Tschechen, Slowaken und Karpatoukrainer. Diese Völker sollen sich nach dem Grundsatz Gleicher mit Gleichem über die Gestalt des gemeinsamen Lebens einigen. Wir glauben fest daran, daß es zu diesem Übereinkommen kommen und daß niemand für sich Vorrechte geltend machen wird, die unser Volk zwingen würden, Wege zu anderen brüderlichen Völkern zu suchen. Je freundschaftlicher und ausgeglichener das Verhältnis von Slowaken und Tschechen wird, desto fester wird die neue ČSR."[2]

Das waren deutliche Worte an die Adresse von Dr. Beneš und an seinen chauvinistischen „Tschechoslowakismus". Sie lagen ganz auf der weltan-

---

1 „Völkischer Beobachter", Berlin, Nr. 252, 8. September 1944.
2 V. Prečan, a.a.O., S. 521f., Nr. 301. Resolution des Vereinigungskongresses der slowakischen Kommunisten und Sozialdemokraten vom 17. 9. 1944 in Banska Bystrica. – Siehe zum Vergleich Dokumenten-Anhang 13.

schaulichen Linie von Šmidke, Husák und Novomeský, die hier zum erstenmal, kaum verhüllt, mit der Separation der Slowakei und ihrem Anschluß an „andere brüderliche Völker" (offenbar an die der Sowjetunion) drohten, falls die slowakische Gleichberechtigung von tschechischer Seite nach dem Krieg nicht anerkannt würde.

Diese Tendenz sollte sich, je weiter der Aufstand fortschritt, eher verstärken als abschwächen. Die unerwarteten militärischen Leistungen der slowakischen Armee bestärkten Husák und seine Freunde in ihren national-slowakischen und zugleich pan-slawistischen Gedankengängen. In ihrer Zeitschrift „Nove slovo" („Neues Wort"), die in Banska Bystrica erschien, hieß es am 24. September 1944: „Es geht uns um die nüchterne und logische Eingliederung unseres Volkes in eine breitere kulturelle, wirtschaftliche und politische Gesellschaft ... Barbusse sagt, daß die Nationalität nicht die letzte, wohl aber die vorletzte Stufe der Vereinigung der Bewohner dieser Welt ist. Und hier sprach die slowakische Revolution sehr klar ihr neues Wort: In brüderlichem *staatlichen* Zusammenleben mit dem am meisten verwandten tschechischen Volk und in *engster Zusammenarbeit und engstem Kontakt mit den übrigen slawischen Völkern,* namentlich mit dem großen russischen Volk, erblicken wir die weitere Grenze für unsere Nation. Es muß einmal offen gesagt werden, daß es unser Volk begeistert begrüßen würde, wenn es zwischen uns und den anderen slawischen Völkern, namentlich zwischen Slowaken und Russen, keine Grenzen und Zollämter gäbe, wenn der slowakische Mensch nicht nur das Gebiet von Aš bis Jasin, sondern von Aš bis nach Wladiwostok als seine Heimat betrachten könnte. Auch diese Tendenz unseres Aufstands ist konsequent und darf nicht geschmälert werden. Man muß mit dem Taktieren zwischen Moskau und London aufhören. Es gibt einflußreiche Leute, deren Vernunft sie zwingt, den Weg nach Moskau zu suchen, deren Herz sie aber in eine andere Richtung zieht. Der slowakische arbeitende Mensch bekannte sich eindeutig zu seiner slawischen Orientierung, und mit keiner anderen will er rechnen ..."[3]

Der politische Aufstand war also ebenfalls dabei, sich festere Organisationsformen zu geben. Die Vereinigung von Kommunisten und Sozialdemokraten zu einer marxistischen Einheitspartei hatte auch im Slowakischen Nationalrat klare Fronten geschaffen. Die entschiedene Verstärkung der national-slowakischen Tendenzen im Sinne Šmidkes und Husáks war eine weitere Bestätigung für die wachsende Unabhängigkeit der einheimischen Aufstandsführung von den bestimmenden Gremien und Tendenzen des äußeren Widerstandes in London. Der Block der bürgerlichen Gruppen, die im Na-

---

3 Einleitender Artikel der Aufstandszeitschrift „Nove slovo", Banska Bystrica, 24. September 1944. – siehe zum Vergleich Dokumenten-Anhang 14.

tionalrat vertreten waren, schritt – als Antwort oder Folge der marxistischen Fusion – seinerseits zur organisatorischen Verschmelzung, zur Gründung einer sogenannten Demokratischen Partei. Šmidke und Husák begrüßten diese Entwicklung zum Zweiparteiensystem, und „Nove slovo" schrieb mit einem deutlichen Seitenblick auf die Anhänger Šrobars: „Die Frage, ob Tschechen und Slowaken ein Volk oder ob sie zwei Völker sind, war für das Volk niemals eine Streitfrage. Jedoch die Kreise der sogenannten tschechoslowakischen Orientierung, welche die fortschrittlicheren Ansichten der tschechischen Bourgeoisie teilten und gleichzeitig mit ihren kapitalistischen Interessen verflochten waren, hielten sich an die Konzeption eines einzigen Volkes. Das führte die tschechoslowakische Regierung zu schweren Fehlern. Man kann beobachten, daß jene Kreise davon jetzt ablassen..."[4]

Auch das Offizierkorps der Aufstandsarmee begrüßte die säuberliche Trennung und übersichtliche Organisation der politisch führenden Kräfte des Aufstandes. Dagegen gestaltete sich das Verhältnis zwischen regulärer Armee und Partisanenverbänden immer komplizierter. Die slowakischen Frontkommandeure warfen den Partisanen unverhüllt Feigheit vorm Feinde und mangelnde militärische Disziplin vor. Jetzt rächte sich die verfehlte Konzeption Dr. Husáks von den *zwei* militärischen Aufstandskräften! Und daß die Partisanen tatsächlich mehr in den Gassen der Etappenstadt Banska Bystrica als in den Tälern und Schluchten der Aufstandsfront zu finden waren, bestätigt das unverdächtige Zeugnis des prominenten Kommunisten Dr. Rašla, der in seinen Memoiren schrieb:[5]

„In Bystrica liefen zu viele bewaffnete Männer herum, und niemand wußte, ob es nun Partisanen oder Deserteure waren. Es wuchs die Gefahr, die Gehässigkeit zwischen Armee und Partisanen könnte durch die Existenz solcher Elemente entflammt werden. Manche Armeeoffiziere wiesen verächtlich auf die Partisanen hin, die nicht nur phantastische Uniformen (ich weiß nicht, ob hier der Ausdruck „Uniform" überhaupt noch angebracht ist) sondern auch Offiziersdistinktionen trugen."

Hier wird die kommunistische Nachkriegslegende von der militärischen Gleichwertigkeit und kameradschaftlichen Brüderlichkeit der Armee- und der Partisanenverbände im Aufstand von einem prominenten Augenzeugen, der *beiden* Organisationen angehörte, ad absurdum geführt. An anderer Stelle seiner Memoiren spricht Rašla von der „überflüssigen Niederlassung zahlreicher Partisanengruppen rund um Bystrica",[6] also im Etappengebiet,

---

4 Kommentar der Aufstandszeitschrift „Nove slovo" zur Bildung der demokratischen Partei, Banska Bystrica, 24. September 1944. – siehe zum Vergleich Dokumenten-Anhang 16.
5 A. Rašla, a.a.O., S. 146.
6 A. Rašla, a.a.O., S. 146

weit weg von der Front, und etwas später schreibt er: „Die größten Partisanenbrigaden blieben bis Ende Oktober auf dem befreiten Gebiet."[7] Rašla artikuliert damit den stereotypen Vorwurf der slowakischen Frontkommandeure, sie könnten nicht verstehen, warum die Partisanenabteilungen nicht im Hinterland der Deutschen tätig würden, um die Verbindungslinien und Nachschubwege der deutschen Fronteinheiten zu stören. Rašla beantwortete diese Frage selbst, indem er schrieb, die Partisanen hätten „das Aufstandsgebiet als den sichersten Platz für ihren Aufenthalt betrachtet".[8]

Partisanen waren es vor allem auch, die für die Terrorakte und Rechtsverletzungen verantwortlich zeichneten, die in den ersten Wochen des Aufstands an der Tagesordnung waren und insbesondere die volksdeutsche Minderheit (in weit geringerem Maße führende Vertreter des klerikalfaschistischen Staates) betroffen hatten. Auch hierfür sind die Memoiren Rašlas ein gutes Zeugnis, in denen von „der harten Behandlung der Deutschen in Handlová"[9] die Rede ist. Oder es heißt: „Jeder Deutsche galt als Spion und als Feind. Diese Psychose war besonders stark in den Partisaneneinheiten ausgeprägt. Es genügte der kleinste Verdacht, und schon ging man mit einem wie mit dem Feinde um."[10]

Was diese Art Umgang für die betroffenen Volksdeutschen bedeutete, hat ein prominenter, kommunistischer Partisanenführer und bekannter jüdischer Schriftsteller, J. Špizer, dem Verfasser im November 1968 in Bratislava berichtet. Špizer, der bei Beginn des Aufstands aus dem Judenlager von Novaky ausgebrochen war, Partisanenführer wurde und alle inneren Zusammenhänge der Aufstandszeit sehr gut kannte, erklärte, es sei zu schrecklichen Exzessen und grausamen Ausschreitungen gegen die Volksdeutschen in Handlová und Deutsch-Proben, mehr noch in Oberstuben gekommen, bei Kremnica (Kremnitz) sei ein ganzer Panzergraben mit den Leichen ermordeter Volksdeutscher gefüllt worden, ja, in der Anfangszeit sei es so üblich gewesen, sich aus den Internierungslagern bei Sklabina und in Slovenska Lupča, wenn man Lust gehabt habe, ein paar Volksdeutsche herauszugreifen und sie „umzulegen". In erster Linie – so der Informant – seien dafür die Partisanen unter sowjetischer Führung, vor allem die der Brigade Welitschko, verantwortlich zu machen. Sie überzogen in den ersten drei Wochen des Aufstands die gesamte Mittelslowakei mit einem engmaschigen Netz des Terrors und des Schreckens.

In der Westslowakei waren es deutsche Dienststellen, die mit Repressalien

---

7 A. Rašla, a.a.O., S. 167
8 A. Rašla, a.a.O., S. 167
9 A. Rašla, a.a.O., S. 145
10 A. Rašla, a.a.O., S. 165

begannen: Unmittelbar nach Bergers Ankunft in Preßburg traf ein sogenanntes Einsatzkommando H des Sicherheitsdienstes (SD) unter der Leitung des Obersturmbannführers Dr. Wittiska in der Slowakei ein. Nur wenige Tage, und jedesmal wenn die deutschen Truppen Ortschaften besetzt oder erobert hatten, trat dieses Kommando in Aktion und verhaftete insbesondere Juden und Kommunisten, die sofort mit unbekanntem Ziel abtransportiert wurden. So beispielsweise in Sered und in Cech geschehen, häufig unter aktiver Mithilfe der „Deutschen Partei", also der volksdeutschen NS-Funktionäre.

Die verbrecherische Tätigkeit der Einsatzgruppe H litt aber unter der Ablehnung, die sie bei der Fronttruppe, gleichgültig ob Heer, Waffen-SS oder Luftwaffe, fand. Die Kampfeinheiten hielten sich an die Direktiven des Chefs des Stabes, Oberstleutnant Uechtritz, und behandelten die Gegner bei der Gefangennahme als reguläre Soldaten und nicht als „Banditen", wie sie in der offiziellen NS-Sprache hießen. Und nachdem General Höfle sein Kommando in der Slowakei angetreten hatte, der eifersüchtig über seine Kompetenzen wachte, mußte sich Dr. Wittiska mit seinen SD-Kommandos in der Zeit vom 20. September bis 1. November 1944 gänzlich aus den Kampfgebieten zurückziehen und sich mit der Bespitzelung und Terrorisierung der Westslowakei begnügen. (Erst nach der Liquidation des Aufstandes konnte er seine Schreckensherrschaft auf die mittlere Slowakei ausdehnen.)

Auch auf der slowakischen Seite hielten die Fronteinheiten ihre Reihen von Verbrechen und Terrorakten frei. Im Slowakischen Nationalrat war es vor allem Dr. Husák, der sich große persönliche Verdienste im Bemühen um Ordnung und Gesetzmäßigkeit erwarb. Als bevollmächtigter Vertreter des SNR für innere Angelegenheiten erließ er am 21. September 1944 ein Rundschreiben, in dem es hieß: „Es kommen viele Fälle vor, daß ohne vorherige Ermittlung Personen sichergestellt werden, bei denen es sich dann zeigt, daß ihre Sicherstellung unbegründet war. Es wird dadurch viel überflüssige Arbeit verursacht, und ein weiteres Vorgehen dieser Art schadet dem nationalen Befreiungskampf."[11] Dr. Husák versandte einen Musterfragebogen, der bei Verhaftungen auszufüllen und an den Kreisnationalausschuß weiterzuleiten war, der dann über die Berechtigung der Aktion zu entscheiden hatte. Handelte es sich bei der Festnahme um führende Vertreter des Tiso-Regimes, so sollten sie unverzüglich in das Sicherheitslager von Slovenska Lupča überstellt werden. Damit weitere Willkürakte der Partisanenabteilungen unterbunden wurden, ordnete Dr. Huák an:

---

11 V. Prečan, a.a.O., S. 556f., Nr. 336, Rundschreiben des bevollmächtigten Vertreters für innere Angelegenheiten des SNR, Dr. Gustáv Husák.

„Nach einem Übereinkommen mit dem Hauptpartisanenstab in der Slowakei können Partisanen die Sicherstellung politischer Rechtsbrecher nur nach vorhergehender Zustimmung der örtlichen Nationalausschüsse durchführen. Die von Partisanen sichergestellten Personen sollen der Gendarmerie übergeben und sofort in das Sicherheitslager nach Slovenska Lupča befördert werden. Der örtliche Nationalausschuß benachrichtigt über jeden derartigen Fall schleunigst den Kreisnationalausschuß, und dieser gibt dem SNR, bevollmächtigte Vertretung für innere Angelegenheiten, die Meldung weiter ... Es ist verboten, sichergestellte Personen an Partisanenabteilungen oder irgendwelche anderen Gruppen herauszugeben, solange keine schriftliche Zustimmung der bevollmächtigten Vertretung vorliegt ...«

Ein schweres Kriegsverbrechen der Partisanen brachte das Faß zum Überlaufen. In der Nacht vom 16. zum 17. September waren in Hajnicky, unweit Zvolen, auf der Brücke über den Hron elf Menschen erschossen worden, deren Leichen man einfach in den Fluß kippte, der sie jedoch wieder an's Ufer spülte, wo sie am nächsten Morgen von der empörten Bevölkerung entdeckt wurden. Unter den elf Erschossenen befanden sich eine Frau, ein Pfarrer und der Parlamentsabgeordnete Šalát.

Brigadegeneral Golian ordnete sofort nach Bekanntwerden der Mordtat an, die Täter vor ein Feldgericht zu stellen. Bald stellte sich heraus, daß es sich bei den Mördern um zwei Angehörige der Welitschko-Brigade handelte und um einen slowakischen Verbindungsmann der Partisanen im Dorf Hajnicky. Die Täter hatten den von ihnen erschossenen Opfern sämtliche Wertsachen wie Uhren, Schuhe, Ohrringe, Colliers und ca. 20000 Kronen abgenommen.

General Golian erließ einen Tageesbefehl an die Aufstandsarmee, in welchem er das Verbrechen brandmarkte, und ließ die Mörder am Tatort standrechtlich erschießen. Von da an war endlich klar, daß das Oberkommando der Aufstandsarmee Kriegsverbrechen unter keinen Umständen dulden würde. –

Für die slowakischen Soldaten und Offiziere an der Front spielten die Ereignisse in der Etappe eine geringe Rolle. Der Feind hatte seit dem 8. September im Nitratal Vorteile errungen, die den Zusammenbruch der westlichen und nördlichen Abwehrfront befürchten ließen. Das Oberkommando in Banska Bystrica hatte die außerordnetliche Gefahr, die sich durch den Vorstoß der Kampfgruppe „Schill" für die 5. Taktische Gruppe bei Turč.Svatý Martin ergeben hatte, im Grunde immer noch nicht registriert, war aber durch die Bedrohung der Stadt Handlová aufgeschreckt worden, die auf dem Wege zum Hrontal und damit zum taktischen Dreieck Brezno-Zvolen-Banska Bystrica lag. In der Nacht vom 19. zum 20. September erließ denn auch Major Nosko, der Stabschef Golians, Befehle an die 3. und 1. Taktische

Gruppe, die bislang im wesentlichen in Reserve gestanden hatten, sich auf die Verteidigung des Hrontals vorzubereiten. Zugleich verschob er eine Kompanie Franzosen, eine Kompanie Fallschirmjäger und eine motorisierte Batterie aus der Strategischen Reserve nach Svätý Kríž (Heiligenkreuz) und faßte sie unter dem Kommando des Kapitäns Vražda zusammen, um so jederzeit eine Eingreifreserve zur Hand zu haben.

Die slowakische Führung hatte am 20. September 1944 im Grunde nur eine einzige Sorge: die um das Turec-Gebiet. An allen anderen Frontabschnitten stand es günstig. Die 3. Taktische Gruppe hielt mit zwei Bataillonen die Front südlich Nova Bana, während ihr Gros bislang nicht zum Einsatz gekommen war. Die 2. Taktische Gruppe im Osten, bei Telgart, ging gerade – am 20. und 21. September – erneut zum Angriff gegen die Deutschen vor und warf sie 15 Kilometer bis Vernar zurück, wo sich für vier Wochen eine feste Hauptkampflinie bildete. Und auch die 6. Taktische Gruppe im Norden hielt unerschüttert den deutschen Angriffen stand.

Dort befehligte Oberstleutnant Černek, ein äußerst energischer und befähigter Offizier. Unter seinem Kommando hielt Major der Artillerie Miloš Vesel das Zentrum bei Biely Potok, vier Kilometer südlich Ružomberok. In Major Vesel hatte die Aufstandsarmee einen wahren Leonidas gefunden, der mit seinen Soldaten in eineinhalb Monaten schwerer Abwehrkämpfe kaum einen Meter Boden preisgab. Insgesamt vierzehnmal stürmten die Deutschen den Berg Ostrô, der beherrschend in der rechten Flanke von Biely Potok lag, doch vierzehnmal warfen Vesels Soldaten sie im Gegenstoß wieder hinab. Hätte die slowakische Aufstandsarmee mehr Offiziere wie Vesel, wie die Oberstleutnante Perko und Černek, Major Nosko und Kapitän Stanek gehabt, den deutschen Truppen wäre der Feldzug in der Slowakei saurer geworden.

Die katastrophalen Ereignisse bei der 4. Taktischen Gruppe im Nitratal, weit mehr jedoch noch der drohende Verlust der Standt Handlová, die dann tatsächlich am 23. September vom II. Bataillon der Kampfgruppe „Schill" ohne nennenswerte Gegenwehr besetzt wurde, hatten Brigadegeneral Golian aufs äußerste alarmiert und hatten sein Vertrauen in den Kampfgeist der Armee erschüttert. So appellierte er in einem dramatischen Aufruf an das Ehrgefühl seiner Soldaten:

„Offiziere, Unteroffiziere, Soldaten! Bis jetzt habt ihr die Liebe und Bewunderung der Welt und die Unterstützung der Verbündeten. Diese Liebe, Bewunderung und Unterstützung hören jedoch auf, sobald ihr Feigheit auf dem Schlachtfeld zeigt. Die Welt würde sich enttäuscht von euch abwenden, ihre Bewunderung würde sich in Hohn verwandeln, die Zukunft unserer Heimat würde sich verdüstern. Die Opfer, die ihr bis jetzt gebracht habt, wären dann sinnlos gewesen, und die Deutschen würden die Slowakei besetzen, uns entwaffnen und sowohl die Armee als auch das ganze Volk bestrafen. Das wäre der Untergang der slowakischen Nation, und das wollt ihr doch nicht ... Ihr dürft nicht feige sein! Ihr müßt aushalten. Ihr dürft dem Feind auch nicht einen Fußbreit slowakischen Landes überlassen. Einen weiteren Rückzug darf es nicht geben. Macht euch klar, daß wir keine andere Wahl haben, als an unseren Plätzen auszuhalten und keinen Schritt zurückzugehen. Feiglinge und Panikmacher duldet nicht. Den Feigling, der im Kampf flieht, erschießt auf der Stelle, denn seine Flucht bringt Tausenden Unglück und Tod; sein Tod jedoch rettet das Leben von Tausenden. Der Kommandant, der die Feiglinge seiner Einheit unbestraft läßt, wird selbst als Feigling betrachtet und entsprechend behandelt ... Zusatz: Wenn der Soldat, Unteroffizier und Offizier weiß, wofür er kämpft, daß sein Kampf gerecht und notwendig ist, daß er die Geschichte und Zukunft seines Volkes und Staates gestaltet, zweifle ich, ob sich unter Slowaken Feiglinge finden werden. Die bisherigen Mißerfolge an einigen Stellen schreibe ich ausschließlich der Nichtinformiertheit der Soldaten zu, der Gleichgültigkeit und Bequemlichkeit der Offiziere, die sich nicht einmal die Mühe machen, ihren Soldaten die Situation zu erklären und sie von der Notwendigkeit unseres Kampfes zu überzeugen ... Der Offizier und Kommandant muß überhaupt seine Untergebenen ständig erziehen und beschäftigen. Üben, üben, üben! Belehren und erklären. Er soll Ratgeber, Erzieher, Freund und Vorbild zugleich sein. Gewinnt das Vertrauen und die Achtung der Mannschaft, und die Mannschaft wird ‚für euch' durchs Feuer gehen! Der Befehlshaber der 1. Tschechoslowakischen Armee in der Slowakei: Brigadegeneral Jan Golian."[12]

Als dieser Befehl an die Einheiten herausging, war im Nordwesten der Damm schon gebrochen! Nachdem die Division „Tatra" am 20. September das Höhengelände südlich Sučany gegen harten Widerstand genommen hatte, während auf Priekopa und Vrutky slowakisches Artilleriefeuer lag, brach sie am 21. September auf breiter Front vorwärts, nahm im Sturm Turč.Svatý Martin und fügte der 5. Taktischen Gruppe während des Bewegungskampfes im offenen Gelände blutige Verluste zu. Damit war die nordwestliche Abwehrfront der Slowaken aufgerissen und das Turecer Gebiet nicht mehr zu halten.

Es war dies der größte Erfolg der „Tatra"-Division im gesamten Slowakeifeldzug! Der besten Kampfgruppe der Slowaken wurde hier praktisch das Rückgrat gebrochen. Es ist jedoch sehr fraglich, ob der frontale Durchbruch General v. Loepers so schnell gelungen wäre, wenn nicht im Rücken der 5.

---

12 V. Prečan, a.a.O., S. 547f., Nr. 325, Sonderbefehl des Brigadegenerals J. Golian an die slowakische Aufstandsarmee.

Taktischen Gruppe das I. „Schill"-Bataillon aufgetaucht wäre. Dessen ehemaliger Kommandeur, Hans Kettgen, berichtet darüber:[13]
„Wieder einmal war nur der Majzel-Paß selbst von regulären Einheiten der slowakischen Armee besetzt. Er konnte von uns leicht auf den Bergen umgangen werden, da sich die Partisanen, die die Flanken decken sollten, eilig aus dem Staube gemacht hatten. So rollte ein Stoßtrupp den Paß von rückwärts auf. Das I. Bataillon erreichte unbehelligt das Turectal und stieß dort auf einen Gegner in Regimentsstärke, der – von der „Tatra" weg – nach Süden drängte. Das I. Bataillon verteidigte mit Front nach Norden, Osten und Süden in einer Ausdehnung von zwei bis drei Kilometern; stützpunktartig. Gegen zahlenmäßig stark überlegenen Feind wurde die Lage zeitweise kritisch. Erst als über den inzwischen gesäuberten Majzel-Paß schwere Waffen nachgezogen werden konnten, stabilisierte sich die Situation. Der Gegner hatte sich im Norden mit ca. zwei Bataillonen zum Angriff nach Süden bereitgestellt. Im zusammengefaßten Feuer der schweren Waffen konnte der Angriff schon im Bereitstellungsraum, unter schweren Verlusten für den Gegner, zerschlagen werden. Damit war die Lage bereinigt, und das I. Bataillon stand für anderweitige Operationen zur Verfügung."
Im Norden von der Division „Tatra", im Südwesten vom I. „Schill"-Bataillon gefaßt, gelang es der 5. Taktischen Gruppe des Oberstleutnants Perko nur mit Mühe und erst im letzten Augenblick, der totalen Vernichtung zu entrinnen. Doch die Niederlage traf sie ins Mark! Als die „Tatra" am 20. und 21. 9. mit etwa 5000 Mann zur Offensive antrat, hatte Perko nicht mehr als 4500 Mann zur Verfügung. Über 500 Partisanen und Soldaten hatte er am 18. und 19. September zum Majzel-Paß delegiert, um sie den 1000 Mann des I. „Schill"-Bataillons entgegenzuwerfen. Am 21. 9. wurde die 5. Taktische Gruppe dann in offenem Gelände von den Panzern der „Tatra" völlig zersprengt und muß etwa 900 bis 1200 Tote, Verwundete und Gefangene verloren haben; die schwersten Einbußen des ganzen Kampfes!
Jedenfalls, als sie sich am 23. September wieder einigermaßen zusammengefunden hatte und das Gruppenkommando eine Bestandsaufnahme veranstaltete, war von der ursprünglichen 5. Taktischen Gruppe nur noch die Hälfte vorhanden. (1200 Partisanen und Soldaten waren im Gebiet von Rudno zurückgeblieben und setzten sich nach Westen ab, um im Berggelände östlich der Waag, zwischen Žilina und Trenčin, hinter dem Rücken der deutschen Front zu operieren.) Von diesem Schlag sollte sich die legendäre Gruppe niemals erholen. Ihre Reste wurden aus der Front gezogen und nach Banska Bystrica verlegt, während die bisherige strategische Reserve, die

---

[13] Hans Kettgen schriftlich und im persönlichen Gespräch mit dem Verfasser, Herbst 1978.

I. Taktische Gruppe, gemeinsam mit der bewährten Partisanenbrigade Jegorow ihren Platz vor dem Feind einnahm.

Die Division „Tatra" folgte dem weichenden Gegner nur langsam. General Höfle hielt sich streng an seinen Operationsplan, der vorsah, nach dem Fall von Turč.Svatý Martin in der Offensive eine Pause einzulegen und erst einmal das Hinterland zwischen Waag- und Turectal von den Partisanen zu reinigen. Erst danach sollte zum letzten Stoß auf Zvolen und Banska Bystrica angetreten werden. Demgemäß begann die Division „Tatra", nachdem sie zwei Tage lang das Turectal von versprengten Feindeinheiten gesäubert hatte, am 24. September ihre Kräfte umzugruppieren, um mit ihrer Masse die slowakischen Partisanen und Soldaten, die sich in die Mala Fatra zurückgezogen hatten, konzentrisch von Osten, Norden und Westen anzugreifen. Höfle gab damit dem Oberkommando der Aufstandsarmee zehn Tage Zeit, eine neue westliche Abwehrfront zu errichten und seine durcheinandergeratenen Verbände zu ordnen.

So bitter die Niederlage von Turč.Svatý Martin, so schmerzlich die Preisgabe der Turecer Region auch war, der Verteidigungsring der Slowaken war nicht zerbrochen! Gewiß, die Aufstandsarmee hatte Boden verloren, sie hatte blutige Verluste hinnehmen müssen. Aber sie stand am 24. September in geschlossener Front, mit dem Gesicht nach Westen, bereit und gewillt, dem Feind von neuem Widerstand zu leisten.[14] Hatte sie ihre 5. Armeegruppe aus dem Kampf ziehen müssen, so war ihre westliche Abwehrfront doch auch um dreißig Kilometer kürzer geworden: In fast schnurgerader Linie zog sie sich in einer Länge von siebzig Kilometern von der Waag bei Turany über Sklabina, Necpaly, Blatnica, Turč.Teplice, Dol.Turček, Janova, Prochot und Klak nach Velke Pole, wo sie einen scharfen Knick nach Südosten machte und sich über Nova Bana und Krupina nach Osten dehnte. Es war eine erstklassige Gebirgsstellung, deren rechter Flügel fest an die Waag angelehnt war, gespickt mit einer Fülle natürlicher Hindernisse. Es gab nur drei Straßen, auf denen reguläre Truppen gegen sie vorrücken konnten: von Turč.Teplice nach Kremnica, von Handlová nach Sv.Križ und von Oslany nach Žarnovica.

Insofern war es kaum berechtigt, wenn Golian an General Ingr, der inzwischen zum Oberfehlshaber aller tschechoslowakischen Streitkräfte ernannt worden war, depeschierte: „Die Situation ist schwer, ohne Hilfe nicht haltbar. Die augenblickliche Ankunft einer Brigade ist notwendig."[15] Die dü-

---

14 Siehe zum Vergleich Dokumenten-Anhang 15: Deutsche Lagemeldung vom 24. 9. 1944.
15 V. Prečan, a.a.O., S. 553f., Nr. 332, Funkspruch des Brigadegenerals J. Golian an den General S. Ingr in London.

stere Formulierung war indessen als Mahnung und Beschwerde zu verstehen, denn noch immer war kein tschechoslowakischer Soldat aus der UdSSR im Aufstandsgebiet eingetroffen. Am 22. September hatte General Pika London mitgeteilt, daß Generalleutnant Viest am 21. September mit Marschall Konew „im Raum Premyšl" zusammengetroffen sei, wahrscheinlich am 23. September in der Slowakei landen werde und daß sich die II. tschechoslowakische Luftlandebrigade bereits im Abflug befinde, ein Teil würde „schon heute an Ort und Stelle sein".[16] Doch in den nächsten Tagen trafen weder Viest noch seine Soldaten ein. Die einzige Erklärung, die man sich dafür in Banska Bystrica zurechtlegen konnte, bestand in der Schlechtwetterfront, die am 22., 23. und 25. September die Slowakei überquert und den Flugbetrieb zeitweise lahmgelegt hatte.

Bei strömendem Regen begann die Division „Tatra" am 25. September ihre große Säuberungsaktion in der Mala Fatra und in den angrenzenden Gebieten, um etwa 2700 slowakische Partisanen und Soldaten im Raum zwischen Žilina, Dubnica, Gajdel und Turč.Svatý Martin einzukreisen und zu vernichten. Es war ein Gebiet, das von Nord nach Süd und von West nach Ost je etwa 35 Kilometer maß und aus den unzugänglichsten Schluchten und Bergen bestand. Der deutsche Lagebericht vom Abend des 25. September verkündete optimistisch: „Säuberungsunternehmen im Raum südlich Sillein in gutem Fortschreiten."[17] Und in der Tat nahm die „Tatra" an diesem Tag gegen harten Widerstand die Ortschaften Rajec und Kunerat ein. 24 Stunden später gelang es ihr, die Dörfer Domanica, Frywald und Fackov zu besetzen. Und doch erwies sich das Unternehmen als Schlag ins Wasser: Die Partisanen gaben unter dem übermächtigen Druck der regulären deutschen Verbände die Straßen und Ortschaften preis und zogen sich unversehrt in die schmalen Täler und auf die waldreichen Berghänge zurück, von wo sie ihre Guerillaüberfälle erneut starteten. Da die Bevölkerung sie weitgehend unterstützte, waren sie einfach nicht zu schlagen, solange sie sich nicht im offenem Gelände zum Kampf stellten. Der deutsche Lagebericht vom 26. September mußte denn auch zugeben: „Bei den Säuberungsunternehmen im Raum südlich Sillein entwich die Masse der Banden in das Waldgebiet ostwärts und westlich der Straße Sillein-Fackov."[18]

Höfles große Antiguerilla-Aktion war mißlungen! Es war ein Fehler gewesen, reguläre Truppen in ungünstigem Gelände gegen Partisanen einzusetzen, die sich dort „wie die Fische im Wasser" bewegten. Er hatte der Auf-

---

16 V. Prečan, a.a.O., S. 562, Nr. 339, Depesche des tschechoslowakischen Militärattachés in Moskau, Brigadegeneral H. Pika, an General S. Ingr in London.
17 Lagemeldung, a.a.O., vom 25. 9. 1944.
18 Lagemeldung, a.a.O., vom 26. 9. 1944.

standsarmee überflüssigerweise eine Verschnaufpause verschafft. Daß er das aussichtslose Unternehmen in der Mala Fatra noch mehrere Tage hartnäckig fortsetzte und erst am 30. September zum Sammeln blies, um die „Tatra" erneut gegen die Aufstandsarmee zu führen, brachte ihm keinerlei Gewinn bei seiner hoffnungslosen Partisanenjagd, erlaubte es aber dem slowakischen Oberkommando, seine Verteidigungsanstrengungen zu intensivieren.

In diesen Tagen zwischen dem 20. und 30. September trat ein Mann in den Vordergrund, den der einfache slowakische Soldat kaum den Namen nach kannte. Getreu dem Schlieffen-schen Motto „Generalstabsoffiziere haben keinen Namen" war es Major Julius Nosko, der Stabschef Golians, der nun eine Flut von Befehlen an die Taktischen Gruppen erließ, in denen er sie immer wieder zu höchsten Leistungen anspornte, die neuen Verteidigungsstellungen gehörig in Stand zu setzen. Seine Kritik und seine Verfügungen prasselten förmlich auf die Offiziere herab. Er besichtigte selbst die Frontabschnitte, ließ sich kein X für ein U vormachen und veranstaltete schneidende Manöverkritiken. Ein typisches Beispiel für sein unermüdliches Wirken ist folgendes Rundschreiben über die Mängel im Abwehrbereich Maly Šturec:

„1. Die Verschanzungen zu beiden Seiten der ausgebauten Straße sind unzureichend. An der Befestigung von Šturec wird schon drei Wochen lang gearbeitet, aber die Leute haben keine Deckung, und die Gräben sind weder tief genug noch zweckentsprechend.

2. Die Stellung ist im Grunde genommen nur eine Linie und überhaupt nicht in die Tiefe gegliedert.

3. Die Artillerie steht zu weit hinten, kann der eigenen Stellung keinen wirksamen Feuerschutz geben und den Feind nicht in seinen Bereitstellungsräumen erfassen.

4. Die Stellung hat kein Vorfeld (Beobachtungsposten usw.), obwohl der Gegner weit entfernt steht.

5. Das Tal mit Straße und Eisenbahn ist ungenügend durch Hindernisse gesichert . . ."[19]

Unermüdlich besichtigte Nosko die einzelnen Frontabschnitte, überzeugte er sich vom Stand der Befestigungsarbeiten. Unnachgiebig trieb er die Truppe zum Schanzen an, nach der Devise „Schweiß spart Blut". Aus seinen Anordnungen und Befehlen, die sich beinahe überstürzten, sprach ein scharfer „preußischer" Ton des Anfeuerns, der Initiative und der Ungeduld. Dabei hielt er sich an die Offiziere, dennen er immer wieder ihre schwere Verantwortung für das Wohl und Wehe ihrer Soldaten vor Augen führte. Nach einer Frontbesichtigung diktierte er diesen Befehl:

19 V. Prečan, a.a.O., S. 565f., Nr. 343, Anordnung des Chefs des Stabes der slowakischen Aufstandsarmee, Major J. Nosko.

„1. Bei Einnahme der Verteidigungsstellungen führen die Befehlshaber (besonders der Bataillone und Kompanien) keine Besichtigung des Terrains durch. Sie halten es nicht einmal für nötig, sich einen guten Beobachtungsstand auszusuchen, von dem sie den ganzen Abschnitt überblicken und den Kampf leiten können. Die Befehlshaber der Bataillone sitzen hinten, und ihre ganze Tätigkeit besteht darin, die Korrespondenz zu führen, was ein Adjutant erledigen kann.

2. Es wurde ein Fall bekannt, wonach der Kommandant eines Bataillons überhaupt keinen Kontakt zu den Befehlshabern der Artillerie hatte, die sein Bataillon unterstützen sollten, obwohl er sich schon zwei Tage in der Abwehr befand. Das ist einfach sträflich.

3. Die Befehlshaber bemühen sich nicht im geringsten darum, Nachrichten über Stärke, Stellung und Absichten des Feindes einzuholen.

4. Die Befehlshaber widmen nach wie vor den Schanzarbeiten zu wenig Aufmerksamkeit.

5. Der Hauptgrundsatz jeder Verteidigung, Gliederung in die Tiefe, scheint völlig unbekannt.

6. Der Frage der Sicherung des Vorfelds schenkt man keine Beachtung.

7. Die Befehlshaber interessieren sich nur wenig für die Bedürfnisse der Mannschaft (Nahrung, Ausrüstung, Bewaffnung usw.) ...

Die Mehrheit der Befehlshaber sitzt in der Stellung in völliger Passivität und wartet wie ein ‚Ochse' auf einen Befehl. Da sitzen sie und warten sie auf die Deutschen, ohne Aufklärung, ohne Vorposten, ohne Patrouillen. *Tut alles, damit der Feind auch nicht einen Augenblick der Erholung und Ruhe hat!* Begannen wir doch den Krieg erst jetzt, und er kämpft bereits fünf Jahre; also müssen unsere Nerven die Besseren sein ... Ich befehle allen Kommandanten, die Mannschaft, die beim Rückzug ihre Waffen wegwirft, ohne Gnade mit dem Tode zu bestrafen. Der Befehlshaber der 3. Gruppe ließ eine Mannschaft erschießen, die beim Felcmann-Bataillon zehn russische Panzerbüchsen auf dem Gefechtsfeld im Raum nordwestlich Sv.Kříž zurückließ ... Auch ein Verwundeter wird nur dann in Behandlung genommen, wenn er mit einem Gewehr oder einer anderen Waffe erscheint."[20]

Nosko sorgte auch dafür, daß die Partisanen-Abteilungen übersichtlich gegliedert und nach den taktischen Bedürfnissen des Oberkommandos der Aufstandsarmee eingesetzt wurden. Zwischen dem 23. und 25. September ordenete er an:

Die „Stalin"-Brigade unter Kapitän Jegorow, die sich bei den Kämpfen im Turecer Gebiet bewährt hatte, sollte die nördlichen und westlichen Waldrän-

---

20 V. Prečan, a.a.O., S. 597f., Nr. 370, Anordnung des Chefs des Stabes der slowakischen Aufstandsarmee, Major J. Nosko.

der der Velka Fatra decken. Man konnte sicher sein, daß sie auch diesen Auftrag gewissenhaft ausführen würde.

Die „Štefanik"-Brigade des „Oberstleutnants" Welitschko, die größte Partisaneneinheit, hatte die Verteidigung der 3. Gruppe bei Sväty Križ zu stärken.

Die Gruppe Woljanskij war dazu bestimmt, den Abschnitt Velke Pole und Nova Bana zu verteidigen.

Die Abteilungen Žingor, Pola, Stepanow, Trojan und Bielik erhielten Guerilla-Aufgaben. Die Brigade Sečansky verblieb in Reservestellung.

Golian und Nosko waren sich völlig im klaren darüber, daß ihre deutschen Gegenspieler, Höfle und Uechtritz, in wenigen Tagen versuchen würden, ihnen den Fangstoß zu geben. Sie täuschten sich auch darin nicht, daß der deutsche Großangriff nur an der Front von Kremnica und Sväty Križ und daß er mit zusammengefaßten Kräften erfolgen würde, um in einem Zuge nach Zvolen und Banska Bystrica zu führen. Sie erkannten durchaus, daß sich die entscheidende Schlacht des Feldzuges vorbereitete, und waren gewillt, ihrerseits eine weitgehende Konzentration vorzunehmen. Freilich waren ihnen dabei Grenzen gesetzt, wenn sie die Stabilität der Frontabschnitte im Norden (Biely Potok), Osten (Vernar) und Südwesten (Nova Bana) nicht gefährden wollten. Sie getrauten sich insbesondere nicht, die Massierung im östlichen Abschnitt aufzulösen, da sie doch jeden Tag auf einen Durchbruch der Sowjets durch den Dukla-Paß hofften. Trotzdem befahl Major Nosko der 2. Taktischen Gruppe, ein verstärktes Bataillon aus 3 Infanterie-, 1 Maschinengewehr- und 1 Begleitkompanie mit 2 Batterien unter den bewährten Führung des Kapitäns im Generalstab Jan Stanek aus dem Abschnitt bei Vernar zu lösen, in Telgart und Krivan zu verladen und nach Sv.Križ zu verschieben. Den Deutschen wollte man einen heißen Empfang bereiten.

Doch Höfle und Uechtritz hatten noch einen Trumpf in der Hand. Nicht umsonst hatten sie darauf hingearbeitet, die Division „Tatra" und die Kampfgruppe „Schill" auf dem Gefechtsfeld zu vereinen. War auch die Einkesselung der 5. Taktischen Gruppe letztlich mißlungen, so standen doch die beiden Haupteinheiten seit dem 23. September in enger Tuchfühlung und in gemeinsamer Front auf der Linie Turč.Teplice – Janova Lehota, Stoßrichtung Kremnica und Sväty Križ. Jetzt war es an der Zeit, Teile aus dieser soeben vollzogenen Vereinigung wieder zu lösen, herumzuwerfen und dem Gegner einen *neuen Schwerpunkt* aufzudrängen.

Am 24. und in der Nacht zum 25. September ließ Höfle das I. Bataillon der Kampfgruppe „Schill", verstärkt durch eine Sturmgeschützbatterie (insgesamt 1000 Mann) im mot.Marsch von Deutsch-Proben über Prievidza und Novaky nach Oslany werfen, von wo es sofort zum Angriff nach Südosten antrat und noch am Abend des 25. kampflos Velke Pole (Hochwiesen) besetzte. Die Partisanengruppe Woljanskij, die hier Wache halten sollte, war nicht in Erscheinung getreten, hatte den so immens wichtigen Zugang zum Hrontal nicht mit einem einzigen Schuß verteidigt.

Diese Nachricht war für die slowakische Führung ein Schock. Es ging hier ganz offensichtlich um den Versuch der Deutschen, in das Tal des Hron durchzustoßen. Gelang ihnen das, so war der südwestliche Pfeiler der slowakischen Verteidigung zum Einsturz gebracht. Mehr noch, der Gegner bedrohte zum erstenmal das taktische Dreieck Zvolen-Brezno-Banska Bystrica. Denn erreichten die Deutschen Žarnovica am Hron, so hatten sie einen Drehpunkt gewonnen, von dem aus sie ebenso gut Sv.Križ von Süden angreifen wie auch über Banska Štiavnica nach Nordosten vorstoßen konnten, womit sie in der tiefen Flanke der Aufstandsarmee und eigentlich schon vor den Toren Zvolens standen.

General Golian warf dem I. „Schill"-Bataillon sofort Partisanen und Teile der 3. Taktischen Gruppe entgegen, befahl auch dem 1. Jagdfliegerregiment, sich mit allen verfügbaren Maschinen auf den gefährlichen Gegner zu stürzen. Als das deutsche Bataillon am Mittag des 26. 9. ohne nennenswerten Kampf Pilar erreicht hatte, erlebte es den faszinierenden Ansturm der Jabos, die mit Todesverachtung und bewundernswertem fliegerischem Können durch das enggepreßte, zwischen dichtstehenden, achthundert Meter hohen Bergen liegende Tal rasten und in wenigen Metern Höhe aus allen Bordwaffen feuerten. Die deutschen Grenadiere nahmen entweder volle Deckung oder antworteten aus ihren Maschinengewehren; jedenfalls, die Verluste waren minimal, und der Vormarsch ging ohne größere Verzögerung vonstatten. Am Abend besetzte das Bataillon nach heftigen Nahkämpfen mit regulären slowakischen Armeeverbänden auf den vorliegenden Höhen Horne Hamre, ein Dorf wenige Kilometer westlich von Žarnovica.

Am nächsten Morgen griffen die Slowaken Horne Hamre von allen Seiten an und versuchten, das deutsche Bataillon im Tal einzuschließen. Sie hatten Befehl, den Gegner, koste es, was es wolle, zum Stehen zu bringen. Der Überfall in den frühen Morgenstunden kam so überraschend, daß das I. „Schill"-Bataillon in eine prekäre Lage geriet. Die deutschen Grenadiere lagen im Fluß und feuerten verzweifelt nach allen Seiten. Schließlich jedoch wurde die 3. Taktische Gruppe im Gegenstoß geworfen, und auf Sturmgeschützen aufgesessene „Schill"-Grenadiere drangen mittags in Žarnovica ein, wo sie vier Geschütze erbeuteten und den Feind aus der Stadt hinauswarfen. Am nächsten Tag rückte von Nova Bana ein verstärktes Bataillon der 14. galizischen SS-Waffen-Grenadier-Division an und wurde der Kampfgruppe „Schill" unterstellt.

Ein bestürzendes Ergebnis: Die Abwehrfront der slowakischen Armee war aufgerissen! Im Hrontal standen deutsche Soldaten. Sie waren in zweieinhalb

Tagen dreißig Kilometer vorwärts gestürmt und drohten nun, alle Verteidigungsanstrengungen der Aufstandsführung zunichte zu machen. Der deutsche Befehlshaber hatte seine Kampfgruppe weit herumgeworfen und das Risiko auf sich genommen, daß sie stecken blieb und im entscheidenden Augenblick des Großangriffs auf dem Schlachtfeld fehlte. Jetzt stand sie nur zehn Kilometer südwestlich Sväty Križ und hatte praktisch den Anschluß an die deutschen Hauptkräfte wiedergewonnen. Es war dies *die Taktik der wechselnden Angriffsschwerpunkte,* auf die der Feind nicht schnell genug reagieren konnte.

General Golian faßte angesichts der neuen Bedrohung einen kühnen Entschluß: Er konnte nicht alles decken, also nahm er eine mögliche Vereinigung des I. „Schill"-Bataillons mit den deutschen Hauptkräften bei Sv.Križ in Kauf und befahl der 3. Taktischen Gruppe, die Straße von Žarnovica über Dolne Hamre nach Banska Štiavnica zu sperren und hier keinen Schritt zurückzuweichen. Von Žarnovica bis Banska Štiavnica waren es nur 12 Kilometer. Stand der Feind erst einmal dort, so konnte er mit einem plötzlichen Vorstoß nach Nordosten in einem einzigen Tagesmarsch die Straßenkreuzung 6 Kilometer westlich Zvolen erreichen. Dann befand er sich im Rücken von Sv.Križ und Kremnica, dann brach die slowakische Abwehrfront endgültig zusammen.

Zwei Kilometer ostwärts Žarnovica führt eine schmale Brücke über den Hron. Es ist die einzige Verbindung nach Banska Štiavnica. Golian und Nosko befahlen, sie unter allen Umständen zu halten. Als aber die 1. Kompanie der Kampfgruppe „Schill" am Nachmittag des 28. September nach Osten vorfühlte, fand sie sie unverteidigt, so daß sie in den Abendstunden das Dorf Dolne Hamre besetzen konnte, das nur noch wenige Kilometer westlich Banska Štiavnica liegt. Doch noch in den Nachstunden traten Einheiten der 3. Taktischen Gruppe von allen Seiten zum Gegenstoß an, warfen sich mit „Hurra" auf die Deutschen und trieben sie fluchtartig bis zum Dorfausgang. Am 30. 9. eroberte die Kampfgruppe „Schill" mit Unterstützung mehrerer Sturmgeschütze Dolne Hamre zurück, mußte aber am nächsten Tag vor den wütenden Gegenstößen der Slowaken erneut weichen. Die slowakischen Kommandeure wandten hier mit durchschlagendem Erfolg die deutsche Taktik an, auf den Höhen zu operieren und den Gegner im Talkessel ständig zu überflügeln. Bei diesem Verfahren erwies es sich, daß auch die deutsche Fronttruppe flankenempfindlich war. Erst am 2. 10. gelang es der Kampfgruppe „Schill" mit verstärkten Kräften, die westliche Hälfte Dolne Hamres zurückzuerobern, lief sich dann aber an der zähen Abwehr der Slowaken, die in gut getarnten Höhenstellungen saßen, endgültig fest und mußte den Angriff einstellen.

Damit war die Gefahr für den Südflügel gebannt. Die 3. Taktische Gruppe hatte mit höchster Bravour und großer Geschicklichkeit gefochten. Die Front hielt! Doch zur gleichen Stunde, in der die Slowaken ihren Gegner in Dolne Hamre zum Stehen brachten, entbrannte 15 Kilometer nordöstlich die Schlacht bei Svätý Kríž (Heiligenkreuz) und Kremnica (Kremnitz).

4. Die Schlacht von Kremnica

Die Kämpfe vom 2. bis 9. Oktober 1944

Die Abendmeldung des Deutschen Befehlshabers in der Slowakei vom 2. Oktober 1944 begann mit dem lakonischen Satz: „Der Frontalangriff auf das Zentrum der tschechoslowakischen Aufstandsbewegung hat mit dem heutigen Tage begonnen."[1]
Die Würfel waren gefallen! In fünfwöchigen ununterbrochenen Kämpfen hatten sich die deutschen Verbände auf „Einbruchsentfernung" an das Aufstandszentrum herangearbeitet. Sie standen nur noch 25 Kilometer von Zvolen und Banska Bystrica entfernt. War die erste Runde dem Kampfes, vom 29. August bis 7. September, an die Slowaken gegangen, als sie den deutschen Einmarsch bei Telgart, Vrutky und Ružomberok stoppten, so hatten die Deutschen in den letzten dreieinhalb Wochen einen Sieg nach dem anderen errungen. Zuerst hatten sie das Nitratal aufgerollt, dann Turč.Sv.Martin und die Turecer Region genommen, nun standen sie bei Žarnovica im Tal des Hron. Die zweite und dritte Phase des Feldzugs hatte die Wehrmacht eindeutig für sich entschieden. Fünfzig Kilometer war die Aufstandsarmee von Westen nach Osten zurückgewichen. Jetzt stand sie mit dem Rücken an der Wand, an den letzten Berghängen, die vor Banska Bystrica und Zvolen lagen. Ein Zurück konnte es nicht mehr geben! Der Gegner hatte sie an die Seile getrieben; es mußte zum erbarmungslosen Nahkampf kommen. General Höfle hatte seinen Operationsplan verwirklicht: Er hatte die Ausgangsstellung erreicht, von der er den letzten entscheidenden Stoß, den Todesstoß gegen den Aufstand zu führen gedachte.
Sein Gegenspieler, Brigadegeneral Golian, war durch die letzten Ereignisse im Turec- und im Hrontal tief deprimiert. Seit dem 21. September hatte seine Armee zuviel Gelände verloren, und sie zeigte in seinen Augen auch nicht mehr die Standhaftigkeit, die sie bei Strečno oder Vrutky bewiesen hatte. Er hätte es niemals für möglich gehalten, daß die Deutschen in zweieinhalb Tagen von Oslany nach Žarnovica durchbrechen konnten. Was ihn am meisten bedrückte, war zweierlei: Er hatte keine strategische Reserve zur Hand, seitdem er die 1. Taktische Gruppe anstelle der zerschlagenen Fünften einsetzen mußte, und es gab keine Waffen, um die Reservisten auszurüsten. Überdies: Seit einem Monat hofften die Aufständischen auf Verstärkung und auf Befreiung; beides vergeblich.

---

1 Lagemeldung, a.a.O., vom 2. 10. 1944

General Ingr, der Oberbefehlshaber der tschechoslowakischen Streitkräfte, war von Golian davon unterrichtet worden, daß die letzte Offensive der Deutschen unmittelbar bevorstand. Am 29. 9. wandte er sich auf dem Funkwege an seinen Untergebenen und versuchte, ihm Mut einzuflößen: „Aus Ihren Situationsmeldungen und aus Feindnachrichten kann man folgern, daß der Gegner schon seit längerer Zeit seine Hauptanstrengungen im Westen entwickelt, und man kann nicht ausschließen, daß er seinen Druck noch verstärken wird. Die heikle Lage der deutschen Truppen, die sich an den Karpatenübergängen infolge des ständigen Ansturms der sowjetischen Armeen in einer schwierigen Situation befinden, kann für die deutsche Führung einer der Gründe sein, einen entscheidenden Schlag gegen Ihre Truppe zu führen. Es ist daher notwendig, daß die Befestigungsarbeiten auf der Linie, die Ihnen als äußerste Grenze des Widerstandes bestimmt wurde, beschleunigt und daß alle verfügbaren Kräfte am bedrohten Abschnitt zusammengezogen werden . . . In Ihrer Lage geht es lediglich um Zeitgewinn, und nicht einmal um beträchtlichen."[2]

Doch Golian war von anfeuernden Worten nicht mehr zu beeindrucken. Zu oft hatte man ihm in den letzten Wochen Hilfe zugesagt. War sie eingetroffen? Weder hatten die Sowjets den Dukla-Paß bezwungen noch waren die beiden gewünschten Brigaden des I. tschechoslowakischen Armeekorps gekommen. Wenn jetzt eine dieser beiden Brigaden wirklich landen sollte, wie man ihm erneut versichert hatte, dann würde es an der Gesamtlage auch nichts mehr ändern. „Hoffnung auf ständigen Erfolg gibt es auf Grund des Kräftemangels nicht. Die 2. Brigade wird zu spät kommen. Zur Aufstellung neuer Einheiten fehlen Waffen und Ausrüstung (Uniformen und Schuhe)"[3] funkte er am 30. 9. an Ingr.

Am nächsten Tag traf der Stab der II. tschechoslowakischen Luftlandebrigade im Aufstandsgebiet ein. So groß die Freude in Banska Bystrica im ersten Augenblick war, die näheren Einzelheiten führten zu einer tiefen Enttäuschung. Die Brigade – an sich eine hervorragend trainierte Eliteeinheit, die zu 80 Prozent aus Slowaken bestand, die von der „Schnellen Division" zu den Sowjets übergelaufen waren, – hatte in den Kämpfen vor dem Dukla-Paß gut 25 Prozent ihres ursprünglichen Bestandes verloren und zählte noch ca. 2200 Mann , war also im Grunde eher als schwaches Regiment zu bezeichnen. Außerdem sollten ihre beiden Bataillone erst zwischen dem 2. und 10. Oktober antransportiert und in Tri Duby ausgeladen werden. Das konnte

---

2 V. Prečan, a.a.O., S. 603, Nr. 374, Richtlinien des tschechoslowakischen Oberbefehlshabers, General S. Ingr, an Brigadegeneral J. Golian.
3 V. Prečan, a.a.O., S. 604, Nr. 376, Antwort des Brigadegenerals J. Golian an den tschechoslowakischen Oberbefehlshaber, General S. Ingr.

um einige wenige, aber entscheidende Tage zu spät sein. Man mußte jetzt stündlich mit dem deutschen Großangriff rechnen.
In der Nacht vom 1. zum 2. Oktober erließ Brigadegeneral Golian seinen Operationsbefehl an die Aufstandsarmee. Darin hieß es: „Die Linie westlich der Abhänge der Velka Fatra, vor Kremnica und im Tal des Hron, ist bis zur Ankunft der Verstärkungen bzw. bis zur Vereinigung mit den Truppen der Roten Armee um jeden Preis zu halten ... Belehren Sie alle Offiziere und Unteroffiziere, daß ein weiterer Rückzug – wohin auch immer – nicht möglich ist. Der Feind ist keineswegs stärker als wir, im Gegenteil: Wir sind ihm zahlenmäßig überlegen, und seine technische Überlegenheit wird vielfach durch das ausgezeichnete Terrain ausgeglichen..."[4]
Welche Kräfte standen dem slowakischen Oberkommando für die Entscheidungsschlacht zur Verfügung?
Auf 36 Kilometer Frontlinie von Turč.Teplice bis Sväty Križ hatten Golian und Nosko etwa 12 000 Mann zusammengezogen: die besten Einheiten der Aufstandsarmee. Den nördlichen Abschnitt bei Turč.Teplice hielt die 1. Taktische Gruppe mit etwa 3300 Mann, im Zentrum bei Kremnica verteidigte die 4. Taktische Gruppe mit ebenfalls 3300 Soldaten, und im Südabschnitt vor Sv.Križ stand der rechte Flügel der 3. Taktischen Gruppe mit ca. 3700 Mann. Hinter Zentrum und linkem Flügel befand sich eine Eingreifreserve von annähernd 2000 Soldaten. Die Artillerie umfaßte 36 Geschütze. Im gesamten Abschnitt waren an die 20 Panzer konzentriert.
Damit hatte Golian seine personellen und materiellen Mittel erschöpft. An der Nordfront, bei Biely Potok, stand die 6. Taktische Gruppe mit 3500 Mann, die er auf keinen Fall schwächen durfte, wenn er nicht einen Einbruch an seiner rechten Flanke riskieren wollte. Allerdings, auf der langen Front von Žarnovica und Dolne Hamre über Banska Štiavnica, Krupina, Cinobana, Revuca und Vernar bis nach Kralova Lehota, also an der Süd- und Ostfront des Kessels, befanden sich etwa 20 000 Mann der 3. und 2. Taktischen Gruppe, die zum größten Teil nicht im Gefecht standen. Doch Golian fürchtete seit den Tagen der Aufstandsvorbereitungen einen deutschen Überraschungsstoß aus dem Süden, aus Ungarn, und hatte keine Aufklärungsergebnisse zur Hand, die ihm das Unbegründete seiner Besorgnisse bewiesen hätten. Auch im Osten, bei Vernar, glaubte er stark bleiben zu müssen, um jederzeit den sehnsüchtig erwarteten Sowjetstreitkräften den Weg ebnen zu können. Rund um Banska Bystrica schließlich gab es noch etwa 7700 Soldaten, von denen zwei Drittel keine Gewehre hatten, während der Rest nicht einsatzfähig war. Überhaupt, die „Heldenstadt" Banska Bystrica, wie sie

---

4 V. Prečan, a.a.O., S. 629, Nr. 386, Operationsbefehl des Brigadegenerals J. Golian an die slowakische Aufstandsarmee.

nach dem Kriege genannt wurde: An ihr war in jenen Tagen, als die Aufstandssoldaten mit zusammengebissenen Zähnen zum großen Gefecht antraten, wenig Heldisches. In ihren Büros und Schreibstuben regierte der Etappengeist, die Damen der Funktionäre legten die ersten Silberfüchse um die Schultern und promenierten durch die Gassen, die Drückeberger fanden genügend Unterschlupf, Alkohol ersetzte Pflichttreue, und die Politiker debattierten in endlosen Konferenzen, beschlossen immer neue Resolutionen. Die Bauernburschen aber, die armen Pächter, Landarbeiter, Bergwerkkumpel und Volksschullehrer in den erdbraunen slowakischen Uniformen lagen auf den Höhen von Turč.Teplice, Kremnica und Sväty Križ, die Gewehre in der Hand, und blickten angespannt nach Westen, von wo sie jeden Augenblick kommen mußten, die Feldgrauen von „Schill" und von der „Tatra", deren Anblick sie schon aus so vielen Gefechten kannten.[5]

Auch General Höfle faßte seine Kräfte zusammen, wenn er auch ohne nennenswerte Verstärkungen auskommen mußte. Zum Angriff auf Turč.Teplice und Kremnica setzte er 5000 Mann der Division „Tatra" ein, die gegen 6600 Soldaten der 1. und 4. Taktischen Gruppe standen. Er war hier fast gleich stark und vertraute auf seine beiden bewährten Stoßbataillone 1008 und 1009, die am 21. September den Durchbruch bei Turč.Sv.Martin erzwungen hatten. Nicht so günstig sah es dagegen im Südabschnitt aus, bei Sv.Križ, wo 1200 Soldaten der Kampfgruppe „Schill" sich mit 3700 Soldaten und Partisanen der 3. Taktischen Gruppe messen sollten. Gegebenenfalls mochte er noch 1000 Mann des I. „Schill"-Bataillons heranziehen, das er bei Dolne Hamre und Žarnovica zur Not durch das verstärkte galizische SS-Bataillon ablösen lassen konnte, wenn er auch dieser Einheit aus gezogenen Ukrainern wenig Standhaftigkeit zutraute.

Im äußersten Fall konnte er 7200 Mann einsetzen, darunter seine Eliteverbände, die Kampfgruppe „Schill" und die beiden Bataillone 1008 und 1009 der „Tatra". War er auch artilleristisch dem Gegner weit unterlegen, so standen ihm doch 30 Panzerkampfwagen, davon die Hälfte Sturmgeschütze, zur Verfügung, und für den 5. Oktober waren ihm zwei Vielfachwerfer auf Selbstfahrlafette zugesagt.

Dennoch machte er einen entscheidenden Fehler, als er sich entschloß, zu gleicher Zeit auch im Norden, bei Biely Potok, vorzugehen. Er wollte sich nicht mit dem Durchbruch bei Križ und Kremnica begnügen; ihm schwebte eine vernichtende Einkreisungsoperation vor, die durch die Kampfgruppe „Schäfer" von Norden her vollendet werden sollte. Er verschob ein Bataillon der „Tatra" nach Ružomberok und bildete dort eine Angriffsgruppe, die sei-

---

5 Siehe zum Vergleich Dokumenten-Anhang 24: „Der unbekannte Soldat des Aufstandes" von Katarina Lazarova.

ner Meinung nach in der Lage sein mußte, die slowakischen Kräfte bei Biely Potok zu werfen, Liptowska Osada zu nehmen und einen zügigen Vormarsch auf Banska Bystrica anzutreten. Mit diesem Entschluß nahm er eine Schwächung der „Tatra"-Division vor, die sich bitter rächen sollte.

Genug, am 1. Oktober hatte Höfle ca. 10 000 Mann versammelt, fast die gesamten deutschen Einsatzkräfte in der Slowakei, um zum Sturm gegen die Slowaken anzutreten. Doch im letzten Moment drohte ihm eine Katastrophe, als er den Befehl erhielt, die Offiziersanwärter des I. „Schill"-Bataillons sofort aus der Front zu ziehen und zu den Kriegsschulen in Marsch zu setzen, und als das OKH den unverzüglichen Abtransport der Bataillone 1008 und 1009 zur Heeresgruppe „Nordukraine" verlangte. Höfle war jedoch nicht der Mann, sich seine Pläne durchkreuzen zu lassen: Er wußte, daß er ohne seine Elitebataillone nicht zum Angriff antreten konnte. Nahm man ihm diese Einheiten weg, konnte er den Feldzug in der Slowakei abblasen! Er ignorierte also den Befehl hinsichtlich der Kampfgruppe „Schill" und versprach den Abtransport der beiden „Tatra"-Bataillone für einen geeigneten Zeitpunkt nach der Offensive. In der Nacht vom 1. zum 2. Oktober 1944 gab er den Befehl zum Frontalangriff auf das Zentrum der tschechoslowakischen Aufstandsbewegung.

Es regnete in Strömen, in den Tälern hing feuchter Morgennebel, als die Grenadiere des II. Bataillons der Kampfgruppe „Schill" am 2. Oktober 1944 von Westen zum Sturm auf die Stadt Sväty Križ (Heiligenkreuz) im Hrontal antraten. Von allen Seiten schlug ihnen heftiges Abwehrfeuer entgegen und gab ihnen einen Vorgeschmack dessen, was ihnen in den nächsten Tagen bevorstehen sollte. Während die Kameraden vom I. Bataillon an diesem Tage zum dritten Mal in Dolne Hamre eindrangen, stießen sie acht Kilometer nach Osten vor, blieben aber am Abend vor dem Stadtrand von Sv.Križ liegen. Die Kampfgruppe „Schäfer" schickte an diesem Tag starke Stoßtrupps nach Biely Potok, die jedoch am massierten Artillerie- und Werferfeuer der Slowaken scheiterten.

Bei der Division „Tatra", die mit ihren Umgruppierungen nicht fertig geworden war und nur mit halber Kraft angriff, wurden sämtliche Vorstöße am 2. und 3. Oktober von der slowakischen Verteidigung abgewiesen, während es dem II. Bataillon der Kampfgruppe „Schill" endlich am Abend des 3. 10. gelang, nach schweren Kämpfen Sv.Križ zu besetzen.

Die ersten beiden Tage der Offensive waren für die deutsche Führung enttäuschend verlaufen. Abgesehen von der wertvollen Einnahme der Stadt Sv.Križ hatten die deutschen Angriffsunternehmen kaum Geländegewinn noch eine nachhaltige Erschütterung des Feindes erbracht. Die slowakischen Truppen fochten mit derselben Standhaftigkeit und Erbitterung, die man soeben staunend bei der Verteidigung Dolne Hamres durch die 3. Taktische

Gruppe erlebt hatte. Auch hatten die Wetterverhältnisse es der deutschen Luftwaffe nicht gestattet, in das Schlachtgeschehen einzugreifen. Am 4. Oktober sollte nun auf der gesamten Angriffsfront von Ružomberok bis Sv.Križ mit zusammengefaßten Kräften gestürmt und der Durchbruch erzwungen werden. Wetterbesserung war angesagt worden. Und noch am Abend des 3. 10. befahl General Höfle, das I. Bataillon der Kampfgruppe „Schill" im Laufe des 4. 10. bei Dolne Hamre abzulösen und nach Sv.Križ heranzuführen. Er war entschlossen, alles auf eine Karte zu setzen.

Am Morgen des 4. Oktober ging die Division „Tatra" – die Bataillone 1008 und 1009 an der Spitze – zum Sturm auf die Höhen von Ober-Stuben vor, das in den Abendstunden zusammen mit der Ortschaft Cremošna (3 km nordöstlich davon) erobert wurde, wobei die Division 6 Geschütze erbeutete. Der Erfolg war örtlich begrenzt und in schweren, hin und her wogenden Kämpfen errungen worden. In der deutschen Lagemeldung hieß es darüber: „Feind führte gegen unsere in die feindl. Stellungen eingebrochenen Teile zahlreiche Gegenangriffe in Kp.-Stärke. Nördl. Ober-Stuben wurden diese Gegenangriffe durch Pz. mit aufgesessener Infanterie unterstützt."[6]

Auch bei Sv.Križ tobten blutige Nahkämpfe, bei denen die Slowaken sehr geschickt ihre massierte Artillerie einsetzten. Die Stadt wechselte mehrfach den Besitzer, obwohl acht deutsche Sturzkampfbomber (Ju 87) in die Schlacht eingriffen. Erst am späten Abend war Sv.Križ fest in deutscher Hand und wurde Stara Kremnica (3 km nordöstlich Sv.Križ) den Slowaken entrissen. In den Nachtstunden traf das I. Bataillon von Dolne Hamre kommend in Sv.Križ ein und bezog Stellungen am Stadtrand.

Der Durchbruch war auch am 4. Oktober vereitelt worden. Die Kampfgruppe „Schäfer", die Biely Potok berannt hatte, war im Abwehrfeuer der Einheiten des Majors Vesel liegengeblieben und hatte schwere Verluste zu verzeichnen. Die deutsche Führung, die mit einer solchen Verbissenheit des Gegners nicht gerechnet hatte, fand wieder keine andere Erklärung als die: „Sowohl bei Ober-Stuben wie bei Sv.Križ russische Führung." Ein miserabler Satz, in jeder Beziehung: schlechtes Deutsch und eine Verunglimpfung des tapferen slowakischen Gegners. Bei Kremnica wie bei Sv.Križ führte kein Russe, sondern Brigadegeneral Jan Golian, unterstützt von seinem Stabschef, Major Nosko.

Am vierten Tag der Schlacht, am 5. Oktober, verstärkten die Deutschen ihre Anstrengungen, die Einnahme von Kremnica zu erzwingen. Die Division „Tatra" stieß gegen heftigen Feindwiderstand sechs Kilometer vor, nahm Dol.Turček im Sturm und erbeutete im Nahkampf vier slowakische Ge-

---

6 Lagemeldung, a.a.O., vom 4. 10. 1944. – Siehe zum Vergleich Dokumenten-Anhang 17.

schütze. Das II. Bataillon der Kampfgruppe „Schill"mußte mehrfach Stara Kremnica vor slowakischen Angriffen räumen und konnte das Dorf erst am Abend mit letzter Kraft zurückgewinnen. Bei Biely Potok erging es der Gruppe „Schäfer" nicht besser als am Tage zuvor.
Auch dieser Kampftag bestätigte den ungebrochenen Abwehrwillen der slowakischen Aufstandsarmee. General Höfle war gezwungen, dem Gegner in seiner Lagemeldung Komplimente zu machen: „Div. Tatra und Kpf.Gruppe Schill stehen weiterhin in harten Angriffskämpfen im Raum von Kremnitz. Gegner leistete auch heute wieder sowohl bei Div.Tatra im Raume südlich Bhf.Hor.-Štubna als auch bei Sv.Križ harten Widerstand und führte verschiedentlich Gegenstöße mit Pz.-Unterstützung... Gegnerische Führung geschickt und wendig..."[7] Gewiß, die Einnahme von Dol.Turček ließ vermuten, daß der 6. 10. den Hauptangriff auf die Stadt Kremnica bringen würde. Aber selbst wenn sie verlorenging, war die Widerstandskraft der Aufständischen nicht in Frage gestellt, hatte Höfle seinen beabsichtigten Durchbruch nicht erzwungen. Ungeachtet schwerer Verluste waren die slowakischen Linien intakt und nirgendwo aufgerissen! So ist es unverständlich, daß General Golian am Abend des 5. 10. nach London funkte: „Ernste Situation im Westen, ohne Hilfe unhaltbar."[8] Deutete sich hier eine Führungskrise im slowakischen Oberkommando an?
Der 6. Oktober war ein schöner Tag, die Wolkendecke aufgerissen. Die Deutschen, entschlossen, ihr Ziel zu erreichen, setzten 22 Stukas und Jabos bei Kremnica ein und griffen die slowakischen Verteidigungsstellungen im Tiefflug an. Nach schweren Kämpfen, in die auch slowakische Panzer eingriffen, stürmte die „Tatra"-Division am Nachmittag die Stadt Kremnica, erbeutete fünf Geschütze und schoß einen Panzer im Nahkampf ab. Das I. Bataillon der Kampfgruppe „Schill" nahm Pitelova, 4 km ostwärts Sv.Križ, machte mit dem Gros eine Linksschwenkung und stieß sofort nach Norden in Richtung Kremnica vor, um der Division „Tatra" die Hand zu reichen, während ein Pionierzug mit Unterstützung von Sturmgeschützen das Dorf Jalna, 7 km ostwärts Sv.Križ, im Handstreich nahm.[9]
Der Fall von Kremnica, Pitelova und Jalna traf Brigadegeneral Golian schwer, der ohnehin darunter litt, seinen erschöpften Soldaten keine Ablösungen und keine Verstärkungen senden zu können. Voll düsterer Vorah-

---

[7] Lagemeldung, a.a.O., vom 5. 10. 1944.
[8] V. Prečan, a.a.O., S. 637f., Nr. 391, Situationsbericht des Brigadegenerals J. Golian für den tschechoslowakischen Oberbefehlshaber, General S. Ingr.
[9] Siehe zum Vergleich Dokumenten-Anhang 18: Deutsche Lagemeldung vom 6.10.1944.

nungen erklärte er: „Das wird ein zweites Warschau werden!"[10] Eine schreckliche Prophetie, die sich drei Wochen später bewahrheiten sollte. Doch am Nachmittag des 6. Oktober lag zu solchem Pessimismus keine Veranlassung vor. Gänzlich unbegreiflich war es, daß Golian in diesen Stunden den Kampf verloren geben und zum Partisanenkrieg in den Bergen übergehen wollte. An General Ingr funkte er: „. . . Die Verteidigung wurde zerschlagen, schnell wird eine neue mit den Kräften organisiert, die ich zur Zeit habe. Der deutsche Vormarsch kann nicht aufgehalten werden. Nach dem Fall von Zvolen und B. Bystrica werden wir Horehronie (Niedere Tatra und Slow. Erzgebirge) verteidigen und der Situation ensprechend allmählich in den Partisanenkrieg übergehen. Ich bitte um Genehmigung."[11]

Damit war an der Spitze der Aufstandsarmee eine ernste Führungskrise entstanden. Wenn der Oberbefehlshaber selbst daran zweifelte, den Feind zum Stehen zu bringen, wo sollten die Infanteristen, Leutnante und Panzerfahrer den Mut hernehmen, ihm die Stirn zu bieten? Natürlich ging es bei Golian nicht um Feigherzigkeit, Schwäche oder Kapitulationsbereitschaft. Davon war in seinem Funkspruch auch keine Rede. Nein, ganz offensichtlich waren seine Nerven am Ende, war er der übermäßigen Verantwortung nicht mehr gewachsen, die seit einem halben Jahr auf ihm lastete. Er war ein viel zu sensibler Patriot, um nicht täglich und stündlich zu empfinden, welch furchtbare Entscheidungen für sein Volk, sein Land und seine Soldaten er zu treffen hatte. Seit sechs Wochen hatte man ihm Hilfe oder Befreiung versprochen, und nichts war geschehen. Dazu kam die Sorge um seine Frau und seinen kleinen Sohn, deretwegen er die größten Befürchtungen hegte. Das alles mochte zusammenwirken, um seinen Mut und seine Standhaftigkeit ins Wanken zu bringen.

General Ingr antwortete noch in der Nacht vom 6. zum 7. Oktober seinem Armeeführer und zeigte sich über die von Golian angedeuteten Konsequenzen tief besorgt:

„Wir wandten uns erneut an die Sowjets, damit sie die Verschiebung der II. Luftlandebrigade beschleunigen und die Lieferung von Kriegsmaterial intensivieren. Der Präsident selbst intervenierte in dieser Angelegenheit direkt bei Stalin. Die sowjetischen Operationen durch die ungarische Tiefebene in Richtung Budapest und über die Karpaten können in absehbarer Zeit Ihre Situation wesentlich erleichtern. Der Zugang nach Zvolen und

---

10 Katarina Lazarova, slowakische Schriftstellerin und Nationalpreisträgerin, die 1944 bei der 4. Taktischen Gruppe diente, in einem Gespräch mit dem Verfasser Ende 1968.
11 V. Prečan, a.a.O., S. 638, Nr. 392, Situationsbericht des Brigadegenerals J. Golian für den tschechoslowakischen Oberbefehlshaber, General S. Ingr.

B. Bystrica muß mit allen Kräften verteidigt werden. Es würde unserer Sache unermeßlichen Schaden bringen, wenn die militärische und politische Aktion in der Slowakei, die so vielversprechend begann und so lange andauerte, mit einem Fehlschlag enden sollte. Ich glaube fest daran, daß Ihr die gegenwärtige Krise gerade so meistern werdet, wie es Euch bisher gelang, alle Schwierigkeiten mit Weitblick, Ruhe und Mut zu überwinden, die ich an Ihnen und der Ihnen untergebenen Armee so hoch schätze. Mit Ihrem Plan für den Fall einer weiteren ungünstigen Entwicklung bin ich einverstanden. Für die letzte Eventualität, d. h. die Führung eines Partisanenkrieges, bereiten Sie rechtzeitig die taktischen und technischen Dispositionen vor. Erneut wiederhole und betone ich, daß Ban. Bystrica als erstes freiheitliches politisches und militärisches Zentrum unseres aktiven Kampfes auf tschechoslowakischem Gebiet verteidigt und bis zum äußersten gehalten werden muß."[12]

Die Krise im slowakischen Oberkommando, die sich bereits am 5.10. angedeutet hatte, war auch dem Slowakischen Nationalrat nicht verborgen geblieben. Mehrere Mitglieder der KPS schlugen vor, sowjetische Kommandeure einfliegen zu lassen und mit der Führung der Aufstandsarmee zu betrauen. Dr. Husák war damit einverstanden und formulierte den Vorschlag, der allerdings von den Sowjets rundweg abgelehnt wurde. Es war ein Gedanke, der moralisch ebenso ungerecht und verwerflich wie militärisch sinnlos und politisch verderblich war. In dieser Situation war es ein wahres Glück, daß am späten Abend des 6. Oktober Divisionsgeneral Rudolf Viest und die II. tschechoslowakische Luftlandebrigade im Aufstandsgebiet eintrafen. (General Viest hatte zehn Tage vergeblich versucht, Marschall Konew zu treffen. Erst in der Nacht vom 30. 9. zum 1. 10. war es ihm gelungen. Das schlechte Wetter verhinderte dann noch einige Tage seinen Abflug in die Slowakei.)

Die Nachricht verbreite sich in Windeseile zu den Fronteinheiten und flößte ihnen neuen Mut und Optimismus ein. Einen Tag später wurde bekannt, daß die sowjetischen Truppen einschließlich des I. tschechoslowakischen Armeekorps (Svoboda) die Staatsgrenze am Dukla-Paß überschritten hatten. Zwar hatten die sowjetischen Armeen einen Monat benötigt, um unter schwersten Verlusten dreißig Kilometer Gelände zu besetzen, und traten jetzt erst in die eigentlichen Hochgebirgsregionen ein, doch die Vorstellung, daß sie mit einem Fuß bereits auf tschechoslowakischem Boden standen, beflügelte die Soldaten der Aufstandsarmee und ließ sie mit gestärktem Selbstvertrauen in die Zukunft der nächsten Tage blicken. Die Krise war überwunden.

12 V. Prečan, a.a.O., S. 641, Nr. 395, Operationsanweisungen des tschechoslowakischen Oberbefehlshabers, General S. Ingr, an Brigadegeneral J. Golian.

Golians Gegenspieler, General Höfle, beurteilte die Lage am Abend des 6. Oktober durchaus realistisch. Obwohl seine Truppen an diesem Tage Kremnica, Pitelova und Jalna genommen hatten, sah er, daß der slowakische Widerstandsgeist nicht erschüttert und daß seine Offensive nach fünftägiger Dauer praktisch gescheitert war. Was nützten ihm Geländegewinne, wenn der Durchbruch ins Aufstandszentrum mißlang? Er war noch keineswegs endgültig entschlossen, den Angriff abzublasen. Die Offensive im Norden, bei Biely Potok, sollte unter allen Umständen fortgesetzt werden. Auch wenn sich die Kampfgruppe „Schäfer" drei Tage lang blutige Köpfe vor Major Vesels Stellungen geholt hatte, einmal mußte ihr doch der Einbruch gelingen. Er spielte darüber hinaus mit dem Gedanken, zu seiner bewährten Methode des Bewegungskrieges zu greifen, Teile seiner Verbände aus der Angriffsfront herauszulösen, herumzuwerfen und dem Gegner von Süden in seine linke Flanke zu fallen. Vorerst begnügte er sich jedoch damit, der Division „Tatra" und der Kampfgruppe „Schill" den Befehl zu geben, sich auf dem Schlachtfeld zu vereinigen.

Und dies gelang. Südlich Kremnica reichten sich beide Verbände im Laufe des 7. 10. die Hand. Die Division „Tatra" richtete sich ansonsten zur Verteidigung ein, wies starke slowakische Gegenangriffe ab und vernichtete 2 Panzer und 2 Panzerabwehrkanonen. Das I. „Schill"-Bataillon säuberte die Umgebung von Pitelova und hielt Jalna gegen stärksten feindlichen Druck. In der Nacht räumte es jedoch seine Stellungen, da Höfle und Uechtritz inzwischen beschlossen hatten, die Kampfgruppe „Schill" herauszuziehen und nach Süden abzudrehen, um die linke Flanke Golians von Banska Štiavnica her aufzurollen. Die Division „Tatra" mußte ihre Front entsprechend verlängern und den südlichen Abschnitt des Offensivstreifens übernehmen. Von einem angriffsweisen Vorgehen im Raum Kremnica-Sv.Križ konnte demnach keine Rede mehr sein.

Nach sechstägigem blutigem Ringen war Höfles Durchbruchsversuch gescheitert. Seine Lagemeldung vom Abend des 7. Oktober verrät die Resignation: „Absicht für den nächsten Tag: Säubern des Geländes, Halten der bisherigen Stellungen und Ordnen der Nachschubverbindungen."[13]

Zur selben Stunde übergab Brigadegeneral Jan Golian nach vierzigtägiger Führung das Kommando über die „1. Tschechoslowakische Armee in der Slowakei" an Divisionsgeneral Rudolf Viest.[14] Der Tagesbefehl an seine Truppen lautete:

„Offiziere, Unteroffiziere und Soldaten! Der Präsident der Repulik ernannte Div.Gen.Rudolf Viest zum Befehlshaber der 1. tschechoslowakischen Ar-

---

13 Lagemeldung, a.a.O., vom 7. 10. 1944.
14 Siehe zum Vergleich Dokumenten-Anhang 19: Viests Lebenslauf.

mee. Die Führung der Armee übergab ich dem Herrn General am 7. Oktober 1944. Bei dieser Gelegenheit danke ich den Angehörigen der tapferen 1. tschechoslowakischen Armee dafür, daß sie am 29. August 1944 zu den Waffen griffen und sich furchtlos dem deutschen Eindringling in den Weg stellten.

Innerhalb der gegebenen Situation war das ein mutiger Schritt. Ein Schritt von großer militärischer und noch größerer politischer Tragweite. Die Zukunft unseres Volkes und Staates ist durch unseren historischen Aufstand gesichert.

Bereits 40 Tage kämpfen wir gegen den technisch überlegenen und kriegserfahreneren Feind. Während dieser 40 Tage habt Ihr Mut bewiesen und viele mannhafte militärische Taten vollbracht. Die Kämpfe in Žilina, bei Strečno, Vrutky, Ružomberok, Kral.Lehota, Telgart, im Tal des Hron und im Raum Kremnica werden mit goldenen Buchstaben in unserer militärischen und nationalen Geschichte verzeichnet werden.

Offiziere, Unteroffiziere und Soldaten! Für die Plagen, Leiden, Entsagungen, Opfer und heldenhaften Leistungen sage ich Euch meinen innigen Dank. Gebt Eure Entschlossenheit niemals auf, steigert täglich Eure Anstrengungen, um den begonnenen Kampf gegen unseren uralten Feind siegreich zu Ende zu führen.

Es lebe der Widerstandsgeist unserer Armee! Sieg der 1. tschechoslowakischen Armee und ihrem Befehlshaber. Sieg den tschechoslowakischen Streitkräften und ihrem Obersten Befehlshaber Dr. E. Beneš. Sieg der ruhmreichen Roten Armee und ihrem Obersten Befehlshaber Marschall Stalin. Sieg unseren Verbündeten."[15]

Noch vor Übergabe des Kommandos hatten Golian und Nosko einen Plan zum Gegenangriff im Raum Jalna-Klačany, 9 km westlich Zvolen, entwickelt, den das II. Bataillon der Luftlandebrigade zusammen mit der Partisanenabteilung Sečansky führen sollte. Dafür zogen sie 20 Geschütze zusammen und erteilten dem 1. tschechoslowakischen Jagdfliegerregiment den Befehl, das Vorgehen der Angriffsverbände aus der Luft nachhaltig zu unterstützen. Am 8. 10. begann das Unternehmen, am 9. 10. hatte die weit auseinandergezogene Division „Tatra" die Ortschaften Klačany, Trnava Hora, Dubrava, Hronska Breznica sowie Jalna verloren und war froh, sich noch vor Sv.Križ behaupten zu können. Die deutschen Einheiten meldeten, daß ihnen in der Luftlandebrigade ein hervorragender Gegner unter ausgezeichneten Offizieren gegenüberstände.

Für Höfle war der slowakische Erfolg am rechten Flügel der „Tatra"-Divi-

---

15 V. Prečan, a.a.O., S. 649f., Nr. 402, Tagesbefehl des Brigadegenerals J. Golian an die slowakische Aufstandsarmee.

sion nur eine endgültige Bestätigung seiner Überzeugung, daß die große Endoffensive auf das Zentrum der Aufstandsbewegung gescheitert war. Er hatte bereits am 8. 10. beschlossen, sie abzubrechen und die Fortsetzung auf einen späteren Zeitpunkt zu verschieben, nachdem er verbindlich erfahren hatte, daß er in Kürze mit namhaften Verstärkungen seiner Einsatzverbände rechnen konnte. Zwar hatte die Kampfgruppe „Schill" noch am 9.10. Banska Štiavnica, Močiar und Svaty Antol auf dem Wege nach Krupina besetzt, zwar war die Kampfgruppe „Schäfer" am 8. 10. nach blutigen Kämpfen in Biely Potok eingebrochen, doch schon am nächsten Tag hatte Major Vesel mit zwei Kompanien den Sidorov, eine beherrschende Anhöhe 2 km nordwestlich Biely Potok, zurückerobert, und am gleichen Tag begann der Herbstregen, der die Straßen und Wege in den Tälern aufweichte, während sich die Berge in dichte Wolken hüllten.

Am Abend des 9. Oktober telegraphierte General Golian nach London: „Unser Gegenangriff in der Richtung Zvolen – Sv.Križ hatte Erfolg. Die Deutschen wurden zum Rückzug gezwungen. Die Situation vor Zvolen hat sich gebessert, eine direkte Gefahr droht Zvolen zur Zeit nicht. Der Gegenangriff im Raum Kremnica war ebenfalls erfolgreich. Unsere Gesamtsituation ist nicht hoffnungslos. Zvolen und Banska Bystrica werden von uns verteidigt . . . ."[16]

Nach achttägigem verbissenem Kampf stand fest: Die Schlacht von Kremnica war ein voller Abwehrerfolg der Slowaken! In der zweiten und dritten Phase des Feldzuges waren sie von den Deutschen geschlagen worden, hatten sie den westlichen Teil des Aufstandsgebiets verloren, waren sie immer wieder zu weiten Rückzügen gezwungen. Jetzt standen sie unbesiegt, nach wenigen Kilometern Geländeverlust, dem Feind gegenüber: mit schweren Wunden, aber auch mit dem Bewußtsein, sich würdig gehalten zu haben. In den letzten zwölf Tagen hatte der Gegner bei Dolne Hamre, Sv.Križ, Stara Kremnica, Jalna, Kremnica, Dol.Turček und Ober-Stuben Achtung vor der Aufstandsarmee bekommen. Und nichts drückt dies besser aus als der Abschlußbericht General Höfles über die Niederwerfung des slowakischen Aufstandes, in dem es über die Kämpfe bei Sv.Križ und Kreminca heißt: „Immer wieder versuchen die regulären Truppenverbände des Feindes, mit Gegenstößen erkämpftes Gelände zurückzugewinnen, mit Panzern und aufgesessenen Schützen die alte Haupt-Kampflinie wiederherzustellen."[17]

---

16 V. Prečan, a.a.O., S. 652, Nr. 404, Situationsbericht des Brigadegenerals J. Golian für den tschechoslowakischen Oberbefehlshaber, S. Ingr.
17 Hermann Höfle: „Die Niederwerfung des slowakischen Aufstandes", Museum des Slowakischen Nationalaufstands, Banska Bystrica. – Siehe zum Vergleich Dokumenten-Anhang 22: General Höfles Abschlußbericht.

Gewiß hatte die Aufstandsarmee schwere Einbußen hinnehmen müssen. Die Hälfte der bei Kremnica und Sv.Križ eingesetzten Panzer und Geschütze war verloren. Doch der Durchbruch war verhindert worden. Die Front stand nur noch 13 Kilometer westlich Zvolen und Banska Bystrica; aber sie stand! In den nächsten acht bis zehn Tagen war kein deutscher Angriff zu erwarten. Die Soldaten der Generäle Golian und Viest hatten eine Frist erkämpft, in der sich der Aufstand neu konsolidieren konnte.

5. Ruhe vor dem Sturm

Die Kämpfe vom 10. bis 17. Oktober 1944

Sechs Wochen waren bereits seit dem 29. August 1944 vergangen, und immer noch wehte in der Mittelslowakei die Flagge des Aufstandes. Nur im äußersten Westen des Landes, in der Hauptstadt Bratislava, gab es noch Reste der einstigen klerikalfaschistischen Herrschaftsstrukturen, gab es eine kleine Gruppe von Quislingen, die unverändert vorgab, die Slowakei zu „regieren". Man kann die Situation am besten mit der Lage in Südvietnam Ende der sechziger Jahre vergleichen: Bratislava war das Saigon der Slowakei, die Tiso-Regierung hielt sich nur unter dem Schutz fremder Truppen, deren Herrschaft sich auf den Besitz der Städte und Straßen beschränkte, das Volk duckte sich ängstlich in den Dörfern, in den Wäldern und auf den Bergen hausten die Guerillakämpfer, und in den befreiten Territorien regierte die nationale Befreiungsfront.
Niemand kann leugnen, daß die Klerikalfaschisten bis zum Frühjahr 1944 eine vergleichsweise milde Herrschaft über die Slowakei ausgeübt hatten. Ja, es hatte sich gezeigt, daß sich die herrschenden Kreise des selbständigen slowakischen Staates infolge ihrer nationalistischen Tendenzen in einem latenten Zustand verdeckter Spannungen und Gegensätze mit den imperialen Ansprüchen des Deutschen Reiches befunden hatten.
Doch seit Beginn des Aufstandes hatte sich die Szenerie in Bratislava gründlich verändert. Tiso und seine Leute waren zu machtlosen Kollaborateuren und willfährigen Kreaturen der Deutschen herabgesunken, die alles taten, um sich als Verräter am slowakischen Volk zu entpuppen, die auch die letzten Überbleibsel nationaler Würde von sich streiften. Vor allem mit Tiso selbst war eine tiefgreifende Wandlung vor sich gegangen: Seit Ausbruch des Aufstandes spielte die nationale slowakische Komponente in seinem Denken kaum mehr eine Rolle, war verdrängt von einem ideologischen katholischen Fanatismus, dem jedes Mittel recht schien, wenn es nur dem „Kampf gegen den Bolschewismus" diente. Der Staatspräsident fühlte sich durch die Erhebung in der Mittelslowakei persönlich herausgefordert und war der festen Überzeugung, daß man nichts versäumen dürfe, um die „bolschewistische Pest" im christlich-katholischen Land der Slowaken mit Stumpf und Stiel auszurotten.
Erinnern wir uns an den 5. Oktober, als die Soldaten und Offiziere der Aufstandsarmee um jeden Fußbreit Boden bei Dol. Turček, Kremnica und Svätý Kríž rangen, sich unter schwersten Verlusten immer wieder den deutschen

Angreifern entgegenwarfen. An eben jenem Tag gab Ministerpräsident Dr. Štefan Tiso vor dem slowakischen Parlament eine Regierungserklärung ab, die von nationaler Selbstentäußerung und kriecherischer Unterwürfigkeit strotzte. Im Anschluß daran ergriff der Kommandant der Hlinka-Jugend, Macek, das Wort und sprach über den hinterlistigen Angriff äußerer und innerer Feinde auf den beispielhaften slowakischen Staat. Der „Völkische Beobachter" berichtete mit spürbarer Genugtuung: „Jugendführer Macek legte ein Treuebekenntnis der slowakischen Jugend zu ihrem Staat ab und brachte den Dank der slowakischen Nation dem Führer Adolf Hitler gegenüber zum Ausdruck, der das natürliche Recht der Slowaken auf ein freies Leben im eigenen Staat anerkannt und den Slowaken beim Aufbau des Staates geholfen hat. Die Jugend sei vor allem den deutschen Ordnungstruppen und den in den Kampf ziehenden slowakischen Einheiten zu Dank verpflichtet . . ."[1]
Nicht genug damit, am 13. Oktober billigte das slowakische Parlament das Gesetz über die Verhängung des Standrechts und über die Anwendung der Todesstrafe. Bei jeder passenden und unpassenden Gelegenheit beteuerten der Staatspräsident und der Ministerpräsident ihr festes Vertrauen auf den deutschen Endsieg und ihre Bereitschaft zu vorbehaltloser Zusammenarbeit. Die deutsch-slowakische Gesellschaft sprach dem deutschen Befehlshaber in der Slowakei ihren Dank für die bewaffnete Hilfe des Reiches bei der Niederschlagung der Banden aus. Die Regime-Presse forderte unermüdlich die Entfernung aller Tschechen und tschechoslowakisch Orientierten aus führenden Stellen der Wirtschaft und des öffentlichen Lebens. Die lächerliche Kompanie Hlinka-Gardisten, die seit dem 2. Oktober im Rahmen eines deutschen Regimentsverbandes in der Mala Fatra gegen die eigenen Landsleute eingesetzt war, wurde zum leuchtenden Vorbild erhoben. Der letzte Funke von Patriotismus und nationaler Würde war erloschen, die Preßburger Kollaborateure verrieten ihr Volk ungeniert an eine ausländische Macht. Am 14. Oktober sandte Hitler dem Staatspräsidenten Dr. Tiso telegraphisch seine herzlichsten Glückwünsche zum Geburtstag.
Die slowakische Regierungspresse sprach hauptsächlich von den Partisanen, von den „Banditen unter tschechobolschewistischer Führung" (während sie den Freiheitskampf der regulären slowakischen Armee mit Schweigen überging). Hier ist die Frage zu stellen, wie weit standen die Partisanenabteilungen tatsächlich unter ausländischem Einfluß und setzten sie sich wirklich – wie es die Machthaber in Preßburg immer wieder behaupteten – in der Mehrzahl aus Nichtslowaken zusammen?
Freilich, eine ganze Reihe von Partisanenbrigaden hatte sowjetische Kommandeure und Instrukteure an der Spitze; das ist nicht zu bestreiten. Die bei-

---

[1] „Völkischer Beobachter", Berlin, Nr. 278, 7. 10. 1944.

den bekanntesten Partisanenführer, Jegorow und Welitschko, waren aus der Sowjetunion eingeflogen worden. Auch als am 15. September auf Golians Vorschlag ein Hauptpartisanenstab gebildet wurde, an dessen Spitze Karol Šmidke trat, kam aus der UdSSR Oberst Asmolow, der nominell Šmidkes Stellvertretung übernahm, in Wahrheit jedoch die Partisanenoperationen leitete. Gleichwohl, unter den etwa 7000 Partisanen waren höchstens 1000 Sowjetbürger, während etwa 5700 slowakischer Nationalität waren.

Es kämpften auch Tschechen in den slowakischen Partisanenverbänden. Wieviele es waren, darüber gibt es keine verläßlichen Zahlenangaben. Bis zum Jahre 1967 stellte die offizielle Propaganda in der ČSSR den Anteil der Tschechen an der slowakischen Erhebung in einem Maße heraus, das in keinem Verhältnis zu den historischen Realitäten stand. Als Chruschtschow und Novotny anläßlich des zwanzigsten Jubiläums am 29. August 1964 auf dem Marktplatz von Banska Bystrica über die historischen Aufstandsverdienste der „Tschechen und Slowaken" sprachen, breiteten sich unter der slowakischen Zuhörerschaft – der Verfasser konnte das als Augenzeuge verfolgen – Spott und Erbitterung aus. Alexander Werth schrieb in seinem Standardwerk über den Rußlandkrieg hinsichtlich des slowakischen Aufstandes: „Die in der Regel recht unromantischen Tschechen zogen es vor, den Kopf nicht aus dem Graben zu stecken."[2] In der Tat dürfte die tschechische Beteiligung am slowakischen Partisanenkampf recht unbedeutend gewesen sein. Spitze slowakische Zungen sprechen gern von den „fünfzig tschechischen Verbündeten". Den Plan, eine rein tschechische Einheit unter dem Kommando von Oberstleutnant Budina zu bilden, mußte man in Banska Bystrica in der Tat mangels Masse aufgeben. Man darf jedoch nicht unberücksichtigt lassen, daß es nicht einfach war, im Herbst 1944 die Grenze vom „Reichsprotektorat" zur Slowakei zu überschreiten. Fast eintausend jungen Leuten, vornehmlich aus Mähren, gelang es dennoch, sich unter erheblichen Strapazen in die westliche Slowakei durchzuschlagen, wo sie von Antifaschisten versteckt wurden, da ein Weitermarsch in die Mittelslowakei zu gefährlich gewesen wäre. Sie hätten den Aufständischen ohnehin wenig Nutzen bringen können, da einfach keine Waffen vorhanden waren.

Gewiß, die Flamme des slowakischen Aufstandes entzündete keine nationale Explosion in den tschechischen Ländern! Der Prager Aufstand vom Mai 1945 kam erst fünf Minuten *nach* Zwölf. Das alles ist unbestreitbar. Es sollte jedoch nicht vergessen werden, daß in Böhmen und Mähren ganz andere Verhältnisse als in der Slowakei herrschten. Das „Reichsprotektorat" war militärisch besetzt, SD und Gestapo übten eine lückenlose Überwachungs- und Terrorherrschaft aus. Wenn Tschechen ins Aufstandsgebiet durchka-

---

2 Alexander Werth, Rußland im Krieg 1941–1945, München–Zürich, 1965, S. 607.

men, kämpften sie um nichts schlechter als die Slowaken. So schlug sich beispielsweise eine 25köpfige tschechische Gendarmerie-Einheit aus Mährisch-Ostrau zu den Aufständischen durch und schlug sich sehr tapfer im Turecer Gebiet. Nur fünf Mann von ihnen überlebten. Etwa fünfzehn Prozent der II. Luftlandebrigade, der Eliteeinheit der Aufstandsarmee, waren Tschechen. Der hervorragende Brigadekommandeur, Oberst Přikryl, war Tscheche. Und achtzig Prozent der Piloten des kühnen 1. Jagdfliegerregiments stammten aus Böhmen und Mähren.

Eine ganz andere Frage ist die der militärischen Effektivität und soldatischen Disziplin der Partisanen, besonders derjenigen Einheiten, die unter sowjetischer Führung standen. Als Oberstleutnant Vesel vom Stabe der Aufstandsarmee in der zweiten Oktoberhälfte nach London zur tschechoslowakischen Exilregierung gesandt wurde, um dort über die militärische Lage in der Slowakei zu berichten, sprach er auch über die von sowjetischen Kommandeuren befehligten Partisanenabteilungen. In seinen Vortragsnotizen hieß es wörtlich: „Die Partisanenabteilungen wurden aus Freiwilligen slowakischer Nationalität ergänzt. Es meldeten sich zu ihnen vor allem Leute, die es vorzogen, auf diese Weise dem Dienst in der regulären Armee zu entgehen. Dadurch erhielten sie viel Abschaum, und es kam oft zu unliebsamen Erscheinungen wie Diebstählen, Gewalttätigkeiten u. ä. Das Oberkommando der Armee arbeitet mit den Partisanen zwar zusammen, befehligt sie aber nicht. Es stellt ihnen Aufgaben, hat aber keine Möglichkeiten, sie zur Durchführung dieser Aufgaben zu zwingen..."[3]

Daß es dem Oberkommando der Aufstandsarmee schwer fiel, sich den Partisanenabteilungen gegenüber durchzusetzen bzw. sich mit dem Hauptstab der Partisanen zu verständigen, ist eine vielfach belegte Tatsache. Es kam sehr häufig vor – nicht nur bei Bat'ovany, Novaky, Velke Pole und später bei Krupina –, daß Partisanenverbände die ihnen zugewiesenen Frontabschnitte entweder gar nicht besetzten oder sie selbständig verließen, ohne die benachbarten Armee-Einheiten zu verständigen. Ein typisches Beispiel dafür findet man in einem Befehl Noskos vom 12. Oktober, in dem er eine Meldung der 3. Taktischen Gruppe zitierte: „Unser nördlicher Flügel ... ist ungedeckt, da die Partisanengruppe Sečansky von Volgy nach Kovačova abgezogen wurde. Sečansky erhielt angeblich seinen Befehl zum Abzug vom Hauptpartisanenstab in B. Bystrica. Nachdem er bereits seine Stellungen verlassen hatte, verständigte er lediglich den Führer des Zuges, mit dem er in demselben Abschnitt gestanden hatte..."[4]

---

3 V. Prečan, a.a.O., S. 710 ff., Nr. 449, Notizen des Oberstleutnants M. Vesel.
4 V. Prečan, a.a.O., S. 670, Nr. 419, Anordnung des Chefs des Stabes der slowakischen Aufstandsarmee, Major J. Nosko.

In der Aufstandsarmee wußte man genau, welche Folgen das disziplinlose Verhalten der Partisanen gehabt hatte. Bat'ovany, Oslany und Novaky waren deshalb so schnell gefallen, waren deshalb von der Kampfgruppe „Schill" im Handstreich genommen worden, weil die Partisanenabteilungen ihre flankensichernden Stellungen auf den Bergen nicht verteidigt hatten. Und als man dies erkannt und Einheiten der regulären Armee bei Horne Hamre, Dolne Hamre und Sväty Križ auf die Berghänge geschickt hatte, war es den deutschen Angreifern nicht mehr so leicht geworden, den slowakischen Widerstand zu brechen.

Beim Oberkommando der Aufstandsarmee hatte man mit der Zeit auch jedes Vertrauen zu den Erfolgsmeldungen der Partisanen verloren. Man erinnerte sich noch sehr gut der Prahlereien Welitschkos, mit seinen Leuten vier Divisionen der Waffen-SS stoppen zu wollen, und stellte im Verlauf der Kämpfe oft genug fest, daß die Führer der Partisanenabteilungen in ihren Meldungen das Blaue vom Himmel herunterlogen. Daß diese Einstellung nicht auf arroganten Vorurteilen des slowakischen Offizierskorps beruhte, sondern den Tatsachen, d. h., den im Kampf gemachten Erfahrungen entsprach, bestätigt der Kommunist A. Rašla, der in seinen Erinnerungen berichtet:[5]

„Von Norden stieß gegen uns die SS-Brigade Dirlewanger vor. Wir hatten in diesem Raum unsere Beobachter. Ich wußte also, daß diese Brigade speziell für den Kampf in den Bergen ausgebildet und ausgerüstet war. Da bekam ich eine Meldung einer Einheit der Jegorowbrigade über eine Kampfaktion zu lesen, in der die Zahl der getöteten Deutschen, der erbeuteten und vernichteten Waffen – darunter zwei deutsche Panzer – angegeben war. Aus der Meldung konnte ich zweifelsfrei erkennen, daß es sich um ein Gefecht mit einer Einheit der SS-Brigade Dirlewanger handeln mußte. Im ersten Moment war ich unserem Informanten sehr böse. Er betrog uns ja! Denn nach seinen eigenen Meldungen besaß diese SS-Brigade überhaupt keine Panzer; war lediglich mit Granatwerfern ausgerüstet. Ich erteilte dem Mosorjak sofort den Befehl, die Sache an Ort und Stelle zu untersuchen und den Informanten als Provokateur zu bestrafen. Zu meiner Überraschung kam Mosorjak mit der Nachricht zurück, die ‚Meldung' über die Schlacht sei wohl ‚ein bißchen' frisiert worden: Es habe dort weder Panzer noch Tote gegeben, sondern sich um eine Aktion gehandelt, in der höchstens ein paar Maschinengewehre eingesetzt wurden."

Die Kampftätigkeit der Partisanenverbände, die hinter den vorrückenden deutschen Fronten operierten, ließ im Oktober stark nach und erreichte nicht mehr die Effektivität des Monats September. Am 4. 10., als die blutigen

---

5 A. Rašla, a.a.O., S. 171

Kämpfe bei Sv. Križ und Kremnica tobten, war es im Raum ostwärts Dubnica und Trenčín zu einem Zusammenstoß zwischen deutschen Jagdkommandos und etwa 1000 Partisanen gekommen, bei dem die Deutschen 5 Tote und 32 Verwundete zu verzeichnen hatten. Am 9. 10. hatten Partisanengruppen kleinere Überfälle im Turectal und auf die Straße von Ružomberok nach Dolny Kubin unternommen.

Um den 10. Oktober herum trat jedoch eine neue Situation ein, die den Spielraum des Partisanenkrieges wesentlich einengte. Das deutsche Oberkommando stellte im Gebiet der Mala Fatra einen Regimentsverband von etwa 3000 Mann auf, der sich aus zwei Landwehr-Bataillonen, 2 Landesschützen-Bataillonen und 3 Kompanien Volksdeutscher bzw. Hlinka-Garde zusammensetzte. War der Kampfwert dieser Einheiten auch gleich Null, so besetzten sie doch die Straßen, Brücken, Dörfer und Eisenbahnlinien und wirkten allein durch ihre Anwesenheit einschüchternd. Von weitaus größerer Bedeutung war es, daß am 10. Oktober die personell sehr starke 14. galizische SS-Waffen-Grenadier-Division im Raum Žilina eintraf und sich über das Waagtal, von Štrba im Osten bis Puchov im Westen, auszubreiten begann.

Gewiß, am 13. 10. versuchten Partisanen in Prečin, etwa 6 km südostwärts Považska Bystrica, die Arbeiter der Škoda-Werke zum Streik zu veranlassen. Am nächsten Tag kam es zu Überfällen auf Dörfer südlich und südostwärts Turč. Svatý Martin, die abgewehrt wurden. Und am 15. 10. griffen schwächere Gruppen von 30 bis 50 Mann die Eisenbahnsicherungen zwischen Ružomberok und Kralovany an. Doch insgesamt war durch die Belegung des Waagtals mit der galizischen SS-Division ein starker Rückgang der Partisanenaktivität festzustellen.

Auch an den Fronten ließ die Kampftätigkeit vom 10. Oktober an nach. Beide Seiten waren nach dem Zusammenprall von Sv. Križ und Kremnica völlig erschöpft; über die Stellungen im Westen, Norden und Süden der Mittelslowakei ging ein tiefes Atemholen. Das unbeständige Herbstwetter erschwerte ohnehin die Operationen. Am 11., 14. und 17. Oktober regnete es in Strömen, während der Nebel in den Tälern dampfte und sich die Wolken an die Berge krallten.

Um so beachtlicher war der unermüdliche, tollkühne Einsatz des 1. tschechoslowakischen Jagdfliegerregiments, das aus der Sowjetunion mit hochoktanhaltigem Benzin versorgt wurde und sich wieder die Luftherrschaft über dem mittelslowakischen Raum erkämpfte. Seine Angriffe galten fast ausschließlich der Division „Tatra", deren Stellungen, Gefechtsstände und Nachschubverbindungen es in kühnen Attacken täglich unter Feuer nahm. Am 12. 10. und 15. 10. griff das Regiment wiederholt den Divisionsgefechtsstand der „Tatra" mit Bomben und Bordwaffen an, schoß zwei deutsche Jäger ab und verlor selbst zwei Maschinen durch Flakabwehr. Am 16. 10. stürzten sich die Piloten des Regiments in mehreren Angriffswellen auf Stadt und Umgebung Kremnica.

Die Division „Tatra" kämpfte am 10. Oktober eine eingeschlossene Kompanie bei Trnava Hora, 12 km westlich Zvolen, in wütenden Gegenstößen frei und ging ab 11. 10. zu Schanzarbeiten und dem Ausbau ihrer Stellungen über. Die Kampfgruppe „Schill" säuberte am 10. und 11. Oktober die Gegend um Banska Štiavnica (Schemnitz) und Svaty Antol von versprengten Feindteilen, stoppte am 13. 10. slowakische Angriffe nördlich Banska Štiavnica[6] und entwickelte ab 14. 10. eine rege Spähtrupp- und Aufklärungstätigkeit, welche die Grundlagen für die beabsichtigte Endoffensive auf das Zentrum des Aufstandes erbringen sollte.

In den acht Tagen vom 10. bis 17. Oktober 1944 erstarrte die Einschließungsfront um das befreite Territorium der Mittelslowakei. Es war die Ruhe vor dem Sturm! Generalleutnant Viest machte sich darüber keine Illusionen. Niemand in Banska Bystrica konnte sich vorstellen, daß sich die Deutschen mit dem Erreichten zufrieden geben würden. Zwar hatten sie am 11. 10. die Eisenbahnlinie von Žilina nach Ružomberok in Betrieb genommen, und am 12. 10. transportierten sie die Rüstungswerke und Artillerie-Lafetten aus Ružomberok nach Westen ab. Doch lag es im dringenden Interesse des Oberkommandos der Wehrmacht, das Hinterland im Rücken der schwer ringenden Fronten in Ungarn, in Polen und an den Karpatenpässen zu „befrieden", und General Höfle hatte sich als ein Mann erwiesen, der eine einmal gefaßte Absicht unter allen Umständen zu Ende führte, auch wenn er durch die Umstände gezwungen wurde, seine Pläne in den Details zu ändern oder in den Terminen zu variieren.

Nachdem Generalleutnant Viest sich in den zurückliegenden Tagen einen Überblick verschafft hatte, wandte er sich am 11. 10. telegraphisch an General Ingr in London und schilderte ihm die Gesamtlage der Aufstandsarmee so:

„1. Die slowakischen Armee-Einheiten zeigen in einigen Abschnitten nicht genügend Widerstandsfähigkeit. Als Grund sehe ich hauptsächlich die Mängel in der Ausrüstung und die Unzulänglichkeit der Kommandeure an. Die Einheiten wurden eilig aus Reservisten zusammengestellt, und es blieb keine Zeit, sie zusammenzuschweißen. In den Abschnitten, in denen der Befehlshaber energisch auftritt, ist der Stand der Truppe zufriedenstellend. Es wird erforderlich sein, einige personelle Veränderungen vorzunehmen.

---

6 Siehe zum Vergleich Dokumenten-Anhang 20: Deutsche Lagemeldung vom 13. 10. 1944.

2. Es herrscht noch immer Waffenmangel, auch leichte Waffen fehlen, so daß es nicht möglich ist, alle Reservisten zu bewaffnen.
3. Die militärische Lage ist weiter sehr ernst, vor allem von Südwesten her. In Anbetracht der unmittelbaren Bedrohung Zvolens sahen wir uns gezwungen, einen Teil der II. Brigade im Gegenangriff einzusetzen... Sehr spürbar ist der Mangel einer größeren Armeereserve, die bisher nicht gebildet werden konnte, denn immer, wenn gerade ein Bataillon aufgestellt worden war, erforderte die Situation seinen sofortigen Einsatz...
4. Als ich Marschall Konew am 1. Oktober besuchte, fragte ich ihn, ob es nicht möglich sei, eine kleinere Einheit der Roten Armee zu schicken. Eine Spezialformation und irgendein Infanteriebataillon. Ich verwies darauf, daß das große moralische Bedeutung hätte. Konew lehnte den Gedanken nicht ab, machte mich aber auf die Schwierigkeiten des Lufttransports aufmerksam. Abschließend sagte er zu, die Angelegenheit seiner Regierung in Moskau vorzutragen...

Zusammenfassend ist mein Eindruck der, daß sich im Falle des Einsatzes stärkerer feindlicher Kräfte von Südwesten her die Situation noch weiter verschlimmern kann. Gen. Viest."[7]

Bis zum 17. Oktober gelang es dem slowakischen Oberkommando, eine strategische Reserve von ca. 4500 Mann bei Banska Bystrica aufzustellen. Sie bestand vornehmlich aus der II. tschechoslowakischen Luftlandebrigade und aus zwei schnell improvisierten Bataillonen, die General Viest hauptsächlich aus den Resten der ehemaligen 5. Taktischen Gruppe formierte. Den Nordabschnitt (Biely Potok) hielt die 6. Taktische Gruppe Oberstleutnants Černeks und Major Vesels mit 3500 Mann, 6 Geschützen und 40 Werfern. Von Kralova Lehota bis Revuca stand die 2. Taktische Gruppe mit 5000 Mann und 16 Geschützen. Die Süd- und Südwestfront wurde von der 3. Taktischen Gruppe mit 5000 Mann und 18 Geschützen verteidigt. Mit dem Gesicht nach Westen schließlich, bei Kremnica und Sväty Križ, standen die 1. und die 4. Taktische Gruppe mit zusammen 6000 Mann und 21 Geschützen.

Die slowakische Aufstandarmee hatte in den vergangenen fünfzig Tagen des Kampfes starke Verluste hinnehmen müssen: etwa 2150 Soldaten waren gefallen, 850 gefangengenommen worden und ca. 1000 zum Feinde übergelaufen. Durch Verwundungen und Desertionen mochten etwa 8000 Mann ausgefallen sein. Die Aufstandsarmee zählte Mitte Oktober im besten Falle noch 36 000 Soldaten, von denen aber nur zwei Drittel vollständig bewaffnet und

---

7 V. Prečan, a.a.O., S. 667, Nr. 415, Situationsbericht des Divisionsgenerals R. Viest für den tschechoslowakischen Oberbefehlshaber, General S. Ingr.

einsatzfähig waren. Ungefähr 24000 Mann Fronttruppen: auf diesen „harten Kern" war die Armee zusammengeschmolzen! Dazu kamen noch etwa 3000 Partisanen, die sich im Kessel befanden, während sich annähernd 5000 Partisanen und Soldaten außerhalb des Einschließungsringes, hinter den deutschen Linien, in der West- und Nordslowakei aufhielten, aber kaum noch militärische Effektivität entfalteten.

Die Ausrüstung an schweren Waffen hatte sich in den siebenwöchigen Kämpfen beträchtlich verringert. Fast 80 Prozent der Panzerwaffe waren von den Deutschen vernichtet worden. Bei Beginn der Endoffensive am 18. Oktober hatte die Aufstandsarmee noch acht einsatzfähige Panzer. Von den ursprünglich drei Panzerzügen waren noch zwei vorhanden. Die Flakabwehr bestand aus drei Batterien: einer deutschen Fla-Batterie vom Kaliber 8,8 cm, einer tschechoslowakischen Fla-Batterie vom Kaliber 8,35 cm und einer leichten Fla-Batterie 2 cm Oerlikon. Das 1. tschechoslowakische Jagdfliegerregiment, das in vierwöchigem Einsatz erst vier Maschinen verloren hatte, konnte noch immer 18 Jabos zum Einsatz bringen. Die slowakische Artillerie dagegen hatte weit über die Hälfte ihres Bestandes eingebüßt, hatte sogar ganze Batterien verloren, die bespannt waren und in dem gebirgigen Gelände nicht mehr rechtzeitig zum Stellungswechsel gekommen waren. Mit etwa 75 Geschützen mußte die Armee in den Endkampf ziehen.

Das Oberkommando der Aufstandsarmee erwartete den nächsten großen Schlag von Südwesten her, also aus dem Raum Banska Štiavnica, in dem sich die Kampfgruppe „Schill" konzentrierte. Darüber hinaus war es durch Luftaufklärung am 14. und 16. Oktober davon unterrichtet worden, daß beträchtliche deutsche Verstärkungen im Raum Ružomberok eintrafen und sich nach Süden gegen Biely Potok bewegten. Von der größten Gefahr, die sich im Süden, an der ungarischen Grenze zusammenbraute, ahnte es kaum etwas, da die Übergänge nach Ungarn seit dem 14. Oktober hermetisch abgeriegelt waren und keine Nachrichten durchkamen. Die Aufstandarmee selbst hatte jedoch – abgesehen von den 2200 Mann der II. Luftlandebrigade – keine Verstärkungen erhalten, nicht einmal ausreichend Munition, Nachschub und Ausrüstung, um einen Generalangriff der Deutschen mit Aussicht auf Erfolg parieren zu können. General Viest funkte seinem Vorgesetzten in London: „Dieser Mangel ist die Ursache dafür, daß wir keine Reserven haben und daß wir die Fronteinheiten nicht ablösen können, die schon sehr lange in der Hauptkampflinie stehen. Was bis zum heutigen Tage an Waffen ankam, ist nur ein Bruchteil dessen, was wir benötigen."[8]

---

8 V. Prečan, a.a.O., S. 714f., Nr. 452, Situationsbericht des Divisionsgenerals R. Viest für den tschechoslowakischen Oberbefehlshaber, General S. Ingr.

Eine bittere Beschuldigung der Verbündeten, die zu der Frage führt: Was hatten die Alliierten den slowakischen Aufständischen in den sieben Wochen vom 31. August bis 18. Oktober 1944 auf dem Luftwege geliefert? Abgesehen von hochwertigem Fliegerbenzin, das sie für das 1. tschechoslowakische Jagdfliegerregiment antransportierten, bestanden die Lieferungen der Sowjets aus:

2082 Maschinenpistolen,
  630 Gewehren,
  256 Panzerbüchsen,
  467 leichten Maschinengewehren,
    90 schweren Maschinengewehren,
    23 Flieger-MGs,
      5 Granatwerfern,
1000 kg Sprengstoff.

In der Tat, wenig genug, selbst wenn man unberücksichtigt läßt, daß ein erheblicher Teil dieser Waffen bei den Partisanenabteilungen verschwand und niemals in die Hände der Aufstandsarmee gelangte. Geradezu kärglich nahmen sich aber die Lieferungen der Westalliierten aus, die im gleichen Zeitraum folgende Materialien in das Aufstandsgebiet flogen:

    80 leichte Maschinengewehre,
  100 Bazookas,
5000 Dosen Antitetanus-Serum
20000 Verbandspäckchen.

Bei den sowjetischen Hilfslieferungen darf nicht vergessen werden, daß sie die gesamte II. Luftlandebrigade mit kompletter Ausrüstung und Bewaffnung antransportierten. Auch für das 1. tschechoslowakische Jagdfliegerregiment mußte jeder Liter Benzin, jedes Kilogramm Bomben aus der Sowjetunion in die Slowakei gebracht werden. Flogen die sowjetischen Flugzeuge in die Ukraine zurück, so nahmen sie regelmäßig slowakische Verwundete mit, was einen nachhaltigen positiven Eindruck bei den Frontsoldaten der Aufstandsarmee hinterließ. Das Wetter war im Oktober oft miserabel, so daß die Sowjetmaschinen wiederholt keine Landeerlaubnis erhielten und mit ihrer Fracht wieder umkehren mußten. Kurz, die Sowjets taten immerhin einiges; jedenfalls unendlich mehr als die westlichen Alliierten, die niemand – trotz Abmachungen der Teheraner Konferenz – an einer nachdrücklichen Erfüllung ihrer Bündnisverpflichtungen gehindert hätte. Doch wie auch immer, die Hilfe der Verbündeten für die slowakische Aufstandsarmee war insgesamt völlig ungenügend!

Die Slowaken waren nach wie vor auf ihre eigenen bescheidenen Kräfte angewiesen, durften auch bei ständig schlechter werdenden Wetterbedingungen kaum noch Hilfe von außen erhoffen. Die Vorräte an Treibstoff mochten für die recht minimale Ausstattung an Fahrzeugen genügen. Munition war noch etwa für fünf Wochen vorhanden. Die Versorgung der Bevölkerung und der Truppe mit Lebensmitteln, die bis Mitte Oktober ausreichend oder doch erträglich war, mußte sich demnächst verschlechtern. Ohne Zufuhren der Verbündeten aus der Luft konnte man sich auf einen harten, bösen Winter gefaßt machen. Eine grobe Bestandsaufnahme ergab, daß die Vorräte an Nahrungsmitteln nur bis Ende November reichten. Doch bis dahin waren es noch eineinhalb Monate. Entweder kam in dieser Zeit die Befreiung von außen – oder es war sowieso alles verloren.

Wie stand es nun Mitte Oktober 1944 mit den deutschen Streitkräften in der Slowakei?

In den von der Wehrmacht eroberten Gebieten der westlichen und nördlichen Slowakei hatten sich einschneidende Veränderungen vollzogen: Die Zahl der Besatzungstruppen hatte sich vervielfacht. Wo einstmals 10 000 Mann an verstreuten Landwehr- und Landesschützen-Bataillonen gestanden hatten, waren fast 50 000 Soldaten stationiert. Neben drei Bau- und Eisenbahnkompanien, die im Raum Turč. Sv. Martin – Ružomberok eingesetzt waren, hatten sieben Flak-Abteilungen Stellung bezogen, von denen vier das Waagtal von Nove Mesto bis Poprad schützten, während zwei das Gebiet der „Schutzzone" und eine verstärkte Flak-Abteilung den Raum Bratislava sicherten. In der Mala Fatra manövrierte ein improvisierter Regimentsverband mit sechs Bataillonen, der ausschließlich die Abwehr von Partisanenüberfällen zur Aufgabe hatte. Ein weiteres Regiment wurde im Raum Myjava zur Partisanenbekämpfung eingesetzt. Im Nitratal, von Nitra bis Deutsch-Proben, bezog die 271. Volksgrenadierdivision mit 7200 Mann Quartier. Das westliche Waagtal, von Nove Mesto bis Puchov, wurde von der 708. Volksgrenadierdivision besetzt, die 6000 Mann umfaßte. Im Anschluß daran, von Puchov bis Štrba, breitete sich die 14. galizische SS-Waffen-Grenadier-Division aus, deren 14 300 Soldaten das nördliche Waagtal in Besitz nahmen. Die Lücke zwischen Štrba und Poprad schlossen ein Landesschützen-Bataillon und ein Panzerzug der Heeresgruppe Heinrici.

Rund 48 000 Mann standen in den besetzten Gebieten der West- und Nordslowakei und hielten die Täler, durch welche sich die Straßen und die Eisenbahnlinien zogen, fest in ihrer Hand. Diese Kräfte waren drei- bis viermal so stark wie die Einsatzverbände, über die General Höfle an der Front verfügte. Freilich waren es durchweg Einheiten, die im besten Falle für Sicherungszwecke und gegen Partisanengruppen, nicht aber gegen reguläre Truppen zu verwenden waren. Die 708. und 271. Volksgrenadierdivision litten ebenso wie die 14. galizische SS-Division unter erheblichem Waffenmangel. Die Mannschaften setzten sich aus alten, ungedienten Leuten, die Führungskader aus verwundeten oder reaktivierten Offizieren zusammen. Von den

14 300 Soldaten der galizischen SS-Division waren vielleicht, bei großzügiger Auslegung, 25 Prozent frontverwendungsfähig.

Mit solchen Truppen durfte der deutsche Befehlshaber nicht rechnen, wenn er der Aufstandsarmee ernstlich zu Leibe gehen wollte. General Höfle hatte jedoch am 7. Oktober erfahren, daß man ihm Mitte Oktober zwei kampfkräftige Einheiten der Waffen-SS unterstellen würde, die zusammen 12 000 Mann umfaßten. Trafen sie wirklich rechtzeitig ein, so war er in der Lage, seine Angriffsverbände zu verdoppeln.

An der Westfront, von Turany an der Waag bis Svaty Antol südöstlich Banska Štiavnica, standen ihm auf 70 km Frontbreite rund 6000 Soldaten der Division „Tatra" und der Kampfgruppe „Schill" zur Verfügung. Das Bataillon 1009 war bereits am 10. Oktober, unmittelbar nach Beendigung der Schlacht bei Kremnica, verladen und zur 1. Panzerdivision abtransportiert worden. Dagegen hatte es Höfle zu verhindern gewußt, daß ihm auch das Bataillon 1008 und das I. Bataillon der Kampfgruppe „Schill" entzogen wurden.

Dafür hatte er – ebenfalls am 10. Oktober – die Kampfgruppe „Schäfer" hergeben müssen, die so lange Biely Potok berannt hatte. Spätestens am 16. Oktober sollte sie durch die SS-Brigade Dirlewanger ersetzt werden, die mit 4000 Mann und drei Batterien Artillerie im Anmarsch aus Polen war, wo sie sich in den zurückliegenden Wochen auf unrühmlichste Weise an der brutalen Niederwerfung des Warschauer Aufstandes beteiligt hatte. Die entstehende Lücke südlich Ružomberok füllte das deutsche Oberkommando bis zur Ankunft der Dirlewanger-Truppe mit einem „Tatra"-Bataillon und einem Bataillon Luftkriegsschüler mit zwei Batterien Artillerie aus. Am 18. Oktober – so plante Höfle – sollten etwa 6000 Soldaten mit 20 Geschützen bei Biely Potok und Diviaky bereit stehen, um auf ein entsprechendes Zeichen den Vormarsch nach Süden, auf Liptovska Osada und Banska Bystrica, anzutreten.

Auch von Nordosten, von Lipt. Hradok her gedachte die deutsche Führung, die Aufstandsarmee in die Zange zu nehmen. Drei verst. Bataillone der 14. galizischen SS-Division (Kampfgruppe Wittenmeyer) sollten über Kralova Lehota und Malužina auf Brezno drücken und enge Fühlung mit den deutschen Einheiten bei Vernar halten. Etwa 4000 Mann waren vorgesehen, um von Norden und Osten Brezno zu attackieren.

Den entscheidenden und zugleich überraschenden Stoß ins Aufstandszentrum beabsichtigte General Höfle jedoch im Südosten zu führen. Hier sollte die neuaufgestellte 18. SS-Panzer-Grenadier-Division „Horst Wessel" mit 8000 Mann auf einer Frontbreite von 70 Kilometern, von Lučenec bis Plešivec, wie eine Sturmflut über die ungarisch-slowakische Grenze vorbrechen und den slowakischen Verteidigern in den Rücken fallen.

Vom 16. Oktober an legte sich ein eiserner Ring um die Slowaken, befand sich die Aufstandsarmee in einem Kessel. Höfle plante, ihn von allen Seiten gleichzeitig und systematisch zusammenzudrücken, um dem Gegner keine Ausweichmöglichkeit zu belassen. Die deutsche Einheit bei Vernar unterstand nicht seinem Kommando und war offensichtlich zu schwach, um sich gegen die 2. Taktische Gruppe der Slowaken durchzusetzen. An allen anderen Abschnitten jedoch sollten sich die deutschen Verbände am 18. Oktober in Marsch setzen: im Westen bei Kremnica und Svätý Kríž die Division „Tatra", im Norden bei Biely Potok und Diviaky die Brigade Dirlewanger samt unterstellten Einheiten, im Nordosten bei Kralova Lehota die Kampfgruppe Wittenmeyer, im Südosten von Lučenec bis Plešivec die Division „Horst Wessel" und im Südwesten bei Svaty Antol die Kampfgruppe „Schill".

Im Norden, bei Ružomberok, ging die Ablösung der Kampfgruppe „Schäfer" durch die Dirlewanger-Einheiten planmäßig vonstatten. Am 16. Oktober wurde die SS-Brigade trotz heftiger Tiefangriffe des 1. tschechoslowakischen Jagdfliegerregiments zügig entladen und in ihre Bereitstellungsräume verschoben. Ernsthafte Komplikationen entstanden dagegen bei der Versammlung der Panzergrenadier-Division „Horst Wessel".

Die Division, die in Ungarn aus Volksdeutschen des Landes aufgestellt worden war, konnte nicht in dem vorgesehenen Tempo an die slowakische Grenze befördert werden, da es an rollendem Leermaterial fehlte und die Eisenbahnlinien im ungarischen Raum infolge ständiger Luftangriffe nur mit längeren Unterbrechungen zu benutzen waren. Die Masse der Division war zwar am 14. Oktober im Grenzraum versammelt, befand sich aber in einem unvorstellbaren Zustand: Die Mannschaften waren teilweise noch in Zivil und hatten keine Ausbildung, schon gar nicht an schweren Waffen. Die Infanterieregimenter waren unvollständig; hauptsächlich mangelte es ihnen an Führungsstäben und Nachrichtenmitteln. Die vorgesehenen Infanteriegeschütze und Pak-Kompanien waren nicht eingetroffen. Eine Aufklärungsabteilung existierte nicht, sollte allerdings am 18. Oktober improvisiert werden. Die Artillerie, erst zu einem Drittel versammelt, schoß am 14. Oktober zum erstenmal einzeln und am 17. Oktober das erstemal in Batterien. Treibstoffe und Verpflegung konnten von der zuständigen Heeresgruppe Süd frühestens am 16. Oktober herangeschafft werden. Der einzige Lichtblick war eine schwere Panzerabteilung. Doch die Moral der Truppe war besorgniserregend: Allein in den drei Tagen des Antransports hatte die Division 100 Deserteure zu melden.

Für General Höfle und Oberstleutnant Uechtritz war das eine arge Überraschung. Sie hatten ihre Hoffnungen ausschließlich auf die Brigade Dirlewanger und die Panzergrenadier-Division „Horst Wessel" gesetzt, da sie die Division „Tatra" und die Kampfgruppe „Schill" nach siebenwöchigem

ununterbrochenem Einsatz kaum mehr als angriffsfähig betrachteten.[9] Höfle beklagte sich denn auch in einem Fernschreiben an den Reichsführer SS Himmler über den Zustand der 18. SS-Division: „... Mit Rücksicht auf die ungenügende Ausrüstung, den schlechten Stand der Ausbildung und den labilen inneren Status der Einheit sind mindestens noch zwei Tage nötig, um die Truppe zum Angriff vorzubereiten. Wenngleich ich mir aufgrund der Gesamtlage völlig über die Notwendigkeit eines unverzüglichen Vormarsches im klaren bin und auch die größten Anstrengungen zur Herstellung der Bereitschaft unternehme, kann doch erst am 19. Oktober angegriffen werden. Für einen früheren Vormarsch übernehme ich keine Verantwortung."[10]
Allen Schwierigkeiten im einzelnen zum Trotz ging jedoch der deutsche Aufmarsch planmäßig vonstatten. Der Ring um die slowakische Aufstandsarmee wurde täglich dichter und erdrückender. Zum ersten Mal standen der deutschen Seite gleich starke Kräfte zur Verfügung! Die militärische Führung in Bansky Bystrica erkannte die Bedrohung nicht in vollem Ausmaß. Die Ankunft der Brigade Dirlewanger hatte sie zwar registriert, täuschte sich aber über deren personelle Stärke und vertraute im übrigen auf die erprobte Standhaftigkeit Major Vesels und seiner Soldaten. Bedroht fühlte sie sich durch einen neuen frontalen Angriff der Division „Tatra", mehr noch aber von einem überraschenden Vorstoß der Kampfgruppe „Schill" aus der Gegend Močiar, 7 km nördlich Banska Štiavnica, in Richtung Jalna, Dubrava, Zvolen. Das slowakische Oberkommando tat alles, um einem solchen Coup vorzubeugen. Daß die eigentliche, tödliche Gefahr im Süden lauerte, bei Krupina, bei Lučenec, Rim. Sobota und Plešivec, wurde in Banska Bystrica nicht erkannt.
Auch das tschechoslowakische Oberkommando in London machte sich unbegreifliche Illusionen über die Abwehrkraft der Aufstandsarmee. Am 17. Oktober kabelte Ingr an Divisionsgeneral Viest: „Aus Ihren Situations-

---

9 Hier zeigten sich doch ernste Mängel bei der deutschen Führung des Slowakeifeldzuges. Man kann nicht in einem beweglichen Gebirgskrieg ein Regiment („Schill") und eine Division („Tatra") über eine Distanz von 150 km führen. Höfle hätte unter allen Umständen einen vorgeschobenen, schnell beweglichen Stab in der Nähe der kämpfenden Truppe bilden müssen. Daß Höfle kein geschulter Wehrmachtsgeneral, sondern lediglich Polizeibefehlshaber war, hatte nur deshalb keine schlimmeren Auswirkungen, weil die Kommandeure der kämpfenden Einheiten ihr militärisches Handwerk verstanden. Immerhin, daß das deutsche Kommando in Preßburg einen Eliteverband wie die Kampfgruppe „Schill" als kaum mehr angriffsfähig betrachtete, läßt darauf schließen, daß man in Preßburg kein klares Bild vom Zustand der Truppe hatte.
10 V. Prečan, a.a.O., S. 716, Nr. 454, Meldung des Deutschen Befehlshabers in der Slowakei, General H. Höfle, an den Reichsführer SS H. Himmler.

berichten der letzten Tage kann man schließen, daß der sowjetische Vormarsch durch die ungarische Tiefebene auf Budapest auch die Lage der Deutschen in der Slowakei beeinflußte. Die deutschen Truppen zeigten in der letzten Zeit keinerlei Angriffsaktivität, nicht einmal in den Richtungen ihrer bisherigen Offensiven. Es scheint zu einer Schwächung der Einheiten gekommen zu sein, die gegen die 1. tschechoslowakische Armee eingesetzt waren, was Sie selbst an Ort und Stelle am besten nachprüfen und beurteilen können. Unter der Voraussetzung, daß die Situation dafür geeignet ist, glaube ich, daß es sowohl aus militärischen als auch aus politischen Gründen und nicht zuletzt für die Erhöhung der eigenen Kampfmoral ratsam wäre, den Beginn örtlicher Angriffsaktionen zu erwägen..."[11]

Es ist nicht bekannt, was Viest und Golian sich gedacht haben, als sie diesen Text erhielten. Von eigenen Angriffsunternehmen konnte gar keine Rede sein! Ihre Sorge galt der Aufstellung einer strategischen Reserve und der Erhaltung der slowakischen Kampfmoral. Nicht zufällig war von General Golian am 6. Oktober das tragische Wort vom „zweiten Warschau" gebraucht worden. Am 3. Oktober hatte der deutsche Wehrmachtsbericht gemeldet: „Die Aufstandsbewegung in Warschau ist zusammengebrochen. Nach wochenlangen Kämpfen, die zur fast völligen Zerstörung der Stadt führten, haben die Reste der Aufständischen, von allen Seiten verlassen, den Widerstand eingestellt und kapituliert."[12] Die erschütternde Nachricht hinterließ in der Slowakei einen unbeschreiblichen Eindruck, hatte man doch den Aufstand der polnischen Patrioten und Antifaschisten als ein brüderliches Unternehmen betrachtet. Sollten die Slowaken dasselbe Schicksal erleiden? Würde auch ihnen niemand zu Hilfe kommen? Die Offiziere, die den Wehrmachtsbericht kannten, lasen immer wieder den grausamen Satz: „von allen Seiten verlassen".

Fühlten sich nicht auch die Aufständischen in den Bergen der Slowakei allmählich von aller Welt verlassen? Mit welchem Jubel, welcher Hoffnung und Begeisterung, hatte man am 7. Oktober vernommen, daß tagszuvor sowjetische Truppen am Dukla-Paß ihren Fuß auf tschechoslowakischen Boden gesetzt hatten. Endlich also! Die Befreiung schien unmittelbar bevorzustehen. In spätestens zehn Tagen, am 17. Oktober – so hatte sich die Aufstandsführung in Banska Bystrica errechnet – mußten die russischen Divisionen in Poprad sein und mit ihrem unwiderstehlichen Elan den stählernen Einkreisungsring um das Aufstandsgebiet zersprengen.

---

11 V. Prečan, a.a.O., S. 715, Nr. 453, Instruktion des tschechoslowakischen Oberbefehlshabers, General S. Ingr, für Divisionsgeneral R. Viest.
12 Erich Murawski, Der deutsche Wehrmachtsbericht 1939–1945, Boppard am Rhein, 1962, S. 305.

In der Tat: Niemand konnte den sowjetischen Truppen Mangel an Energie und Tapferkeit vorwerfen. Ihre Opfer waren unvorstellbar, und sie gaben wirklich das Letzte, um die Deutschen und die Karpatenkämme zu bezwingen. Es lag im dringenden Interesse der sowjetischen Führung, die Gebirgsfront zu durchbrechen, um die deutschen Abwehrkräfte in Ungarn im Rücken zu fassen. Doch niemand im Aufstandsgebiet hatte erfahren, daß die Sowjets in den ersten drei Wochen ihrer Offensive 442 Panzer und Sturmgeschütze verloren und Zehntausende an Verwundeten und Gefallenen zu beklagen hatte. Und das alles für einen Geländegewinn von zwanzig Kilometern.

Doch am 30. September und 1. Oktober hatten die Sowjets ihre Verbände neu gegliedert und sich zum Generalangriff bereitgestellt. Auf einer Front von 360 km Breite standen nun 49 sowjetische Divisionen und 3 tschechoslowakische Brigaden einer Abwehrfront von 14 deutschen und 7 ungarischen Divisionen gegenüber. An Pak-Geschützen waren beide Seiten gleich stark; ebenso – infolge der großen sowjetischen Verluste während des September – an Panzern und Sturmgeschützen. Bei der Infanterie war das Verhältnis dagegen 2:1 zugunsten der Sowjets; bei der Artillerie und bei den Granatwerfern sogar 3:1. In der Luft sah man ausschließlich sowjetische Maschinen.

Am 1. und 2. Oktober hatten die Truppen Moslakenkos und Rokossowskis erneut losgeschlagen. Am 7. Oktober unterbrachen die Sowjets ihre Offensive für einen Tag, um ihre Verbände umzugruppieren; doch ab 8. Oktober stürmten sie wieder mit aller Macht gegen die deutschen Linien. Die Verteidiger, die 68. brandenburgische Infanteriedivision, die 4. Gebirgsdivision, die 1. Panzerdivision, die 97., 100. und 101. Jägerdivision, um nur einige zu nennen, krallten sich an die Hänge und Schluchten der Karpaten und forderten vom Gegner für jeden Quadratmeter Boden einen blutigen Zoll. Am 11. und 12. Oktober wechselten die Sowjets ihre Verbände aus; vom 13. an berannten sie erneut die deutschen Stellungen. Dasselbe geschah vom 17. zum 18. Oktober.

Die sowjetische Führung hatte Ende September begriffen, daß sie einen schweren operativen Fehler begangen hatte, als sie den Schwerpunkt der Offensive auf den rechten Flügel gelegt hatte. Gegen die *deutschen* Verbände war kaum Boden zu gewinnen. Vom 30. 9. bis 7. 10. vollzog sie daher eine Schwerpunktverlagerung auf den linken Flügel, der nun mit Macht gegen die *ungarischen* Divisionen stürmte. Das Rezept bewährte sich: Bei den Ungarn gewannen die Sowjets bis Ende November 240 Kilometer; bei den Deutschen kamen sie im selben Zeitraum 7,5 bis 50 Kilometer voran.

In dreimonatigem Ansturm gegen die deutsche Karpatenfront opferten die Sowjets ca. 80 000 Mann, davon 25% Gefallene. Das I. Tschechoslowakische Armeekorps des Generals Svoboda verlor an die 8000 Mann, davon 30% an Toten. Drei Monate lang hatte jeder Tag 1000 Mann Verluste gekostet: etwa 250 Gefallene und 750 Verwundete.

Wenn auch den Sowjets die Karpatenoperation mißlang, die rein militärisch ein unverantwortlicher Nonsens war und zum Massensterben führen *mußte*, weil sie ein Produkt geistloser frontaler Büffelstrategie war, so darf doch niemals übersehen werden, daß der Aufstand der Slowaken ohne diesen sowjetischen Opfergang nicht zwei Monate, sondern höchstens zwei Wochen gedauert hätte. Ein Teil der deutschen Verbände, die in den Karpaten gebunden wurden, hätte genügt, um die Aufstandsarmee in wenigen Tagen niederzuwerfen und jeden Widerstand zu ersticken. Insofern fielen Zehntausende sowjetischer Soldaten auch für die Sache des slowakischen Freiheitskampfes.

Doch in den Augen der Aufstandsführung von Bansky Bystrica war das Mitte Oktober, als man erkannte, daß mit einem schnellen sowjetischen Vormarsch nicht mehr zu rechnen war, kein Trost. Um dieselbe Zeit, etwa am 14. Oktober, kam es zu ernsthaften Spannungen zwischen dem slowakischen Armeeoberkommando, das den regulären militärischen Widerstand fortsetzen wollte, und dem Hauptpartisanenstab, der darauf drängte, die Armee aufzulösen, sich in die Berge zu zerstreuen und zur Guerilla-Taktik überzugehen. Šmidke und Husák, die dafür besonders energisch plädierten, hatten unbestreitbar recht. So tapfer sich die Aufstandsarmee eineinhalb Monate lang behauptet, so sehr sie sich gerade Anfang Oktober bei Dolne Hamre, Kremnica, Sv. Križ und Jalna mit Ruhm bedeckt hatte, – Mitte Oktober war der Widerstandswille der slowakischen Soldaten erschöpft! Vor allem das Ausbleiben ausländischer Hilfe hatte den Mut der Aufständischen gebrochen, und das kurze Aufflackern von Optimismus und Hoffnung bei der Ankunft General Viests und der II. Luftlandebrigade war bald einer umso tieferen Resignation gewichen. Jetzt wäre es zweifellos das Beste gewesen, mit ca. 24000 Kämpfern, aufgegliedert in viele kleine Gruppen, in die Berge zu entweichen und die Deutschen einen Luftstoß machen zu lassen. Doch das Armeeoberkommando in Banska Bystrica war fest entschlossen, die Durchhaltebefehle aus London zu befolgen.[13] So mußte die slowakische Armee sich rüsten, den letzten großen Ansturm der Deutschen zu bestehen.

---

13 Wahrscheinlich spielte auch eine Rolle, daß General Viest nicht dasselbe vertrauensvolle Verhältnis zu Šmidke und dem Slowakischen Nationalrat fand, das Golian im Laufe der letzten Wochen entwickelt hatte. Viest war schon in Moskau, in der Zeit vom 23. bis 29. August, Šmidke sehr reserviert gegenübergetreten. Für ihn existierte außer der tschechoslowakischen Exilregierung in London keinerlei Autorität.

Gab es dafür überhaupt eine Chance?

Die Aufstandsarmee hatte ihrem Gegner bislang immerhin sieben Wochen standgehalten. Und im Osten, bei Vernar, im Norden, bei Biely Potok, waren die Deutschen keinen Schritt vorangekommen. Doch im Westen und Nordwesten, wo „Schill" und „Tatra" eingegriffen hatten, war der Verlust an Raum enorm, war die Hälfte des Aufstandsgebiets verloren gegangen.

Die Slowaken standen wirklich mit dem Rücken an der Wand und hatten keine Rückzugsmöglichkeiten mehr. Banska Bystrica und Zvolen mußten unter allen Umständen gehalten werden, wenn anders nicht der organisatorische Zusammenhalt der Aufstandsarmee zerreißen sollte.

Im Grunde kam es darauf an, in den nächsten vierzehn Tagen verbissen die Abwehrfront zu halten und keinen Schritt zurückzuweichen. Dann, Anfang November, mochte der Himmel ein Einsehen haben und den ersten Schnee in die slowakischen Täler schicken. Die deutschen Soldaten, die keinerlei Winterausrüstung, nicht einmal Mäntel besaßen, würden auf Dauer weder Kälte noch Nässe ignorieren können. Konnte man sich dann, bei stark verminderter Gefechtstätigkeit, noch weitere drei Wochen behaupten und kam es dann infolge des Winters zur Einstellung aller Operationen, dann durfte man sagen, man sei gerade noch einmal davongekommen. Doch länger als bis zum 20. November konnte die Aufstandsarmee – ohne nachdrückliche ausländische Hilfe – keinesfalls kämpfen.

Um den Osten, Norden und Westen der Front machten sich Viest und Golian wenig Sorgen. Die dortige Abwehr stand. Was sich im Süden, hinter der ungarischen Grenze, zusammenbraute, ahnten sie nicht; die slowakische Aufklärung versagte hier eklatant. Die Aufstandsführung erwartete den „Todesstoß" von Südwesten, von Banska Štiavnica her, wo die Kampfgruppe „Schill" stand und sich bereit machte, wie man in Bansky Bystrica glaubte, zum Sprung auf Zvolen anzusetzen.

Doch für diesen Fall hatten Viest und Golian vorgesorgt: Wenn die „Schill"-Grenadiere zu ihrem letzten Sturm, zum Stoß in das Herz des Aufstandes antreten würden, dann sollte die deutsche Eliteeinheit auf den tschechoslowakischen Eliteverband, auf die II. Luftlandebrigade treffen, die schon der Division „Tatra" so zu schaffen gemacht hatte! Und ein Abwehrerfolg gegen „Schill" – so das Kalkül der Aufstandsführung – mußte sich auf die gesamte Armee positiv auswirken, würde den allmählich erlahmenden Widerstandsgeist der Slowaken zu neuem Feuer entfachen.

6. Das Ende des Aufstandes

Die Kämpfe vom 18. bis 31. Oktober 1944

Am Abend des 17. Oktober 1944 war der deutsche Aufmarsch im wesentlichen abgeschlossen. Nur die 18. Panzergrenadier-Division „Horst Wessel", die durch Luftangriffe vierzig Prozent ihrer Ausstattung auf dem Antransport eingebüßt hatte, bemühte sich noch, die beiden Grenadierregimenter 39 und 40, das Artillerieregiment 18 und die Panzerabteilung 18 in die Bereitstellungsräume zu dirigieren. (Eine Aufklärungsabteilung der Division wurde am 18. und 19. Oktober improvisiert.) Generalmajor Trabant, der Kommandeur der Division, meldete für den 19. Oktober seine Angriffsbereitschaft.
General Höfle entschloß sich gleichwohl, den Angriff am 18. Oktober auszulösen und die Kampfgruppe „Schill" sowie die Brigade Dirlewanger einen Tag vor den übrigen Offensivverbänden antreten zu lassen. Am 19. Oktober sollten dann die Division „Horst Wessel", die Kampfgruppe Wittenmeyer (von der 14. galizischen SS-Division) und ein verstärktes Heeres-Bataillon aus dem Raum Vernar ihren konzentrischen Vormarsch auf Banska Bystrica beginnen. Lediglich die Division „Tatra" hatte den Befehl, vorerst auf der Stelle zu treten und den Gegner vor ihrer Front zu fesseln. Höfle und Uechtritz planten, die Aufstandsarmee gleichmäßig und methodisch im Raum Zvolen–Banksa–Bystrica von allen Seiten zusammenzupressen, um zu einer totalen Einkesselung des Gegners zu gelangen.
Das deutsche Oberkommando in Preßburg hatte es sich zum Ziel gesetzt, den slowakischen Aufstand in genau elf Tagen zu liquidieren: Am 28. Oktober 1944, dem 26. Jahrestag der Gründung der tschechoslowakischen Republik, sollten deutsche Truppen in Banska Bystrica einziehen und das Hakenkreuzbanner über der Hauptstadt der Rebellen hissen! Den deutschen Einsatzverbänden wurden entsprechende Operationsziele gesteckt. Die slowakische Armeeführung ihrerseits konnte sich keiner Täuschung darüber hingeben, daß ein lang andauernder, sich über Monate hinziehender Widerstand gegen eine konzentrische deutsche Großoffensive über die Kräfte der abgekämpften slowakischen Truppen ging. Das Äußerste, was denkbar schien, war eine hinhaltende Verteidigung von höchstens fünf Wochen, bis zur erhofften Vereinigung mit den Verbänden der Roten Armee. Wenn man voraussetzte, daß die Sowjets, nachdem sie den Dukla-Paß erreicht hatten, in der Lage waren, täglich – kämpfend und angreifend – eine Entfernung von vier bis fünf Kilometern zurückzulegen, so konnte man berechnen, daß sie Ende Oktober

Prešov und um den 20. November herum Poprad, also den östlichen Abschnitt der slowakischen Verteidigungsfront, erreichen und sich mit den Aufständischen vereinigen würden. Wurde diese Annahme hinfällig, gelang es den Sowjets wider Erwarten nicht, die deutsche Karpatenfront zu druchbrechen, so schwand jede Hoffnung. Dann konnte die Aufstandsarmee nur noch um die Ehre fechten.
Das Drama, das sich in den Tagen vom 18. bis 31. Oktober 1944 in der Mittelslowakei vollzog, kann nicht anders als chronologisch geschildert werden und entzieht sich weitgehend der Kommentierung.

18. Oktober 1944.
Bei schönem Herbstwetter eröffnete die deutsche Luftwaffe mit vierzig Maschinen den Großangriff auf das slowakische Aufstandszentrum. Fünf Ju 87 griffen den Freien Sender Banska Bystrica an, vier HS 129 unterstützten die Kampfgruppe „Schill" im Raum Krupina, elf FW 190 attackierten den Flugplatz bei Zvolen und schossen zwei Aufstandsflugzeuge in Brand, acht Ju 87 stürzten sich auf die Stellungen Major Vesels südlich Ružomberok, bei Biely Potok. Das 1. tschechoslowakische Jagdfliegerregiment, das noch über sechzehn einsatzfähige Maschinen verfügte, warf sich den Deutschen unerschrocken entgegen und schoß drei feindliche Flugzeuge ab.
Im Nordabschnitt, bei Biely Potok, griff ein Regiment der Brigade Dirlewanger an, stürmte den Berg Ostró und mußte ihn am Nachmittag, nach vierständigem erbittertem Nahkampf, wieder räumen. Major Vesel, dessen Einheiten ihre bisherige personelle und materielle Überlegenheit eingebüßt hatten, behauptete sich auch gegen den neuen Gegner.
Im Südwestabschnitt trat die Kampfgruppe „Schill" von Svaty Antol zum Vormarsch auf Žibritov und Krupina an, einen Pionierzug und eine Kompanie Panzerjäger (16 „Hetzer") an der Spitze. Die Operationsrichtung der Kampfgruppe wies nach Südosten und entfernte sich scheinbar vom Aufstandszentrum um Zvolen und Banska Bystrica! Beim slowakischen Oberkommando zeigte man sich überrascht: Man hatte fest mit einem Vorstoß von Banska Štiavnica in nordöstlicher Richtung auf Zvolen gerechnet und dagegen reichlich Vorsorge getroffen. In der Gegend um Žibritov und Krupina stand nur die Partisanenbrigade Welitschko.
Der Vormarsch der Kampfgruppe „Schill", II. Bataillon an der Spitze, erwies sich als ein äußerst mühsames und verlustreiches Unternehmen. Nicht wegen der Partisanen, die eine sehr geringe Standfestigkeit zeigten, sondern wegen der erstklassigen Verminung und künstlichen Blockierung der Vormarschstraße. Riesige Baumsperren, raffiniert durchsetzt und gesichert von zahllosen, fachmännisch eingebauten russischen Holzminen, hielten die Deutschen stundenlang auf und forderten beträchtliche Verluste. Der Bericht eines Pio-

nierzuges der Kampfgruppe „Schill" vermittelt davon ein anschauliches Bild.¹ Doch in den Mittagsstunden wurde Žibritov genommen, und am Nachmittag besetzten Panzerjäger mit aufgesessenen Grenadieren kampflos die südslowakische Stadt Krupina.

So endete der erste Tag der deutschen Offensive mit einer operativen Überraschung: Die Kampfgruppe „Schill" war wider alles Erwarten nach Südosten marschiert, hatte sich bei Krupina um die eigene Achse gedreht und stand damit auf einer gut ausgebauten Straße, in einem verhältnismäßig weiten Tal, nur noch 25 Kilometer von der Stadt Zvolen entfernt, die sie nun von Süden, aus der offenen Flanke, tödlich bedrohte. Die Deutschen hatten mit einem Flankenmarsch quer durch den Gegner einen *neuen Angriffsschwerpunkt* geschaffen, auf den die slowakische Führung nicht vorbereitet war.

19. Oktober 1944

Während die Division „Tatra" im Westen und die Brigade Dirlewanger im Norden verhielten, gingen die Deutschen im Nordosten, Südosten und Südwesten auf breiter Front zum Angriff vor. Die slowakische Verteidigung bei Kralova Lehota und Vernar hielt stand, doch die Kampfgruppe „Schill" und die Division „Horst Wessel" erzielten beträchtliche Erfolge.

Die 18. Panzergrenadier-Division „Horst Wessel" hatte den Auftrag, in zwei Hauptkolonnen und einer Nebenkolonne von Südosten her in das Aufstandszentrum einzubrechen: Die rechte Hauptkolonne, ein Panzergrenadier-Regiment, sollte im ersten Stoß die 17 km von der Grenze entfernte Ortschaft Muraň nehmen und danach, sich ausfächernd, auf Tisovec im Westen und Červena Skala im Osten vorgehen. Eine Nebenkolonne, die schnell improvisierte Aufklärungsabteilung der Division, hatte Befehl, von Rimavska Sobota über Rimavska Baňa auf Tisovec anzugreifen, um sich dort mit der rechten Hauptkolonne die Hand zu reichen. Der linken Regimentskolonne schließlich, einem weiteren Panzergrenadier-Regiment, war befohlen worden, mit dem Angriffsbeginn zurückzuhalten, bis der Gegner im Zentrum und auf dem rechten Flügel der Division mit seinen Reserven gefesselt war, um dann überraschend vorzustürmen und den Raum Podkrivaň-Detva zu besetzen. Demgemäß traten am 19. Oktober nur die rechte Hauptkolonne, die gegen heftigen feindlichen Widerstand Chyžne eroberte, und die Aufklärungsabteilung der Division zum Angriff an, der es gelang, bis an den Südrand von Rimavska Baňa vorzudringen.

---

1 „Zu-gleich!" Pionier-Tagebuchblätter aus der Slowakei, zusammengestellt von SS-Untersturmführer Jochen Polle, S. 58ff., Archiv des Museums des Slowakischen Nationalaufstandes, Banska Bystrica.

Dramatisch entwickelte sich die Situation an diesem Tag im südwestlichen Abschnitt, bei der Kampfgruppe „Schill", deren I. Bataillon sich im Fußmarsch über die beiderseits der Talstraße liegenden Höhen 13 Kilometer nach Norden vorarbeitete, und in den Abendstunden fast kampflos das Dorf Babina, 12 Kilometer südlich Zvolen, besetzte. Die „Schill"-Grenadiere stellten hier zu ihrer Überraschung fest, daß die slowakische Widerstandskraft deutlich im Erlahmen war, und der Führer des I. Bataillons, Oberleutnant Kettgen, empfahl, mit einem kräftigen, zusammengefaßten Stoß die aufständische Verteidigung über den Haufen zu werfen, dem fliehenden Gegner mit Panzerjägern und aufgesessener Infanterie nachzusetzen und Zvolen im Zuge einer stürmischen Verfolgung zu überrennen, um die Hauptstadt Banska Bystrica im Handstreich zu nehmen.

20. Oktober 1944
Im Westen, vor der Division „Tatra", im Nordwesten und Norden, gegenüber der Brigade Dirlewanger und der Kampfgruppe Wittenmeyer, hielten die slowakischen Verteidiger ihre Stellungen. Im Osten, bei Vernar, Puste Pole, Stratena und Mlynky wiesen sie die deutschen Angriffe sämtlich ab.
Im Südwesten stabilisierte sich die Abwehrfront der Aufstandsarmee auf der Linie Dobra Niva–Sasa–Pliešovce, 12 Kilometer südlich Zvolen. Zum Erstaunen des slowakischen Oberkommandos stellte die Kampfgruppe „Schill" ihren zügigen Vormarsch auf Zvolen ein und ging nördlich Babina mit einem Bataillon zur Verteidigung über, während das I. Bataillon der Kampfgruppe in Babina Ruhequartiere bezog.
General Höfle hatte beschlossen, die Kampfgruppe „Schill", die sich in zwei Tagen durch ihren verwirrenden, V-förmigen Vormarsch der Stadt Zvolen bis auf wenige Kilometer genähert hatte, vorläufig „auf Eis" zu legen. Zwar ermöglichte er es so der slowakischen Führung, von Dobra Niva bis Pliešovce eine neue Abwehrfront zu errichten, und unbestreitbar gewährte er der Aufstandsarmee dadurch eine mehrtägige Atempause im Südwestabschnitt. Er nahm diese Nachteile jedoch bewußt in Kauf, denn er wünschte keinen spontanen Handstreich auf Zvolen oder Banska Bystrica, sondern eine systematische, von allen Seiten gleichzeitig wirksam werdende Umklammerung des Feindes, der darin langsamer, aber desto sicherer ersticken sollte.
So trat auch die linke Regimentskolonne der 18. Panzergrenadier-Division, von Höfle und Uechtritz zurückgehalten, noch immer auf der Stelle, während es der Aufklärungsabteilung der Division nicht gelang, den hartnäckigen slowakischen Widerstand bei Rimavska Baňa zu brechen. Die rechte Hauptkolonne dagegen nahm in den Mittagsstunden mit stürmender Hand Revuca, drang unaufhaltsam vor und erreichte in den Abendstunden den Verkehrsknotenpunkt Muraň.

Damit hatten die Deutschen den strategischen Durchbruch erzwungen: In Muraň standen sie bereits tief im Rücken der 2. Taktischen Gruppe, die bei Vernar und Puste Pole mit dem Gesicht nach Osten kämpfte. Kaum war die Gefahr für Zvolen durch den Verzicht des deutschen Befehlshabers auf ein schnelles angriffsweises Vorgehen der Kampfgruppe „Schill" gebannt, entstand im Südosten eine neue operative Krise für die Aufstandsarmee.
Divisionsgeneral Viest erkannte die Gefahr und funkte am Abend an General Ingr: „Unsere Situation hat sich bedeutend verschlechtert, besonders im Osten ... Ich mache alle Anstrengungen, um den Raum Puste Pole, Červena Skala und Tisovec zu halten. Ich beabsichtige, Muraň zurückzuerobern ... Ich wiederhole meine Forderung nach beschleunigter Waffenlieferung, wenigstens für 5000 Mann. Nur so wäre es möglich, an die Aufstellung von operativen Reserven zu gehen. Auch der Ausrüstungsstand beginnt kritisch zu werden; hauptsächlich im Hinblick auf das Schuhwerk. Wenn wir in dieser Hinsicht nicht rechtzeitig Hilfe erhalten, können die Folgen katastrophal sein ..."[2]

21. Oktober 1944
Im Westen und im Norden behauptete die Aufstandsarmee ihre Stellungen. Im südwestlichen Abschnitt ging sie zum Gegenangriff über, griff mit fünf Kompanien, sechs Panzern und starker Artillerieunterstützung die Kampfgruppe „Schill" bei Dobra Niva an, wurde jedoch mit schweren Verlusten zurückgeschlagen. Die Deutschen unterstützten ihre Verbände im Norden, Westen und Südwesten mit 18 Kampfmaschinen, hauptsächlich Me 109 und Ju 87, welche die Slowaken im Erdangriff bekämpften.
Während sich die Aufständischen bei Rimavska Baňa unerschütterlich gegen die Aufklärungsabteilung der 18. Panzergrenadier-Division verteidigten, brach ihr Widerstand bei Tisovec und Telgart praktisch zusammen. Die rechte Regimentskolonne der „Horst Wessel" stürzte sich in den Vormittagsstunden blitzschnell auf Červena Skala, nahm das legendäre Telgart im Sturm und kesselte die 2. Taktische Gruppe ein, deren Reste den Versuch machten, sich in kleinen Trupps nach Westen, Richtung Brezno, durchzuschlagen. Andere Teile der deutschen Kolonne wandten sich überraschend nach Westen, eroberten Tisovec und umfaßten die Verteidiger von Rimavska Baňa, die sich auflösten und in wilder Flucht der deutschen Einkreisungsoperation zu entkommen suchten.
Damit war die Abwehrfront der slowakischen Aufstandsarmee im Osten und

---

2 V. Prečan, a.a.O., S. 736, Nr. 470, Situationsbericht des Divisionsgenerals R. Viest für den tschechoslowakischen Oberbefehlshaber, General S. Ingr.

Südosten weit aufgerissen und hatte zum erstenmal ihren Zusammenhang verloren, den sie sich in achtwöchigen schweren Kämpfen immer bewahrt hatte. Am Abend des 21. Oktober funkte Divisionsgeneral Viest nach London:

„Die Situation hat sich weiter verschlechtert. Wie ersichtlich, begann der Feind einen Generalangriff, um uns zu liquidieren. Nach der gestrigen Besetzung von Revuca und Muraň stieß er sehr zügig nach Červena Skala vor und fiel dort unserer Kampfgruppe, die den Abschnitt Poprad verteidigte, in den Rücken, die nun versucht, sich zu uns durchzuschlagen. Auch in der Richtung Muraň–Tisovec gelang es nicht, den Feind zum Stehen zu bringen, und so ging heute gegen Abend Tisovec verloren. Die eigenen Einheiten bei Tisovec erlitten bedeutende Verluste und wurden durch den Umfassungsangriff des Feindes völlig zersprengt.

Die Operationslinie Tisovec–Brezno erscheint im Augenblick am gefährdetsten. Dort wird im Laufe der Nacht eine neue Abwehr aus Einheiten errichtet, die vom westlichen Frontabschnitt herausgezogen wurden. Vielleicht wird das für kurze Zeit helfen, doch mit dem eventuellen Verlust Breznos muß gerechnet werden. Das würde jedoch bedeuten, daß es nicht mehr möglich ist, das Tal des Hron und den Raum Zvolen–B. Bystrica längere Zeit zu halten, wo ich im Augenblick noch an Kräften überlegen bin, sich aber auch schon ein verstärkter Druck des Feindes von Süden her bemerkbar macht.

Unter Berücksichtigung aller dieser Umstände beginnt sich bereits die letzte Möglichkeit abzuzeichnen: ein Ausweichen in die Berge!

Die Hauptgründe dieser Entwicklung sehe ich vornehmlich in der unzureichenden Ausrüstung der Einheiten mit schweren Waffen. Lediglich die II. Brigade hat in dieser Hinsicht einen befriedigenden Status; allein, ihr Antransport dauerte zu lange, und nicht einmal bis heute hat sie ihr komplettes Material erhalten. Die anderen Einheiten haben keine Granatwerfer, wenig Artillerie und wenig Panzerabwehrwaffen. Für die amerikanischen Bazookas z. B. wurden nur zehn Geschosse pro Stück geliefert. Es war nicht möglich, Reserven zu bilden, denn wir bekamen nicht einmal Gewehre. Im Aufstandsgebiet gibt es bei weitem nicht ausreichend Stacheldraht, wodurch jede Verteidigungsstellung an Wert verliert, wenn man gezwungen ist, so große Abschnitte zu halten. Nicht einmal die Partisanenabteilungen sind auf der Höhe, *und für eine reguläre Verteidigung kommen sie überhaupt nicht in Frage.* Unser Angriffsverband verfügt noch über sechs Panzer. Die Luftwaffe, die wir haben, besteht lediglich aus unserem Jagdfliegerregiment, das aus der UdSSR kam. Von Marschall Konew erbat ich seinerzeit die Entsendung von 20 viermotorigen Maschinen mit unseren ausgebildeten Piloten. Sie wurde mir versprochen, aber bis heute erhielt ich nicht eine.

Abschließend muß ich feststellen, daß die versprochene ausländische Hilfe nicht ausreichend war. Viest."[3]

22. Oktober 1944

Während sich die Generäle Viest und Golian verzweifelt bemühten, eine neue Auffanglinie und Abwehrstellung vor Brezno zu errichten, ließen Höfle und Uechtritz die linke Hauptkolonne der 18. Panzergrenadier-Division und – mit begrenztem Ziel – die Kampfgruppe „Schill" zum Angriff auf die 3. Taktische Gruppe im Südwesten los. Dieses staffelweise Vorgehen der deutschen Offensivkräfte raubte der slowakischen Führung den Atem, entriß ihr täglich erneut die Initiative und nötigte ihr ständig wechselnde Schwerpunkte auf. Während sich ein Großteil der aufständischen Einheiten noch zäh und verbissen schlug, glitt der slowakischen Führung allmählich das Steuer aus der Hand.

Im Westen, vor der Division „Tatra", stand die slowakische Abwehrfront unerschüttert. Bei Necpalska Dolina, 9 km südostwärts Turč. Svatý Martin, kam ein Regiment der Brigade Dirlewanger nur schrittweise gegen den zähen Widerstand der „Stalin"-Brigade des Kapitän Jegorow voran. Südlich Biely Potok scheiterte ein weiteres Regiment der Dirlewanger-Brigade an der verbissenen Verteidigung der 6. Taktischen Gruppe, die sich wie eh und je bravourös unter dem Befehl ihres Oberstleutnant Černek schlug. Major Miloš Vesel setzte seine Geschütze und Granatwerfer immer wieder zu vernichtenden Feuerüberfällen ein. Auch bei Kralova Lehota konnte die Kampfgruppe Wittenmeyer kaum Boden gewinnen.

Während die westlichen und nördlichen Frontabschnitte also hielten, gelang es im Osten und Süden nicht mehr, die Deutschen zum Stehen zu bringen. Die rechte Hauptkolonne der 18. Panzergrenadier-Division reichte den Einheiten der 86. Infanterie-Division bei Vernar die Hand, die linke Regimentsgruppe der Division brach bei Lučenec über die Grenze vor und eroberte gegen Abend Mytna, 16 km nordwestlich von Lučenec.

Westlich davon trat die Kampfgruppe „Schill" gestaffelt zu einem begrenzten Angriffsunternehmen an: Das II. Bataillon nahm in den Vormittagsstunden Sasa und schlug anschließend starke slowakische Gegenangriffe zurück, wobei zwei aufständische Panzer abgeschossen wurden. Das I. Bataillon stürmte am späten Nachmittag die Ortschaft Pliešovce, vertrieb slowakische Panzer, machte Gefangene und fügte dem Gegner blutige Verluste zu.

---

3 V. Prečan, a.a.O., S. 739f., Nr. 474, Situationsbericht des Divisionsgenerals R. Viest für den tschechoslowakischen Oberbefehlshaber, General S. Ingr.

23. Oktober 1944

Am sechsten Tag der deutschen Generaloffensive schien eine Konsolidierung der slowakischen Verteidigung noch einmal im Bereich des Möglichen. Die deutschen Angrifer machten nur im Südabschnitt Fortschritte, wo es der linken Regimentsgruppe der 18. Panzergrenadier-Division trotz erbitterter slowakischer Gegenwehr und kühnen Tiefangriffen des 1. Jagdfliegerregiments gelang, die Front der Aufständischen zu durchbrechen und Podkriváň im Sturm zu nehmen.

Bei der Kampfgruppe „Schill", die erneut den Befehl erhalten hatte, ihren Vormarsch zu stoppen, wie bei der Division „Tatra" ereigneten sich keine besonderen Vorkommnisse. Im Norden, bei Necpaly, Biely Potok und Kralova Lehota, wurden die deutschen Angriffe abgewehrt. Die „Stalin"-Brigade Jegorows, in drei Abteilungen gegliedert, setzte mit Erfolg ihre deutschen 7,5-cm-Panzerabwehrgeschütze im Infanteriekampf ein, indessen Major Vesel mit bewährter Routine Artillerie und Granatwerfer zu wirksamen Abwehrschlägen zusammenfaßte.

Zum erstenmal nahm der deutsche Wehrmachtbericht von den Ereignissen in der Slowakei Kenntnis und berichtete: „In der Mittelslowakei sind weitere Unternehmungen gegen die durch bolschewistische Fallschirmspringer verstärkten Banden im Gange."[4]

24. Oktober 1944

Auch am 24. Oktober, dem siebenten Angriffstag, sah es so aus, als sei die Angriffskraft der deutschen Verbände erschöpft und als könne sich die slowakische Verteidigung erneut festigen und auf zusammengedrängtem Raum noch einmal Fuß fassen. Lediglich im Süden, bei der linken Regimentskolonne der 18. Panzergrenadier-Division, konnten die Deutschen Erfolge verbuchen, als es ihnen gelang, Detva wegzunehmen.

Während die Kampfgruppe „Schill" und die Division „Tatra" verhielten, griff die Brigade Dirlewanger bei Necpaly und Biely Potok wiederholt die slowakischen Stellungen an, ohne Fortschritte zu machen. Es schien, als seien die Aufständischen hier unüberwindlich. Selbst die Kampfgruppe Wittenmeyer, die frische Kräfte zum Einsatz brachte, konnte von Kralova Lehota aus gegen starken feindlichen Widerstand nur wenige Kilometer nach Süden gewinnen.

General Viest machte sich zwar Hoffnung, eine neue Front vor Brezno improvisieren zu können, sah jedoch ernste Gefahren für die Verteidigung Zvolens voraus. Trotz unbestreitbarer Abwehrerfolge seiner Einheiten in den beiden letzten Tagen fürchtete er einen energischen Vorstoß der deutschen

---

4 E. Murawski, a.a.O., S. 336.

Angriffsgruppe, die soeben Detva genommen und nur noch 20 Kilometer bis zum Ostrand von Zvolen zurückzulegen hatte. War aber Zvolen gefallen, so war auch Banska Bystrica nicht mehr zu halten, das nur 17 Kilometer entfernt lag und durch eine erstklassige Straße mit Zvolen verbunden war. So faßte Viest am Abend des 24. Oktober seine Elite-Einheiten zur Verteidigung der Stadt zusammen und besetzte die aus Osten und Südosten heranführenden Operationslinien mit den Bataillonen Želinsky, Burik, Petrik, Kapišinsky und Jelenik, den Gruppen Juračka, Korda und Murga sowie mit der II. tschechoslowakischen Luftlandebrigade. Neben vier Panzern konnte er noch ein Dutzend Geschütze zusammenbringen, hauptsächlich leichte Feldhaubitzen vom Kaliber 8 cm.

Als Viest seine Befehle zur Verteidigung Zvolens diktierte, erhielt er einen Funkspruch seines Oberbefehlshabers, General Ingr, aus London, der ihn aufforderte, alle Anstrengungen zu unternehmen, um in der mittleren Slowakei einen zusammenhängenden, organisierten Widerstand aufrecht zu erhalten, bis die Kolonnen der Roten Armee das Aufstandsgebiet erreichten. (Die Sowjetarmeen standen zu diesem Zeitpunkt immer noch dort, wo sie am 6. Oktober 1944 tschechoslowakischen Boden betreten hatten.) Ingr fuhr wörtlich fort:

„... Es gibt gute Gründe für die Annahme, daß die Deutschen nicht genügend Zeit finden werden, Euren zusammenhängenden Widerstand zu liquidieren, wenn alle Vorteile des Terrains, verstärkt durch Befestigungen an den wichtigsten Plätzen, geschickt ausgenutzt werden.

Wir drängen auf eine Intensivierung der russischen Hilfe und auf materielle Unterstützung durch Briten und Amerikaner, und die Aussichten scheinen hoffnungsvoll zu sein.

Ich glaube, daß ich Dir bald zur Überwindung dieser neuen – und ich hoffe letzten – Krise in diesem schweren Kampf gratulieren kann."[5]

Damit war der Vorschlag des slowakischen Oberkommandos vom 21. Oktober, in die Berge auszuweichen und zum Partisanenkampf überzugehen, negativ beschieden. In London erwartete man eine Fortsetzung des regulären Widerstandes bis zum letzten.

25. Oktober 1944

Auch an diesem, dem achten Angriffstag machten die Deutschen an den meisten Frontabschnitten kaum Fortschritte. „Schill" und „Tatra" begnügten sich mit Aufklärungstätigkeit, die linke Regimentsgruppe der 18. Panzergrenadier-Division erbeutete zwar im Raum Detva eine schwere slowakische

---

[5] V. Prečan, a.a.O., S. 755, Nr. 487, Instruktion des tschechoslowakischen Oberbefehlshabers, General S. Ingr, für Divisionsgeneral R. Viest.

Haubitzbatterie mit drei Geschützen, konnte aber nur wenig Gelände nach Westen in Richtung Zvolen gewinnen, und bei Necpaly und Biely Potok waren die Angriffskolonnen der Brigade Dirlewanger nach einwöchigem blutigem Kampf nicht einmal 6 Kilometer vorwärtsgekommen.

Und doch täuschte der Eindruck, denn im Osten gab es keine zusammenhängende Verteidigung der Aufständischen mehr: Die Kampfgruppe Wittenmeyer brach den slowakischen Widerstand und besetzte Malušina, 21 km nordostwärts von Brezno, während die rechte Regimentsgruppe der 18. Panzergrenadier-Division die Stadt Brezno selbst eroberte und damit das so lang behütete taktische Dreieck aufbrach. Das Tal des Hron lag offen und widerstandslos vor den deutschen motorisierten Kolonnen. Die Entfernung nach Banska Bystrica betrug noch 36 Kilometer.

Die 2. Taktische Gruppe, die sich bei Telgart und Vernar so sehr ausgezeichnet hatte, war praktisch in ihre Bestandteile zerfallen. Der linke Flügel der 3. Taktischen Gruppe hatte sich in alle Winde zerstreut, während der rechte Flügel noch in gut ausgebauten Stellungen bei Dobra Niva, 12 km südlich Zvolen stand. Die 4. und 1. Taktische Gruppe im Westen, vor Sväty Križ und Kremnica, hielten sich noch gut, doch ihre Kräften waren aufs Äußerste angespannt. Zur Verteidigung des Hrontales zwischen Brezno und Bansky Bystrica standen keinerlei Reserven zur Verfügung.

Unter Schwächung anderer Frontabschnitte verfügte der Chef des Stabes der Aufstandsarmee, Major Nosko, die Aufstellung einer Kampfgruppe zur Verteidigung der revolutionären Hauptstadt Banska Bystrica. Er kratzte dafür die Bataillone Oškvarek und Korda sowie eine Sturmkompanie, die Kompanie Urban und eine Assistenzkompanie zusammen. Zwei Panzerkompanien (mit insgesamt 4 Panzern), eine motorisierte Haubitzbatterie (mit vier 8-cm-Haubitzen) und eine deutsche 8,8 Flak-Batterie wurden als schwere Waffen zugeteilt. Die Führung der Aufstandsarmee beabsichtigte, getreu den Instruktionen des tschechoslowakischen Oberkommandos in London, die Städte Zvolen und Bansky Bystrica bis zum letzten Schuß zu verteidigen.

Beim Hauptpartisanenstab beurteilte man die Situation sehr viel realistischer. Šmidke und Asmolov gaben den Kampf verloren und befahlen den sechs Partisanenbrigaden, die sich noch im Kessel befanden und etwa 3000 Mann umfaßten, in bestimmte Bergregionen auszuweichen und von dort aus den Kleinkrieg zu führen. Lediglich die „Stalin"-Brigade Jegorows sollte vorläufig noch in der Front der Aufstandsarmee ihre Positionen halten. Mit den Brigaden Welitschko, Sečansky, Bielik, Woljansky und Kvitinsky konnte das slowakische Armee-Oberkommando nicht mehr rechnen.

Auch die deutschen Dienststellen in Bratislava erwarteten in Kürze den Fall Bansky Bystricas. Die Einsatzgruppe H des SD (Dr. Wittiska) berichtete in einem Fernschreiben an Staatsminister K. H. Frank in Prag, wie sie die propagandistische Ausnutzung der Eroberung von Banska Bystrica zu handhaben gedachte:[6]

Unter Leitung des Chefredakteurs Hübner vom Europasonderdienst habe man eine slowakische Propagandaabteilung zusammengestellt, der Redakteure der Zeitschriften „Slovak", „Novy svet", „Slovanska Pravda", des slowakischen Rundfunks, der slowakischen Wochenschau, der slowakischen Pressekanzlei, der deutschen Wochenschau und der PK angehörten. „Die Zuverlässigkeit der Genannten ist überprüft." Die Abteilung befände sich auf dem Weg nach Banska Bystrica.

Die Nachrichtenübermittlung nach Bratislava sei gesichert.

„Nach Einzug in Banska Bystrica und nach Klärung der Situation organisiert SS-Untersturmführer Leitgeb eine Danksagung der Bevölkerung ..."

„SS-Obergruppenführer Höfle überzeugte den Präsidenten bereits von der Notwendigkeit, unverzüglich Banska Bystrica zu besuchen, und der Präsident erklärte, daß er bereitwillig alles tue, damit eine würdige Manifestation im Geiste des Reiches arrangiert werde. SS-Obergruppenführer Höfle legt von sich aus bei Eintreffen der Nachricht vom Fall Banska Bystricas Tiso die einschlägigen Gedanken für eine Ansprache vor. Der Grundgedanke ist der Dank an Gott und den Führer für die Abrechnung mit dem Tschechoslowakismus."

„Am Tag des Falls von Banska Bystrica liest Tido Gašpar im slowakischen Rundfunk einen Aufruf an das slowakische Volk vor, in dem er es zur Erneuerung des slowakischen nationalen Lebens aufruft. Von hier aus wurde angeregt, daß Tido Gašpar in seinem Aufruf auch die Slowakei-Deutschen erwähnt, die für ihre Treue zum slowakischen Staat ermordet wurden, und daß er auf die Erfüllung der gerechten Wünsche der deutschen Nationalitätengruppe hinweist."

Der katholische Pfarrer Polakovic, Vertreter Tido Gašpars im slowakischen Propagandaamt, werde ein öffentliches Treuebekenntnis ablegen. Das Thema: „Die Treue zum Volk, zum Staat und zum Reich."

„Ein slowakischer Hilfszug, ähnlich dem bayerischen Hilfszug, wurde von Tido Gašpar vorbereitet. Der Chef des höchsten Versorgungsamtes, Dr. Ondruška, stellt Material zur Verfügung ..."

Zwei bewaffnete Einheiten der Hlinka-Garde in Stärke einer Kompanie seien zum Einsatz in Banska Bystrica vorgesehen.

Vor Staatspräsident Tiso werde eine Militärparade in Banska Bystrica stattfinden.

---

6 V. Prečan, a.a.O., S. 757f., Nr. 490, Fernschreiben der Einsatzgruppe H des SD an Staatsminister K. H. Frank in Prag.

Mit dem katholischen Klerus seien Verhandlungen aufgenommen worden, um im ganzen Land eine Welle von Dankgottesdiensten zu starten.
„Seit Sonnabend, dem 21. Oktober, läuft in der Presse eine Propagandakampagne gegen den Tschechoslowakismus mit dem Grundgedanken: auf der einen Seite die Ergebnisse der tschechobolschewistischen Herrschaft der Banditen, auf der anderen Seite die Leistungen des slowakischen Staates unter der Führung und Garantie des Reiches."
„Die politische Ausnutzung der zu erwartenden gehobenen Stimmung in den herrschenden Kreisen nach der Liquidierung des Banditenzentrums Banska Bystrica wird vorbereitet."
Über die Erfolge der Aktion werde man laufend Bericht erstatten.

26. Oktober 1944
Die Lagemeldung des Deutschen Befehlshabers in der Slowakei vom Abend des 26. Oktobers 1944 begann mit den Worten:
„Der Hauptwiderstand des Gegners ist gebrochen ... Der Feind weicht vor der 18. SS-Panzergrenadier-Division und vor der Kampfgruppe Schill aus und leistet nur vereinzelt schwachen Widerstand ..."[7]
Am Vormittag des 26. Oktober begann sich die „1. Tschechoslowakische Armee in der Slowakei" tatsächlich aufzulösen. Am Morgen dieses Tages hatte sich die Kampfgruppe „Schill", II. Bataillon an der Spitze, aufgemacht, Zvolen zu stürmen. Grimmig entschlossen, der 18. Panzergrenadier-Division, die erst sieben Wochen später in den Kampf eingegriffen hatte, nicht den Siegeslorbeer zu überlassen, griffen die „Schill"-Grenadiere die slowakischen Stellungen bei Dobra Niva an. Doch zum Erstaunen der deutschen Soldaten fanden sie kaum noch Widerstand. Die Einheiten der 3. Taktischen Gruppe stapelten die Waffen, zerstreuten sich oder begaben sich in Gefangenschaft. In den Mittagsstunden setzte sich das I. Bataillon an die Spitze der Kampfgruppe und nahm im Laufschritt Zvolen, während die operative Reserve der Aufstandsarmee noch bei Zolna, 9 km ostwärts Zvolen, gegen die linke Regimentsgruppe der 18. Panzergrenadier-Division kämpfte, und die 4. Taktische Gruppe, 10 km westlich Zvolen, vor dem Druck der Division „Tatra" schrittweise die Ortschaften Hronska Breznica, Dubrava und Vlkanova räumte.
Der Kommandeur des I. „Schill"-Bataillons erinnerte seine Soldaten daran, daß sie als erste in Topolčany, Bat'ovany, Novaky, Horne Hamre, Dolne Hamre, Babina und Pliešovce gewesen seien und forderte sie auf, die Nacht über zu marschieren und zu kämpfen, um auch als erste Banska Bystrica zu betreten. Das Bataillon stieß noch in den Nachmittagsstunden 9 Kilometer

---

7 Lagemeldung, a.a.O., vom 26. 10. 1944.

vor und stand bei Einbruch der Dunkelheit 8 km südlich Banska Bystrica, völlig erschöpft, nachdem es seit den frühen Vormittagsstunden 22 Kilometer zu Fuß zurückgelegt hatte.

Zusammenbruch und Auflösung der slowakischen Verteidigung kamen auch für das Oberkommando der Aufstandarmee überraschend. Über den Verlust Zvolens wurde es vom Gegner unterrichtet: Der Kommandeur des I. Bataillons der Kampfgruppe „Schill", Oberleutnant Kettgen, sprach sofort nach Einnahme der Stadt auf der noch intakten Telefonleitung mit Banska Bystrica und erreichte Brigadegeneral Golian, den er zur bedingungslosen Kapitulation aufforderte. Golian erklärte, er werde mit dem Slowakischen Nationalrat Rücksprache nehmen, und hängte ein. In den Abendstunden verlegte das slowakische Hauptquartier nach Donovaly, einem winzigen Dorf in der Niederen Tatra, 16 km nördlich Bansky Bystrica und 14 km südlich der vordersten Angriffsspitzen der SS-Brigade Dirlewanger, die sich an diesem Tag in mühseligem frontalem Abringen gegen Major Vesels Soldaten bis auf 4 Kilometer an Liptowska Osada, den Gefechtsstand der 6. Taktischen Gruppe, herangekämpft hatte.[8]

27. Oktober 1944

In der Nacht vom 26. zum 27. Oktober 1944 konzentrierte sich das Drama des Slowakischen Nationalaufstandes auf Leben oder Sterben der revolutionären Hauptstadt Banska Bystrica. Fiel Bystrica, so sank auch die Fahne der slowakischen Erhebung! Das war die allgemeine Überzeugung – auf beiden Seiten der Front.

In der Stadt selbst ging es in dieser Nacht turbulent zu. Alles hastete und flüchtete aufgescheucht durch die engen Gassen Bystricas. Niemand wußte, was zu tun war; niemand erteilte klare, übersichtliche Befehle. Straßen und Plätze wimmelten von Stäben, Etappenkriegern und Partisanen. Einer schürte die Hysterie des anderen. Über die Ursachen des Desasters schrieb Anton Rašla als Augenzeuge der Ereignisse in seinem Memoiren:[9]

„Die Rückzugskämpfe waren bis in das Gebiet von Zvolen organisiert durchgeführt worden. Es wäre auch nichts Besonderes geschehen, wenn man sich nun – unter dem Druck der Deutschen – auch aus Banska Bystrica hätte planmäßig zurückziehen können. Man war überzeugt davon, daß wir uns dann am Hron entlang bis nach Brezno absetzen würden. Die totale Überraschung kam mit dem Eingreifen einer SS-Division (18. SS-Panzergrenadier-

---

[8] Nach einer mündlichen Auskunft, die der heutige Oberst d. Res. Miloš Vesel dem Verfasser im Juni 1968 gab, zeigten sich bei der 6. Taktischen Gruppe bis zum Ende des Aufstands kaum Auflösungserscheinungen.

[9] A. Rašla, a.a.O., S. 174

division „Horst Wessel" – d. Verf.) aus Ungarn ... Nach dem Fall von Tisovec wußten wir, daß wir nicht genügend Kräfte hatten, den Deutschen den Weg nach Brezno zu sperren. Beim Oberkommando der Aufstandsarmee waren nun alle nervös und sagten mir, das Einzige, was übrig bleibe, sei der Rückzug von Bystrica nach Norden. Alle diese Ereignisse spielten sich sehr schnell ab; es war eine wirkliche Überraschung."
Und in der Tat, alles flüchtete in der Nacht vom 26. zum 27. 10. nach Norden, wo sich die Front noch ca. 30 km von Banska Bystrica entfernt befand. Im Osten stand die Panzerabteilung der Division „Horst Wessel" etwa 18 km vor der Hauptstadt des Aufstandes, und im Süden waren es noch 8 km, welche das I. Bataillon der Kampfgruppe „Schill" von Bystrica trennten. Immerhin, rund um die schwer bedrängte Stadt hatte Major Nosko etwa 5000 Mann zusammengezogen, darunter den Eliteverband der Aufstandsarmee, die II. Luftlandebrigade. An schweren Waffen standen nur noch vier Panzer und acht schwere motorisierte Geschütze zur Verfügung. Aber die Straße von Bystrica nach Zvolen war durch massenhafte Minen und Sperren fast unpassierbar gemacht. Und rechts und links davon waren die Berglehnen terrassenartig ausgebaut: eine Stellung überhöhte die andere, und raffiniert getarnte Bunker mußten es ermöglichen, die Straße im Tal durch leichte und schwere Maschinengewehre sowie sowjetische Panzerbüchsen bei einem deutschen Vormarsch in einen Hexenkessel zu verwandeln. Am hellen Tage, so hatte sich Nosko sagen dürfen, war hier für die Deutschen kein Durchkommen.
Während die nächtlichen Straßen Banska Bystricas vom allgemeinen Aufbruch nach Norden brodelten, stand der Kommandeur des I. Bataillons der Kampfgruppe „Schill", acht Kilometer südlich der Stadt, vor einer schweren Entscheidung. Kettgen berichtet darüber:[10]
„Der Sturmlauf des I. Btl. Schill war am 26. 10. nachmittags, nördlich Zvolen, mit dem Auftrag angehalten worden: ‚Eingraben. Banska Bystrica wird von Norden genommen.'
Vom I. Btl. sofort nach Norden angesetzte Aufklärung ergab:
a) Das Hrontal war mit mehreren tief gestaffelten Bunkerlinien, Drahthindernissen und Minensperren gesichert.
b) Die gegnerische Truppe war in Auflösung begriffen, verließ z. T. ihre Stellungen.
Die eminent wichtige Meldung b) verdichtete sich im Laufe des Abends durch weitere Überläufer- und Gefangenen-Aussagen.
Kdr. I. Btl. erbat daraufhin über Funk vom Deutschen Befehlshaber in Preß-

---

10 Hans Kettgen in einer schriftlichen und mündlichen Erklärung gegenüber dem Verfasser vom Herbst 1978.

burg Genehmigung zum sofortigen Angriff nach Norden. Der Antrag wurde umgehend abgelehnt. (Der Lehrsatz der Taktik, günstige Lageentwicklungen unverzüglich auszunutzen, wurde durch Befehl konterkariert. Wiederum erwies es sich, daß es unzweckmäßig ist, Kampfgruppen über weite Entfernungen hinweg führen zu wollen. Eine Unterrichtung des Kommandierenden Generals an Ort und Stelle hätte zwangsläufig zu einer anderen Entscheidung geführt.)

So stand Kdr. I. Btl. Schill vor einer schweren Entscheidung:

1. Der Angriff von Norden auf Bansky Bystrica war vom Gelände her wesentlich schwieriger und zeitraubender. Der Gegner hatte sich dort in den letzten drei Wochen gut behauptet. Es bestand die Gefahr, daß erneute deutsche Angriffe in diesem Raum wiederum scheitern würden und daß die gegnerische Führung die Lage im Hrontal zwischenzeitlich wieder stabilisieren konnte.

2. Von Süden her war das Gelände für den Angriff wesentlich günstiger: Das Hrontal war breit und offen. Die Auflösungserscheinungen beim Gegner ausnutzend mußte es ungeachtet erheblicher Geländeverstärkungen gelingen, Banska Bystrica handstreichartig in Besitz zu nehmen. Das aber würde militärischen Ungehorsam bedeuten.

3. Sollte der geplante Angriff von Norden mißlingen, bestand die Möglichkeit, daß I. Btl. Schill doch den Auftrag bekam, von Süden anzugreifen, und daß es dann u. U. gegen eine wieder stabilisierte Front anrennen mußte.

Diese Überlegungen führten zu einem erneuten Funkspruch an den Deutschen Befehlshaber mit dem erneuten Antrag, den Angriff freizugeben. Der Antrag wurde wiederum abgelehnt. Daraufhin entschloß sich Kdr. I. Btl. Schill, die günstige Lage ausnutzend, um Mitternacht zum sofortigen Angriff auf die feindliche Hauptstadt anzutreten."

Um 1 Uhr nachts des 27. Oktober 1944 trat das I. Bataillon der Kampfgruppe „Schill" zum letzten Marsch auf Banska Bystrica an. An der Spitze die 1. Kompanie mit dem Pionierzug, dazu 12 Sturmgeschütze und 7 Schützenpanzerwagen. Es waren noch acht Kilometer Entfernung zu überwinden, auf einer gut ausgebauten Betonstraße, die mit Minen und Straßensperren gespickt war. Das „Pionier-Tagebuch aus der Slowakei", ein deutscher Augenzeugenbericht, gibt Aufschluß über die nächtlichen Geschehnisse in den letzten Stunden vor dem Fall von Bansky Bystrica:[11]

„... Mit den Pionieren an der Spitze setzte sich die 1. Kompanie, links und rechts angelehnt, in Marsch. Vor uns war bereits ein Panzer auf eine Mine gefahren, also hieß es aufpassen, obwohl es eine fabelhafte Betonstraße war.

---

11 „Zu-gleich", a.a.O., S. 69ff.

Plan dieses Unternehmens war, völlig lautlos und damit überraschend so nahe an den Stadtrand oder gar bis in die Stadt selbst zu kommen, so daß wir in den frühen Morgenstunden überraschend eindringen konnten. Es war der erste Nachtangriff hier in der Slowakei und mußte eigentlich auch überraschend wirken. Minen waren in der Tat genügend eingebaut. Es gestaltete sich besonders schwierig, sie aus dem Beton herauszunehmen. Nach kurzen Stockungen ging es dann immer auf der Straße weiter. Dunkle Gestalten, ohne Zigarettenlicht, ohne jeden Laut. Dann standen wir wieder vor einer kleinen gesprengten Brücke mit Höckerhindernissen. Es wurde fieberhaft gearbeitet und schließlich auch geschafft und weiter ging es, immer dem neuen Tag zu. Wieder eine Stockung, Minen lagen im Weg. Während die Kameraden bemüht sind, diese Teufelskisten auszubauen, hockt sich alles andere hundemüde auf die Straße und döst vor sich hin, halb schlafend, halb wachend ... Langsam und grau stieg der neue Tag aus der Wiege. Allmählich waren rechts und links die Bergzüge zu erkennen, immer deutlicher waren schon Einzelheiten zu unterscheiden, bis wir schließlich in den hellen Morgen marschierten. Fast unzählig viele Bunker, auf russische Art gebaut und getarnt, sicherten rechts und links der Straße über fabelhaftes Schußfeld die Sperren ... Banska Bystrica wurde konzentrisch angegriffen. Von Osten kam eine SS-Division, von Westen kam eine Division der Wehrmacht, und von Süden kamen wir, das Regiment „Schill". Wer würde als erster in der Stadt sein? In ungestümem Vormarsch, fast einem Laufschritt gleich, zog es uns nach vorn. Um 6.30 Uhr betraten die ersten Teile des Regiments ‚Schill" Banska Bystrica, in dem sich hunderte von Gefangenen ergaben ... Aufgesessen erreichten wir schließlich den Marktplatz und standen nun am Ziel, in jenem Ort, der uns schon seit Anbeginn der Kamphandlungen als Preis vorschwebte ..."

Fünf Stunden später erreichte auch die Panzerabteilung der Division „Horst Wessel" die Hauptstadt des Aufstandes. Aber noch immer leisteten Teile der 1. Taktischen Gruppe westlich Banska Bystrica der langsam vorrückenden „Tatra"-Division hartnäckigen Widerstand. Und im Norden verteidigte Miloš Vesel mit seinen Soldaten Liptowska Osada erfolgreich gegen die Brigade Dirlewanger. Doch der reguläre Kampf der slowakischen Aufstandsarmee ging zu Ende. Die abendliche Lagemeldung des deutschen Befehlshabers begann mit dem Satz: „Die tschechoslowakisch-sowjetische Aufstandsbewegung ist zerschlagen."[12] Einen Tag vor dem 26. Jubiläum der Gründung der tschechoslowakischen Republik war Banska Bystrica, die Hauptstadt des Slowakischen Nationalaufstandes, gefallen.

Die Regierung in Bratislava erließ am Abend dieses Tages einen Aufruf an

---

12 Lagemeldung, a.a.O., vom 27. 10. 1944.

alle Bürger in der Slowakei, in dem es hieß: „Heute fiel Bansky Bystrica – der Sitz der Aufständischen. Dadurch wurde auch das letzte kleine Gebiet in der Slowakei, das der Feind vergewaltigte, befreit und in das öffentliche Leben des slowakischen Staates eingegliedert. Die slowakische Regierung ist glücklich über diesen historischen Erfolg, durch den die höllische Absicht des Feindes vereitelt wurde und das slowakische Recht und die slowakische Wahrheit siegten ..."[13]

Der deutsche Wehrmachtsbericht gab bekannt: „Der Aufstand in der mittleren Slowakei, von den Sowjets ausgelöst und durch Banditen verschiedener Länder, die aus der Luft abgesetzt wurden, genährt, ist im Zusammenbrechen ..."[14]

Der Sieger verweigerte dem unterlegenen Gegner einen ehrenvollen Nachruf.

28.–31. Oktober 1944

In der Nacht vom 27. zum 28. Oktober diktierte General Viest in Donovaly, nördlich Banska Bystrica, das geheime Sonderdokument Nr. 25 843, mit dem er der „1. Tschechoslowakischen Armee in der Slowakei" befahl, den regulären Widerstand einzustellen und zum Partisanenkampf überzugehen. Diese Aktion sollte sich in der folgenden Nacht, vom 28. zum 29. Oktober, abspielen. Jede Gruppe erhielt ein bestimmtes Operationsgebiet zugewiesen:

1. Taktische Gruppe → die Massive der Hohen Tatra
2. Taktische Gruppe → südliche Abhänge der Niederen Tatra
4. Taktische Gruppe → nördliche Abhänge der Pol'ana-Berge
5. Taktische Gruppe → südliche Abhänge der Niederen Tatra
6. Taktische Gruppe → nördliche Abhänge der Niederen Tatra.

General Viest ordnete an: „Organisiert die Partisaneneinheiten zu je 100–200 Mann, soweit möglich nur aus Freiwilligen und aus Leuten, die bereit sind, für das Vaterland die größten Opfer zu bringen."[15]

Der Sonderbefehl Viests spiegelte die verzweifelte Situation der slowakischen Aufstandarmee wider. Bis zum Abend des 27. Oktober wurde aus den Lagemeldungen der Gruppenbefehlshaber ersichtlich, daß an einen geordneten Widerstand der Armee-Einheiten nicht mehr zu denken war. Die 3. Taktische Gruppe war durch den blitzartigen Vorstoß der Kampfgruppe „Schill" völlig vernichtet worden. Fast sämtliche schweren Waffen der Armee waren verloren gegangen. Allein die 18. Panzergrenadier-Division hatte

---

13 V. Prečan, a.a.O., S. 770f., Nr. 502, Aufruf der Tiso-Regierung an die Öffentlichkeit der Slowakei.
14 E. Murawski, a.a.O., S. 341.
15 V. Prečan, a.a.O., S. 772ff., Nr. 504, Sonderbefehl des Divisionsgenerals R. Viest an die slowakische Aufstandsarmee.

bis zum Abend des 26. Oktober 30 slowakische Geschütze erbeutet. General Viest glaubte, daß ihm etwa die Hälfte der Armee in die Berge folgen würde. Vereint mit den Partisanen, an die 20000 Mann stark, aufgelöst in hundert kleine Partisanengruppen, hoffte er, den Okkupanten das Leben in der Slowakei zur Hölle machen zu können.

Nach dem Kriege haben die Kommunisten jahrzehntelang die falsche Behauptung verbreitet, die slowakische Armeeführung habe keinen Befehl zum Übergang der Streitkräfte in den Partisanenkrieg erlassen. Dagegen ist unbestreitbar, daß der Befehl Viests zu spät erteilt wurde. Auch in der konkreten Durchführung versagte das Armee-Oberkommando: Jeder Aufstandssoldat sollte 4½ Kronen (!), 40 Patronen, eine Garnitur warme Unterwäsche, zwei Büchsen Fleischkonserven und einen Käse für einen langdauernden Partisanenkrieg erhalten. Aber nicht einmal dazu kam es. Viest hatte mit dem Hauptpartisanenstab vierzehn Tage die Frage des Partisanenkampfes ergebnislos diskutiert und dabei versäumt, praktische Vorbereitungen zu treffen.

Der schriftliche Sonderbefehl Viests erreichte die Gruppenbefehlshaber nicht. Teils war die Auflösung der Armee am 28. Oktober schon zu weit fortgeschritten, teils kamen die Kuriere nicht mehr durch, da die motorisierten Einheiten der SS-Division „Horst Wessel" alle wichtigen Straßenkreuzungen und Wegegabelungen besetzt hielten. So wurde der Befehl von Einheit zu Einheit mündlich, größtenteils durch einfache Soldaten oder Unteroffiziere, weitergegeben, und je weiter er wanderte, desto mehr wurde er verzerrt, entstellt und mit frei erfundenen Zusätzen versehen. Schließlich lautete er: die Armee solle sich auflösen, jeder könne, wenn er wolle, nach Hause gehen. Rund dreißig Prozent der aufständischen Soldaten befolgten auch diesen Befehl, so wie sie zwei Monate lang den Anordnungen ihrer Kommandeure gehorcht hatten. Gut vierzig Prozent begaben sich in Gefangenschaft, und nur ein kleiner harter Kern zog sich in die Berge zum letzten Widerstand zurück.

Die deutsche Führung bemühte sich nach Kräften, das heillose Durcheinander bei den Slowaken zu vergrößern, um zu einer totalen Niederlage des Gegners zu gelangen. Während die Division „Tatra" das schwierige Wald- und Berggelände westlich und südwestlich Banska Bystrica von den versprengten Feindresten säuberte und das I. „Schill"-Bataillon in der Hauptstadt des Aufstandes Ruhequartiere bezog, vereinten sich die 18. Panzergrenadier-Division, das II. Bataillon der Kampfgruppe „Schill" und die Brigade Dirlewanger, um im Raum zwischen Banska Bystrica und Liptowska Osada die letzten intakten Teile der Aufstandsarmee einzukesseln und zu vernichten. Vom 28. bis 31. Oktober griffen die Deutschen das Gebiet zwischen Liptowska Osada, Korytnica, Kalište, Donovaly, Motycky und Stare Hory kon-

zentrisch an, mußten aber feststellen, daß sich der slowakische Gegner – in einem winzigen Kessel von zwölf mal zwölf Kilometern – mit dem Mute der Verzweiflung zur Wehr setzte.
Vier Tage dauerte der erbarmungslose Kampf, dann – in der Nacht vom 31. Oktober zum 1. November – brachen die Reste der slowakischen Verteidiger aus und zogen sich auf die unzugänglichen, schneebedeckten Kämme der Niederen Tatra zurück.
Der Slowakische Nationalaufstand war zu Ende.
Einen Tag zuvor, am 30. Oktober 1944, hatte die Hauptstadt des Aufstandes, Bansky Bystrica, ein makabres Schauspiel zu Gesicht bekommen. Staatspräsident Tiso war, begleitet von General Höfle, in der Stadt eingetroffen und hatte in Gegenwart des Bischofs und der hohen katholischen Geistlichkeit an einer feierlichen Dankmesse teilgenommen. Unter Glockengeläut hatte er den Marktplatz betreten und in seiner Priesterkleidung, mit zum Hitlergruß erhobener Hand, die Front einer Ehrenkompanie des I. Bataillons der Kampfgruppe „Schill" abgeschritten; General Höfle immer einen Schritt hinter ihm. Auch als Tiso von einem Podest aus seine Rede gegen den „Tschechobolschewismus" hielt, deren Grundgedanken der deutsche Befehlshaber entworfen hatte, stand Höfle mit zufriedenem Lächeln einen Schritt hinter ihm.[16]
An der nachfolgenden Militärparade nahm zur Verwunderung der deutschen Soldaten auch eine Kompanie bewaffneter slowakischer Hlinka-Garde teil. Zum Abschluß der Siegesfeier in Banska Bystrica dekorierte Staatspräsident Dr. Tiso deutsche Offiziere und Soldaten, heftete er den Okkupanten seines Landes slowakische Medaillen an die Brust.

16 Zur Teilnahme Staatspräsident Tisos an der Siegesparade in Banska Bystrica erklärte Alexander Mach dem Verfasser im Herbst 1969 in Bratislava: Dies sei der unglücklichste Schritt und der größte Fehler Tisos in seinem ganzen Leben gewesen, der ihn für sein Volk völlig diskreditiert hätte. Der deutsche Gesandte, Hanns Ludin, sei bezeichnenderweise nicht nach Banska Bystrica gefahren! Er, Mach, habe mit Tiso vorher gesprochen und ihn gefragt, ob er es sich nicht noch einmal überlegen wolle, der Aufforderung General Höfles Folge zu leisten, vor den deutschen Truppen eine Rede zu halten. Aber Tiso habe es dann doch gemacht. Für den Staatspräsidenten sei es in diesem Stadium nur noch um den Kampf gegen den Bolschewismus gegangen. In den letzten neun oder zwölf Monaten des Krieges sei Tiso nicht mehr der bauernschlaue slowakische Politiker gewesen, der zwar mit Hitler persönlich hervorragend konnte, aber doch immer versucht habe, wo es nur möglich war, die slowakischen Belange zu wahren. In dieser letzten Zeit sei er ganz der katholische Priester gewesen, dem es nur noch darum ging, die ungläubigen bolschewistischen Horden von Mitteleuropa fernzuhalten. Dafür sei ihm jedes Mittel recht gewesen; auch die Teilnahme an den deutschen Siegesfeierlichkeiten in Banska Bystrica.

Das Nachspiel

Brigadegeneral Golian hatte recht behalten: Der Slowakische Nationalaufstand endete als „zweites Warschau". In den Bergen nordöstlich Banska Bystrica vollzog sich der letzte Akt der Tragödie.
Etwa 5000 slowakische Soldaten waren im Kampf für die Freiheit ihres Landes gefallen. Mehr als 15 000 waren in Gefangenschaft geraten. Über 10 000 Mann hatten auf einen falschen Befehl hin die Waffen weggeworfen und sich in ihre Dörfer geschlichen, wo sie sich in den Häusern und Hütten versteckt hielten und auf ihre Denunziation warteten. Etwa 7000 Angehörige der Aufstandsarmee, darunter die Masse der II. Luftlandebrigade unter ihrem tapferen Kommandeur, Oberst der Infanterie Vladimir Přikryl, gingen in die Berge und vereinten sich mit den Partisanen. Anfang November 1944 standen auf den eisbedeckten Kämmen der Niederen Tatra und Pol'ana-Berge annähernd 10 000 „Banditen", die noch immer zwei slowakische Feldhaubitzen und zwei deutsche Panzerabwehrgeschütze mit sich schleppten.
In den folgenden fünf Monaten führten sie in Schnee und Eis das Leben von Bären und Wölfen. Hunger und Kälte setzten ihnen mehr zu als die Antipartisanen-Aktionen. Wenn sie Brot haben wollten, mußten sie von den Bergen in die Dörfer hinabsteigen, immer darauf gefaßt, von deutschen Jagdkommandos empfangen zu werden. Gelang es ihnen, ein deutsches Transportfahrzeug zu überfallen, das Lebensmittel enthielt, so konnten sie wieder eine Weile notdürftig ihr Leben fristen. Doch wenn sie ihre Feuer auf den Bergen trotz klirrender Kälte nicht niedrig hielten, mußten sie damit rechnen, entdeckt zu werden. Dann begannen die Jagd und das endlose Marschieren über die Berge von neuem.
Erst am 20. Januar 1945 besetzten die Sowjets Prešov. Acht Tage später waren sie in Poprad. Doch dann dauerte es noch einmal zwei Monate, bis zum 26. März, bis Banska Bystrica genommen wurde. Am 4. April 1945 zogen sowjetische Truppen in die slowakische Hauptstadt Bratislava ein.
Für die Deutschen war der Fall am 31. Oktober 1944 praktisch erledigt. Die zehntausend frierenden und hungernden Partisanen auf den Bergkämmen waren militärisch nicht von Belang. Bereits am Abend des 31. Oktober wurden die Offiziersanwärter des I. Bataillons der Kampfgruppe „Schill" herausgezogen und über Preßburg zu ihren Kriegsschulen in Marsch gesetzt. Der Rest der Kampfgruppe wurde in das 86. Freiwilligen-Grenadier-Regiment „Schill" verwandelt, das im Frühjahr 1945 im Rahmen der 32. SS-Freiwilligen-Grenadier-Division „30. Januar" die Reichshauptstadt Berlin verteidigte und im Strudel der sowjetischen Endoffensive unterging. Die 18. Panzergrenadier-Division „Horst Wessel" begann am Abend des 1. November

mit ihrem Abtransport nach Ungarn, wo sie in der Sturmflut der sowjetischen Großoffensiven ertrank.

Die Führer der slowakischen Aufstandsarmee aber, Viest und Golian, fielen den Deutschen in die Hände: am 3. November 1944. Beide Generäle hatten sich am 26. Oktober mit dem Hauptquartier nach Donovaly begeben, von wo sie bis zum 31. Oktober die letzten Kampfhandlungen ihrer Streitkräfte leiteten. Am 28. Oktober, am Staatsfeiertag, hatte Viest an Dr. Beneš telegraphiert: „Herr Präsident, in der schweren Situation, in der wir uns befinden, gedenken wir des 28. Oktober und versichern Ihnen, daß auch die heftigsten Angriffe des Feindes unsere Entschlossenheit nicht erschüttern, bis zum Endsieg auszuharren. Wir übersenden Ihnen unsere Huldigung. Wir glauben fest daran, daß der Sieg nahe ist."[17]

General Viest ließ zwei Maschinen zerstören, die abflugbereit in Donovaly standen, und lehnte das Angebot des sowjetischen Verbindungsoffiziers, Major Studensky, ab, sich unter den Schutz des Hauptpartisanenstabes zu begeben. Obwohl schwer krank, wünschte er, bei seinen Soldaten zu bleiben. Am 1. November begannen die beiden Generäle, umgeben von ihrer Stabswache, den Fußmarsch nach Südosten. Sie beabsichtigten, die Straße von Banska Bystrica nach Brezno zu überschreiten und sich in die Pol'ana-Berge durchzuschlagen, wo der Chef des Stabes, Major Nosko, ein Ausweichquartier für sie vorbereitet hatte. In der Nacht vom 2. zum 3. November erreichten sie das Dorf Bukovec, nur noch wenige Kilometer von der Straße entfernt, nach deren Überquerung sie sich außer Gefahr wußten. Was in jener Nacht in Bukovec geschah, schilderte ein Bauer des Dorfes und Augenzeuge dem Verfasser im Juni 1968:

„Hier auf der Bukovecer Lichtung wurde die Stabswache der Generäle Viest und Golian von den Deutschen zersprengt. Als das vorbei war, kamen die beiden nach Bukovec herunter. Da haben sie mit dem Förster Babiak besprochen, daß sie – wenn die Deutschen weg sind – sich erst einmal umziehen, da sie sehr naß waren, und sich dann satt essen. Als wir gesehen haben, daß die Deutschen abzogen, haben wir sie gerufen. Sie sind daraufhin gekommen, haben sich Zivil angezogen, und um 1 Uhr nachts sollten sie nach Pol'ana weitergehen. Bis dahin haben wir sie im Heu versteckt. Da waren sie also versteckt, aber die Soldaten, die sie um 1 Uhr abholen sollten, sind nicht gekommen. So mußten sie bis zum Morgengrauen warten; aber zu dieser Zeit suchten sie schon die Deutschen. Als die Deutschen sie im Dorf nicht fanden, nahmen sie einige Soldaten mit und brachten sie zu ihrem Stab, zum Verhör. Kurz darauf kamen sie mit drei Fahrzeugen zurück und sagten, man solle die

---

17 V. Prečan, a.a.O., S. 782, Nr. 511, Gruß des Befehlshabers der 1. Tschechoslowakischen Armee in der Slowakei, General R. Viest, an Präsident Dr. E. Beneš.

Generäle in den Häusern suchen, da sie dort versteckt seien. Sie jagten uns aus den Hütten und sagten uns, wenn sie die Generäle nicht fänden, würden sie die Häuser anzünden. Dann haben sie in die Scheunen geschossen. Wie nun Viest gesehen hat, daß es keine Rettung mehr gibt, daß er so und so zugrunde gehen würde, kam er herunter. Man hat ihn gefragt, wo der andere General ist, er solle ihn rufen. Da rief er: ‚Komm herunter, Kamerad, es geht zu Ende.' Da kam auch Golian herunter, und man hat beide gefangengenommen. Die Deutschen gaben jedem eine Zigarette und fuhren mit ihnen im Auto davon."

Die beiden Aufstandsgeneräle wurden an demselben Tag gefangengenommen, an dem die Abgesandten des Slowakischen Nationalrats und des slowakischen Armee-Oberkommandos, Ladislav Novomeský, Jan Ursiny und Oberstleutnant Vesel, in London dem Präsidenten Dr. Beneš ein grundlegendes Memorandum zum Verhältnis der beiden Nationen, der Tschechen und Slowaken, überreichten.[18] Man brachte Viest und Golian zuerst einmal nach Banska Bystrica, worüber Kettgen berichtet:[19]

„In Banska Bystrica kamen die beiden Generäle in desolatem Zustand an. Wir gaben ihnen Gelegenheit, sich zu restaurieren, und luden sie anschließend zum Abendessen ein. General Golian sprach kaum. Er wirkte ängstlich und nervös. General Viest dagegen, ruhig, souverän und gelassen, führte mit uns ein lebhaftes Fachgespräch. Er sprach von der ungeheuren deutschen Überlegenheit, die zwangsläufig zur Niederlage führen mußte, und nannte besonders die SS-Panzerdivision Schill, ausgerüstet mit modernen Tiger-Panzern. Ich konnte und wollte ihm die Korrektur, daß Schill lediglich ein schwacher Regimentsverband war, der keine Panzer, sondern nur alte, nicht mehr frontverwendungsfähige Sturmgeschütze mitführte, nicht ersparen."

Am nächsten Tag wurden Viest und Golian nach Bratislava transportiert, wo sie von General Höfle persönlich verhört wurden. Höfle zeigte sich von seinen Gegnern außerordentlich beeindruckt.[20] General Viest sagte ihm, daß er fest an den Sieg der Alliierten glaube, und auf eine Frage Höfles, ob er sich nicht anders verhalten hätte, wenn ihm das Ende des Aufstands vorher bekannt gewesen wäre, antwortete er: Er sei Soldat und Patriot; er würde immer wieder so handeln. General Golian lehnte es standhaft ab, einen Kapitulationsaufruf an die in die Berge gegangenen Soldaten der slowakischen Aufstandsarmee zu unterzeichnen.

---

18 Siehe zum Vergleich Dokumenten-Anhang 21: Tschechen und Slowaken.
19 Hans Kettgen in einer Zuschrift an den Verfasser vom Herbst 1978.
20 Dučan Viest, ein Neffe des Generals, Oberleutnant in der Aufstandsarmee, im Juni 1968 zum Verfasser: „General Höfle sagte 1945 zu mir: Ihr Onkel war ein mutiger Soldat und niemals feige!"

Das Nachwort

Der Aufstand – das scheint lange her zu sein. 35, 40 oder 50 Jahre sind heutzutage eine Ewigkeit. Selbst den jungen Slowaken erscheint das, was damals geschah, wie eine halbverklungene Sage aus grauer Vorzeit.
Und doch ist es erst gestern gewesen, kann heute oder morgen wieder geschehen; so eng sind Vergangenheit, Gegenwart und Zukunft miteinander verknüpft. Hat sich denn – abgesehen von Jahreszahlen – irgend etwas geändert?
Noch immer liegt die Slowakei zwischen Donau und Tatra: eines der schönsten Länder Europas, nach wie vor völlig unbekannt. Noch immer kann man stundenweit durch das Slowakische Erzgebirge oder die Niedere Tatra gehen, ohne einem Menschen zu begegnen. Noch immer sieht man auf den staubigen Dorfstraßen der Mittelslowakei alte Frauen mit zerfurchten Gesichtern unter schwarzen Kopftüchern.
Die älteren Slowaken, die fünfzig oder mehr Jahre auf dem Buckel haben, wissen noch von der selbständigen Slowakei, erinnern sich noch des Aufstandes von 1944. Im Jahre 1968 erlebten sie zum zweiten Mal den Einmarsch fremder Truppen in ihre Heimat. Wieder war es im August, und wie 24 Jahre zuvor waren die slowakischen Bauern gerade bei der Ernte. Die Sommerhitze flirrte über den Bergen, und in den Tälern klirrten wiederum die Panzerketten.
Freiheit und Unfreiheit, Opposition und Okkupation, Erhebung und Unterdrückung – die Grundfragen der Menschen bleiben zu allen Zeiten gleich.

* * *

Und die Handelnden von damals, von 1939 und 1944? Was ist aus ihnen geworden? Was war ihr Schicksal nach 1945?
Dr. Josef Tiso wurde im August 1946 von den Amerikanern an die Prager Regierung ausgeliefert. Der tschechoslowakische Staatspräsident, Dr. Eduard Beneš, ordnete an, daß die Ankunft des gefesselten Tiso in Bratislava gefilmt wurde. In den Regionen der Slowakei kam es zu Demonstrationen der Bevölkerung für Tiso, als die Beneš-Äußerung kolportiert wurde: „Zwei Präsidenten können nicht in einem Staat regieren. Tiso muß hängen!"
Vom 2. Dezember 1946 bis 19. März 1947 dauerte der Tiso-Prozeß. Höhepunkt der Verhandlung, die unter Ausschluß der Öffentlichkeit stattfand, war die Verteidigungsrede Tisos, die er am 17. und 18. März 1947 hielt und

die über 200 Schreibmaschinenseiten umfaßte.[1] Tiso sprach elf Stunden. Einer seiner Hauptankläger war der slowakische Kommunist Anton Rašla,[2] ein enger Freund Husáks. Dr. Tiso wurde zum Tode durch den Strang verurteilt und am 18. April 1947 hingerichtet. Als man ihm um 5.30 Uhr, im frühen

[1] Siehe zum Vergleich Dokumenten-Anhang 23: Tisos Verteidigungsrede.
[2] Dr. Anton Rašla, 1968 Dozent an der juristischen Fakultät der Preßburger Universität, erklärte dem Verfasser kurz vor der Okkupation der Sowjets, warum Dr. Tiso sterben mußte: „Es ist richtig, daß ich als einer der Ankläger gegen Tiso die Todesstrafe beantragte. Dafür hatte ich drei Gründe: Der erste Grund war, daß Tiso slowakischer Staatspräsident, also der erste Mann dieses Staates war. Er symbolisierte sozusagen diesen Staat und dieses Regime. Hätte die Anklage gegen ihn keine Todesstrafe beantragt, so hätten wir keine moralische Legitimation gehabt, bei untergeordneten Funktionären, bei den Mitgliedern der Hlinka-Garde, bei den direkten Ausführenden der faschistischen Verbrechen die Todesstrafe zu verlangen. Das ist der erste Grund.
Der zweite: Die Taktik Tisos bei seiner Verteidigung, sich als völlig unschuldig hinzustellen und die faschistischen Verbrechen den Deutschen zuzuschieben, entlarvte sich beim Hauptverfahren als unaufrichtig; es zeigte sich, daß Tiso nicht die Wahrheit gesprochen hatte. Bei der Konfrontation mit dem damaligen Gesandten des Deutschen Reiches in Bratislava, Ludin, und mit dem Oberkommandierenden der deutschen Okkupationsstreitkräfte in der Slowakei, General Höfle, wurde bewiesen – und sie sagten es Tiso Auge in Auge –, daß einige dieser Maßnahmen auf Initiative der slowakischen Regierung erfolgten. Zum Beispiel das Angebot der Aussiedlung der Juden: Die slowakische Regierung bot dem Deutschen Reich als erste im ganzen deutschen Machtgebiet die Aussiedlung der Juden an! Das wurde bewiesen. Dann bestritt Tiso auch seine Initiative bei den Kriegserklärungen der slowakischen Regierung an die Sowjetunion, die Vereinigten Staaten und England. Auch in diesem Falle wurde er durch die Aussage des Gesandten Ludin überführt; ebenso durch die Dokumente. Ludin sagte wörtlich: ‚Das war nur eine Last für uns! Wir haben vieles gar nicht verlangt.'
Der dritte Grund war ein politischer: Tiso mußte unbedingt vor einem *slowakischen* Gericht angeklagt werden! Die neue slowakische politische Intelligenz, die aus dem Aufstand hervorgegangen war, mußte nicht nur die Öffentlichkeit im eigenen Staat – zum Beispiel die Tschechen! –, sondern mußte auch das demokratische Europa davon überzeugen, daß sie in ihrem Lande endgültig mit dem Faschismus Schluß gemacht hatte. Es durfte nicht sein, daß sich eine andere Macht oder Okkupationsarmee oder daß sich die tschechischen Behörden etwa das Verdienst angerechnet hätten, die Liquidatoren des Faschismus in der Slowakei zu sein! Deshalb wurde ein eigenes Gesetz des Slowakischen Nationalrats über die Bestrafung der Verräter und Kollaborateure in der Slowakei erlassen. In der Slowakei galten auch besondere Prozeßvorschriften. Und das alles geschah deshalb, damit man uns, wenn wir eines Tages politische Postulate – wie zum Beispiel die Föderation – durchsetzen wollten, nicht vorwerfen konnte, wir wollten nichts anderes tun als das, was Tiso tat. Das war der Grund."

Morgengrauen, die Schlinge um den Hals legte, sagte er: „Gott, vergib ihnen, denn sie wissen nicht, was sie tun." Seine letzten Worte waren: „Meine Seele empfehle ich Gott und mein Herz dem slowakischen Volk."
Die Geheimpolizei begrub am Nachmittag einen falschen Sarg in Bratislava, auf dessen Erdhügel sich nächtens Blumengebinde von unbekannten Händen häuften. In Wahrheit jedoch war Tisos Leichnam heimlich nach Brünn, in die Hauptstadt Mährens, gebracht worden. Dort fand die Einäscherung statt; dort wurde die Asche in alle Winde zerstreut.
So starb Staatspräsident Tiso. Alexander Mach dagegen zog geschickt den Kopf aus der Schlinge und kam mit 30 Jahren davon. Er hatte die Genugtuung, in den Gefängnissen der kommunistischen Tschechoslowakei die großen Funktionäre der slowakischen Kommunisten als Leidensgenossen wiederzutreffen, so seine alten Bekannten Husák und Novomeský, und konnte mit ihnen beim Bastflechten und Tütenkleben über die Eitelkeit alles Irdischen philosophieren. Nach zwanzig Jahren, im Frühjahr 1968, wurde er zu seiner Familie nach Bratislava-Šdrkovec entlassen, und der Verfasser konnte beim Gespräch in seiner Wohnung feststellen, daß zwei Jahrzehnte Gefangenschaft nicht die geringste „Gehirnwäsche" bei ihm bewirkt hatten: Machs Urteile über die kommunistische ČSSR waren ebenso ironisch wie vernichtend.
General Ferdinand Čatloš, der Tiso im Prozeß schwer belastet hatte, wurde dementsprechend glimpflich behandelt und schon recht bald nach Sv. Martin entlassen, während sein Kamerad und Rivale, General Turanec, im Gefängnis starb. Auch Čatloš, mit dem der Verfasser mehrfach in dessen Wohnung sprach, zeigte sich von den „Errungenschaften" der Nachkriegszeit wenig beeindruckt, verteidigte lebhaft die Gründung der selbständischen Slowakischen Republik von 1939, bedauerte aufrichtig den Krieg gegen die Sowjetunion von 1941 und bekannte sich stolz und unnachgiebig als „slowakischen Nationalisten".
Was die Handelnden auf deutscher Seite angeht, so erfuhren sie krause, ja sinnlose Schicksale, wie das ganze deutsche Volk. Hanns Ludin, ein unwandelbarer Freund des slowakischen Volkes, mußte sterben; wie Tiso am Galgen. Das wäre nicht nötig gewesen. Alle, die ihm menschlich nahestanden, mühten sich um seine Rettung. Gesandtschaftsrat Gmelin, sein engster Mitarbeiter in Preßburg, Hans Kettgen, der Kommandeur des I. „Schill"-Bataillons, und der bekannte Schriftsteller Ernst von Salomon schmiedeten für den in amerikanischer Internierung befindlichen Ludin einen Fluchtplan nach dem anderen. Ja, Ludins engster Freund, Richard Scheringer, damals kommunistischer Staatssekretär für Landwirtschaft in Bayern, intervenierte nachdrücklich zugunsten Ludins bei Otto Grotewohl in Ostberlin und Clement Gottwald in Prag. Alles vergeblich: Hanns Ludin wies jeden Rettungs-

versuch ab. Er fühlte sich aufgerufen, für „das Reich"[3] zu stehen und für das von ihm so geliebte deutsche Vaterland Zeugnis abzulegen. Seine Haltung während des Prozesses und angesichts des Galgens erschütterte die slowakischen Augenzeugen zutiefst. Hanns Ludin starb mit dem Ruf: „Es lebe Deutschland!"

Auch SS-General Hermann Höfle mußte sterben, wurde in Bratislava gehängt. Als überzeugter Katholik empfahl er seine Seele Gott. SS-Obergruppenführer Gottlob Berger dagegen lebte noch lange unbehelligt in Süddeutschland, immer fest davon durchdrungen, er habe entscheidenden Anteil an der Niederschlagung des slowakischen Aufstands gehabt.

Gesandtschaftsrat Gmelin, Ludins rechte Hand, war lange Jahre hindurch verdienstvoller Oberbürgermeister der Universitätsstadt Tübingen und Vizepräsident des „Nationalen Olympischen Komitees" der Bundesrepublik Deutschland. Der damalige Chef des Stabes in Preßburg, Oberstleutnant Uechtritz, diente bis zu seiner Pensionierung als Kommandierender General des I. Armeekorps in der Bundeswehr. Hans Kettgen, der für die Führung des I. „Schill"-Bataillons von Adolf Hitler das Ritterkreuz erhalten hatte, war einer der ersten Offiziere der ehemaligen Waffen-SS, die in die Bundeswehr übernommen wurden, deren Reihen er 1973 als Oberst a. D. verließ.

Von den ehemaligen slowakischen Gegnern zog sich Stabschef Julius Nosko, der noch zum Generalmajor befördert wurde, nach Böhmen zurück. Oberstleutnant Perko, der Führer der legendären 5. Taktischen Gruppe, nach dem Kriege General, nahm seinen Wohnsitz in Zvolen: ein ebenso liebenswürdiger wie bescheidener Mann. Die späteren Generäle Imro und Marko lebten nach dem Kriege als Rentner in Brezno und Bratislava, während Oberstleutnant Dr. Ferjenčik, ebenfalls zum General befördert, nach dem Februar-Coup (1948) der tschechoslowakischen Kommunisten in das westliche Ausland emigrierte. Unbeeindruckt von allen kommunistischen Schikanen wie 1944 von allen deutschen Angriffen blieb Major Miloš Vesel, der Held von Biely Potok und vom Ostrô, der sich als Rentner im Range eines Obersten in Ružomberok niederließ: ein heiterer, immer gut gelaunter Gesellschafter, der partout nicht von seinen Verdiensten reden will; Soldat vom Scheitel bis zur Sohle. Cyril Kuchta, der Verantwortliche für den Mord an der deutschen Militärmission, läßt sich dagegen in Banska Bystrica als Oberst und Nationalheld feiern.

Karol Šmidke aus Handlova, Herz und Hirn des kommunistischen Widerstandes, starb bereits im Jahre 1952. Zu der Zeit saßen seine beiden engsten und fähigsten Mitarbeiter während des Aufstandes, Gustáv Husák und La-

---

3 Siehe die Schilderung Ernst v. Salomons in seinem Bestseller „Der Fragebogen" (Rowohlt).

dislav Novomeský, in den Kerkern der kommunistischen Tschechoslowakei. Die eigenen Genossen hatten sie des „bourgeoisen Nationalismus" angeklagt, vor die Tribunale geschleift und mit Terror und Folter falsche Geständnisse von ihnen erzwungen.

Unbeeindruckt von alledem verließ Dr. Husák die Haft, und sofort begann er als Schriftsteller und später auch als Politiker an der Revision des durch die tschechischen Stalinisten deformierten Aufstandsbildes zu arbeiten. Und zielstrebig wie kein zweiter in der ČSSR begann er, seine große Karriere vorzubereiten. Er verlor dabei nie die Slowakei und nie die Sowjetunion aus dem Auge. Als im Frühjahr 1968 alles in der ČSSR und auch in der Slowakei nur von „Demokratisierung" redete, sprach Husák ungerührt von „Föderalisierung": Nicht von Menschenrechten, sondern von den Rechten der Slowaken! Der Verfasser wurde Zeuge, wie Husák sich in öffentlicher Rede und Gegenrede mit den Studenten der Preßburger Universität anlegte: rücksichtslos, mit schneidender Ironie, mit beeindruckender Zivilcourage. Dem unvoreingenommenen Betrachter mußte damals schon klar sein, daß nur einer aus dem tschechoslowakischen Chaos des Jahres 1968 ungeschoren hervorgehen würde: Dr. Husák. Und bald sollte der Wunsch des zehnjährigen Gustáv in Erfüllung gehen: Er wurde der „Papst" seines Landes.

Doch was ist nach 1944 mit Golian und Viest geschehen, den beiden Aufstandsgenerälen, den eigentlichen Helden der slowakischen Nation?

Ihr Schicksal ist so dunkel wie ihr Ruhm leuchtend ist. Es existieren Aussagen, wonach sie noch 1944 in Prag auf Befehl K. H. Franks ermordet wurden. Schlüssige Beweise fehlen dafür. Offiziell wurde in der ČSSR verbreitet, sie seien im Frühjahr 1945 in Berlin-Plötzensee hingerichtet worden. Nachforschungen beim Gefängnispfarrer ergaben aber, daß die beiden slowakischen Generäle dort niemals gesehen wurden. Schließlich gibt es Freunde, Verwandte und Verehrer der beiden Generäle – so beispielsweise Dučan Viest, Neffe des Divisionsgenerals –, die sowohl Briefe als auch mündliche Botschaften besitzen wollen, wonach Golian und Viest 1945 im Kriegsgefangenenlager Eberswalde von den Sowjets übernommen wurden und Anfang der 50er Jahre in russischer Internierung, bei Zwangsarbeit, gestorben seien. Es spricht vieles für diese Version.

Fest steht jedenfalls, daß die beiden Generäle tot sind. Nicht nur physisch. Auch ihr Andenken wurde von der kommunistischen Historiographie planmäßig manipuliert und entstellt.

* * *

Als 1945, nachdem der Krieg vorbei war, die Tschechoslowakei neu erstand, hätte man meinen sollen, daß die Historiker in Prag und Preßburg eiligst und mit großer patriotischer Genugtuung daran gehen würden, die Geschichte des slowakischen Aufstandes von 1944 zu untersuchen und zu beschreiben. Doch nichts dergleichen geschah, wenn man von einigen populären Kriegserinnerungen absieht. Während man in Bratislava zwei Jahre lang damit beschäftigt war, die Tiso, Čatloš und Mach vor Gericht zu stellen und die deutschen Geiseln Ludin und Höfle abzuurteilen, wob man in Prag an der Legende des tschechischen Mai-Aufstandes und „vergaß" die antifaschistischen Leistungen der Slowaken.

Vor allem Staatspräsident Dr. Beneš war es darum zu tun, die Slowaken möglichst lange mit dem Odium des „Verrats von München" belastet zu sehen. Der Zusammenbruch der Vorkriegsrepublik und die Ereignisse des II. Weltkriegs hatten ihn nicht belehrt, hatten ihn in seiner „tschechoslowakischen Ideologie" eher bestärkt und seinen Entschluß verhärtet, die Slowaken auf kaltem Wege zu tschechisieren. Das Programm von Kaschau vom April 1945, in dem verbindlich festgelegt worden war, daß die beiden Nationen der Tschechen und Slowaken hinfort „als Gleiche mit Gleichen" verkehren sollten, hinderte ihn mitnichten daran, unter dem Schlagwort von der „Tschechoslowakischen Nation" den Prager Zentralismus erneut zu etablieren und das Gleichberechtigungsstreben der Slowaken mit der ständigen Erinnerung an ihre klerikalfaschistische Vergangenheit von 1939 bis 1944 zu lähmen.

So blieb die Geschichte des slowakischen Aufstandes jahrelang im Zwielicht von Legenden und Manipulationen, und es traf sich merkwürdigerweise, daß der bourgeoise Nationalismus des Präsidenten Beneš tatkräftige Unterstützung bei den tschechischen Kommunisten fand. Ja, nach der Machtübernahme der Kommunisten in der Tschechoslowakei, im Februar 1948, wurde die Lage der Slowaken geradezu verzweifelt.

Zuerst einmal wurden die ohnehin unbedeutenden Kompetenzen des Slowakischen Nationalrats, des einstmals höchsten Aufstandsorgans von 1944, auf ein Minimum repräsentativer Funktionen reduziert. Sodann räumte man unter den Generälen der tschechoslowakischen Armee auf, soweit sie Slowaken und ehemalige Prominente des Aufstandes waren; verabschiedete sie unehrenhaft und kerkerte sie ein. Selbstverständlich wurden alle diejenigen politischen Aufstandsführer, die Nichtkommunisten waren, denunziert, verfolgt und von jeder Verehrung ausgeschlossen (so geschehen mit Jozef Lettrich, Jan Ursiny und Matej Josko). Dieser Prozeß war bereits um 1949 beendet.

Doch die tschechischen Kommunisten machten auch keineswegs vor ihren eigenen slowakischen Genossen halt. Auf dem IX. Parteitag der KPČ im Jahre 1950 wurden die kommunistischen Aufstandsführer von 1944 des „bourgeoisen Nationalismus" angeklagt. Am 18. April 1951 wurde gegen Husák und Novomeský auf einer Sitzung des ZK der KPS der Vorwurf erho-

ben, sie wären während des Aufstandes bereit gewesen, zur Position des Klassenfeindes überzugehen. Novomeský und Husák wurde der Prozeß gemacht, und im Dezember 1952 starb unter ungeklärten Umständen der ehemalige Vorsitzende des Slowakischen Nationalrats von 1944, der Altkommunist und verdiente Widerstandskämpfer Karol Šmidke.
Danach war klar, daß Faktum und Vermächtnis des slowakischen Aufstandes von 1944 den tschechischen stalinistischen Kommunisten unter Gottwald genausowenig ins Konzept paßten, wie vorher den tschechischen bourgeoisen Kräften unter Beneš. In Prag hatte man sehr schnell begriffen, daß dem Aufstand weit mehr als bloße historische Bedeutung zukam, daß er notwendigerweise zum ideologischen Unterfutter für alle slowakischen Emanzipations- und Gleichheitsbestrebungen werden mußte, wenn man seine Überlieferung nicht schleunigst in den Griff bekam und in dem gewünschten Sinne deformierte.
Diese planmäßigen Manipulationen übernahmen in der Slowakei Široky, Bacilek und Baštovansky, in Prag Kopecky, Gottwald und Novotny. Alles, was 1954 zum zehnten Jahrestag des Aufstandes auf dem tschechoslowakischen Büchermarkt erschien, war nichts als Geschichtsklitterung primitivster Ausführung, wobei die Schwerpunkte der Verfälschung folgende waren: Maßlose Überbewertung der sowjetischen Hilfe für den slowakischen Aufstand, unkritische Heroisierung der kommunistischen Partisanenaktionen, gezielte Herabsetzung der Leistungen der regulären Aufstandsarmee und permanente Verfemung der Haltung der Westemigranten.
Auch nach dem XX. Parteitag der KPdSU änderte sich daran wenig. Ein Versuch des slowakischen Instituts für Parteigeschichte (Ustav dejin KSS), der Wahrheitsfindung eine Gasse zu bahnen, wurde von der damaligen Parteiführung rigoros unterdrückt. Šmidke, Husák und Novomeský durften niemals erwähnt werden, und die Namen prominenter Aufstandsoffiziere wie die von Viest und Golian existierten einfach nicht.
Längst hatte man eine offizielle Bezeichnung für die Ereignisse von 1944 gefunden: Man sprach nur noch vom „Slowakischen Nationalaufstand" („Slovenske Narodne Povstanie"; abgekürzt = SNP). Längst war man dazu übergegangen, an den Jahrestagen des Aufstandsbeginns Feierlichkeiten abzuhalten: Man erwählte dazu den 29. August, den Tag des deutschen Einmarsches von 1944. Und längst hatte man eine verbindliche Interpretation der historischen Ereignisse geschaffen, an der nicht gerüttelt werden durfte:

1. Der Aufstand war eine Sache des ganzen slowakischen Volkes unter der Führung der Kommunisten.
2. Der Aufstand war lediglich als Teilstück des tschechoslowakischen Gesamtwiderstandes zu betrachten.

3. Der Aufstand war in Vorbereitung und Durchführung ein Verdienst der kommunistischen Gottwald-Gruppe in Moskau.
4. Den Aufstand hatten militärisch die Partisanen und nicht die slowakischen Armeeverbände getragen.
5. Der Aufstand hätte ohne die tatkräftige Hilfe der Sowjetunion niemals stattfinden können.
6. Der Aufstand war schließlich gescheitert dank der Unfähigkeit der slowakischen Armeeoffiziere und infolge der Intrigen der Beneš-Clique in London.

Der XII. Parteitag der KPČ im Dezember 1962 brachte eine erste Wende. Einerseits wurde im Zuge der Entstalinisierung die Rehabilitation der verurteilten „bourgeoisen slowakischen Nationalisten" beschlossen, andererseits mußten gründliche Vorbereitungen für den zwanzigsten Jahrestag des Aufstandes getroffen werden, der am 29. August 1964 als Spektakulum von internationalem Rang über die slowakische Bühne gehen sollte. Entscheidend war jedoch, daß im Frühjahr 1963 die „Preßburger Rebellion" der Schriftsteller, Journalisten und Künstler ausbrach, in der – lange vor dem „Prager Frühling" von 1968 – volle Demokratisierung der ČSSR sowie absolute Gleichberechtigung der Slowaken mit den Tschechen gefordert wurden und in deren Verlauf die Frage des „Slowakischen Nationalaufstandes" eine immer stärkere Rolle zu spielen begann.

Der erste Angriff gegen die Deformationen und Entstellungen der Vergangenheit kam von „nationalkommunistischer" Seite: In der slowakischen Wochenzeitung „Kulturny Život" griffen A. Matuška, S. Falt'an sowie der inzwischen wieder freigelassene Gustáv Husák zur Feder und forderten eine Revision der Aufstandsinterpretation, die vor allem das Ansehen des V. illegalen Zentralkomitees der KPS, das den Aufstand konspirativ vorbereitet, und des Slowakischen Nationalrats, der den Aufstand politisch geleitet hatte, wiederherstellen sollte.

Und in der Tat, als es im August 1964 anläßlich der Feierlichkeiten des zwanzigsten Jahrestages des Aufstandes zu einer internationalen Schriftstellertagung im Hotel „Partizan" in der Niederen Tatra und zur Herausgabe eines inoffiziellen Informationsbulletins über den Aufstand unter dem Titel „Mit Blut und Feder" („Krvou a perom") kam, lugte bereits ein Zipfel der Wahrheit aus dem Wust jahrzehntelanger Verfälschungen hervor. Auch wurde am 7. August 1964 im tschechoslowakischen Fernsehen eine Dokumentation ausgestrahlt, die sich objektiv mit dem Verhalten und den Verdiensten Karol Šmidkes befaßte.

Es war aber doch nur die halbe Wahrheit, welche die „Reformer" erstrebten. Der Revisionsprozeß lag einseitig in den Händen der „Nationalkommunisten", also vor allem der Gruppe um Husák und Novomeský. Ihr Bestreben ging dahin, mit gezielten Angriffen auf die Londoner „Beneš-Clique" den Prager Zentralismus zu treffen und mit starker Betonung der ausschließlich slowakischen Verdienste von 1944 die Vorherrschaft der Tschechen und den auf Beneš-Spuren wandelnden „Tschechoslowakismus" des damaligen Staatspräsidenten und Parteichefs Novotny zu untergraben. An der kommunistischen Partisanenlegende selbst wurde kräftig weitergewoben, und die Rehabilitierung des slowakischen Offizierskorps der Aufstandsarmee kam über einige Ansätze in „Kulturny Život" („Der Kaderfragebogen", eine Diskussion mit Aufstandoffizieren – Nr. 35 vom 29. 8. 1964) wenig hinaus.

Diese Tendenz zeigte sich ebenso deutlich in den Memoiren Gustáv Husáks „Zeugnis vom Slowakischen Nationalaufstand" wie in der von B. Graca edierten Kollektivdarstellung „Ein historischer Kreuzweg: SNP – Voraussetzungen und Ergebnisse", beide 1964 in Bratislava veröffentlicht. Ein Aufsatz der slowakischen Schriftstellerin und Nationalpreisträgerin Katarina Lazarova, die selbst bei der Aufstandsarmee und bei den Partisanen gedient hatte, wurde nach einem Jahr unterdrückt, weil er unter dem Titel „Der unbekannte Soldat des Aufstandes"[4] den Versuch machte, die Ehre der regulären Armee von 1944 wiederherzustellen. (Er ging dann nur noch illegal von Hand zu Hand.) Und als der Verfasser dieses Buches im August 1964 auf einer internationalen Pressekonferenz im Slowakischen Nationalrat zu Bratislava einige unbequeme Fragen nach der angekündigten, aber nicht ausgeführten Rehabilitierung des Offizierskorps der slowakischen Aufstandarmee stellte, zog er sich die langdauernde Ungnade des damaligen Vorsitzenden des Slowakischen Nationalrats, Michail Chudik, zu, der später, im Frühjahr 1968, durch Dubček und Husák seines Postens enthoben wurde. Von 1965 bis 1967 kam es an der Oberfläche sogar zu einem Rückschlag: Novotny startete seinen antislowakischen Feldzug als Antwort auf die „Preßburger Rebellion" der Intellektuellen. Wieder wurden alle Gleichberechtigungstendenzen der Slowaken als „bourgeoiser Nationalismus" verketzert, wiederum wurde dekretiert, daß der Aufstand von 1944 ausschließlich in moskauhöriger und zugleich „tschechoslowakischer" Sicht behandelt werden müsse. Doch es war endgültig zu spät! Im Untergrund formierte sich der Gegenangriff. Zwar ging die Entlassung und Rehabilitation der Aufstandsoffiziere nur zögernd und in Etappen voran, doch in eben dem Maße wurden Augenzeugen der Geschehnisse von 1944 freigesetzt, entstanden Kontakte und Korrespondenzen zwischen denen, die einst dabei gewesen

---

4 Siehe zum Vergleich Dokumenten-Anhang 24: Katarina Lazarova „Der unbekannte Soldat des Aufstandes"

und nun ernsthaft entschlossen waren, der Wahrheit zum Durchbruch zu verhelfen.

In Bratislava arbeitete General a. D. Jozef Marko, der 1944 den Aufstand der Armee mit vorbereitet und dann im Zentrum miterlebt hatte, an seinen Memoiren. In Banska Bystrica begannen junge slowakische Militärhistoriker am „Museum des Slowakischen Nationalaufstandes", die historischen Dokumente wissenschaftlich zu analysieren und objektiv zu bearbeiten. Unter der redaktionellen Verantwortung von Jan Julius Toth, Pavol Bosák und Milan Gajdoš entstanden militärwissenschaftliche Darstellungen einzelner Phasen der Aufstandsgeschichte von hoher fachlicher Qualität, darunter die Arbeiten von Gajdoš über die 3. Taktische Gruppe und von Bosák über die 1. Taktische Gruppe der Aufstandsarmee. Und der einzigartige Dokumentenband „Slovenske Narodne Povstanie" von Vilem Prečan widerlegt für denjenigen, der ihn zu lesen und zu interpretieren versteht, endgültig alle Entstellungen, Fälschungen und Legenden.

So ist es auch in diesem Falle eine hohe intellektuelle und moralische Genugtuung zu sehen, wie sich der geduldige Forscherdrang einiger weniger Unbestechlicher immer wieder durchsetzt, wie die Geschichte den Herrschenden und ihren Manipulateuren schließlich doch ein Bein stellt und wie die Toten und Verfemten im Bewußtsein der Völker wiederauferstehen.

* * *

Legendenzerstörung kann jedoch zu neuer Legendenbildung führen. Über solche Konsequenz muß sich der Historiker im Klaren sein. Und so soll auch hier die letzte Frage nicht unterschlagen werden: Kann man denn wirklich von einem *National*aufstand der Slowaken sprechen? Oder ist das Wort an sich schon eine propagandistische Überhöhung?

Die deutschen Soldaten, die 1944 in der Slowakei eingesetzt waren, sprachen zwanzig Jahre später davon, das slowakische Unternehmen habe in der Mitte zwischen einem Armeeputsch und einem Volksaufstand gelegen.[5] Und Alexander Mach erklärte dem Verfasser im Sommer 1968: „Von einem Volksaufstand, von einem Nationalaufstand, kann überhaupt keine Rede sein. Die slowakische Bevölkerung ist äußerst gleichgültig gewesen! Von einer revolutionären Stimmung, von einem großen revolutionären Geist in der Slowakei kann im Ernst niemand sprechen. Im Wesentlichen war es eine Verschwörung der Offiziere in der Mittelslowakei, die schon seit langem in ständigem Funkkontakt mit London, mit Beneš, standen und nichts weiter

---

5 Siehe zum Vergleich Dokumenten-Anhang 25: 36 Fragen über den Slowakei-Feldzug.

taten, als das Spiel der Beneš-Regierung zu spielen. Die Rolle der politischen Parteien dagegen, die Kommunisten eingeschlossen, war recht gering. Und die slowakische Bevölkerung hat das alles mehr oder weniger gleichgültig über sich ergehen lassen."
Vieles von dem, was die deutschen Soldaten und Alexander Mach erklärten, trifft ohne Zweifel zu. Der slowakischen Bevölkerung ging es auch im Sommer 1944 materiell ausgezeichnet, und von dieser Seite bestand nicht der geringste Grund, sich zu erheben und das Schicksal herauszufordern. Insofern hatte Dr. Ferdinand Durčansky völlig recht, als er 1956 über den selbständigen slowakischen Staat von 1939 bis 1944 schrieb: „Nie zuvor hatte das slowakische Volk solche Möglichkeiten der politischen, wirtschaftlichen, geistigen, kulturellen und sozialen Entfaltung. Die innere Stabilität der Slowakischen Republik war bemerkenswert, was sich auch darin äußerte, daß sogar während des Krieges kein einziges Todesurteil vollstreckt wurde . . . Wirtschaftlich war die Slowakei bis zur Überschwemmung durch die Rote Armee eine blühende Oase."
Und doch, und doch: So wahr jedes Wort an sich ist, es ist es doch nur in einem sehr äußerlichen, ganz oberflächlichen Sinne. Es ist eben nicht wahr – was uns West und Ost gleichermaßen weismachen wollen –, daß die Völker nur von der Ökonomie, daß die Menschen nur vom täglichen Brot leben! Wäre es allein darum gegangen, so hätte es in der Tat keinen slowakischen Freiheitskampf gegeben. In einem platten historischen Sinne ging es den Slowaken unter Tiso besser denn je zuvor in ihrer Geschichte; materiell ebenso wie kulturell. Um so bewunderungswürdiger und denkwürdiger bleibt es, daß es die Slowaken waren, die in ihrem kühnen Aufstandsunternehmen von 1944 die Tschechoslowakei wiederbegründeten und damit nach Jugoslawien die größte politische und militärische Leistung innerhalb des illegalen Widerstandes gegen den Faschismus vollbrachten.
Denn während Rumänen, Bulgaren und Finnen ihre Waffen erst gegen die Deutschen kehrten, als die Sowjetarmeen bereits tief in ihren Ländern standen, erhob sich der Slowake ein halbes Jahr, bevor die Sowjetpanzer durch die Täler und Dörfer seiner Heimat rollten. Und während der Warschauer Aufstand der polnischen Patrioten heute nur noch eine Legende ist, erweist sich der antifaschistische Freiheitskampf der Slowaken als historisches Vermächtnis von außerordentlicher politischer Aktualität.
Die *Verschwörung* vom Sommer 1943 bis zum Sommer 1944 war in der Tat nur die Angelegenheit einer kleinen slowakischen Elite, die aus zwei Dutzend Leuten bestand, von denen die Mehrzahl Offiziere waren. Und der *Aufstand* selbst wurde von 40 000 bis 50 000 Soldaten getragen; mehr nicht. Aber das überraschende Erlebnis der kleinen slowakischen Nation, revolutionäre Persönlichkeiten von Format zu besitzen, aus dem eigenen Schoß eine hero-

isch kämpfende Armee geboren zu haben, und das alles aus selbständiger Kraft, fast ohne fremde Hilfe, machte die Sache vom Herbst 1944 doch zu einer *National*-Angelegenheit! Wenn sich die jungen Slowaken von heute jedermann gleichwertig und gleichberechtigt fühlen können, so verdanken sie das in allererster Linie den Soldaten und Offizieren von damals, den Kämpfern der legendären Aufstandsarmee.

* * *

Wird dieser Aufstandssoldaten von 1944 in der Slowakei gedacht? Erinnert man sich noch der unbekannten Infanteristen, Gefreiten, Leutnants, Meldegänger und Artilleristen der slowakischen Aufstandsarmee? Überall in der mittleren Slowakei trifft man auf ihre Gräber; nicht immer in dem Zustand, den man erwarten dürfte. Für Staat und Partei scheinen Dankbarkeit und Pietät nichts politisch Relevantes zu sein. Doch zu Allerheiligen, am 1. November, schmückt die Landbevölkerung die eingesunkenen Erdhügel mit brennenden Kerzen; auch die kaum mehr kenntlichen Gräber der deutschen Gefallenen.

Und der Chronist darf mit Stolz berichten, daß sämtliche slowakischen Soldaten und Offiziere, mit denen er hundertfach von 1964 bis 1969 gesprochen hat, daß insbesondere die Generäle Perko und Marko ihm versichert haben, die deutschen Frontverbände hätten in den Monaten September und Oktober 1944 tapfer und korrekt gekämpft, sich keiner Verbrechen schuldig gemacht. Miloš Vesel, der Held von Biely Potok und vom Ostrô, sagte dem Verfasser vor der laufenden Fernsehkamera wörtlich: „Die deutschen Soldaten haben wir hochgeschätzt als ehrliche und erfahrene Soldaten!"

* * *

So will dieses Buch 35 Jahre danach die Geschichte des slowakischen Freiheitskampfes erzählen. Der Chronist glaubt sich für die historische Wahrhaftigkeit seiner Darstellung verbürgen zu können. Hat er doch das fertige Manuskript Stück für Stück von Historikern oder prominenten Beteiligten *beider* Seiten prüfen lassen, ohne sich persönlichen Einflüssen oder etwa gar einer Art Zensur zu unterwerfen. Sollte dennoch jemand zweifeln, so wird der Dokumenten-Anhang jedes Mißtrauen beseitigen.

Der Verfasser, der allen, die ihm geholfen haben, mit herzlicher Dankbarkeit verbunden bleibt, empfindet keine Verpflichtung, irgend einer Seite zu dienen. Weder der slowakischen noch der deutschen, weder der östlichen noch der westlichen. Ideologien hält er in der Politik ohnehin nur für Verbrämungen von Interessen. Allerdings hat er das Buch nicht „*sine* ira et studio", sondern „*cum* ira et studio" geschrieben. Doch sein Engagement galt ausschließlich den Kämpfenden, den Frontsoldaten von damals und ihrem ehrenden Angedenken.

Das Bild jener heroischen Tage und Geschehnisse im Herbst 1944 vor Augen, blieb des Verfassers Bemühen einzig und allein darauf gerichtet, zu erfahren und zu sagen: wie es damals *wirklich* war.

Der Verfasser auf Recherchenreise in der Mittelslowakei, auf den Spuren des Slowakischen Nationalaufstandes von 1944.

Pater A. Hlinka, der „Vater der Slowaken" im Kampf um nationale Eigenständigkeit.

Dr. Peter Hletko von den Amerika-Slowaken zeigt 1938 in Bratislava das Original des Pittsburgher Abkommens.

Adolf Hitler im März 1939 auf der Prager Burg.

Blick auf Bratislava, die Hauptstadt der Slowakei. Vorne der Martinsdom; Krönungskirche ungarischer Könige. Im Hintergrund die Donau.

Pfarrer Dr. Josef Tiso, Präsident der Slowakischen Republik von 1939 bis 1945.

Symbolisches Bild der klerikalfaschistischen Slowakei: religiöse Zeremonie und militärische Demonstration in einem.

Dr. Gustáv Husák während des Aufstandes, als Mitglied des Slowakischen Nationalrates.

Dr. Gustáv Husák als Staatspräsident der ČSSR und Generalsekretär der Kommunistischen Partei.

Ludvik Svoboda, Kommandeur des I. tschechoslowakischen Armeekorps in der Sowjetunion; später Staatspräsident der ČSSR.

Karol Šmidke, Vorsitzender des Slowakischen Nationalrats während des Aufstandes 1944.

Brigadegeneral Jan Golian, erster Befehlshaber der slowakischen Aufstandsarmee, September 1944.

Divisionsgeneral Rudolf Viest, letzter Befehlshaber der slowakischen Aufstandsarmee, Oktober 1944.

Eine typische Dorfstraße in der Mittelslowakei.

Musterung von Reservisten für die Aufstandsarmee.

Banska Bystrica, Hauptstadt des slowakischen Aufstandes.

Aufständische werden zum ersten Fronteinsatz verladen.

Aufständische in Erwartung des Gegners.

Angehörige des französischen Bataillons „Marschall Foch" verteidigen erfolgreich die Enge von Strečno.

Infanteristen der 5. Taktischen Gruppe beziehen Stellungen im Raum Vrutky.

Eine Vorpostenstellung der Aufstandsarmee im Nitratal.

Aufständische Artillerie (leichte Feldhaubitzen) im Einsatz.

Einer der drei slowakischen Panzerzüge, die bei Prievidza und Svätý Križ eingesetzt wurden.

Aufständische gehen über einen Dorffriedhof hinweg, unter dem Bild des Gekreuzigten, zum Gegenangriff vor.

Der zu den Sowjets übergelaufene Hauptmann Jan Nalepka (links im Vordergrund) neben General Saburow vom Weißrussischen Partisanenbund.

General Svoboda (Zweiter von links) führte das I. tschechoslowakische Armeekorps in der Sowjetunion zum blutigen Sturm auf die Karpaten.

In Banska Bystrica wimmelte es von Partisanen, die an der Front fehlten.
Im Vordergrund links: „Major" Welitschko.

General Golian und Karol Šmidke (beide in der Mitte) besuchen Partisanen im Dorf Detva.
Links „Major" Welitschko, rechts sowjetische Verbindungsoffiziere.

Die slowakische Nachrichtentruppe, von deutschen Ausbildern geschult, bewährte sich auch bei der Aufstandsarmee.

Schwere Kämpfe zwischen der 3. Taktischen Gruppe und dem Regiment „Schill" im Raum Dolne Hamre.

Nahkämpfe mit dem Regiment „Schill" bei Horne Hamre.

Aufständische Artillerie bei Svätý Križ.

Panzer mit aufgesessener Infanterie treten gegen die Division „Tatra" bei Kremnica zum Angriff an.

Slowakische Infanterie bei Sväty Križ und Kremnica.

Die II. tschechoslowakische Luftlandebrigade wird Anfang Oktober in den Kessel eingeflogen.

Die letzten Panzer der slowakischen Aufstandsarmee werden im Raum Sasa/Pliesovče eingesetzt.

Granatwerfertrupp des I. „Schill"-Bataillons auf dem Vormarsch nach Banska Bystrica.

Das Ende kündigt sich an: Aufständische Offiziere vernichten auf dem Rückzug Dokumente.

27. Oktober 1944: Banska Bystrica ist gefallen. 15 000 Aufständische ergeben sich den Deutschen.

30. Oktober 1944: Siegesfeier in Banska Bystrica. Präsident Tiso (Mitte) spricht auf dem Marktplatz. Links neben Tiso SS-General Höfle.

Tiso (links) begrüßt die deutschen Sieger. In der Mitte General Höfle, rechts Hans Kettgen, Kommandeur des I. „Schill"-Bataillons.

Tiso zeichnet Soldaten der Kampfgruppe „Schill" in Banska Bystrica mit slowakischen Orden aus.

August 1946: Der gefesselte Tiso landet auf dem Flughafen von Bratislava

Der gefesselte Tiso auf dem Weg in das Gefängnis des Landesgerichts von Bratislava.

„Über der Tatra blitzt es, die Donner rollen wild. Bleiben wir stehen, Brüder: es wird vorübergehen. Und die Slowaken werden auferstehen!"

Die Offiziersanwärter des I. „Schill"-Bataillons präsentieren auf dem Marktplatz von Bystrica.

Ein deutsches Soldatengrab in der Mittelslowakei.

Interview des Verfassers mit Oberst Miloš Vesel, dem Verteidiger von Biely Potok, im ehemaligen Kampfgelände. Vesel: „Die deutschen Einheiten haben wir hochgeschätzt als ehrliche und erfahrene Soldaten."

Anhang

Dokumenten – Beigabe
Personen – Register
Karten – Darstellungen
Literatur– Verzeichnis

Dokumenten – Beigabe

1) Bündnis mit Deutschland:
Der Wortlaut des Wiener Schutzvertrages.*

Die deutsche Regierung und
die slowakische Regierung

sind, nachdem sich der slowakische Staat unter den Schutz des Deutschen Reiches gestellt hat, übereingekommen, die sich hieraus ergebenden Folgen durch einen Vertrag zu regeln. Zu diesem Zweck haben die unterzeichneten Bevollmächtigten der beiden Regierungen folgende Bestimmungen vereinbart:

Artikel 1
Das Deutsche Reich übernimmt den Schutz der politischen Unabhängigkeit des slowakischen Staates und der Integrität seines Gebietes.

Artikel 2
Zur Durchführung des vom Deutschen Reich übernommenen Schutzes hat die deutsche Wehrmacht jederzeit das Recht, in einer Zone, die im Westen von der Grenze des slowakischen Staates und im Osten von der allgemeinen Linie Ostrand der Kleinen Karpaten, Ostrand der Weißen Karpaten und Ostrand des Javornik-Gebirges begrenzt wird, militärische Anlagen zu errichten und in der von ihr für notwendig gehaltenen Stärke besetzt zu halten. Die slowakische Regierung wird veranlassen, daß der für diese Anlagen erforderliche Grund und Boden der deutschen Wehrmacht zur Verfügung gestellt wird. Ferner wird die slowakische Regierung einer Regelung zustimmen, die zur zollfreien Versorgung der militärischen Anlagen aus dem Reiche erforderlich ist.
In der im Absatz 1 beschriebenen Zone werden die militärischen Hoheitsrechte von der deutschen Wehrmacht ausgeübt.
Personen deutscher Staatsangehörigkeit, die auf Grund eines privaten Vertragsverhältnisses mit der Errichtung militärischer Anlagen in der bezeichneten Zone befaßt sind, unterstehen insoweit der deutschen Gerichtsbarkeit.

* Deutscher Wortlaut nach „Völkischer Beobachter", Berlin, 83. Ausg. vom 24. März 1939.

Artikel 3
Die slowakische Regierung wird ihre eigenen militärischen Kräfte im engen Einvernehmen mit der deutschen Wehrmacht organisieren.

Artikel 4
Entsprechend dem vereinbarten Schutzverhältnis wird die slowakische Regierung ihre Außenpolitik stets im engen Einvernehmen mit der deutschen Regierung führen.

Artikel 5
Dieser Vertrag tritt sofort mit der Unterzeichnung in Kraft und gilt für die Zeit von 25 Jahren. Die beiden Regierungen werden sich vor Ablauf dieser Frist rechtzeitig über eine Verlängerung des Vertrages verständigen.

Zu Urkund dessen haben die beiderseitigen Bevollmächtigten diesen Vertrag in doppelter Ausfertigung unterzeichnet.

Berlin, den 23. März 1939.
Wien, den 18. März 1939.

Für die deutsche Regierung:
gez. von Ribbentrop.
Für die slowakische Regierung:
gez. Dr. Tiso, gez. Dr. Tuka,
gez. Dr. Durčansky.

2) Karmasin an Himmler:
Die Partisanentätigkeit in der Slowakei.*

Preßburg, am 19. August 1944.
Dem Reichsführer-SS Heinrich *Himmler*
Berlin.

Auf das Fernschreiben vom 16. August, das mir am selben Tag in den Abendstunden übermittelt wurde, habe ich folgende Antwort auf demselben Wege zur Absendung gebracht: „Weder nördlich Kaschau, noch irgendwo anders in der Zips oder Ostslowakei ist in meinem Arbeitsgebiet ein volksdeutsches Dorf teilweise, oder total kommunistisch. Nach eingehenden Erhebungen habe ich festgestellt, daß keine Volksdeutschen aus der Slowakei

---

* Fernschreiben des Führers der Deutschen Volksgruppe in der Slowakei, Franz Karmasin, an den Reichsführer SS, Heinrich Himmler. – Die Deutschen in der Tschechoslowakei 1933–1947, hrsg. v. Vaclav Kral, Prag 1964, S. 526f.

bei Brückensprengungen oder ähnlichen feindlichen Handlungen beteiligt waren. Ähnliche Handlungen wurden ausschließlich entweder von bodenständigen Bandentruppen, oder eingesickerten Partisanen verübt, wobei besonders volksdeutsche Einzelsiedler Angriffen ausgesetzt sind."
Erklärend dazu darf ich folgendes berichten:
Weder in der Zips, noch in dem Preßburger Gebiet, noch auch im Hauerland ist die kommunistische Frage ein Problem. Es gibt in einzelnen Orten lächerliche Gestalten, gewöhnlich bürgerliche Elemente, wie Schuster, Schneider, Friseure, die sich einbilden Kommunisten zu sein. Sie verfallen der Lächerlichkeit. Lediglich in zwei Orten des Hauerlandes sind Schwierigkeiten zu verzeichnen gewesen, und zwar in Zeche und Gaidel bei Deutsch-Proben. Schon in der Kampfzeit haben wir dort blutige Kämpfe mit den kommunistisch gesinnten Menschen austragen müssen. In den letzten Tagen haben wir einige Hauprädelsführer durch die slowakischen Sicherheitsorgane im Einvernehmen mit dem deutschen Polizeiattaché sicherstellen lassen, so daß auch diese örtlichen Erscheinungen liquidiert sind. In einigen Orten sind von der slowakischen Armee entlassene deutsche Männer, die in der Armee bolschewistisch verhetzt worden sind, statt zur Waffen-SS einzurücken, in die Wälder gegangen. Im ganzen wird es sich um höchstens 25–30 Männer handeln, die weder zu den Partisanen gegangen sind, noch sich sonst irgendwie kämpferisch betätigen. Sie werden in der allernächsten Zeit zum größten Teil geholt und der Waffen-SS mit entsprechendem Begleitschreiben zur Verfügung gestellt.
Die gesamte Lage ist allerdings im Augenblick als schwierig zu bezeichnen.
1. Weil die slowakische Armee in jeder Hinsicht zersetzt ist. Von Gehorsamverweigerung, bei Überschreiten der Grenze ins G. G., oder beim Partisaneneinsatz (Bericht des Herrn Innenministers Mach) über das Singen bolschewistischer Lieder, das Hissen von roten Fahnen, Anbringung von Aufschriften, wie „Wir gehen zu Stalin" bei abgehenden Transporten, das Anbringen roter Nelken auf Uniformen und Mütze, bis zum Überlaufen zu Partisanengruppen, sind alle Spielarten vorhanden.
2. Weil immer vorhanden gewesene räuberische Elemente unter dem Sammelbegriff Partisanen im verstärkten Maße auftreten und Leben und Eigentum der Bevölkerung bedrohen.
3. Weil sowohl im Osten des Staates gut organisierte Partisanen eingebrochen sind, wo sie Brücken sprengen, Gendarmeriestationen ausheben, deutsche Militärtransporte in die Luft gehen lassen, die Kabelleitungen zerstören, Einzelsoldaten abschießen, als auch, – wiederum nach Aussagen des Herrn Innenministers Mach – in der Niederen Tatra, im Gebiet zwischen Rosenberg und St. Martin, größere Partisaneneinheiten abgeworfen worden sind. Diese sind auf das beste organisiert und bewaffnet, stehen mit der Zen-

trale in Kiew in Verbindung, schicken an die bodenständigen Slowaken Einberufungen aus.
Gegen alle drei Erscheinungen sind die slowakischen Stellen weitgehend machtlos, weil das Militär nicht einsetzbar und die Gendarmerie zu schwach ist, Selbstschutzorganisationen, wie etwa die Hlinka-Garde über keinerlei Waffen verfügen.
Die Tätigkeit sowohl der Partisanen, als auch der Bandengruppen richtet sich neben militärisch wichtigen Anlagen und Einrichtungen ausschließlich gegen Volksdeutsche. So wurde der Landwirt Schreier bei Michalok, Ostslowakei, von Bandengruppen überfallen und beraubt. Am 9. August die beiden Landwirte Josef und Oswald Ficker aus Šieba bei Bartfeld gänzlich beraubt. Das Erholungsheim der Deutschen Partei Prusno bei Neusohl, wo 120 Frauen und Kinder, zum Teil Bombengeschädigte aus Preßburg untergebracht sind, ist dauernd bedroht, so daß ich heute Auftrag geben mußte, es zu räumen.
Ein besonders bezeichnender Volfall hat sich laut Protokoll, in das ich bei Innenminister Mach Einsicht nahm, an der Hauptstraße im Waagtal, unweit St. Nikolaus, folgendermaßen zugetragen. Auf offener Dorfstraße haben eine Anzahl von Partisanen, offensichtlich russischer Herkunft, eine Autokontrolle durchgeführt. Während die Autos, in denen sich der Gauhauptmann Slušny, der gewesene Minister Mičura, der Zentraldirektor der staatlichen Bäder Magdolen und verschiedene prominente slowakische Persönlichkeiten befanden nach Legitimierung durchgelassen wurden, wurde der letzte Wagen der Lesnoplod, einer der Waffen-SS nahestehenden Früchteverwertungsfima beschlagnahmt, der Fahrer, ein SS-Mann und der Leiter der Firma, der Volksdeutsche Ing. Sojka verschleppt. Die Leiche des SS-Mannes wurde aufgefunden, von dem Volksdeutschen fehlt bis jetzt jede Spur. Sein Parteiausweis wurde am selben Tag von Partisanen einem slowakischen Herrn vorgelegt, der ebenfalls im Auto angehalten wurde, mit der Frage, um welchen Ausweis es sich hier handele.
Aus diesen Tatsachen geht hervor, daß die Taktik der Partisanen darin besteht, in den Slowaken die Überzeugung zu wecken, daß den Slowaken nichts geschieht, sondern es sich ausschließlich um eine Bewegung gegen die Deutschen handelt.
Infolge der erhöhten Gefährdung der Deutschen Volksgruppe habe ich die Bildung eines „Heimatschutzes" im Rahmen der „Freiwilligen Schutzstaffel" angeordnet und mit der Führung den Landesmannschaftsführer SS-Untersturmführer Ferdinand *Klug* beauftragt. Die Bildung ist im Einvernehmen mit dem Deutschen Gesandten und mit der Volksdeutschen Mittelstelle erfolgt. Den Herrn Staatspräsidenten, den Innenminister Mach und den Verteidigungsminister General Čatloš habe ich gleichzeitig verständigt. Bezüg-

lich der rechtlichen Formen laufen derzeit noch Unterhandlungen. Die Volksdeutsche Mittelstelle habe ich gebeten, dem SS-Hauptamt die Bitte zu unterbreiten, die Männer des „Heimatschutzes" als Zeitfreiwillige der Waffen-SS einzuberufen, einzukleiden und sie versorgungsmäßig im Schadenfall, dem Fürsorgeoffizier zu unterstellen.
Gleichzeitig habe ich um Zurverfügungstellung von Uniformen und Waffen gebeten. Es wird alles getan werden, um die Schädigung der Angehörigen der Deutschen Volksgruppe nach Tunlichkeit hintanzuhalten.

Heil Hitler!
Karmasin

3) Šmidkes Moskauer Mission:
Die Ziele der slowakischen Widerstandsbewegung.*

I.

Die slowakische nationale Befreiungsbewegung (die slowakische Nationale Front) kämpft:
1. für die Befreiung der Slowakei von der deutschen Vorherrschaft, für den Sturz des Verräter-Regimes von Bratislava, für die Beendigung des Bruderkrieges gegen die Sowjetunion, geführt durch das gegenwärtige Regime an der Seite Hitler-Deutschlands;
2. für die Befreiung und die Wiederangliederung des Gebiets, das von der Slowakei durch die deutsche Okkupation von 1938 (Děvin, Petržalka), durch den Wiener Schiedspruch von 1938 (Žitny-Insel, Košice) und durch die ungarische Okkupation nach dem 14. März 1939 (Ostslowakei) losgerissen wurde;
3. für die Befreiung der tschechoslwakischen Republik und ihren Wiederaufbau als demokratischer Staat dreier gleichberechtigter slawischer Völker – Tschechen, Slowaken und Karpatoukrainer. Eine definitive Lösung der Stellung der Slowakei in einem einheitlichen Staat wird in einem brüderlichen Übereinkommen mit dem tschechischen Volk auf der Grundlage des Prinzips Gleicher mit Gleichem und ausschließlich auf der Grundlage der Wünsche des slowakischen Volkes getroffen werden.

---

* Streng vertraulicher Standpunkt zu den Aufgaben der nationalen Befreiungsbewegung in der Slowakei, angenommen auf einer Beratung der Moskauer KPČ-Führung mit dem Vertreter der illegalen slowakischen Parteiführung, Karol Šmidke, am 23. August 1944. – Prečan, a.a.O., S. 310 ff, Nr. 146.

II.

Ausgehend davon,

a) daß die Slowakei gegen den Willen der überwältigenden Mehrheit des slowakischen Volkes an der Seite Hitlerdeutschlands Krieg gegen die Sowjetunion führt und Deutschland Kriegshilfe verschiedener Art gewährt;

b) daß die Slowakei bis auf einen schmalen Streifen im Westen bis jetzt nicht durch Truppen, SS und Gestapo okkupiert wurde;

c) daß die gegenwärtige Regierung der Preßburger Verräter im Volk keine wesentliche Stütze hat und die einheimische Reaktion nicht mit eigenen Kräften disponiert, um eine nationale Befreiungsbewegung unterdrücken zu können;

d) daß die Mehrheit des Volkes einschließlich der Armee und des Staatsapparates gegen eine weitere Teilnahme der Slowakei im Krieg an der Seite Hitlerdeutschlands und gegen das heutige Regime der Verräter ist – fordert die slowakische Nationale Front die sofortige Einstellung der Teilnahme der Slowakei am Krieg an der Seite Deutschlands, insbesondere aber:

1. Die Rückführung der beiden slowakischen Divisionen, die sich in Rumänien und in Italien befinden.
2. Die Einstellung der deutschen Militärtransporte durch die Slowakei.
3. Die Räumung der okkupierten Teile der Slowakei durch die deutschen Truppen und den Abzug aller Vertreter Deutschlands aus dem slowakischen Gebiet.
4. Die Einstellung der Ausfuhr von Lebensmitteln und Rohstoffen aus der Slowakei nach Deutschland sowie auch der Lieferungen von Kriegsmaterial für Deutschland.
5. Die Rückkehr der slowakischen Arbeiter aus Deutschland und Einstellung weiterer Lieferungen von Arbeitskräften nach Deutschland.

III.

In Zusammenhang mit dem wachsenden Widerstand des slowakischen Volkes gegen die weitere Teilnahme der Slowakei im Krieg an der Seite Deutschlands sowie auch im Hinblick auf den Vormarsch der Roten Armee auf die Ostgrenzen der Slowakei könnte Deutschland den Versuch einer plötzlichen Besetzung der Slowakei unternehmen, um sich das slowakische Gebiet als Kampfplatz zu sichern. Die slowakische Nationale Front hält es deshalb angesichts der gegenwärtigen Phase des Kampfes für ihre Hauptaufgabe, beschleunigt die nötigen, politischen, organisatorischen und militärischen Maßnahmen mit dem Ziel durchzuführen,

1. daß im Falle eines Versuchs der Deutschen, die Slowakei zu besetzen – ob nun dieser Versuch mit Zustimmung oder gegen den Willen der gegenwärtigen Regierung in Bratislava unternommen wird –, das slowakische Volk

mit allen Mitteln, einschließlich des bewaffneten Widerstandes der slowakischen Armee, gegen die Okkupation auftritt. Unmittelbare Aufgabe in einem derartigen Falle ist es, mit bewaffneten Kräften den größten Teil des slowakischen Gebietes zu befreien und so lange wie möglich zu halten, auf diesem befreiten Gebiet eine provisorische Volksmacht (Slowakischer Nationalrat) zu organisieren, auf besetztem Gebiet aber einen Partisanenkrieg gegen die Okkupanten zu führen bis zur völligen Befreiung der Slowakei mit Hilfe der Roten Armee;

2. daß im Falle eines Einmarsches der Roten Armee in die Slowakei ihr ein Weg geöffnet, ein Volksaufstand ausgelöst, die Preßburger Verräter-Regierung beseitigt und eine provisorische Regierungsmacht in Form des slowakischen Nationalrates errichtet wird, daß mit Hilfe der Roten Armee die Deutschen und Ungarn aus den okkupierten Teilen der Slowakei vertrieben werden und daß die Teilnahme slowakischer Kräfte bei der Befreiung der übrigen Gebiete der Tschechoslowakei (Karpatoukraine, tschechische Länder) sichergestellt wird.

IV.

Zur Gewährleistung des Erfolgs ist es vor allem erforderlich:

1. Die Anstrenungen, sämtliche Teile der slowakischen Armee für den bewaffneten Aufstand zu gewinnen, zu steigern; Vorbereitungen für die Isolierung und Unschädlichmachung der Agenten des Feindes und unzuverlässiger Offiziere in der Armee zu treffen, die laufende Mobilisierung dadurch zu unterstützen, daß die Anzahl der patriotischen Kämpfer in der Armee erhöht wird, die entschlossen sind, auf ein Zeichen des Slowakischen Nationalrates den Kampf zu beginnen;

2. Das Netz der Nationalausschüsse mit besonderer Rücksicht auf politisch und strategisch wichtige Städte und Kreise zu verdichten und auszuweiten; in den Betrieben einheitliche Betriebsausschüsse von Arbeitern zu organisieren, die die Arbeiterschaft in enger Übereinstimmung mit den Nationalausschüssen zur nationalen Befreiungsaktion führen;

3. beschleunigt in der Organisierung und Ausrüstung der Partisanenabteilungen fortzufahren, damit im Falle eines bewaffneten Aufstandes jeder Nationalausschuß eine waffentragende Macht zur Verfügung hat, die fähig ist, den Widerstand der feindlichen Elemente im Ort- und Kreismaßstab zu brechen und auf dem befreiten Gebiet die öffentliche Sicherheit (Volksmiliz) zu erhalten.

V.

1. Führendes Organ des slowakischen nationalen Befreiungskampfes und einziger berechtigter Vertreter des slowakischen Volkes in der Heimat ist der

Slowakische Nationalrat und nach der Befreiung der Slowakei der allslowakische Kongreß der Nationalausschüsse.

2. Bei der Befreiung der Slowakei von der deutschen und ungarischen Vorherrschaft nach dem Sturz der gegenwärtigen Preßburger Regierung übernimmt der Slowakische Nationalrat in Übereinstimmung mit dem Regierungsdelegierten die gesamte öffentliche Verwaltung auf dem Gebiet der Slowakei, wobei

a) er in kürzester Frist auf demokratischem Wege Wahlen zu den Orts-, Kreis- und Gaunationalausschüssen durchführt, sich dabei auf die bestehenden Nationalausschüsse stützend;

b) er einen allslowakischen Kongreß der Nationalausschüsse einberuft, dem der Slowakische Nationalrat Rechenschaft über seine bisherige Tätigkeit sowie über seine Vollmachten ablegt.

3. Der allslowakische Kongreß der Nationalausschüsse verkündet den Willen und die Wünsche des slowakischen Volkes über die künftige Stellung der Slowakei im Rahmen der Tschechoslowakei, wählt einen neuen Slowakischen Nationalrat und überträgt ihm die weitere provisorische Führung der öffentlichen Verwaltung auf dem Gebiet der Slowakei in Übereinstimmung mit der tschechoslowakischen Regierung resp. mit dem Regierungsdelegierten im befreiten Gebiet.

4. Die bisherige slowakische Armee, aufgefüllt mit neuen mobilisierten Kontingenten, wird nach der Befreiung der Slowakei Bestandteil der neuen tschechoslwakischen Armee. Die slowakische Nationale Front äußert die Bitte, daß bei Ernennung des Obersten Befehlshabers resp. des Vertreters des Befehlshabers der tschechoslowakischen Armee, die auf dem Gebiet der Slowakei operiert, der Vorschlag des Slowakischen Nationalrates beachtet wird.

4) Beneš und Masaryk:
Londoner Standpunkt zum Čatloš-Memorandum.*

Nach dem Fall Rumäniens und eventuell Bulgariens erwarten wir eine Panik in der Slowakei und infolgedessen verstärkte Anstrengungen aller slowakischen Quislinge, sich zu retten. Die gesamte slowakische Reaktion bemüht sich um Vereinigung, um einerseits die tschechoslowako-treuen Slowaken, andererseits die Tschechen und sogar das sowjetische Rußland zu täuschen.

* Auszug aus einer Depesche des Präsidenten, E. Beneš, des Außenministers der tschechoslowakischen Exilregierung, J. Masaryk, an die tschechoslowakische Botschaft in Moskau vom 26. August 1944. – Prečan, a.a.O., S. 324, Nr. 155.

Die Pläne, die zur Zeit Čatloš und einige mit ihm verbundene Offiziere vorbereiten, bestehen darin, daß sie sich an Moskau wenden und erklären, sie hätten bis jetzt nicht anders gekonnt als mit den Deutschen zu gehen, aber nun seien sie in der Lage, ihren slawischen Gefühlen freien Lauf zu lassen und das Lager zu wechseln. Sie werden sich an die Sowjets wenden, mit ihnen über einen Friedensvertrag verhandeln und werden gewillt sein, auch militärisch gegen die Deutschen vorzugehen. Sie werden eventuell die Durchführung eines Umsturzes und die Bildung einer neuen Regierung in Bratislava anbieten, in der die Hauptschuldigen keinen Platz hätten. Die Bedingung wird sein, daß sie als selbständiger Faktor anerkannt werden, mit dem man unabhängig von uns verhandeln soll...
Machen Sie die sowjetische Regierung vorsichtig und taktvoll auf diese neue Situation aufmerksam. Wenn es zu einem derartigen Versuch wirklich kommen sollte, handelt es sich um eine der schlimmsten Taten des slowakischen Quislingsgesindels, denn man kann bei einem solchen Plan nicht einmal die Teilnahme der Hauptschuldigen ausschließen. Wir rechnen jedoch unter allen Umständen damit, daß die sowjetische Regierung im Geist unserer bisherigen Politik, auf der Grundlage unseres Bündnispaktes und laut Abkommen vom Mai dieses Jahres nichts unternimmt, was diesen Verträgen zuwiderliefe. Die tschechoslowakische Regierung ändert ihre Linie nach dieser Seite nicht und wird selbst an keinen ähnlichen Verhandlungen mit Quislingen teilnehmen.
Wir würden es für verhängnisvoll halten, wenn die sowjetische Regierung mit der Preßburger Regierung direkt oder indirekt bzw. mit ihren militärischen Kräften verhandeln würde. Auch wäre es gefährlich, wenn sie irgendein Übereinkommen mit Offizieren des Regimes schließen würde, die sich im letzten Augenblick retten wollen und bereit sind, alles zu tun, ungeachtet dessen, daß sie vor einem Monat noch die entschiedensten Anhänger des Regimes waren. Verhandlungen über eine Zusammenarbeit mit slowakischen Militäreinheiten können lediglich nach Vereinbarung mit uns aufgenommen werden, und jede direkte Kontaktanknüpfung von Seiten slowakischer Elemente müßte von den Sowjets unter Hinweis auf die Autorität unserer Regierung in London oder Moskau abgewiesen werden. Anderenfalls könnte das die komplizierteste Nachkriegssituation in der Slowakei schaffen.
Eine entgegengesetzte Haltung würde man im Westen als Beweis dafür ansehen, daß unsere Politik von den Sowjets in Frage gestellt wird. Sie wäre eine Unterstützung aller Aktionen der hiesigen Reaktion und besonders der Polen gegen uns und gegen die Sowjetunion.
Unseren Nachrichten zufolge bedienen sich die slowakischen Regimeanhänger auch einiger slowakischer Kommunisten. Wir haben das noch nicht gänzlich klären können und gehen dem nach. Es ist auch möglich, daß sie das un-

seren Informanten nur vormachen. Es muß jedoch auf alles geachtet werden, da in der Slowakei ein solches Chaos herrscht, daß dort alles möglich ist.
Es ist sicher, daß die Deutschen bestens informiert sind, denn sie haben unter den Slowaken überall ihre Agenten, und überdies wird sowohl in den politischen als auch in den militärischen Kreisen soviel darüber gesprochen, daß ihnen nichts verborgen geblieben sein kann. Auch darauf muß man die sowjetische Seite aufmerksam machen.
Gehen Sie in voller Übereinstimmung und Zusammenarbeit mit unserer Militärmission vor, die über alle Seiten der slowakischen Angelegenheit informiert ist.
Beneš-Masaryk   Masaryk

5) Beratung in Moskau:
Die Situation am Vorabend des Aufstandes.*

Anwesend: Minister Němec, General Viest, Botschafter Fierlinger, General Pika, die Mitglieder des Staatsrates Hala, Uhliř, Valo, Laušman und Dr. Vrbensky, die Abgeordneten Gottwald, Šverma, Kopecky, General Hasal, Dr. Drtina und der Vertreter des Slowakischen Nationalrates, Karol Šmidke. Die Präsenzliste wurde beigelegt.
Die Versammlung eröffnete formal Botschafter Fierlinger, wonach der Abgeordnete Gottwald das erste Referat hielt. Er gab kurz den Inhalt der Nachrichten bekannt, die er in den letzten 24 Stunden aus der Slowakei erhalten hatte. Danach begannen die Deutschen heute morgen um 6 Uhr mit der Besetzung der Slowakei. Die Okkupation führen insgesamt 5 Divisionen durch. Eine von ihnen wurde heute morgen von Breclav nach Bratislava befördert. In der Slowakei wurde am 25. August der Kriegszustand erklärt. Der Sender Bratislava meldete angeblich Freitagabend, daß Tiso umgebracht wurde. Auf Nachfrage eines Anwesenden konstatierte der Abgeordnete Gottwald, daß diese Meldung in Moskau nicht aufgefangen wurde. Gestern abend sprach Mach. Gottwald zitierte teilweise den Inhalt seiner Erklärung, soweit sich Mach mit den Gerüchten über die Besetzung der Slowakei beschäftigte: „Sie wissen selbst, wie die Situation hier aussieht und daß dem nicht so ist. Daß die Slowakei besetzt wurde, darüber spricht man nur im Ausland. In der Slo-

* Auszug aus dem Protokoll einer Beratung der Angehörigen der tschechoslowakischen Regierungsdelegation, der Mitglieder der Moskauer Führung der KPTsch, der tschechoslowakischen diplomatischen Vertreter in der UdSSR und des SNR-Vertreters K. Šmidke am 27. August 1944 in Moskau. – Prečan, a.a.O., S. 329ff., Nr. 157.

wakei ist vollständige Ruhe" usw. Der Abgeordnete Gottwald erhielt weiter Nachrichten, daß die slowakischen Garnisonen in Brezno und in Zvolen Verteidigungspositionen gegen die Okkupanten beziehen. Bratislava wird jedoch nicht gehalten. Eine weitere Nachricht besagt, daß sich auch die Garnison in Turč.Sv.Martin verteidigen will.

General Pika: Er würde gern das Referat des Abgeordneten Gottwald mit den Nachrichten ergänzen, über die er verfügt. Am 25. August erklärte der Nationalrat der Slowakei, daß er die Besetzung im Laufe weniger Tage erwarte. Es wurden zwei SS-Divisionen an den westlichen Grenzen und eine SS-Division in Košice ermittelt. Die Slowaken fragten an, was sie tun sollten. Auf diese Anfrage hin erteilte der Herr Präsident als Oberster Befehlshaber die Weisung, daß man sich gegen die Okkupanten bedingunglos zur Wehr setzen müsse. Die Art, wie das zu geschehen habe, könne von außen her nicht in den Details bestimmt werden. In jedem Falle sei es nötig, sich in der mittleren Slowakei zur Wehr zu setzen und sich mit den Partisanen zu vereinen. Das war die Anordnung des Obersten Befehlshabers für die militärischen Einheiten in der Slowakei. Außerdem bat der Nationalrat um die Entsendung von Luftlandeverbänden. General Pika setzte sich daraufhin sofort mit dem zuständigen General im Militärkommissariat in Verbindung, trug ihm diese Nachrichten vor und gab ihm auf sein Ersuchen hin später noch eine Denkschrift. General Pika faßt noch einmal zusammen, daß in der Slowakei Befehle herausgegeben wurden, sich in jedem Falle in der mittleren Slowakei zu halten, die Pässe in den Karpaten zu besetzen und von ihnen aus der Roten Armee nur dann entgegenzugehen, wenn sichergestellt sei, daß dadurch die Pässe nicht in deutsche Hände fielen.

Abgeordneter Šmidke: Er möchte die Versammelten über die Beschlüsse des Slowakischen Nationalrates und die Entscheidungen des Militärrates informieren. Vor 4 Motanten wurde nämlich entschieden, daß neben dem Slowakischen Nationalrat noch ein besonderer Militärrat gegründet wird. Diesem Rat wurden zwei Politattachés zugeteilt, Mitglieder des Nationalrates. Sie entschieden schon damals, daß sich das ganze Volk gegen die Okkupation, wenn sie erfolge, erheben müsse. Am 29. Juni erörterten sie alle nötigen militärischen Maßnahmen, besonders im Hinblick auf die mittlere Slowakei, die um jeden Preis verteidigt werden soll, da sie sich ganz auf sich selbst gestellt etwa vier bis fünf Wochen gegen die Deutschen halten kann. Dementsprechend wurden dort Vorräte, Lebensmittel, Ausrüstung und Munition und in Banska Bystrica eine Milliarde an Bargeld konzentriert. Das ermöglichte, wie der Abgeordnete Šmidke auf zweimalige Anfrage unterstreicht, ein Mitglied der gegenwärtigen Tiso-Regierung. Weiter sind dort der überwiegende Teil der Artillerie, das Verschanzungsmaterial für die Pässe und die 3. slowakische Division zusammengezogen. Insgesamt waren in der Slowakei zur Zeit seines Abfluges am 4. August d. J. ungefähr 70 000 Mann unter Waffen; die Mobilisation lief jedoch an, und jetzt dürften schon etwa 120 000 Mann erreicht sein. Es wurde beschlossen, daß sich die einzelnen Garnisonen verteidigen und dann in das Zentrum der Slowakei oder in die Berge zurückweichen sollen. Weiter wurde entschieden, die Zivilbevölkerung im westlichen Teil der Slowakei zu bewaffnen, um im Hinterland der deutschen Armee einen Guerillakrieg zu führen. Was Bratislava anbelangt, kam man zu dem Ergebnis, daß es nicht verteidigt werden könne, einerseits, weil es nur einen Katzensprung von Deutschland entfernt ist, andererseits, da es das Zentrum des deutschen Zivilwiderstandes ist. Die slowakische Armee hat 2 Divisionen im Osten des Staates, die die Aufgabe haben, den Rückzug der Deutschen vor der Roten Armee aufzuhalten ...

General Pika: Er möchte noch hinzufügen, daß die slowakische Frage mit den sowjetischen Militärbehörden seit Januar und Februar d. J. erörtert wurde. Auf Grund dessen wurde dann den Slowaken die Instruktion gegeben, Banska Bystrica, Ružomberok, Zvolen, Vrutky und das Gebiet zwischen diesen Städten sowie den Raum Humenne-Prešov zu verteidigen. „Ende Juni erhielten wir die Nachricht, daß die Bereitschaft in diesem Gebiet gegeben ist, und ich informierte die sowjetische Führung, daß der Boden dort vorbereitet sei. Gleichzeitig ersuchte ich um Richtlinien, wie man die Aktionen der Roten Armee mit dem Widerstand der Slowaken koordinieren könne. Ich bekam zur Antwort, das würde sich nach der strategischen Gessamtlage richten. Am 31. Juli überreichte ich eine neue Nachricht, ersuchte um Waffenlieferungen in die Slowakei und gab sieben Stellen an, an denen hauptsächlich automatische und Panzerabwehrwaffen abgeworfen werden sollten. Dann kam die erste Delegation der slowakischen militärischen Führung an, und am 8. August überreichte ich ein ausführliches Memorandum darüber dem sowjetischen Oberkommando. Außerdem habe ich in der Slowakei sieben Verbindungsgruppen, sowohl bei den Partisanen als auch bei der Slowakischen Armee." ...

Auf eine Anfrage Gottwalds fügte dann General Pika noch hinzu, daß unsere Einheit (das I. tschechoslowakische Armeekorps Svobodas – d. Verf.) ursprünglich bei Kolomea eingesetzt wurde. „Da das zu sehr im Osten war, bat ich, daß sie westlicher eingesetzt werde, etwa im Raum Humenne. Die sowjetische Führung gab dem statt, und heute ist die Einheit zwischen Přemyšl und Sambor ..."

Botschafter Fierlinger: „So ist also die Situation, wie wir sie aus allen Referaten zur Kenntnis bekamen, und ich denke, daß sie im großen und ganzen klar ist." Er möchte feststellen, daß es in keinem Punkte Meinungsverschiedenheiten gibt; auch die volle Zustimmung Londons zu dem, was der Nationalrat in der Slowakei vorbereitete, sei gegeben. „Ich denke, daß dort außer der

zweiten Brigade eventuell auch die erste Brigade eingesetzt werden sollte, wenn auch vielleicht nur zum Teil, denn so könnte am besten unsere Solidarität mit dem slowakischen Volk manifestiert werden. Schließlich ist die zweite Brigade zum großen Teil slowakisch."
General Pika: Er schlägt insbesondere vor, daß wir die sowjetische Regierung auf diplomatischem Wege um die allergrößte Unterstützung bitten, wenn sich die Nachrichten bestätigen sollten, daß die Deutschen wirklich die Slowakei besetzten. Was den Einsatz der I. Brigade anbetrifft, glaubt er, daß man das vermutlich aus technischen Gründen nicht durchführen könne. Zu ihrer Verschiebung wären 400 Flüge nötig und außerdem starke Kräfte für den Jagdschutz, der den Transport in drei Gruppen decken müßte . . .
Botschafter Fierlinger: Auf eine entsprechende Aufforderung von Gottwald hin konstatiert er, daß morgen sofort auf diplomatischem Wege Schritte bei der sowjetischen Regierung unternommen werden.
General Viest: Er empfiehlt, erst noch weitere Nachrichten abzuwarten, die die Besetzung der Slowakei durch deutsche Truppen bestätigen.
Abgeordneter Gottwald: Er fügt noch die Nachricht hinzu, daß der Tunnel Žilina-Vrutky in die Luft gesprengt wurde.
In der weiteren ungeregelten, freien Diskussion, an der noch weitere Anwesende teilnehmen, stellt General Pika zum Plan des Volksaufstandes, den der Slowakische Nationalrat entwickelte, fest, daß London diesen Plan nicht nur billigte und bekräftigte, sondern auch jede Hilfe versprach und sogar kategorisch forderte, daß ein nur passiver Widerstand gegen die Okkupanten nicht genüge, daß vielmehr eine aktive Verteidigung proklamiert werden müsse.
Darauf wurde die Versammlung für einen Augenblick unterbrochen, und sofort nach der Unterbrechung stellt Botschafter Fierlinger die Frage, was es eigentlich mit diesem Memorandum von General Čatloš auf sich habe, worauf der Abgeordnete Šmidke folgende Erklärung gibt: General Čatloš habe sich vor einigen Wochen entschieden, seine Haltung zu ändern, die naiv war, und seine Ansichten Moskau zur Kenntnis zu bringen. Inzwischen wollte er in seinen Loyalitätserklärungen Deutschland gegenüber fortfahren. Er ließ den Hundertschaftsführer Stanek rufen, der in die Widerstandsorganisation eingeschaltet ist, und ließ sein Angebot dem Nationalrat übermitteln, ohne zu wissen, wem er sich anbot. Man einigte sich mit ihm darüber, daß er seine persönliche Meinung nach Moskau übermitteln könne, ohne einen Einfluß darauf zu haben, wer der Überbringer sei. Er bot dem Slowakischen Nationalrat auch ein Flugzeug an und wollte dafür sorgen, daß das Flugzeug legal starten könne. Es sollte damals General Jureck fliegen. Das ging jedoch schief. Der Abgeordnete Šmidke erläuterte im einzelnen die Geschichte und die Komplikationen des Abfluges, wobei am wichtigsten ist, daß ihnen durch eine Rundreise die Mitteilung von Čatloš in die Hände gelangte, die er nach

Moskau senden wollte. Durch eine Reise von Stanek konnten sie feststellen, daß die Mitteilung authentisch ist, und er (Šmidke – d. Verf.) ließ wiederum Čatloš sagen, daß die militärische Aktion, so wie sie Čatloš plane, akzeptabel, daß jedoch die politische Seite seines Angebotes unannehmbar wäre ... Dieser politische Teil des Čatloš-Memorandums sei – anders könne man das nicht sagen – eine „absurde politische Naivität": Er wendet sich direkt an die Rote Armee, der er eine Generaldiktatur in der Slowakei anbietet, an deren Spitze er stände, während die Kommunisten Vermittler zwischen ihm und Moskau wären. Der Abgeordnete Šmidke erklärte, daß es, wenn wir die Zusammenfassung aller antideutschen Kräfte in der Slowakei im Sinne hätten, ungerecht wäre, sein Angebot abzulehnen. Er stellt jedoch fest, daß es sich um die Rolle des Mohren handele: wenn der Mohr seine Schuldigkeit getan habe, dann könne er gehen. Diesen Standpunkt nahm laut Šmidke der Slowakische Nationalrat zu der Sache ein ...

6) Beratung in Bratislava:
Die Tiso-Regierung und die Okkupation.*

Anwesend die Minister: Alexander Mach, General Ferdinand Čatloš, Dr. Mikulaš Pružinsky, Dr. Gejza Medricky, der Vorsitzende des Höchsten Versorgungsamtes Dr. Imrich Karvaš und der Chef des Amtes für Propaganda T. J. Gašpar.
Bei der Erörterung des Programms, das den Einflußbereich des Außenministeriums betrifft, war auch der Gesandte und bevollmächtigte Minister Dr. Štefan Polyak anwesend.
Der Vizepräsident der Regierung, der die Anwesenden begrüßt, eröffnete um 18 Uhr die Tagung.
1. Die Regierung ehrte durch Aufstehen das Andenken der durch Partisanenverbrechen gefallenen Soldaten und Bürger; unter ihnen erwähnte sie namentlich, seine Verdienste hervorhebend, den Abgeordneten František Slameň.
2. Die Regierung stellte fest, daß es unbedingt notwendig war, die Maßnahmen gegen die Partisanen zu verschärfen und alle zur Verfügung stehenden Mittel im Interesse der Sicherheit des Lebens, des staatlichen Besitzes und im ureigensten Interesse der staatlichen Existenz einzusetzen. Die notwendigen Maßnahmen werden die Sicherheitsorgane und die slowakischen Verteidigungskräfte in Zusammenarbeit mit deutschen Einheiten nach einem zwi-

---

* Auszug aus dem Protokoll o II/163 einer Sitzung der Regierung des slowakischen Staates am Spätnachmittag des 28. August 1944. – Prečan, a.a.O., S. 346f., Nr. 168.

schenstaatlichen slowakisch-deutschen Sonderabkommen treffen. Die deutschen Einheiten, die auf Grund dieses Vertrages in die Slowakei kommen, werden die Leitung des Oberkommandos der slowakischen Armee untergeordnet und werden sich so lange in der Slowakei aufhalten, so lange es der Oberbefehlshaber der slowakischen Armee für nötig erachtet. Deutsche Sondereinheiten werden in den Städten untergebracht, die für die Kriegsproduktion und den Verkehr wichtig sind (Dubnica, Považska Bystrica und anderweitig).

3. Die Regierung nahm zur Kenntnis, daß die slowakische Division, die in Rußland kämpfte, auf Ersuchen der slowakischen Regierung beschleunigt in die Slowakei zurückkehrt.

4. Die Regierung beschloß im Zusammenhang mit der Kriegssituation und den innenpolitischen Verhältnissen, daß folgende Maßnahmen ergriffen werden:

a) ein Verbot, alkoholische Getränke nach 20 Uhr auszuschenken;
b) eine Sperrstunde für alle Gasthäuser, Restaurants, Kaffeehäuser und andere Lokale auf 21 Uhr festzusetzen;
c) das Verbot von Menschenansammlungen auszusprechen;
d) ein Verbot, nachts mit Autos und anderen Fahrzeugen auf bestimmten Straßen zu reisen, mit Ausnahme von Militär-, Sicherheits- und Sanitätsfahrzeugen;
e) ein Verbot, zu trampen;
f) ein Verbot, sich mit Zivilpersonen im Wald zu treffen; Ausnahmen können die Sicherheitsorgane in Übereinstimmung mit der Armee gestatten.

Außerdem soll eine scharfe Kontrolle der Reisenden in den Zügen eingeführt werden. Was die Strecke Bratislava–Prešov anbelangt, sollen die Zugkontrolle bis nach Trnava durch die Polizeiorgane, weiter nach Žilina durch die Gendarmerie, auf dem übrigen Abschnitt durch die Armee erfolgen.

5. Die Regierung nahm zur Kenntnis, daß der Präsident der Republik als Oberster Befehlshaber der slowakischen Armee am 25. August 1944 General Jozef Turanec zum Oberbefehlshaber der slowakischen Armee ernannte. Die Regierung sprach dem anwesenden neuernannten Oberbefehlshaber der slowakischen Armee ihr Vertrauen aus, fest davon durchdrungen, daß der Oberbefehlshaber die Aufgaben lösen werde, die ihm der Oberste Befehlshaber stellte.

6. Die Regierung sprach ihre prinzipielle Zustimmung zu den Vorschlägen des Verteidigungsministers für eine neue Organisation des Verteidigungsministeriums unter Berücksichtigung der Machtbefugnisse des militärischen Oberbefehlshabers aus.

7. Die Regierung, in dem Bemühen, dem Oberbefehlshaber alle notwendi-

gen Mittel zur Erfüllung der Aufgaben, insbesondere der Festigung der Disziplin, zur Verfügung zu stellen, gab die Entwürfe einiger Gesetzesvorschläge in Auftrag, durch die das Disziplinarverfahren und die Gerichtsbarkeit den gegenwärtigen Bedürfnissen angepaßt werden, wobei vor allem berücksichtigt werden soll, für die Zeit der Verteidigungsbereitschaft des Staates die Bestimmungen über die Vetobefugnisse des Disziplinarausschusses zu suspendieren und einen dreiköpfigen Senat für Standgerichtsverfahren (sowohl gegen Militär – als auch gegen Zivilpersonen) einzusetzen. Weiter soll der Oberbefehlshaber die Möglichkeit erhalten, unmittelbar am Ort selbst befördern und degradieren zu können.

8. Die Regierung erklärte sich damit einverstanden, daß das gesamteStaatsgebiet gemäß dem Gesetz über die Verteidigung des Staates zum Kriegsgebiet erklärt wurde.

9. Die Regierung ordnete an, die Möglichkeit von Sanktionen gegen Verwandte von Fahnenflüchtigen wie auch von Personen, die sich den Partisanen anschlossen, zu prüfen und einen entsprechenden Vorschlag auszuarbeiten. Die Sanktionen sollen sich insbesondere auf die Beschlagnahme des persönlichen Besitzes dieser Personen erstrecken.

10. Die Regierung beschloß, die wirtschaftlichen Versorgungsfragen im Zusammenhang mit dem Aufenthalt deutscher Militäreinheiten in der Slowakei nach dem provisorischen slowakisch-deutschen Übereinkommen zu handhaben, dessen Prinzipien bis zu einem definitiven zwischenstaatlichen Vertrag gelten, der die Fragen, die sich aus dem Aufenthalt deutscher Einheiten in der Slowakei ergeben, endgültig regelt.

11. Die Angelegenheit der Verleihung des Titels „Gesandter" an Ing. Josef Mračen, Ministerialrat im Außenministerium, und an Ing. Jan Orszagh, Legationsrat I. Klasse, wurde vom Programm gestrichen, um erst einmal die zuständigen Rechtsvorschriften heranzuziehen (Nr. 3/1098–2/1944 und Nr. 3/1295–2/1944).

12.–15. bedeutungslos.

16. Die Regierung billigte den Entwurf einer Regierungsvorlage, die einige Bestimmungen des Gesetzes zum Schutz der persönlichen Freiheit und der Hausruhe wie auch anderer Rechte und Freiheiten vorübergehenden Beschränkungen unterwirft.

Für die Richtigkeit der Abschrift: Mejova

7) Slovenska Narodna Rada:
Die Deklaration zum Aufstandsbeginn.*

Sämtliche demokratischen und fortschrittlichen Kräfte des slowakischen Volkes, die den unermüdlichen Kampf gegen das bisherige faschistische Regime in der Slowakei und gegen seine nazistischen deutschen Verbündeten führten, schufen am heutigen Tage den Slowakischen Nationalrat als oberstes Organ des einheimischen slowakischen Widerstandes.

Daher ist der Slowakische Nationalrat allein berechtigt, im Namen des slowakischen Volkes zu sprechen. Er übernimmt mit dem heutigen Tage in der gesamten Slowakei die gesetzgebende und exekutive Gewalt wie auch die Verteidigung der Slowakei. Diese Macht wird bis zu dem Zeitpunkt ausgeübt werden, an dem das slowakische Volk auf demokratische Weise einen legitimen Nachfolger bestimmt.

Der einheimische Widerstand, der bis heute in voller Übereinstimmung mit dem tschechoslowakischen ausländischen Widerstand erfolgte, wird auch weiterhin unseren Kampf in Einheit und Gemeinsamkeit zum Siege führen.

Wir sind für das brüderliche Zusammenleben mit dem tschechischen Volk in einer neuen Tschechoslowakischen Republik. Die verfassungsrechtlichen, sozialen, wirtschaftlichen und kulturellen Fragen der Republik sollen durch gegenseitiges Übereinkommen der aus dem slowakischen und tschechischen Volk erwählten Vertreter im Geiste der demokratischen Prinzipien, des Fortschritts und der sozialen Gerechtigkeit definitiv geregelt werden.

Neben der politischen Befreiung ist es unser Ziel, den sozial schwächeren Schichten des Volkes, besonders den slowakischen Arbeitern und Bauern, ein schöneres und glückliches Leben zu sichern. Im Interesse der Erhöhung des Lebensstandards des Volkes sind wir für eine gerechtere Aufteilung des Volkseinkommens sowie für eine Neuregelung des Eigentums und des Besitzes an Grund und Boden zugunsten der kleinen Bauern. Der Arbeiter soll entsprechend dem höheren Lebensstandard und gemäß den Ergebnissen seiner Arbeit entlohnt werden.

Entschieden lehnen wir ab und verurteilen wir die antidemokratischen, terroristischen Umtriebe und Tendenzen des gegenwärtigen Volkspartei-Regimes. Das slowakische Volk hatte nichts gemein mit dem Bündnis, das es mit Hitlerdeutschland schmiedete. Im Gegenteil, mit seinem Denken und Fühlen war es seit eh und je auf der Seite der Alliierten, was bei jeder passenden Gelegenheit in der Heimat oder an der Front durch Taten bewiesen wurde.

* Deklaration des Slowakischen Nationalrates aus Banska Bystrica vom 1. September 1944. – Prečan, a.a.O., S. 390f., Nr. 212.

Das slowakische Volk lehnte in Übereinstimmung mit unseren nationalen Traditionen den Verrat der Tiso und Tuka am Slowakentum entrüstet ab, mit dem das Volkspartei-Regime die slowakische Nation in den Kampf gegen das brüderliche russische Volk und die anderen slawischen Völker trieb.
Mit dem heutigen Tage schließt sich die slowakische Nation vor aller Welt den verbündeten Völkern an, die mit ihrem Einsatz und ihren gewaltigen Opfern ein freies, demokratisches Leben allen Völkern dieser Erde und auch unserem kleinen Volk erkämpfen. Mit allen Mitteln wollen wir zur schnellen Beendigung dieses Freiheitskampfes beitragen.
In diesem historischen Augenblick verpflichten wir uns, unserer kämpfenden slowakischen Armee und den Partisanen jede moralische und materielle Hilfe zu gewährleisten. Wir rufen das ganze Volk zu den Waffen und zum Kampf gegen unsere Erbfeinde und ihre hiesigen Helfershelfer, damit sich alle Slowaken in einer freien Tschechoslowakischen Repulik ein Leben nach ihrem Willen einrichten können.

Es lebe unsere gerechte Sache!
Ruhm der Tschechoslowakischen Republik!

Slovenska Narodna Rada.

8) Staatspräsident Josef Tiso: Ein Aufruf an die slowakische Nation.*

Slowaken, Slowakinnen!
Ein unbarmherziger Sturmwind jagt durch die Slowakei. Unter ihm leiden physisch bereits viele und seelisch alle Slowaken. Blutvergießen, Zerstörung des Eigentums, die brutale Vernichtung der persönlichen und gesellschaftlichen Freiheit sind Posten der Gegenbilanz im Vergleich zu den glücklichen und positiven Ergebnisssen der slowakischen Staatlichkeit. Alle Slowaken ohne Unterschied, die von der Gewalt des Sturmwindes ergriffen wurden, werden sich – anstatt der Verzweiflung anheim zu fallen und hilflos den Kopf zu verlieren – dessen bewußt, daß dieses Ereignis eine unermeßliche Bedeutung für das slowakische Volk und seine Regierung hat. Es entlarvte nicht nur die wahre Einstellung vieler Leute in der Slowakei, sondern auch die wirklichen Ziele und Methoden des Feindes. Die Geschichte hat erwiesen,

---

* Rundfunkaufruf des Staatspräsidenten Dr. Josef Tiso an die slowakische Nation, gesendet am 2. September 1944 um 20.30 Uhr über Radio Bratislava. – Prečan, a.a.O., S. 415f., Nr. 234.

wie der Slowakische Staat entstand, und heute registriert sie, wie die tschechische Unersättlichkeit erneut darauf sinnt, sich in der Slowakei unter der Ägide einer bolschewistischen Vorherrschaft festzusetzen.

Wir haben soviel Überlegung und Kaltblütigkeit, daß wir, indem wir aus der Vergangenheit gelernt und die Erfahrungen der letzten Tage ausgewertet haben, umfassende Maßnahmen für die Zukunft treffen. Militärische Aktionen sind im Gange. In vielen Gegenden werden sie bereits wirksam, und sie werden sobald wie möglich das ganze Land erfassen. Diese Maßnahmen provozierte der Feind, gegen den sich der angegriffene slowakische Staat nur verteidigt. Für die furchtbaren Folgen ist also allein der Feind verantwortlich, der sich mit der Unersättlichkeit eines vom slowakischen Tisch vertriebenen Raubtieres wieder auf unser in Ruhe lebendes Volk und seinen Staat stürzte. Wir wehren uns nur, und es wäre für uns die größte Schmach vor der Welt und den zukünftigen slowakischen Generationen, wenn wir uns nicht verteidigen würden. So wie unsere Verteidigung nur durch den Angriff des Feindes provoziert wurde, so wird auch die Methode seines Angriffs die Art und Weise unserer Abwehr bestimmen. Den militärischen Teil dieser Verteidigung übernimmt unser Beschützer, das Großdeutsche Reich, zu dem wir volles Vertrauen haben, auf den wir uns verlassen können, da wir wissen, daß alles, was er unternimmt, in der Absicht geschieht, die Ordnung in der Slowakei wiederherzustellen.

Jeder mutige Mensch, jeder ehrliche Slowake blickt nicht nur mit Vertrauen auf diese Maßnahmen, sondern auch mit Geduld, denn er weiß, daß die deutsche Gründlichkeit Zeit und strategisch überlegtes Handeln erfordert, damit der Endsieg, damit die baldige Erneuerung der Ordnung uneingeschränkt gewährleistet wird.

Den politischen Teil der zukünftigen Maßnahmen betreibt oder bereitet die Regierung vor, mit der ich in ständigem Kontakt bin. In den letzten Tagen haben wir nicht nur manches gelernt, sondern in vielerlei Hinsicht wurden wir auch durch die jüngsten Ereignisse aller Rücksichten auf einzelne, auf ganze Gruppen oder auch auf unsere bisherigen politischen Methoden entledigt. Es kam nicht nur zur Erneuerung der slowakischen Armee, sondern es begann auch eine durch Erfahrungen vertiefte innenpolitische Arbeit unter der Devise: „Wir kehren auf allen Gebieten unseres politischen Lebens zum 14. März 1939 zurück."

Geist und Tradition der slowakischen Politik, ausgedrückt durch die Parole „Für Gott und das Volk", bleiben nicht nur unverändert erhalten, sondern verpflichten zu Härte und Rücksichtslosigkeit bei ihrer Realisierung. Mit diesem Programm stehen und fallen das slowakische Volk und der Staat. Es muß also verwirklicht werden! Da es mit slowakischer Nachsicht und Toleranz nicht ging, mit denen wir in der Vergangenheit soviel vergessen, soviel verziehen und noch mehr übersehen haben, so muß es jetzt mit aller Härte erfolgen, die keine Halbheiten duldet, sondern von jedem Slowaken den totalen Einsatz seiner Kräfte für sein Volk und seinen Staat fordert.

Daher sage ich Euch, Brüder und Schwestern: „Köpfe hoch!" Durch den Sturmwind, der über der Slowakei tobt, bewirkte der Feind, der ihn hervorrief, nicht die Untergrabung der Lebenskraft des Volkes und seines Staates, sondern gerade das Gegenteil. Dieser Sturmwind reinigt den slowakischen Horizont von allerlei Unkraut, das entweder die Vergangenheit in uns züchtete oder die letzten Jahre der Konjunktur in den Seelen vieler Slowaken aussäte. Das slowakische Volk wird in seinem selbständigen Staat wieder das sein, was es während der vergangenen sechs Jahre war: ein von der Welt anerkannter Ideenträger des slowakischen Nationalbewußtseins und des sozialen Fortschritts, damit es in der europäischen Völkerfamilie als gleichwertiger Partner die Aufgabe wahrnimmt, die ihm Gott bestimmt hat und die von ihm die europäische Völkersolidarität verlangt.

Fest im Glauben an die Zukunft unseres Volkes, unverbrüchlich in der Entschlossenheit, im Dienste unseres Volkes auszuharren, bestehen wir die schwere historische Prüfung der Gegenwart. So sichern wir unserem Volk das Recht auf ein selbständiges Leben. Fester Glaube stürmt Gipfel, fester Glaube bricht Eisen, und wenn sich diesem festen Willen auch noch die Hilfe Gottes zugesellt, dann ist uns der Sieg sicher. An der Hilfe Gottes aber zweifeln wir nicht, denn unseren Kampf für die heiligen Rechte des Volkes führen wir im Namen Gottes und nach seinen Geboten. Und daher, da Gott mit uns ist, wer könnte gegen uns sein? Also aushalten, nicht zurückweichen, in Standhaftigkeit ausharren, bis über unserer Slowakei erneut die Sonne der Ruhe und Ordnung scheint!

An die Wacht!

9) Gesandter Hanns Ludin:
Das Doppelspiel des Generals Čatloš.*

Am Montag, dem 28. August, wurde General Turanec, vorübergehend zum Oberbefehlshaber mit allen Vollmachten ernannt, von 11 Uhr mittags an für verschollen erklärt. Es wird angenommen, daß er in die Hände der Partisanen fiel. Am gleichen Abend gab Čatloš im Auftrag des Präsidenten eine Erklärung ab, die in unserem Sinne positiv war. (Irrtum Ludins: beides geschah

---

* Auszug aus dem Telegramm Nr. 1339 des deutschen Gesandten Hanns Ludin an das Auswärtige Amt in Berlin vom 5. September 1944. – Prečan, a.a.O., S. 426ff., Nr. 242 (Rückübersetzung aus dem Slowakischen).

am 29. August 1944 – d. Verf.) Daraus konnte man schließen, daß Čatloš in keinerlei Verbindung zu anderen Kräften steht, sondern daß er nach wie vor zum Präsidenten hält. Trotzdem veranlaßte ich noch am gleichen Tag bei Dr. Tiso, daß Čatloš im Präsidentenpalast in Ehrenhaft gehalten wurde. Bei dieser Regelung blieb es bis zum 1. September vormittags. In der Zwischenzeit verließ Čatloš den Präsidentenpalst nur ein einziges Mal mit Wissen des deutschen Generals, da er am 30. August auf Befehl des Präsidenten vor dem versammelten Offizierskorps der Preßburger Garnison sprach. Der deutsche Abwehroffizier erhielt den Befehl, die Versammlung zu verfolgen, in der Č. eine Rede hielt, die man wiederum als positiv bewerten konnte. Danach kehrte er unverzüglich in den Präsidentenpalast zurück.

Am 1. September sollte die Entwaffnung der Preßburger Garnison erfolgen. Auf einer gemeinsamen Beratung mit SS-Obergruppenführer Berger als Befehlshaber in der Slowakei erwog man die Frage, ob die Entwaffnung mit Gewalt oder mit Rücksicht auf unsere schwachen Kräfte auf kaltem Wege verwirklicht werden sollte. General Hubicki empfahl schließlich in dem Bestreben, überflüssiges Blutvergießen zu vermeiden, General Čatloš, den er wörtlich als positiv bezeichnete, bei der Entwaffnungsaktion einzusetzen und ihm durch persönliche Vermittlung des Präsidenten aufzutragen, der Preßburger Garnison den Befehl zur Waffenniederlegung zu erteilen. Mit diesem Vorschlag erklärte sich SS-Obergruppenführer Berger absolut einverstanden und ordnete seine Durchführung an. Infolgedessen wurde Čatloš aufgefordert, sich in Begleitung von General Pulanich zu einer Besprechung bei General Hubicki einzufinden. Außerdem wurde er auf dem Hin- und Rückweg durch unseren Militärattaché begleitet. Die Besprechung war um 16.15 Uhr zu Ende, und Čatloš trug dem Präsidenten anschließend das Verhandlungsergebnis im Präsidentenpalast vor. Darauf erhielt General Čatloš vom Präsidenten die Weisung, die Entwaffnung in der Art und Weise vorzunehmen, wie sie auf der Besprechung vereinbart worden war. Nach dem Gespräch mit dem Präsidenten bemerkte Čatloš im Präsidentenpalast zum Militärattaché, daß er während der Entwaffnungsaktion jeden einzelnen Führer durch Ehrenwort binden werde, die Waffen ohne Widerstand abzulegen. Die Befehle wurden dementsprechend vorbereitet. Bis in die späten Nachtstunden vom 1. auf den 2. September gab es keinen Zweifel an der Treue Čatloš' zu Tiso.

Gegen 23 Uhr erhielt Obergruppenführer Berger telefonische Mitteilungen, die ihn dazu bewogen, die sofortige Verhaftung des Generals Čatloš anzuordnen. Über seinen Befehl unterrichtete er mich durch Vermittlung des Gesandtschaftsrats Gmelin, der mir die Nachricht sofort überbrachte. Da ich die Motive nicht kannte, die zu diesem Befehl führten, und gegen Čatloš' Verhalten gerade in den letzten Tagen vom militärischen Gesichtspunkt her keinerlei Gruß zu Mißtrauen bestand, beauftragte ich den Militärattaché, auf dem Dienstwege die Gründe für den Verhaftungsbefehl zu prüfen, der angeblich von höchsten Stellen ausging. Kurz darauf kam vom IA der Abteilung des Militärattachés eine Nachricht, wonach die militärischen Stellen an der Verhaftung kein Interesse hätten, daß sie eine rein politische Angelegenheit sei. Daran anschließend führte ich ein Telefongespräch mit SS-Obergruppenführer Berger, in dem ich die Forderung äußerte, daß Čatloš' Verhaftung – wenn sie unumgänglich sei – in möglichst unauffälliger Form durchgeführt werde, damit die gerade bevorstehende Entwaffnung nicht beeinträchtigt werde ...

Am 2. September um 5 Uhr morgens teilte der persönliche Sekretär des Präsidenten, Dr. Grüninger, der diese Nacht im Präsidentenpalast geblieben war, mit, daß Čatloš geflohen sei und sich angeblich in Novaky aufhalte. Dr. Grüninger benachrichtigte sofort den Polizei- und Militärattaché sowie Gesandtschaftsrat Gmelin; der Polizeiattaché übergab die Nachricht unverzüglich an Dr. Witiska ...

10) General Hermann Höfle:
Eine Eidesstattliche Erklärung.*

Ich, Hermann *Höfle,* schwöre, sage aus und erkläre:
Ich bin am 12. September 1898 in Augsburg geboren. Bin verheiratet, habe 2 Kinder. Von Beruf ehem. Obergruppenführer und General der Waffen-SS. Nach Besuch der Volksschule besuchte ich bis zur Matura das humanistische Gymnasium in Augsburg, wo ich im Jahre 1916 maturierte und dann als Fahnenjunker in das damalige bayrische I. Infanterie-Regiment eintrat. Bei diesem Regiment war ich bis zum Kriegsende. Nach der Kapitulation war ich beim Freikorps Ritter von Epp als Leutnant und wurde später in das „Hunderttausend Mann"-Heer übernommen im Range eines Leutnants. Hier diente ich bis 31. Juli 1934. Auf Grund des Verdachtes an der Verschwörung des mir persönlich bekannten damaligen Stabschefs der SA *Röhm* wurde ich vom Generalfeldmarschall Blomberg aufgefordert, meinen Abschied einzureichen. Ich befand mich damals am Abschluß des zweiten Jahres der Kriegsakademie. Ich erhielt den Abschied und war vom damaligen Generalstabschef General der Art. *Beck* als Instrukteur zu der Regierung Tschiang Kai-schek bereits funktelegraphisch vorgeschlagen. Durch Intervention des damaligen mir persönlich bekannten Korpsführers des NSKK *Hühnlein*

---

* Diese Erklärung gab H. Höfle während seines Prozesses in Bratislava ab. – Institut für Zeitgeschichte, München, No. 3056.

wurde ich jedoch im Einverständnis des Feldmarschall Blomberg in das NSKK als Standartenführer in den Stab der Korpsführung als Chef der Ausbildung übernommen. Erst im Jahre 1937 wurde ich, nachdem ich inzwischen zum Oberführer des NSKK und NSKK-Brigadeführer befördert war, in die Partei aufgenommen.

NSKK/Natsoz. Kraftfahrerkorps/ hat folgende Aufgaben gehabt: Ausbildung am Motor an sämtlichen Fahrzeugen, Verkehrsdienstüberwachung, Verkehrsregelung als Verkehrshilfspolizei, Erprobung von neuen Fahrzeugtypen, Ausbildung sämtlicher in Parteidienst stehender hauptberuflicher Kraftfahrer, Anlage und Durchführung von Geländehindernisfahrten, von nationalen und internationalen Wettbewerben (Nürburg-Rennen, Avus-Rennen usw.), dann motorsportliche Ausbildung der Jugend usw.

In der SA wurde ich noch während meiner Zugehörigkeit zum akt. Heer am 9. November 1933 zum z.b.v.-Standartenführer ernannt, ohne jedoch jemals in der SA irgendeinen Dienst gemacht zu haben. Dieser Dienstgrad wurde mir auf Vorschlag des damaligen Stabschefs Röhm überraschenderweise verliehen zur Erinnerung an meine Mitgliedschaft bei der ehemaligen „Reichskriegsflagge" und an mein Verhalten am 9. November 1923.

Vom Beginn des Krieges bis zum 30. Juni 1943 war ich in der Stellung als Inspekteur für Ausbildung bei NSKK in Berlin und München. Dazu war mir noch besonders auf Grund des Führermangels die Motorobergruppe Breslau (Motorgruppe Schlesien, Leipzig) unterstellt. Am 1. Juli 1943 wurde ich auf Anforderung des Reichsführers SS Himmler als SS-Gruppenführer und Generalleutnant der Polizei (Ordnungspolizei) übernommen und wurde auf kurze Einweisung Mitte September als höherer SS- und Polizeiführer in Braunschweig eingestellt. Als höherer SS- und Polizeiführer hatte ich die Aufgabe in dem besonders luftbedrohten mitteldeutschen Industriegebiet Luftschutzmaßnahmen zu überwachen bzw. durchzuführen. In meiner Funktion als höherer SS- und Polizeiführer war ich unmittelbar Himmler unterstellt, den ich seit 1923 von München her kannte. Wir waren zusammen bei der Reichskriegsflagge. Mitte September 1944 erhielt ich ein Telegramm von Himmler, in welchem er mich zum deutschen General in der Slowakei und zum Befehlshaber der zur Unterstützung der slowakischen Regierung für die Befreiung dieses Landes eingesetzten deutschen Truppen ernannte. Zu dieser Zeit war ich über die Vorgänge in der Slowakei überhaupt nicht informiert.

Nach Erhalt des Telegramms fuhr ich mit meinem Adjutanten jt. Edlinger nach Berlin und von dort zur Feldkommandostelle des Reichsführers. Meine Ernennung zum deutschen General in der Slowakei konnte von Himmler nur in seiner Eigenschaft als Befehlshaber des Ersatzheeres vorgenommen werden. Nach meiner Ankunft wurde ich zunächst zum SS-Obergruppenführer

Berger geführt, nachdem ich von einem Ordonanzoffizier erfuhr, daß ich zum Nachfolger von Berger ernannt wurde.
Berger habe ich nur zweimal im ganzen Leben bis dahin gesehen und gesprochen. Das erstemal entweder im Dezember 1942, oder im Januar 1943 als ich vom Reichsführer Himmler als NSKK-Obergruppenführer zu einem Besuch bei ihm in der Feldkommandostelle in Ostpreußen aufgefordert wurde. Inhalt dieser ersten Besprechung war eine rein NSKK-mäßige Angelegenheit. Zum zweiten Mal habe ich Berger meinen offiziellen Besuch gemacht, nachdem ich im August bereits zur SS als Generalleutnant der Polizei übernommen war. Dieser Besuch war im Rahmen meiner Antrittsbesuche in seiner Eigenschaft als Chef des SS-Hauptamtes. Berger lud mich zum Mittagessen, zu dem auch bereits ein Diplomat aus Kroatien eingeladen war. – Wann Berger Chef des SS-Hauptamtes wurde, ist mir unbekannt.
Ich weiß, daß Berger als Chef des SS-Hauptamtes im Kriege die Hauptaufgabe hatte, das Ersatzwesen für die Waffen-SS zu leiten, insbesondere die Erfassung der wehrfähigen Volksdeutschen in den von deutschen Truppen besetzten Gebieten. Wie die Erfassung im einzelnen vor sich ging, ist mir nicht bekannt. Ich möchte dabei bemerken, daß mir ein klarer Einblick in die tatsächlichen Aufgabengebiete Bergers bis zum heutigen Tage nicht gelungen ist. U. a. ist mir bekannt, daß Berger in der kroatischen Politik eine Rolle spielte und wohl auch in Kroatien gewesen sein mußte.
Ich kann sagen, daß Berger als Berater des Himmler wohl in der gesamten SS eine ausschlaggebende Rolle spielte. Dies war allgemein erwiesen. Ich habe ihn selbst als Vertrauensmann Himmlers betrachtet. Berger wurde von den nüchtern denkenden, höheren SS-Generälen auf Grund seiner Leistungen und seines Einmischens in Dinge, die er auf Grund seines Bildungsgrades nicht verstehen konnte, nicht ernst genommen.
Zum dritten Mal traf ich mit Berger Mitte September, nach meiner Ernennung zum deutschen Befehlshaber in der Slowakei in der Feldkommandostelle des Reichsführers in Ostpreußen zusammen, wobei ich erst erfuhr, daß ich zu seinem Nachfolger in der Slowakei bestimmt wäre. Meine Erwartung, daß ich von ihm nun einen klaren Überblick über die Lage in der Slowakei erhalten werde, erfüllte sich nicht. Er sagte mir lediglich, jedoch auch nicht übersichtlich, daß in der Slowakei die ganze slowakische Wehrmacht gemeutert hätte und daß dort ein Aufstand im Gange sei. Es wären im Einsatz auch deutsche Truppen. Das übrige werde ich an Ort und Stelle selber erfahren. Er erzählte mir daraufhin, er hätte jetzt eine große Aufgabe zu übernehmen und zwar die Organisation und Aufstellung des sogenannten Volkssturmes. Er fuhr dann, wie er mir sagte, am gleichen Tag auf einen kurzen Besuch zu seiner Familie auf sein Gut.
Zum vierten Mal bin ich mit Berger in Preßburg zusammengekommen, wo

er mich beim Staatspräsidenten, Ministerpräsidenten und bei anderen slowakischen Persönlichkeiten einführte. Kurz vor seiner Abreise erzählte mir Berger, daß er die sofortige Ablösung des Generals der Panzertruppen v. Hubizky in Berlin veranlaßt habe und ich infolgedessen die militärische Führung allein verantwortlich zu übernehmen hätte. Er habe sich über Hubizky geärgert, weil Hubizky hinter seinem Rücken (angeblich) nach Berlin eine dienstliche Anfrage richtete, ich glaube mich erinnern zu können, daß es sich lediglich um eine Klärung der Dienststellungsbezeichnung für Hubizky handelte. Diese Maßnahme Bergers habe ich nicht gebilligt und ihm dies auch gesagt. Berger erzählte mir, er hätte eine neue Regierung gebildet und über die bisher erfolgten militärischen Maßnahmen. Als ich mich über Einzelheiten bei ihm erkundigte, erklärte er mir, daß über alle nichtmilitärischen Angelegenheiten der Führer der Einsatzbruppe H. Wittiska Bescheid wüßte, so daß Wittiska etwa die Rolle einer Nachrichtenstelle bilden würde. Er erzählte auch, daß er dem Führer über seine Tätigkeit in der Slowakei mit großen Erfolg vorgetragen hätte. Ich weiß auch, daß Berger etwa Ende des Jahres 1944 das Ritterkreuz zum Kriegsverdienstkreuz bekam. Berger ist aus Preßburg in der letzten Hälfte der Septembertage weggegangen und von dieser Zeit habe ich ihn nicht mehr gesehen. Ich glaube, daß Berger nach Übernahme des Ersatzheeres durch Himmler zum Chef des Kriegsgefangenenwesens ernannt wurde. Seine Ernennung war auch in einem Befehl erwähnt. Dadurch unterstanden ihm sämtliche Kriegsgefangenenlager im Reich.
Vom Hörensagen weiß ich, daß *Dirlewanger* ein Günstling und Freund Bergers war, denn sie waren Landsmänner. Erst in der Gefangenschaft habe ich erfahren (die Quelle ist mir nicht mehr bekannt), daß Dirlewanger angeblich wegen Sittlichkeitsdelikt mit einem minderjährigen Mädchen zu einer Freiheitsstrafe verurteilt gewesen sein soll, daß ihm aber im Zuge einer Amnestieverordnung die Strafe erlassen wurde. Ich wußte, daß eine Bewährungsformation seit längerer Zeit bestanden hat und daß aus dieser Formation im Laufe der Zeit die sogenannte Brigade-Dirlewanger entstand. Die genauen Bestimmungen darüber, wer auf Grund militärgerichtlicher Bestrafung in diese Brigade zur Bewährung versetzt wurde, sind mir nicht bekannt. Als ich bereits in der Slowakei war und meldete, daß die mir zur Verfügung stehenden Kräfte zur Bekämpfung der Aufstandsarmee keineswegs ausreichen werden, hat Himmler bei meinem Zusammentreffen mit ihm in Wien (in den ersten Oktobertagen) mir mitgeteilt, daß er entschieden hätte, daß eine Brigade-Dirlewanger in die Slowakei abtransportiert werden würde. Nachdem mir bekannt war, daß die Brigade-Dirlewanger zum größten Teil aus Bewährungsmannschaften (vorwiegend Mannschaften und Offizieren des Heeres) bestand, habe ich dem Himmler gegenüber meine Bedenken geäußert, eine Bewährungstruppe in der Slowakei als verbündeten und souveränen Staat

einzusetzen. Ich nehme an, daß dieser Vorschlag von Berger an Himmler ergangen war. Nachdem Berger erst einige Tage davor aus der Slowakei abgerückt war, nehme ich dies an, daß Berger seinen Freund Dirlewanger vielleicht schon zu diesem Einsatz vorgesehen hatte, als er noch in der Slowakei war und vielleicht noch nicht wußte, daß er abgelöst werden wird. Himmler entgegnete scharf, daß ich dagegen keine Bedenken äußern könne, da ich die Brigade ja gar nicht kenne, im übrigen sei gerade bei dieser Brigade die Disziplin eine besonders scharfe, weil besonders scharfe disziplinäre Maßnahmen bei diesem Verband festgelegt seien. Trotz meiner Ablehnung ist dann die Brigade etwa von Mitte Oktober in die Slowakei mit Eisenbahntransport gekommen und wurde dann bei der Einschließung der Aufstandsarmee über Rosenberg in breiterer Front in südlicher Richtung eingesetzt. Diese Brigade bekam die Operationsbefehle von mir. Es ist mir bekannt, daß die Brigade vorher in der Bekämpfung des Aufstandes in Warschau eingesetzt war, wobei Dirlewanger mit dem Ritterkeuz zum Eisernen Kreuz ausgezeichnet wurde. Über den genauen vorherigen Einsatz der Brigade außer Warschau bin ich nicht informiert. Bei der Ankunft dieser Brigade habe ich Dirlewanger gestellt und ihm besonders diszipliniertes Verhalten seiner Truppe sowohl im Kampf als auch in den Quartieren zur Pflicht gemacht.

Die ganze Brigade kam auf meine Forderung bei Himmler etwa noch vor Jahreswechsel weg. Der Grund war: einerseits disziplin-widriges Verhalten des Dirlewanger mir gegenüber, weil er hinter meinem Rücken an das Führerhauptquartier (Fegelein) einen wissentlich falschen Bericht über den Einsatz einer Artillerieabteilung in den Kämpfen bei Šahy eingereicht hat und weil andererseits in Preßburg und teilweise auch aus anderen Städten, wie Neutra, Trnava, andauernd Meldungen eintrafen, daß von der Feldgendarmerie und dem Wehrmachtsstreifendienst fahnenflüchtige Angehörige seines Verbandes, die zum Teil ihre Waffen verkauften, festgenommen worden waren. Dazu bemerke ich, daß Dirlewanger ohne meine Genehmigung einer Aufforderung Bergers zu ihm (ich glaube nach Berlin) Folge geleistet hatte und nach Rückkehr mir erklärte, daß dieser Besuch gar keinen dienstlichen Charakter gehabt hätte, sondern daß sie lediglich erheblich getrunken hätten. Ich hatte jedoch den Eindruck, daß der Grund dieses Besuches vielleicht eine Berichterstattung über mich war. Dirlewanger hat mit seiner Brigade seinen Auftrag erfüllt. Berger war nie Kommandant von der Festung Preßburg, da Preßburg erst im Jänner zur Festung vom OKW erklärt wurde und als Festungskommandant wurde der Oberst Freiherr von Ohlen ernannt. Wie ich später, etwa einige Tage darauf vom Oberbefehlshaber der 8. Armee, General der Infanterie Kreysing erfuhr, soll Ohlen vom zuständigen Militärgericht (Feldgericht) zum Tode verurteilt worden sein, weil er Preßburg nicht befehlsgemäß verteidigt hätte.

Ich muß angeben, daß Berger zu Himmlers engstem Kreis gehört hat und im allgemeinen als der starke Mann Himmlers betrachtet wurde, was schon in seiner Dienststellung als Chef des SS-Hauptamtes begründet war. Ob Himmler alle Dinge dem Berger anvertraut hatte, weiß ich nicht, aber daß er das Vertrauen Himmlers in vollem Umfange genoß, weiß ich.
Über seine politische Tätigkeit in Ungarn und Rumänien und Ukraine kann ich nichts sagen, jedoch weiß ich, daß Berger mit prominenten Leuten der Regierung Pavelič in Kroatien enge Beziehung hielt und daß Berger sich selbst als besonderen Kenner der Kroatischen Verhältnisse bezeichnete. Ich weiß vom Hörensagen, daß einmal die Berufung Bergers in das Ostministerium etwa als Staatssekretär besprochen wurde. Ob Berger über die Ereignisse im Osten informiert war, kann ich nicht sagen. Ich nehme an, daß Berger auf Grund seiner Stellung als Chef des SS-Hauptamtes und als Berater des Reichsführers über die Ereignisse im großen informiert sein mußte.
Ich habe obige Erklärung, bestehend aus 8 Seiten in deutscher Sprache gelesen und erkläre, daß es nach meinem besten Wissen und Glauben die volle Wahrheit ist. Ich hatte Gelegenheit, Änderungen und Berichtigungen in obiger Erklärung vorzunehmen. Diese Erklärung habe ich freiwillig gemacht, ohne jedwedes Versprechen auf Belohnung, und ich war keinerlei Drohung oder Zwang ausgesetzt.
Bratislava, den 13. Februar 1947
gez. Hermann Höfle

11) Gesandter Hanns Ludin:
Eine eidesstattliche Erklärung.*

Ich, Hanns Elard *Ludin*, schwöre, sage aus und erkläre:
Ich bin am 10. Juni 1905 als einziges Kind des damaligen Professors Dr. Fritz Ludin und seiner Ehefrau Johanna geb. Tanner zu Freiburg (Baden) geboren. Nach meiner Matura im Jahre 1924 bin ich als Fahnenjunker in das Art. Regt. 5 in Ulm an der Donau eingetreten. Im Jahre 1930 schied ich nach dem sogenannten Reichswehrprozeß aus der Reichswehr aus. Im Herbst 1930 trat ich der NSDAP und im Sommer 1931 der SA bei. Ich führte ab Sommer 1931 bis März 1933 die SA-Untergruppe Baden und ab April 1933 bis Kriegsausbruch die SA-Gruppe Südwest (Stuttgart). Bei Kriegsausbruch wurde ich eingezogen und führte als Hauptmann der Reserve eine Batterie in der 78. Sturmdivision. Reichtagsabgeordneter wurde ich im Jahre 1932. Im Jän-

---

* Diese Erklärung gab, H. E. Ludin während seines Prozesses in Bratislava ab. – Institut für Zeitgeschichte, München, No. 3058.

ner 1941 wurde ich deutscher Gesandter in Bratislava und wurde damit in das Auswärtige Amt übernommen.

Ich habe Berger im Jahre 1931 oder 1932 kennengelernt. Ich selbst war damals Führer der SA-Untergruppe Baden. Berger führte die benachbarte Untergruppe Württemberg. Da beide Untergruppen zum selben Verband der SA-Gruppe Südwest gehörten, traf ich Berger bei gelegentlichen Führerbesprechungen und ähnlichen Anlässen hin und wieder in Stuttgart. Meine Meinung von ihm war damals eine ausgesprochen positive. Berger gab sich als der rauhe, aber biedere und ehrliche Frontsoldat. Zwischen uns bestand damals ein zwar nur durch dienstliche Anlässe gegebenes aber kameradschaftliches Verhältnis. Dieses schien mir auch weiter zu bestehen, als ich Ende März 1933 mit der Führung der Gruppe Südwest beauftragt wurde. Bald nach meinem Dienstantritt in Stuttgart teilte mir der mir persönlich befreundete damalige Ia (Operationsabteilung) der 5. Division und spätere General Stammesmann (gefallen 1944) mit, daß Berger bei Wehrmachtsdienststellen gegen mich intrigiere. Ich war völlig überrascht und umso verblüffter, als Berger sich mir selbst gegenüber wie bisher durchaus kameradschaftlich und wohlgesinnt gab. Es war zwischen uns bis dato auch nicht ein böses Wort gefallen. Die Haltung Bergers berührte mich umso eigenartiger, als ich ihn gemäß seiner diesbezüglichen Äußerungen als einen ausgesprochenen Gegner der damaligen Wehrmacht halten mußte. In der Annahme, daß es sich nur um ein Mißverständnis handeln könne, und in der Absicht, die Angelegenheit unter uns kameradschaftlich zu regeln, habe ich Berger zu mir gebeten. Nach meinen ersten Worten jedoch äußerte sich Berger derartig disziplinwidrig, daß ich mich gezwungen sah, ihn sofort zu beurlauben und den Vorfall meiner vorgesetzten Dienststelle zu melden. Im Auftrage des damaligen Stabschefs Röhm untersuchte Obergruppenführer v. Jagow den Fall Berger. Da sich inzwischen noch herausgestellt hatte, daß Berger seinen eigenen Stabsführer, einem württembergischen Edelmann und schwerverwundeten Offizier des I. Weltkrieges wegen Spionageverdacht zugunsten Frankreichs durch die Gestapo überwachen ließ, wurde sein Verhalten als so unkameradschaftlich betrachtet, daß er nach Entscheidung Röhms aus der SA ausscheiden mußte. Nach dem sogenannten Röhmputsch machte Berger einen Versuch der Wiederaufnahme in die SA. Nach Vermittlung durch einige gemeinsame Kameraden suchte er mich damals auf und bat mich, seine diesbezüglichen Schritte bei der Obersten SA-Führung auch meinerseits zu unterstützen. Kurze Zeit darauf trat Berger jedoch eine Stelle bei dem damaligen Chef des Ausbildungswesens an. Meine persönlichen Beziehungen zu ihm waren seit jener Zeit völlig abgebrochen. Im Jahre 1942 oder 43 fand jedoch auf Betreiben gemeinsamer Bekannter eine formale Annäherung statt, die in einem einmaligen Briefwechsel bestand. 1943 habe ich Berger anläßlich des Traueraktes für den Stabschef Lutze zum ersten Mal kurz wiedergesehen und kam dann erst wieder mit ihm in Berührung, als er 1944 Deutscher Befehlshaber in der Slowakei wurde.

In der Zeit meines Antrittes in der Slowakei wußte ich davon, daß Berger Chef des SS-Hauptamtes war. Ich nehme an, daß dies ein Vertrauensposten bei Himmler war. Das gesamte Ersatzwesen war dem SS-Hauptamt unterstellt. In seine Kompetenz fiel auch die Rekrutierung der volksdeutschen SS. Er nahm hierbei die Vermittlung des Auswärtigen Amtes, beziehungsweise der Volksdeutschen Mittelstelle in Anspruch. Die Assentierungen der Volksdeutschen in der Slowakei waren zuerst freiwillig und im Jahre 1944 wurde durch ein Gesetz der slowakischen Regierung die Zwangsrekrutierung der für die SS tauglichen Volksdeutschen eingeführt. Die slowakische Regierung hat dieses Gesetz auf Veranlassung der Deutschen Gesandtschaft erlassen. Die Deutsche Gesandtschaft handelte im Auftrage der Reichsregierung. Durch die Ernennung Bergers als Befehlshaber in der Slowakei wurde ich völlig überrascht.

Mittwoch, den 30. August 1944 spät am Abend erfuhr ich vom Gesandtschaftsrat Gmelin, daß SS-Obergruppenführer Berger eingetroffen sei und sich auf der Dienststelle des Sturmbannführer Nageler aufhalte. Kurze Zeit darauf ließ mich Berger zu sich bitten – eine Bitte, der ich nach einigem Widerstreben nachkam. Ich mußte in seiner Ernennung den Versuch Himmlers sehen, die Dinge in der Slowakei nicht nur militärisch sondern auch politisch in seine Hand zu nehmen. Bei unserem ersten Zusammentreffen teilte mir Berger kurz mit, daß er im besonderen Auftrag des Führers als deutscher Befehlshaber in die Slowakei entsandt sei. Vermutlich habe ich ihm auch einen kurzen Überblick über die Lage, wie sie sich mir darstellte und über einzelne Personen gegeben. Meine heutige, schon damals aufkeimende Auffassung über die Stellung Bergers war folgende: daß er keinen offiziellen politischen Auftrag hatte, daß ihn aber Himmler ganz ohne Zweifel persönlich beauftragte, meine Tätigkeit als Vertreter des Auswärtigen Amtes auszuschalten und auch die Dinge politisch in seine Hand zu nehmen. Mir selbst gegenüber hat Berger keine solche Äußerung gemacht, aus der hervorginge, daß er das Problem ohne Mitarbeit der slowakischen Regierung lösen wollte, jedenfalls erinnere ich mich dessen heute nicht mehr. Am nächsten Tag morgens habe ich Berger dem Staatspräsidenten vorgestellt. Es ist möglich, daß bereits am selben Tag in gemeinsamer Besprechung Berger-General Hubizky und mir der Entschluß gefallen ist, die restlichen slowakischen Truppenteile zu entwaffnen, um unnötiges Blutvergießen von vornherein zu vermeiden. Dieser deutsche Wunsch wurde vermutlich am selben Tage von mir und General Hubizky dem Staatspräsidenten vorgetragen. Der Staatspräsident Dr. Tiso stimmte im wesentlichen zu, bat jedoch, technische Einzelheiten mit den zuständigen slowakischen Militärdienststellen zu besprechen. Ich nehme an, daß daraufhin eine Besprechung Gen. Hubizkys mit dem slow. General Čatloš zustandekam. Besonders schwierig schien die Entwaffnung der Preßburger Garnison zu sein. Wie sich nämlich im Laufe der Verhandlungen herausstellte, war die Preßburger Garnison etwa 8000 Mann stark, während deutscherseits nur 1000 Mann zweiter Garnitur zur Verfügung standen. Wir kamen deshalb deutscherseits überein, den General Čaltoš zu ersuchen, durch persönliche Ansprache die Preßburger Truppenteile aufzufordern, ohne Widerstand die Waffen niederzulegen. Dieser Wunsch wurde wohl durch General Hubizky, vielleicht auch durch uns beide, dem Staatspräsidenten vorgetragen mit der Bitte, dem General Čatloš die notwendigen Befehle zu erteilen. Wie ich unterrichtet wurde, hat General Čatloš diesen Befehl auch ausgeführt und die Entwaffnung der Preßburger Garnison vollzog sich dann in der Nacht vom 1. auf 2. September ohne Zwischenfall.

In der Nacht vom 1. auf 2. September, vermutlich gegen 22 Uhr meldete mir Gesandtschaftsrat Gmelin, damals Verbindungsmann der Gesandtschaft zu Berger, daß Berger geäußert habe, er ließe jetzt General Čatloš verhaften. Ich habe daraufhin Berger angerufen und ihn gebeten, auf gar keinen Fall diese Absicht durchzuführen, da General Čatloš' augenblickliche Haltung dazu keinen Anlaß gäbe. Berger gab eine ausweichende Antwort. Diese Frage hat sich am nächsten Tage dadurch von selbst erledigt, weil, wie ich am Samstag früh erfuhr, General Čatloš sich auf das Aufstandsgebiet nach Banska Bystrica begeben hatte. Am selben Morgen teilte mir Berger telephonisch mit, daß nun die Verdachtsmomente so schwerwiegend seien, daß auch der Präsident der Slowakischen Nationalbank Karvaš verhaftet werden müsse. Ich habe darauf Berger gebeten, daß dieser Schritt nicht ohne vorherige Mitteilung an Dr. Tiso durchgeführt werde. Ich habe mich kurz darauf selbst zum Staatspräsidenten begeben und ihm mitgeteilt, daß Berger die Verhaftung des Gouverneurs Karvaš verlange. Dr. Tiso hat diese Mitteilung zur Kenntnis genommen, was ich Berger mitgeteilt habe. Es ist möglich, daß ich den Staatspräsidenten fragte, ob er den Gouverneur Karvaš tatsächlich für am Putsch beteiligt hielt. Möglicherweise hat Herr Tiso darauf geantwortet: „Fragen Sie ihn selber." Genau kann ich mich dieses Gespräches nicht mehr erinnern. Dr. Tiso hat gegen die Verhaftung Karvaš' keine Einwendungen gemacht, ich glaube aber, solche hätten wahrscheinlich nur formale aber keine praktische Bedeutung gehabt. Soviel ich mich erinnere, wurde der Nationalbankpräsident Karvaš am späten Nachtmittag desselben Tages in Haft genommen.

Bei der Regierungsbildung war es ein ausgesprochener Wunsch des deutschen Befehlshabers, daß die Exekutive vom Innenministerium abgetrennt und, unter Kubala (Führer der Hlinka-Garde), dem Verteidigungsministe-

rium unterstellt wird. Bei dieser Gelegenheit muß ich noch bemerken, daß Berger in den ersten Tagen seiner Ankunft in meiner Anwesenheit mit den Führern der Hlinka-Garde, Kubala und Rabina, verhandelte, die eindeutig durch den deutschen Berater bei der Hlinka-Garde Nageler vorgeschlagen waren. Der Gegenstand der Verhandlungen war die Übernahme des Sicherheitswesens durch Kubala. Ich habe Kubala nahegelegt, dieses Amt zu übernehmen. Nach sichtlichem inneren Widerstreben gab Kubala seine Zustimmung. Die Unterredung war kurz. Ob Berger sich nachher mit Kubala, Rabina oder anderen Herren unterhielt, entzieht sich meiner Kenntnis. Viel später erst habe ich erfahren, daß außer dieser Verhandlung Berger auch ein Gremium slowakischer Herren zu sich gebeten hatte, um sich durch sie über die Lage und über die politischen Persönlichkeiten in Bratislava zu unterrichten.
Warum Berger abgelöst wurde, weiß ich nicht. Er wurde eines Tages überraschend ins Führerhauptquartier gerufen und kam mit der Mitteilung zurück, daß er dort vom Führer mit der Aufstellung des Volkssturmes beauftragt worden sei und deshalb die Befehlshaberstelle in der Slowakei aufgeben müsse.
Nach Bergers Abfahrt aus Preßburg, habe ich mit ihm nichts mehr zu tun gehabt und habe ihn auch nimmer gesehen. Meines Erachtens wurde er dann tatsächlich Stabschef des neu aufzustellenden Volkssturmes und als solcher dann dem Reichsleiter Bormann unterstellt.
Nach Ankunft Bergers traf auch SS-Obersturmbannführer Dr. Wittiska ein, als Chef des SS-Einsatzkommandos H. Ich nehme als sicher an, daß Wittiska Berger unterstellt war. Wittiska gab mir keine schriftlichen Berichte. Er war dem Reichssicherheitshauptamt unterstellt. Ich nehme an, daß die Verhaftung wichtiger slowakischer Persönlichkeiten nicht ohne Wissen Bergers erfolgen konnte.
Ich habe Berger immer als einen Vertrauensmann Himmels betrachtet und muß annehmen, daß er zum engsten Kreis seiner Mitarbeiter gehörte.
Ich habe obige Erklärung, bestehend aus 7 Seiten, in deutscher Sprache gelesen und erkläre, daß es nach meinem besten Wissen und Glauben die volle Wahrheit ist. Ich hatte Gelegenheit Änderungen und Berichtigungen in obiger Erklärung vorzunehmen. Diese Erklärung habe ich freiwillig gemacht, ohne jedwedes Versprechen auf Belohnung, und ich war keinerlei Drohung oder Zwang ausgesetzt.
Bratislava, den 14. Februar 1947

gez. Ludin

12) Der Verlust des Nitratals:
Die deutsche Lagemeldung vom 15. September 1944.*

Wehrmachtsbevollmächtigter beim Prag, den 16. 9. 44
Reichsprotektor und Befehlshaber
im Wehrkreis Böhmen und Mähren
Abt. I c Feindlageoffizier.
Nr. 170/44 G. Kdos.

Geheime Kommandosache

Betr.: Lage in der Slowakei.
Abendmeldung des Dtsch. Generals Preßburg vom 15. 9. 44:

1. Gesamtlage:
a) Div. Tatra hat aus Gegend Sucany nach Osten vorstoßend bei Kralovany Verbindung zur Gruppe Schäfer hergestellt.
b) Planung für Aufstellung slowak. Landeswehr. Zunächst Säuberung des slowak. Offz.-Korps. Ende September Aufstellung von 2 Inf.-Rgt. zu je 2 Btl., Ausrüstung mit Gewehr und MG. Nach der Aufstellung der Rgt. Zusammenschweißen und Ausbildung der Verbände. Verwendung dieser Teile nicht vor Ende Oktober und nur zu Sicherungsaufgaben möglich. Weitere Aufstellungen zunächst nicht beabsichtigt.

2. Feindlage:
a) Bei dem Angriff am 13. 9. auf Privitz (Irrtum: am 13. 9. wurde Novaky, Prievidza wurde erst am 14. 9. genommen – d. Verf.) wurden 200 Gefangene eingebracht, 9 Geschtz., 3 Pak, 18 MG., 24 Kfz. erbeutet, 150 Feindtote gezählt.
b) Bandentätigkeit: Im Waagtal zwischen Pov. Bystrica und Trencin in den letzten Tagen wesentlich lebhafter. Überfälle auf Bahn- und Brückensicherungen usw. Zwei bewegliche Jagdkommandos zur Bekämpfung dagegen angesetzt. Zahl der Russen bei den Banden nimmt zu.
c) Nach glaubwürdigen Aussagen eines slow. Offiziers hat der Verteidigungsminister Čatloš im August dem Korps Malar eine Weisung gegeben, bei einem russischen Vorstoß auf die Beskidenpässe mit den beiden slowa. Divisionen der deutschen Front in den Rücken zu fallen.

* Lagemeldung, a.a.O., vom 15. 9. 1944.

3. Eigene Lage:
a) Infolge Kräftemangel ist eine lückenlose Verbindung zur Gruppe Schäfer nicht möglich. Das gewonnene Gelände wird durch Stützpunkte gesichert, um ein Festsetzen stärkerer feindl. Kräfte zu verhindern. Nach Herstellung der Verbindung zur Gruppe Schäfer wird zur weiteren einheitlichen Kampfführung Unterstellung der Gruppe Schäfer unter den dtsch. General in der Slowakei beantragt.
b) Die drei großen Eisenbahnbrücken über die Waag zwischen Kralovany und Varin sind gesprengt. Um die befohlene Räumung des großen Rüstungswerkes in Rosenberg durchführen zu können, ist die Wiederherstellung der Bahnlinien erforderlich. Hierzu wird die Zuführung von Eisb.Pi. beantragt.
c) Luftwaffeneinsatz: 2 Aufklärungsflüge, 1 Ju 52 Nachtaufklärung und Flugblattabwurf.

An den *Herrn Staatsminister.*

13) Kommunisten und Sozialdemokraten:
Der Vereinigungskongreß von Banska Bystrica.*

Arbeiter, Bauern, Intelligenzler, Soldaten und Partisanen!
Genossen und Genossinnen!
Nach 25 Jahren der Zersplitterung ist die Arbeiter- und sozialistische Bewegung wieder einig. 1919 trennten sich die Kommunistische Partei und die Sozialdemokratie, um auf verschiedenen Wegen ein gemeinsames Ziel: den Sozialismus zu suchen. Heute vereinigten sich die beiden Parteien auf der gemeinsamen Grundlage der marxistisch-leninistischen Lehre, der Lehre über die Rechte der Arbeiter, über die sozialistische Ordnung der menschlichen Gesellschaft. Als erster Staat in Europa vereint die Slowakei die sozialistischen Parteien und liquidiert die reformistischen Gruppen, die die Kampfkraft der sozialistischen Bewegung untergruben. Diese Einheit wurde nicht auf dem Papier geschaffen, am grünen Tisch, sie wurde im Kampf gegen den Nazismus und den Terror von Tiso, im illegalen, schweren Kampf errungen...
Es entspricht nur der realen einheimischen wie ausländischen Entwicklung,

---

* Auszug aus der Resolution vom 17. September 1944, angenommen auf dem Vereinigungskongreß der Kommunistischen Partei der Slowakei und der Sozialdemokratischen Partei in der Slowakei in Banska Bystrica. – Prečan, a.a.O., S. 521f., Nr. 301.

daß sich Sozialdemokraten und Kommunisten einstimmig entschieden, der gemeinsamen Partei den Namen „Kommunistische Partei der Slowakei" zu geben. Dieser Name ist ein klares Programm und eine klare Verpflichtung. Niemals mehr dürfen wir erlauben, daß sich die sozialistischen Kräfte zersplittern, daß sich die einheitliche Partei teilt. Die Konzentrierung der Kräfte gibt uns große Hoffnungen in unserem Kampf für den Sozialismus ... Das slowakische Volk, als selbständiges Mitglied der slawischen Familie, bestimmt selbst die staatlichen, wirtschaftlichen und sozialen Formen, in denen es seine Zukunftsideale verwirklichen will. Wir wünschen uns eine neue Tschechoslowakei, die ein slawischer Staat dreier slawischer Völker sein soll: der Tschechen, Slowaken und Karpatoukrainer. Diese Völker sollen sich nach dem Grundsatz Gleicher mit Gleichem über die Gestalt des gemeinsamen Lebens einigen. Wir glauben fest daran, daß es zu diesem Übereinkommen kommen und daß niemand für sich Vorrechte geltend machen wird, die unser Volks zwingen würden, Wege zu anderen brüderlichen Völkern zu suchen. Je freundschaftlicher und ausgeglichener das Verhältnis von Slowaken und Tschechen wird, desto fester wird die neue ČSR.

Der Fortschritt des Arbeiters, des Bauern und der arbeitenden Intelligenz während der ČSR und während des Tiso-Regimes war kümmerlich. Alle Gewinne der Tätigkeit des Arbeiters kassierte der Unternehmer. Der überwiegende Teil des Bodens war in den Händen von Großbrundbesitzern. Die Intelligenz wurde mit Krümeln vom Tisch des Unternehmers bezahlt. Deshalb werden wir von einem neuen Staat auch eine neue Lösung der wirtschaftlichen und sozialen Fragen fordern. Wir werden die Sozialisierung der Fabriken, Betriebe und Banken verlangen, die Übergabe des Bodens an die Kleinbauern, eine angemessene Stellung der Intelligenz, die Errichtung des staatlichen und gesellschaftlichen Aufbaus nach unseren Idealen. Die Idee einer konsequenten Volksdemokratie erfordert, daß das arbeitende Volk, das eine riesige Mehrheit der Bevölkerung darstellt, zum Träger der politischen Macht wird ...

Niemals werden wir es zulassen, daß das slowakische Volk in seinen Rechten benachteiligt, in der freiheitlichen Entwicklung gehindert oder durch reaktionär-chauvinsitische Betrüger wieder auf falsche Wege geführt wird. Die einheitliche sozialistische Partei, die Kommunistische Partei der Slowakei, welche die Vertretung der breitesten Schichten der Arbeiterschaft, der Bauernschaft und der arbeitenden Intelligenz ist und sein wird, ist die Initiatorin und Organisatorin des Kampfes zur Vernichtung des faschistischen Gewalttäters, aber auch im Kampf um eine bessere Ordnung des Schicksals der arbeitenden Klassen. Wir werden uns auf die gewaltige Sowjetunion und ihre Rote Armee stützen, auf den unbesiegbaren Block der slawischen Völker und Staaten. Wir rufen alle Genossen zur Einheit und zur Parteidisziplin auf,

mögen sie bereits vorher in irgendeiner sozialistischen Partei gewesen sein. Wir rufen alle zum organisierten Kampf gegen den Faschismus und für den Sozialismus!
Es lebe die Vereinigung der sozialistischen Parteien!
Es lebe der nationale Befreiungskampf des slowakischen Volkes!
Es lebe die neue Tschechoslowakei!
Ruhm der Sowjetunion und der Roten Armee!
Es lebe die Kommunistische Partei der Slowakei!

14) „Nove slovo" – Artikel:
Die historische Bedeutung des slowakischen Aufstandes.*

... Die letzten Wochen schrieben ein neues Wort in unsere Geschichte. Das Wort des Aufstandes, der Revolution, des politischen Umsturzes. Und das alles aus dem Willen des slowakischen Volkes, mit eigenen Kräften und eigenen Ideen, für ein eigenes nationales Ziel. Der slowakische Mensch, der immer nur eine Zahl in fremden Berechnungen war, erwies sich als hinreichend kühn für ein selbständiges Auftreten, hinreichend fähig zur Führung der eigenen Angelegenheiten, hinreichend einsatzfreudig, um Opfer und Leiden zu ertragen, ohne die es kein festes Bewußtsein der Freiheit und des Anspruches auf sie gibt. Das ist keine kleine Sache. Damals, als die reaktionäre finnische Clique militärisch geschlagen wurde, als das freiheitliebende bulgarische Volk sich nur durch äußeren militärischen Eingriff eines übermächtigen Verbündeten zu entledigen wußte, als das sogenannte historische ungarische Volk als letzter Verbündeter der Hitlerimperialisten aushielt, damals erhob sich unser Volk, eines der kleinsten – umzingelt von der Flut des deutschen Heeres, geschwächt durch die einheimischen Verräter und Feiglinge – gegen die Okkupation, gegen die Tyrannei, stellte das eigene Ideal der Freiheit und des Lebens an die Seite der Ideale der Verbündeten.
Noch ist es nicht an der Zeit, die Bilanz dieses Kampfes zu ziehen. Man kann jedoch schon sagen, daß die vier Wochen des Aufstandes den Kleingläubigen zu Hause und den Boshaften im Ausland zeigten, daß das slowakische Volk keinen Vormund benötigt, daß es sich des eigenen Rechts und der eigenen Kraft bewußt ist ...
Šalda schrieb einmal: „Revolutionsgeist ist etwas, was eine revolutionäre Ideologie voraussetzt. Hauptkennzeichen der revolutionären Ideologie ist ihre bewußte und konsequente Antihistorisierung." Die Umrisse der revolu-

---

* Auszug aus dem Leitartikel der Aufstandszeitschrift „Nove slovo" (Banska Bystrica) vom 24. September 1944. – Prečan, a.a.O., S. 569ff., Nr. 347.

tionären Ideologie bei uns, in ihrer nationalen Befreiungsform heute, auch in den Anzeichen der zukünftigen Etappe, sind klar gegen die historische Passivität des slowakischen Volkes gerichtet. Die revolutionäre Ideologie setzt jedoch ein unaufhörliches Anwachsen, eine Vertiefung dieser Gedanken, aus denen sie hervorging und durch die sie überhaupt ermöglicht wurde, voraus. Bei uns ist das der Gedanke des *breitesten Volksdemokratismus.* Wenn wir sagen, daß der einzige Träger der politischen Macht das Volk ist, meinen wir das wörtlich. In diesem Aufstand nahm das slowakische Volk die ganze politische Macht in seine Hände. Über die Nationalausschüsse, über den Slowakischen Nationalrat, über die politischen Parteien. Der Vereinigungskongreß der sozialistischen Parteien mit den Delegierten aus allen Bezirken der Slowakei unterstrich anschaulich die Volkstümlichkeit des slowakischen Aufstandes ...

Es geht uns um die nüchterne und logische Eingliederung unseres Volkes in eine breitere kulturelle, wirtschaftliche und politische Gesellschaft, in der wir das Fortschreiten unserer revolutionären Ideale, den besten Gebrauch der schöpferischen Kräfte unseres Volkes und die Sicherung seiner Bedürfnisse sehen. Barbusse sagt, daß die Nationalität nicht die letzte, wohl aber die vorletzte Stufe der Vereinigung der Bewohner dieser Welt ist. Und hier sprach die slowakische Revolution sehr klar ihr neues Wort: in brüderlichem *staatlichen* Zusammenleben mit dem am meisten verwandten tschechischen Volk und in engster *Zusammenarbeit und engstem Kontakt mit den übrigen slawischen Völkern,* namentlich mit dem großen russischen Volk, sehen wir die weitere Grenze für unser Volk. Es muß einmal offen gesagt werden, daß es unsere Nation begeistert begrüßen würde, wenn es zwischen uns und den übrigen slawischen Völkern, namentlich zwischen Slowaken und Russen, keine Grenzen und Zollämter gäbe, wenn der slowakische Mensch nicht nur das Gebiet von Aš bis Jasin, sondern von Aš bis nach Wladiwostok als seine Heimat betrachten könnte. Auch diese Tendenz unseres Aufstandes ist konsequent und darf nicht geschmälert werden. Man muß mit dem Taktieren zwischen Moskau und London aufhören. Es gibt einflußreiche Leute, deren Verstand sie zwingt, den Weg nach Moskau zu suchen; aber das Herz zieht sie in eine andere Richtung. Der slowakische arbeitende Mensch bekannte sich eindeutig zu seiner slawischen Orientierung, und mit keiner anderen will er rechnen ...

Das neue Wort, das am 29. August 1944 in unsere Geschichte geschrieben wurde, bedeutet neue Formen des Kampfes gegen die Okkupanten, eine neue Bewertung unseres Volkes in der internationalen Klassifizierung, eine neue revolutionäre Orientierung, neue volksdemokratische Formen des gesellschaftlichen Lebens, neue Methoden der Arbeit und Organisierung, einen neuen Inhalt des Schaffens und des Lebens in der Weltsituation.

Das neue Wort darf keinen alten Inhalt haben, wenn wir die Idee nicht verraten wollen, aus der unser Aufstand hervorging.

15) Der Durchbruch zum Hron:
Die Deutsche Lagemeldung vom 24. September 1944.*

Prag, den 25. 9. 44

Wehrmachtsbevollmächtigter beim Reichsprotektorat
und Befehlshaber im Wehrkreis Böhmen u. Mähren
Abt. I c
Nr. 1543/44 geheim.
Feindlageoffizier.

Geheim.

Betr.: Lage in der Slowakei.
Abendmeldung des Dtsch. Generals Preßburg vom 24. 9. 44:

1. Gesamtlage:
Mit der Inbesitznahme von Handlova ist das Kohlengebiet in der Slowakei mit allen Förder- und Maschinenanlagen unbeschädigt in eig. Hand gefallen. Gleichzeitig ist damit im Zentrum des Bandengebietes die Stromversorgung empfindlich gestört.

2. Feindlage:
Die feindl. Rückzugsbewegungen nach Süden und Südosten sind abgeschlossen. Eig. Aufklärung stellte in Linie Sklene (9 km NO Handlova)–Nova Lehota–Prochot (13 km SSW Handlova)–Klak (15 km OSO Oslany)–Velke Pole (12 km SO Oslany) z. T. stärkere Besetzung mit Artillerie fest. Es besteht der Eindruck, daß der Gegner in dieser Linie das Zentrum der Aufstandsbewegung (Neusohl, Altsohl) verteidigen wird.
Der gesamte Raum um Sillein ist stark bandenverseucht. Südlich Sillein ein feindl. Störsender. Nach V-Meldungen erhalten die Banden hier laufend Verstärkungen. Luftaufklärung stellte Bewegung zahlreicher kleinerer Gruppen in diesem Raum fest.

---

* Lagemeldung, a.a.O., vom 24. 9. 1944.

3. Eigene Lage:
Umgruppierung bei Division Tatra beendet. Die Division wird morgen in konzentrischem Angriff von Norden, Osten und Westen den Raum Sillein–Domanica–Fackov–Turc säubern.
Gruppe Schill erbeutete beim Vorstoß auf handlova eine è0,5 cm Batterie sowie zwei 3,7 cm Pak und eine Anzahl von Infanteriewaffen.
25. 9. Säuberung des Gebietes um Dolni-Kubin (15 km N Rosenberg) im gemeinsamen Vorgehen durch Gruppen Schäfer und Volkmann.
Luftwaffeneinsatz: Zwei Aufklärungsflüge, Behinderung durch feindl. Jagdflieger.

An den *Herrn Staatsminister*

16) „Nove slovo" – Artikel:
Das Zweiparteiensystem in der Slowakei.*

... Der Block der bürgerlich orientierten Gruppen schreitet jetzt zur Bildung einer politischen Partei, der Demokratischen Partei. Es ist das ein weiterer Schritt zur Klärung der politischen Verhältnisse in der Slowakei. Die Gründung der Demokratischen Partei signalisiert den Übergang von der bisherigen Zusammenarbeit zahlreicher bürgerlich orientierter Gruppen zur Konzentration in einer Bewegung mit einem einheitlichen Programm in den Fragen, die für die nächste Zeit als wichtig angesehen werden. Das bedeutet die Konsolidierung der bürgerlich denkenden Schichten und gleichzeitig eine Verschiebung der politischen Ansichten dieser Schichten nach links, in einem mehr demokratischen Sinne. Eine charakteristische politische Tendenz in Europa, namentlich in Osteuropa, ist bereits heute darin zu sehen, daß auch die sogenannte politische Rechte mit einem weit fortschrittlicheren Programm auftritt als vor dem Kriege, fortschrittlicher als sich die Vorkriegsentwicklung in diesen Staaten ausnahm. Es sind das die ersten Früchte des siegreichen Krieges gegen den Faschismus. Es sind das auch die ersten Anzeichen der zukünftigen Entwicklung in Europa.
Für die Slowakei ist diese Tendenz sehr bedeutsam. Bei Errichtung der neuen Republik wird es nicht mehr nötig sein, auf die Slowakei als ein Land mit konservativer Bevölkerung Rücksicht zu nehmen. Es ist möglich, daß gerade die Slowakei das progressivere Land wird, welches das Antlitz des Staates

---

* Auszug aus einem Kommentar der Aufstandszeitschrift „Nove slovo" zur Gründung der Demokratischen Partei, Banska Bystrica, 24. September 1944. – Prečan, a.a.O., S. 571 ff., Nr. 348.

durch die fortschrittlichsten Tendenzen unserer Zeit bestimmt. In der Slowakei, falls wir prophezeien dürfen, wird die Entwicklung so verlaufen, daß sie den Bedürfnissen des Volkes und gleichzeitig den gegenwärtigen demokratischen Sehnsüchten Europas entspricht. Und da sich die bürgerlichen Schichten den Forderungen der Zeit anpassen, stehen sie auch nicht einseitig hinter ihren Klasseninteressen, sondern fanden Kontakt und Zusammenarbeit mit den revolutionären Kräften und übernehmen in ihr Programm auch einen Teil ihrer Forderungen. Bei der Schaffung eines neuen Lebens in Europa wird das ein grundlegender Beitrag sein. Ein bestimmter Teil der polnischen herrschenden Klasse stellte die eigenen Klasseninteressen über die Interessen des Volkes und geriet in Konflikt mit dem polnischen Volk und mit der UdSSR, die allein den Polen helfen und die Freiheit erkämpfen konnte. Dadurch erwuchsen dem alliierten Kampf gegen Hitler Schwierigkeiten, gab man dem Feind Waffen und schadete man dem eigenen Volk. Die politische Entwicklung in der Slowakei wird anders verlaufen.

Das Organ der Demokratischen Partei, „Čas", veröffentlichte in seinem Programmartikel Leitsätze, die nicht nur ein Auftrag des gegenwärtigen antideutschen Kampfes sind, sondern auch eine erstrangige Rolle bei der Regelung der gesellschaftlichen Verhältnisse im Staat spielen werden. Wenn „Čas" meint, daß es das Privateigentum als schöpferische Kraft zur Erschaffung von Werten betrachtet, aber auch gleichzeitig für seine Beschränkung im Interesse eines allgemeinen Wohlstandes eintritt, ist darin ein bedeutendes Stück Anerkennung zu sehen, daß sich die Gesetze des Kapitalismus, die Akkumulation des Kapitals zum Nachteil der arbeitenden Massen auswirken müssen. Und das ist bereits die Hälfte des Weges zu der Erkenntnis, daß man die Produktionsmittel beherrschen und sie in den Dienst des arbeitenden Menschen stellen muß anstatt den Menschen zum Sklaven des Kapitals zu machen. Die bürgerlichen slowakischen Kreise erkennen also die Notwendigkeit des Gemeinnutzes an, wodurch sie auch ihre eigenen Klassenprivilegien einschränken. Ihr Weg zu dieser Erkenntnis ist um so leichter, als die Verstaatlichung der Banken, Betriebe und Güter sehr viel weniger das schwache slowakische als vielmehr das ausländische Kapital treffen würde. ...

Die Frage, ob Tschechen und Slowaken ein Volk sind oder ob sie zwei Völker sind, diese Frage war für das Volk niemals eine Streitfrage. Jedoch die Kreise der sogenannten tschechoslowakischen Orientierung, die die fortschrittlicheren Ansichten der tschechischen Bourgeoisie teilten, gleichzeitig aber auch mit ihren kapitalistischen Interessen verflochten waren, hielten sich an die Konzeption von einem Volk. Diese Konzeption verführte die tschechoslowakische Regierung zu schweren Fehlern. Man kann beobachten, daß diese Kreise jetzt ebenfalls von dieser Konzeption abließen. Die slowakische politische Entwicklung braucht sich nicht weiter bei dieser Frage aufzuhalten ...

Noch in anderer Hinsicht klärten sich durch die Gründung der Demokratischen Partei die politischen Verhältnisse. Diese Bewegung scheint alle bürgerlich orientierten Gruppen zusammenzufassen und denkt nicht an die Bildung weiterer Parteien. Die Gründung einer weiteren oder mehrer Parteien würde unsere politischen Verhältnisse nur komplizieren. Die Stufe der Demokratie wird nicht an der Anzahl der politischen Parteien gemessen, sondern daran, ob das Volk die politische Macht ausübt. Und auf dem Weg zu diesem Ziel pflegt eine größere Zahl politischer Parteien eher ein Hindernis zu sein. Sie wäre nur ein Maßstab für die Bürokratisierung der politischen Tätigkeit. Schon eine dritte Partei wäre in Versuchung, vermittelnde Aufgaben zu übernehmen und dafür Provisionen zu kassieren.

Das Zweiparteiensystem wird der natürliche ideologische Ausdruck der sozialen Struktur der Gesellschaft sein.

17) Die Schlacht von Kremnica:
Die deutsche Lagemeldung vom 4. Oktober 1944.*

Der Wehrmachtsbevollmächtigte beim Prag, den 5. 10. 44
Deutschen Staatsminister für Böhmen
u. Mähren u. Befehlshaber im Wehr-
kreis Böhmen und Mähren
Nr. 1615/44 geheim.
Feindlageoffizier.

Geheim

Betr.: Lage in der Slowakei.
Abendmeldung des Dtsch. Befehlshabers Preßburg vom 4. 10. 44:

1. Gesamtlage:
Division Tatra und Kampfgruppe Schill stehen in harten Angriffskämpfen gegen zahlenmäßig überlegenen Feind im Raum von Kremnitz.

2. Feindlage:
Besonders hartnäckiger Widerstand bei Ober-Stuben und bei Sv.Kriz. Feind führte gegen unsere in die feindl. Stellungen eingebrochenen Teile zahlreiche

---

* Lagemeldung, a.a.O., vom 4. 10. 1944.

Gegenangriffe in Kp.-Stärke. N Oberstuben wurden diese Gegenangriffe durch Pz. mit aufgesessener Infanterie unterstützt. Sv. Kriz wechselte mehrfach am Tage den Besitzer und ist bei Einbruch der Dunkelheit fest in eig. Hand. Sowohl bei Oberstuben wie bei Sv. Kriz russische Führung. Im Raum von Sv. Kriz anhaltend starkes feindl. Art.-Feuer.
Bandentätigkeit: Bei Zliechov (25 km O Dubnica) und in Horni Nastice (17 km SO Trentschin) harte Kämpfe von Jagdkommandos in Kp.-Stärke mit starken Bandengruppen von je etwa 500 Mann. Dabei eig. Verluste: 5 Tote und 32 Verwundete.

3. Eigene Lage:
Div. Tatra setzte sich bei den harten Kämpfen in den Besitz von Cremosna (3 km NO Ob. Stuben), Oberstuben, Höhengelände 2 km südl. davon und Höhe 542 (2 km südwestl. Nieder-Stuben). Die Div.˙erbeutete im Nahkampf zwei Batterien zu je drei Geschützen.
Gruppe Schill nach wechselvollen Kämpfen im Besitz von Sv. Kriz. Ferner wurden genommen: Lutila, Höhengelände südostw. davon sowie Stara Kremnicka (3 km NO Sv. Kriz).
Der durch ein Btl. verstärkten Kampfgruppe Schäfer gelang es infolge starker fdl. Abwehr nicht, Biely Potok (südl. Rosenberg) zu nehmen. Angriff wird dort morgen wiederholt. Hier in der Tiefe angelegte starke Betonstraßensperren.
Luftwaffeneinsatz: 8 Ju 87 unterstützten eig. Angriff im Raum von Sv. Kriz. 2 Aufklärungsflüge, eine Si 204 Angriff auf frontnahen Straßenverkehr.

An den *Herrn Staatsminister*

18) Die Schlacht von Kremnica:
Die deutsche Lagemeldung vom 6. Oktober 1944.*

Der Wehrmachtbevollmächtigte beim Deutschen Staatsminister für Böhmen u. Mähren u. Befehlshaber im Wehrkreis Böhmen und Mähren Nr. 1635/44 geheim.
Feindlageoffizier.

Prag, den 7. 10. 44

---

* Lagemeldung, a.a.O., vom 6, 10. 1944.

Geheim

Betr.: Lage in der Slowakei.
Abendmeldung des Dtsch. Befehlshabers Slowakei vom 6. 10. 44:

1. Gesamtlage:
Vorstoß in Hauptaufstandsgebiet wurde fortgesetzt.
Kremnitz genommen.

2. Feindlage:
Im Tale osw. Stuben (Bielavoda) versteift sich Feindwiderstand. Gegner zieht hier neue Batterien heran.
Schwächere Vorstöße des Feindes gegen Dol. Hamry und Zarnovica wurden abgewiesen.
Flugplatz nördl. Altsohl mit tschechoslowakischen Flieger-Rgt. belegt. Rgt. verfügt über 30 La 5.
Bandenlage: Im Raum um Miava sollen sich 3000 Partisanen sammeln. Eine kürzlich im Raum von Pystian abgesetzte russische Fallschirmtruppe von etwa 60 Mann mit Sendestation beabsichtigt angeblich Vorstoß ins Protektorat.

3. Eigene Lage:
Div. Tatra nahm im Laufe des Nachmittags nach Kampf mit feindl. Pz. Kremnitz und stieß sofort weiter auf der von Kremnitz nach Neusohl führenden Straße weiter vor. Als Beute wurde eine weitere Batterie und 1 s. Pak eingebracht, 1 Pz. abgeschossen.
Kampfgruppe Schil nahm Pitelova (4 km O Sv. Kriz). Gruppe greift zur Zeit von dort nach Norden in Richtung Kremnitz an.
Luftwaffeneinsatz: 1 Ju 52 nachts Flugblattabwurf über Mittelslowakei, 2 Si 204 Störung frontnahen Straßenverkehrs. Bei Tage 2 Fw 189 Luftbild und Gefechtsaufklärung, die starke Feindbewegungen (50 mot. Fahrzeuge) NO Kremnitz erbrachte. 10 Ju 87 und 4 Si 204 griffen diesen Kolonnenverkehr mit guter Wirkung an und vernichteten etwa 25 Fahrzeuge. 6 Ju 87 unterstützten mit guter Wirkung (durch Erdtruppe bestätigt) Angriff der Kpf. Gr. Schill auf Pitelova. 2 Fi 156 Flugblattabwurf.
Absicht für 7. 10: Bei Div. Tatra Säubern des genommenen Geländes von versprengten Bandengruppen und weiteres Vorgehen von Kremnitz nach Süden zur Vereinigung mit der nach Norden angreifenden Gruppe Schill. – Gruppe Schäfer Angriff von Rosenberg nach Süden zur Wegnahme von Biely Potok (4 km S Rosenberg).

An den *Herrn Staatsminister*

19) General Rudolf Viest:
Der Lebenslauf eines Tschechoslowaken.*

Rudolf Viest wurde am 24. September 1890 in Revuca, in der Südslowakei, geboren. Er besuchte vier Jahre lang die Bürgerschule und ein Jahr die Handelsschule in Revuca sowie die höhere Gewerbeschule (Architekturabteilung) in Budapest. Nach kurzer Beschäftigung im Bauwesen mußte Viest im Jahre 1914, bei Ausbruch des I. Weltkrieges, zur österreichisch-ungarischen Armee einrücken. Noch im gleichen Jahr geriet er in russische Gefangenschaft und schloß sich unverzüglich der tschechoslowakischen Bewegung an.

Viest meldete sich freiwillig für den Krieg in Serbien und nahm auf Seite der Russen an den Kämpfen in der Dobrudscha gegen die Bulgaren teil, wo er verwundet und dann in das Lazarett von Odessa transportiert wurde. Nach seiner Genesung arbeitete er als Kommissar der tschechoslowakischen Bewegung in Rußland und betätigte sich vor allem bei der Anwerbung von Kriegsgefangenen für die tschechoslowakischen Legionen. Er wurde Kommandant des tschechoslowakischen Gefangenenlagers in Irkutsk und später stellvertretender Kommandant des 12. Legionärsregiment. Im Jahre 1920 gelangte er über Japan, Kanada und die Vereinigten Staaten in die Heimat, in die neu erstandene 1. Tschechoslowakische Republik.

Viest blieb im Militärdienst (im Range eines Majors) und absolvierte die tschechoslowakische Kriegsakademie. Er war Garnisonskommandant mehrer Städte, darunter auch von Prag. Als Militärattaché tat er in Warschau und Budapest Dienst, später wurde er als Brigade- und Divisionskommandant verwandt. Zur Zeit des Münchner Abkommens stand er in Košice. Er ging sofort nach Prag ins Verteidigungsministerium, führte als Vorsitzender der Militärdelegation im Oktober 1938 die Abtretungsverhandlungen mit Ungarn und konnte in dieser Eigenschaft einige lokale Erfolge für die Tschecho-Slowakische Republik erzielen.

Als am 14. März 1939 der selbständige Slowakische Staat proklamiert werden sollte, erschien Viest in Begleitung zweier ehemaliger Legionäre kurz vor der Verkündung im slowakischen Landtag und überreichte folgendes Memorandum: „Ruhmreicher Landtag des slowakischen Volkes, Abgeordnete! Wenn Sie heute zu entscheiden haben, ob die autonome Slowakei ein Bestandteil der ČSR bleibt oder ein selbständiger Staat an der Seite irgendeines Volkes wird, dann denken Sie daran, daß für die Freiheit des slowakischen Volkes nicht nur Slowaken, sondern auch Tschechen kämpften, die uns in

---

* Fakten nach Jozef Marko, a.a.O., S. 173 ff., und nach mündlichen Mitteilungen des Generals a. D. Marko an den Verfasser.

den schwersten Schicksalsstunden – im Kriege sowohl als auch im Frieden – immer treu zur Seite standen. Wir appellieren an Sie, die slowakische Nationalehre und das Andenken unserer toten Freunde – an der Spitze General Štefanik – nicht mit Schande zu bedecken. Es ist zeitlich nicht möglich, daß sich alle noch lebenden slowakischen Legionäre und Freiwilligen mit uns gemeinsam an Sie wenden; doch wir sprechen gewiß aus dem Herzen aller und auch aus dem Herzen der großen Mehrheit des slowakischen Volkes. Bratislava, am 14. März 1939." (Unterschrieben von elf ehemaligen Legionären)

Anfang April 1939 suchte Viest um seine Persionierung nach. Das Gesuch wurde abgelehnt. Einige Monate später wurde er von Verteidigungsminister Čatloš zum Generalinspekteur des slowakischen Heeres ernannt. Er hatte jedoch keinerlei Einfluß und wurde von allen Entscheidungen fern gehalten. So benutzte er die Gelegenheit einer Dienstreise nach Budapest, um am 29. August 1939 seine Heimat zu verlassen. Am 3. September ging er von Budapest über Rumänien, Jugoslawien und Italien nach Paris, wo er sich unverweilt dem tschechoslowakischen Nationalausschuß zur Verfügung stellte.

In Frankreich beteiligte sich Viest an der Aufstellung tschechoslowakischer Einheiten und übernahm am 15. Januar 1940 die Führung der tschechoslowakischen Division. Am 24. Juni 1940 flüchtete er mit dem letzten Militärtransport nach England. Dort wurde er am 23. Juli 1940 Mitglied der provisorischen tschechoslowakischen Regierung und Staatssekretär im Verteidigungsministerium. Seit Anfang Dezember 1940 Mitglied des Staatsrates, wurde er am 27. Oktober 1941 offiziell zum Staatsminister ernannt.

Nach seiner Flucht ins Ausland führte die Tiso-Regierung gegen ihn in Abwesenheit ein Strafverfahren durch, das am 28. März 1942 mit einem Urteil des Kriegsgerichts in Bratislava beendet wurde. Das Urteil lautete auf Degradierung zum gemeinen Soldaten und Hinrichtung durch den Strang. Als Urteilsbegründung führte das Gericht das Verbrechen der Desertion, das Verbrechen von Anschlägen auf die slowakische Republik und das Verbrechen des militärischen Verrats an. Der Offizialverteidiger, Dr. Emil Stodola, reichte ein Gnadengesuch ein, in dem er darauf verwies, daß Viest sich als Kommissionsmitglied um die Evakuierung des militärischen und wirtschaftlichen Eigentums aus der Südslowakei verdient gemacht habe und daß durch sein persönliches Bemühen mehrere Gemeinden in der Umgebung von Bratislava, darunter die Ortschaft Čeklis, nicht an Ungarn gefallen seien. Das Kriegsgericht in Bratislava befürwortete das Gnadengesuch und reichte es an den Staatspräsidenten mit dem Vorschlag weiter, die Todesstrafe in 25 jährige Kerkerhaft umzuwandeln. Verteidigungsminister Čatloš stellte sich gegen die Begnadigung, und Staatspräsident Dr. Tiso schrieb mit grüner Tinte

unter das Schriftstück č. j. 55.331/dôv. voj. 42: „Den Verurteilten begnadige ich nicht."
Bei Ausbruch des Aufstandes in der Slowakei befand sich Viest in Moskau, und zwar im Range eines Divisionsgenerals (Generalleutnants). Sehr bald wurde er zum Befehlshaber der „I. Tschechoslowakischen Armee in der Slowakei" ernannt, konnte aber infolge einer Kette von Verzögerungen, deren Ursachen bis heute nicht abschließend geklärt sind, erst am 6. Oktober 1944 auf dem Flugplatz Tri Duby bei Banska Bystrica landen. Er kam zu spät, um noch nachhaltig in die operative Führung der Aufstandsarmee eingreifen zu können. Es muß bezweifelt werden, ob eine frühere Ankunft Viests in der Slowakei an den rein militärischen Vorgängen etwas geändert hätte. Der General hatte keine praktische Kriegserfahrung und hätte sich doch wohl weitgehend auf die Unterstützung seiner operativen Führungshilfen Golian und Nosko verlassen müssen. Dagegen wären die politischen und militärpolitischen Folgen sicher bedeutsam gewesen, da Viest – als Tschechoslowake vom Scheitel bis zur Sohle – keine andere Autorität als die der Londoner Exilregierung respektierte und da er sicher in der Lage gewesen wäre, mit wesentlich größerem Erfolg als Golian auf Hilfslieferungen der Alliierten an die Slowaken zu dringen.
Sein persönlicher Mut und sein unerschütterlicher Charakter zeigten sich zu Ende des Aufstandes, als er es ablehnte, aus dem Kessel zu fliegen, und darauf beharrte, bei seinen Soldaten zu bleiben, obwohl er an einer schweren Thrombose litt. Sein letzter Armeebefehl, den er über den Aufstandssender von Banska Bystrica ausstrahlen ließ, lautete: „Der Befehlshaber der tschechoslowakischen Armee gibt bekannt, daß der Kampf für die Freiheit der Slowakei und der gesamten Republik bis zum siegreichen Ende weitergeführt wird."

20) Ruhe vor dem Sturm:
Die deutsche Lagemeldung vom 13. Oktober 1944.*

Der Wehrmachtsbevollmächtigte beim   Prag, den 14. 10. 44
Deutschen Staatsminister für Böhmen
u. Mähren u. Befehlshaber im Wehrkreis
Böhmen und Mähren
Nr. 1686/44 geheim.
Feindlageoffizier.

---

* Lagemeldung, a.a.O., vom 13. 10. 1944.

Geheim

Betr.: Lage in der Slowakei.
Abendmeldung des Dtsch. Befehlshabers Slowakei vom 13. 10.44.:

1. Feindlage:
Bei Div. Tatra griff Gegner auf Zarnovica-Tal mit 2 Komp. an. Hier tagsüber stärkeres Art.-Störungsfeuer und größere Feindbewegung erkannt. An übriger Front Div. Tatra außer stärkeren Spähtrupps des Gegners und lfd. Tieffliegerangriffen bei Kremnitz und Pitelova keine besonderen Vorkommnisse.
Bei Kampfgruppe Schill rege Spähtrupptätigkeit des Gegners und Angriff in Kp.-Stärke N Schemnitz.
Biely Potok (S Rosenberg) lag unter feindl. Art.-Störungsfeuer.
Bandenlage: Starke Bandenbewegungen in Richtung Protektoratsgrenze aus Raum Dlke Pole (12 km NW Sillein) und Stavnik (19 km W Sillein).
Banden im Raum Precin (6 km SO Povazska Bystrica) bedrohen Arbeiterschaft der Skoda-Werke mit Erschießung ihrer Angehörigen, wenn nicht sofort Arbeitsniederlegung. Gegenmaßnahmen im Gange.
Starke fdl. viermot. Kampfverbände (150–200 Maschinen) überflogen in den Mittagsstunden slowakisches Gebiet und belegten Kasernen in Sillein mit einigen Bomben. Verluste nur unter der Zivilbevölkerung.

2. Eigene Lage:
Bei Div. Tatra und Kampfgruppe Schill wurden sämtliche Angriffe des Gegners z. T. im Gegenstoß abgewiesen und eig. Aufklärung vorgetrieben.
II./AR 277. Volks-Gren.Div. wurde nach beendeter materieller Aufstellung nach Ungarn abtransportiert. Btl. 1009 z. Zt. in der Verladung.
Luftwaffeneinsatz: Bei Nacht Flugblattabwurf über Mittelslowakei. Bei Tag 4 Me 109 freie Jagd über eig. frontnahen Straßen, ohne Feindberührung. Aufklärung 1 Fw 189 und 2 Me 109 nach angeblich gelandeten Lastenseglern ohne Ergebnis.

3. Sonstiges:
Bei der Besetzung von Sv. Antol (SO Schemnitz) wurde der ehemalige Zar Ferdinand von Bulgarien aus der Gewalt der Banden befreit.
Am 12. und 13. 10. gingen insgesamt 40 Waggons aus Werk Rosenberg ab.

An den *Herrn Staatsminister*

21) Der slowakische Standpunkt:
Die Gleichberechtigung von Tschechen und Slowaken.*

... Noch niemals in der Geschichte des slowakischen Volkes geschah es, daß sich die Slowaken mit einer solchen spontanen Einmütigkeit erhoben und in den Kampf zogen, wie wir das am 29. August 1944 gesehen haben. Sie gingen in den Kampf mit dem Bewußtsein, daß sie von einer deutschen und ungarischen Übermacht eingeschlossen sind und daß sie weder nach Zahl noch nach Ausrüstung, namentlich wenn der Kampf längere Zeit dauern sollte, in der Lage sein werden, dem gegen sie gerichteten Ansturm zu widerstehen. Sie zögerten jedoch keinen Augenblick, so zu handeln ... Sie gingen in diesen Kampf mit der größten Entschlossenheit zur Erneuerung einer demokratischen Tschechoslowakischen Republik, und zwar alle ohne Ausnahme, auch die, denen der sogenannte slowakische Staat bestimmte Vorteile brachte, seien sie nun personeller oder materieller Art. Somit bewiesen sie, daß das Gefühl der Zusammengehörigkeit mit dem brüderlichen tschechischen Volk, daß die slawische Idee, die Sehnsucht nach wirklicher Freiheit und Demokratie, deren Erfüllung sie in einer erneuerten ČSR suchen, ihnen mehr bedeuten als die egoistischen Interessen der einzelnen. Sie waren sich dessen bewußt, daß sie in einer günstigeren Lage als ihre tschechischen Brüder und daß sie deshalb verpflichtet sind, die Fahne der Republik auch für sie zu erheben ...
Dieses edle Bemühen, das der Seele unseres Volkes entspringt, verpflichtet jedoch. Es verpflichtet dazu, daß die wiederhergestellte ČSR auf der Grundlage der absoluten Gleichwertigkeit und Gleichberechtigung der Slowaken und der Tschechen errichtet wird! Sie soll eine glückliche Heimat sein, die allen gleich lieb und gleich teuer ist und für die alle ohne Unterschied, wenn es nötig sein sollte, alles – auch das Teuerste – geben und opfern werden. Wenn sich die Dinge jedoch anders entwickeln sollten, würde das die Vernichtung der hohen Errungenschaften bedeuten, die bereits erzielt wurden, und möglicherweise wäre niemals wieder jemand imstande, sie zu verwirklichen ...

---

* Auszug aus der Erklärung einer Delegation des Slowakischen Nationalrats vom 2. November 1944, die dem Präsidenten Dr. E. Beneš einen Tag später in London überreicht wurde. – Prečan, a.a.O., S. 797 ff., Nr. 521

22) Hermann Höfle:
Die Niederwerfung des slowakischen Aufstandes.*

Die Zerschlagung der bolschewistischen Banden

Es ist heute ein Leichtes, sich in aller Deutlichkeit vorzustellen, was es für die europäische Front gegen den Bolschewismus im Südosten und was es für die fünfjährige slowakische Republik bedeutet hätte, wenn der Putschversuch gegen den eigenen Staat im Spätherbst dieses Jahres Erfolg gehabt hätte. Welchen Gewinn ein desorganisiertes Land mit bewaffneten Horden im Rücken einer hart ringenden Front für Moskau haben kann, vermögen wir ohne weiteres einzusehen. Schwerlich aber werden wir jemals den illusionistischen Gedankengängen eines Teiles der slowakischen Intelligenz und jener Offiziersclique folgen können, die es nicht vermochte, einen ehrlichen Kampf zu kämpfen in einer Zeit, da der Verrat wie nie zuvor sein Haupt erhob. Alle möglichen Staatsformen erträumten sich diese Ehrgeizlinge im Verein mit Abenteurern, Juden und Kommunisten und waren bereit, in einem Lande, das wie kaum ein zweites in dem Völkerringen unserer Zeit in Frieden und Wohlstand lebt, den bolschewistischen Agenten die Führung zu übergeben.

Die Mehrheit des slowakischen Volkes und seine bündnistreue Regierung erkannte in letzter Minute das drohende Verhängnis. Es ging um die gesamte bisherige Aufbauarbeit, es ging um den Bestand der Republik, es ging letzten Endes um die Freiheit des slowakischen Volkes. Auf Wunsch des Staatspräsidenten Dr. Tiso marschierten Ende August die ersten deutschen Truppen an den weiß-blau-roten Schlagbäumen vorbei in das slowakische Land ein. Sie kamen als ersehnte Befreier von Mord, Terror und Bolschewismus. Sie brachten Ordnung und Frieden den hier lebenden Menschen.

Die Behauptung, daß sechs deutsche Panzerdivisionen zur Besetzung des Landes bereitgestanden hätten, gehörte zu den Zwecklügen der Rädelsführer, die den Aufstand auslösten, ebenso wie die Greuelmeldungen von der „Schreckensherrschaft des deutschen Militärs" und die angeblichen Erschießungen friedlicher Slowaken. In Wirklichkeit waren es schwächere, schnell zusammengefaßte Verbände, die unter entschlossener Führung zu schlagkräftigen Einheiten zusammenwuchsen und die die Schwierigkeiten des ungewohnten Kampfes gegen die heimtückischen Aufständischen überwanden.

Die ersten Kampfgruppen treffen am 28. August im oberen Waagtal ein und

---

* Archiv des Museums des Slowakischen Nationalaufstandes, Banska Bystrica (Text unwesentlich gekürzt.)

marschieren nach Sillein. Dort genügt bereits das Gerücht vom Erscheinen der deutschen Wehrmacht, um dem plündernden Pöbel einen heillosen Schrecken einzujagen. Einen Tag später ist Sillein in deutscher Hand. Während immer neue Schreckensnachrichten aus den von den Terroristen besetzten Gebieten an die Öffentlichkeit dringen, beginnen die ersten planvollen Operationen der deutschen Wehrmacht. Die Verbände sehen sich dabei sowohl slowakischen Soldaten als auch bewaffneten Zivilisten, Sowjetagenten, Briten und Amerikanern, Franzosen und zahlreichen Tschechen gegenüber. Die wenigsten handeln im eigenen Auftrag, etwa für eine neue tschechoslowakische Republik, – die Mehrzahl arbeitet bewußt für die Interessen Moskaus und Londons.

Durch den Einsatz eines Gefechtsverbandes der deutschen Luftwaffe, einer Kampfbeobachterschule, wird in energischem Zupacken die Masse der in der Westslowakei liegenden slowakischen Luftwaffe sichergestellt. Lehrbesatzungen landen im kühnen Entschluß auf den gegnerischen Plätzen, erbeuten die Flugzeuge und nehmen im Handstreich die überraschten Besatzungen samt dem Bodenpersonal gefangen. Damit wird erreicht, daß die Bandenkräfte anfänglich über keine nennenswerten Fliegerkräfte verfügen. Für Sicherungsaufgaben im Waagtal wird außerdem aus Beobachterschülern ein Lw.-Inf.-Batl. aufgestellt.

Kampf in Schluchten und Wäldern

Die wesentlichen Kämpfe gegen die Aufständischen finden zunächst im Norden und Nordwesten des Landes statt. Nach der Einnahme von Sillein treten die Männer der späteren Division „Tatra" den schwierigen Vormarsch durch den engen Stecno-Paß an, um St. Martin, das seit dem 17. August terrorisiert wird, von den Banden zu befreien. Steil ragen links und rechts des engen Tales die Felsen empor. Steine und gefällte Bäume sperren die Straßen. In den alten Gemäuern der ehemaligen Ritterburgen sind Maschinengewehrnester versteckt, die mit ihrem Feuer das Gelände beherrschen. Trotz den Hindernissen gelingt die Absicht, die Nordgruppe mit der von Süden heraufstoßenden SS-Kampfgruppe Schill zu vereinigen. Am 21. September werden im Zusammenwirken dieser Verbände die feindlichen Banden bei und südlich St. Martin zerschlagen. Im härtesten Nahkampf verloren die Aufständischen die Mehrzahl ihrer Panzer und über 1200 gezählte Tote.

Besondere Leistungen hatte bis zu diesem Zeitpunkt bereits die SS-Kampfgruppe Schill vollbracht. Im Süden angesetzt, gelangte sie in schnellem Vorstoß nach Tyrnau, das im Handstreich genommen wurde. In Neutra erklärt sich die slowakische Garnison bereit, mit der Waffe gegen die Putschisten zu kämpfen und in ihrem Bereich für Ordnung zu sorgen. Beim Vordringen

durch das Neutratal in Richtung Priwitz gelingt es einem Trupp beherzter SS-Männer, ein großes Treibstofflager mit über eineinhalb Millionen Liter Benzin durch Überrumpelung der Wachmannschaften zu nehmen und zehn Stunden lang gegen eine Übermacht zu verteidigen, bis die Verbindung mit den Kameraden wieder hergestellt war. In den unterirdischen Lagerräumen fanden sich außerdem große Vorräte an Munition und Waffen.
In Ausnutzung des Erfolges von St. Martin stößt die Kampfgruppe Schill aus selbständigem Entschluß heraus nach Krickerhau (Handlova) vor und gewinnt in langsamen Vorwärtskämpfen den Drehpunkt zum konzentrischen Angriff auf das Herz des Bandenzentrums. Mit der Einnahme dieses Ortes fällt das wichtigste Kohlengebiet der Slowakei mit allen Förder- und Maschinenanlagen unbeschädigt in unsere Hand. Im wieder arbeitenden Elektrizitätswerk werden die Hauptschalter herumgelegt und der Strom für das Bandengebiet gesperrt. – Während der vierundzwanzigtägigen Schreckensherrschaft in Krickerhau hatten sich über 4000 Slowaken und Deutsche, Männer, Frauen und Kinder, im großen Schacht des Bergwerks vor den bolschewistischen Horden versteckt gehalten. Rechts und links von den Fördergleisen lagen sie auf kahlen Brettern. In der Bergarbeitersiedlung stahlen die „Befreier" dem Bergmann seine einzige Kuh, raubten Armbanduhren, Trauringe und Schuhzeug. Bewohner, deren man habhaft werden konnte, wurden gequält, erschlagen und irgendwo verscharrt. Die deutschen Soldaten, die die Befreiung von den bolschewistischen Horden brachten, wurden mit Tränen der Freude begrüßt. – Zur gleichen Zeit melden die Rundfunkstationen in Moskau, London und auch in Neusohl, daß Absetzbewegungen der deutschen Truppen im Gange seien.

Gegen das Zentrum der Aufstandsbewegung

Luftaufklärung und die Meldungen von Spähtrupps lassen erkennen, daß der Gegner nunmehr gewillt ist, das Zentrum der Aufstandsbewegung Neusohl, Altsohl und Kremnitz in einem planmäßig ausgebauten Stellungssystem zu verteidigen. Der Feind verfügt nach wie vor über starke Artillerie, Granatwerfer und zahlreiche, wenn auch nur einzeln auftretende Panzer. Seine 7,5 cm-Pak und 2 cm-Flak erschweren eigene Frontalangriffe. Einzelne Bandengruppen, die im besetzten Gebiet nicht restlos aufgerieben werden konnten, unterstützen die feindlichen Hauptstreitkräfte durch fortdauernde Einzelaktionen, durch Sprengungen von Straßen und Brücken. Weitgehend übernehmen der deutsche Heimatschutz und Hlinka-Garde die Sicherung der rückwärtigen Verbindungen.
Starker Flugverkehr beim Feind wird gemeldet. Vor allem die Sowjets setzen Spezialisten des Bandenkampfes ab. Ihre Transportmaschinen bringen mo-

dernste Waffen und notwendige Munition auf die Flugplätze. Von Tag zu Tag wird die Regie Moskaus deutlicher. Sowjetische Jäger treten stärker als bisher in Tiefangriffen in Erscheinung, und eigene Angriffe mit Schlachtflugzeugen werden durch einen feindlichen Angriff mit etwa 150 viermotorigen Bombern beantwortet. Darüber hinaus führt der Gegner auf dem Luftwege eine sogenannte tschechoslowakische Luftlandebrigade zu, die gut ausgerüstet und ausgebildet den Widerstand verstärken soll. – Dennoch gelingt es der erprobten Kampfgruppe Schill, das wichtige Kremnitztal von Süden und Norden her zu nehmen und durch frontalen Angriff nach Osten sich in den Besitz von Karpfen zu setzen. Damit ist auch die nach Altsohl führende Straße gewonnen.

Der Ring um die feindlichen Hauptkräfte beginnt sich nach dem großzügig angelegten Operationsplan zu schließen: Von Süden, aus dem ungarischen Raum heraus, rückt die SS-Panzer-Grenadier-Division Horst Wessel in umfassenden Zangenbewegungen gegen das Tatra-Gebirge vor, während die SS-Brigade Dirlewanger von Rosenberg aus nach Süden drängt, unter fortwährenden Kämpfen Durchbruchsversuche der Banden in Richtung nach Westen verhindernd. Die Panzer-Division „Tatra" greift frontal im Westen an und wird durch den Angriff der SS-Kampfgruppe „Schill" aus dem Süden in Richtung Altsohl entlastet.

Die militärische Führung ist sich bei all ihren Vorbereitungen zum letzten entscheidenden Stoß darüber im klaren, daß sie nicht übereilt handeln darf, daß in diesem schluchten- und waldreichen Gebiet schnell ein augenblicklicher Vorteil sich in das Gegenteil verwandeln kann. Auf der anderen Seite kennt sie aber auch nur zu gut die Notwendigkeit, eine friedliche Bevölkerung von der unvorstellbaren Grausamkeit der bolschewistischen Machthaber und ihrer jüdischen Helfershelfer möglichst schnell zu befreien. In Sklene-Glaserhau beispielsweise wird wiederum eines von den vielen Massengräbern gefunden, in dem 188 Einwohner des Ortes durch Maschinengewehrfeuer und Handgranaten ihr grauenhaftes Ende fanden. Viele andere sind verschleppt und haben ihr Grab im Dunkel irgend eines Bergwaldes gefunden. Durch Geflohene können zum Teil die Verantwortlichen für diese Blutbäder festgestellt werden. In den meisten Fällen sind es Juden, sowjetische Kommissare und Verbrechernaturen, denen schon längst jedes menschliche Fühlen abhanden gekommen ist. Die mit den Truppen vorgehenden Kommandos der Sicherheitspolizei und des SD stellen mit Hilfe der Bevölkerung die Drahtzieher der Aufstandsbewegung und der örtlichen Volksausschüsse fest.

Am 2. Oktober beginnt der Frontalangriff gegen die Verteidigungslinie des Feindes. Während Kriz nach hartnäckigem Widerstand am nächsten genommen werden kann, entwickelt sich ein wechselvoller Kampf mit dem zahlenmäßig überlegenen Feind im Raum von Kremnitz. Immer wieder versuchen die regulären Truppenverbände des Feindes, mit Gegenstößen erkämpftes Gelände zurückzugewinnen, mit Panzern und aufgesessenen Schützen die alte Hauptkampflinie wiederherzustellen. Von den SS-Männern müssen schwere Panzersperren aus Beton, Eisenbahnschienen und eingerammten Baumstämmen genommen werden. Wo bei Tage ein Durchkommen nicht möglich ist, wird im Schutze der Nacht von bewährten Männern der Vorstoß gewagt und die Widerstandsnester von hinten aufgerollt. Mehrere Batterien des Feindes werden im Stumangriff erbeutet.

Am Nachmittag des 6. Oktobers sehen sich Einheiten der Division Tatra erneut feindlichen Panzern gegenüber, erledigen sie mit Nahkampfmitteln, stoßen vor, nehmen die Stadt Kremnitz und erreichen die Straße nach Neusohl. Eigene Schlachtflugzeuge greifen Kolonnen des Feindes an und vernichten mindestens 25 Fahrzeuge. In kühnem Vorstoß wird das beherrschende Höhengelände ostwärts Kremnitz genommen und eines der größten deutschen Volksgruppengebiete vom Bandenterror befreit.

Das Wetter ist umgeschlagen. Kalter Regen geht hernieder und durchnäßt die Kämpfenden bis auf die Haut. Die Gebirgsbäche überfluten Wiesen und Niederungen. In den aufgeworfenen Panzergräben sammelt sich das Wasser. Ausgehobene Stellungen sind nicht mehr zu gebrauchen. Noch setzt sich der Gegner hartnäckig zur Wehr, hofft auf Entsatz durch die angeblich aus dem ungarischen Raum schnell nach Norden vorstoßenden Sowjetdivisionen. Die führenden Agenten aber haben bereits erkannt, daß sie ihr Spiel verloren haben. In bereitgestellten Flugzeugen verlassen sie die Stätte ihrer zahllosen Verbrechen. Auf dem Flugplatz bei Telgart können 20 feindliche Flugzeuge von den SS-Männern erbeutet werden, darunter eine Reise-Luxusmaschine. Die Zerrüttung beim Feind macht sichtbare Fortschritte. Gefangene und Überläufer berichten, daß in Alt- und Neusohl die Alkoholvorräte geplündert werden, daß die Uneinigkeit zwischen den einzelnen Parteien stündlich wächst. Aufgefundene Feindbefehle, die Feigheit und selbständiges Brandschatzen mit Strafen bedrohen, zeichnen ein deutliches Bild von der Kampfmoral. Die Gegensätze der verschiedenen Kommandostellen werden immer offensichtlicher.

Am Vormittag des 26. Oktobers wird Altsohl von dem ersten Bataillon der Kampfgruppe Schill erreicht. Als der SS-Obersturmführer die Fernsprechleitungen in seinem neuen Gefechtsstand – einem Hotel der Stadt – prüft, stellt er fest, daß sie unversehrt sind. Er erreicht General Golian, den Generalstabschef der aufständischen Verbände und fordert ihn zur bedingungslosen Kapitulation auf. Golian will Rücksprache mit dem „Nationalrat" in Neusohl nehmen. Der endgültige Bescheid bleibt aus, da inzwischen die Telefonleitung durchschnitten wird.

Der Widerstand kämpfender Nachhuten auf der Straße nach Neusohl wird gebrochen. Um 17.30 Uhr setzt noch einmal starkes Artilleriefeuer aller Kaliber auf das erste Bataillon ein. Trotz dem halbstündigen schweren Feuer geht der Vormarsch weiter. Auf dem Flugplatz Triduby liegen die Trümmer mehrer sowjetischer Transportmaschinen. Sämtliche Brücken über den wilden Gebirgsbach sind gesprengt. Nur Infanterie und später einzelne Sturmgeschütze können sich vorarbeiten. Als es dunkel wird, werden die ersten Häuser von Neusohl zwischen den waldbedeckten Höhenzügen sichtbar.
Noch in der gleichen Nacht keuchen einzelne Trupps mit schweren und leichten Maschinengewehren die Felsen hinauf. Im Schutze der dichten Wälder umgehen die SS-Männer die Sperren und Widerstandsnester des Feindes. Vor Morgengrauen dringen sie aus unerwarteter Richtung in die letzte Bastion der Putschisten ein, schlagen aufflackernden Widerstand überraschter Bolschewisten nieder und stoßen zu den verschiedenen Ortsausgängen vor. Am 27. Oktober, kurz nach 6 Uhr, ist Neusohl fest in unserer Hand. Dichter Herbstregen strömt nach wie vor in den Bergen nieder. Er durchnäßt die in die Wälder Geflüchteten. Hunger und Kälte setzen ihnen ebenso zu wie das Bewußtsein der Sinnlosigkeit ihres Unternehmens. Immer größer werden die Trupps, die in die Stadt zurückkehren, um sich bei den deutschen Dienststellen freiwillig zu melden. Sie schleppen sich müde durch eine Stadt, in der von vielen Häusern die slowakischen Flaggen wehen. Auch diese Stadt enthüllt jetzt ihren wahren Charakter, als den Verbänden der SS slowakische Kompanien mit dem Ärmelband „Hlinka-Garde" folgen und singend einmarschieren.
Am 28. Oktober wollte Herr Benesch erneut eine Tschechoslowakei von Moskaus Gnaden aus der Taufe heben. Die deutschen Soldaten sorgten jedoch dafür, daß an diesem Tage ein verbrecherischer Spuk sein Ende fand...

23) Josef Tiso:
Die Wahrheit über die Slowakei.*

„Hat es überhaupt einen Wert, nach alledem, was hier im Gerichtssaal im Laufe der fast viermonatigen Hauptverhandlung gesagt wurde und sich abspielte, noch das Wort zu ergreifen?...
Ich habe mich in meinem Innern gefragt und lange gezögert, das Wort zu nehmen, denn ich hatte die Überzeugung, daß es sich um einen politischen

---

* Dr. Josef Tiso: Die Wahrheit über die Slowakei. Verteidigungsrede gehalten am 17. und 18. März 1947 vor dem National-Gericht in Bratislava, Herausgeber Jon Sekera, München 1948. (Inhaltliche Zusammenfassung)

Prozeß handelt, wie ja hier des öfteren auch betont wurde. Und bei politischen Prozessen . . . müßte erst einmal die Frage gestellt werden, ob es überhaupt noch möglich ist, die an und für sich schon feststehende Meinung über die Schuld des Angeklagten abzuändern?
Es gab bisher noch keinen politischen Prozeß in der Geschichte, bei dem nicht schon von allem Anbeginn an festgestanden hätte, daß er diesen oder jenen Ausgang nehmen wird. Ansonsten wäre er auch niemals inszeniert worden. Ist es also möglich, noch in den Verlauf des Prozesses einzugreifen, und hat es demzufolge noch einen Wert, etwas zu sagen, wenn auch bei diesem politischen Prozeß die Sachlage die gleiche ist wie bei jedem anderen? Als mir zwei, drei Tage vor Abschluß meiner vorläufigen Einvernahme – genau am 10. Oktober 1946 – formell eröffnet wurde: ‚Sie müssen verurteilt werden, um nicht mehr politisieren zu können!‘, zögerte ich noch, ob ich überhaupt sprechen sollte oder nicht."
(Der Vorsitzende des Volksgerichtshofes, Dr. Igor Daxner[1] unterbrach an dieser Stelle.
DAXNER: „Wer hat Ihnen das gesagt?"
TISO: „Wenn ich keine Namen nenne, mache ich das aus bestimmten Gründen, Und ich glaube, nicht verpflichtet zu sein, diese angeben zu müssen.")
„Ich habe mich schließlich doch entschlossen, . . . um das Material des historischen Prozesses, wie er genannt wurde, mit meinen eigenen Aussagen zu ergänzen . . . um der geschichtlichen Erforschung die entsprechenden Unterlagen zu liefern. Ich bin fest davon überzeugt . . ., daß bei einer künftigen Geschichtsschreibung dieses Zeitabschnittes meine Aussage in die Waagschale fällt. Das Volk wußte von mir und weiß, daß Dr. Tiso niemals bewußt die Unwahrheit gesagt hat. Und aus diesem Grunde soll meine Aussage, die ich hier machen will und machen werde, den Historikern als Unterlage zur weiteren Erforschung gerade dieser bedeutungsvollen Zeitepoche in der Geschichte des slowakischen Volkes dienen."
Zum politischen Verhalten der katholischen Geistlichkeit in der selbständigen Slowakischen Republik sagte Tiso:
„Es hieße an offene Türen klopfen, wollte man die slowakische katholische

---

1 Dr. Igor Daxner stammte aus einer evangelischen Familie. Sein Vater, Marko Daxner, war ein slowakischer Patriot, während Igor Daxner sich zum „Tschechoslowakismus" bekannte. Dennoch machte ihn Tiso in der Slowakischen Republik zum Präsidenten des Obersten Gerichtshofes. Daxner schloß sich in der zweiten Hälfte des Krieges der Partisanenbewegung an und wurde verhaftet. Innenminister Alexander Mach sorgte dafür, daß ihm ein gefälschtes ärztliches Attest ausgestellt wurde, wonach er krebskrank war. So konnte er aus der Haft entlassen werden, obwohl die deutsche Gesandtschaft dagegen Einspruch erhoben hatte.

Geistlichkeit Vaterlandsliebe lehren und sie zur staatsbildenden Arbeit ermahnen. Man vergäße dabei, daß der slowakische Katholische Klerus die Grundsätze der Enzykliken genau kennt: daß nämlich der Staat ein von Gott gewolltes Gebilde ist, und daß es weder moralisch noch sonstwie berechtigt ist, den Staat durch sein Handeln zu schädigen. Verbessern ja, zerstören nie! Soviel zur Verteidigung der Ehre der slowakischen katholischen Geistlichkeit, als deren Mitglied ich mich fühle ..."'

Dr. Tiso sprach auch über seine Einstellung zu den Deutschen. Er sei davon überzeugt, daß Hitler vieles nicht richtig gemacht habe. Die Greueltaten, die er in seiner Begierde nach Macht begangen habe, seien jetzt das nationale Unglück des begabten und unermüdlich strebsamen deutschen Volkes, das noch viel Bitterkeit werde schlucken müssen, um die durch den verlorenen Krieg entstandenen internationalen Zwistigkeiten zu beseitigen. Tiso: „Mich hat weder Hitler noch Deutschland betrogen. Was mir Hitler versprach, hat er auch erfüllt. Was uns die Deutschen geben sollten, haben sie uns gegeben. Deutschland schuldet der Slowakei nichts! Ich habe auch jetzt keine Ursache, Deutschland zu mißtrauen."

Danach beschäftigte sich Dr. Tiso mit der Legalität des Gerichtshofes. Dieses Gerichtstribunal repräsentiere nicht das slowakische Volk. Er wisse auch, daß Herr Dr. Daxner nicht durch das Volk beauftragt worden sei, ihn zu richten bzw. seine Schuld festzustellen. Herr Daxner sei von der Kommunistischen Partei und nicht zuletzt von Herrn Dr. Beneš beauftragt worden, diesen Schauprozeß durchzuführen. Als Staatspräsident der Slowakischen Republik sei er, Tiso, verfassungsmäßig durch das ordentliche Parlament gewählt worden, und diese Wahl sei nach dem Willen des Volkes geschehen. Deshalb verlange er ein wahres Volksgericht und nicht Daxner und seine Parteirichter.

(Der Vorsitzende des Volksgerichtshofes, Daxner, unterbrach an dieser Stelle.

DAXNER: „Fügen Sie noch hinzu, daß Sie von Bolschewisten, Juden und Tschechen gerichtet werden ... Fügen Sie das noch hinzu, und es wird uns alles klar sein.")

Tiso ging dann auf die Frage ein, warum er nicht die Präsidentschaft niedergelegt habe, als er erkannte, daß Deutschland den Krieg verlieren werde, und erklärte, er sei kein Feigling gewesen. Er habe von Anfang an diese Stellung innegehabt und habe sie auch in schweren Zeiten nicht verlassen dürfen. Seine politische Tätigkeit habe er als Dienst am Volke betrachtet.

Ausführlich sprach Tiso über die Errungenschaften der selbständigen Slowakischen Republik. Insbesondere nannte er als Leistungen seiner Regierung: Bodenverbesserungen, Flußregulierungen, Ausbau der Elektroindustrie, des Bergbaus, der Forstwirtschaft, Technik, Wissenschaft, Literatur etc. Unge-

achtet des Krieges sei es ihm gelungen, den Lebensstandard seines Volkes entscheidend zu heben. Sein Lebensziel seien Friede, Glück und Wohlfahrt seines Landes gewesen.
Am Ende seiner Rede faßte Dr. Tiso seine Argumentation wie folgt zusammen:
„Der Hauptgrundsatz unserer Politik war das natürliche Recht der slowakischen Nation auf ein eigenes, selbständiges Leben. Diese Politik haben wir konsequent und in jeder Situation betrieben ... Das aber ist nicht allein die Politik der Slowakischen Hlinka-Volkspartei, das ist die Politik der gesamten slowakischen Nation! Diese Politik wird sich solange bewähren, solange das slowakische Volk leben wird. Die Partei kann man auflösen; aber diese Politik wird bestehen ...
Die Nation wird immer leben. Sie lebt ewig. Und diese Politik wird immer diejenigen finden, die sie verkünden und repräsentieren werden: so oder so ...
Ihren größten Erfolg fand diese Politik darin, daß sie das slowakische Volk aus einem Gefühl der Minderwertigkeit herausführte und ihm zu geistiger und materieller Selbständigkeit verhalf. Darin wurzelt die historische Bedeutung der staatlichen Selbständigkeit. Die Zukunft mag die sechsjährige slowakische Souveränität wie auch immer beurteilen. *Die Tatsache an sich ist aus dem Leben und aus dem Bewußtsein der Nation nie mehr auszulöschen!*
Um die slowakische Nation ging es mir nicht nur während des slowakischen Staates, sondern auch während meiner gesamten 25jährigen politischen Tätigkeit. Dieses Bewußtsein hat auch die 22monatige Haft in mir nicht ausgetilgt, und auch die böswilligen Angriffe meiner politischen Gegner werden es in mir nicht vernichten. Niemand kann leugnen, daß ich durch meine politische Tätigkeit das Bewußtsein der Eigenständigkeit der Nation nicht nur erhalten, sondern gestärkt und somit dazu beigetragen habe, sich aus dem niederdrückenden Gefühl der Minderwertigkeit zu erheben.
Die slowakische Nation ist damit den anderen Nationen gleichwertig geworden, und sie hat das Recht, als Gleicher mit Gleichem in jeder beliebigen Beziehung zu leben. Gleich und Gleich! Nichts anderes verkünde ich. Das habe ich immer schon verkündet, und daran halte ich mich auch jetzt. Wir Einzelwesen vergehen. Aber die Nation wird leben, weil das der Wille des Schöpfers und höchsten Gesetzgebers ist. Als politische Äußerung dieses Gesetzes bleibt die Devise: Die Slowakei den Slowaken! ..."

24) Katarina Lazarova:
Der unbekannte Soldat des Aufstandes.*

Jahr für Jahr werde ich um diese Zeit aus dem Grabe geholt ... Jahr für Jahr sprechen über mich Menschen, die ich nicht kannte und die mich nicht gekannt haben. Sie wissen über mich so manches, was ich selbst nie gewußt, nicht einmal geahnt habe. Ich werde in Zeitungen beschrieben, in Büchern, man spielt mich in Theatern, in Kinos. Sie sagen, das sei ich; aber ich erkenne mich nicht. Vielleicht deshalb, weil ich nur ein Soldat gewesen bin, und das Geschick des Soldaten heißt kämpfen; manchmal auch fallen.

Darüber, wie ich gekämpft habe und warum ich gefallen bin, schreiben und sprechen die anderen. Nicht sehr schmeichelhaft. Ich, ein Soldat des Aufstandes, war, zum Unterschied vom Partisanen, im besten Falle das Opfer von Intrigen und verbrecherischen Plänen meiner Befehlshaber. Doch ganz bestimmt habe ich – manchmal vielleicht unbewußt – die Reaktion unterstützt und mich in entscheidenden Augenblicken feige und niederträchtig benommen. Überdies ging ich spontan in den Aufstand, das heißt, ich wußte nicht wofür und warum; ich ging einfach zum Schlachthaus, wie das liebe Vieh.

Vielleicht war es so. Vielleicht sehen und wissen es diejenigen besser, die über mich reden und schreiben, weil sie Abstand und Übersicht haben, und noch so manches andere. Mit vernebelt das alles wohl meine unmittelbare Erfahrung.

Jahre hindurch wurde über mich auch geschwiegen, man erwähnte mich nur so am Rande. Das geschah damals, als so viel über diejenigen gesprochen wurde, welche den Aufstand organisiert haben sollen. Auch jetzt ist es so, nur – die Namen sind andere geworden. Aber für mich waren diese Namen unbekannt. Ich wußte nicht, wer dieser oder jener war, welche politische Überzeugung er damals hatte.

Ich bin ein Soldat, ein Soldat des Aufstandes, und mich interessiert, welcher Waffengattung einer angehört, welche Erfahrungen im Kampf er besitzt; denn, das müßt Ihr einsehen, in den Kampf zu ziehen, ist eine Angelegenheit des Vertrauens. Es ging ja um die große Sache des Volkes, und auch noch um eine weitere – um mein Leben ...

* Katarina Lazarova, geb. Rottenstein, im Jahre 1914 im Dorf Janova Novaves bei Topolčany geboren, Schriftstellerin und Nationalpreisträgerin der ČSSR, kämpfte 1944 in der Aufstandsarmee und später – im Winter 1944/45 – bei den Partisanen. Ihr Artikel „Der unbekannte Soldat des Aufstandes" erschien im August 1963 in der slowakischen Wochenzeitung „Kulturny Život", wurde ein Jahr später verboten und ging in der Slowakei illegal von Hand zu Hand. (Text gekürzt)

Ich ging auch nicht spontan, das könnt Ihr mir glauben. Der Frau zu Hause habe ich alles genau erklärt, was und wie es mit dem Mais, mit den Rüben zu geschehen habe, die auf dem Felde geblieben waren; und sollte ich Lehrer gewesen sein, habe ich mich mit dem Kollegen geeinigt, oder wieder mit der Frau, damit sie sich um die Kinder kümmern. – Ich wußte, daß ich in den Kampf ziehe und daß man im Kampf auch fallen kann. Ob es zu früh oder zu spät war, darüber habe ich allerdings nicht nachgedacht. Nach den Aktionen im Turecer Gebiet und der Erschießung der deutschen Mission, die aus Rumänien kam, betrat die deutsche Armee die Slowakei. Meine Slowakei.
Ich glaube, es war gar kein Fehler, in der Zeit, als wir bereits kämpften, nicht darüber nachzusinnen, ob das Ganze vielleicht verfrüht war oder vielleicht auch nicht. Ich rede und denke als Soldat. Das alles, worüber die Zivilisten damals verhandelten, hätten sie entweder vorher oder nachher entscheiden sollen. So geschah dies zu unserem Nachteil und zu Lasten des Aufstandes. Das zeigte sich ja auch. Sie verhandelten, vereinigten sich, übten Funktionen aus und stritten über die Kompetenzen, – und uns vergaßen sie Munition zu schicken. Es mußte schlecht ausgehen.
Als es schlecht ausging, bekam ich noch Sold für drei Tage: 4 Kronen und 50 Heller. Für drei Tage Konserven. Und eine Garnitur warme Unterwäsche. Die Zivilisten bekamen Gehalt für drei Monate, ob sie nun bei den Aufstandsbehörden waren oder ob sie bei den Zeitungen oder im Rundfunk gearbeitet hatten. Diese Behörden kannte ich nicht, Zeitungen habe ich an der Front nicht gesehen, den Rundfunk nicht gehört ...
Die Slowakei wurde von den Deutschen besetzt, und ich ging, es war mir einerlei, wer an der Spitze stand. Für mich selbst wollte ich nichts, nur für mein Volk, für das es wert war zu kämpfen und auch zu sterben. Und es war und ist wert, auch weiterhin ein *unbekannter Soldat des Aufstandes* zu sein.

25) Wolfgang Venohr:
36 Fragen über den Slowakei-Feldzug.

Ergebnis einer Befragung von 15 ehemaligen deutschen Slowakei-Kämpfern, die sämtlich dem I. Bataillon der Kampfgruppe „Schill" angehörten und im Kriege Ränge vom Grenadier bis zum Leutnant bekleideten.
Allen wurden – unabhängig voneinander – 36 gleiche Fragen vorgelegt, die jeder für sich zu beantworten hatte. Die Antworten, die im folgenden Fragebogen niedergelegt und im Form eines Extrakts zusammengefaßt sind, zeigen

---

* Dieser Fragebogen wurde im Jahre 1964 vom Verfasser zusammengestellt und ausgewertet. Er wurde in der slowakischen antifaschistischen Zeit „Bojovnik" (Nr. 1 und 2 vom Januar und Februar 1969) leicht gekürzt veröffentlicht.

weitgehende Übereinstimmung, wenige direkte Widersprüche, dafür aber zahlreiche Nuancierungen.

Das Bataillon hatte entscheidenden Anteil an mehr als dreißig Gefechten in der Slowakei, darunter sechzehn Nahkämpfen Mann gegen Mann. Sein Einsatz im Rahmen der Kampfgruppe vollzog sich wie folgt:

30. August	– Alarm in Josefstadt und Improvisation des Bataillons
31. August	– Bahntransport von Josefstadt in die Slowakei
1. September	– Ausladen des Bataillons in Preßburg und Umgebung
2. September	– Beginn des Vormarschs im Nitra-Tal
3. September	– Gefecht und Einnahme von Topolčany
5. September	– Einnahme von Bielice
6. September	– Abwehr von feindlichen Gegenangriffen bei Bielice
8. September	– Gefecht und Einnahme von Bat'ovany
9. September	– Gefecht und Einnahme von Oslany
13. September	– Gefecht und Einnahme von Novaky und Koš
14. September	– Besetzung von Prievidza
16. September	– Beginn der Stellungskämpfe vor Prievidza
17. September	– Spähtrupptätigkeit auf Handlova
18. September	– Gefecht und Einnahme von Deutsch-Proben
19. September	– Vormarsch auf Klačno
23. September	– Fühlungnahme mit der Division „Tatra" bei Klačno
24. September	– Rückverlegung nach Deutsch-Proben zur Umgruppierung in eine neue Angriffsrichtung
25. September	– Verschiebung über Oslany und Einnahme von Velke Pole (Hochwiesen)
26. September	– Gefecht und Einnahme von Horne Hamre
27. September	– Abwehr von Gegenangriffen bei Horne Hamre und Einnahme von Žarnoviza
29. September	– Beginn Beginn der schweren, wechselvollen Kämpfe von Dolne Hamre
30. September	– Verlust von Dolne Hamre und Wiedereroberung
1. Oktober	– Wiedereroberung von Dolne Hamre
4. Oktober	– Ablösung bei Dolne Hamre und Verlegung nach Sväty Križ
6. Oktober	– Erstürmung von Pitelova und Jalna
7. Oktober	– Kämpfe bei Jalna sowie zwischen Pitelova und Kremnica
8. Oktober	– Abdrehung des Bataillons nach Südosten sowie Einnahme von Moččir
9. Oktober	– Einnahme von Banska Štiavnica und Svaty Antol
10. Oktober	– Stellungen und Spähtrupptätigkeit im Raum Svaty Antol
18. Oktober	– Vormarsch auf Žibritov und Krupina

19. Oktober   – Gefecht und Einnahme von Babina
20. Oktober   – Beginn der Stellungskämpfe vor Babina
22. Oktober   – Gefecht und Einnahme von Pliešovce
23. Oktober   – Stellungen im Raum Pliešovce
26. Oktober   – Vormarsch und Besetzung Zvolens
27. Oktober   – Einnahme von Banska Bystrica
30. Oktober   – Siegesparade in Banska Bystrica
1. November   – Abtransport der Offiziersschüler in das Protektorat

1. Frage: Von wann bis wann waren Sie in der Slowakei eingesetzt?
Antwort: übereinstimmend –: vom 1. 9. bis 31. 10. 1944.

2. Frage: Warum wurden Sie in der Slowakei eingesetzt?
Antwort: varrierend zwischen: Um den Aufstand der slowakischen Armee niederzuschlagen.
und: Wir erfuhren lediglich, daß die slowakische Armee gegen ihre rechtmäßige Regierung geputscht hatte.
und: Die Slowaken, die bis dahin unsere Verbündeten gewesen waren, wollten abspringen. Deshalb unser Einsatz, um die Slowakei dem Bündnis mit Deutschland zu erhalten.

3. Frage: Welchen Sinn sahen Sie in Ihrem Einsatz während der Kämpfe?
Antwort: variierend zwischen: Die verbündete Slowakei dem Reich als Bundesgenossen zu erhalten und deshalb den deutschfeindlichen Putsch niederzuschlagen.
und: Die slowakische Aufstandsarmee bedrohte die Nachschublinie der deutschen Armee, die vor dem Duklapaß stand. Diese Gefahr mußte beseitigt werden.
und: Man hatte das Gefühl – es gingen auch entsprechende Gerüchte um –, daß die Sowjets in der Slowakei Luftlandetruppen absetzen wollten, um die abgesprungene slowakische Armee unter ihre Kontrolle zu bringen. Das mußte aus politischen und vor allem militärischen Gründen verhindert werden.

4. Frage: Was wußten Sie vor Beginn der Kämpfe von der Slowakei und den Slowaken?
Antwort: variierend zwischen: Nichts, außer daß die Slowakei im Frühjahr 1939 selbständig geworden war, sich außenpolitisch eng an das Reich angelehnt und daß eine slowakische „Schnelle Division" auf deutscher Seite in Rußland gekämpft hatte.
und: Wir wußten nur, daß die Slowakei mit uns einen Freundschafts- und Beistandspakt hatte, daß sie ein Staat in Abhängigkeit von Deutschland war, mit vornehmlich bäuerlicher und katholischer Bevölkerung, regiert von der Geistlichkeit.

und: Wir hatten darüber nur geringe Schulkenntnisse. Im Grunde war es ein unbekanntes Land. Wir wußten allerdings, daß die Slowakei ein selbständiger Staat war und unter Führung Dr. Tisos auf deutscher Seite stand. Aber von der echten Mentalität der Slowaken wußte man nichts. Man warf Tschechen und Slowaken in einen Topf.

5. *Frage:* Welchen Eindruck hatten Sie während und nach Abschluß der Kämpfe vom Land und seinen Bewohnern?
Antwort: variierend zwischen: Es war ein schönes Land mit sympathischen Menschen, gemütlichen kleinen Städten und romantischen Dörfern. Es war ein Land ohne Haß gegen Deutschland.

und: Das Land gefiel uns sehr: nette, naive und einfache Menschen, von der westlichen Zivilisation nicht verdorben; gastfreundlich, hilfsbereit, zuvorkommend. Landschaftlich war die Slowakei sehr reizvoll; etwa dem Voralpenland zu vergleichen.

und: Volk und Land haben uns sehr gut gefallen. Die Slowaken waren ganz anders als die Tschechen. Sie waren ein richtiges Bauernvolk, ursprünglich und nicht verschlagen. Unsere erste Urlaubsreise nach dem Krieg sollte in die Slowakei gehen.

6. *Frage:* Kämpften Sie in der Slowakei gegen Banditen, Partisanen, gegen die reguläre Armee oder gegen meuternde Armee-Einheiten?
Antwort: übereinstimmend: Gegen die reguläre slowakische Armee.
Zusätzliche Bemerkungen: variierend zwischen: Wir kämpften gegen Teile der slowakischen Armee, von denen die einfachen Dienstgrade bis hin zu den Subalternoffizieren nicht wußten, worum es ging. Wir betrachteten sie als Soldaten und nicht als Banditen. Auf Partisanen trafen wir sehr selten; so bei Sväty Križ.

und: Alle Slowaken, gegen die wir kämpften, waren in vorschriftsmäßiger Uniform und gehörten – straff organisiert – festen Armee-Einheiten an.

und: Von Partisanen bemerkten wir nur am ersten Tag des Feldzuges, bei der Einnahme von Topolčany, etwas; dann niemals wieder.

7. *Frage:* Handelte es sich um einen Armeeputsch oder um einen Volksaufstand in der Slowakei?
Antwort: übereinstimmend: Um einen Armeeaufstand.
Zusätzliche Bemerkungen: variierend zwischen: Das slowakische Unternehmen lag in der Mitte zwischen einem Armeeputsch und einem Volksaufstand.

und: Es war auf keinen Fall ein Volksaufstand. Das Volk war völlig neutral.

und: Um einen Volksaufstand breiter Art handelte es sich ganz bestimmt nicht. Der Hauptteil der Armee erhob sich, weil die höheren Offiziere den Hebel in letzter Stunde herumreißen wollten.

8. *Frage:* Welche Motive hatten die Slowaken für ihren Kampf nach Ihrer Meinung?
   Antwort: variierend zwischen: Sie wollten die Wiederherstellung der Tschechoslowakei. Sie trugen Fahnen der alten tschechoslowakischen Republik bei sich.
   und: Sie wollten nicht mit dem Reich zusammen untergehen, sondern ihre jüngst gewonnene Unabhängigkeit nach allen Seiten wahren; wahrscheinlich auch gegenüber den Tschechen.
   und: Der einfache slowakische Soldat schien gar keine Motive zu haben. Er hat gehorcht wie jeder Soldat, aber nur selten fanatisch bis zum Letzten gekämpft. Die Offiziere wollten die Slowakei im letzten Augenblick auf die Seite der Sieger reißen.
9. *Frage:* Kämpften die Slowaken für eine selbständige Slowakei, für eine neue Tschechoslowakei, für eine Sowjet-Slowakei oder wofür sonst?
   Antwort: übereinstimmend: Wahrscheinlich für eine selbständige Slowakei.
   Zusätzliche Bemerkungen: variierend zwischen: Für einen selbständigen, demokratischen und antifaschistischen slowakischen Staat.
   und: Sie wollten durch den Abfall ihre nationale Unabhängigkeit retten.
   und: Für eine Sowjet-Slowakei kämpften sie bestimmt nicht. Davon haben wir nichts bemerkt. Wir hatten aus Gesprächen mit gefangenen Offizieren den Eindruck, daß sich die Aufständischen selbst nicht völlig einig waren. Ein Teil der Slowaken glaubte, für eine unabhängige Slowakei zu kämpfen; ein anderer Teil wollte die Tschechoslowakische Republik wiederherstellen.
10. *Frage:* War das slowakische Aufstandsunternehmen eine nationale, eine kommunistische oder eine westlich inspirierte Angelegenheit?
    Antwort: übereinstimmend: Es war eine ausschließlich nationale slowakische Angelegenheit.
    Zusätzliche Bemerkungen: Die höheren slowakischen Offiziere wollten eine bessere Plattform für das schaffen, was nach dem Kriege kommt.
11. *Frage:* Haßten die Slowaken die Deutschen?
    Antwort: übereinstimmend: Nein.
12. *Frage:* Haßten Sie die Slowaken?
    Antwort: übereinstimmend: Nein.
13. *Frage:* War die slowakische Zivilbevölkerung für den Aufstand, für die Tiso-Regierung oder gleichgültig?
    Antwort: variierend zwischen: Sie war indifferent und abwartend.
    und: Sie war für den Frieden.
    und: Sie war zumeist passiv, wenn auch manche Häuser bei unserem Einmarsch in Ortschaften von den Bewohnern verlassen waren; so vor allem

in Banska Bystrica. Jedenfalls waren die Slowaken zu uns niemals feindselig; freundlicher auf jeden Fall als die Tschechen.
14. *Frage:* Kämpften auch Slowaken auf deutscher Seite?
Antwort: variierend zwischen: Nein.
und: Kaum. Vielleicht 100 Mann Hlinka-Garde. Die kämpften aber nicht, sondern standen in Preßburg und paradierten zum Schluß in Banska Bystrica vor Staatspräsident Tiso.
und: Unmittelbar nicht. Mittelbar ja: die Hlinka-Garde. Vermutlich als Hilfstruppe des SD; hinter der Front.
15. *Frage:* Schlug Ihnen beim Einmarsch in die Slowakei oder während der Kämpfe eine Welle fanatischer, revolutionärer Stimmung entgegen?
Antwort: übereinstimmend: Nein.
16. *Frage:* Kämpften Ausländer auf slowakischer Seite?
Antwort: variierend zwischen: Es gab vereinzelt russische Offiziere oder Kommissare bei ihnen.
und: Es wurde bei uns behauptet, eine sowjetische Kosakenbrigade sei durch den Duklapaß gebrochen. Wir sahen sie aber nie. Sowjetische „Ratas" griffen uns einmal sehr heftig auf dem Vormarsch nach Horne Hamre an. Auch soll angeblich ein einzelner T 34 gesehen worden sein, dessen Teile die Sowjets nach Banska Bystrica geflogen haben sollen.
und: Es gab Gerüchte über eine russische Kosakenbrigade. Gesehen haben wir sie nicht. Während des ganzen Feldzuges trafen wir nur auf zwei sowjetische Kommissare. Einer fiel in unserem Feuer kurz vor Topolčany. Ein anderer tötete sich selbst bei Klačno, um nicht in Gefangenschaft zu fallen. Insgesamt hatten wir den Eindruck, daß die Sowjets und die Westmächte den Slowaken wenig geholfen haben.
17. *Frage:* Wie stark waren die slowakischen Streitkräfte?
Antwort: zum Teil widersprüchlich zwischen: Schätzungsweise 40 000 Mann. Es hieß nach dem Feldzug, wir hätten 35 000 Mann entwaffnet.
und: Etwa 50 000 Mann. Es hieß, wir hätten soviel entwaffnet.
und: Wir hatten keine genauen Kenntnisse darüber. Insgesamt haben wir gut 15 000 Gefangene gemacht.
18. *Frage:* Wie waren die Slowaken bewaffnet?
Antwort: zum Teil widersprüchlich zwischen: Sie hatten deutsche Karabiner. Sie hatten leichte und schwere Maschinengewehre, z. T. deutscher Produktion. Schließlich hatten sie leichte 10.5 cm – Feldhaubitzen und einige tschechische Vorkriegspanzer vom Typ Škoda.
und: Sie hatten fast ausschließlich tschechische Waffen; sehr gute tschechische leichte Maschinengewehre. An schweren Waffen mangelte es ihnen sehr. An Artillerie hatten sie fast nur leichte Infanteriegeschütze und leichte Feldhaubitzen; hauptsächlich bei Svätý Kríž. Bei Svätý Kríž hat-

ten sie sehr wirkungsvolle sowjetische Panzerbüchsen. Sie hatten wenige und veraltete Renault-Panzer, die bei Sväty Križ und Pliešovce eingesetzt wurden.

und: Sie hatten tschechische Gewehre, Eierhandgranaten und Maschinengewehre. Dazu sowjetische Panzerbüchsen und alte französische Renault-Panzer. Bei Prievidza und Sväty Križ setzten sie einen Panzerzug ein. Artillerie hatten sie so gut wie gar nicht.

19. Frage: Gab es eine slowakische Luftwaffe? Und wenn ja, mit welchen Typen?

Antwort: übereinstimmend: Ihre Luftwaffe war schwach und bestand – abgesehen von den sowjetischen „Ratas", die uns einmal angriffen – aus deutschen Doppeldecker-Sturzkampfflugzeugen vom Typ Henschel; vor allem eingesetzt bei Babina.

20. Frage: Wie kämpften die Slowaken?

Antwort: übereinstimmend: Sie kämpften fair.

21. Frage: Was halten sie vom militärischen Kampfwert der Slowaken?

Antwort: zum Teil widersprüchlich zwischen: Sie zeigten uns gegenüber wenig Standfestigkeit. Angegriffen haben sie selbst gar nicht, nur verteidigt, und das meistens schlecht. Es fehlte die Motivation bei den Soldaten. Sie wußten nicht, wofür sie kämpften. Sie kontrollierten zwar die Straßen. Sie kontrollierten aber nicht die Berge, so daß wir sie immer leicht umgehen konnten.

und: Die Slowaken waren gute Soldaten, die auch taktisch sehr gut eingesetzt waren. Es war eine disziplinierte Armee. Aber man hatte das Gefühl, daß es ihnen an Überzeugung mangelte. Die Gefangenen waren froh, daß der Kampf zu Ende war. Man hatte den Eindruck, die Slowaken hätten wenig Lust, Krieg zu führen.

und: Sie kämpften merkwürdigerweise sehr unterschiedlich, manchmal sehr gut, manchmal sehr schlecht. Sie begriffen zuerst überhaupt nicht die taktische Maxime für den Gebirgskrieg: „Wer die Höhen hat, hat auch die Täler." So wurden sie, in den Dörfern und Städten sitzend, fast jedesmal von den Höhen flankiert und zum schnellen Rückzug gezwungen. Auf diese Weise verloren sie das gesamte Nitratal von Topolčany bis Klačno. Erst bei Horne Hamre, Dolne Hamre und Sväty Križ verhielten sie sich anders, und sofort mit bemerkenswertem Erfolg. Von Natur waren sie ohne Zweifel tapfer; aber ihre Kriegserfahrung war äußerst gering. Wen sie gut waren, waren sie es vornehmlich in der Verteidigung. Den deutschen Angriffsschwung hatten sie kaum. Auf jeden Fall war ihre militärische Führung der der Deutschen weit unterlegen. Andererseits gab es keinen Kriegsschauplatz, auf dem es zu derart zahlreichen Nahkämpfen kam. Aber am 19. Oktober – beim Angriff unseres Bataillons auf Babina – brach der slowakische Widerstandsgeist in sich zusammen. Eigentlich war der Feldzug für uns zu Ende. Der Rest bis zum 27. Oktober bestand kaum noch aus Kämpfen, sondern aus Säuberungen.

20. *Frage:* Wo haben sich die Slowaken besonders gut gehalten?

Antwort: übereinstimmend: Bei Prievidza, im Gebiet von Žarnovica und im Raum Sväty Križ.

Zusätzliche Bemerkungen: Bei Sväty Križ hatten sie eine vorzügliche Verteidigungsstellung; hier führten sie auch erfolgreiche nächtliche Stoßtruppunternehmungen durch. Unser Frontalangriff auf diese Stellung war zunächst erfoglos. Sie wurde dann vom Rücken her genommen.

und: Den tapfersten Widerstand leisteten die Slowaken bei Dolne Hamre, dem einzigen Gefecht, in dem unser Bataillon die Slowaken nicht überwinden und nicht aus ihren Stellungen werfen, sondern sich nur mit knapper Not gegen wiederholte slowakische Gegenangriffe behaupten konnte, nachdem wir einmal sogar Dolne Hamre fluchtartig räumen mußten.

23. *Frage:* Haben Sie während des September und Oktober 1944 deutsche Kriegsverbrechen in der Slowakei erlebt oder davon gehört?

Antwort: übereinstimmend: Nein.

24. *Frage:* Gab es bei der slowakischen Armee Kriegsverbrechen während dieser Zeit?

Antwort: übereinstimmend: Nein.

25. *Frage:* Wie verhielt sich Ihre Truppe zu den Slowaken, zu den Soldaten einerseits und zur Zivilbevölkerung andererseits?

Antwort: übereinstimmend: Zu den Soldaten bestand ein korrektes, zur Zivilbevölkerung ein gutes Verhältnis.

26. *Frage:* In welchem Lichte erschien Ihnen damals das slowakische Volk?

Antort: variierend zwischen: Es erschien uns sehr sympathisch. Besonders schätzten wir die bäuerliche Bevölkerung.

und: Als ein fleißiges, sauberes Bauernvolk. Am meisten imponierte uns die Sauberkeit der slowakischen Dörfer.

27. *Frage:* Wie war der Lebensstandard in der Slowakei?

Antwort: variierend zwischen: In der Technisierung des Landes weit unterlegen. In der Versorgung mit Lebensmitteln weitaus besser als im Reichsgebiet. Die Slowakei wurde versorgungstechnisch vom Reich bevorzugt und war 1944 eine paradiesische Insel in Mitteleuropa.

und: Der Lebensstandard war erstaunlich gut; viel besser als im Reich. Es gab Zigaretten, Obst, Damenstrümpfe, Eier, Speck, Mehl und Milch in Hülle und Fülle. Das Land erschien uns wie ein Paradies, in dem Milch und Honig flossen.

und: Der slowakische Lebensstandard war an sich niedriger als der in der industrialisierten Tschechei. Er war ländlich und einfach. Aber die Ernährung war viel besser als sonstwo. Es gab praktisch alles frei zu kaufen. Nicht nur Lebensmittel, auch Armbanduhren, Belichtungsmesser etc.

28. *Frage:* Hat die deutsche Truppe ihre eigene Versorgung gehabt, aus dem Lande requiriert oder regellos geplündert?
Antwort: zum Teil widersprüchlich zwischen: Die Truppe hatte ihre eigene Versorgung. Unseren Wehrsold bekamen wir zur Hälfte in Kronen, zur Hälfte in Reichsmark. Wir konnten in den Geschäften alles frei kaufen und wurden oft von der gastfreundlichen Bevölkerung zum Essen eingeladen. Zigaretten, die Sorten Detva, Lipa und Tatra, konnten wir frei kaufen, soviel wir wollten. Außerdem erbeuteten wir große slowakische Verpflegungslager, in denen es alles gab.
und: Wir hatten unsere eigene Truppenversorgung und waren auf den Nachschubweg angewiesen. Etwa alle drei Tage gingen Versorgungs-LKW zurück nach Preßburg, um für kalte und warme Verpflegung zu sorgen. Jede Kompanie führte außerdem eine Feldküche mit.
und: Wir hatten eine eigene Verpflegung, die übrigens nicht sehr gut war, bereiteten uns aber manchmal aus den gefüllten Speisekammern unserer Quartiere, wenn sie von den Bewohnern verlassen waren – so beispielsweise in Horne Hamre – langentbehrte gute Mahlzeiten. In großem Stil geplündert wurde nicht. Das hätte die Führung auch nicht geduldet. Doch wurden Toten und Gefangenen der slowakischen Armee hin und wieder Pistolen, Lederkoppel und Stiefel abgenommen. Das war offiziell gestattet; die Wegnahme von Armbanduhren, Schmuck und Füllfederhaltern war dagegen verboten. Einzelne Soldaten „organisierten" auch direkt während der Kampfhandlungen in Lebensmittelgeschäften, so beispielsweise in Koš. Doch war das eine seltene Ausnahme. Ansonsten bekamen wir unseren Wehrsold in slowakischer Währung und konnten frei einkaufen. Zigaretten wurden en gros erbeutet.

29. *Frage:* Wie hieß Ihre Einheit und wie setzte sie sich zusammen?
Antwort: übereinstimmend: Die Kampfgruppe war eine Einheit, die auf Grund des Alarmierungssystems im Reichsprotektorat Böhmen und Mähren aufgestellt worden war. „Schill" war das Stichwort für eine Alarmierung der in Böhmen und Mähren liegenden deutschen Verbände im Falle eines tschechischen Aufstands. Deshalb der Regimentsname „Schill" nach dem preußischen Major und Freiheitshelden von 1809, Ferdinand von Schill. Die Kampfgruppe bestand zunächst aus zwei Bataillonen zu je vier Kompanien. Das I. Bataillon setzte sich aus dem Offiziers-Vorbereitungslehrgang Josefstadt zusammen, das II. Bataillon aus Teilen des Panzergrenadier-Lehrbataillons Kienschlag bei Prag.

Später kam zur Sicherung des Nachschubweges noch ein Landesschützenbataillon des Heeres dazu.

Die Kampfgruppe hatte eine Sturmgeschützbatterie zur Verfügung, die ständig dem I. Bataillon unterstellt war, und eine leichte Feldhaubitzbatterie (8,5 cm). Sie hatte die Stärke eines schwachen Regiments, mit ca. 2200 Mann, und war am 29. August improvisiert worden: ein absoluter Notbehelf. Ihre Fahrzeugausstattung bestand zum großen Teil aus in Böhmen requirierten, privaten Holzgaser – LKW mit zwangsverpflichteten tschechischen Fahrern.

30. Frage: War es Wehrmacht oder Waffen-SS oder gemischt?

Antwort: übereinstimmend: Es war eine gemischte Einheit; überwiegend Waffen-SS.

31. Frage: War es eine Elite- oder Noteinheit?

Antwort: übereinstimmend: Es war beides. Das I. Bataillon der Kampfgruppe „Schill" war eine aus der Not geborene Eliteeinheit. Sie bstand ausnahmslos aus jungen Offiziersanwärtern im Alter zwischen 19 und 25 Jahren, die sämtlich Kriegserfahrungen von den Großkampffronten und in den meisten Fällen Dekorationen hatten. Viele von ihnen kamen von den Elitepanzerdivisionen der Waffen-SS, zum Beispiel: 1. Panzerdivision „Leibstandarte Adolf Hitler" und 5. Panzerdivision „Wiking". Drei Monate nach Beendigung des Slowakei-Feldzuges wurde ein beträchtlicher Teil von ihnen zu Offizieren befördert.

32. Frage: Wie beurteilen Sie die Kampfmoral Ihrer Einheit?

Antwort: variierend zwischen: Gut.

und: Hervorragend.

33. Frage: Entstanden größere Zerstörungen während der Kämpfe?

Antwort: übereinstimmend: Nein.

Ergänzende Bemerkungen: Dafür waren die Kämpfe im allgemeinen zu kurz und dafür waren auch zu wenig schwere Waffen auf beiden Seiten vorhanden. Es war hauptsächlich ein Krieg der Gewehre, Pistolen, Handgranaten und Maschinengewehre. Deshalb kam es auch im Schnitt jeden dritten oder vierten Tag zum Nahkampf.

34. Frage: Trafen Sie auch auf tschechische Kontingente?

Antwort: übereinstimmend: Nein.

Zusätzliche Bemerkungen: Die einzigen Tschechen, die wir sahen, waren unsere zwangsverpflichteten LKW-Fahrer aus Böhmen. Sie liefen weder zu den Slowaken über noch unterhielten sie enge Kontakte zur slowakischen Zivilbevölkerung. Sie waren freundlich, desinteressiert und wollten schnell wieder nach Hause. Einige von ihnen erhielten nach dem Feldzug deutsche Kriegsverdienstkreuze.

35. Frage: Wie wurden die slowakischen Gefangenen behandelt?

Antwort: übereinstimmend: Von der Fronttruppe völlig korrekt; wie normale Kriegsgefangene.
36. *Frage:* Waren Sie nach der Niederschlagung des Aufstandes noch in der Slowakei eingesetzt?
Antwort: übereinstimmend: Am 27. Oktober besetzten wir Banska Bystrica. Am 30. Oktober stellte unser Bataillon eine Ehrenkompanie für die Siegesparade, die auf dem Marktplatz der Stadt vor Dr. Tiso stattfand. Am 1. November morgens verließen sämtliche Offiziersanwärter die Einheit und die Slowakei, um sich unverzüglich auf die Offiziersschule zu begeben.

Personen-Register

Antonescu, rumänischer Marschall 152
Asmolow, sowjetischer Offizier 264, 289

Babiak, slowakischer Förster 300
Bacilek, slowakischer Kommunist 71, 309
Balaža, slowakischer Partisan 145
Bardoný, slowakischer Offizier 126, 163
Baštovansky, slowakischer Kommunist 309
Beneš, tschechoslowakischer Staatspräsident 8, 12ff., 15f., 38, 50, 64f., 69f., 75f., 80, 82, 84ff., 89, 105ff., 108, 121, 135, 145ff., 149f., 157, 163, 182, 226, 228, 232, 259, 300f., 303, 308ff., 311ff.
Berger, SS-Obergruppenführer 35, 180, 204, 218, 236, 306
Bernolák, slowakischer Schriftsteller 4
Bielik, slowakischer Partisan 99, 289
Blažovsky, slowakischer Kommunist 71
Bodicky, slowakischer Offizier 110, 190
Bosák, slowakischer Historiker 163, 170, 312
Brückner, deutscher Admiral 128
Budina, tschechischer Offizier 264
Buzalka, slowakischer Weihbischof 30

Čatloš, slowakischer Verteidigungsminister 25, 37ff., 42f., 45, 47, 49, 57, 61, 80f., 83, 90, 106f., 109, 119, 125ff., 128ff., 131, 133ff., 136, 138, 142ff., 145ff., 148ff., 154, 157, 160ff., 163ff., 169, 175f., 179, 182ff., 200, 202f., 305, 308
Černák, slowakischer Politiker 17, 35
Černek, slowakischer Offizier 194, 211, 215, 238, 269, 286
Chamberlain, britischer Premier 15f.
Chruschtschow, sowjetischer Parteichef 98f., 102, 113, 157, 167, 264

Chudik, slowakischar Kommunist 311
Churchill, britischer Premier 162
Cikker, slowakischer Komponist 57
Cisarik, slowakischer Offizier 110
Cyprich, slowakischer Offizier 154

Daxner, slowakischer Verschwörer 64, 93, 95
Dimitroff, bulgarischer Kommunist 77, 92, 158
Dirlewanger, SS-Brigadeführer 212, 266, 273ff., 280ff., 283, 286f., 289, 292, 295, 297
Dobrovodsky, slowakischer Offizier 110
Dolinsky, slowakischer Partisan 93f.
Dollfuß, österreichischer Kanzler 28
Donát, slowakischer Kommunist 78
Drtina, tschechischer Politiker 106
Dubček, slowakischer Kommunist V, 3, 77f., 311
Durčansky, slowakischer Politiker 17, 21, 32f., 313

Eli, slowakischer Offizier 101
Engelbrecht, deutscher General 39f.
Ertel, slowakischer Politiker 64
Esterhazy, slowakischer Abgeordneter 34
Exnar, slowakischer Partisan 93

Fabry, slowakischer Schriftsteller 78
Falťan, slowakischer Kommunist 78, 95, 310
Fejka, slowakischer Ingenieur 145
Ferjanec, slowakischer Offizier 154
Ferjenčik, slowakischer Offizier 80, 87, 90, 114, 138, 140, 142ff., 145f., 148ff., 151, 156, 197, 306
Fierlinger, tschechischer Botschafter 147, 150

Frank, NS-Staatsminister 35, 290, 307
Friš, slowakischer Kommunist 78

Gabris, slowakischer Offizier 149
Gaidoš, slowakischer Historiker 144, 201, 312
Gašpar, slowakischer Politiker 53, 175, 290
Gmelin, deutscher Gesandtschaftsrat 33, 35, 53, 55f., 95, 160ff., 163, 166, 175, 305f.
Goebbels, NS-Propagandaminister 162
Golian, slowakischer Aufstandsgeneral 80f., 84ff., 87ff., 90f., 98, 103f., 107ff., 110ff., 114ff., 117ff., 120ff., 123ff., 126, 130, 135, 137ff., 140ff., 143f., 145, 148ff., 151, 153f., 156, 160, 163ff., 167f., 172ff., 175, 181ff., 184ff., 187, 190f., 193f., 196, 199f., 208ff., 213, 216f., 228f., 237ff., 241, 243, 245ff., 249ff., 254f., 256f., 259f., 261, 276, 278f., 286, 292, 299f., 301, 307, 309
Gottwald, tschechischer Kommunist 36, 67, 71, 77, 92, 137, 149, 157f., 167, 305, 309f.
Gretschko, sowjetischer Marschall 225
Grotewohl, DDR-Ministerpräsident 36, 305
Grün, slowakischer Offizier 145
Guderian, deutscher Generaloberst 220

Hácha, tschechischer Präsident 17
Hagara, slowakischer Partisan 93, 95
Halder, deutscher Generalstabschef 41
Hanuš, slowakischer Offizier 137
Harpe, deutscher General 136
Hegel, deutscher Philosoph 4
Henlein, sudetendeutscher Politiker 14, 32
Herder, deutscher Philosoph 4
Himmler, Reichsführer SS 35, 102, 180, 275
Hitler, Führer und Reichskanzler 3, 10, 12, 14ff., 18, 20ff., 23, 26, 40f., 46, 56, 60, 62, 65, 67ff., 73, 103, 114f., 152, 161ff., 263, 298, 306
Hletko, Amerika-Slowake 14
Hlinka, slowakischer Volksheld 6f., 8, 13f., 19, 25, 30, 65
Hodža, slowakischer Politiker 58, 65, 76
Höfle, deutscher General 218, 236, 241, 245, 249, 252f., 254f., 258ff., 268, 272ff., 275, 280, 283, 286, 290, 298, 301, 304, 306, 308
Hollý, slowakischer Schriftsteller 4
Horthy, ungarischer Reichsverweser 23, 73
von Hubicki, deutscher General 204
Husák, slowakischer ČSSR-Staatspräsident V, 71, 74, 76ff., 79, 82ff., 85ff., 88f., 91f., 94ff., 98, 103f., 108, 114, 121, 142f., 158, 167, 183, 193f., 232ff., 236, 257, 278, 304f., 306f., 308ff., 311

Imro, slowakischer Offizier 74, 80f., 83, 86f., 108, 110, 306
Ingr, tschechischer General 74, 84, 88, 106, 108, 111ff., 117ff., 123ff., 137f., 139ff., 142ff., 146, 148, 168, 173, 175, 185, 196, 199, 229, 241f., 250, 255ff., 260, 268ff., 275f., 284, 286, 288

Janoschik, slowakischer Räuber V, 68f., 93f.
Jegorow, sowjetischer Partisan 99, 122, 198, 241, 244, 264, 266, 286f., 289
Jobak, slowakischer Offizier 182
Josko, slowakischer Politiker 65, 83, 86, 114, 308
Juraš, slowakischer Verschwörer 64
Jureck, slowakischer General 41, 48, 83f., 137f., 140, 142

Kalina, slowakischer Partisan 99
Kaltenbrunner, SS-Obergruppenführer 54

Kapinaj, slowakischer Verschwörer 64, 76
Kardoš, slowakischer Komponist 57
Karmasin, volksdeutscher Politiker 32, 102
Karvaš, slowakischer Politiker 90, 189
Kaščák, slowakischer Partisan 99
Keitel, deutscher Feldmarschall 126f., 129
Kettgen, Bataillons-Kommandeur 36, 192f., 220, 240, 283, 291ff., 301, 305f.
Killinger, deutscher Gesandter 54
Kišš, slowakischer Offizier 80, 82, 87, 108
von Kleist, deutscher Feldmarschall 47
Klokow, sowjetischer Partisan 99
Klotz, deutscher Offizier 191, 193
Koch, tschechischer Verschwörer 64
Kollár, slowakischer Dichter 1
Konew, sowjetischer Marschall 183, 222, 224f., 229, 242, 257, 269, 285
Kopecký, tschechischer Kommunist 157f., 167, 309
Korda, slowakischer Offizier 153f.
Korecký, slowakischer Offizier 142f., 145f.
Kovač, slowakischer Beamter 57
Koza, slowakischer Offizier 137, 139f., 141ff., 145
Kral, slowakischer Dichter 69
Kramař, tschechischer Politiker 65
Kratky, tschechischer Offizier 74f., 111
Kratochvil, tschechischer General 224
Krenčej, slowakischer Offizier 81
Kubo, slowakischer Offizier 212
Kuchta, slowakischer Partisan 169ff., 172, 187, 306
Kukurelli, slowakischer Partisan 154
Kun, ungarischer Kommunist 8
Kuna, slowakischer Offizier 190, 211
Kwitinski, sowjetischer Partisan 99, 289

Lazarova, slowakische Schriftstellerin 252, 256, 311

Lettrich, slowakischer Politiker 64f., 74, 76, 79, 81ff., 86f., 114, 308
Lichner, slowakischer Offizier 47, 61, 223
Lisický, slowakischer Offizier 142, 146, 148
von Loeper, deutscher General 198, 213f., 239
Ludin, deutscher Gesandter 35f., 42, 53ff., 126ff., 129f., 142, 155f., 161ff., 169, 173ff., 180, 202, 298, 304ff., 308

Macek, slowakischer Politiker 263
Mach, slowakischer Minister 28, 34, 54f., 57, 59, 63, 78, 126f., 129, 161ff., 169, 175, 231, 298, 305, 308, 312f.
Makovicky, slowakischer Verschwörer 75
Malár, slowakischer General 38, 40, 45, 83f., 90, 110, 126, 130f., 135f., 155, 163, 180, 184f., 201
Marko, slowakischer Offizier 80, 82ff., 85ff., 88, 90, 95, 114, 116, 122f., 154, 172, 182, 199, 306, 312, 314
Markus, slowakischer Offizier 110, 181, 211
Marx, deutscher Philosoph 3
Masaryk, tschechischer Staatsgründer 7ff., 65
Matuška, slowakischer Journalist 310
Mechlis, sowjetischer General 146
Mikuš, slowakischer Gendarm 145
Mittelmann, slowakischer Kommunist 78
Mňačko, slowakischer Schriftsteller 21
Moravec, tschechischer Offizier 106, 140
Moskalenko, sowjetischer General 222, 224, 277
Moyses, slowakischer Bischof 5
Moyzes, slowakischer Komponist 57
Mudroch, slowakischer Maler 78
Mussolini, italienischer Diktator 15f.

Nalepka, slowakischer Hauptmann 47
Nosko, slowakischer Offizier 90, 115,

164f., 183, 190, 196, 201, 237f., 243ff., 247, 251, 254, 259, 265, 289, 293, 300, 306
Novomeský, slowakischer Schriftsteller 28, 71, 74, 76f., 78f., 87, 92, 98, 114, 121, 158, 163, 183, 233, 301, 305, 307ff., 310
Novotny, tschechoslowakischer Staatspräsident V, 137, 264, 309, 311

von Ohlen, deutscher Offizier 180, 182, 191ff., 195, 198
Ondruška, slowakischer Politiker 290
Ott, deutscher Offizier 169f.
Otto, deutscher General 39, 41

Pauliny, slowakischer Verschwörer 75
Pavlik, slowakischer Kommunist 78
Peknik, slowakischer Offizier 110, 190
Perko, slowakischer Offizier 171f., 187, 198, 211, 213f., 219, 226, 230, 238, 240, 306, 314
Pernikar, tschechischer Offizier 138f., 141
Petelen, slowakischer Verschwörer 75
Petrow, sowjetischer General 146
Pika, tschechischer Offizier 112f., 137, 139, 141, 143ff., 146f., 149f., 229, 242
Pilfousek, slowakischer General 42
Pius XII., römischer Papst 29
Počatok, slowakischer Soldat 149
Pola, slowakischer Partisan 99
Polák, slowakischer Offizier 90, 114
Polakovic, slowakischer Pfarrer 290
Polk, slowakischer Offizier 110
Polle, deutscher Offizier 282, 294
Prečan, tschechischer Historiker 312
Přikryl, tschechischer Offizier 265, 299
Pulanich, slowakischer General 40, 130f., 142
Puschkin, sowjetischer Gesandter 21

Rašla, slowakischer Kommunist 40, 44, 193f., 196, 207, 210, 234f., 266, 292, 304

Repašsky, slowakischer Offizier 182
Rezuto, sowjetischer Partisan 99
von Ribbentrop, deutscher Außenminister 33, 54f., 175
Rohal, slowakischer Offizier 145
Rokossowski, sowjetischer Marschall 222, 277
Rommel, deutscher Feldmarschall 51
Roosevelt, US-Präsident 163

Saburow, sowjetischer General 47
Šagát, slowakischer Partisan 99
Šalát, slowakischer Abgeordneter 237
von Salomon, deutscher Schriftsteller 36, 305f.
Scheringer, deutscher Nationalkommunist 35f., 305
Schlieper, deutscher General 39, 126ff., 129
Schukow, sowjetischer General 138f., 141
von Seeckt, deutscher Generaloberst 134
Ševčik, slowakischer Verschwörer 64, 75, 81, 164
Sidor, slowakischer Politiker 18, 29, 39
Širica, slowakischer Offizier 211
Široky, slowakischer Kommunist 309
Škoda, slowakischer Soldat 170
Slánský, slowakischer Kommunist 147, 157, 167
Sleichardt, slowakischer Offizier 182
Šmidke, slowakischer Kommunist 71, 75ff., 78f., 85f., 87, 91f., 94, 98, 103f., 108, 113f., 117, 121f., 135ff., 138, 140f., 142ff., 145ff., 148f., 151, 156ff., 159f., 165ff., 173, 194, 197, 200, 222, 226, 228, 232ff., 264, 278, 289, 306, 309f.
Smigovsky, slowakischer Offizier 193f.
Sokol, slowakischer Politiker 18
Šolc, slowakischer Kommunist 23, 25, 37f., 95, 100
Šoltesz, slowakischer Verschwörer 64
Sorin, sowjetischer Diplomat 147
Špizer, slowakischer Kommunist 235

Šrobar, slowakischer Politiker 64f., 72, 75f., 81f., 84ff., 87, 107, 157, 226, 228, 234
Stalin, sowjetischer Diktator 52, 65, 67f., 77, 80, 89, 97, 99, 102, 106, 123, 146, 221f., 256, 259
Stanek, slowakischer Offizier 130, 135, 144, 154, 187, 199, 238, 245
von Stauffenberg, deutscher Offizier 114, 152
Stefan, ungarischer König 4
Stefanik, slowakischer Verschwörer 75
Stejskal, slowakischer Offizier 118
Strechaj, slowakischer Partisan 100
Strokasch, sowjetischer General 98f., 102, 113
Studensky, sowjetischer Offizier 183, 300
Štur, slowakischer Sprachschöpfer 4f.
Suchon, slowakischer Komponist 57
Šverma, tschechischer Kommunist 147
Svoboda, tschechoslowakischer General 48f., 106, 137, 222, 224, 257, 278
Syrový, tschechischer General 16

Tajovsky, slowakischer Schriftsteller 78
Tálský, slowakischer Offizier 80f., 83, 86f., 108, 110, 130, 135, 164, 181
Tatarko, slowakischer Offizier 110, 181
Tiso, slowakischer Staatspräsident 13ff., 16ff., 19, 22ff., 25, 27f., 29f., 32f., 34, 38ff., 40, 42, 51, 53ff., 56f., 58, 60ff., 63, 65, 67, 70, 72, 80, 95, 102f., 106f., 109, 121, 124f., 127ff., 130, 134f., 155f., 161ff., 164f., 173ff., 179, 186, 189, 193, 202, 231, 236, 262, 290, 296, 298, 303ff., 308, 313
Tlach, slowakischer Offizier 211
Toth, slowakischer Offizier 110, 139, 141, 211
Trabant, deutscher General 280

Tuka, slowakischer Politiker 33, 42, 54f., 57, 231
Turanec, slowakischer General 45, 61, 80f., 107, 110, 122, 153f., 169, 202, 305

Uechtritz, deutscher Offizier 181, 186, 195, 200, 204ff., 218, 220, 236, 245, 258, 274, 280, 283, 286, 306
Urban, slowakischer Offizier 80f., 87
Ursiny, slowakischer Politiker 64f., 74, 76, 79, 81ff., 86f., 114, 301, 308
Ušiak, slowakischer Partisan 99

Vašečka, slowakischer Kommunist 78
Vesel, slowakischer Offizier 95, 238, 254, 258, 260, 269, 275, 281, 286f., 292, 295, 306, 314
Vesperin, slowakischer Korporal 145
Viest, slowakischer Aufstandsgeneral 38, 64, 87, 150, 184, 190, 211, 229, 242, 257f., 261, 268ff., 275f., 278f., 284f., 286ff., 296f., 300f., 307, 309
Viestova, slowakische Verschwörerin 64, 74, 75f., 81f.
Vražda, slowakischer Offizier 238
Vtačnik, slowakischer Partisan 99

Wächter, SS-Brigadeführer 35
Weinhold, slowakischer Offizier 211
Welitschko, sowjetischer Partisan 99, 101f., 122f., 154, 167, 169, 171f., 235, 237, 245, 264, 266, 281, 289
Wittiska, SD-Obersturmbannführer 236, 289
Woljanski, sowjetischer Partisan 99, 122, 245f., 289

Zaťko, slowakischer Verschwörer 114
Želinsky, slowakischer Offizier 154
Žingor, slowakischer Partisan 99
Zverin, slowakischer Offizier 110

Karten-Darstellungen

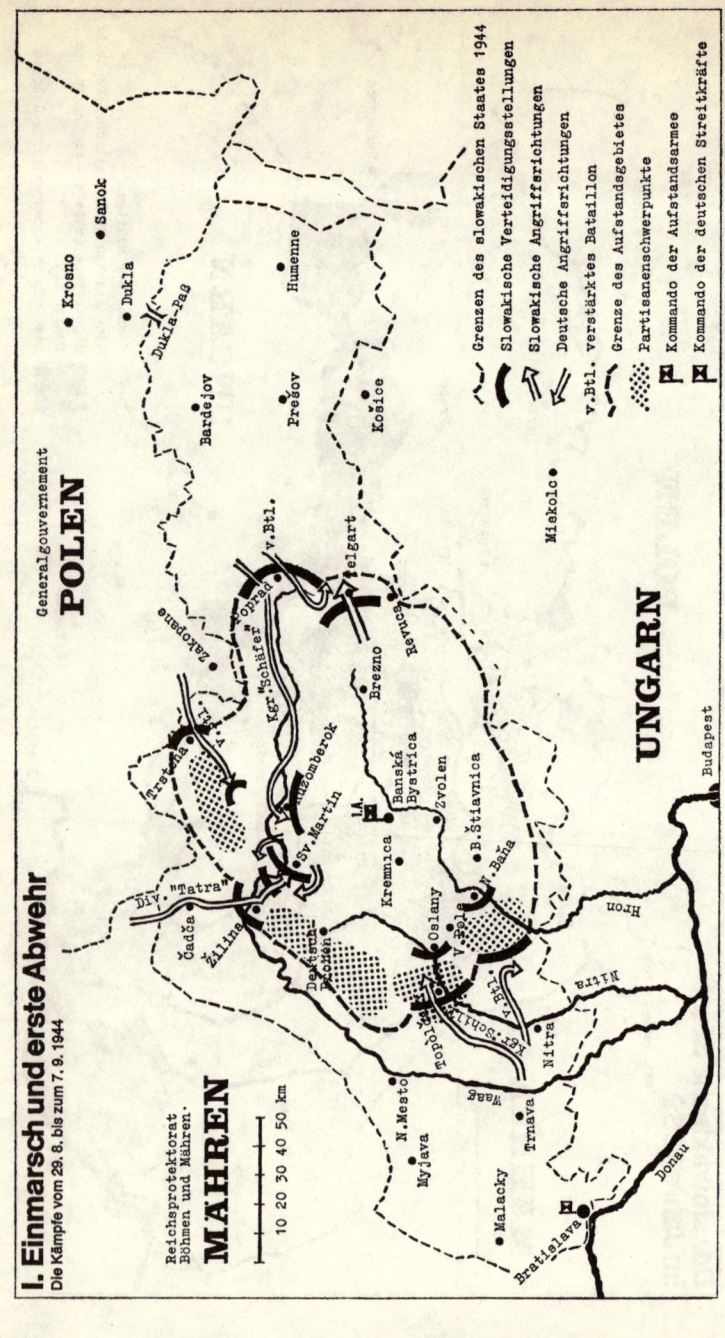

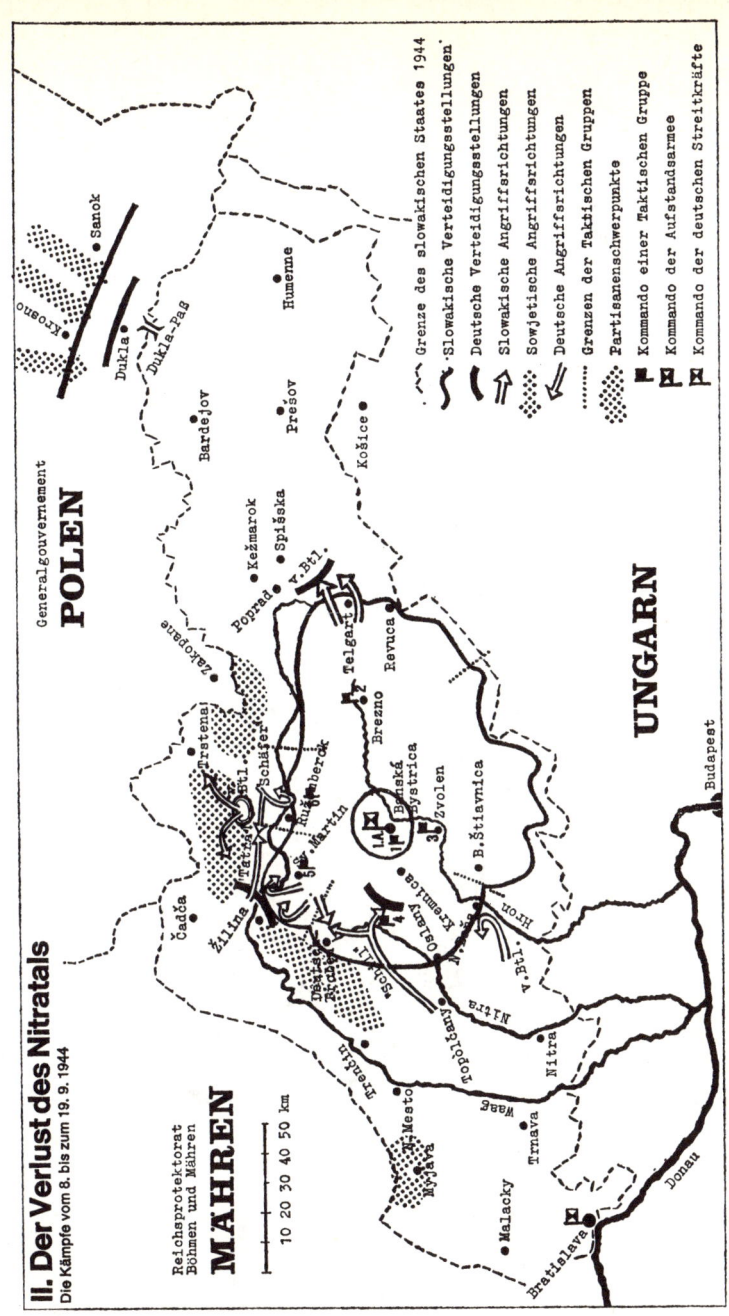

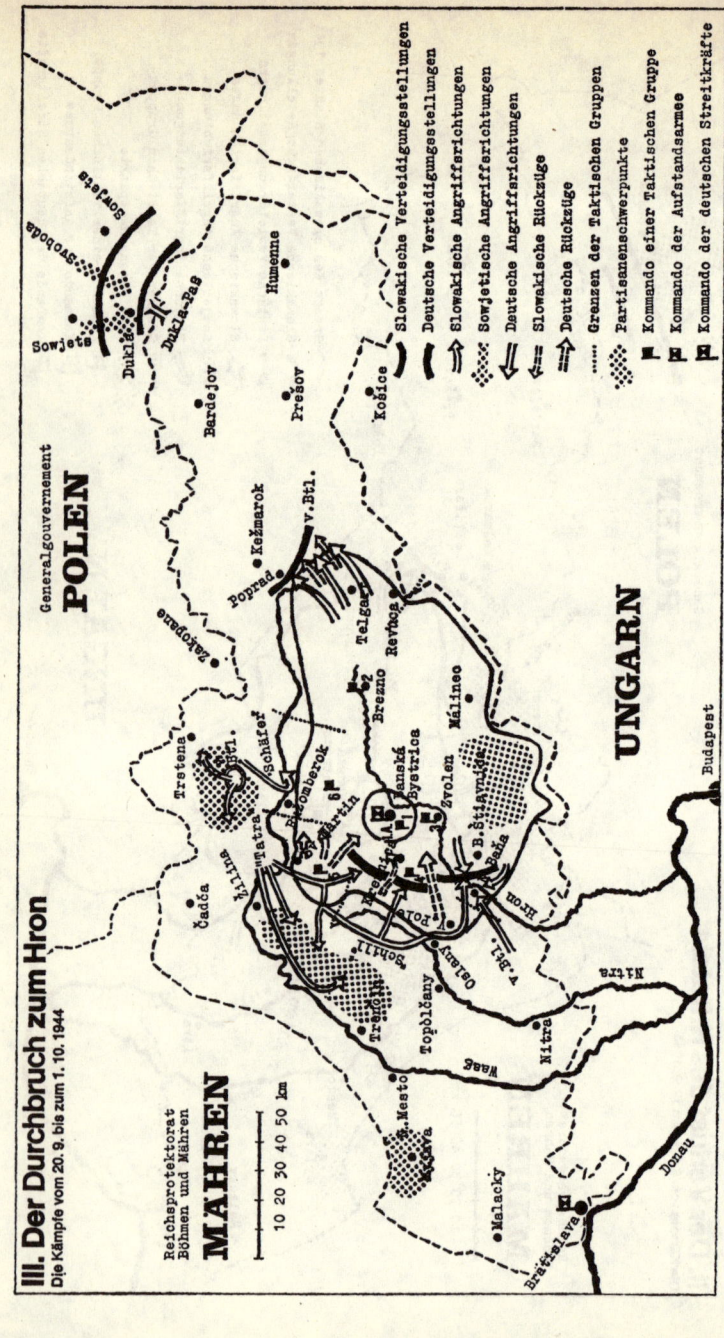

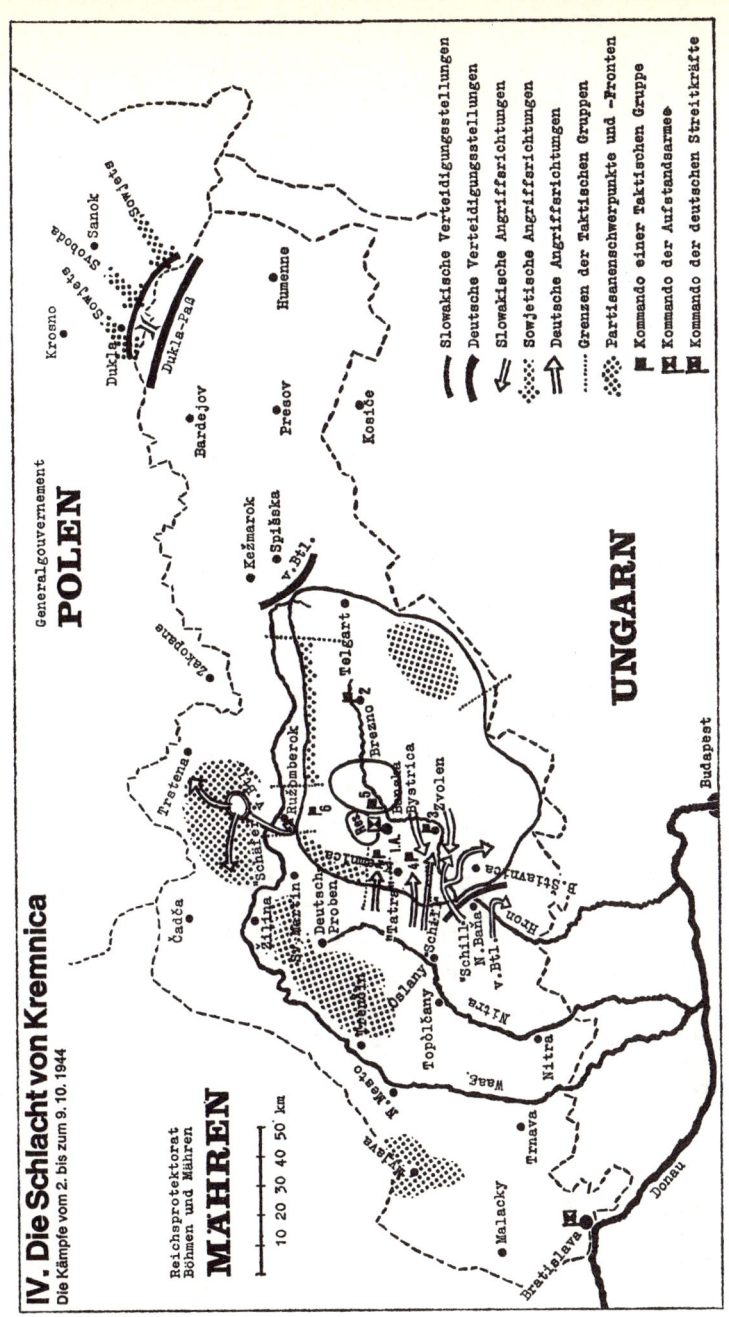

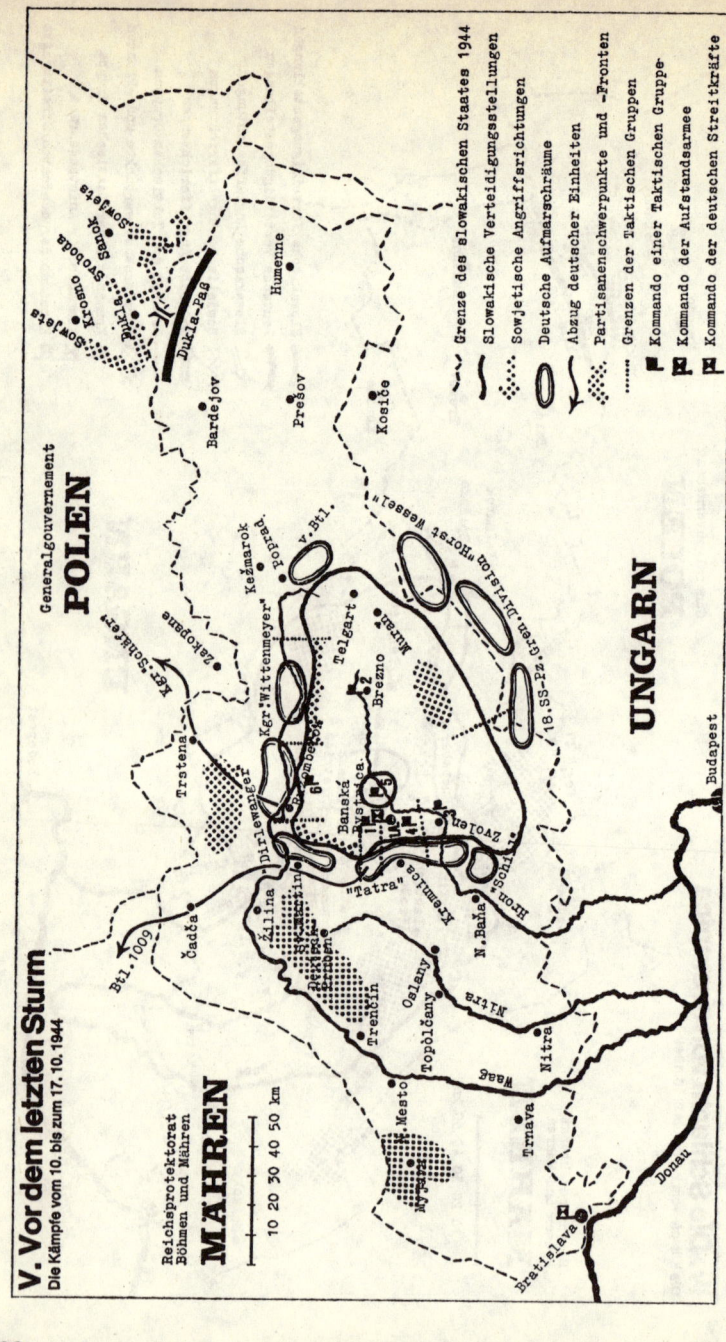

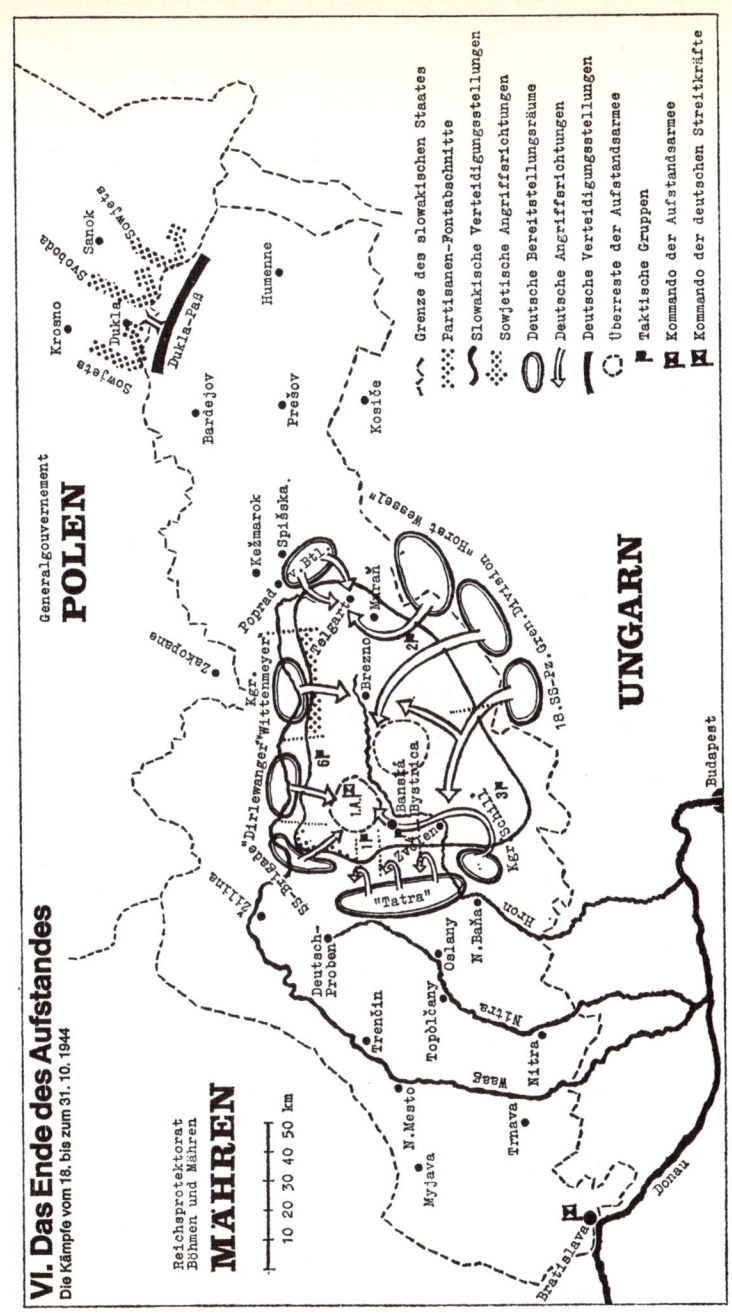

VI. Das Ende des Aufstandes
Die Kämpfe vom 18. bis zum 31. 10. 1944

Literatur – Verzeichnis*

1. Beneš, E., „Der Aufstand der Nationen. Der Weltkrieg und die tschechoslowakische Revolution." Berlin (1928)
2. Birke, E. und Neumann, R. (Hrsg.), „Die Sowjetisierung Ost-Mitteleuropas. Untersuchungen zu ihrem Ablauf in den einzelnen Ländern." Frankfurt/Main – Berlin (1959).
3. Bojové Cesty k Slobode", hrsg. v. d. Matica Slovenska. Martin (o. J.).
4. Borovička, J., „Zehn Jahre tschechoslowakischer Politik". Prag (1929).
5. Celovsky, B., „Das Münchener Abkommen 1938". Stuttgart (1958).
6. „Dejinna Križovatka", hrsg. v. Beer, F.; Benčik, A.; Graca, B.; Kren, J.; Kral, V.; Šolc, J.; Bratislava (1964).
7. „Der 2. Weltkrieg", Bilder, Daten, Dokumente. Gütersloh (1968).
8. „Der Zweite Weltkrieg", Militärischer Verlauf und Chronik. hrsg. v. Förster, G.; Helmert, H.; Schnitter, H. Leipzig (1962).
9. Diamond, W., „Czechoslovakia between East and West.", London (1947).
10. „Die Deutschen in der Tschechoslowakei 1933–1947". Dokumentensammlung, hrsg. v. Kral, V., Prag (1964).
11. „Die kämpfende Tschechoslowakei". Dokumente über die Widerstandsbewegung des tschechoslowakischen Volkes in den Jahren 1938–1945, hrsg. v. Doležal, J. und Kren, J., Prag (1964).
12. „Die Vergangenheit warnt." Dokumente über die Germanisierungs- und Austilgungspolitik der Naziokkupanten in der Tschechoslowakei, hrsg. v. Kral, V., Prag (1962)
13. Doležal, J., „Slovenské národni povstani", Prag (1954).
14. Erdely, E. V., „Germanys first European Protectorate. The Fate of the Czechs and Slovaks.", London (1942).
15. Falt'an, S., „Partizanska vojna na Slovensku", Bratislava (1959).
16. Glaser, K., „Die Tschecho-Slowakei. Politische Geschichte eines neuzeitlichen Nationalitätenstaates", Frankfurt/Main-Bonn (1964).
17. **Gosztony, P., „Hitlers Fremde Heere", Düsseldorf-Wien (1976).**
18. **Gretschko, A., „Über die Karpaten", Berlin-Ost (o. J.).**
19. Hajek, J. S., „Mnichov", Prag (1955).
20. **„Historický Sbornik Kraja II", Banska Bystrica (1965).**
21. Hodža, M., „Federation in Central Europe. Reflections and Reminiscences". New York (1942).
22. **Hoensch, J. K., „Die Slowakei und Hitlers Ostpolitik. Hlinkas Slowakische Volkspartei zwischen Autonomie und Separation 1938/39". Köln-Graz (1965).**
23. **Hoensch, J. K., „Geschichte der tschechoslowakischen Republik 1918–1965". Stuttgart – Berlin – Köln – Mainz (1966).**

* Die Ziffern derjenigen Bücher und Dokumente, die zum Studium des Slowakischen Nationalaufstandes wirklich unentbehrlich sind, wurden fett gedruckt.

24. Höhne, H., „Der Orden unter dem Totenkopf", Gütersloh (1967).
25. Hory, L., „Der slowakische Partisanenkampf 1944/45", in: Osteuropa, 9/1959, S. 779–784.
26. Hrušosky, F., „Die Geschichte der Slowakei", Bratislava (1942).
27. Husa, V., „Geschichte der Tschechoslowakei", Prag (1963).
28. Husák, G., „Zapas o zajtrajšok". Bratislava (1948).
29. Husák, G., „Svedectvo o Slovenskom Národnom povstani", Bratislava (1964).
30. Husák, G., „Der Slowakische Nationalaufstand" Berlin-Ost (1972).
31. Jaksch, W., „Europas Weg nach Potsdam. Schuld und Schicksal im Donauraum". Stuttgart (1958).
32. Kavka, F., „Die Tschechoslowakei. Abriß ihrer Geschichte", Prag (1960).
33. Kopecky, V., „ČSR a KSČ", Prag 1960).
34. Kral, V., „Pravda o okupaci". Prag (1962).
35. Kuhn, H., „Tschechoslowakei", (1965).
36. „Kulturny Život", Bratislava, Jahrgänge 1963–1968.
37. Laciak, O., „Slobodny slovensky vysielač Banska Bystrica". Bratislava (1961).
38. „Lagemeldungen", Die Lagemeldungen des Deutschen Befehlshabers in der Slowakei vom September, Oktober und November 1944, Archiv des Museums der Slowakischen Nationalaufstandes, Banska Bystrica.
39. Lettrich, J., „History of modern Slovakia", New York (1955).
40. „Maly Slovnik SNP", hrsg, v. Kropilák M. und Jablonicky, J., Bratislava (1964).
41. Marko, J., „Slovenské národné povstanie v roku 1944", Diel I.: „Vojenské pri pravy SNP", Bratislava (1967) Privatdruck.
42. Masaryk, Th. G., „Die Weltrevolution. Erinnerungen und Betrachtungen 1914–1918", Berlin (1928).
43. Moravec, E., „Das Ende der Benesch-Republik", Prag (1942).
44. Murawski, E., „Der Deutsche Wehrmachtbericht 1939–1945", Boppard am Rhein (1962).
45. Nosko, J., „Vojaci v slovenskom národnom povstani", Bratislava (1945).
46. „Od Tatier po Kaukáz", Bratislava (1942).
47. „Pervertierte Justiz", hersg, v. Jiři Pelikán, Wien-Münschen-Zürich (1972).
48. Prečan, V., „Slovenské Národné Povstanie", Dokumenty, Bratislava (1965).
49. Rašla, A., „Tiso a povstanie", Dokumenty, Bratislava (1947).
50. Rašla, A., „Civilista v Armada", Bratislava (1967).
51. Ripka, H., „Munich: Before and After", London (1939).
52. Rönnefarth, H. K. G., „Die Sudetenkrise in der internationalen Politik. Entstehung – Verlauf – Auswirkung", Wiesbaden (1961) 2 Bde.
53. Salomon, Ernst v., „Der Fragebogen", Hamburg (1951).
54. „Sbornik Muzea Slovenského Národného Povstanie", I., hrsg. v. Gajdoš, M.; Bosák, P.; Toth, J. J.; Banska Bystrica (1966).
55. Scheringer, R., „Das große Los", Hamburg (1959).
56. Schwartz, M., „Bibliographie zur Geschichte des slowakischen Aufstandes 1944", in: Bücherschau der Weltkriegsbücherei, 28/1956, S. 458–472.
57. Seton-Watson, R. W., „A History of the Czechs and Slovaks", London (1943).
58. Sidor, K., „Andrej Hlinka 1864–1926", Bratislava (1934).

59. „Slovenské národnie povstanie roku 1944", Bratislava (1965).
60. **Svoboda, L.,** „Von Busuluk bis Prag", Berlin-Ost (o. J.).
61. Sujan, J., „Slovenske narodne povstanie", Banska Bystrica (1945).
62. Vesely, J., „Prag Februar 1948", Berlin-Ost (1959).
63. „Völkischer Beobachter", Berlin, Jahrgänge 1938–1945.
64. Wanklyn, H., „Czechoslovakia", New York (1954).
65. **Werth, A.,** „Rußland im Krieg 1941–1945", München-Zürich (1965).
66. Wheeler-Bennet, J. W., „Munich-Prologue to Tragedy", London (1948).
67. „Za Svobodu Československa", Prag (1961)
68. **„Zu-Gleich!"** Pionier-Tagebuchblätter aus der Slowakei, zusammengestellt von SS-Untersturmführer Jochen Polle, Archiv des Museums des Slowakischen Nationalaufstandes, Banska Bystrica.

Bitte beachten Sie
die folgenden Seiten

Sebastian Haffner
Wolfgang Venohr

Preußische Profile

Ullstein Buch 34618

Bis in die heutige Zeit scheiden sich die Geister am ›Phänomen Preußen‹: Für die einen ist Preußen ein nationaler Mythos, für die anderen ein nationales Verhängnis. Haffner und Venohr, zwei profunde Preußenkenner, suchen nach der historischen Wahrheit, dargestellt an einzelnen herausragenden Personen, die die Entwicklung Preußens maßgeblich bestimmt haben; u. a. Bismarck, Engels, Wilhelm II., Friedrich II., Moltke und Ludendorff.

»...der bisher eigenwilligste Beitrag zur gegenwärtigen Preußenliteratur.« (Süddeutsche Zeitung)

Ullstein Sachbuch

Wolfgang Venohr
Der Soldatenkönig

Revolutionär auf dem Thron

Ullstein Buch 34672

Treffender ist er nie geschildert worden: Friedrich Wilhelm I., der preußische Soldatenkönig und Vater Friedrichs des Großen, in dessen Schatten er bis heute zu Unrecht steht.

»... Es zeigt den zweiten preußischen König ... als Urheber einer ›pädagogischen Revolution‹. Venohr sieht einen ›Staatssozialisten‹ am Werke, dem es gelingt, alle Stände gleichermaßen zum Dienst für die Krone, also für den Staat, zu erziehen ...« (FAZ)

Ullstein Sachbuch

Wolfgang Venohr
Die roten Preußen

Ullstein Buch 34842

Wolfgang Venohr, Bestseller-Autor und durch seine langjährige journalistische Tätigkeit hervorragender Kenner der Ex-DDR, schildert die vierzigjährige Geschichte des anderen deutschen Staates, den es heute nicht mehr gibt. Er berichtet auch von den Menschen – den Preußen und Sachsen, Thüringern und Mecklenburgern –, die trotz der langen Jahre SED-Herrschaft ihre nationale Identität und den damit verbundenen Wunsch nach der staatlichen Einheit, der nun Wirklichkeit geworden ist, nie aufgegeben haben.

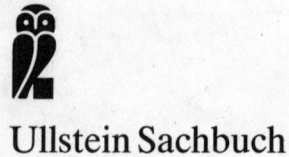

Ullstein Sachbuch